기출이 답이다

경찰공무원(순경) 헌법

총 15회분 (300제)

머리말

경찰공무원 공개경쟁채용시험의 필기시험 과목 및 배점이 변경됨에 따라 2022년부터 새로운 기준에 따라 경찰공무원 공채 필기시험이 치러졌습니다. 이에 따라 경찰공무원(순경) 일반공채 필기시험의 경우 한국사와 영어는 별도의 필기시험 없이 검정제도로 진행되고, 실제 시험장에서는 헌법, 형사법 그리고 경찰학 세 과목의 시험만을 치르게 되었습니다. 특히 헌법은 새로 도입된 과목으로, 이에 대한 기출문제가 2022년 제1차, 제2차 경찰(순경) 채용시험밖에 없어 출제 경향 및 난도, 유형 등에 대한 파악이 아직까지는 쉽지 않은 것이 사실입니다. 이에 본 연구소에서는 국가직, 지방직, 경찰 승진 등 타 직렬에서 치러지고 있던 헌법 기출문제를 철저하게 분석하여 경찰청에서 공고한 헌법의 출제 범위(기본권 총론 및 각론 80% 내외, 헌법 총론 및 한국 헌법의 기본질서 20% 내외)에 따라 타 직렬 헌법 기출문제 중 경찰공무원(순경) 필기시험에서도 출제 가능성이 높은 문항들만 선별하여 「2023 기출이 답이다 경찰공무원(순경) 헌법 기출문제집」을 출간하게 되었습니다.

본서의 특징은 다음과 같습니다.

❶ 국가직 5급 및 7급, 지방직 7급, 경찰 승진에서 치러진 헌법 기출문제를 철저히 분석하여 경찰공무원(순경) 헌법에서 출제될 가능성이 높은 문제들로만 선별하였고, 실제 헌법 시험 문항 수인 20문항씩 나누어 13회분으로 구성하였습니다.

❷ 혼자 공부해도 알기 쉽도록 각 문항별로 최대한 상세하게 해설하려고 노력했으며, 중요한 조문의 경우 해설에 해당 조문을 수록하여 시간 낭비 없이 공부할 수 있도록 효율적으로 구성하였습니다.

❸ 새로운 기준으로 치러진 2022년 경찰공무원(순경) 채용시험 헌법 기출문제 2회분을 수록하여 다가오는 2023년 시험을 대비할 수 있도록 하였습니다.

헌법은 2022년에 처음 시행된 과목으로 출제 경향이나 유형 등을 완전히 파악하기가 어렵지만, 기존에 헌법을 시험과목으로 실시한 시험들에서 그 힌트를 얻을 수 있을 것입니다. 직렬은 다르지만 모든 직렬에서 공통적으로 출제된 문항들은 그만큼 중요도가 높은 문항일 것이고, 이러한 것은 경찰공무원(순경) 필기시험에서도 다르지 않을 것입니다. 본서를 통해 경찰(순경) 헌법을 미리 대비하여 다가오는 시험에서 모두 합격의 기쁨을 누릴 수 있기를 기원합니다.

SD 경찰공무원시험연구소

경찰공무원(순경) 공채 시험 개요

시험 단계별 평가 방법

1차 시험(필기시험)

❶ 시험과목

능력검정시험	필수과목
한국사, 영어	헌법(20문항 50점), 형사법(40문항 100점) 경찰학(40문항 100점)

❷ 헌법 · 형사법 · 경찰학 시험 범위 및 출제비율

과목	출제비율
헌법	기본권 총론 · 각론 80% 내외, 헌법총론 · 한국 헌법의 기본질서 20% 내외
형사법	형법총론 35% 내외, 형법각론 35% 내외, 형사소송법 30% 내외(수사 · 증거 각 15% 내외)
경찰학	경찰행정법 35% 내외, 경찰학의 기초이론 30% 내외, 경찰행정학 15% 내외, 분야별 경찰활동 15% 내외, 한국경찰의 역사와 비교경찰 5% 내외

❸ 합격자 결정 방법

한국사능력검정시험과 영어능력검정시험에서 각각 기준점수 또는 기준등급 이상을 취득하고, 한국사 · 영어 과목을 제외한 나머지 과목별 만점의 40% 이상 득점자 중 고득점자 순으로 결정

경찰공무원(순경) 공채 시험 개요

2차 시험(신체 · 체력 · 적성검사)

❶ 신체 검사

- 관련규정 : 「경찰공무원임용령 시행규칙」 제34조의2 〈별표5〉, 「경찰공무원 채용시험에 관한 규칙」 제10조 제1항 〈별표1〉
- 시험방법 : 국 · 공립, 종합병원으로부터 발급받은 '경찰공무원 채용 신체검사서'로 신체검사 합격 여부 판단
- 합격자 결정 : 국 · 공립, 종합병원에서 시행한 '경찰공무원 채용 신체검사서'와 '신체검사 기준표', '신체검사 세부기준' 모두 합격 시 합격 결정

❷ 체력 검사

- 시험 종목 : 윗몸일으키기, 팔굽혀펴기, 좌 · 우악력, 100m 및 1,000m 달리기
- 불합격 : 어느 하나의 종목에서 1점을 취득하거나, 총점이 19점 이하인 경우에는 불합격 처리
- 도핑테스트 : 금지약물 사용 등 체력시험의 부정 합격 사례를 방지하고, 시험절차의 공정성과 신뢰성 확보를 위하여 체력시험 응시생 중 무작위로(응시생의 5%) 「도핑테스트」 실시

❸ 적성 검사 : 성격 · 인재상 · 경찰윤리 검사(450문항, 130분)

※ 적성검사 결과는 면접위원에게 참고자료로만 제공

3차 시험(응시자격 등 심사)

❶ 제출서류 검증을 통해 자격요건 등 적격성 심사

❷ 응시자가 제출한 서류를 기준으로 응시자격 해당 여부를 판단, 응시자격에 부합하는 응시자는 합격자로 결정

※ 별도의 합격자 공지 없고, 불합격자에 한해 개별통보

4차 시험(면접시험)

❶ 합격자 결정

각 면접위원이 평가한 점수를 합산하여 총점의 40% 이상 득점자를 합격자로 결정

※ 단, 면접위원의 과반수가 어느 하나의 평가요소에 대하여 2점 이하로 평가한 경우, 불합격 처리

단계	평가 요소	배점
1단계 면접(집단 면접)	의사발표의 정확성 · 논리성 및 전문지식	10점(1점～10점)
2단계 면접(개별 면접)	품행 · 예의, 봉사성, 정직성, 도덕성 · 준법성	10점(1점～10점)
가산점	무도 · 운전 기타 경찰업무관련 자격증	5점(0점～5점)
계	25점	

최종 합격자 결정

필기시험 50%, 체력검사 25%, 면접시험 25%(자격증 5% 포함)의 비율로 합산하여 고득점자 순으로 결정

※ 동점자는 「경찰공무원 임용령 시행규칙」 제37조의 순위에 따라 결정

❖ 경찰공무원(순경) 공채 시험 개요는 2022년 7월 8일의 공고를 바탕으로 작성되었습니다. 이후 사정에 따라 변경될 수 있으니 반드시 경찰청 인터넷 원서접수 홈페이지를 통해 해당 시험 공고를 확인하시기 바랍니다.

이 책의 구성과 특징

제 1 회 경찰공무원(순경) 헌법

01 123 20 국가직 7급
역대 헌법에 대한 설명으로 옳지 않은 것은?

03 123
정당에 대한 설명으로 옳은 것은(
의함)

제 13 회 경찰공무원(순경) 헌법

01 123 21 경찰승진
현행 헌법상 헌법개정에 대한 설명으로 가장 적절한 것은?

03 123
「국적법」상 국적에 대한 설명으로

01

헌법 기출문제 13회분

국가직 5급 및 7급, 지방직 7급, 경찰 승진시험에서 치러진 헌법 기출문제를 철저히 분석하여 경찰공무원(순경) 헌법에서 출제될 가능성이 높은 문제들로만 선별하였고, 실제 헌법 시험 문항 수인 20문항씩 나누어 총 13회분으로 구성하였습니다.

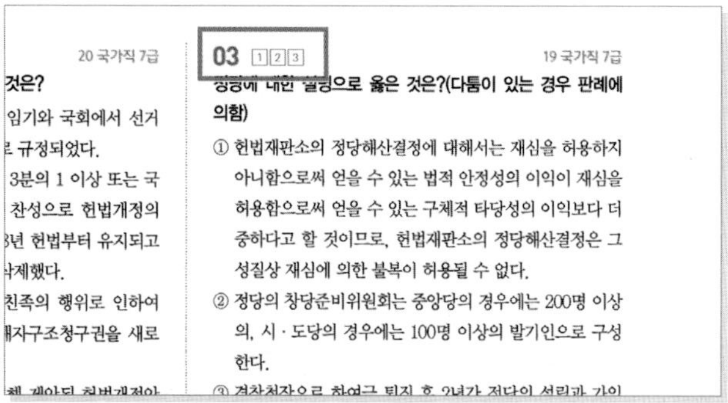

20 국가직 7급
것은?
임기와 국회에서 선거
 규정되었다.
3분의 1 이상 또는 국
 찬성으로 헌법개정의
년 헌법부터 유지되고
삭제했다.
친족의 행위로 인하여
해자구조청구권을 새로

03 123 19 국가직 7급
정당에 대한 설명으로 옳은 것은?(다툼이 있는 경우 판례에 의함)

① 헌법재판소의 정당해산결정에 대해서는 재심을 허용하지 아니함으로써 얻을 수 있는 법적 안정성의 이익이 재심을 허용함으로써 얻을 수 있는 구체적 타당성의 이익보다 더 중하다고 할 것이므로, 헌법재판소의 정당해산결정은 그 성질상 재심에 의한 불복이 허용될 수 없다.
② 정당의 창당준비위원회는 중앙당의 경우에는 200명 이상의, 시ㆍ도당의 경우에는 100명 이상의 발기인으로 구성한다.

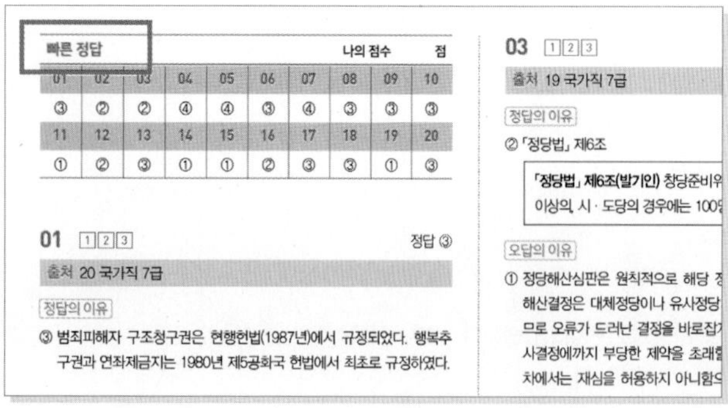

빠른 정답 나의 점수 점

01	02	03	04	05	06	07	08	09	10
③	②	②	④	④	③	④	③	③	③
11	12	13	14	15	16	17	18	19	20
①	②	③	①	①	②	③	③	①	③

01 123 정답 ③
출처 20 국가직 7급
정답의 이유
③ 범죄피해자 구조청구권은 현행헌법(1987년)에서 규정되었다. 행복추구권과 연좌제금지는 1980년 제5공화국 헌법에서 최초로 규정하였다.

03 123
출처 19 국가직 7급
정답의 이유
② 「정당법」 제6조
「정당법」 제6조(발기인) 창당준비위
이상의, 시ㆍ도당의 경우에는 100
오답의 이유
① 정당해산심판은 원칙적으로 해당
해산결정은 대체정당이나 유사정당
므로 오류가 드러난 결정을 바로잡
사결정에까지 부당한 제약을 초래
차에서는 재심을 허용하지 아니함

02

문항별 회독 수 체크와 빠른 정답표

문항별로 문제 번호 옆에 체크란을 활용하여 3회독까지 확인해볼 수 있도록 구성하였고, 해설편에 빠른 정답표를 수록하여 정답 확인에 필요한 시간을 줄였습니다. 이를 통해 기출문제를 여러 번 회독하며 적응하는 연습을 할 수 있습니다.

출처 20 국가직 7급

정답의 이유

③ 범죄피해자 구조청구권은 현행헌법(1987년)에서 규정되었다. 행복추구권과 연좌제금지는 1980년 제5공화국 헌법에서 최초로 규정하였다.

02 1 2 3 정답 ②

출처 20 국가직 7급

정답의 이유

② 1952년 제1차 헌법개정은 헌법에 명시된 헌법개정절차에 위배되는 위헌적인 헌법개정으로 정부안인 대통령직선제 개헌안과 야당안인 의원내각제 개헌안이 모두 부결되고, 절충된 소위 '발췌개헌안'이 공고절차를 거치지 않고 통과되었다.

오답의 이유

① 우리 헌법의 개정은 경성헌법이며 이는 헌법 개정 시 일반 법률과는 다른 엄격한 요건과 절차가 요구되는 헌법을 말한다. 경성헌법은 헌법의 최고규범성을 확보하고 헌법의 안정성과 헌법에 대한 존중의 요청을 가져오는 장점이 있다.

③ 1972년 제7차 개정헌법은 대통령이 제안한 헌법개정안은 국회의 의결 없이 곧바로 국민투표에 회부하여 확정되도록 하였고 국회의원이 제안한 헌법개정안은 국회의 의결을 거쳐 국민투표가 아닌 통일주체국민회의의 의결로 확정하도록 하여 헌법개정절차를 이원화하였다.

④ 헌법 제130조 제2항, 제3항

헌법 제130조 ② 헌법개정안은 국회가 의결한 후 30일 이내에 국민투표에 붙여 국회의원 선거권자 과반수의 투표와 투표자 과반수의 찬성을 얻어야 한다.
③ 헌법개정안이 제2항의 찬성을 얻은 때에는 헌법 개정은 확정되며, 대통령은 즉시 이를 공포하여야 한다.

① 정당해산심판은 원칙적으로 해당 …
해산결정은 대체정당이나 유사정당…
므로 오류가 드러난 결정을 바로잡…
사결정에까지 부당한 제약을 초래…
차에서는 재심을 허용하지 아니함…
이익보다 재심을 허용함으로써 얻…
더 크므로 재심을 허용하여야 한다…
로 「민사소송법」의 재심에 관한 …
2015헌아20).

③ 경찰청장으로 하여금 퇴직 후 2년…
이 사건 법률조항은, '누구나 국가…
정당을 설립하고 가입할 수 있는 자…
는 '정당의 자유' (헌법 제8조 제1항…
정이다. … 피선거권에 대한 제한은…
적이고 부수적인 효과에 지나지 아…
권(피선거권)은 이 사건 법률조항에…
권이 아니다. 또한 청구인들은 직업…
공무원직에 관한 한 공무담임권은…
특별법적 규정이고, 위에서 밝힌 바…
사건 법률조항에 의하여 제한되는…
업의 자유 또한 이 사건 법률조항에…
려되지 아니한다(헌재 1999.12.23. …

④ 「정당법」 제45조 제1항, 제2항

「정당법」 제45조(자진해산) ① 정…
산할 수 있다.
② 제1항의 규정에 의하여 정당…
체 없이 그 뜻을 관할 선거관리위…

03

상세한 해설

혼자 공부해도 알기 쉽도록 각 문항별로 정답의 이유와 오답의 이유를 나누어 수록하였고, 중요한 조문의 경우 해설에 해당 조문을 수록하여 시간 낭비 없이 공부할 수 있도록 구성하였습니다.

2022년 제1차 경찰(순경) 채용시험 헌법

01 헌법개정에 관한 설명 중 가장 적절하지 않은 것은?(다툼이 있는 경우 판례에 의함)

① 헌법개정은 국회재적의원 과반수 또는 대통령의 발의로 제안되며, 제안된 헌법개정안은 대통령이 20일 이상의 기간 이를 공고하여야 한다.

02 민주적 기본질서에 관한 설명 중 가장 적절… 것은?(다툼이 있는 경우 판례에 의함)

① 현행 헌법에서 직접 '자유민주적 기본질… 하고 있는 것은 헌법전문(前文)과 제4조… 항이다.

2022년 제2차 경찰(순경) 채용시험 헌법

01 신뢰보호원칙에 관한 설명 중 가장 적절하지 않은 것은?(다툼이 있는 경우 판례에 의함)

① 신뢰보호의 원칙은 법치국가원리에 근거를 두고 있는 헌법상의 원칙으로서 특정한 법률에 의하여 발생한 법률관계는 그 법에 따라 파악되고 판단되어

신뢰보호원칙을 위반하여 개성공단 투자… 구인들의 영업의 자유와 재산권을 침해… 한다.

04

2022년 경찰(순경) 헌법기출 수록

새로운 기준으로 치러진 2022년 경찰공무원(순경) 채용시험 헌법 기출문제 2회분을 수록하여 다가오는 2023년 시험을 대비할 수 있도록 하였습니다.

CONTENTS

이 책의 목차

PART 01 문제편

PART 02 해설편

최신기출

PART

01

문제편

경찰공무원(순경) 헌법 제1회~제13회

제 1 회 경찰공무원(순경) 헌법

01 1 2 3 20 국가직 7급

역대 헌법에 대한 설명으로 옳지 않은 것은?

① 1948년 제헌헌법에서 국회의원의 임기와 국회에서 선거되는 대통령의 임기는 모두 4년으로 규정되었다.

② 1962년 개정헌법은 국회 재적의원 3분의 1 이상 또는 국회의원 선거권자 50만 인 이상의 찬성으로 헌법개정의 제안을 하도록 규정함으로써, 1948년 헌법부터 유지되고 있던 대통령의 헌법개정제안권을 삭제했다.

③ 1980년 개정헌법은 행복추구권, 친족의 행위로 인하여 불이익한 처우의 금지 및 범죄피해자구조청구권을 새로 도입하였다.

④ 1987년 개정헌법은 여야합의에 의해 제안된 헌법개정안을 국회가 의결한 후 국민투표로 확정된 것이다.

02 1 2 3 20 국가직 7급

헌법개정에 대한 설명으로 옳지 않은 것은?

① 헌법의 안정성과 헌법에 대한 존중이라는 요청 때문에 우리 헌법의 개정은 제한적으로 인정되며, 일반 법률과는 다른 엄격한 요건과 절차가 요구된다.

② 1차 헌법개정은 정부안과 야당안을 발췌 · 절충한 개헌안을 대상으로 하여 헌법개정절차인 공고절차를 그대로 따랐다.

③ 1972년 개정헌법에 따르면, 대통령이 제안한 헌법개정안은 국회의 의결을 거치지 않고 국민투표를 통하여 확정된다.

④ 헌법개정안은 국회가 의결한 후 30일 이내에 국민투표에 부쳐 국회의원선거권자 과반수의 투표와 투표자 과반수의 찬성을 얻어야 하고, 이 찬성을 얻은 때에 헌법개정은 확정되며, 대통령은 즉시 이를 공포하여야 한다.

03 1 2 3 19 국가직 7급

정당에 대한 설명으로 옳은 것은?(다툼이 있는 경우 판례에 의함)

① 헌법재판소의 정당해산결정에 대해서는 재심을 허용하지 아니함으로써 얻을 수 있는 법적 안정성의 이익이 재심을 허용함으로써 얻을 수 있는 구체적 타당성의 이익보다 더 중하다고 할 것이므로, 헌법재판소의 정당해산결정은 그 성질상 재심에 의한 불복이 허용될 수 없다.

② 정당의 창당준비위원회는 중앙당의 경우에는 200명 이상의, 시 · 도당의 경우에는 100명 이상의 발기인으로 구성한다.

③ 경찰청장으로 하여금 퇴직 후 2년간 정당의 설립과 가입을 금지하는 것은 경찰청장의 정당설립의 자유와 피선거권 및 직업의 자유를 침해하는 것이다.

④ 정당은 그 대의기관의 결의로써 해산할 수 있으며, 이에 따라 정당이 해산한 때에는 그 대표자는 지체 없이 그 뜻을 국회에 신고하여야 한다.

04 1 2 3 19 국가직 7급

「국적법」상 귀화에 대한 설명으로 옳지 않은 것은?(다툼이 있는 경우 판례에 의함)

① 대한민국 국적을 취득한 사실이 없는 외국인은 법무부장관의 귀화허가를 받아 대한민국 국적을 취득할 수 있다.

② 법무부장관은 귀화신청인이 귀화요건을 갖추었다 하더라도 귀화를 허가할 것인지 여부에 관하여 재량권을 가진다.

③ 「국적법」에 따라 귀화허가를 받은 사람은 법무부장관 앞에서 국민선서를 하고 귀화증서를 수여받은 때에 대한민국 국적을 취득하며, 법무부장관은 연령, 신체적 · 정신적 장애 등으로 국민선서의 의미를 이해할 수 없거나 이해한 것을 표현할 수 없다고 인정되는 사람에게는 국민선서를 면제할 수 있다.

④ 법무부장관은 거짓이나 그 밖의 부정한 방법으로 귀화허가를 받은 자에 대하여 그 허가를 취소할 수 있으며, 법무부장관의 취소권 행사기간은 귀화허가를 한 날로부터 6개월 이내이다.

05 1 2 3 21 국가직 7급

영토조항 및 평화통일조항에 대한 설명으로 옳지 않은 것은?(다툼이 있는 경우 판례에 의함)

① 우리 헌법이 영토조항(제3조)을 두고 있는 이상 대한민국의 헌법은 북한지역을 포함한 한반도 전체에 그 효력이 미치고 따라서 북한지역은 당연히 대한민국의 영토가 된다.

② 남북합의서는 남북관계를 '나라와 나라 사이의 관계가 아닌 통일을 지향하는 과정에서 잠정적으로 형성되는 특수관계'임을 전제로 하여 이루어진 합의문서인바, 이는 한민족공동체 내부의 특수관계를 바탕으로 한 당국 간의 합의로서 남북당국의 성의 있는 이행을 상호 약속하는 일종의 공동성명 또는 신사협정에 준하는 성격을 가진다.

③ 개별 법률의 적용 내지 준용에 있어서는 남북한의 특수관계적 성격을 고려하여 북한지역을 외국에 준하는 지역으로, 북한주민 등을 외국인에 준하는 지위에 있는 자로 규정할 수 있다.

④ 헌법상의 여러 통일관련 조항들은 국가의 통일의무를 선언한 것이므로, 그로부터 국민 개개인의 통일에 대한 기본권, 특히 국가기관에 대하여 통일과 관련된 구체적인 행위를 요구하거나 일정한 행동을 할 수 있는 권리도 도출된다.

06 1 2 3 21 국가직 7급

체계정당성의 원리에 대한 설명으로 옳지 않은 것은?(다툼이 있는 경우 판례에 의함)

① 체계정당성의 원리라는 것은 동일 규범 내에서 또는 상이한 규범 간에 그 규범의 구조나 내용 또는 규범의 근거가 되는 원칙면에서 상호 배치되거나 모순되어서는 아니된다는 하나의 헌법적 요청이다.

② 일반적으로 일정한 공권력작용이 체계정당성에 위반한다고 해서 곧 위헌이 되는 것은 아니고, 그것이 위헌이 되기 위해서는 결과적으로 비례의 원칙이나 평등의 원칙 등 일정한 헌법의 규정이나 원칙을 위반하여야 한다.

③ 체계정당성의 원리는 규범 상호간의 구조와 내용 등이 모순됨이 없이 체계와 균형을 유지하여야 한다는 헌법적 원리이지만 곧바로 입법자를 기속하는 것이라고는 볼 수 없다.

④ 규범 상호간의 체계정당성을 요구하는 이유는 입법자의 자의를 금지하여 규범의 명확성, 예측가능성 및 규범에 대한 신뢰와 법적 안정성을 확보하기 위한 것이고 이는 국가공권력에 대한 통제와 이를 통한 국민의 자유와 권리의 보장을 이념으로 하는 법치주의원리로부터 도출되는 것이다.

07 1 2 3 21 국가직 7급

재판을 받을 권리에 대한 설명으로 옳지 않은 것은?(다툼이 있는 경우 판례에 의함)

① 재판청구권에는 민사재판, 형사재판, 행정재판뿐만 아니라 헌법재판을 받을 권리도 포함되므로, 헌법상 보장되는 기본권인 '공정한 재판을 받을 권리'에는 '공정한 헌법재판을 받을 권리'도 포함된다.

② 헌법 제27조 제1항의 재판을 받을 권리는 신분이 보장되고 독립된 법관에 의한 재판의 보장을 주된 내용으로 하므로 국민참여재판을 받을 권리는 헌법 제27조 제1항에서 규정하는 재판받을 권리의 보호범위에 속하지 아니한다.

③ 공정한 재판을 받을 권리 속에는 신속하고 공개된 법정의 법관의 면전에서 모든 증거자료가 조사 · 진술되고 이에 대하여 피고인이 공격 · 방어할 수 있는 기회가 보장되는 재판, 원칙적으로 당사자주의와 구두변론주의가 보장되어 당사자가 공소사실에 대한 답변과 입증 및 반증을 하는 등 공격, 방어권이 충분히 보장되는 재판을 받을 권리가 포함되어 있다.

④ 형사피해자에게 약식명령을 고지하지 않도록 규정한 것은 형사피해자의 재판절차진술권과 정식재판청구권을 침해하는 것으로서, 입법자가 입법재량을 일탈 · 남용하여 형사피해자의 재판을 받을 권리를 침해하는 것이다.

08 1 2 3 21 국가직 7급

변호인의 조력을 받을 권리에 대한 설명으로 옳지 않은 것은? (다툼이 있는 경우 판례에 의함)

① 변호인이 피의자신문에 자유롭게 참여할 수 있는 권리는 피의자가 가지는 변호인의 조력을 받을 권리를 실현하는 수단이라고 할 수 있어 헌법상 기본권인 변호인의 변호권으로서 보호되어야 하므로, 검찰수사관인 피청구인이 피의자 신문에 참여한 변호인인 청구인에게 피의자 후방에 앉으라고 요구한 행위는 변호인인 청구인의 변호권을 침해한다.

② 「형사소송법」은 차폐시설을 설치하고 증인신문절차를 진행할 경우 피고인으로부터 의견을 듣도록 하는 등 피고인이 받을 수 있는 불이익을 최소화하기 위한 장치를 마련하고 있으므로, '피고인 등'에 대하여 차폐시설을 설치하고 신문할 수 있도록 한 것이 변호인의 조력을 받을 권리를 침해한다고 할 수는 없다.

③ 헌법 제12조 제4항 본문에 규정된 변호인의 조력을 받을 권리는 형사절차에서 피의자 또는 피고인의 방어권을 보장하기 위한 것으로서 「출입국관리법」상 보호 또는 강제퇴거의 절차에는 적용되지 않는다.

④ 변호인의 수사서류 열람 · 등사권은 피고인의 신속 · 공정한 재판을 받을 권리 및 변호인의 조력을 받을 권리라는 헌법상 기본권의 중요한 내용이자 구성요소이며 이를 실현하는 구체적인 수단이 된다.

09 1 2 3 21 국가직 7급

개인정보자기결정권에 대한 설명으로 옳지 않은 것은?(다툼이 있는 경우 판례에 의함)

① 구 「형의 실효 등에 관한 법률」의 해당 조항이 법원에서 불처분결정된 소년부송치 사건에 대한 수사경력자료의 삭제 및 보존기간에 대하여 규정하지 아니하여 수사경력자료에 기록된 개인정보가 당사자의 사망 시까지 보존되면서 이용되는 것은 당사자의 개인정보자기결정권에 대한 제한에 해당한다.

② 선거운동기간 중 모든 익명표현을 사전적 · 포괄적으로 규율하는 것은 표현의 자유보다 행정편의와 단속편의를 우선함으로써 익명표현의 자유와 개인정보자기결정권 등을 지나치게 제한한다.

③ 야당 소속 후보자 지지 혹은 정부 비판은 정치적 견해로서 개인의 인격주체성을 특징짓는 개인정보에 해당하지만, 그것이 지지 선언 등의 형식으로 공개적으로 이루어진 것이라면 개인정보자기결정권의 보호범위 내에 속하지 않는다.

④ 서울용산경찰서장이 전기통신사업자로부터 위치추적자료를 제공받아 청구인들의 위치를 확인하였거나 확인할 수 있었음에도 불구하고 청구인들의 검거를 위하여 국민건강보험공단으로부터 2년 내지 3년 동안의 요양급여정보를 제공받은 것은 청구인들의 개인정보자기결정권에 대한 중대한 침해에 해당한다.

10 1 2 3 21 국가직 7급

신체의 자유에 대한 설명으로 옳지 않은 것은?(다툼이 있는 경우 판례에 의함)

① 관광진흥개발기금 관리 · 운용업무에 종사토록 하기 위하여 문화체육관광부 장관에 의해 채용된 민간 전문가에 대해 「형법」상 뇌물죄의 적용에 있어서 공무원으로 의제하는 「관광진흥개발기금법」의 규정은 신체의 자유를 과도하게 제한하는 것은 아니다.

② 구 「미성년자보호법」의 해당 조항 중 "잔인성"과 "범죄의 충동을 일으킬 수 있게"라는 부분은 그 적용 범위를 법집행기관의 자의적인 판단에 맡기고 있으므로 죄형법정주의에서 파생된 명확성의 원칙에 위배된다.

③ 군인 아닌 자가 유사군복을 착용함으로써 군인에 대한 국민의 신뢰가 실추되는 것을 방지하기 위해 유사군복의 착용을 금지하는 것은 허용되지만, 유사군복을 판매목적으로 소지하는 것까지 금지하는 것은 과잉금지원칙에 위반된다.

④ 디엔에이신원확인정보의 수집 · 이용은 수형인 등에게 심리적 압박으로 인한 범죄예방효과를 가진다는 점에서 보안처분의 성격을 지니지만, 처벌적인 효과가 없는 비형벌적 보안처분으로서 소급입법금지원칙이 적용되지 않는다.

11 1 2 3 21 국가직 7급

행복추구권에 대한 설명으로 옳지 않은 것은?(다툼이 있는 경우 판례에 의함)

① 공정거래위원회의 명령으로 「독점규제 및 공정거래에 관한 법률」 위반의 혐의자에게 스스로 법위반사실을 인정하여 공표하도록 강제하고 있는 '법위반사실공표명령' 부분은 헌법상 일반적 행동의 자유, 명예권, 무죄추정권 및 양심의 자유를 침해한다.

② 공문서의 한글전용을 규정한 「국어기본법」 및 「국어기본법 시행령」의 해당 조항은 '공공기관 등이 작성하는 공문서'에 대하여만 적용되고, 일반 국민이 공공기관 등에 접수 · 제출하기 위하여 작성하는 문서나 일상생활에서 사적 의사소통을 위해 작성되는 문서에는 적용되지 않으므로 청구인들의 행복추구권을 침해하지 않는다.

③ 「수상레저안전법」상 조종면허를 받은 사람이 동력수상레저기구를 이용하여 범죄행위를 하는 경우에 조종면허를 필요적으로 취소하도록 하는 구 「수상레저안전법」상 규정은 직업의 자유 내지 일반적 행동의 자유를 침해한다.

④ 청구인이 공적인 인물의 부당한 행위를 비판하는 과정에서 모욕적인 표현을 사용한 행위가 사회상규에 위배되지 아니하는 행위로서 정당행위에 해당될 여지가 있음에도, 이에 대한 판단 없이 청구인에게 모욕 혐의를 인정한 피청구인의 기소유예처분은 청구인의 행복추구권을 침해한다.

12 1 2 3 21 국가직 7급

교육을 받을 권리에 대한 설명으로 옳지 않은 것은?(다툼이 있는 경우 판례에 의함)

① 초 · 중등학교 교사인 청구인들이 교육과정에 따라 학생들을 가르치고 평가하여야 하는 법적인 부담이나 제약을 받는다고 하더라도 이는 헌법상 보장된 기본권에 대한 제한이라고 보기 어렵다.

② 학교의 급식활동은 의무교육에 있어서 필수불가결한 교육 과정이고 이에 소요되는 경비는 의무교육의 실질적인 균등보장을 위한 본질적이고 핵심적인 항목에 해당하므로, 급식에 관한 경비를 전면무상으로 하지 않고 그 일부를 학부모의 부담으로 정하고 있는 것은 의무교육의 무상원칙에 위배된다.

③ 교육을 받을 권리가 국가에 대하여 특정한 교육제도나 시설의 제공을 요구할 수 있는 권리를 뜻하는 것은 아니므로, 대학의 구성원이 아닌 사람이 대학도서관에서 도서를 대출할 수 없거나 열람실을 이용할 수 없더라도 교육을 받을 권리가 침해된다고 볼 수 없다.

④ 학문의 자유와 대학의 자율성에 따라 대학이 학생의 선발 및 전형 등 대학입시제도를 자율적으로 마련할 수 있다 하더라도, 국민의 '균등하게 교육을 받을 권리'를 위해 대학의 자율적 학생 선발권은 일정부분 제약을 받을 수 있다.

13 1 2 3 21 국가직 7급

헌법개정에 대한 설명으로 옳은 것으로만 묶은 것은?

ㄱ. 국회는 헌법개정안이 공고된 날로부터 30일 이내에 의결하여야 하며, 국회의 의결은 출석의원 3분의 2 이상의 찬성을 얻어야 한다.
ㄴ. 헌법개정안은 국회에서 기명투표로 표결한다.
ㄷ. 헌법개정안은 국회가 의결한 후 60일 이내에 국민투표에 붙여 국회의원선거권자 과반수의 투표와 투표자 과반수의 찬성을 얻어야 한다.
ㄹ. 제안된 헌법개정안은 대통령이 20일 이상의 기간 이를 공고하여야 한다.

① ㄱ, ㄴ ② ㄱ, ㄷ
③ ㄴ, ㄹ ④ ㄷ, ㄹ

14 1 2 3 21 국가직 7급

군사제도 및 군인의 기본권에 대한 설명으로 옳지 않은 것은?(다툼이 있는 경우 판례에 의함)

① 헌법 제110조 제1항에 따라 특별법원으로서 군사법원을 둘 수 있지만, 법률로 군사법원을 설치함에 있어서 군사재판의 특수성을 고려하여 그 조직 · 권한 및 재판관의 자격을 일반법원과 달리 정하는 것은 헌법상 허용되지 않는다.

② 병(兵)에 대한 징계처분으로 일정기간 부대나 함정 내의 영창, 그 밖의 구금장소에 감금하는 영창처분은, 인신의 자유를 덜 제한하면서도 병의 비위행위를 효율적으로 억지할 수 있는 징계수단을 강구하는 것이 얼마든지 가능함에도, 병의 신체의 자유를 필요 이상으로 과도하게 제한하므로 침해의 최소성 원칙에 어긋난다.

③ 사관생도의 모든 사적 생활에서까지 예외 없이 금주의무를 이행할 것을 요구하는 것은 사관생도의 일반적 행동자유권은 물론 사생활의 비밀과 자유를 지나치게 제한하는 것이다.

④ 국군통수권은 군령(軍令)과 군정(軍政)에 관한 권한을 포괄하고, 여기서 군령이란 국방목적을 위하여 군을 현실적으로 지휘 · 명령하고 통솔하는 용병작용(用兵作用)을, 군정이란 군을 조직 · 유지 · 관리하는 양병작용(養兵作用)을 말한다.

15 1 2 3 21 국가직 7급

문화국가원리에 대한 설명으로 옳은 것은?(다툼이 있는 경우 판례에 의함)

① 개인의 정치적 견해를 기준으로 청구인들을 문화예술계 정부지원사업에서 배제되도록 차별취급한 것은 헌법상 문화국가원리에 반하는 자의적인 것으로 정당화될 수 없다.

② 우리나라는 제9차 개정 헌법에서 문화국가원리를 헌법의 기본원리로 처음 채택하였으며, 문화국가원리는 국가의 문화국가실현에 관한 과제 또는 책임을 통하여 실현된다.

③ 국가의 문화육성의 대상에는 원칙적으로 다수의 사람에게 문화창조의 기회를 부여한다는 의미에서 엘리트문화를 제외한 서민문화, 대중문화를 정책적인 배려의 대상으로 하여야 한다.

④ 우리 헌법상 문화국가원리는 견해와 사상의 다양성을 그 본질로 하지만, 이를 실현하는 국가의 문화정책이 국가가 어떤 문화현상에 대하여도 이를 선호하거나 우대하는 경향을 보이지 않는 불편부당의 원칙을 따라야 하는 것은 아니다.

16 1 2 3 20 국가직 7급

재산권에 대한 설명으로 옳지 않은 것은?(다툼이 있는 경우 판례에 의함)

① 「고엽제후유의증 환자지원 등에 관한 법률」에 의한 고엽제후유증환자 및 그 유족의 보상수급권은 법률에 의하여 비로소 인정되는 권리로서 재산권적 성질을 갖는 것이긴 하지만 그 발생에 필요한 요건이 법정되어 있는 이상 이러한 요건을 갖추기 전에는 헌법이 보장하는 재산권이라고 할 수 없다.

② 토지의 협의취득 또는 수용 후 당해 공익사업이 다른 공익사업으로 변경되는 경우에 당해 토지의 원소유자 또는 그 포괄승계인의 환매권을 제한하고, 환매권 행사기간을 변환고시일부터 기산하도록 한 구 「공익사업을 위한 토지 등의 취득 및 보상에 관한 법률」 조항은 이들의 재산권을 침해한다.

③ 의료급여수급권은 공공부조의 일종으로서 순수하게 사회정책적 목적에서 주어지는 권리이므로 개인의 노력과 금전적 기여를 통하여 취득되는 재산권의 보호대상에 포함된다고 보기 어렵다.

④ 영화관 관람객이 입장권 가액의 100분의 3을 부담하도록 하고 영화관 경영자는 이를 징수하여 영화진흥위원회에 납부하도록 강제하는 내용의 영화상영관 입장권 부과금 제도는 영화관 관람객의 재산권을 침해하지 않는다.

17 1 2 3 20 국가직 7급

사생활의 비밀과 자유에 대한 설명으로 옳지 않은 것은?(다툼이 있는 경우 판례에 의함)

① 엄중격리대상자의 수용거실에 CCTV를 설치하여 24시간 감시하는 행위는 교도관의 계호활동 중 육안에 의한 시선계호를 CCTV 장비에 의한 시선계호로 대체한 것에 불과하므로, 특별한 법적 근거가 없더라도 일반적인 계호활동을 허용하는 법률규정에 의하여 허용되고, 엄중격리대상자의 사생활의 비밀 및 자유를 침해하였다고 볼 수 없다.

② 흡연자들이 자유롭게 흡연할 권리를 흡연권이라고 한다면, 이러한 흡연권은 인간의 존엄과 행복추구권을 규정한 헌법 제10조와 사생활의 자유를 규정한 헌법 제17조에 의하여 뒷받침된다.

③ 금융감독원의 4급 이상 직원에 대하여 「공직자윤리법」상 재산등록의무를 부과하는 조항은 해당 업무에 대한 권한과 책임이 부여되지 아니한 3급 또는 4급 직원까지 재산등록 의무자로 규정하여 재산등록의무자의 범위를 지나치게 확대하고, 등록대상 재산의 범위도 지나치게 광범위하며, 직원 본인뿐 아니라 배우자, 직계존비속의 재산까지 등록하도록 하는 등 이들의 사생활의 비밀과 자유를 침해한다.

④ 교도소장이 수용자가 없는 상태에서 실시한 거실 및 작업장 검사행위는 교도소의 안전과 질서를 유지하고, 수형자의 교화 · 개선에 지장을 초래할 수 있는 물품을 차단하기 위한 것으로서 그 목적이 정당하고, 수단도 적절하며, 검사의 실효성을 확보하기 위한 최소한의 조치로 보이고, 달리 덜 제한적인 대체수단을 찾기 어려운 점 등에 비추어 보면 사생활의 비밀 및 자유를 침해하였다고 할 수 없다.

18 1 2 3 20 국가직 7급

인간다운 생활을 할 권리에 대한 설명으로 옳지 않은 것은?(다툼이 있는 경우 판례에 의함)

① 국가에게 헌법 제34조에 의하여 장애인의 복지를 위하여 노력을 해야 할 의무가 있다는 것은, 장애인도 인간다운 생활을 누릴 수 있는 정의로운 사회질서를 형성해야 할 국가의 일반적인 의무를 뜻하는 것이지, 장애인을 위하여 저상버스를 도입해야 한다는 구체적 내용의 의무가 헌법으로부터 나오는 것은 아니다.

② 구치소 · 치료감호시설에 수용 중인 자에 대하여 「국민기초생활보장법」에 의한 중복적인 보장을 피하기 위하여 개별가구에서 제외하기로 한 입법자의 판단이 헌법상 용인될 수 있는 재량의 범위를 일탈하여 인간다운 생활을 할 권리와 보건권을 침해한다고 볼 수 없다.

③ 인간다운 생활을 보장하기 위한 객관적인 내용의 최소한을 보장하고 있는지 여부는 특정한 법률에 의한 생계급여만을 가지고 판단하면 되고, 여타 다른 법령에 의해 국가가 최저생활보장을 위하여 지급하는 각종 급여나 각종 부담의 감면 등을 총괄한 수준으로 판단할 것을 요구하지는 않는다.

④ 국가가 인간다운 생활을 보장하기 위한 헌법적 의무를 다하였는지의 여부가 사법적 심사의 대상이 된 경우에는, 국가가 최저생활보장에 관한 입법을 전혀 하지 아니하였다든가 그 내용이 현저히 불합리하여 헌법상 용인될 수 있는 재량의 범위를 명백히 일탈한 경우에 한하여 헌법에 위반된다고 할 수 있다.

19 1 2 3 20 국가직 7급

헌법상 기본원리에 대한 설명으로 옳은 것만을 모두 고르면? (다툼이 있는 경우 판례에 의함)

ㄱ. '책임 없는 자에게 형벌을 부과할 수 없다'는 형벌에 관한 책임주의는 「형사법」의 기본원리로서, 헌법상 법치국가의 원리에 내재하는 원리인 동시에, 헌법 제10조의 취지로부터 도출되는 원리이고, 법인의 경우도 자연인과 마찬가지로 책임주의원칙이 적용된다.

ㄴ. 헌법 제119조 제1항은 헌법상 경제질서에 관한 일반조항으로서 국가의 경제정책에 대한 하나의 헌법적 지침이고, 동 조항이 언급하는 경제적 자유와 창의는 직업의 자유, 재산권의 보장, 근로3권과 같은 경제에 관한 기본권 및 비례의 원칙과 같은 법치국가원리에 의하여 비로소 헌법적으로 구체화된다.

ㄷ. 사회환경이나 경제여건의 변화에 따른 필요성에 의하여 법률이 신축적으로 변할 수 있고, 변경된 새로운 법질서와 기존의 법질서 사이에 이해관계의 상충이 불가피하더라도 국민이 가지는 모든 기대 내지 신뢰는 헌법상 권리로서 보호되어야 한다.

ㄹ. 헌법의 기본원리는 헌법의 이념적 기초인 동시에 헌법을 지배하는 지도원리로서 구체적 기본권을 도출하는 근거가 될 뿐만 아니라 기본권의 해석 및 기본권 제한 입법의 합헌성 심사에 있어 해석기준의 하나로서 작용한다.

① ㄱ, ㄴ

② ㄱ, ㄷ

③ ㄱ, ㄴ, ㄹ

④ ㄴ, ㄷ, ㄹ

20 1 2 3 20 국가직 7급

표현의 자유에 대한 설명으로 옳은 것만을 모두 고르면?(다툼이 있는 경우 판례에 의함)

ㄱ. 헌법상 군무원은 국민의 구성원으로서 정치적 표현의 자유를 보장받지만, 그 특수한 지위로 인하여 국가 공무원으로서 헌법 제7조에 따라 그 정치적 중립성을 준수하여야 할 뿐만 아니라, 나아가 국군의 구성원으로서 헌법 제5조 제2항에 따라 그 정치적 중립성을 준수할 필요성이 더욱 강조되므로, 정치적 표현의 자유에 대해 일반 국민보다 엄격한 제한을 받을 수밖에 없다.

ㄴ. 일반적으로 표현의 자유는 정보의 전달 또는 전파와 관련지어 생각되므로 구체적인 전달이나 전파의 상대방이 없는 집필의 단계를 표현의 자유의 보호영역에 포함시킬 것인지 의문이 있을 수 있으나, 집필은 문자를 통한 모든 의사표현의 기본 전제가 된다는 점에서 당연히 표현의 자유의 보호영역에 속해 있다고 보아야 한다.

ㄷ. 건강기능식품의 기능성 광고는 인체의 구조 및 기능에 대하여 보건용도에 유용한 효과를 준다는 기능성 등에 관한 정보를 널리 알려 해당 건강기능식품의 소비를 촉진시키기 위한 상업광고이지만, 헌법 제21조 제1항의 표현의 자유의 보호 대상이 됨과 동시에 같은 조 제2항의 사전검열 금지 대상도 된다.

ㄹ. 선거운동 기간 중 인터넷언론사 홈페이지의 게시판 등에 정당 · 후보자에 대한 지지 · 반대의 정보를 게시할 수 있도록 하는 경우 실명확인을 위한 기술적 조치를 하도록 한 것은 게시판 이용자의 정치적 익명표현의 자유를 침해한다.

① ㄱ, ㄴ

② ㄱ, ㄹ

③ ㄱ, ㄴ, ㄷ

④ ㄴ, ㄷ, ㄹ

제2회 경찰공무원(순경) 헌법

01 1 2 3 17 국가직 7급

헌법 전문(前文)에 대한 설명으로 옳은 것은?(다툼이 있는 경우 판례에 의함)

① 1948년 헌법 전문에는 3 · 1운동으로 건립된 대한민국임시정부의 법통과 독립정신을 규정하고 있으며, 안으로는 국민생활의 균등한 향상을 기하고 밖으로는 국제평화의 유지에 노력할 것을 언급하고 있다.

② 현행 헌법 전문은 "1948년 7월 12일에 제정되고 9차에 걸쳐 개정된 헌법을 이제 국회의 의결을 거쳐 국민투표에 의하여 개정한다"라고 규정하고 있다.

③ 헌법 전문에 기재된 3 · 1정신은 우리나라 헌법의 연혁적 · 이념적 기초로서 헌법이나 법률해석에서의 해석기준으로 작용할 뿐만 아니라 곧바로 국민의 개별적 기본권성을 도출해 내어, 예컨대 '영토권'을 헌법상 보장된 기본권으로 인정할 수 있다.

④ '3 · 1운동으로 건립된 대한민국임시정부의 법통을 계승'한다는 것은 대한민국이 일제에 항거한 독립운동가의 공헌과 희생을 바탕으로 이룩된 것임을 선언한 것으로, 국가는 자주독립을 위하여 공헌한 독립유공자와 그 유족에 대해 응분의 예우를 해야 할 헌법적 의무를 지닌다.

02 1 2 3 19 국가직 7급

적법절차와 영장주의에 대한 설명으로 옳지 않은 것은?(다툼이 있는 경우 판례에 의함)

① 헌법 제12조 제3항과는 달리 헌법 제16조 후문은 "주거에 대한 압수나 수색을 할 때에는 검사의 신청에 의하여 법관이 발부한 영장을 제시하여야 한다"라고 규정하고 있을 뿐 영장주의에 대한 예외를 명문화하고 있지 않으므로 영장주의가 예외 없이 반드시 관철되어야 함을 의미하는 것이다.

② 수사기관이 전기통신사업자에게 통신사실 확인자료 제공을 요청함에 있어 관할 지방법원 또는 지원의 허가를 받도록 규정하고 있는 「통신비밀보호법」 규정은 영장주의에 위배되지 아니한다.

③ 체포영장을 집행하는 경우 필요한 때에는 타인의 주거 등에서 피의자 수사를 할 수 있도록 한 「형사소송법」 규정은 헌법 제16조의 영장주의에 위반된다.

④ 법원이 피고인의 구속 또는 그 유지 여부의 필요성에 관하여 한 재판의 효력이 검사나 다른 기관의 이견이나 불복이 있다 하여 좌우되거나 제한받는다면 이는 영장주의에 위반된다고 할 것이다.

03 1 2 3 19 국가직 7급

청원권에 대한 설명으로 옳은 것은?(다툼이 있는 경우 판례에 의함)

① 「지방자치법」에 따라 지방의회 위원회가 청원을 심사하여 본회의에 부칠 필요가 없다고 결정하면 그 처리결과를 지방의회 의장에게 보고하고, 지방의회 위원회는 청원한 자에게 이를 알려야 한다.

② 「국회법」에 의한 청원은 일반의안과는 달리 소관위원회의 심사를 거칠 필요가 없으며 심사절차도 일반의안과 다른 절차를 밟는데, 청원을 소개한 국회의원은 필요할 경우 「국회법」 제125조 제3항에 의해 청원의 취지를 설명해야 하고 질의가 있을 경우 답변을 해야 한다.

③ 국민이면 누구든지 널리 제기할 수 있는 민중적 청원제도는 재판청구권 기타 준사법적 구제청구와는 그 성질을 달리하므로 청원사항의 처리결과에 심판서나 재결서에 준하여 이유명시를 요구할 수 없다.

④ 모해청원, 반복청원, 이중청원, 국가기관권한사항청원, 개인사생활사항청원 등의 경우에는 수리되지 않는다.

04 1 2 3 19 국가직 7급

자기결정권에 대한 설명으로 옳지 않은 것은?(다툼이 있는 경우 판례에 의함)

① 집회 참가자들에 대한 경찰의 촬영행위는 개인정보자기결정권의 보호대상이 되는 신체, 특정인의 집회 · 시위 참가 여부 및 그 일시 · 장소 등의 개인정보를 정보주체의 동의 없이 수집하였다는 점에서 개인정보자기결정권을 제한할 수 있다.

② 인수자가 없는 시체를 생전의 본인의 의사와는 무관하게 해부용 시체로 제공되도록 규정한 「시체 해부 및 보존에 관한 법률」 규정은 추구하는 공익이 사후 자신의 시체가 자신의 의사와는 무관하게 해부용 시체로 제공됨으로써 침해되는 사익보다 크다고 할 수 없으므로 청구인의 시체 처분에 대한 자기결정권을 침해한다.

③ 부모가 자녀의 이름을 지어주는 것은 자녀의 양육과 가족생활을 위하여 필수적인 것이고, 가족생활의 핵심적 요소라 할 수 있으므로, '부모가 자녀의 이름을 지을 자유'는 혼인과 가족생활을 보장하는 헌법 제36조 제1항과 행복추구권을 보장하는 헌법 제10조에 의하여 보호받는다.

④ 혼인을 빙자하여 부녀를 간음한 남자를 처벌하는 「형법」 조항은 사생활의 비밀과 자유를 제한하는 것이라고 할 수 있지만, 혼인을 빙자하여 부녀를 간음한 남자의 성적자기결정권을 제한하는 것은 아니다.

05 1 2 3 19 국가직 7급

양심의 자유에 대한 설명으로 옳지 않은 것은?(다툼이 있는 경우 판례에 의함)

① 양심의 자유의 '양심'은 민주적 다수의 사고나 가치관과 일치하는 것이 아니라, 개인적 현상으로서 지극히 주관적인 것이다.

② 양심은 그 대상이나 내용 또는 동기에 의하여 판단되는 것으로, 특히 양심상의 결정이 이성적 · 합리적인가, 타당한가 또는 법질서나 사회규범 · 도덕률과 일치하는가 하는 관점이 양심의 존재를 판단하는 기준이 된다.

③ 「보안관찰법」상의 보안관찰처분은 보안관찰처분대상자의 내심의 작용을 문제 삼는 것이 아니라, 보안관찰처분대상자가 보안관찰해당범죄를 다시 저지를 위험성이 내심의 영역을 벗어나 외부에 표출되는 경우에 재범의 방지를 위하여 내려지는 특별예방적 목적의 처분이므로, 보안관찰처분 근거 규정에 의한 보안관찰처분이 양심의 자유를 침해한다고 할 수 없다.

④ 인터넷언론사의 공개된 게시판 · 대화방에서 스스로의 의사에 의하여 정당 · 후보자에 대한 지지 · 반대의 글을 게시하는 행위가 양심의 자유나 사생활 비밀의 자유에 의하여 보호되는 영역이라고 할 수 없다.

06 1 2 3 19 국가직 7급

거주 · 이전의 자유에 대한 설명으로 옳은 것은?(다툼이 있는 경우 판례에 의함)

① 경찰청장이 경찰버스들로 서울광장을 둘러싸 통행을 제지한 행위는 서울광장을 가로질러 통행하려는 사람들의 거주 · 이전의 자유를 제한하는 것이다.

② 거주 · 이전의 자유에는 국내에서의 거주 · 이전의 자유와 귀국의 자유가 포함되나 국외 이주의 자유와 해외여행의 자유는 포함되지 않는다.

③ 법인이 과밀억제권역 내에 본점의 사업용 부동산으로 건축물을 신축하여 이를 취득하는 경우, 취득세를 중과세하는 구 「지방세법」 조항은 법인의 영업의 자유를 제한하는 것으로서 법인의 거주 · 이전의 자유를 제한하는 것은 아니다.

④ 헌법 제14조가 보장하는 거주 · 이전의 자유에는 국적을 이탈하거나 변경하는 것이 포함된다.

07 1 2 3 19 국가직 7급

국민투표권에 대한 설명으로 옳지 않은 것은?(다툼이 있는 경우 판례에 의함)

① 「정당법」상의 당원의 자격이 없는 자는 국민투표에 관한 운동을 할 수 없다.

② 출입국관리 관계 법령에 따라 대한민국에 계속 거주할 수 있는 자격을 갖춘 외국인으로서 지방자치단체의 조례로 정한 사람은 국민투표권을 가진다.

③ 국회의원선거권자인 재외선거인에게 국민투표권을 인정하지 않은 것은 국회의원선거권자의 헌법개정안 국민투표 참여를 전제하고 있는 헌법 제130조 제2항의 취지에 부합하지 않는다.

④ 특정의 국가정책에 대하여 다수의 국민들이 국민투표를 원하고 있음에도 불구하고 대통령이 이러한 희망과는 달리 국민투표에 회부하지 아니한다고 하여도 이를 헌법에 위반된다고 할 수 없고, 국민에게 특정의 국가정책에 관하여 국민투표에 회부할 것을 요구할 권리가 인정된다고 할 수도 없다.

08 1 2 3 19 국가직 7급

기본권 제한에서 요구되는 과잉금지원칙에 대한 설명으로 옳은 것은?(다툼이 있는 경우 판례에 의함)

① 사립학교 교원 또는 사립학교 교원이었던 자가 재직 중의 사유로 금고 이상의 형을 받은 때에는 대통령령이 정하는 바에 의하여 퇴직급여 및 퇴직수당의 일부를 감액하여 지급하도록 한 것은 입법목적을 달성하는 데 적합한 수단이라고 볼 수 없다.

② 민사재판에 당사자로 출석하는 수형자에 대하여 아무런 예외 없이 일률적으로 사복착용을 금지하는 것은 침해의 최소성 원칙에 위배된다.

③ 직업수행의 자유에 대하여는 직업선택의 자유와는 달리 공익목적을 위하여 상대적으로 폭넓은 입법적 규제가 가능한 것이므로 과잉금지의 원칙이 적용되는 것이 아니라 자의금지의 원칙이 적용되는 것이다.

④ 「마약류 관리에 관한 법률」을 위반하여 금고 이상의 실형을 선고받고 그 집행이 끝나거나 면제된 날부터 20년이 지나지 아니한 것을 택시운송사업의 운전업무 종사자격의 결격사유 및 취소사유로 정한 것은 사익을 제한함으로써 달성할 수 있는 공익이 더욱 중대하므로 법익의 균형성 원칙도 충족하고 있다.

09 1 2 3 19 국가직 7급

참정권에 대한 설명으로 옳은 것만을 모두 고르면?(다툼이 있는 경우 판례에 의함)

ㄱ. 승진가능성이라는 것은 공직신분의 유지나 업무수행과 같은 법적 지위에 직접 영향을 미치는 것이 아니고 간접적, 사실적 또는 경제적 이해관계에 영향을 미치는 것에 불과하여 공무담임권의 보호영역에 포함된다고 보기는 어렵다.

ㄴ. 「주민투표법」 제8조에 따른 국가정책에 대한 주민투표는 주민의 의견을 묻는 의견수렴으로서의 성격을 갖는 것이고, 주민투표권의 일반적 성격을 보더라도 이는 법률이 보장하는 참정권이라고 할 수 있을지언정 헌법이 보장하는 참정권이라고 할 수는 없다.

ㄷ. 선거권을 제한하는 입법은 헌법 제24조에 의해서 곧바로 정당화될 수는 없고, 헌법 제37조 제2항의 규정에 따라 국가안전보장 · 질서유지 또는 공공복리를 위하여 필요하고 불가피한 예외적인 경우에만 그 제한이 정당화될 수 있으며, 그 경우에도 선거권의 본질적인 내용을 침해할 수 없다.

ㄹ. 사법인적인 성격을 지니는 농협 · 축협의 조합장선거에서 조합장을 선출하거나 선거운동을 하는 것은 헌법에 의하여 보호되는 선거권의 범위에 포함된다.

① ㄱ, ㄴ
② ㄷ, ㄹ
③ ㄱ, ㄴ, ㄷ
④ ㄴ, ㄷ, ㄹ

10 1 2 3 18 국가직 7급

제도적 보장에 대한 설명으로 옳은 것은?(다툼이 있는 경우 판례에 의함)

① 전래의 어떤 가족제도가 헌법 제36조 제1항이 요구하는 양성 평등에 반한다고 할지라도, 헌법 제9조의 전통문화와 규범조화적으로 해석하여 그 헌법적 정당성이 인정될 수도 있다.

② 방송의 자유는 주관적 권리로서의 성격과 함께 신문의 자유와 마찬가지로 자유로운 의견형성이나 여론형성을 위해 필수적인 기능을 행하는 객관적 규범질서로서 제도적 보장의 성격을 함께 가진다.

③ 기본권이 입법권 · 집행권 · 사법권을 구속하는 법규범인 데 반하여, 제도적 보장은 프로그램적 규정으로서 재판규범으로서의 기능을 하지 못한다.

④ 제도적 보장은 주관적 권리가 아닌 객관적 법규범이라는 점에서 기본권과 구별되며, 헌법에 의하여 일정한 제도가 보장되더라도 입법자는 그 제도를 설정하고 유지할 입법 의무를 지는 것은 아니다.

11 1 2 3 18 국가직 7급

평등권 또는 평등원칙에 대한 설명으로 옳은 것은?(다툼이 있는 경우 판례에 의함)

① 후보자의 선거운동에서 독자적으로 후보자의 명함을 교부할 수 있는 주체를 후보자의 배우자와 직계존비속으로 제한한 「공직선거법」 규정은 배우자나 직계존비속이 있는 후보자와 그렇지 않은 후보자를 합리적 이유 없이 달리 취급하고 있기에 평등권을 침해한다.

② 보훈보상대상자의 부모에 대한 유족보상금 지급 시, 부모 중 수급권자를 1인에 한정하고 어떠한 예외도 두지 않는 「보훈보상대상자 지원에 관한 법률」 규정은 보상금을 지급받지 못하는 부모 일방의 평등권을 침해하지 아니한다.

③ 「주민등록법」상 재외국민으로 등록 · 관리되고 있는 영유아를 보육료 · 양육수당의 지원대상에서 제외한 규정은 국가의 재정능력에 비추어 보았을 때 국내에 거주하면서 재외국민인 영유아를 양육하는 부모를 차별하고 있더라도 평등권을 침해하지는 않는다.

④ 구 「소년법」 규정이 소년으로 범한 죄에 의하여 형의 선고를 받은 자가 그 집행을 종료하거나 면제받은 때와 달리 집행 유예를 선고받은 소년범에 대한 자격완화 특례규정을 두지 아니하여 자격제한을 함에 있어 「군인사법」 등 해당 법률의 적용을 받도록 한 것은 불합리한 차별이라 할 것이므로 평등원칙에 위반된다.

12 1 2 3 18 국가직 7급

신체의 자유에 대한 설명으로 옳지 않은 것은?(다툼이 있는 경우 판례에 의함)

① 체포영장을 발부받아 피의자를 체포하는 경우에 필요한 때에는 영장 없이 타인의 주거 등 내에서 피의자 수사를 할 수 있도록 한 「형사소송법」 규정은 별도로 영장을 발부받기 어려운 긴급한 사정이 있는지 여부를 구별하지 아니하고 피의자가 소재할 개연성만 소명되면 영장 없이 타인의 주거 등을 수색할 수 있도록 허용하고 있으므로 헌법 제16조의 영장주의에 위반된다.

② 동일인을 구 「석유 및 석유대체연료 사업법」 규정에 따라 유사석유제품 제조행위로 처벌하고, 구 「조세범 처벌법」 규정에 근거하여 유사석유제품을 제조하여 조세를 포탈한 행위로도 처벌하는 것은 기본적 사실관계로서의 행위가 동일하여 이중처벌금지원칙에 위배된다.

③ 단순히 선박소유자가 고용한 선장이 선박소유자의 업무에 관하여 범죄행위를 하였다는 이유만으로 그 선박소유자에게도 동일한 벌금형을 과하도록 한 규정은 다른 사람의 범죄에 대하여 그 책임 유무를 묻지 않고 형벌을 부과하는 것으로서 책임주의원칙에 반한다.

④ 변호인이 피의자신문에 자유롭게 참여할 수 있는 권리는 피의자가 가지는 변호인의 조력을 받을 권리를 실현하는 수단이므로 헌법상 기본권인 변호인의 변호권으로서 보호되어야 한다.

13 1 2 3 18 국가직 7급

법치주의원리의 파생원칙에 대한 설명으로 옳지 않은 것은? (다툼이 있는 경우 판례에 의함)

① 「공무원연금법」상 퇴직연금을 수령하고 있던 자가 지방의회의원에 취임한 경우, 지방의회의원에 취임할 당시의 연금제도가 그대로 유지되어 그 임기동안 퇴직연금을 계속 지급받을 수 있을 것이라는 신뢰의 보호가치는 크므로, 지방의회의원의 재직기간 중 연금 전부의 지급을 정지하는 것은 신뢰보호원칙에 위반된다.

② 법치주의원리로부터 도출되는 체계정당성의 원리에 대한 위반 자체가 바로 위헌이 되는 것은 아니고 이는 비례의 원칙이나 평등원칙위반 내지 입법의 자의금지위반 등의 위헌성을 시사하는 하나의 징후일 뿐이다.

③ 의료기관의 시설 또는 부지의 일부를 분할 · 변경 또는 개수하여 약국을 개설한 자가 「약사법」 개정으로 시행일 후 1년 뒤에는 기존약국을 더 이상 운영할 수 없도록 한 부칙규정은 이미 개설 등록된 기존약국의 효력이나 이제까지의 약국영업과 관련한 사법상의 법률효과를 소급하여 부인하는 것이 아니므로, 헌법 제13조 제2항에서 의미하는 소급입법에 해당되지 아니한다.

④ 신뢰보호원칙의 위반 여부는 한편으로는 침해받은 신뢰이익의 보호가치, 침해의 중한 정도, 신뢰침해의 방법 등과 다른 한편으로는 새 입법을 통해 실현하고자 하는 공익목적을 종합적으로 비교형량하여 판단하여야 한다.

14 1 2 3 18 국가직 7급

헌정사에 대한 설명으로 옳지 않은 것은?

① 1954년 헌법은 대한민국의 주권의 제약 또는 영토의 변경을 가져올 국가안위에 관한 중대사항은 국회의 가결을 거친 후에 국민투표에 부하여 민의원 의원 선거권자 3분의 2 이상의 투표와 유효투표 3분의 2 이상의 찬성을 얻어야 한다고 규정하였다.

② 1962년 헌법은 인간의 존엄과 가치를 명시하고, 행복추구권을 기본권으로 신설하였다.

③ 1972년 헌법은 대통령이 제안한 헌법개정안은 국민투표로 확정되며, 국회의원이 제안한 헌법개정안은 국회의 의결을 거쳐 통일주체국민회의의 의결로 확정된다고 규정함으로써 헌법개정절차를 이원화하였다.

④ 1987년 헌법은 체포 · 구속 시 이유고지 및 가족통지제도를 추가하였고, 범죄피해자구조청구권을 기본권으로 새로 규정하였다.

15 1 2 3 18 국가직 7급

경제질서에 대한 설명으로 옳지 않은 것은?(다툼이 있는 경우 판례에 의함)

① 헌법 제119조는 헌법상 경제질서에 관한 일반조항으로서 국가의 경제정책에 대한 하나의 헌법적 지침일 뿐 그 자체가 기본권의 성질을 가진다고 할 수는 없다.

② 국가는 농 · 어민과 중소기업의 자조조직이 제대로 기능하지 못하고 향후의 전망도 불확실한 경우라면 단순히 그 조직의 자유성을 보장하는 것에 그쳐서는 아니 되고, 적극적으로 이를 육성하여야 할 의무까지도 수행하여야 한다.

③ 헌법이 보장하는 소비자보호운동은 소비자의 제반 권익을 증진할 목적으로 이루어지는 구체적 활동을 의미하고, 단체를 조직하고 이를 통하여 활동하는 형태, 즉 근로자의 단결권이나 단체행동권에 유사한 활동뿐만 아니라, 하나 또는 그 이상의 소비자가 동일한 목표로 함께 의사를 합치하여 벌이는 운동이면 모두 이에 포함된다.

④ 허가받은 지역 밖에서의 이송업의 영업을 금지하고 처벌하는 「응급의료에 관한 법률」 규정은 응급환자 이송업체 사이의 자유경쟁을 막아 헌법상 경제질서에 위배된다.

16 1 2 3 18 국가직 7급

헌법개정에 대한 설명으로 옳지 않은 것은?(다툼이 있는 경우 판례에 의함)

① 대통령의 발의로 제안된 헌법개정안은 국회의장이 20일 이상의 기간 이를 공고하여야 하며, 국회는 헌법개정안이 공고된 날로부터 60일 이내에 의결하여야 한다.

② 헌법재판의 수요를 감당하기 위하여 헌법재판관의 수를 늘리기 위해서는 헌법개정이 필요하다.

③ 헌법개정의 한계에 관한 규정을 두지 아니하고 헌법의 개정을 법률의 개정과는 달리 국민투표로 확정하는 현행 헌법상 과연 어떤 규정이 헌법핵 내지는 헌법제정규범으로서 상위 규범이고 어떤 규정이 단순한 헌법개정규범으로서 하위규범인지를 구별하는 것이 가능하지 아니하다.

④ 1954년 헌법은 "대한민국의 주권은 국민에게 있고 모든 권리는 국민으로부터 나온다"라고 한 헌법 제2조를 폐지할 수 없다고 규정하였다.

17 1 2 3 18 국가직 7급

개인정보자기결정권에 대한 설명으로 옳지 않은 것은?(다툼이 있는 경우 판례에 의함)

① 가족관계등록부 등의 기록사항에 관한 증명서 교부청구권을 형제자매에게도 부여하는 「가족관계의 등록 등에 관한 법률」 규정은 증명서 발급에 있어 형제자매에게 정보주체인 본인과 거의 같은 지위를 부여하고 있기에 정보주체의 개인정보자기결정권을 침해한다.

② 구치소장이 검사의 요청에 따라 미결수용자와 그 배우자의 접견녹음파일을 미결수용자의 동의 없이 제공하더라도, 이러한 제공행위는 형사사법의 실체적 진실을 발견하고 이를 통해 형사사범의 적정한 수행을 도모하기 위한 것으로 미결수용자의 개인정보자기결정권을 침해하는 것은 아니다.

③ 아동 · 청소년대상 성폭력범죄를 저지른 자에 대한 신상정보 고지제도는 성범죄자가 거주하는 읍 · 면 · 동에 사는 지역 주민 중 아동 · 청소년 자녀를 둔 가구 및 교육기관의 장 등을 상대로 이루어져, 고지대상자와 그 가족을 경계하고 외면하도록 하므로 고지대상자와 그 가족의 개인정보자기결정권을 침해한다.

④ 「영유아보육법」은 CCTV 열람의 활용목적을 제한하고 있고, 어린이집원장은 열람시간 지정 등을 통해 보육활동에 지장이 없도록 보호자의 열람요청에 적절히 대응할 수 있으므로 동법의 CCTV 열람조항으로 보육교사의 개인정보자기결정권이 필요 이상으로 과도하게 제한된다고 볼 수 없다.

18 1 2 3 18 국가직 7급

직업의 자유에 대한 설명으로 옳지 않은 것은?(다툼이 있는 경우 판례에 의함)

① 제조업의 직접생산공정업무를 근로자 파견의 대상업무에서 제외하는 법률조항은 근로자 파견을 허용하되 파견기간을 제한하는 방법도 고려해 볼 수 있으므로 제조업의 직접생산공정업무에 관하여 근로자파견의 역무를 제공받고자 하는 사업주의 직업수행의 자유를 침해한다.

② 세무사 자격 보유 변호사가 세무사로서 세무조정업무를 일체 수행할 수 없도록 한 규정은 이들에게 세무사 자격을 부여한 의미를 상실시키는 것일 뿐만 아니라 세무사 자격에 기한 직업선택의 자유를 지나치게 제한하는 것으로 헌법에 위반된다.

③ 청원경찰이 저지른 범죄의 종류나 내용을 불문하고 범죄행위로 금고 이상의 형의 선고유예를 받게 되면 당연히 퇴직되도록 규정한 것은 이를 통해 달성하려는 공익의 비중에도 불구하고 청원경찰의 직업의 자유를 과도하게 제한하고 있어 헌법에 위반된다.

④ 아동학대 관련 범죄전력자가 아동관련 기관인 체육시설 등을 운영하거나 학교에 취업하는 것을 형이 확정된 때부터 형의집행이 종료되거나 집행을 받지 아니하기로 확정된 후 10년까지의 기간 동안 제한하는 것은 직업의 자유를 침해한다.

19 1 2 3 18 국가직 7급

선거에 대한 설명으로 옳지 않은 것은?(다툼이 있는 경우 판례에 의함)

① 1년 이상의 징역형을 선고받고 그 집행이 종료되지 아니한 사람의 선거권을 제한하는 「공직선거법」 규정은 형사적·사회적 제재를 부과하고 준법의식을 강화한다는 공익이 형 집행기간 동안 선거권을 행사하지 못하는 수형자 개인의 불이익보다 작다고 할 수 없어 수형자의 선거권을 침해하지 아니한다.

② 선거범으로서 100만 원 이상의 벌금형을 선고를 받고 그 형이 확정된 후 5년을 경과하지 아니한 자 또는 형의 집행유예의 선고를 받고 그 형이 확정된 후 10년을 경과하지 아니한 자의 선거권을 제한하는 규정은 국민주권과 대의제 민주주의의 실현수단으로서 선거권이 가지는 의미와 보통선거 원칙의 중요성을 감안하면, 필요 최소한을 넘어 과도한 제한으로서 이들 선거범의 선거권을 침해한다.

③ 비례대표 국회의원에 입후보하기 위하여 기탁금으로 1,500만 원을 납부하도록 한 규정은 그 액수가 고액이라 거대정당에게 일방적으로 유리하고, 다양해진 국민의 목소리를 제대로 대표하지 못하여 사표를 양산하는 다수대표제의 단점을 보완하기 위하여 도입된 비례대표제의 취지에도 반하는 것이다.

④ 한국철도공사의 상근직원은 상근임원과 달리 그 직을 유지한 채 공직선거에 입후보하여 자신을 위한 선거운동을 할 수 있음에도, 상근 직원이 타인을 위한 선거운동을 할 수 없도록 전면적으로 금지하는 「공직선거법」 규정은 상근직원의 선거운동의 자유를 침해한다.

20 1 2 3 19 국가직 7급

신뢰보호의 원칙과 소급입법에 대한 설명으로 옳지 않은 것은?(다툼이 있는 경우 판례에 의함)

① 법률의 제정이나 개정 시 구법질서에 대한 당사자의 신뢰가 합리적이고도 정당하며 법률의 제정이나 개정으로 야기되는 당사자의 손해가 극심하여 새로운 입법으로 달성하고자 하는 공익적 목적이 그러한 당사자의 신뢰의 파괴를 정당화할 수 없다면, 그러한 새로운 입법은 허용될 수 없다.

② 부진정소급입법은 특단의 사정이 없는 한 헌법적으로 허용되지 않는 것이 원칙이나, 예외적으로 신뢰보호의 요청에 우선하는 심히 중대한 공익상의 사유가 소급입법을 정당화하는 경우에 허용될 수 있다.

③ 신법이 피적용자에게 유리한 경우에는 시혜적인 소급입법이 가능하지만, 그러한 소급입법을 할 것인가의 여부는 그 일차적인 판단이 입법기관에 맡겨져 있으므로 입법자는 시혜적 소급입법을 할 것인가 여부를 결정할 수 있고, 그 결정이 합리적 재량의 범위를 벗어나 현저하게 불합리하고 불공정한 것이 아닌 한 헌법에 위반된다고 할 수는 없다.

④ 헌법 제38조는 "모든 국민은 법률이 정하는 바에 의하여 납세의무를 진다"라고 규정하는 한편, 헌법 제59조는 "조세의 종목과 세율은 법률로 정한다"라고 규정하여 조세법률주의를 선언하고 있는데, 이는 납세의무가 존재하지 않았던 과거에 소급하여 과세하는 입법을 금지하는 원칙을 포함하는 것이다.

제3회 경찰공무원(순경) 헌법

01 1 2 3 17 국가직 7급

조약과 일반적으로 승인된 국제법규에 대한 설명으로 옳은 것은?(다툼이 있는 경우 판례에 의함)

① 「남북 사이의 화해와 불가침 및 교류협력에 관한 합의서」는 일종의 조약으로서 국회의 동의를 얻어야 하는 것이다.

② 통상조약의 체결 절차 및 이행과정에서 남한과 북한 간의 거래는 「남북교류협력에 관한 법률」 제12조에 따라 국가 간의 거래가 아닌 민족내부의 거래로 본다.

③ 조약은 '국가 · 국제기구 등 「국제법」 주체 사이에 권리의 무관계를 창출하기 위하여 서면 또는 구두 형식으로 체결되고 「국제법」에 의하여 규율되는 합의'라고 할 수 있다.

④ 조약은 국회의 동의를 얻어 체결 · 비준되었더라도 형식적 의미의 법률이 아닌 이상 헌법재판소의 위헌법률심판 대상이 될 수 없다.

02 1 2 3 17 국가직 7급

문화국가원리에 대한 설명으로 옳은 것은?(다툼이 있는 경우 판례에 의함)

① 공동체 구성원들 사이에 관습화된 문화요소라 하더라도 종교적인 의식, 행사에서 유래된 경우에까지 국가가 지원하는 것은 문화국가원리와 정교분리 원칙에 위반된다.

② 헌법 전문(前文)과 헌법 제9조에서 말하는 '전통', '전통문화'란 역사성과 시대성을 띤 개념으로 이해하여야 하므로, 과거의 어느 일정 시점에서 역사적으로 존재하였다는 사실만으로도 헌법의 보호를 받는 전통이 되는 것이다.

③ 헌법 제9조의 규정취지와 민족문화유산의 본질에 비추어 볼 때, 국가가 민족문화유산을 보호하고자 하는 경우 이에 관한 헌법적 보호법익은 '민족문화유산의 존속' 그 자체를 보장하는 것에 그치지 않고, 민족문화유산의 훼손 등에 관한 가치보상이 있는지 여부도 이러한 헌법적 보호법익과 직접적인 관련이 있다.

④ 국가의 문화육성의 대상에는 원칙적으로 모든 사람에게 문화 창조의 기회를 부여한다는 의미에서 모든 문화가 포함되므로 엘리트문화뿐만 아니라 서민문화, 대중문화도 그 가치를 인정하고 정책적인 배려의 대상으로 하여야 한다.

03 1 2 3 17 국가직 7급

헌법의 기본원리에 대한 설명으로 옳지 않은 것은?(다툼이 있는 경우 판례에 의함)

① 헌법 제38조, 제59조가 선언하는 조세법률주의는 실질적 적법절차가 지배하는 법치주의를 뜻하므로, 비록 과세요건이 법률로 명확히 정해진 것일지라도 그것만으로 충분한 것은 아니고 「조세법」의 목적이나 내용이 기본권 보장의 헌법이념과 이를 뒷받침하는 헌법상 요구되는 제원칙에 합치되어야 한다.

② 국가가 저소득층 지역가입자를 대상으로 소득수준에 따라 「국민건강보험법」상의 보험료를 차등 지원하는 것은 사회국가 원리에 의하여 정당화된다.

③ 평화추구이념을 헌법상의 기본원리로 채택하고 있는 우리 헌법하에서 평화적 생존권은 기본권성이 인정된다.

④ 법률의 개정 시 구법 질서에 대한 당사자의 신뢰가 합리적이고도 정당하며, 법률의 개정으로 야기되는 당사자의 손해가 극심하여 새로운 입법으로 달성하고자 하는 공익적 목적이 그러한 당사자의 신뢰의 파괴를 정당화할 수 없다면, 그러한 새 입법은 신뢰보호의 원칙상 허용될 수 없다.

04 1 2 3 17 국가직 7급

혼인과 가족제도에 대한 설명으로 옳은 것만을 모두 고른 것은?(다툼이 있는 경우 판례에 의함)

> ㄱ. 부부 자산소득 합산과세제도는 헌법 제11조 제1항에서 보장하는 평등원칙을 혼인과 가족생활에서 더 구체화함으로써 혼인한 자의 차별을 금지하고 있는 헌법 제36조 제1항에 위반된다.
>
> ㄴ. 친생부인의 소의 제척기간을 규정한 「민법」 제847조 제1항 중 '부가 그 사유가 있음을 안 날로부터 2년 내' 부분은 친생부인의 소의 제척기간에 관한 입법재량의 한계를 일탈하지 않은 것으로서 헌법에 위반되지 아니한다.
>
> ㄷ. 혼인 종료 후 300일 이내에 출생한 자를 전남편의 친생자로 추정하는 「민법」 제844조 제2항 중 '혼인관계 종료의 날로부터 300일 이내에 출생한 자'에 관한 부분은 모가 가정생활과 신분관계에서 누려야 할 인격권, 혼인과 가족생활에 관한 기본권을 침해하지 아니한다.
>
> ㄹ. 육아휴직제도의 헌법적 근거를 헌법 제36조 제1항에서 구한다고 하더라도 육아휴직신청권은 헌법 제36조 제1항 등으로부터 개인에게 직접 주어지는 헌법적 차원의 권리라고 볼 수는 없다.

① ㄱ, ㄴ

② ㄷ, ㄹ

③ ㄱ, ㄴ, ㄹ

④ ㄴ, ㄷ, ㄹ

05 1 2 3 17 국가직 7급

교육기본권에 대한 설명으로 옳지 않은 것은?(다툼이 있는 경우 판례에 의함)

① 교원의 정치활동은 교육수혜자인 학생의 입장에서는 수업권의 침해로 받아들여질 수 있다는 점에서 초 · 중등학교 교육공무원의 정당가입 및 선거운동을 제한하는 것은 헌법적으로 정당화될 수 있다.

② 고시 공고일을 기준으로 고등학교에서 퇴학된 날로부터 6월이 지나지 아니한 자를 고등학교 졸업학력 검정고시를 받을 수 있는 자의 범위에서 제외하는 것은, 국민의 교육을 받을 권리 중 그 의사와 능력에 따라 균등하게 교육받을 것을 국가로부터 방해받지 않을 권리, 즉 자유권적 기본권을 제한하는 것이므로, 그 제한에 대하여는 과잉금지원칙에 따른 심사를 하여야 한다.

③ 조례에 의한 규제가 지역 여건이나 환경 등 그 특성에 따라 다르게 나타나는 것은 헌법이 지방자치단체의 자치입법권을 인정한 이상 당연히 예상되는 결과이나, 고등학생들이 학원 교습시간과 관련하여 자신들이 거주하는 지역의 학원조례조항으로 인하여 다른 지역 주민들에 비하여 더한 규제를 받게 되었다면 평등권이 침해되었나고 볼 수 있다.

④ 교육을 받을 권리가 국가에 대하여 특정한 교육제도나 시설의 제공을 요구할 수 있는 권리를 뜻하는 것은 아니다.

06 1 2 3 17 국가직 7급

표현의 자유에 대한 설명으로 옳지 않은 것만을 모두 고른 것은?(다툼이 있는 경우 판례에 의함)

ㄱ. 지역농협 이사 선거의 경우 전화 · 컴퓨터통신을 이용한 지지 호소의 선거운동방법을 금지하고, 이를 위반한 자를 처벌하는 것은 해당 선거 후보자의 결사의 자유와 표현의 자유를 침해한다.

ㄴ. 상업광고도 표현의 자유의 보호영역에 속하는 것이므로 상업광고 규제에 관한 비례의 원칙 심사에 있어서 피해의 최소성 원칙에서는 같은 목적을 달성하기 위하여 달리 덜 제약적인 수단이 없을 것인지 혹은 입법목적을 달성하기 위하여 필요한 최소한의 제한인지를 심사한다.

ㄷ. 건강기능식품의 기능성 표시 · 광고를 하고자 하는 자가 사전에 건강기능식품협회의 심의절차를 거치도록 하는 것은 헌법이 금지하는 사전검열에 해당하지는 않지만 과잉금지원칙에 위반하여 건강기능식품 판매업자의 표현의 자유를 침해한다.

ㄹ. '음란'은 사상의 경쟁메커니즘에 의해서도 그 해악이 해소되기 어려워 언론 · 출판의 자유에 의한 보장을 받지 않는 반면, '저속'은 헌법적인 보호영역 안에 있다.

① ㄱ, ㄷ

② ㄴ, ㄹ

③ ㄱ, ㄷ, ㄹ

④ ㄴ, ㄷ, ㄹ

07 1 2 3 17 국가직 7급

신체의 자유에 대한 설명으로 옳은 것은?(다툼이 있는 경우 판례에 의함)

① 성폭력범죄자의 재범방지와 성행교정을 통한 재사회화를 위하여 그의 행적을 추적하여 위치를 확인할 수 있는 전자장치를 신체에 부착하게 하는 전자감시제도는 성폭력범죄로부터 국민을 보호함을 목적으로 하는 일종의 보안처분이다.

② 죄형법정주의가 적용되는 대상으로는 형벌뿐 아니라 과태료 등의 행정질서벌까지 포함된다.

③ 행위 당시의 판례에 의하면 처벌대상이 아니었던 행위가 판례변경에 따라 처벌되게 되었다면 형벌불소급의 원칙에 반한다.

④ 보호의무자 2인의 동의와 정신건강의학과 전문의 1인의 진단으로 정신질환자에 대한 보호입원이 가능하도록 한 「정신보건법」 조항은 보호입원이 정신질환자 본인에 대한 치료와 사회의 안전 도모라는 측면에서 긍정적인 효과가 있으므로 정신질환자의 신체의 자유를 침해하지 아니한다.

08 1 2 3 17 국가직 7급

사생활의 보호를 위한 기본권에 대한 설명으로 옳지 않은 것은?(다툼이 있는 경우 판례에 의함)

① 공직자의 자질 · 도덕성 · 청렴성에 관한 사실은 그 내용이 개인적인 사생활에 관한 것이라 할지라도 순수한 사생활의 영역에 있다고 보기 어렵다.

② 구치소장이 미결수용자와 그 배우자 사이의 접견내용을 녹음한 행위는 과잉금지원칙에 위반하여 미결수용자의 사생활의 비밀과 자유를 침해한다.

③ 사생활의 비밀은 국가가 사생활영역을 들여다보는 것에 대한 보호를 제공하는 기본권이며, 사생활의 자유는 국가가 사생활의 자유로운 형성을 방해하거나 금지하는 것에 대한 보호를 의미한다.

④ 통신의 자유를 기본권으로서 보장하는 것은 사적 영역에 속하는 개인 간의 의사소통을 사생활의 일부로서 보장하겠다는 취지에서 비롯된 것이다.

09 1 2 3 17 국가직 7급

국가인권위원회에 대한 설명으로 옳은 것만을 모두 고른 것은?(다툼이 있는 경우 판례에 의함)

ㄱ. 국가인권위원회는 11명의 인권위원으로 구성되며, 국회가 선출하는 4명, 대통령이 지명하는 4명, 대법원장이 지명하는 3명을 대통령이 임명한다.
ㄴ. 국가인권위원회는 '헌법에 의하여 설치되고 헌법과 법률에 의하여 독자적인 권한을 부여받은 국가기관'이라고 할 수 없어 권한쟁의심판의 당사자능력이 인정되지 않는다.
ㄷ. 국가인권위원회의 진정에 대한 기각 결정은 행정처분이 아니고 따라서 항고소송의 대상이 되지 않으므로, 「헌법재판소법」 제68조 제1항에 의한 헌법소원의 대상으로 삼을 수 있다.
ㄹ. 국가인권위원회는 피해자의 권리 구제를 위해 필요하다고 인정하면 피해자를 위하여 피해자의 명시한 의사에 관계없이 대한법률구조공단 또는 그 밖의 기관에 법률구조를 요청할 수 있다.

① ㄱ, ㄴ
② ㄱ, ㄷ
③ ㄱ, ㄴ, ㄹ
④ ㄴ, ㄷ, ㄹ

10 1 2 3 17 국가직 7급

조세법률주의에 대한 설명으로 옳지 않은 것은?(다툼이 있는 경우 판례에 의함)

① 미신고 또는 누락된 상속세에 대하여 상속세 부과요건이 성립된 시점인 상속이 개시된 때가 아니라 상속세 부과 당시의 가액을 과세대상인 상속재산의 가액으로 하는 것은 일정한 제재의 의미도 가미되어 있으므로 조세법률주의에 위반되지 않는다.

② 조세법률주의를 견지하면서도 조세평등주의와의 조화를 위하여 경제현실에 응하여 공정한 과세를 할 수 있게 하고 탈법적인 조세회피행위에 대처하기 위해서는, 납세의 무의 중요한 사항 내지 본질적인 내용에 관련된 것이라 하더라도 그중 경제현실의 변화나 전문적 기술의 발달 등에 즉응하여야 하는 세부적인 사항에 관하여는 국회제정의 형식적 법률보다 더 탄력성이 있는 행정입법에 이를 위임할 필요가 있다.

③ 과세요건 명확주의는 과세요건을 법률로 규정하였다고 하더라도 그 규정내용이 지나치게 추상적이고 불명확하면 과세관청의 자의적인 해석과 집행을 초래할 염려가 있으므로 그 규정 내용이 명확하고 일의적이어야 한다는 것이다.

④ 조세법률주의가 지배하는 「조세법」의 영역에서는 경과규정의 미비라는 명백한 입법의 공백을 방지하고 형평성의 왜곡을 시정하는 것은 원칙적으로 입법자의 권한이고 책임이지 법문의 한계 안에서 법률을 해석·적용하는 법원이나 과세관청의 몫은 아니다.

11 1 2 3 17 국가직 7급

지방자치제도에 대한 설명으로 옳은 것만을 모두 고른 것은? (다툼이 있는 경우 판례에 의함)

ㄱ. 국가가 영토고권을 가지는 것과 마찬가지로 지방자치단체에게 자신의 관할구역 내에 속하는 영토·영해·영공을 자유로이 관리하고 관할구역 내의 사람과 물건을 독점적·배타적으로 지배할 수 있는 영토고권은 우리나라 헌법과 법률상 인정되지 않는다.

ㄴ. 지방의회의 의장이나 부의장이 법령을 위반하거나 정당한 사유 없이 직무를 수행하지 아니하면 지방의회는 불신임을 의결할 수 있는데, 불신임의결은 재적의원 4분의 1 이상의 발의와 재적의원 과반수의 출석과 출석의원 과반수의 찬성으로 행한다.

ㄷ. 조례제정은 원칙적으로 자치사무와 단체위임사무에 한정되며, 기관위임사무에 관해 조례를 제정할 수 없으나, 기관위임사무도 개별 법령에서 위임한 경우에는 예외적으로 가능하다.

ㄹ. 지방의회의원과 지방자치단체장을 선출하는 지방선거사무는 지방자치단체의 존립을 위한 자치사무에 해당하므로, 원칙적으로 지방자치단체가 처리하고 그에 따른 비용도 지방자치단체가 부담하여야 한다.

① ㄱ, ㄴ
② ㄷ, ㄹ
③ ㄱ, ㄴ, ㄹ
④ ㄱ, ㄷ, ㄹ

12 1 2 3

20 지방직 7급

국적에 대한 설명으로 옳은 것은?

① 대한민국의 국민으로서 자진하여 외국 국적을 취득한 자는 그 외국 국적을 취득한 날로부터 6개월이 지난 때에 대한민국 국적을 상실한다.

② 대한민국 국적을 상실한 자는 국적을 상실한 때부터 대한민국의 국민만이 누릴 수 있는 권리를 향유할 수 없으며, 이들 권리 중 대한민국의 국민이었을 때 취득한 것으로서 양도할 수 있는 것은 그 권리와 관련된 법령에서 따로 정한 바가 없으면 3년 내에 대한민국의 국민에게 양도하여야 한다.

③ 외국인의 자(子)로서 대한민국의 「민법」상 성년인 사람은 부 또는 모가 귀화허가를 신청할 때 함께 국적 수반취득을 신청할 수 있다.

④ 출생 당시에 부(父)가 대한민국의 국민인 자만 출생과 동시에 대한민국 국적을 취득한다.

13 1 2 3

20 지방직 7급

양심의 자유에 대한 설명으로 옳지 <u>않은</u> 것은?(다툼이 있는 경우 판례에 의함)

① 헌법이 보호하고자 하는 양심은 어떤 일의 옳고 그름을 판단함에 있어서 그렇게 행동하지 않고는 자신의 인격적 존재가치가 허물어지고 말 것이라는 강력하고 진지한 마음의 소리를 말한다.

② 양심의 자유는 인간으로서의 존엄성 유지와 개인의 자유로운 인격발현을 위해 개인의 윤리적 정체성을 보장하는 기능을 담당한다.

③ 현역입영 또는 소집통지서를 받은 자가 정당한 사유 없이 입영하지 않거나 소집에 응하지 않은 경우를 처벌하는 구 「병역법」 처벌조항은 과잉금지원칙을 위배하여 양심적 병역거부자의 양심의 자유를 침해한다.

④ 헌법이 보장하는 양심의 자유는 정신적인 자유로서, 어떠한 사상·감정을 가지고 있다고 하더라도 그것이 내심에 머무르는 한 절대적인 자유이므로 제한할 수 없다.

14 1 2 3

20 지방직 7급

외국인의 기본권 주체성에 대한 설명으로 옳지 <u>않은</u> 것은? (다툼이 있는 경우 판례에 의함)

① 신체의 자유, 주거의 자유, 변호인의 조력을 받을 권리, 재판 청구권 등은 성질상 인간의 권리에 해당한다고 볼 수 있으므로, 이 기본권들에 관하여는 외국인들의 기본권 주체성이 인정된다.

② 기본권 주체성의 인정 문제와 기본권 제한의 정도는 별개의 문제이므로 외국인에게 근로의 권리에 대한 기본권 주체성을 인정한다는 것이 곧바로 우리 국민과 동일한 수준의 보장을 한다는 것을 의미하는 것은 아니다.

③ 참정권은 '인간의 자유'라기보다는 '국민의 자유'이므로 「공직선거법」은 외국인의 선거권을 인정하지 않고 있다.

④ 근로의 권리 중 인간의 존엄성 보장에 필요한 최소한의 근로 조건을 요구할 수 있는 '일할 환경에 관한 권리' 역시 외국인에게 보장된다.

15 1 2 3 20 지방직 7급

직업의 자유에 대한 설명으로 옳지 않은 것은?(다툼이 있는 경우 판례에 의함)

① 전문과목을 표시한 치과의원은 그 표시한 전문과목에 해당하는 환자만을 진료하여야 한다고 규정한 「의료법」 제77조 제3항은 과잉금지원칙을 위배하여 치과전문의인 청구인들의 직업수행의 자유를 침해한다.

② 법인의 임원이 「학원의 설립 · 운영 및 과외교습에 관한 법률」을 위반하여 벌금형을 선고받은 경우, 법인의 등록이 효력을 잃도록 규정하는 것은 과잉금지원칙을 위배하여 법인의 직업 수행의 자유를 침해한다.

③ 헌법 제15조에서 보장하는 직업이란 생활의 기본적 수요를 충족시키기 위하여 행하는 계속적인 소득활동을 의미하고, 성매매는 그것이 가지는 사회적 유해성과는 별개로 성판매자의 입장에서 생활의 기본적 수요를 충족하기 위한 소득활동에 해당함을 부인할 수 없으나, 성매매자를 처벌하는 것은 과잉 금지원칙에 반하지 않는다.

④ 변호사시험의 응시기회를 법학전문대학원의 석사학위 취득자의 경우 석사학위를 취득한 달의 말일부터 또는 석사학위 취득 예정자의 경우 그 예정기간 내 시행된 시험일부터 5년 내에 5회로 제한한 「변호사시험법」 규정은 응시기회의 획일적 제한으로 청구인들의 직업선택의 자유를 침해한다.

16 1 2 3 20 지방직 7급

일반적 행동자유권에 대한 설명으로 옳지 않은 것은?(다툼이 있는 경우 판례에 의함)

① 일반적 행동자유권은 가치 있는 행동만 그 보호영역으로 하는 것은 아니고, 개인의 생활방식과 취미에 관한 사항, 위험한 스포츠를 즐길 권리와 같은 위험한 생활방식으로 살아갈 권리도 포함하므로, 술에 취한 상태로 도로 외의 곳에서 운전하는 것을 금지하고 위반 시 처벌하는 것은 일반적 행동의 자유를 제한한다.

② 일반적 행동자유권의 보호대상으로서 행동이란 국가가 간섭하지 않으면 자유롭게 할 수 있는 행위를 의미하므로 병역의무 이행으로서 현역병 복무도 국가가 간섭하지 않으면 자유롭게 할 수 있는 행위에 속한다는 점에서, 현역병으로 복무할 권리도 일반적 행동자유권에 포함된다.

③ 헌법 제10조에 의하여 보장되는 행복추구권 속에는 일반적 행동자유권이 포함되고, 이 일반적 행동자유권으로부터 계약 체결의 여부, 계약의 상대방, 계약의 방식과 내용 등을 당사자의 자유로운 의사로 결정할 수 있는 계약의 자유가 파생한다.

④ 헌법 제10조가 정하고 있는 행복추구권에서 파생하는 자기결정권 내지 일반적 행동자유권은 이성적이고 책임감 있는 사람의 자기 운명에 대한 결정 · 선택을 존중하되 그에 대한 책임은 스스로 부담함을 전제로 한다.

17 1 2 3 20 지방직 7급

헌법상 경제질서에 대한 설명으로 옳지 않은 것은?(다툼이 있는 경우 판례에 의함)

① 국방상 또는 국민경제상 긴절한 필요로 인하여 법률이 정하는 경우를 제외하고는, 사영기업을 국유 또는 공유로 이전하거나 그 경영을 통제 또는 관리할 수 없다.

② 농지소유자가 농지를 농업경영에 이용하지 아니하여 농지처분 명령을 받았음에도 불구하고 정당한 사유 없이 이를 이행하지 아니하는 경우, 당해 농지가액의 100분의 20에 상당하는 이행강제금을 그 처분명령이 이행될 때까지 매년 1회 부과할 수 있도록 한 것은 합헌이다.

③ 불매운동의 목표로서 '소비자의 권익'이란 원칙적으로 사업자가 제공하는 물품이나 용역의 소비생활과 관련된 것으로서 상품의 질이나 가격, 유통구조, 안전성 등 시장적 이익에 국한된다.

④ 의약품 도매상 허가를 받기 위해 필요한 창고면적의 최소기준을 규정하고 있는 「약사법」 조항들은 국가의 중소기업 보호 · 육성의무를 위반하였다.

18 1 2 3 20 지방직 7급

집회의 자유에 대한 설명으로 옳지 않은 것은?(다툼이 있는 경우 판례에 의함)

① 국무총리 공관 경계지점으로부터 100미터 이내의 장소에서 옥외집회 또는 시위를 예외 없이 절대적으로 금지하고 있는 법률조항은 집회의 자유를 침해한다.

② 집회의 자유는 집회의 시간, 장소, 방법과 목적을 스스로 결정하는 것을 보장하는 것으로, 구체적으로 보호되는 주요 행위는 집회의 준비 및 조직, 지휘, 참가, 집회장소 · 시간의 선택이라고 할 수 있다.

③ 외교기관 인근의 옥외집회 · 시위를 원칙적으로 금지하면서도 외교기관의 기능을 침해할 우려가 없는 예외적인 경우에는 허용하고 있다면 집회의 자유를 침해하는 것은 아니다.

④ 국회의 헌법적 기능에 대한 보호의 필요성을 고려한다면 국회의사당의 경계지점으로부터 100미터 이내의 장소에서 예외 없이 옥외집회를 금지하는 것은 지나친 규제라고 할 수 없다.

19 1 2 3 20 지방직 7급

표현의 자유에 대한 설명으로 옳지 않은 것은?(다툼이 있는 경우 판례에 의함)

① 의료광고의 심의기관이 행정기관인가 여부는 기관의 형식에 의하기보다는 그 실질에 따라 판단하여야 하며, 민간심의기구가 심의를 담당하는 경우에도 행정권의 개입 때문에 사전심의에 자율성이 보장되지 않는다면, 헌법이 금지하는 행정기관에 의한 사전검열에 해당하게 될 것이다.

②「출판사 및 인쇄소의 등록에 관한 법률」 규정 중 '음란한 간행물' 부분은 헌법에 위반되지 아니하고, '저속한 간행물' 부분은 명확성의 원칙에 반할 뿐만 아니라 출판의 자유와 성인의 알 권리를 침해하는 것으로 헌법에 위반된다.

③「신문 등의 진흥에 관한 법률」의 등록조항은 인터넷신문의 명칭, 발행인과 편집인의 인적사항 등 인터넷신문의 외형적이고 객관적 사항을 제한적으로 등록하도록 하고 있는 바, 이는 인터넷신문에 대한 인적 요건의 규제 및 확인에 관한 것으로 인터넷신문의 내용을 심사·선별하여 사전에 통제하기 위한 규정으로 사전허가금지원칙에 위배된다.

④ 헌법상 사전검열은 표현의 자유 보호대상이면 예외 없이 금지되므로, 건강기능식품의 기능성 광고는 인체의 구조 및 기능에 대하여 보건용도에 유용한 효과를 준다는 기능성 등에 관한 정보를 널리 알려 해당 건강기능식품의 소비를 촉진시키기 위한 상업광고이지만, 헌법 제21조 제1항의 표현의 자유의 보호 대상이 됨과 동시에 같은 조 제2항의 사전검열 금지 대상도 된다.

20 1 2 3 20 지방직 7급

신체의 자유 및 적법절차에 대한 설명으로 옳지 않은 것은? (다툼이 있는 경우 판례에 의함)

① 형벌법규는 문언에 따라 엄격하게 해석·적용하여야 하고 피고인에게 불리한 방향으로 지나치게 확장해석하거나 유추해석하여서는 아니되지만, 형벌법규의 해석에서도 법률문언의 통상적인 의미를 벗어나지 않는 한 그 법률의 입법취지와 목적, 입법연혁 등을 고려한 목적론적 해석이 배제되는 것은 아니다.

② 강제퇴거명령을 받은 사람을 즉시 대한민국 밖으로 송환할 수 없으면 송환할 수 있을 때까지 보호시설에 보호할 수 있도록 규정한「출입국관리법」 제63조 제1항은 과잉금지원칙에 반하여 신체의 자유를 침해하지 아니한다.

③ 변호인의 조력을 받을 권리란 변호인과 신체구속을 당한 사람 사이의 충분한 접견교통을 허용함은 물론 교통내용에 대하여 비밀이 보장되고 부당한 간섭이 없어야 하는 것이며, 이러한 취지는 변호인과 미결수용자 사이의 서신에는 적용되지 않는다.

④ 헌법 제12조 제2항이 보장하는 진술거부권은 피고인 또는 피의자가 공판절차나 수사절차에서 법원 또는 수사기관의 신문에 대하여 형사상 자신에게 불리한 진술을 거부할 수 있는 권리이다.

경찰공무원(순경) 헌법

01 1 2 3 20 지방직 7급

정당에 대한 설명으로 옳지 않은 것은?(다툼이 있는 경우 판례에 의함)

① 국회의원선거에 참여하여 의석을 얻지 못하고 유효투표 총수의 100분의 2 이상을 득표하지 못한 정당에 대해 그 등록을 취소하도록 한 구「정당법」의 정당등록취소조항은 정당설립의 자유를 침해한다.

② 정당이 새로운 당명으로 합당하거나 다른 정당에 합당될 때에는 합당을 하는 정당들의 대의기관이나 그 수임기관의 합동회의의 결의로써 합당할 수 있다.

③ 헌법재판소의 결정에 의하여 해산된 정당의 명칭과 동일한 명칭은 해산된 날부터 최초로 실시하는 임기만료에 의한 국회의원선거의 선거일까지만 정당의 명칭으로 사용할 수 없다.

④ 정당의 시 · 도당 하부조직의 운영을 위하여 당원협의회 등의 사무소를 두는 것을 금지한 구「정당법」조항은 정당활동의 자유를 침해하지 않는다.

02 1 2 3 19 지방직 7급

기본권의 주체에 대한 설명으로 옳지 않은 것은?(다툼이 있는 경우 판례에 의함)

① 법인은 법인의 목적과 사회적 기능에 비추어 볼 때 그 성질에 반하지 않는 범위 내에서 인격권의 한 내용인 사회적 신용이나 명예 등의 주체가 될 수 있다.

② 건강한 작업환경, 일에 대한 정당한 보수, 합리적인 근로조건의 보장 등을 요구할 수 있는 권리 등을 포함하는 '일할 환경에 관한 권리'는 외국인 근로자도 주체가 될 수 있다.

③ 지방자치단체장은 국민의 기본권을 보호 내지 실현하여야 할 책임과 의무를 가지는 국가기관의 지위를 갖기 때문에「주민 소환에 관한 법률」의 관련 규정으로 인해 자신의 공무담임권이 침해됨을 이유로 헌법소원을 청구할 수 있는 기본권 주체로 볼 수 없다.

④ 형성 중의 생명인 태아에게는 생명에 대한 권리가 인정되어야 하나, 모체에 착상되기 전 혹은 원시선이 나타나기 전의 수정란 상태의 초기배아에게는 생명권의 주체성을 인정할 수 없다.

03 1 2 3 19 지방직 7급

정당에 대한 설명으로 옳은 것은?(다툼이 있는 경우 판례에 의함)

① 정당해산제도의 취지 등에 비추어 볼 때 헌법재판소의 정당해산결정이 있는 경우 그 정당 소속 국회의원의 의원직은 당선 방식을 불문하고 모두 상실되어야 한다.

② 정당에 국고보조금을 배분함에 있어 교섭단체의 구성 여부에 따라 차등을 두는 것은 평등원칙에 위배된다.

③ 정당제 민주주의 하에서 정당에 대한 재정적 후원이 전면적으로 금지되더라도 정당이 스스로 재정을 충당하고자 하는 정당활동의 자유와 국민의 정치적 표현의 자유에 대한 제한이 크지 아니하므로, 이를 규정한 법률조항은 정당의 정당활동의 자유와 국민의 정치적 표현의 자유를 침해하지 않는다.

④ 임기만료에 의한 국회의원선거에 참여하여 의석을 얻지 못하고 유효투표총수의 100분의 2 이상을 득표하지 못한 정당의 등록을 취소하도록 하는 것은 정당설립의 자유를 침해하지 않는다.

04 1 2 3 19 지방직 7급

근로3권에 대한 설명으로 옳지 않은 것은?(다툼이 있는 경우 판례에 의함)

① 교섭창구단일화제도는 노동조합의 교섭력을 담보하여 교섭의 효율성을 높이고 통일적인 근로조건을 형성하기 위한 불가피한 제도라는 점에서 노동조합의 조합원들이 향유할 단체교섭권을 침해한다고 볼 수 없다.

② 단결권은 '사회적 보호기능을 담당하는 자유권' 또는 '사회권적 성격을 띤 자유권'으로서의 성격을 가지고 있다.

③ 청원경찰의 복무에 관하여 「국가공무원법」 제66조 제1항을 준용함으로써 노동운동을 금지하는 「청원경찰법」 제5조 제4항 중 「국가공무원법」 제66조 제1항 가운데 '노동운동' 부분을 준용하는 부분은 국가기관이나 지방자치단체 이외의 곳에서 근무하는 청원경찰의 근로3권을 침해한다.

④ 「교원의 노동조합 설립 및 운영 등에 관한 법률」에 의하면 사립학교 교원은 단결권과 단체교섭권이 인정되고 단체행동권이 금지되지만, 국·공립학교 교원은 근로3권이 모두 부인된다.

05 1 2 3 19 지방직 7급

변호인의 조력을 받을 권리에 대한 설명으로 옳지 않은 것은? (다툼이 있는 경우 판례에 의함)

① 피의자 · 피고인의 구속 여부를 불문하고 변호인과 상담하고 조언을 구할 권리는 변호인의 조력을 받을 권리의 내용 중 구체적인 입법형성이 필요한 다른 절차적 권리의 필수적인 전제요건으로서 변호인의 조력을 받을 권리 그 자체에서 막바로 도출되는 것이다.

② 검찰수사관이 피의자신문에 참여한 변호인에게 피의자 후방에 앉으라고 요구한 행위는 변호인의 피의자신문참여권 행사에 어떠한 지장도 초래하지 않으므로 변호인의 변호권을 침해하지 아니한다.

③ 형사절차가 종료되어 교정시설에 수용 중인 수형자나 미결수용자가 형사사건의 변호인이 아닌 민사재판, 행정재판, 헌법재판 등에서 변호사와 접견할 경우에는 원칙적으로 변호인의 조력을 받을 권리의 주체가 될 수 없다.

④ 피의자 등이 가지는 '변호인이 되려는 자'의 조력을 받을 권리가 실질적으로 확보되기 위해서는 '변호인이 되려는 자'의 접견교통권 역시 헌법상 기본권으로서 보장되어야 한다.

06 1 2 3 19 지방직 7급

통신의 비밀에 대한 설명으로 옳지 않은 것은?(다툼이 있는 경우 판례에 의함)

① 마약류사범인 미결수용자와 변호인이 아닌 접견인 사이의 화상 접견내용이 모두 녹음 · 녹화된 경우 이는 화상접견시스템이라는 전기통신수단을 이용하여 개인 간의 대화내용을 녹음 · 녹화하는 것으로 미결수용자의 통신의 비밀을 침해하지 아니한다.

② 인터넷회선 감청은 서버에 저장된 정보가 아니라, 인터넷상에서 발신되어 수신되기까지의 과정 중에 수집되는 정보, 즉 전송 중인 정보의 수집을 위한 수사이므로, 압수 · 수색에 해당된다.

③ 자유로운 의사소통은 통신내용의 비밀을 보장하는 것만으로는 충분하지 아니하고 구체적인 통신관계의 발생으로 야기된 모든 사실관계, 특히 통신관여자의 인적 동일성 · 통신장소 · 통신횟수 · 통신시간 등 통신의 외형을 구성하는 통신이용의 전반적 상황의 비밀까지도 보장한다.

④ 수사를 위하여 필요한 경우 수사기관으로 하여금 법원의 허가를 얻어 전기통신사업자에게 특정 시간대 특정 기지국에서 발신된 모든 전화번호의 제공을 요청할 수 있도록 하는 것은 그 통신서비스이용자의 개인정보자기결정권과 통신의 자유를 침해한다.

07 1 2 3 19 지방직 7급

헌법의 기본원리에 대한 설명으로 옳지 않은 것은?(다툼이 있는 경우 판례에 의함)

① 규범 상호간의 구조와 내용 등이 모순됨이 없이 체계와 균형을 유지하도록 입법자를 기속하는 체계정당성의 원리는 입법자의 자의를 금지하여 규범의 명확성, 예측가능성 및 규범에 대한 신뢰와 법적 안정성을 확보하기 위한 것으로 법치주의원리로부터 도출되는 것이다.

② 신뢰보호원칙은 법률이나 그 하위법규뿐만 아니라 국가관리의 입시제도와 같이 국 · 공립대학의 입시전형을 구속하여 국민의 권리에 직접 영향을 미치는 제도운영지침의 개폐에도 적용된다.

③ 문화풍토를 조성하는 데 초점을 두고 있는 문화국가원리의 특성은 문화의 개방성 내지 다원성의 표지와 연결되는데, 국가의 문화육성의 대상에는 원칙적으로 모든 사람에게 문화창조의 기회를 부여한다는 의미에서 모든 문화가 포함된다.

④ 헌법 제119조 제2항에 규정된 '경제주체 간의 조화를 통한 경제 민주화' 이념은 경제영역에서 정의로운 사회질서를 형성하기 위하여 추구할 수 있는 국가목표일 뿐 개인의 기본권을 제한하는 국가행위를 정당화하는 헌법규범은 아니다.

08 1 2 3 19 지방직 7급

인간의 존엄과 가치 및 행복추구권에 대한 설명으로 옳지 않은 것은?(다툼이 있는 경우 판례에 의함)

① 교정시설의 1인당 수용면적이 수형자의 인간으로서의 기본 욕구에 따른 생활조차 어렵게 할 만큼 지나치게 협소하다면, 이는 그 자체로 국가형벌권 행사의 한계를 넘어 수형자의 인간의 존엄과 가치를 침해하는 것이다.

② 인수자가 없는 시체를 생전의 본인의 의사와는 무관하게 해부용 시체로 제공될 수 있도록 규정한 「시체 해부 및 보존에 관한 법률」 조항은 연고가 없는 자의 시체처분에 대한 자기 결정권을 침해한다.

③ 혼인 종료 후 300일 이내에 출생한 자(子)를 전남편의 친생자로 추정하는 「민법」 조항은 혼인관계가 해소된 이후에 자가 출생하고 생부가 출생한 자를 인지하려는 경우마저도, 아무런 예외 없이 그 자를 전남편의 친생자로 추정함으로써 친생부인의 소를 거치도록 하는 것은 모가 가정생활과 신분관계에서 누려야 할 인격권을 침해한다.

④ 법무부훈령인 「법무시설 기준규칙」은 수용동의 조도 기준을 취침 전 200룩스 이상, 취침 후 60룩스 이하로 규정하고 있는데, 수용자의 도주나 자해 등을 막기 위해서 취침시간에도 최소한의 조명을 유지하는 것은 수용사의 숙면방해로 인하여 인간의 존엄과 가치를 침해한다.

09 1 2 3 19 지방직 7급

헌법개정의 변천사에 대한 설명으로 옳지 않은 것은?

① 1962년 헌법 및 1969년 헌법은 대통령뿐만 아니라 국회의원 선거권자 50만 인 이상의 국민에게도 헌법개정의 제안을 인정하였다.

② 1954년 헌법, 1960년 6월 헌법 및 1960년 11월 헌법에서는 일부 조항의 개정을 금지하는 규정을 둔 바 있다.

③ 1962년 헌법은 국가재건최고회의의 의결을 거쳐 국민투표로 확정되었다.

④ 헌법개정의 제안에 국회재적의원 과반수의 발의가 요구된 것은 1972년 헌법부터이다.

10 1 2 3 19 지방직 7급

평등권 또는 평등의 원칙에 대한 설명으로 옳지 않은 것은? (다툼이 있는 경우 판례에 의함)

① 「민법」상 손해배상청구권 등 금전채권은 10년의 소멸시효기간이 적용되는 데 반해, 사인이 국가에 대하여 가지는 손해배상청구권 등 금전채권은 「국가재정법」상 5년의 소멸시효기간이 적용되는 것은 차별취급에 합리적인 사유가 존재한다.

② 애국지사 본인과 순국선열의 유족은 본질적으로 다른 집단이므로, 구 「독립유공자예우에 관한 법률 시행령」 조항이 같은 서훈 등급임에도 순국선열의 유족보다 애국지사 본인에게 높은 보상금 지급액 기준을 두고 있다 하여 곧 순국선열의 유족의 평등권이 침해되었다고 볼 수 없다.

③ 「형법」이 반의사불벌죄 이외의 죄를 범하고 피해자에게 자복한 사람에 대하여 반의사불벌죄를 범하고 피해자에게 자복한 사람과 달리 임의적 감면의 혜택을 부여하지 않은 것은 자의적인 차별이어서 평등의 원칙에 반한다.

④ 버스운송사업에 있어서는 운송비용 전가 문제를 규제할 필요성이 없으므로 택시운송사업에 한하여 「택시운송사업의 발전에 관한 법률」에 운송비용전가의 금지조항을 둔 것은 규율의 필요성에 따른 합리적인 차별이어서 평등원칙에 위반되지 아니한다.

11 1 2 3 19 지방직 7급

지방자치에 대한 설명으로 옳은 것만을 모두 고르면?(다툼이 있는 경우 판례에 의함)

ㄱ. 지방교육자치는 지방자치권행사의 일환으로서 보장되는 것이므로, 중앙권력에 대한 지방적 자치로서의 속성을 지니고 있지만, 동시에 그것은 헌법 제31조 제4항이 보장하고 있는 교육의 자주성 · 전문성 · 정치적 중립성을 구현하기 위한 것이므로, 정치권력에 대한 문화적 자치로서의 속성도 아울러 지니고 있다.

ㄴ. 지방자치단체의 장 선거에서 후보자 등록 마감시간까지 후보자 1인만이 등록한 경우 투표를 실시하지 않고 그 후보자를 당선인으로 결정하도록 하는 「공직선거법」상 조항은 그 지방자치단체에 거주하는 주민의 선거권을 침해한다.

ㄷ. 지방자치단체의 장이 「의료법」에 따른 의료기관에 60일 이상 계속하여 입원한 경우 부단체장이 그 권한을 대행한다.

ㄹ. 국가사무로서의 성격을 가지고 있는 기관위임사무의 집행권한의 존부 및 범위에 관하여 지방자치단체가 청구한 권한쟁의심판청구는 지방자치단체의 권한에 속하지 아니하는 사무에 관한 심판청구로서 그 청구가 부적법하다.

① ㄱ, ㄴ

② ㄷ, ㄹ

③ ㄱ, ㄴ, ㄹ

④ ㄱ, ㄷ, ㄹ

12 1 2 3 18 지방직 7급

국적에 대한 설명으로 옳은 것은?(다툼이 있는 경우 판례에 의함)

① 외국인이 귀화허가를 받기 위해서는 '품행이 단정할 것'의 요건을 갖추도록 한 「국적법」 조항은 명확성원칙에 위배된다.

② 대한민국의 국민으로서 자진하여 외국 국적을 취득한 자는 그 외국 국적 취득 신고를 한 때에 대한민국 국적을 상실한다.

③ 헌법 제2조 제1항은 '대한민국의 국민이 되는 요건은 법률로 정한다'고 하여 대한민국 국적의 취득에 관하여 위임하고 있으나, 국적의 유지나 상실을 둘러싼 전반적인 법률관계를 법률에 규정하도록 위임하고 있는 것으로 풀이할 수는 없다.

④ 외국인의 자(子)로서 대한민국의 「민법」상 미성년인 사람은 부 또는 모가 귀화허가를 신청할 때 함께 국적 취득을 신청할 수 있고, 이에 따라 국적 취득을 신청한 사람은 부 또는 모가 대한민국 국적을 취득한 때에 함께 대한민국 국적을 취득한다.

13 1 2 3 18 지방직 7급

정당에 대한 설명으로 옳지 <u>않은</u> 것은?(다툼이 있는 경우 판례에 의함)

① 정당설립의 자유는 헌법 제8조 제1항 전단에 규정되어 있지만, 국민 개인과 정당 그리고 권리능력 없는 사단의 실체를 가지고 있는 등록취소된 정당에게 인정되는 기본권이다.

② 입법자는 정당설립의 자유를 최대한 보장하는 방향으로 입법하여야 하고, 헌법재판소는 정당설립의 자유를 제한하는 법률의 합헌성을 심사할 때에 헌법 제37조 제2항에 따라 엄격한 비례심사를 하여야 한다.

③ 정당의 당원은 같은 정당의 타인의 당비를 부담할 수 없으며, 타인의 당비를 부담한 자와 타인으로 하여금 자신의 당비를 부담하게 한 자는 당비를 낸 것이 확인된 날부터 1년간 당해 정당의 당원자격이 정지된다.

④ 정당은 그 대의기관의 결의로써 해산할 수 있으며, 정당이 해산한 때에는 그 대표자는 지체 없이 그 뜻을 국회에 신고하여야 한다.

14 1 2 3 18 지방직 7급

신뢰보호원칙에 대한 설명으로 옳지 않은 것은?(다툼이 있는 경우 판례에 의함)

① 「공무원연금법」상 퇴직연금수급자가 지방의회의원에 취임한 경우 그 재직기간 중 퇴직연금 전부의 지급을 정지하도록 하는 것은 신뢰보호원칙에 위배되지 않는다.

② 신뢰보호원칙은 법치국가원리에 근거를 두고 있는 헌법상 원칙으로서, 특정한 법률에 의하여 발생한 법률관계는 그 법에 따라 파악되고 판단되어야 하고 과거의 사실관계가 그 뒤에 생긴 새로운 법률의 기준에 따라 판단되지 않는다는 국민의 신뢰를 보호하기 위한 것이다.

③ 「군인연금법」상 퇴역연금 수급권자가 「사립학교교직원 연금법」 제3조의 학교기관으로부터 보수 기타 급여를 지급받는 경우에는 대통령령이 정하는 바에 따라 퇴역연금의 전부 또는 일부의 지급을 정지할 수 있도록 하는 것은 신뢰보호원칙에 위반되지 않는다.

④ 무기징역의 집행 중에 있는 자의 가석방 요건을 종전의 '10년 이상'에서 '20년 이상' 형 집행 경과로 강화한 개정 「형법」 조항을 「형법」 개정 시에 이미 수용 중인 사람에게도 적용하는 것은 신뢰보호원칙에 위배된다.

15 1 2 3 18 지방직 7급

범죄피해자구조청구권에 대한 설명으로 옳은 것은?(다툼이 있는 경우 판례에 의함)

① 범죄피해구조금은 국가의 재정에 기반을 두고 있는 바, 구조금 청구권의 행사대상을 우선적으로 대한민국의 영역 안의 범죄 피해에 한정하고, 향후 구조금의 확대에 따라서 해외에서 발생한 범죄피해의 경우에도 구조를 하는 방향으로 운영하는 것은 입법형성의 재량의 범위 내라고 할 수 있다.

② 대한민국의 영역 안에서 과실에 의한 행위로 사망하거나 장해 또는 중상해를 입은 경우에도 범죄피해자구조청구권이 인정된다.

③ 범죄행위 당시 구조피해자와 가해자 사이에 사실상의 혼인관계가 있는 경우에도 구조피해자에게 구조금을 지급한다.

④ 범죄피해구조금을 받을 권리는 그 구조결정이 해당 신청인에게 송달된 날부터 1년간 행사하지 아니하면 시효로 인하여 소멸된다.

16 1 2 3 18 지방직 7급

종교의 자유에 대한 설명으로 옳지 않은 것은?(다툼이 있는 경우 판례에 의함)

① 종교의 자유에 관한 헌법 제20조 제1항은 표현의 자유에 관한 헌법 제21조 제1항에 대하여 특별규정의 성격을 갖는다 할 것이므로 종교적 목적을 위한 언론·출판의 경우에는 그 밖의 일반적인 언론·출판에 비하여 고도의 보장을 받게 된다.

② 종교의 자유에는 종교전파의 자유가 포함되며, 종교전파의 자유는 국민에게 그가 선택한 임의의 장소에서 자유롭게 행사할 수 있는 권리까지 보장한다.

③ 종립학교의 학교법인이 국·공립학교의 경우와는 달리 종교 교육을 할 자유와 운영의 자유를 가진다고 하더라도, 그 종립학교가 공교육체계에 편입되어 있는 이상 원칙적으로 학생의 종교의 자유, 교육을 받을 권리를 고려한 대책을 마련하는 등의 조치를 취하는 속에서 그러한 자유를 누린다.

④ 신앙의 자유는 신과 피안 또는 내세에 대한 인간의 내적 확신에 대한 자유를 말하는 것으로서, 이러한 신앙의 자유는 그 자체가 내심의 자유의 핵심이기 때문에 법률로써도 이를 침해할 수 없다.

17 1 2 3 18 지방직 7급

언론의 자유에 대한 설명으로 옳지 않은 것은?(다툼이 있는 경우 판례에 의함)

① 인터넷게시판을 설치·운영하는 정보통신서비스 제공자에게 본인확인조치의무를 부과하여 게시판 이용자로 하여금 본인 확인절차를 거쳐야만 게시판을 이용할 수 있도록 하는 본인 확인제를 규정한 「정보통신망 이용촉진 및 정보보호 등에 관한 법률」 조항은 인터넷게시판을 운영하는 정보통신서비스 제공자의 언론의 자유를 침해한다.

② 사실적 주장에 관한 언론보도 등이 진실하지 아니함으로 인하여 피해를 입은 자는 해당 언론보도 등이 있음을 안 날부터 3개월 이내에 언론사, 인터넷뉴스서비스사업자 및 인터넷 멀티미디어 방송사업자에게 그 언론보도 등의 내용에 관한 정정보도를 청구할 수 있으나, 해당 언론보도 등이 있은 후 6개월이 지났을 때에는 그러하지 아니하다.

③ 언론으로부터 피해를 입은 사람은 「언론중재 및 피해구제 등에 관한 법률」에 따라 인터넷신문을 상대로 정정보도청구, 반론 보도청구, 추후보도청구를 할 수 있고, 형사상 명예훼손죄로 고소할 수도 있으나, 민사상 손해배상 청구를 할 수는 없다.

④ 사실적 주장에 관한 언론보도 등으로 인하여 피해를 입은 자는 그 보도 내용에 관한 반론보도를 언론사 등에 청구할 수 있으며, 반론보도의 청구에는 언론사 등의 고의·과실이나 위법성을 필요로 하지 아니하며, 보도 내용의 진실 여부와 상관없이 그 청구를 할 수 있다.

18 1 2 3 18 지방직 7급

국가배상청구권에 대한 설명으로 옳지 않은 것만을 모두 고르면?(다툼이 있는 경우 판례에 의함)

ㄱ. 생명 · 신체 및 재산의 침해로 인한 국가배상을 받을 권리는 양도하거나 압류하지 못한다.
ㄴ. 군인이나 군무원이 타인에게 입힌 손해에 대한 배상 신청사건을 심의하기 위하여 국방부에 특별심의회를 두며, 특별심의회는 국방부장관의 지휘를 받아야 한다.
ㄷ. 「국가배상법」이 정한 손해배상청구의 요건인 '공무원의 직무'에는 국가나 지방자치단체의 권력적 작용뿐만 아니라 비권력적 작용도 포함되지만 단순한 사경제의 주체로서 하는 작용은 포함되지 않는다.
ㄹ. 헌법재판소는 「국가배상법」상의 배상결정전치주의가 법관에 의한 재판을 받을 권리와 신속한 재판을 받을 권리를 침해한다고 하였고, 이에 따라 「국가배상법」상의 배상결정전치주의가 폐지되었다.

① ㄱ, ㄴ
② ㄷ, ㄹ
③ ㄱ, ㄴ, ㄹ
④ ㄴ, ㄷ, ㄹ

19 1 2 3 18 지방직 7급

개인정보보호에 대한 설명으로 옳지 않은 것은?(다툼이 있는 경우 판례에 의함)

① 개별 교원의 교원단체 및 노동조합 가입 정보는 「개인정보 보호법」 제23조의 노동조합의 가입 · 탈퇴에 관한 정보로서 민감정보에 해당한다.
② 「개인정보 보호법」상 개인정보란 살아 있는 개인 또는 사자(死者)에 관한 정보로서 성명, 주민등록번호 및 영상 등을 통하여 개인을 알아볼 수 있는 정보를 말한다.
③ 통계청장이 인구주택총조사의 방문 면접조사를 실시하면서, 담당 조사원을 통해 조사대상자에게 통계청장이 작성한 인구주택총조사 조사표의 조사항목들에 응답할 것을 요구한 행위는 조사대상자의 개인정보자기결정권을 침해하지 않는다.
④ 통신매체이용음란죄로 유죄판결이 확정된 자는 신상정보 등록대상자가 된다고 규정한 「성폭력범죄의 처벌 등에 관한 특례법」 조항은 신상정보 등록대상자의 개인정보자기결정권을 침해한다.

20 1 2 3 18 지방직 7급

공무담임권에 대한 설명으로 옳지 않은 것은?(다툼이 있는 경우 판례에 의함)

① 공무담임권이란 입법부, 집행부, 사법부는 물론 지방자치단체 등 국가, 공공단체의 구성원으로서 그 직무를 담당할 수 있는 권리를 말한다.
② 지방자치단체의 장은 국가의 존립과 헌법 기본질서의 유지를 위한 국가안보 분야로서 대통령령으로 정하는 분야에는 복수국적자(대한민국 국적과 외국 국적을 함께 가진 사람)의 임용을 제한할 수 있다.
③ 지역구국회의원 예비후보자에게 지역구국회의원이 납부할 기탁금의 100분의 20에 해당하는 금액을 기탁금으로 납부하도록 하는 것은 예비후보자의 공무담임권을 침해하고, 비례대표 기탁금조항은 비례대표국회의원후보자가 되어 국회의원에 취임하고자 하는 자의 공무담임권을 침해한다.
④ 공무원의 재임 기간 동안 충실한 공무 수행을 담보하기 위하여 공무원의 퇴직급여 및 공무상 재해보상을 보장할 것까지 공무담임권의 보호영역에 포함된다고 보기는 어렵다.

제5회 경찰공무원(순경) 헌법

01 1 2 3 18 지방직 7급

재산권에 대한 설명으로 옳지 않은 것은?(다툼이 있는 경우 판례에 의함)

① 시혜적 입법의 시혜대상이 될 경우 얻을 수 있는 재산상 이익의 기대가 성취되지 않았다고 하여도 그러한 단순한 재산상 이익의 기대는 헌법이 보호하는 재산권의 영역에 포함되지 않는다.

② 공무원연금은 기여금 납부를 통해 공무원 자신도 재원의 형성에 일부 기여한다는 점에서 후불임금의 성격도 가지고 있으므로 「공무원연금법」상 연금수급권은 사회적 기본권의 하나인 사회보장수급권의 성격과 재산권의 성격을 아울러 지니고 있다.

③ 행정기관이 개발촉진지구 지역개발사업으로 실시계획을 승인하고 이를 고시하기만 하면 고급골프장 사업과 같이 공익성이 낮은 사업에 대해서까지도 시행자인 민간개발자에게 수용권한을 부여하는 것은 헌법 제23조 제3항에 위배된다.

④ 국가에 대한 구상권은 헌법 제23조 제1항에 의하여 보장되는 재산권이라 할 수 없다.

02 1 2 3 18 지방직 7급

집회의 자유에 대한 설명으로 옳지 않은 것은?(다툼이 있는 경우 판례에 의함)

① 「집회 및 시위에 관한 법률」상 사방이 폐쇄되어 있으나 천장이 없는 장소에서 여는 집회는 옥외집회에 해당한다.

② 집회의 자유에는 집회를 통하여 형성된 의사를 집단적으로 표현하는 데 그치고, 이를 통하여 불특정 다수인의 의사에 영향을 줄 자유까지를 포함하지는 않는다.

③ 옥외집회에 대한 사전신고는 행정관청에 집회에 관한 구체적인 정보를 제공함으로써 공공질서의 유지에 협력하도록 하는 데에 그 의의가 있는 것이지 집회의 허가를 구하는 신청으로 변질되어서는 아니 되므로, 신고를 하지 아니하였다는 이유만으로 그 옥외집회 또는 시위를 헌법의 보호 범위를 벗어나 개최가 허용되지 않는 집회 내지 시위라고 단정할 수 없다.

④ 헌법이 명시적으로 밝히고 있는 것은 아니지만, 집회의 자유의 보장 대상은 평화적, 비폭력적 집회에 한정된다.

03 1 2 3 18 지방직 7급

혼인과 가족생활에 대한 설명으로 옳지 않은 것은?(다툼이 있는 경우 판례에 의함)

① 법적으로 승인되지 아니한 사실혼 또한 헌법 제36조 제1항에 규정된 혼인의 보호범위에 포함된다.

② 부모가 자녀의 이름을 지을 자유는 혼인과 가족생활을 보장하는 헌법 제36조 제1항과 행복추구권을 보장하는 헌법 제10조에 의하여 보호받는다.

③ 혼인 종료 후 300일 이내에 출생한 자를 전남편의 친생자로 추정하는 것은 모가 가정생활과 신분관계에서 누려야 할 혼인과 가족생활에 관한 기본권을 침해한다.

④ 친양자 입양을 청구하기 위해서는 친생부모의 친권상실, 사망 기타 동의할 수 없는 사유가 없는 한 친생부모의 동의를 반드시 요하도록 하는 것은 친양자가 될 자의 가족생활에 관한 기본권을 침해하지 않는다.

04 1 2 3 17 지방직 7급

사회국가원리에 대한 설명으로 옳은 것은?(다툼이 있는 경우 판례에 의함)

① 국가는 노인의 특성에 적합한 주택정책을 복지향상차원에서 개발하여 노인으로 하여금 쾌적한 주거활동을 할 수 있도록 노력하여야 할 의무를 부담한다.

② 「국민건강보험법」상 보험료의 국고지원에 있어서 지역가입자와 직장가입자의 차별취급은 사회국가원리의 관점에서 합리적인 차별이 아니므로 평등원칙에 위반된다.

③ 헌법상 직업의 자유 또는 근로의 권리, 사회국가원리 등에 근거하여 근로자에게 국가에 대한 직접적인 직장존속보장 청구권이 헌법상 인정된다.

④ 헌법 제119조 제2항의 '적정한 소득의 분배를 유지'하기 위해서는 소득에 대한 누진세율에 따른 종합과세를 시행하여야 할 구체적인 헌법적 의무가 조세입법자에게 부과된다.

05 1 2 3 17 지방직 7급

공무원의 신분보장에 대한 설명으로 옳지 않은 것은?(다툼이 있는 경우 판례에 의함)

① 임용권자가 지방공무원을 직권면직시킬 수 있는 사유를 정하고 있는 「지방공무원법」 관련 규정 중 '지방자치단체의 직제 개폐에 의하여 폐직된 때' 부분은 헌법에 위반되지 아니한다.

② 수뢰죄를 범하여 금고 이상의 형의 선고유예를 받은 공무원은 당연퇴직하도록 하는 규정은 해당 공무원의 공무담임권을 침해한다.

③ 형사사건으로 기소되면 필요적으로 직위해제처분을 하도록 하는 규정은 헌법에 위반된다.

④ 「지방공무원법」의 지방공무원의 전입에 관한 규정은 해당 지방 공무원의 동의가 있을 것을 당연한 전제로 하여 그 공무원이 소속된 지방자치단체의 장의 동의를 얻어서만 그 공무원을 전입할 수 있음을 규정하고 있는 것으로 보아야 한다.

06 1 2 3 17 지방직 7급

기본권의 주체에 대한 설명으로 옳지 않은 것은?(다툼이 있는 경우 판례에 의함)

① 정당은 구성원과 독립하여 그 자체로서 기본권의 주체가 될 수 있고, 그 조직 자체의 기본권이 직접 침해당한 경우 자신의 이름으로 헌법소원심판을 청구할 수 있다.

② 헌법 제31조 제4항이 규정하는 교육의 자주성 및 대학의 자율성은 대학에 부여된 헌법상 기본권인 대학의 자율권이므로, 국립대학도 이러한 대학의 자율권의 주체로서 헌법소원심판의 청구인능력이 인정된다.

③ 자연인으로서 개인의 존재를 전제로 하거나 인간의 감성과 관련된 기본권은 그 성질상 법인에게 적용될 수 없으므로 법인은 인격권의 주체가 될 수 없다.

④ 공법상 재단법인인 방송문화진흥회가 최다출자자인 방송사업자는 「방송법」 등 관련 규정에 의하여 공법상의 의무를 부담하고 있지만, 「상법」에 의하여 설립된 주식회사로서 설립목적은 언론의 자유의 핵심 영역인 방송사업이므로 이러한 업무 수행과 관련하여 당연히 기본권 주체가 될 수 있다.

07 1 2 3 17 지방직 7급

근로자의 기본권에 대한 설명으로 옳지 않은 것은?(다툼이 있는 경우 판례에 의함)

① 헌법 제32조 제1항의 근로의 권리는 국가에 대하여 근로의 기회를 제공하는 정책을 수립해줄 것을 요구할 수 있는 권리도 내포하므로 노동조합도 그 주체가 될 수 있다.

② 근로관계 종료 전 사용자로 하여금 근로자에게 해고예고를 하도록 하는 것은 개별 근로자의 인간 존엄성을 보장하기 위한 최소한의 근로조건 가운데 하나에 해당하므로, 해고예고에 관한 권리는 근로의 권리의 내용에 포함된다.

③ 연차유급휴가는 근로자의 건강하고 문화적인 생활의 실현에 이바지할 수 있도록 여가를 부여하는 데 그 목적이 있는 것으로, 인간의 존엄성을 보장하기 위한 합리적인 근로조건에 해당하므로 연차유급휴가에 관한 권리는 근로의 권리의 내용에 포함된다.

④ 노동관계 당사자가 쟁의행위를 함에 있어서는 그 목적, 방법 및 절차상의 한계를 벗어나지 아니한 범위 안에서 관계자들의 민사상 및 형사상 책임이 면제된다.

08 1 2 3 17 지방직 7급

다음 사례에서 헌법재판소 결정으로 옳지 않은 것은?

> 甲은 21세 여성에 대해 2011.12.15. 준강제추행죄를 범하여 300만 원의 벌금형이 2012.12.23. 확정된 후 공중보건의사로 임용되어 근무를 하고 있었다. 이후 甲의 근무지 관할 경찰서장은 甲과 관할 지방자치단체장에게 甲이 2012. 2.1. 시행된 「아동 · 청소년의 성보호에 관한 법률」에 따라 형의 집행을 종료한 때로부터 10년간 의료기관 취업제한대상자에 해당된다는 통보를 하였다. 이에 관할 지방자치단체장은 甲의 근무지를 비의료기관인 ○○소방안전본부로 변경하는 근무시설 변경조치를 하였다. 이에 甲은 위 법률이 '아동 · 청소년대상 성범죄' 뿐만 아니라 '성인대상 성범죄'를 범한 경우도 취업제한의 대상으로 규율하고 있는 것이 자신의 기본권을 침해한다고 주장하면서 헌법소원심판을 청구하였다.

① '성인대상 성범죄'의 의미에 대해서는 「아동 · 청소년의 성보호에 관한 법률」에 규정되어 있지 않아, 甲의 범죄가 취업제한의 대상인 성범죄에 해당하는지가 불명확하여 명확성 원칙에 위배된다.

② 甲에 대한 취업제한은 형벌이 아니므로 헌법 제13조 제1항 전단의 형벌불소급원칙이 적용되지 않는다.

③ 甲이 의료기관에 취업할 수 없게 된 것은 일정한 직업을 선택함에 있어 기본권 주체의 능력과 자질에 따른 제한이므로 이른바 '주관적 요건에 의한 좁은 의미의 직업선택의 자유'에 대한 제한에 해당한다.

④ 재범의 위험성 여부를 불문하고 10년간 일률적으로 취업제한을 부과하는 것은 침해의 최소성과 법익의 균형성 원칙에 위반되어 甲의 직업선택의 자유를 침해한다.

09 1 2 3 17 지방직 7급

참정권에 대한 설명으로 옳지 않은 것은?(다툼이 있는 경우 판례에 의함)

① 지방자치단체의 장 선거권은 지방의회의원 선거권, 국회의원 선거권 및 대통령 선거권 등과 마찬가지로 헌법 제24조에 의해 보호되는 기본권이다.

② 헌법 제24조는 모든 국민은 '법률이 정하는 바에 의하여' 선거권을 가진다고 규정함으로써 법률유보의 형식을 취하고 있지만, 이것은 국민의 기본권을 법률에 의하여 구체화하라는 뜻이며 선거권을 법률을 통해 구체적으로 실현하라는 의미이다.

③ 부재자투표 종료시간을 오후 4시까지로 정한 것은 투표시간을 지나치게 짧게 정한 것으로 직장업무 및 학교수업 때문에 사실상 투표가 곤란한 부재자투표자의 선거권을 침해한다.

④ 헌법 제25조의 공무담임권의 보호영역에는 특별한 사정도 없이 공무원이 특정의 장소에서 근무하는 것이나 특정의 보직을 받아 근무하는 것을 포함하는 일종의 '공무수행의 자유'까지 포함되지 않는다.

10 1 2 3 17 지방직 7급

수용자에 대한 설명으로 옳은 것은?(다툼이 있는 경우 판례에 의함)

① 교정시설의 1인당 수용면적이 수형자의 인간으로서의 기본 욕구에 따른 생활조차 어렵게 할 만큼 지나치게 협소하더라도 교정시설의 형편상 불가피한 것이라면 인간의 존엄과 가치를 침해하는 것이 아니다.

② 유치인들이 경찰서 유치장에 수용되어 있는 동안 차폐시설이 불충분하여 사용과정에서 신체부위가 다른 유치인들이나 경찰관들에게 관찰될 수 있고, 냄새가 유출되는 유치실 내 화장실을 사용하도록 강제되었더라도 이는 유치인들의 자살이나 자해방지, 환자의 신속한 발견 등 감시와 보호 목적을 달성하기 위한 것이므로 인격권을 침해하는 것이 아니다.

③ 수용자의 기본권 제한을 최소화하기 위하여 특정부분을 확대하거나 정밀하게 촬영할 수 없는 CCTV를 설치하고, 화장실 문의 창에 불투명재질의 종이를 부착하였으며, 녹화된 영상정보의 무단유출 방지를 위한 시스템을 설치하였더라도 교정시설 내 수용자를 상시적으로 시선계호할 목적으로 CCTV가 설치된 거실에 수용하는 것은 인간으로서의 존엄과 가치 및 사생활의 비밀과 자유를 침해하는 것이다.

④ 수용자가 밖으로 내보내는 서신을 봉함하지 않은 상태로 교정 시설에 제출하도록 규정하고 있는 관련 규정의 본래의 목적은, 교도관이 수용자의 면전에서 서신에 금지물품이 들어 있는지를 확인하고 수용자로 하여금 서신을 봉함하게 하는 방법, 봉함된 상태로 제출된 서신을 X-ray 검색기 등으로 확인한 후 의심이 있는 경우에만 개봉하여 확인하는 방법, 서신에 대한 검열이 허용되는 경우에만 무봉함 상태로 제출하도록 하는 방법 등으로도 얼마든지 달성할 수 있다고 할 것이므로 수용자인 청구인의 통신비밀의 자유를 침해하는 것이다.

11 1 2 3 17 지방직 7급

헌법재판에 대한 설명으로 옳지 않은 것은?(다툼이 있는 경우 판례에 의함)

① 헌법재판소가 국선대리인을 선정하지 아니한다는 결정을 한 때에는 지체 없이 그 사실을 신청인에게 통지하여야 하며, 이 경우 신청인이 국선대리인 선임신청을 한 날부터 그 통지를 받은 날까지의 기간은 헌법소원심판의 청구기간에 산입하지 아니한다.

② 부진정입법부작위를 대상으로 하여 헌법소원을 제기하려면 결함이 있는 당해 입법규정 그 자체를 대상으로 하여 그 헌법 위반을 내세워 적극적인 헌법소원을 제기하여야 한다.

③ 헌법소원심판에서 사전심사를 담당하는 지정재판부는 재판관의 과반수 이상의 결정으로 심판청구를 각하할 수 있으나, 헌법소원심판 청구 후 30일이 경과할 때까지 각하결정이 없는 때에는 심판에 회부하는 결정이 있는 것으로 본다.

④ 당해사건에서 법원으로 하여금 위헌법률심판을 제청하도록 신청을 한 사람은 위헌법률심판사건의 당사자가 아니다.

12 1 2 3 17 지방직 7급

직업의 자유에 대한 설명으로 옳지 않은 것은?(다툼이 있는 경우 판례에 의함)

① 치과의사의 치과전문의 자격 인정 요건으로 '외국의 의료기관에서 치과의사전문의 과정을 이수한 사람'을 포함하지 아니한 「치과의사전문의의 수련 및 자격 인정 등에 관한 규정」은 직업수행의 자유를 침해한다.

② 의사 및 한의사의 복수면허 의료인이라고 하더라도 양방 또는 한방 중 그 선택에 따라 어느 '하나의' 의료기관 이외에 다른 의료기관의 개설을 금지하는 것은 직업선택의 자유를 침해한다.

③ 전문과목을 표시한 치과의원은 그 표시한 전문과목에 해당하는 환자만을 진료하여야 한다고 규정한 「의료법」 규정은 직업수행의 자유를 침해한다.

④ 입원환자에 대하여 의약분업의 예외를 인정하면서도 의사로 하여금 조제를 직접 담당하도록 한 것은 직업수행의 자유를 침해한다.

13 1 2 3 17 지방직 7급

사회적 기본권에 대한 설명으로 옳지 않은 것은?(다툼이 있는 경우 판례에 의함)

① 참전명예수당은 국가를 위한 특별한 공헌과 희생에 대한 국가보훈적 성격과, 고령으로 사회활동능력을 상실한 참전 유공자에게 경제적 지원을 함으로써 참전의 노고에 보답하고 아울러 자부심과 긍지를 고양하며 장기적인 측면에서 수급권자의 생활보호를 위한 사회보장적 의미를 동시에 갖는 것이다.

② 경과실의 범죄로 인한 사고는 개념상 우연한 사고의 범위를 벗어나지 않으므로 경과실로 인한 범죄행위에 기인하는 보험 사고에 대하여 의료보험급여를 부정하는 것은 우연한 사고로 인한 위험으로부터 다수의 국민을 보호하고자 하는 사회보장 제도로서의 의료보험의 본질을 침해하여 헌법에 위반된다.

③ 국가가 인간다운 생활을 보장하기 위한 헌법적 의무를 다하였는지의 여부가 사법적 심사의 대상이 된 경우에는, 국가가 생계보호에 관한 입법을 전혀 하지 아니하였다든가 그 내용이 현저히 불합리하여 헌법상 용인될 수 있는 재량의 범위를 명백히 일탈한 경우에 한하여 인간다운 생활을 할 권리를 보장한 헌법에 위반된다고 할 수 있다.

④ 기초생활보장제도의 보장단위인 개별가구에서 교도소·구치소에 수용 중인 자를 제외하도록 한 규정은 이들의 인간다운 생활을 할 권리를 침해하는 것이다.

14 1 2 3 17 지방직 7급

평등권을 침해한 것(○)과 침해하지 않는 것(×)을 바르게 조합한 것은?(다툼이 있는 경우 판례에 의함)

ㄱ. 일반 응시자와 달리 공무원의 근무연수 및 계급에 따라 행정사 자격시험의 제1차 시험을 면제하거나 제1차 시험의 전 과목과 제2차 시험의 일부 과목을 면제하는 것

ㄴ. 공무원의 초임호봉 획정에 인정되는 경력과 관련하여, 현역병 및 사회복무요원과 달리 산업기능요원의 경력을 제외하도록 한 것

ㄷ. 「산업재해보상보험법」이 근로자가 사업주의 지배관리 아래 출퇴근하던 중 발생한 사고로 부상 등이 발생한 경우에만 업무상 재해로 인정하고, 도보나 자기 소유 교통수단 또는 대중교통수단 등을 이용하여 출퇴근하는 경우를 업무상 재해로 인정하지 아니하는 것

ㄹ. 공공성이 큰 다른 민간 분야 종사자와 달리 사립학교 관계자와 언론인에게만 부정청탁금지조항과 금품수수금지조항 및 신고조항과 제재조항이 적용되는 것

	ㄱ	ㄴ	ㄷ	ㄹ
①	○	○	×	○
②	×	×	○	×
③	○	×	×	×
④	×	○	○	○

15 1 2 3 20 경찰승진

헌법해석 및 합헌적 법률해석에 관한 설명 중 가장 적절한 것은? (다툼이 있는 경우 판례에 의함)

① 입법권자가 그 법률의 제정으로써 추구하고자 하는 입법자의 명백한 의지와 입법의 목적을 헛되게 하는 내용으로 법률조항을 해석할 수 없다는 '법 목적에 따른 한계'는 「사법」적 헌법해석기관에 의한 최종적 헌법해석권을 형해화할 수 있으므로 인정될 수 없다.

② 합헌적 법률해석은 헌법재판소가 헌법과 법률을 해석 · 적용함에 있어서 입법자의 입법취지대로 해석하여야 한다는 것으로 민주주의와 권력분립원칙의 관점에서 입법자의 입법권에 대한 존중과 규범유지의 원칙에 의하여 정당화된다.

③ 헌법의 기본원리는 헌법의 이념적 기초인 동시에 헌법을 지배하는 지도원리로서 입법이나 정책결정의 방향을 제시하며, 구체적 기본권을 도출하는 근거가 되고 기본권의 해석 및 기본권제한 입법의 합헌성 심사에 있어 해석기준의 하나로 작용한다.

④ 헌법해석상 특정인에게 구체적인 기본권이 생겨 이를 보장하기 위한 국가의 행위의무 내지 보호의무가 발생하였음이 명백함에도 불구하고 입법자가 아무런 입법조치를 취하지 아니한 경우에는 입법자에게 입법의무가 인정된다.

16 1 2 3 20 경찰승진

헌법개정을 하지 않고서도 채택할 수 있는 것은?

① 대통령의 피선거연령을 만 35세로 낮추는 것

② 법률의 위헌심사에 있어서 추상적 규범통제를 인정하는 것

③ 법원의 재판을 헌법소원심판의 대상으로 하는 것

④ 지방자치단체 의회를 폐지하는 것

17 1 2 3 20 경찰승진

우리나라 헌법사에 관한 설명 중 가장 적절한 것은?

① 1954년 개정헌법(제2차 개헌)은 같은 헌법 공포 당시의 대통령에 한하여 중임제한을 철폐하고, 대통령의 궐위시에는 국무총리가 그 지위를 계승하도록 하였다.

② 1962년 개정헌법(제5차 개헌)은 국무총리 · 국무위원에 대한 국회의 해임건의가 있을 때에는 대통령은 특별한 사유가 없는 한 이에 응하도록 규정하였다.

③ 1980년 개정헌법(제8차 개헌)은 임기 7년의 대통령을 국회에서 무기명투표로 선거하도록 하고 위헌법률심판과 탄핵심판을 담당하는 헌법위원회를 규정하였다.

④ 1987년 개정헌법(제9차 개헌)은 현대적 인권인 환경권을 최초로 규정하였다.

18 1 2 3 20 경찰승진

국적에 관한 설명 중 가장 적절하지 않은 것은?(다툼이 있는 경우 판례에 의함)

① 출생 당시 모가 자녀에게 외국 국적을 취득하게 할 목적으로 외국에서 체류 중이었던 사실이 인정되는 자는 대한민국에서 외국 국적을 행사하지 않겠다는 서약을 한 후 대한민국 국적을 선택한다는 뜻을 신고할 수 있다.

② 복수국적자가 「국적법」에서 정한 기간 내에 국적을 선택하지 아니한 경우에 법무부장관은 1년 내에 하나의 국적을 선택할 것을 명하여야 한다.

③ 1948년 정부수립이전이주동포를 「재외동포의 출입국과 법적 지위에 관한 법률」의 적용대상에서 제외하는 것은 헌법 제11조의 평등원칙에 위배된다.

④ 1978.6.14.부터 1998.6.13.사이에 태어난 모계출생자가 대한민국 국적을 취득할 수 있는 특례를 두면서 2004. 12.31.까지 국적취득 신고를 한 경우에만 대한민국 국적을 취득하도록 한 것은, 특례의 적용을 받는 모계출생자가 그 권리를 조속히 행사하도록 하여 위 모계출생자가 권리를 남용할 가능성을 억제하기 위한 것으로 합리적 이유 있는 차별이다.

19 1 2 3 20 경찰승진

신뢰보호의 원칙 및 소급입법금지원칙에 관한 설명 중 가장 적절한 것은?(다툼이 있는 경우 판례에 의함)

① 신법이 피적용자에게 유리한 경우에는 시혜적인 소급입법을 하여야 하므로, 순직공무원의 적용범위를 확대한 개정 「공무원 연금법」을 소급하여 적용하지 아니하도록 한 개정 법률 부칙은 평등의 원칙에 위배된다.

② 부당환급받은 세액을 징수하는 근거규정인 개정조항을 개정된 법 시행 후 최초로 환급세액을 징수하는 분부터 적용하도록 규정한 「법인세법」 부칙 조항은 이미 완성된 사실 · 법률관계를 규율하는 진정소급입법에 해당하나, 이를 허용하지 아니하면 위 개정조항과 같이 법인세 부과처분을 통하여 효율적으로 환수하지 못하고 부당이득 반환 등 복잡한 절차를 거칠 수밖에 없어 중대한 공익상 필요에 의하여 예외적으로 허용된다.

③ 「군인연금법」상 퇴역연금 수급권자가 「사립학교교직원 연금법」 제3조의 학교기관으로부터 보수 기타 급여를 지급받는 경우에는 대통령령이 정하는 바에 따라 퇴역연금의 전부 또는 일부의 지급을 정지할 수 있도록 하는 것은 신뢰보호원칙에 위반되지 않는다.

④ 1953년부터 시행된 "교사의 신규채용에 있어서는 국립 또는 공립 교육대학 · 사범대학의 졸업자를 우선하여 채용하여야 한다"라는 「교육공무원법」 조항에 대한 헌법재판소의 위헌결정에도 불구하고 헌법재판소의 위헌결정 당시의 국 · 공립 사범대학 등의 재학생과 졸업자의 신뢰는 보호되어야 하므로, 입법자가 위헌법률에 기초한 이들의 신뢰이익을 보호하기 위한 법률을 제정하지 않은 부작위는 헌법에 위배된다.

20 1 2 3 20 경찰승진

헌법상 경제질서에 관한 설명 중 가장 적절하지 <u>않은</u> 것은?(다툼이 있는 경우 판례에 의함)

① 수력(水力)은 법률이 정하는 바에 의하여 일정한 기간 그 이용을 특허할 수 있다.

② 특정한 사회 · 경제적 또는 정치적 대의나 가치를 주장 · 옹호하거나 이를 진작시키기 위한 수단으로 선택한 소비자불매운동은 헌법상 보호를 받을 수 없다.

③ 구 「특정범죄 가중처벌 등에 관한 법률」에서 관세포탈 등의 예비범에 대하여 본죄에 준하여 가중처벌하도록 한 규정의 입법 목적은 헌법 제119조 제2항(경제의 규제 · 조정), 제125조(무역의 규제 · 조정)의 정신에 부합한다.

④ 불매운동의 목표로서의 '소비자의 권익'이란 원칙적으로 사업자가 제공하는 물품이나 용역의 소비생활과 관련된 것으로서 상품의 질이나 가격, 유통구조, 안정성 등 시장적 이익에 국한된다.

제6회 경찰공무원(순경) 헌법

01 1 2 3 20 경찰승진

선거권에 관한 설명 중 가장 적절하지 않은 것은?(다툼이 있는 경우 판례에 의함)

① 주민등록과 국내거소신고를 기준으로 지역구 국회의원 선거권을 인정하는 것은 해당 국민의 지역적 관련성을 확인하는 합리적인 방법으로, 주민등록이 되어 있지 않고 국내 거소신고도 하지 않은 재외국민의 임기만료 지역구 국회의원 선거권을 인정하지 않은 것은 선거권을 침해한다고 볼 수 없다.

② 지역농협은 사법인에서 볼 수 없는 공법인적 특성을 많이 가지고 있으므로, 지역농협의 조합장선거에서 조합장을 선출하거나 조합장으로 선출될 권리, 조합장선거에서 선거운동을 하는 것도 헌법에 의하여 보호되는 선거권의 범위에 포함된다.

③ 선거일 현재 선거범으로서 100만 원 이상의 벌금형의 선고를 받고 그 형이 확정된 후 5년 또는 형의 집행유예의 선고를 받고 그 형이 확정된 후 10년을 경과하지 아니한 사람은 선거권이 없다.

④ 지역구 국회의원 선거에서 예비후보자의 기탁금 액수를 해당 선거의 후보자등록 시 납부해야 하는 기탁금의 100분의 20으로 설정한 것은 입법재량의 범위를 벗어난 것으로 볼 수 없다.

02 1 2 3 20 경찰승진

기본권주체에 관한 설명 중 가장 적절하지 않은 것은?(다툼이 있는 경우 판례에 의함)

① 법인도 법인의 목적과 사회적 기능에 비추어 볼 때 그 성질에 반하지 않는 범위 내에서 인격권의 내용인 사회적 신용이나 명예 등의 주체가 될 수 있다.

② 기본권능력을 가진 사람은 모두 기본권 주체가 되지만, 기본권 주체가 모두 기본권의 행사능력을 가지는 것은 아니다.

③ 국가, 지방자치단체도 다른 공권력 주체와의 관계에서 지배복종 관계가 성립되어 일반 사인처럼 그 지배하에 있는 경우에는 기본권 주체가 될 수 있다.

④ 출입국관리에 관한 사항 중 외국인의 입국에 관한 사항은 주권 국가로서의 기능을 수행하는데 필요한 것으로서 광범위한 정책재량의 영역이므로, 국적에 따라 사증 발급 신청 시의 첨부서류에 관해 다르게 정하고 있는 조항이 평등권을 침해하는지 여부는 자의금지원칙 위반 여부에 의하여 판단한다.

03 1 2 3 20 경찰승진

인간의 존엄과 가치 및 행복추구권에 관한 설명 중 가장 적절하지 않은 것은?(다툼이 있는 경우 판례에 의함)

① 공인이 아니며 보험사기를 이유로 체포된 피의자가 경찰서 내에서 수갑을 차고 얼굴을 드러낸 상태에서 조사받는 과정을 기자들로 하여금 촬영하도록 허용하는 행위는 기본권 제한의 목적의 정당성이 인정되지 아니한다.

② 고졸검정고시 또는 고입검정고시에 합격했던 자가 해당 검정고시에 다시 응시할 수 없게 됨으로써 제한되는 주된 기본권은 자유로운 인격발현권인데, 이러한 응시자격 제한은 검정고시 제도 도입 이후 허용되어 온 합격자의 재응시를 경과조치 등 없이 무조건적으로 금지하는 것이어서 과잉금지원칙에 위배된다.

③ 자기낙태죄 조항은 「모자보건법」에서 정한 사유에 해당하지 않는다면 결정가능기간 중에 다양하고 광범위한 사회적·경제적 사유를 이유로 낙태갈등 상황을 겪고 있는 경우까지도 예외 없이 전면적·일률적으로 임신의 유지 및 출산을 강제하고 이를 위반한 경우 형사처벌하고 있으므로 임신한 여성의 자기결정권을 제한하고 있어 침해의 최소성을 갖추지 못하였다.

④ 초등학교 정규교과에서 영어를 배제하거나 영어교육 시수를 제한하는 것은 학생들의 인격의 자유로운 발현권을 제한하나, 이는 균형적인 교육을 통해 초등학생의 전인적 성장을 도모하고 영어과목에 대한 지나친 사교육의 폐단을 막기 위한 것으로 학생들의 기본권을 침해하지 않는다.

04 1 2 3 20 경찰승진

평등권(평등원칙)에 관한 설명 중 가장 적절한 것은?(다툼이 있는 경우 판례에 의함)

① 자기 또는 배우자의 직계존속을 고소하지 못하도록 규정한 「형사소송법」 조항은 친고죄의 경우든 비친고죄의 경우든 헌법상 보장된 재판절차진술권의 행사에 중대한 제한을 초래한다고 보기는 어려우므로, 완화된 자의심사에 따라 차별에 합리적 이유가 있는지를 따져보는 것으로 족하다.

② 선거로 취임하는 공무원인 지방자치단체장을 「공무원연금법」의 적용대상에서 제외하는 법률조항은, 지방자치단체장도 국민전체에 대한 봉사자로서 「공무원법」상 각종 의무를 부담하고 영리업무 및 겸직 금지 등 기본권 제한이 수반된다는 점에서 경력직공무원 또는 다른 특수경력직공무원등과 차이가 없는데도 「공무원연금법」의 적용에 있어 지방자치단체장을 다른 공무원에 비하여 합리적 이유 없이 차별하는 것으로, 지방자치단체장들의 평등권을 침해한다.

③ 제대군인이 공무원채용시험 등에 응시한 때에 과목별 득점에 과목별 만점의 5퍼센트 또는 3퍼센트를 가산하는 것에 대하여 완화된 심사기준인 자의금지원칙을 적용하고 있다.

④ 보건복지부장관이 최저생계비를 고시함에 있어 장애로 인한 추가지출비용을 반영한 별도의 최저생계비를 결정하지 않은 채 가구별 인원수만을 기준으로 최저생계비를 결정한 고시는 엄격한 기준인 비례성원칙에 따른 심사를 함이 타당하다.

05 1 2 3 20 경찰승진

신체의 자유에 관한 설명 중 가장 적절하지 않은 것은?(다툼이 있는 경우 판례에 의함)

① 누구든지 체포 또는 구속의 이유와 변호인의 조력을 받을 권리가 있음을 고지받지 아니하고는 체포 또는 구속을 당하지 아니한다. 체포 또는 구속을 당한 자의 가족 등 법률이 정하는 자에게는 그 이유와 일시 · 장소가 지체 없이 통지되어야 한다.

② 법무부장관이 형사사건으로 공소가 제기된 변호사에 대하여 판결이 확정될 때까지 업무정지를 명하도록 한 구 「변호사법」 제15조는 무죄추정의 원칙에 위배되지 않는다.

③ 성폭력범죄를 저지른 성도착증 환자로서 재범의 위험성이 인정되는 19세 이상의 사람에 대해 법원이 15년의 범위에서 치료명령을 선고할 수 있도록 한 법률규정은, 장기형이 선고되는 경우 치료명령의 선고시점과 집행시점 사이에 상당한 시간적 간극이 있어 집행시점에 발생할 수 있는 불필요한 치료와 관련한 부분에 대해서는 침해의 최소성과 법익균형성이 인정되지 않기 때문에 피치료자의 신체의 자유를 침해한다.

④ 특별검사가 참고인에게 지정된 장소까지 동행할 것을 명령할 수 있게 하고 참고인이 정당한 이유 없이 위 동행명령을 거부한 경우 천만 원 이하의 벌금형에 처하도록 규정한 동행명령조항은 영장주의 또는 과잉금지 원칙에 위배하여 참고인의 신체의 자유를 침해하는 것이다.

06 1 2 3 20 경찰승진

다음 중 사생활의 비밀과 자유 또는 개인정보자기결정권을 침해한 것은?(다툼이 있는 경우 판례에 의함)

① A시장이 B경찰서장의 사실조회 요청에 따라 B경찰서장에게 청구인들의 이름, 생년월일, 전화번호, 주소를 제공한 행위

② 공직선거의 후보자등록 신청을 함에 있어 형의 실효여부와 관계없이 일률적으로 금고 이상의 형의 범죄경력을 제출 · 공개하도록 한 규정

③ 국민건강보험공단이 2013.12.20. C경찰서장에게 체포영장이 발부된 피의자의 '2010.12.18.부터 2013.12.18.'까지의 상병명, 요양기관명, 요양기관주소, 전화번호 등 요양급여내용을 제공한 행위

④ 통계청장이 인구주택총조사의 방문 면접조사를 실시하면서, 담당 조사원을 통해 청구인에게 인구주택총조사 조사표의 조사 항목들에 응답할 것을 요구한 행위

07 1 2 3 20 경찰승진

양심의 자유에 관한 설명 중 가장 적절한 것은?(다툼이 있는 경우 판례에 의함)

① 양심의 자유에서 현실적으로 문제가 되는 것은 법질서와 도덕에 부합하는 사고를 가진 사회적 다수의 양심을 의미한다.

② '양심적' 병역거부는 실상 당사자의 '양심에 따른' 혹은 '양심을 이유로 한' 병역거부를 가리키는 것일 뿐만 아니라 병역거부가 '도덕적이고 정당하다'는 의미를 내포한다.

③ 전투경찰순경이 법률에 근거한 경찰공무원으로서 시위진압업무를 수행하는 것이 양심의 자유를 침해한다고 판시한 바 있다.

④ 양심적 병역거부의 바탕이 되는 양심상의 결정은 종교적 동기뿐만 아니라 윤리적 · 철학적 또는 이와 유사한 동기로부터도 형성될 수 있는 것이므로 양심적 병역거부자의 기본권 침해여부는 양심의 자유를 중심으로 판단한다.

08 1 2 3 20 경찰승진

언론 · 출판의 자유에 관한 설명으로 옳은 것을 모두 고른 것은? (다툼이 있는 경우 판례에 의함)

> ㉠ 인터넷 언론사에 대하여 선거운동기간 중 당해 인터넷홈페이지 게시판 · 대화방 등에 정당 · 후보자에 대한지지 · 반대의 글을 게시할 수 있도록 하는 경우 실명을 확인받도록 하는 기술적 조치를 할 의무를 부과한 구 「공직선거법」은 표현의 자유를 침해한다.
> ㉡ 여론조사 실시행위에 대한 신고의무를 부과하고 있는 「공직선거법」 조항은 여론조사결과의 보도나 공표행위를 규제하는 것이 아니라 여론조사의 실시행위에 대한 신고의무를 부과 하는 것으로, 허가받지 아니한 것의 발표를 금지하는 헌법 제21조 제2항의 사전검열과 관련이 있다고 볼 수 없으므로 검열금지원칙에 위반되지 아니한다.
> ㉢ 금치처분을 받은 미결수용자라 할지라도 금치처분 기간 중 집필을 금지하면서 예외적인 경우에만 교도소장이 집필을 허가할 수 있도록 한 「형의 집행 및 수용자의 처우에 관한 법률」상 규정은 미결수용자의 표현의 자유를 침해한다.
> ㉣ 건강기능식품 기능성 광고 사전심의가 헌법이 금지하는 사전검열에 해당하려면 심사절차를 관철할 수 있는 강제수단이 존재할 것을 필요로 하는데, 영업허가취소와 같은 행정제재나 벌금형과 같은 형벌의 부과는 사전심의절차를 관철하기 위한 강제수단에 해당한다.

① ㉠, ㉡　　② ㉠, ㉣
③ ㉡, ㉢　　④ ㉡, ㉣

09 1 2 3 20 경찰승진

집회 및 결사의 자유에 관한 설명 중 가장 적절하지 않은 것은? (다툼이 있는 경우 판례에 의함)

① 집회의 자유에는 집회의 장소를 스스로 결정할 장소선택의 자유도 포함한다.
② 집회의 개념 요소인 공동의 목적은 '내적인 유대 관계'로 족하다.
③ 집회의 시간과 장소가 중복되는 2개 이상의 신고가 있을 경우 관할 경찰관서장은 먼저 신고된 집회가 다른 집회의 개최를 봉쇄하기 위한 가장집회신고에 해당하는지 여부에 관하여 판단할 권한이 없으므로 뒤에 신고된 집회에 대하여 집회 자체를 금지하는 통고를 하여야 한다.
④ 구 「주택건설촉진법」상의 주택조합은 주택이 없는 국민의 주거생활의 안정을 도모하고 모든 국민의 주거수준 향상을 기한다는 공공목적을 위하여 법이 구성원의 자격을 제한적으로 정해 놓은 특수조합이어서, 이는 헌법상 결사의 자유가 뜻하는 헌법상 보호법익의 대상이 되는 단체가 아니다.

10 1 2 3 20 경찰승진

재산권에 관한 설명 중 가장 적절한 것은?(다툼이 있는 경우 판례에 의함)

① 물건에 대한 재산권 행사에 비하여 동물에 대한 재산권 행사는 사회적 연관성과 사회적 기능이 적다 할 것이므로 이를 제한하는 경우 입법재량의 범위를 좁게 인정함이 타당하다.

② 건설공사를 위하여 문화재발굴허가를 받아 매장문화재를 발굴하는 경우 그 발굴비용을 사업시행자로 하여금 부담하게 하는 것은 문화재 보존을 위해 사업시행자에게 일방적인 희생을 강요하는 것이므로 재산권을 침해한다.

③ 토지의 가격이 취득일 당시에 비하여 현저히 상승한 경우 환매금액에 대한 협의가 성립하지 아니한 때에는 사업시행자로 하여금 환매금액의 증액을 청구할 수 있도록 한 「공익사업을 위한 토지 등의 취득 및 보상에 관한 법률」 조항은 환매권자의 재산권을 침해하지 아니한다.

④ 「건축법」을 위반한 건축주 등이 건축 허가권자로부터 위반건축물의 철거 등 시정명령을 받고도 그 이행을 하지 않는 경우 「건축법」 위반자에 대하여 시정명령 이행시까지 반복적으로 이행강제금을 부과할 수 있도록 규정한 「건축법」 조항은 과잉금지의 원칙에 위배되어 「건축법」 위반자의 재산권을 침해한다.

11 1 2 3 20 경찰승진

직업의 자유에 관한 설명 중 가장 적절하지 <u>않은</u> 것은?(다툼이 있는 경우 판례에 의함)

① 유치원 주변 학교환경위생 정화구역에서 성관련 청소년 유해물건을 제작·생산·유통하는 청소년 유해업소를 예외 없이 금지하는 구 「학교보건법」 관련조항은 직업의 자유를 침해한 것이다.

② 연락운송 운임수입의 배분에 관한 협의가 성립되지 아니한 때에는 당사자의 신청을 받아 국토교통부장관이 결정한다는 「도시철도법」 규정은 도시철도운영자들의 「행정절차법」에 따른 의견제출이 가능하고 국토부장관의 전문성과 객관성도 인정되므로 운임수입 배분에 관한 별도의 위원회를 구성하지 않는다 하더라도 직업 수행의 자유를 침해하지 않는다.

③ 개인이 다수의 직업을 선택하여 동시에 행사하는 겸직의 자유는 직업의 자유에 포함된다.

④ 청원경찰이 법원에서 금고 이상의 형의 선고유예를 받은 경우 당연 퇴직하도록 규정한 조항은 청원경찰의 직업의 자유를 침해한다.

12 1 2 3 20 경찰승진

공무담임권에 관한 설명 중 가장 적절한 것은?(다툼이 있는 경우 판례에 의함)

① 공무담임권은 공직취임의 기회균등을 요구하지만, 취임한 뒤 승진할 때에도 균등한 기회 제공을 요구하지는 않는다.

② 지방자치단체의 장이 금고 이상의 형을 선고받고 그 형이 확정 되지 아니한 경우 부단체장이 그 권한을 대행하도록 규정한 「지방자치법」 조항은 지방자치단체장의 공무담임권을 침해한다.

③ 국방부 등의 보조기관에 근무할 수 있는 기회를 현역군인에게만 부여하고 군무원에게는 부여하지 않는 법률조항은 군무원의 공무담임권을 침해한다.

④ 공무원의 재임 기간 동안 충실한 공무 수행을 담보하기 위하여 공무원의 퇴직급여 및 공무상 재해보상을 보장할 것까지 공무 담임권의 보호영역에 포함된다고 본다.

13 1 2 3 20 경찰승진

국민투표권에 관한 설명 중 가장 적절하지 않은 것은?(다툼이 있는 경우 판례에 의함)

① 국회의원선거권자인 재외선거인에게 국민투표권을 인정하지 않은 것은 국회의원선거권자의 헌법개정안 국민투표 참여를 전제하고 있는 헌법 제130조 제2항의 취지에 부합하지 않는다.

② 대법원은 국민투표에 관하여 「국민투표법」 또는 동법에 의하여 발하는 명령에 위반하는 사실이 있는 경우라도 국민투표의 결과에 영향을 미쳤다고 인정하는 때에 한하여 국민투표의 전부 또는 일부의 무효를 판결한다.

③ 「정당법」상의 당원의 자격이 없는 자는 국민투표에 관한 운동을 할 수 없다.

④ 대의기관의 선출주체가 곧 대의기관의 의사결정에 대한 승인 주체가 되는 것이 원칙이나, 국민투표권자의 범위가 대통령선거권자, 국회의원선거권자와 반드시 일치할 필요는 없다.

14 1 2 3 20 경찰승진

재판청구권에 관한 설명 중 가장 적절하지 않은 것은?(다툼이 있는 경우 판례에 의함)

① 군사시설 중 전투용에 공하는 시설을 손괴한 일반 국민이 평시에 군사법원에서 재판을 받도록 하는 것은 법관에 의한 재판을 받을 권리를 침해하는 것이다.

② 취소소송의 제소기간을 처분 등이 있음을 안 때로부터 90일 이내로 규정한 것은 지나치게 짧은 기간이라고 보기 어렵고 「행정법」 관계의 조속한 안정을 위해 필요한 방법이므로 재판청구권을 침해하지 않는다.

③ 수형자가 국선대리인인 변호사를 접견하는데 교도소장이 그 접견내용을 녹음 · 기록하였다고 해도 재판을 받을 권리를 침해하는 것은 아니다.

④ 헌법과 법률이 정한 법관에 의한 재판을 받을 권리는 직업법관에 의한 재판을 주된 내용으로 하는 것이므로 국민참여재판을 받을 권리는 그 보호범위에 속하지 않는다.

15 1 2 3 20 경찰승진

범죄피해자구조청구권에 관한 설명 중 가장 적절한 것은?(다툼이 있는 경우 판례에 의함)

① 범죄피해자구조청구권은 생명, 신체에 대한 피해를 입은 경우에 적용되는 것은 물론이고 재산상 피해를 입은 경우에도 적용된다.

② 범죄행위 당시 구조피해자와 가해자 사이에 사실상의 혼인관계가 있는 경우에도 구조피해자에게 구조금을 지급한다.

③ 범죄피해구조금을 받을 권리는 그 구조결정이 해당 신청인에게 송달된 날부터 1년간 행사하지 아니하면 시효로 인하여 소멸된다.

④ 헌법재판소는 범죄피해자구조청구권의 대상이 되는 범죄피해에 해외에서 발생한 범죄피해의 경우를 포함하고 있지 아니한 것이 현저하게 불합리한 자의적인 차별이라고 볼 수 없어 평등원칙에 위배되지 아니한다고 결정하였다.

16 1 2 3 20 경찰승진

교육을 받을 권리에 관한 설명 중 가장 적절하지 않은 것은?(다툼이 있는 경우 판례에 의함)

① 대학수학능력시험을 한국교육방송공사(EBS) 수능교재 및 강의와 연계하여 출제하기로 한 '2018학년도 대학수학능력시험 시행 기본계획'은 헌법 제31조 제1항의 능력에 따라 균등하게 교육을 받을 권리를 직접 제한한다고 보기는 어렵다.

② 학교용지부담금의 부과대상을 수분양자가 아닌 개발사업자로 정하고 있는 구 「학교용지 확보 등에 관한 특례법」 조항은 의무교육의 무상원칙에 위배된다.

③ '부모의 자녀에 대한 교육권'은 비록 헌법에 명문으로 규정되어 있지는 아니하지만, 이는 모든 인간이 국적과 관계없이 누리는 양도할 수 없는 불가침의 인권이다.

④ 초등학교 교육과정의 편제와 수업시간은 교육현장을 가장 잘 파악하고 교육과정에 대해 적절한 수요예측을 할 수 있는 해당부처에서 정하도록 할 필요가 있으므로, 「초 · 중등교육법」 제23조 제2항이 교육과정의 기준과 내용에 관한 기본적인 사항을 교육부 장관이 정하도록 위임한 것 자체가 교육제도 법정주의에 반한다고 보기 어렵다.

17 1 2 3 20 경찰승진

근로의 권리 및 근로3권에 관한 설명 중 가장 적절하지 않은 것은?(다툼이 있는 경우 판례에 의함)

① 근로자에게 보장된 단결권의 내용에는 단결할 자유뿐만 아니라 노동조합을 결성하지 아니할 자유나 노동조합에 가입을 강제당하지 아니할 자유, 그리고 가입한 노동조합을 탈퇴할 자유도 포함된다.

② 근로의 권리는 국민의 권리이므로 외국인은 그 주체가 될 수 없는 것이 원칙이나, 근로의 권리 중 일할 환경에 관한 권리에 대해서는 외국인의 기본권 주체성을 인정할 수 있다.

③ 근로의 권리는 사회적 기본권으로서, 국가에 대하여 직접 일자리를 청구하거나 일자리에 갈음하는 생계비의 지급청구권을 의미하는 것이 아니라, 고용증진을 위한 사회적 · 경제적 정책을 요구할 수 있는 권리에 그치는 것이다.

④ 교원노조를 설립하거나 가입하여 활동할 수 있는 자격을 초 · 중등교원으로 한정함으로써 교육공무원이 아닌 대학 교원에 대해서 근로기본권의 핵심인 단결권조차 전면적으로 부정한 법률조항은 그 입법목적의 정당성을 인정하기 어렵고, 수단의 적합성 역시 인정할 수 없다.

18 1 2 3 20 경찰승진

국민의 기본의무에 관한 설명 중 옳은 것을 모두 고른 것은? (다툼이 있는 경우 판례에 의함)

㉠ 조세의 부과 · 징수로 인해 납세의무자의 사유재산에 관한 이용 · 수익 · 처분권이 중대한 제한을 받게 되는 경우에는 재산권의침해가 될 수 있다.
㉡ 공무원 시험의 응시자격을 '군복무를 필한 자'라고 하여 군복무 중에는 그 응시기회를 제한하는 것은 병역의무의 이행을 이유로 불이익을 주는 것이다.
㉢ 병역의무는 국민 전체의 인간으로서의 존엄과 가치를 보장하기 위한 것이므로, 양심적 병역거부자의 양심의 자유가 국방의 의무보다 우월한 가치라고 할 수 없다.
㉣ 학교운영지원비를 학교회계 세입항목에 포함시키도록 하는 것은 헌법 제31조 제3항에 규정되어 있는 의무교육의 무상원칙에 위반되지 않는다.

① ㉠, ㉡ ② ㉠, ㉢
③ ㉡, ㉣ ④ ㉢, ㉣

19 1 2 3 19 경찰승진

국적에 대한 설명으로 가장 적절하지 않은 것은?(다툼이 있는 경우 헌법재판소 판례에 의함)

① 대한민국에서 출생한 사람으로서 부 또는 모가 대한민국에서 출생한 외국인은 대한민국에 3년 이상 계속하여 주소가 있는 경우 간이귀화허가를 받을 수 있다.

② 대한민국에 특별한 공로가 있는 외국인은 대한민국에 주소가 있는 경우 특별귀화허가를 받을 수 있다.

③ 외국인의 자(子)로서 대한민국의 「민법」상 미성년인 사람은 부 또는 모가 귀화허가를 신청할 때 함께 국적 취득을 신청할 수 있다.

④ 대한민국 국적을 상실한 자가 그 후 1년 내에 그 외국 국적을 포기하면 법무부장관의 허가를 받아 대한민국 국적을 재취득 할 수 있다.

20 1 2 3 19 경찰승진

신뢰보호원칙에 대한 설명으로 가장 적절하지 않은 것은?(다툼이 있는 경우 헌법재판소 판례에 의함)

① 입법자는 새로운 인식을 수용하고 변화한 현실에 적절하게 대처해야 하기 때문에, 국민은 현재의 법적 상태가 항상 지속되리라는 것을 원칙적으로 신뢰할 수 없다.

② 개정된 법규 · 제도의 존속에 대한 개인의 신뢰가 합리적이어서 권리로서 보호할 필요성이 인정되어야 그 신뢰가 헌법상 권리로서 보호될 것이다.

③ 신뢰보호원칙의 위반 여부는 한편으로는 침해받은 신뢰이익의 보호가치, 침해의 중한 정도, 신뢰침해의 방법 등과 다른 한편으로는 새 입법을 통해 실현코자 하는 공익목적을 종합적으로 비교형량하여 판단하여야 한다.

④ 법률에 따른 개인의 행위가 국가에 의하여 일정 방향으로 유인된 것이라도 헌법상 보호가치가 있는 신뢰이익으로 인정 될 수 없다.

제 7 회 경찰공무원(순경) 헌법

01 1 2 3 19 경찰승진

소급입법금지원칙에 대한 설명으로 옳지 않은 것은?(다툼이 있는 경우 헌법재판소 판례에 의함)

① 진정소급입법은 개인의 신뢰보호와 법적 안정성을 내용으로 하는 법치국가원리에 의하여 특단의 사정이 있어 예외적으로 허용되는 경우를 제외하고는 헌법적으로 허용되지 아니하는 것이 원칙이다.

② 진정소급입법이 허용되는 예외적인 경우로는 일반적으로, 국민이 소급입법을 예상할 수 있었거나, 법적 상태가 불확실하고 혼란스러웠거나 하여 보호할 만한 신뢰의 이익이 적은 경우와 소급입법에 의한 당사자의 손실이 없거나 아주 경미한 경우, 그리고 신뢰보호의 요청에 우선하는 심히 중대한 공익상의 사유가 소급입법을 정당화하는 경우를 들 수 있다.

③ 신법이 이미 종료된 사실관계나 법률관계에 적용되는 부진정소급입법에 있어서는 소급효를 요구하는 공익상의 사유와 신뢰보호 요청 사이의 교량과정에서 신뢰보호의 관점이 입법자의 형성권에 제한을 가하게 된다.

④ 신법이 피적용자에게 유리한 경우에는 이른바 시혜적인 소급입법이 가능하지만, 그러한 소급입법을 할 것인지의 여부는 그 일차적인 판단이 입법기관에 맡겨져 있다.

02 1 2 3 19 경찰승진

헌법상 명확성원칙에 대한 설명으로 가장 적절하지 않은 것은? (다툼이 있는 경우 헌법재판소 판례에 의함)

① 구「개발제한구역의 지정 및 관리에 관한 특별조치법」조항 중 허가를 받지 아니한 '토지의 형질변경' 부분은 개발제한구역 지정 당시의 토지의 형상을 사실상 변형시키고 또 그 원상회복을 어렵게 하는 행위를 의미하는 것이므로, 명확성원칙에 위배되지 않는다.

② 건설업자가 부정한 방법으로 건설업의 등록을 한 경우, 건설업 등록을 필요적으로 말소하도록 규정한「건설산업기본법」조항 중 '부정한 방법' 개념은 모호하여 법률해석을 통하여 구체화될 수 없으므로 명확성원칙에 위배된다.

③ '여러 사람의 눈에 뜨이는 곳에서 공공연하게 알몸을 지나치게 내놓거나 가려야 할 곳을 내놓아 다른 사람에게 부끄러운 느낌이나 불쾌감을 준 사람'을 처벌하는「경범죄 처벌법」조항은 그 의미를 알기 어렵고 그 의미를 확정하기도 곤란하므로 명확성원칙에 위배된다.

④ 품목허가를 받지 아니한 의료기기를 수리 · 판매 · 임대 · 수여 또는 사용의 목적으로 수입하는 것을 금지하는 구「의료기기법」조항은 수리 · 판매 · 임대 · 수여 또는 사용의 목적이 있는 경우에만 품목 허가를 받지 않은 의료기기의 수입을 금지하는 것으로 일의적으로 해석되므로 명확성원칙에 위배되지 않는다.

03 1 2 3 19 경찰승진

정당에 대한 설명으로 가장 적절하지 않은 것은?(다툼이 있는 경우 헌법재판소 판례에 의함)

① 헌법 제8조 제1항이 명시하는 정당설립의 자유는 설립할 정당의 조직형태를 어떠한 내용으로 할 것인가에 관한 정당조직 선택의 자유 및 그와 같이 선택된 조직을 결성할 자유를 포괄하는 '정당조직의 자유'를 포함한다.

② 정당의 명칭은 그 정당의 정책과 정치적 신념을 나타내는 대표적인 표지에 해당하므로, 정당설립의 자유는 자신들이 원하는 명칭을 사용하여 정당을 설립하거나 정당활동을 할 자유도 포함한다.

③ 헌법 제8조 제2항에서 "정당은 그 목적 · 조직과 활동이 민주적이어야 하며, 국민의 정치적 의사형성에 참여하는데 필요한 조직을 가져야 한다."는 것은 정당조직의 자유를 직접적으로 규정한 것으로서, 정당의 자유의 헌법적 근거를 제공하는 근거규범으로서 기능한다.

④ 정당의 목적이나 활동이 민주적 기본질서에 위배될 때에는 정부는 헌법재판소에 그 해산을 제소할 수 있고, 정당은 헌법재판소의 심판에 의하여 해산된다.

04 1 2 3 19 경찰승진

선거제도에 대한 설명으로 가장 적절하지 않은 것은?(다툼이 있는 경우 헌법재판소 판례에 의함)

① 비례대표국회의원 당선인이 「공직선거법」 제264조(당선인의 선거범죄로 인한 당선무효)의 규정에 의하여 당선이 무효로 된 때 비례대표국회의원 후보자명부상의 차순위 후보자의 승계를 부인하는 것은 과잉금지원칙에 위배하여 청구인들의 공무담임권을 침해한다.

② 선거범으로서 100만 원 이상의 벌금형의 선고를 받고 그 형이 확정된 후 5년을 경과하지 아니한 자 또는 형의 집행유예의 선고를 받고 그 형이 확정된 후 10년을 경과하지 아니한 자에게 선거권을 부여하지 않는 「공직선거법」 조항은 선거권을 침해하지 않는다.

③ 선거범죄로 당선이 무효로 된 자에게 이미 반환받은 기탁금과 보전받은 선거비용을 다시 반환하도록 한 구 「공직선거법」 조항은 공무담임권을 제한하지 않는다.

④ 지역구국회의원선거에 있어서 선거구선거관리위원회가 당해 국회의원지역구에서 유효투표의 다수를 얻은 자를 당선인으로 결정하도록 한 「공직선거법」 조항은 청구인의 선거권을 침해한다.

05 1 2 3

19 경찰승진

공무담임권에 대한 설명으로 가장 적절하지 않은 것은?(다툼이 있는 경우 헌법재판소 판례에 의함)

① 사립대학 교원이 국회의원으로 당선된 경우 임기개시일 전까지 그 직을 사직하도록 규정한 「국회법」 조항은 청구인의 공무담임권을 침해하지 않는다.

② 금고 이상의 형의 선고유예를 받고 그 기간 중에 있는 자를 임용결격사유로 삼고, 위 사유에 해당하는 자가 임용되더라도 이를 당연무효로 하는 구 「국가공무원법」 조항은 공무담임권을 침해하지 않는다.

③ 국·공립학교 채용시험의 동점자처리에서 국가유공자 등 및 그 유족·가족에게 우선권을 주도록 하고 있는 「국가유공자 등 예우 및 지원에 관한 법률」 등의 해당 조항들은 일반 응시자들이 국·공립학교 채용시험의 동점자처리에서 심각한 불이익을 당하기 때문에 일반 응시자들의 공무담임권을 침해한다.

④ 지방자치단체의 장이 공소 제기된 후 구금상태에 있는 경우 부단체장이 그 권한을 대행하도록 규정한 「지방자치법」 조항은 지방자치단체의 장의 공무담임권을 침해하지 않는다.

06 1 2 3

19 경찰승진

지방자치제도에 대한 설명으로 가장 적절하지 않은 것은?(다툼이 있는 경우 헌법재판소 판례에 의함)

① 지방자치단체는 주민의 복리에 관한 사무를 처리하고 재산을 관리하며, 법령의 범위 안에서 자치에 관한 규정을 제정할 수 있다.

② 주민은 그 지방자치단체의 장 및 지역구 지방의회의원, 비례대표 지방의회의원을 소환할 권리를 가진다.

③ 지방자치단체의 장 선거권은 헌법 제24조에 의해 보호되는 기본권으로 인정된다.

④ 지방의회의 조직·권한·의원선거에 관한 사항은 법률로 정한다.

07 1 2 3

19 경찰승진

헌법상 경제질서에 대한 설명으로 가장 적절하지 않은 것은?(다툼이 있는 경우 헌법재판소 판례에 의함)

① 헌법 제119조는 기본권의 성질을 가지며, 헌법상 경제질서와 관련하여 위헌심사의 기준이 된다.

② 국방상 또는 국민경제상 긴절한 필요로 인하여 법률이 정하는 경우를 제외하고는, 사영기업을 국유 또는 공유로 이전하거나 그 경영을 통제 또는 관리할 수 없다.

③ 헌법 제119조 제1항은 사유재산제도와 사적자치의 원칙을 기초로 하는 자유시장경제질서를 기본으로 하고 있다.

④ 국가는 균형 있는 국민경제의 성장 및 안정과 적정한 소득의 분배를 유지하고, 시장의 지배와 경제력의 남용을 방지하며, 경제주체간의 조화를 통한 경제의 민주화를 위하여 경제에 관한 규제와 조정을 할 수 있다.

08 1 2 3

19 경찰승진

헌법상 포괄위임입법금지원칙에 대한 설명으로 가장 적절하지 않은 것은?(다툼이 있는 경우 헌법재판소 판례에 의함)

① 헌법 제75조의 '법률에서 구체적으로 범위를 정하여'라 함은 법률에 이미 대통령령 등 하위법규에 규정될 내용 및 범위의 기본사항이 구체적이고 명확하게 규정되어 있어 누구라도 그 자체로부터 대통령령 등에 규정될 내용의 대강을 예측할 수 있어야 함을 의미한다.

② 위임입법의 구체성·명확성의 유무는 당해 특정조항 하나만이 아니라 관련 법 조항 전체를 유기적·체계적으로 종합하여 판단하여야 하고, 그것도 위임된 사항의 성질에 따라 구체적·개별적으로 검토하여야 한다.

③ 위임의 구체성·명확성의 요구 정도와 관련하여, 처벌법규나 조세법규에서는 구체성·명확성의 요구가 강화되어 그 위임의 요건과 범위가 일반적인 급부행정의 경우보다 더 엄격하게 제한적으로 규정되어야 한다.

④ 처벌법규의 위임은 법률에서 범죄의 구성요건과 처벌범위를 구체적으로 규정하는 등 위임입법의 한계를 준수한 경우에도 죄형법정주의에 반한다.

09 1 2 3 19 경찰승진

기본권주체에 대한 설명으로 가장 적절하지 않은 것은?(다툼이 있는 경우 헌법재판소 판례에 의함)

① 공법상 재단법인인 방송문화진흥회가 최다출자자인 방송사업자는 관련 규정에 의하여 공법상의 의무를 부담하고 있기 때문에 기본권 주체가 될 수 없다.

② '2018학년도 대학수학능력시험 시행기본계획'은 성년의 자녀를 둔 부모의 자녀교육권을 제한하지 않는다.

③ 법인도 법인의 목적과 사회적 기능에 비추어 볼 때 그 성질에 반하지 않는 범위 내에서 인격권의 한 내용인 사회적 신용이나 명예 등의 주체가 될 수 있다.

④ 태아도 헌법상 생명권의 주체이고, 그 성장 상태가 보호 여부의 기준이 되어서는 안 된다.

10 1 2 3 19 경찰승진

기본권의 제한 · 침해에 대한 헌법재판소 결정에 부합되지 않는 것은?

① 2015.1.1.부터 모든 일반음식점영업소를 금연구역으로 지정하여 운영하도록 한 「국민건강증진법 시행규칙」 조항은 청구인의 직업수행의 자유를 침해하지 않는다.

② 디엔에이감식시료채취영장 발부 과정에서 채취대상자에게 자신의 의견을 밝히거나 영장 발부 후 불복할 수 있는 절차 등에 관하여 규정하지 아니한 「디엔에이신원확인정보의 이용 및 보호에 관한 법률」 조항은 청구인들의 재판청구권을 침해하지 않는다.

③ 수용자가 작성한 집필문의 외부반출을 불허하고 이를 영치할 수 있도록 규정한 「형의 집행 및 수용자의 처우에 관한 법률」 조항은 수용자의 통신의 자유를 침해하지 않는다.

④ 통계청장이 2015 인구주택총조사의 방문 면접조사를 실시하면서, 담당 조사원을 통해 청구인에게 2015 인구주택총조사 조사표의 조사항목들에 응답할 것을 요구한 행위는 청구인의 개인정보자기결정권을 침해하지 않는다.

11 1 2 3 19 경찰승진

헌법상 일반적 인격권에 대한 설명으로 가장 적절하지 않은 것은?(다툼이 있는 경우 헌법재판소 판례에 의함)

① 변호사에 대한 징계결정정보를 인터넷 홈페이지에 공개하도록 한 「변호사법」 조항과 징계결정정보의 공개범위와 시행방법을 정한 「변호사법 시행령」 조항은 청구인의 인격권을 침해하지 않는다.

② 범죄행위 당시에 없었던 위치추적 전자장치 부착명령을 출소 예정자에게 소급 적용할 수 있도록 한 「특정 범죄자에 대한 위치추적 전자장치 부착 등에 관한 법률」 부칙 경과조항은 과잉금지원칙에 위반되지 않아 피부착자의 인격권을 침해하지 않는다.

③ 이미 출국 수속 과정에서 일반적인 보안검색을 마친 승객을 상대로, 촉수검색(patdown)과 같은 추가적인 보안 검색 실시를 예정하고 있는 국가항공보안계획은 과잉금지원칙에 위반되지 않아 청구인의 인격권을 침해하지 않는다.

④ 상체승의 포승과 수갑을 채우고 별도의 포승으로 다른 수용자와 연승한 행위는 과잉금지원칙에 반하여 청구인의 인격권을 침해한다.

12 1 2 3 19 경찰승진

행복추구권에 대한 설명으로 가장 적절한 것은?(다툼이 있는 경우 헌법재판소 판례에 의함)

① 형사재판의 피고인으로 출석하는 수형자에 대하여, 사복착용을 허용하는 「형의 집행 및 수용자의 처우에 관한 법률」 제82조를 준용하지 아니한 동법 제88조는 행복추구권을 침해하지 않는다.

② 「형의 집행 및 수용자의 처우에 관한 법률」 제88조가 민사재판의 당사자로 출석하는 수형자에 대하여, 사복착용을 허용하는 동법 제82조를 준용하지 아니한 것은 행복추구권을 침해한다.

③ 금치기간 중 신문 · 도서 · 잡지 외 자비구매물품의 사용을 제한하는 「형의 집행 및 수용자의 처우에 관한 법률」 조항은 수용자의 일반적 행동의 자유를 침해하지 않는다.

④ 공문서의 한글전용을 규정한 「국어기본법」 조항 및 「국어기본법 시행령」 조항은 한자혼용방식에 비하여 의미 전달력이나 가독성이 낮아지기 때문에, 공무원인 청구인들의 행복추구권을 침해한다.

13 1 2 3 19 경찰승진

헌법상 평등권 내지 평등원칙에 대한 설명으로 가장 적절하지 않은 것은?(다툼이 있는 경우 헌법재판소 판례에 의함)

① 평등위반 여부를 심사함에 있어 엄격한 심사척도에 의할 것인지 완화된 심사척도에 의할 것인지는 입법자에게 인정되는 입법형성권의 정도에 따라 달라진다.

② 자의심사의 경우에는 차별을 정당화하는 합리적인 이유가 있는지 만을 심사하기 때문에 그에 해당하는 비교대상 간의 사실상의 차이나 입법목적(차별목적)의 발견, 확인에 그친다.

③ 헌법에서 특별히 평등을 요구하고 있는 경우나 차별적 취급으로 인하여 관련 기본권에 중대한 제한을 초래하게 되는 경우에는 완화된 심사척도인 자의금지원칙이 적용된다.

④ 헌법상 평등원칙은 국가가 합리적인 기준에 따라 능력이 허용하는 범위 내에서 법적 가치의 상향적 구현을 위한 제도의 단계적인 개선을 추진할 수 있는 길을 선택할 수 있도록 한다.

14 1 2 3 19 경찰승진

헌법상 신체의 자유에 대한 설명으로 가장 적절하지 않은 것은?(다툼이 있는 경우 헌법재판소 판례에 의함)

① 마약류사범인 수용자에게 마약류반응검사를 위하여 소변을 받아 제출하게 한 것은 과잉금지의 원칙에 위반되지 않는다.

② 보호의무자 2인의 동의와 정신건강의학과 전문의 1인의 진단으로 정신질환자에 대한 보호입원이 가능하도록 한 「정신보건법」 조항은 정신질환자를 신속 · 적정하게 치료하고, 정신질환자 본인과 사회의 안전을 지키기 위한 것이므로 신체의 자유를 침해하지 않는다.

③ 형사 법률에 저촉되는 행위 또는 규율 위반 행위를 한 피보호감호자에 대하여 징벌처분을 내릴 수 있도록 한 구 「사회보호법」 조항은 과잉금지원칙에 위배되지 않아 청구인의 신체의 자유를 침해하지 않는다.

④ 「국가보안법」 위반죄 등 일부 범죄혐의자를 법관의 영장 없이 구속, 압수, 수색할 수 있도록 규정하고 있던 구 「인신구속 등에 관한 임시 특례법」 조항은 영장주의에 위배된다.

15 1 2 3 19 경찰승진

변호인의 조력을 받을 권리에 대한 설명으로 가장 적절하지 않은 것은?(다툼이 있는 경우 헌법재판소 판례에 의함)

① 구치소장이 변호인접견실에 CCTV를 설치하여 미결수용자와 변호인 간의 접견을 관찰한 행위는 청구인의 변호인의 조력을 받을 권리를 침해하지 않는다.

② '피고인 등'에 대하여 차폐시설을 설치하고 신문할 수 있도록 한 「형사소송법」 조항은 청구인의 변호인의 조력을 받을 권리를 침해하지 않는다.

③ 법원의 수사서류 열람 · 등사 허용 결정에도 불구하고 해당 수사서류의 등사를 거부한 검사의 행위는 청구인들의 변호인의 조력을 받을 권리를 침해한다.

④ 인천공항출입국 · 외국인청장이 입국불허되어 송환대기실 내에 수용된 외국인에게 변호인의 접견신청을 거부한 것은, 청구인이 자진출국으로 송환대기실을 벗어날 수 있는 점을 고려할 때 '구금' 상태에 놓여 있었다고 볼 수 없으므로, 헌법상 변호인의 조력을 받을 권리를 침해하지 않는다.

16 1 2 3 19 경찰승진

헌법상 직업의 자유에 대한 설명으로 가장 적절하지 않은 것은?(다툼이 있는 경우 헌법재판소 판례에 의함)

① 직장선택의 자유는 국민의 권리로 보아야 하므로, 외국인은 직장선택의 자유를 향유할 수 없다.

② 직업결정의 자유나 전직의 자유에 비하여 직업수행의 자유에 대하여는 상대적으로 더욱 넓은 법률상의 규제가 가능하다.

③ 직업선택의 자유에는 자신이 원하는 직업 내지 직종에 종사하는데 필요한 전문지식을 습득하기 위한 직업교육장을 임의로 선택 할 수 있는 '직업교육장 선택의 자유'도 포함된다.

④ 직업의 자유에 '해당 직업에 합당한 보수를 받을 권리'까지 포함되지 않는다.

17 1 2 3 19 경찰승진

개인정보자기결정권에 대한 설명으로 가장 적절하지 않은 것은?(다툼이 있는 경우 헌법재판소 판례에 의함)

① 형제자매에게 가족관계등록부 등의 기록사항에 관한 증명서 교부청구권을 부여하는 「가족관계의 등록 등에 관한 법률」 조항은 과잉금지원칙을 위반하여 청구인의 개인정보자기결정권을 침해한다.

② 국민건강보험공단이 서울용산경찰서장에게 청구인들의 요양급여 내역을 제공한 행위는 검거 목적에 필요한 최소한의 정보에 해당하는 '급여일자와 요양기관명'만을 제공하였기 때문에, 과잉금지원칙에 위배되지 않아 청구인들의 개인정보자기결정권을 침해하지 않는다.

③ 가축전염병의 발생 예방 및 확산 방지를 위해 축산관계시설 출입차량에 차량무선인식장치를 설치하여 이동경로를 파악할 수 있도록 한 구 「가축전염병예방법」 조항은 축산관계시설에 출입하는 청구인들의 개인정보자기결정권을 침해하지 않는다.

④ 이 사건 법률 시행 당시 디엔에이감식시료 채취 대상범죄로 이미 징역이나 금고 이상의 실형을 선고받아 그 형이 확정되어 수용 중인 사람에게 디엔에이감식시료 채취 및 디엔에이확인정보의 수집 · 이용에 있어서 「디엔에이신원확인정보의 이용 및 보호에 관한 법률」을 적용할 수 있도록 규정한 동 법률 부칙조항은 개인정보자기결정권을 과도하게 침해하지 않는다.

18 1 2 3 19 경찰승진

헌법상 언론 · 출판의 자유에 대한 설명으로 가장 적절하지 않은 것은?(다툼이 있는 경우 헌법재판소 판례에 의함)

① 엄격한 의미의 음란표현은 헌법 제21조가 규정하는 언론 · 출판의 자유의 보호영역 내에 있다.

② 특정구역 안에서 업소별로 표시할 수 있는 광고물의 총 수량을 1개로 제한한 「옥외광고물 표시제한 특정구역 지정고시」 조항은 자신들이 원하는 위치에 원하는 종류의 옥외광고물을 원하는 만큼 표시 · 설치할 수 없어 청구인들의 표현의 자유를 침해한다.

③ 선거운동기간 전에 「공직선거법」에 규정된 방법을 제외하고 인쇄물 등의 배부를 금지한 「공직선거법」 조항은 정치적 표현의 자유를 침해하지 않는다.

④ 사전심의를 받은 내용과 다른 내용의 건강기능식품 기능성광고를 금지하고 이를 위반한 경우 처벌하는 「건강기능식품에 관한 법률」에 의한 건강기능식품 기능성광고 사전심의는 그 검열이 행정권에 의하여 행하여진다고 볼 수 있어, 헌법이 금지하는 사전검열에 해당하므로 헌법에 위반된다.

19 1 2 3 19 경찰승진

집회의 자유에 대한 설명으로 가장 적절하지 않은 것은?(다툼이 있는 경우 헌법재판소 판례에 의함)

① 집회의 자유에 있어서 그 공동의 목적은 '내적인 유대 관계'로 족하다.

② 「집회 및 시위에 관한 법률」의 옥외집회 · 시위의 사전신고제도는 협력의무로서의 신고이기 때문에 헌법 제21조 제2항의 사전허가금지에 위배되지 않는다.

③ 각급 법원의 경계 지점으로부터 100미터 이내의 장소에서 옥외집회 또는 시위를 할 경우 형사처벌한다고 규정한 「집회 및 시위에 관한 법률」 조항은 과잉금지원칙에 위반되지 않아 집회의 자유를 침해하지 않는다.

④ 집회의 자유의 보장 대상은 평화적, 비폭력적 집회에 한정된다.

20 1 2 3 19 경찰승진

헌법상 재산권의 보호대상에 해당되는 것으로만 묶인 것은?(다툼이 있는 경우 헌법재판소 판례에 의함)

> ㉠ 환매권
> ㉡ 의료보험조합의 적립금
> ㉢ 상속권
> ㉣ 의료급여수급권
> ㉤ 「사학연금법」상 연금수급권

① ㉠, ㉡, ㉢
② ㉠, ㉢, ㉤
③ ㉡, ㉣, ㉤
④ ㉢, ㉣, ㉤

제8회 경찰공무원(순경) 헌법

01 1 2 3 19 경찰승진

재판청구권에 대한 설명으로 가장 적절하지 않은 것은?(다툼이 있는 경우 헌법재판소 판례에 의함)

① 우리 헌법상 재판을 받을 권리의 보호범위에는 배심재판을 받을 권리가 포함되지 않는다.

② 심리불속행 상고기각판결의 경우 판결이유를 생략할 수 있도록 규정한 「상고심절차에 관한 특례법」 조항은 헌법 제27조 제1항에서 보장하는 재판청구권 등을 침해하지 않는다.

③ 소환된 증인 또는 그 친족 등이 보복을 당할 우려가 있는 경우 재판장은 당해 증인의 인적 사항의 전부 또는 일부를 공판조서에 기재하지 않게 할 수 있고, 이때 증인의 인적사항이 증인신문의 모든 과정에서 공개되지 아니하도록 한 「특정범죄신고자 등 보호법」 조항들 및 피고인을 퇴정시키고 증인신문을 행할 수 있도록 규정한 같은 법 조항들은 피고인의 공정한 재판을 받을 권리를 침해하지 않는다.

④ 현역병의 군대 입대 전 범죄에 대한 군사법원의 재판권을 규정하고 있는 「군사법원법」 조항은 일반법원에서 재판받을 권리를 봉쇄하므로, 재판청구권을 침해하여 헌법에 위반된다.

02 1 2 3 18 경찰승진

저항권에 대한 설명으로 가장 적절하지 않은 것은?(다툼이 있는 경우 판례에 의함)

① 헌법재판소는 저항권이란 국가권력에 의하여 헌법의 기본원리에 대한 중대한 침해가 행하여지고 그 침해가 헌법의 존재 자체를 부인하는 것으로서 다른 합법적인 구제수단으로는 목적을 달성 할 수 없을 때에 국민이 자기의 권리 · 자유를 지키기 위하여 실력으로 저항하는 권리라고 개념정의하고 있다.

② 1948년 이래 우리 헌법에는 저항권을 인정하는 명문규정이 없다.

③ 「국회법」 소정의 협의 없는 개의시간의 변경과 회의일시를 통지하지 아니한 입법과정의 하자는 저항권 행사의 대상이 되지 아니한다.

④ 대법원은 저항권을 일종의 「자연법」상의 권리로서 인정할 수 있고, 이러한 저항권이 인정된다면 재판규범으로서의 기능을 배제할 근거가 없다는 입장이다.

03 1 2 3 18 경찰승진

합헌적 법률해석에 대한 설명으로 가장 적절하지 않은 것은? (다툼이 있는 경우 판례에 의함)

① 어떤 법률의 개념이 다의적이고 그 어의의 테두리 안에서 여러 가지 해석이 가능할 때, 헌법을 최고법규로 하는 통일적인 법질서의 형성을 위하여 헌법에 합치되는 해석, 즉 합헌적인 해석을 택하여야 하며, 이에 의하여 위헌적인 결과가 될 해석은 배제하면서 합헌적이고 긍정적인 면은 살려야 한다는 것이 헌법의 일반법리이다.

② 헌법정신에 맞도록 법률의 내용을 해석 · 보충하거나 정정하는 '헌법합치적 법률해석' 역시 '유효한' 법률조항의 의미나 문구를 대상으로 하는 것이지, 이를 넘어 이미 실효된 법률조항을 대상으로 하여 헌법합치적인 법률해석을 할 수는 없는 것이어서, 유효하지 않은 법률조항을 유효한 것으로 해석하는 결과에 이르는 것은 '헌법합치적 법률해석'을 이유로도 정당화될 수 없다.

③ 「군인사법」 제48조 제4항 후단의 '무죄의 선고를 받은 때'의 의미와 관련하여, 형식상 무죄판결뿐 아니라 공소기각 재판을 받았다하더라도 그와 같은 공소기각의 사유가 없었더라면 무죄가 선고될 현저한 사유가 있는 이른바 내용상 무죄재판의 경우도 이에 포함된다고 해석하는 것은 법률의 문의적 한계를 벗어난 것으로서 합헌적 법률해석에 부합하지 아니한다.

④ 대법원은 한정위헌 결정에 표현되어 있는 헌법재판소의 법률해석에 관한 견해는 법률의 의미 · 내용과 그 적용범위에 관한 헌법재판소의 견해를 일응 표명한 데 불과하므로, 법원에 전속되어 있는 법령의 해석 · 적용 권한에 대하여 어떠한 영향을 미치거나 기속력도 가질 수 없다는 입장이다.

04 1 2 3 18 경찰승진

헌법개정에 대한 설명으로 가장 적절한 것은?(다툼이 있는 경우 판례에 의함)

① 1948년 헌법에서부터 현행 헌법에 이르기까지 헌법개정의 발의권은 국회와 대통령에게만 부여되어 오고 있다.

② 헌법재판소장의 정년을 연장하는 것은 법률의 개정만으로도 가능하다.

③ 대통령의 임기연장 또는 중임변경을 위한 헌법개정은 그 헌법개정 제안 당시의 대통령에 대하여도 효력이 있다.

④ 관습헌법은 주권자인 국민에 의하여 유효한 헌법규범으로 인정되는 동안에만 존속하는 것이고, 「관습법」의 존속요건의 하나인 국민적 합의성이 소멸하면 관습헌법으로서의 법적효력도 상실하게 되므로, 관습헌법의 요건들은 성립의 요건이 아니라 효력 유지의 요건이다.

05 1 2 3 18 경찰승진

한국헌정사에 대한 설명 중 가장 적절하지 않은 것은?

① 건국헌법은 임기 4년의 대통령과 부통령을 1차에 한하여 중임할 수 있도록 하였고, 대통령과 부통령을 국회에서 무기명투표로써 각각 선거하도록 규정하였다.

② 1960년 제3차 개정헌법에서 정당조항을 신설하였고, 1962년 제5차 개정헌법은 대통령과 국회의원의 입후보에 소속정당의 추천을 받도록 규정하였다.

③ 1962년 제5차 개정헌법은 인간으로서의 존엄과 가치조항을 신설하고, 위헌법률심사권을 법원의 권한으로 규정하였다.

④ 1987년 제9차 개정헌법에서 환경권을 최초로 규정하였다.

06 1 2 3

18 경찰승진

국적에 대한 설명으로 가장 적절하지 않은 것은?(다툼이 있는 경우 판례에 의함)

① 대한민국 국민이 자진하여 외국 국적을 취득한 경우 대한민국 국적을 상실하도록 한 「국적법」 조항은 청구인의 거주 · 이전의 자유 및 행복추구권을 침해하지 않는다.

② 1978.6.14.부터 1998.6.13.사이에 태어난 모계출생자가 대한민국 국적을 취득할 수 있도록 특례를 두면서 2004.12.31.까지 국적 취득신고를 한 경우에만 대한민국 국적을 취득하도록 한 「국적법」 조항은 평등원칙에 위배된다.

③ 복수국적자에 대하여 제1국민역에 편입된 날부터 3개월 이내에 대한민국 국적을 이탈하지 않으면 병역의무를 해소한 후에야 이를 가능하도록 한 「국적법」 조항은 청구인들의 국적이탈의 자유를 침해하지 않는다.

④ 대한민국의 국적을 취득한 외국인으로서 외국 국적을 가지고 있는 자는 대한민국의 국적을 취득한 날부터 1년 내에 그 외국 국적을 포기하여야 하며, 이를 이행하지 아니하여 대한민국의 국적을 상실한 자가 그 후 1년 내에 그 외국 국적을 포기하면 법무부장관에게 신고함으로써 대한민국의 국적을 재취득할 수 있다.

07 1 2 3

18 경찰승진

헌법전문(前文)에 대한 설명으로 가장 적절하지 않은 것은?(다툼이 있는 경우 판례에 의함)

① "헌법전문에 기재된 3 · 1정신"은 우리나라 헌법의 연혁적 · 이념적 기초로서 헌법이나 법률해석에서의 해석기준으로 작용한다고 할 수 있지만, 그에 기하여 곧바로 국민의 개별적 기본권성을 도출해낼 수는 없다.

② 헌법전문에서 "3 · 1운동으로 건립된 대한민국임시정부의 법통을 계승"한다고 선언하고 있으므로 국가는 일제로부터 조국의 자주 독립을 위하여 공헌한 독립유공자와 그 유족에 대하여는 응분의 예우를 하여야 할 헌법적 의무를 지닌다.

③ 현행 헌법전문은 "1948년 7월 12일에 제정되고 9차에 걸쳐 개정된 헌법을 이제 국회의 의결을 거쳐 국민투표에 의하여 개정한다"라고 규정하고 있다.

④ 헌법의 전문과 본문의 전체에 담겨있는 최고 이념은 국민주권주의와 자유민주주의에 입각한 입헌민주 헌법의 본질적 기본원리에 기초하고 있다.

08 1 2 3 18 경찰승진

신뢰보호원칙과 소급입법금지원칙에 대한 설명으로 가장 적절하지 않은 것은?(다툼이 있는 경우 판례에 의함)

① 부진정소급입법은 원칙적으로 허용되지 않고, 법치국가의 원리에 의하여 특단의 사정이 있는 경우에만 예외적으로 허용될 수 있다.

② 공무원의 퇴직연금 지급개시연령을 제한한 구 「공무원연금법」은 현재 공무원으로 재직 중인 자가 퇴직하는 경우 장차 받게 될 퇴직연금의 지급시기를 변경한 것으로서 입법목적으로 달성 하고자 하는 연금재정 안정 등의 공익이 손상되는 신뢰에 비해 우월하다고할 것이므로 신뢰보호원칙에 위배된다고 볼 수 없다.

③ 선불식 할부거래업자에게 개정 법률이 시행되기 전에 체결된 선불식 할부계약에 대하여도 소비자피해보상보험계약 등을 체결할 의무를 부과한 「할부거래에 관한 법률」 조항은 소급입법금지원칙에 위반되지 아니한다.

④ 과거에 소멸한 저작인접권을 회복시키는 「저작권법」 조항은 과거의 음원 사용 행위에 대한 것이 아니라 개정된 법률 시행 이후에 음원을 사용하는 행위를 규율하고 있으므로, 헌법 제13조 제2항이 금지하는 소급입법에 의한 재산권 박탈에 해당하지 아니한다.

09 1 2 3 18 경찰승진

정당에 대한 설명으로 가장 적절하지 않은 것은?(다툼이 있는 경우 판례에 의함)

① 당론과 다른 견해를 가진 소속 국회의원을 당해 교섭단체의 필요에 따라 다른 상임위원회로 전임(사임 · 보임)하는 조치는 특별한 사정이 없는 한 헌법상 용인될 수 있는 정당 내부의 사실상 강제의 범위 내에 해당한다.

② "정당은 그 목적 · 조직과 활동이 민주적이어야 하며, 국민의 정치적 의사형성에 참여하는데 필요한 조직을 가져야 한다"는 헌법 제8조 제2항은 정당에 대하여 정당의 자유의 한계를 부과함과 동시에 입법자에 대하여 그에 필요한 입법을 해야 할 의무를 부과하고 있으나, 정당의 자유의 헌법적 근거를 제공하는 근거 규범으로서 기능하는 것은 아니다.

③ 헌법재판소가 정당설립의 자유를 제한하는 법률의 합헌성을 심사하는 경우 헌법 제37조 제2항에 따라 엄격한 비례심사를 하여야 한다.

④ 정당설립의 자유는 등록된 정당에게만 인정되는 기본권이므로 등록이 취소되어 권리능력 없는 사단의 실체만을 가지고 있는 정당에게는 인정되지 않는다.

10 1 2 3 18 경찰승진

「공직선거법」에 대한 설명으로 옳지 않은 것을 모두 고른 것은?

㉠ 20세 이상의 국민은 대통령 및 국회의원의 선거권이 있다.
㉡ 20세 이상의 국민은 국회의원의 피선거권이 있다.
㉢ 40세 이상의 국민은 누구든지 대통령의 피선거권이 있다.
㉣ 대통령선거에서 당선의 효력에 이의가 있는 경우, 정당 또는 후보자는 사안에 따라 당선인을 피고로 하거나 중앙선거관리 위원장 또는 국무총리를 피고로하여 대법원에 소를 제기할 수 있다.

① ㉠, ㉣ ② ㉡, ㉢
③ ㉠, ㉡, ㉣ ④ ㉠, ㉡, ㉢, ㉣

11 1 2 3 18 경찰승진

선거권과 선거제도에 대한 설명으로 옳은 것을 모두 고른 것은? (다툼이 있는 경우 판례에 의함)

㉠ 대통령선거에 있어서는 중앙선거관리위원회가 유효투표의 다수를 얻은 자를 당선인으로 결정하고, 이를 당선인에게 통지하여야 한다. 다만, 후보자가 1인인 때에는 그 득표수가 선거권자총수의 3분의 1 이상에 달하여야 당선인으로 결정한다.
㉡ 집행유예자와 수형자의 선거권 제한은 범죄자가 범죄의 대가로 선고받은 자유형의 본질에서 당연히 도출되는 것이 아니므로, 범죄자의 선거권 제한 역시 보통선거원칙에 기초하여 필요 최소한의 정도에 그쳐야 한다.
㉢ 선거운동의 자유는 선거권 행사의 전제 내지 선거권의 중요한 내용을 이룬다고 할 수 있으므로, 선거운동의 제한은 후보자에 관한 정보에 자유롭게 접근할 수 있는 권리를 제한하는 것으로서 선거권, 곧 참정권의 제한으로 파악될 수도 있다.
㉣ 후보자의 배우자가 그와 함께 다니는 사람 중에서 지정한 1명에게도 명함을 교부할 수 있도록 한 「공직선거법」 규정은 평등권을 침해하지 않는다.

① ㉠, ㉡ ② ㉠, ㉣
③ ㉡, ㉢ ④ ㉡, ㉢, ㉣

12 1 2 3 18 경찰승진

공무원제도 및 공무담임권에 대한 설명으로 가장 적절한 것은? (다툼이 있는 경우 판례에 의함)

① 경찰공무원이 자격정지 이상의 형의 선고유예를 받은 경우 당연퇴직 하도록 규정하고 있는 구 「경찰공무원법」 조항은 공무담임권을 침해하지 않는다.
② 지방자치단체의 직제가 폐지된 경우에 해당 공무원을 직권면직할 수 있도록 규정하고 있는 「지방공무원법」 조항은 헌법상 직업 공무원제도를 위반한 것이다.
③ 지방자치단체의 장으로 하여금 당해 지방자치단체의 관할구역과 겹치는 선거구역에서 실시되는 지역구 국회의원선거에 입후보하고자 하는 경우 당해 선거의 선거일 전 120일까지 그 직을 사퇴하도록 한 「공직선거법」 조항은 해당 지방자치단체장의 평등권을 침해하지 않는다.
④ 공무원 또는 공무원이었던 자가 재직 중의 사유로 금고 이상의 형을 받은 때에는 대통령령이 정하는 바에 의하여 퇴직급여 및 퇴직수당의 일부를 감액하여 지급하도록 한 「공무원연금법」 조항은 평등원칙에 위배되지 않는다.

13 1 2 3 18 경찰승진

지방자치제도에 대한 설명으로 가장 적절하지 않은 것은?(다툼이 있는 경우 판례에 의함)

① 지방의회의 조직 · 권한 · 의원선거와 지방자치단체의 장의 선임방법 기타 지방자치단체의 조직과 운영에 관한 사항은 법률로 정한다.
② 조례안의 일부 조항이 법령에 위반되어 위법한 경우에는 그 조례안에 대한 재의결은 그 전체의 효력을 부인할 수 밖에 없다.
③ 지방자치단체는 주민의 복리에 관한 사무를 처리하고 재산을 관리하며, 법령의 범위 안에서 자치에 관한 규정을 제정할 수 있다.
④ 제도적 보장은 기본권 보장의 경우와 마찬가지로 그 본질적 내용을 침해하지 않는 범위 안에서 '최대한 보장의 원칙'이 적용된다.

14 1 2 3

18 경찰승진

기본권 주체에 대한 설명으로 가장 적절하지 않은 것은?(다툼이 있는 경우 판례에 의함)

① 평등권 및 평등선거의 원칙으로부터 나오는 기회균등의 원칙은 후보자는 물론 정당에 대해서도 보장된다.

② 직장 선택의 자유는 국민의 권리로 보아야 할 것이므로 외국인에게는 직장 선택의 자유가 인정되지 않는다.

③ 사단법인 한국영화인협회 내부의 8개 분과위원회 중 하나인 한국영화인협회 감독위원회는 독자적으로 기본권의 주체가 될 수 없다.

④ 초기배아는 수정이 된 배아라는 점에서 형성 중인 생명의 첫걸음을 떼었다고 볼 여지가 있기는 하나 기본권 주체성을 인정하기 어렵다.

15 1 2 3

18 경찰승진

기본권 갈등에 대한 설명으로 가장 적절한 것은?(다툼이 있는 경우 판례에 의함)

① 종교단체가 일정규모 이상의 양로시설을 설치하고자 하는 경우 신고하도록 의무를 부담시키는 것은 종교단체의 종교의 자유와 인간다운 생활을 할 권리를 제한한다.

② 행복추구권은 다른 기본권에 대한 보충적 기본권으로서의 성격을 지니므로, 공무담임권이라는 우선적으로 적용되는 기본권이 존재하여 그 침해여부를 판단하는 이상, 행복추구권 침해 여부를 독자적으로 판단할 필요가 없다.

③ 학생의 수학권과 교사의 수업권은 대등한 지위에 있으므로, 학생의 수학권의 보장을 위하여 교사의 수업권을 일정한 범위 내에서 제약할 수 없다.

④ 일반음식점 영업소를 금연구역으로 지정하여 운영하여야 할 의무를 부담시키는 것은 음식점 운영자의 직업수행의 자유와 음식점 시설에 대한 권리를 제한한다.

16 1 2 3

18 경찰승진

기본권의 제한과 그 한계에 대한 설명 중 옳은 것을 모두 고른 것은?(다툼이 있는 경우 판례에 의함)

> ㉠ 유치원의 학교환경위생정화구역 안에 당구장시설을 금지하는 「학교보건법」 조항은 기본권 제한의 한계를 벗어난 것이 아니다.
>
> ㉡ 입법자가 정한 전문분야에 관한 자격제도에 대해서는 그 내용이 불합리하고 불공정하지 않는 한 입법자의 정책판단은 존중되어야 하며, 자격요건에 관한 법률조항은 합리적인 근거 없이 현저히 자의적인 경우에만 헌법에 위반된다고 할 수 있다.
>
> ㉢ 법정형의 종류와 범위의 선택은 입법자가 결정할 사항으로서 광범위한 입법재량 내지 형성의 자유가 인정되어야 할 분야이다.
>
> ㉣ 법률유보의 원칙은 '법률에 의한 규율'만을 요청하는 것이 아니라 '법률에 근거한 규율'을 요청하는 것이므로 기본권의 제한에는 법률의 근거가 필요할 뿐이고, 기본권 제한의 형식이 반드시 법률의 형식일 필요는 없다.

① ㉠, ㉡ ② ㉢, ㉣

③ ㉡, ㉢, ㉣ ④ ㉠, ㉡, ㉢, ㉣

17 1 2 3

18 경찰승진

형벌에 관한 책임주의원칙에 대한 설명으로 가장 적절하지 않은 것은?(다툼이 있는 경우 판례에 의함)

① 종업원이 고정조치의무를 위반하여 화물을 적재하고 운전한 경우 그를 고용한 법인을 면책사유 없이 형사처벌하도록 규정한 구 「도로교통법」 조항은 책임주의원칙에 위배되지 아니한다.

② 종업원의 위반행위에 대하여 양벌조항으로서 개인인 영업주에게도 동일하게 무기 또는 2년 이상의 징역형의 법정형으로 처벌하도록 규정하고 있는 「보건범죄단속에 관한 특별조치법」 조항은 「형사법」상 책임원칙에 위반된다.

③ 「형법」 제129조 제1항의 수뢰죄를 범한 사람에게 수뢰액의 2배 이상 5배 이하의 벌금을 병과하도록 규정한 「특정범죄 가중처벌 등에 관한 법률」 조항은 책임과 형벌의 비례원칙에 위배되지 아니한다.

④ 단체나 다중의 위력으로써 「형법」상 상해죄를 범한 사람을 가중 처벌하는 구 「폭력행위 등 처벌에 관한 법률」 조항은 책임과 형벌의 비례원칙에 위반되지 아니한다.

18 1 2 3

18 경찰승진

처분적 법률에 대한 설명 중 옳은 것을 모두 고른 것은?(다툼이 있는 경우 판례에 의함)

> ㉠ 특별검사에 의한 수사대상을 특정인에 대한 특정 사건으로 한정하고 있는 「한나라당 대통령 후보 이명박의 주가조작 등 범죄혐의의 진상규명을 위한 특별검사의 임명 등에 관한 법률」은 처분적 법률의 성격을 갖는다.
>
> ㉡ 불특정 다수인을 규율대상으로 하는 것이 아니라 친일반민족 행위자의 후손만을 규율하고 있는 「친일반민족행위자 재산의 국가귀속에 관한 특별법」은 처분적 법률에 해당한다.
>
> ㉢ 「상법」상의 주식회사에 불과한 연합뉴스사를 국가기간뉴스통신사로 지정하고, 정부가 위탁하는 공익업무와 관련하여 정부의 예산으로 재정지원을 할 수 있는 법적 근거를 두고 있는 「뉴스통신 진흥에 관한 법률」은 특정인에 대해서만 적용되는 개인대상법률로서 처분적 법률에 해당한다.
>
> ㉣ 이른바 행복도시 예정지역을 충청남도 연기군 및 공주시의 지역 중에서 지정한다고 규정한 「신행정수도 후속대책을 위한 연기 · 공주지역 행정중심복합도시건설을 위한 특별법」은 '연기 · 공주'라는 특정지역에 거주하는 주민이면서 특정범위의 국민들에 대하여만 특별한 희생을 강요하므로 처분적 법률에 해당한다.

① ㉠ ② ㉠, ㉢
③ ㉡, ㉢, ㉣ ④ ㉠, ㉡, ㉢, ㉣

19 1 2 3

18 경찰승진

개인정보자기결정권에 대한 설명으로 옳은 것을 모두 고른 것은?(다툼이 있는 경우 판례에 의함)

㉠ 학교생활세부사항기록부의 '행동특성 및 종합의견'에 「학교폭력예방법」 제17조에 규정된 가해학생에 대한 조치사항을 입력하고, 이러한 내용을 학생의 졸업과 동시에 삭제하도록 규정한 「학교생활기록 작성 및 관리지침」이 법률유보원칙에 반하여 개인정보자기결정권을 침해하는 것이라 할 수 없다.

㉡ 형제자매에게 가족관계등록부 등의 기록사항에 관한 증명서 교부청구권을 부여하는 「가족관계의 등록 등에 관한 법률」 조항은 개인정보자기결정권을 침해하지 않는다.

㉢ 「국민기초생활보장법」상의 급여신청자에게 금융거래정보의 제출을 요구할 수 있도록 한 동법 시행규칙은 급여신청자의 개인정보자기결정권을 침해한다.

㉣ 게임물 관련사업자에게 게임물 이용자의 회원가입 시 본인 인증을 할 수 있는 절차를 마련하도록 하고, 청소년의 회원가입 시 법정대리인의 동의를 확보하도록 하고 있는 「게임산업 진흥에 관한 법률」 조항은 개인정보자기결정권을 제한한다.

① ㉠, ㉡　　② ㉡, ㉢

③ ㉠, ㉣　　④ ㉠, ㉡, ㉢, ㉣

20 1 2 3

18 경찰승진

헌법 제10조에 대한 설명으로 가장 적절하지 않은 것은?(다툼이 있는 경우 판례에 의함)

① 헌법 제10조는 개인의 인격권과 행복추구권을 보장하고 있고, 인격권과 행복추구권은 개인의 자기운명결정권을 전제로 하며, 이 자기운명결정권에는 성행위 여부와 그 상대방을 결정할 수 있는 성적자기결정권이 포함되어 있다.

② 사법경찰관이 보도자료 배포 직후 기자들의 취재 요청에 응하여 피의자가 경찰서 조사실에서 양손에 수갑을 찬 채 조사받는 모습을 촬영할 수 있도록 허용한 행위는 잠재적인 피해자의 발생을 방지하고 범죄를 예방할 필요성이 크다는 점에서 피의자의 인격권을 침해하지 않는다.

③ 환자가 장차 죽음에 임박한 상태에 이를 경우에 대비하여 미리 의료인 등에게 연명치료 거부 또는 중단에 관한 의사를 밝히는 등의 방법으로 죽음에 임박한 상태에서 인간으로서의 존엄과 가치를 지키기 위하여 연명치료의 거부 또는 중단을 결정할 수 있다할 것이고, 위 결정은 헌법상 기본권인 자기결정권의 한 내용으로서 보장되지만, 헌법해석상 「연명치료 중단 등에 관한 법률」을 제정할 국가의 입법의무가 명백하다고 볼 수는 없다.

④ 민사재판의 당사자로 출석하는 수형자에 대하여, 사복착용을 허용하는 「형집행법」 제82조를 준용하지 아니한 것이 수형자의 인격권 및 행복추구권을 침해하는 것은 아니다.

제 9 회 경찰공무원(순경) 헌법

01 1 2 3 18 경찰승진

평등원칙 및 평등권에 대한 설명으로 가장 적절한 것은?(다툼이 있는 경우 판례에 의함)

① 헌법에서 스스로 차별의 근거로 삼아서는 아니되는 기준을 제시하거나 차별을 특히 금지하고 있는 영역을 제시하는 경우에는 완화된 심사척도가 적용되어야 하나, 차별적 취급으로 인하여 관련 기본권에 대한 중대한 제한을 초래하게 되는 경우에는 엄격한 심사척도를 적용할 수 있다.

② 국가유공자 본인이 국가기관이 실시하는 채용시험에 응시하는 경우에 10%의 가점을 주도록 한 「국가유공자 등 예우 및 지원에 관한 법률」 조항은 헌법 제32조 제6항에서 특별히 평등을 요구하고 있는 경우에 해당하므로, 이에 대해서는 엄격한 비례성 심사에 따라 평등권 침해여부를 심사하여야 한다.

③ 공무상 질병 또는 부상으로 인하여 퇴직 후 장애 상태가 확정된 군인에게 상이연금을 지급하도록 한 개정된 「군인연금법」 제23조 제1항을 개정법 시행일 이후부터 적용하도록 한 「군인연금법」 조항은 평등원칙에 위반된다.

④ 자기 또는 배우자의 직계존속을 고소하지 못하도록 규정한 「형사소송법」 제224조는 비속을 차별 취급하여 평등권을 침해한다.

02 1 2 3 18 경찰승진

변호인의 조력을 받을 권리에 대한 설명으로 가장 적절하지 <u>않은</u> 것은?(다툼이 있는 경우 판례에 의함)

① 피의자신문에 참여한 변호인에게 피의자 후방에 앉으라고 요구한 행위가 변호인의 변호권을 침해하는 것은 아니다.

② 불구속 피의자나 피고인의 경우 「형사소송법」상 특별한 명문의 규정이 없더라도 스스로 선임한 변호인의 조력을 받기 위하여 변호인을 옆에 두고 조언과 상담을 구하는 것은 수사절차의 개시에서부터 재판절차의 종료에 이르기까지 언제나 가능하다.

③ 형사절차가 종료되어 교정시설에 수용중인 수형자는 원칙적으로 변호인의 조력을 받을 권리의 주체가 될 수 없으나, 수형자의 경우에도 재심절차 등에는 변호인 선임을 위한 일반적인 교통 · 통신이 보장될 수 있다.

④ 미결수용자의 변호인의 조력을 받을 권리는 국가안전보장 · 질서유지 또는 공공복리를 위해 필요한 경우에 법률로써 제한될 수 있다.

03 1 2 3 18 경찰승진

표현의 자유 및 언론 · 출판의 자유에 대한 설명으로 가장 적절하지 않은 것은?(다툼이 있는 경우 판례에 의함)

① 「정보통신망 이용촉진 및 정보보호 등에 관한 법률」 제74조 제1항 제3호 중 '제44조의7 제1항 제3호를 위반하여 공포심이나 불안감을 유발하는 문언을 반복적으로 상대방에게 도달하게 한 자' 부분은 표현의 자유를 침해하지 않는다.

② 인터넷게시판을 설치 · 운영하는 정보통신서비스 제공자에게 본인확인조치의무를 부과하여 게시판 이용자로 하여금 본인 확인절차를 거쳐야만 게시판을 이용할 수 있도록 하는 「정보통신망 이용촉진 및 정보보호 등에 관한 법률」 조항은 과잉금지원칙에 위배하여 인터넷게시판 이용자의 표현의 자유 및 인터넷게시판을 운영하는 정보통신서비스 제공자의 언론의 자유를 침해한다.

③ 음란표현도 헌법 제21조가 규정하는 언론 · 출판의 자유의 보호영역에 포함된다.

④ 지역농협 이사 선거의 경우 전화 · 컴퓨터통신을 이용한 지지호소의 선거운동방법을 금지하고, 이를 위반한 자를 처벌하는 구 「농협협동조합법」 조항은 해당 선거 후보자의 표현의 자유를 침해하지 않는다.

04 1 2 3 18 경찰승진

집회 및 결사의 자유에 대한 설명으로 가장 적절하지 않은 것은? (다툼이 있는 경우 판례에 의함)

① 일몰시간 후부터 같은 날 24시까지의 시위의 경우, 특별히 공공의 질서 내지 법적 평화를 침해할 위험성이 크다고 할 수 없으므로 그와 같은 시위를 일률적으로 금지하는 것은 과잉금지원칙에 위반된다.

② 집회의 자유는 집회참가자에 대한 검문의 방법으로 시간을 지연시킴으로써 집회장소에 접근하는 것을 방해하는 등 집회의 자유행사에 영향을 미치는 모든 조치를 금지한다.

③ 안마사들로 하여금 의무적으로 대한안마사협회의 회원이 되어 정관을 준수하도록 하는 「의료법」 조항은 안마사들의 결사의 자유를 침해하지 않는다.

④ 미신고 옥외집회는 불법집회이므로 관할경찰관서장은 언제나 해산명령을 내릴 수 있으며, 이에 불응하는 경우에는 처벌할 수 있다고 보아야 한다.

05 1 2 3

18 경찰승진

직업의 자유에 대한 설명 중 옳은 것을 모두 고른 것은?(다툼이 있는 경우 판례에 의함)

㉠ 직업의 선택 혹은 수행의 자유는 주관적 공권의 성격이 두드러진 것이므로 사회적 시장경제질서라고 하는 객관적 법질서의 구성요소가 될 수는 없다.
㉡ 로스쿨에 입학하는 자들에 대하여 학사 전공별, 출신 대학별로 로스쿨 입학정원의 비율을 각각 규정한 「법학전문대학원 설치 · 운영에 관한 법률」 조항은 변호사가 되기 위한 과정에 있어 필요한 전문지식을 습득할 수 있는 로스쿨에 입학하는 것을 제한할 뿐이므로 직업선택의 자유를 제한하는 것으로 보기 어렵다.
㉢ 경쟁의 자유는 기본권의 주체가 직업의 자유를 실제로 행사하는데에서 나오는 결과이므로 당연히 직업의 자유에 의하여 보장되고, 다른 기업과의 경쟁에서 국가의 간섭이나 방해를 받지 않고 기업활동을 할 수 있는 자유를 의미한다.
㉣ 이륜자동차를 운전하여 고속도로 또는 자동차전용도로를 통행한 자를 처벌하는 것은 퀵서비스 배달업자들의 직업수행의 자유를 제한하는 것이지만, 사고의 위험성과 사고결과의 중대성에 비추어 이를 기본권 침해라고 볼 수는 없다.

① ㉠
② ㉢
③ ㉢, ㉣
④ ㉡, ㉢

06 1 2 3

18 경찰승진

참정권에 대한 설명 중 가장 적절하지 않은 것은?(다툼이 있는 경우 판례에 의함)

① 지역농협은 사법인에서 볼 수 없는 공법인적 특성을 많이 가지고 있으므로, 지역농협의 조합장선거에서 조합장을 선출하거나 조합장으로 선출될 권리, 조합장선거에서 선거운동을 하는 것은 헌법에 의하여 보호되는 선거권의 범위에 포함된다.
② 부재자투표시간을 오전 10시부터 오후 4시까지로 규정한 구 「공직선거법」 조항 중 "오전 10시에 열고" 부분은 일과시간에 학업이나 직장업무를 하여야 하는 부재자투표자가 일과시간 이전에 투표소에 가서 투표할 수 없게 되어 사실상 선거권을 행사할 수 없게 하므로 과잉금지원칙에 위반되고, "오후 4시에 닫는다" 부분은 투표당일 부재자투표의 인계 · 발송 절차를 밟을 수 있도록 함으로써 부재자투표의 인계 · 발송절차가 지연되는 것을 막고 투표관리의 효율성을 제고하며 투표함의 관리위험을 경감하기 위한 것이므로 헌법에 위반되지 않는다.
③ 대통령선거경선후보자가 당내경선 과정에서 탈퇴함으로써 후원회를 둘 수 있는 자격을 상실한 때에는 후원회로부터 후원받은 후원금 전액을 국고에 귀속하도록 하고 있는 구 「정치자금법」 조항은 평등권을 침해한다.
④ 주민투표권 행사를 위한 요건으로 주민등록을 요구함으로써 국내거소신고만 할 수 있고 주민등록을 할 수 없는 국내거주재외국민에 대하여 주민투표권을 인정하지 않고 있는 「주민투표법」 조항은 국내거주 재외국민의 평등권을 침해한다.

07 1 2 3 18 경찰승진

형사보상청구권에 대한 설명으로 가장 적절하지 않은 것은? (다툼이 있는 경우 판례에 의함)

① 형사피의자로 구금되었다가 법률이 정하는 불기소처분을 받은 자도 형사보상청구권을 행사할 수 있다.

② 형사보상의 청구에 대하여 한 보상의 결정에 대하여는 불복을 신청할 수 없도록 하여 형사보상의 결정을 단심재판으로 규정한 「형사보상법」 조항은 형사보상청구권 및 재판청구권을 침해한다.

③ 형사보상의 청구는 무죄 재판이 확정된 때로부터 3년 이내에 하여야 한다.

④ 「형사보상법」은 보상을 받을 자가 다른 법률에 따라 손해배상을 청구하는 것을 금지하지 아니한다.

08 1 2 3 18 경찰승진

범죄피해자구조청구권에 대한 설명으로 가장 적절하지 않은 것은?(다툼이 있는 경우 판례에 의함)

① 범죄피해자구조금을 받을 권리는 그 구조결정이 해당 신청인에게 송달된 날로부터 2년간 행사하지 않으면 시효로 인하여 소멸된다.

② 범죄피해자구조청구권의 대상이 되는 범죄피해에 해외에서 발생한 범죄피해의 경우를 포함하고 있지 아니한 것이 현저하게 불합리한 자의적 차별이라고 볼 수 없어 평등의 원칙에 위배되지 아니한다.

③ 자기 또는 타인의 형사사건의 수사 또는 재판에서 고소 · 고발 등 수사단서를 제공하거나 진술, 증언 또는 자료를 제출하다가 구조피해자가 된 경우에 범죄피해구조금을 지급한다.

④ 범죄피해구조금을 받을 권리는 그 2분의 1 상당액에 한하여 양도 또는 담보로 제공하거나 압류할 수 있다.

09 1 2 3 18 경찰승진

사회적 기본권에 대한 설명으로 가장 적절하지 않은 것은? (다툼이 있는 경우 판례에 의함)

① 근로자가 사업주의 지배관리 아래 출퇴근하던 중 발생한 사고로 부상 등이 발생한 경우에만 업무상 재해로 인정하는 「산업재해보상보험법」 조항은 평등원칙에 위배되지 아니한다.

② 「공무원연금법」상 퇴직연금의 수급자가 「사립학교교직원연금법」 제3조의 학교기관으로부터 보수 기타 급여를 지급받고 있는 경우 퇴직연금의 지급을 정지하도록 한 「공무원연금법」 조항은 헌법에 위배되지 않는다.

③ 사회적 기본권의 성격을 가지는 연금수급권은 국가에 대하여 적극적으로 급부를 요구하는 것이므로 법률에 의한 형성을 필요로 한다.

④ 청원경찰의 복무에 관하여 「국가공무원법」 제66조 제1항을 준용함으로써 노동운동을 금지하는 「청원경찰법」 조항은 국가기관이나 지방자치단체 이외의 곳에서 근무하는 청원경찰인 청구인들의 근로3권을 침해한다.

10 1 2 3 18 경찰승진

위임입법에 대한 설명으로 가장 적절하지 않은 것은?(다툼이 있는 경우 판례에 의함)

① 헌법 제75조, 제95조의 문리해석상 및 법리해석상 포괄적인 위임입법의 금지는 법규적 효력을 가지는 행정입법의 제정을 그 주된 대상으로 하고 있다.

② 제1종 특수면허 없이 자동차를 운전한 경우 무면허운전죄로 처벌하면서 제1종 특수면허로 운전할 수 있는 차의 종류를 행정안전부령에 위임하고 있는 「도로교통법」 조항은 포괄위임금지 원칙에 위배된다.

③ 대통령령에서 규정한 내용이 정당한 것인지 여부와 위임의 적법성 사이에는 직접적인 관계가 없으므로, 대통령령으로 규정한 내용이 헌법에 위반될 경우라도 그 대통령령의 규정이 위헌으로 되는 것은 별론으로 하고, 그로 인하여 정당하고 적법하게 입법권을 위임한 수권법률조항까지도 위헌으로 되는 것은 아니다.

④ 「군인사법」 제47조의2는 헌법이 대통령에게 부여한 군통수권을 실질적으로 존중한다는 차원에서 군인의 복무에 관한 사항을 규율할 권한을 대통령령에 위임한 것이라 할 수 있고, 대통령령으로 규정될 내용 및 범위에 관한 기본적인 사항을 다소 광범위하게 위임하였다 하더라도 포괄위임금지원칙에 위배된다고 볼 수 없다.

11 1 2 3 17 경찰승진

합헌적 법률해석에 대한 설명으로 가장 적절한 것은?(다툼이 있는 경우 판례에 의함)

① 합헌적 법률해석이란 법률이 외형상 위헌적으로 보일 경우라도 그것이 헌법의 정신에 맞도록 해석될 여지가 조금이라도 있는 한 이를 쉽사리 위헌이라고 판단해서는 안 된다는 헌법의 해석지침을 말한다.

② 합헌적 법률해석은 독일연방헌법재판소 판례를 통하여 처음 행해졌다.

③ 합헌적 법률해석은 규범통제의 과정에서만 문제되며, 규범통제를 확립하는 기능을 한다.

④ 합헌적 법률해석은 인권보장상 폐해를 가져오는 경우도 있다.

12 1 2 3 17 경찰승진

현행 헌법상 헌법개정에 대한 설명으로 옳지 않은 것을 모두 고른 것은?(다툼이 있는 경우 판례에 의함)

㉠ 제안된 헌법개정안은 대통령이 30일 이상의 기간 이를 공고하여야 한다.

㉡ 헌법개정안은 대통령이 공고한 후 30일 이내에 국민투표에 붙여 국회의원 선거권자 과반수의 투표와 투표자 과반수의 찬성을 얻어야 한다.

㉢ 국민투표의 효력에 관하여 이의가 있는 투표인은 투표인 10만 인 이상의 찬성을 얻어 국회의장을 피고로 하여 투표일로부터 20일 이내에 대법원에 제소할 수 있다.

㉣ 헌법재판소는 헌법의 개별규정에 대하여 위헌심사를 함에 있어 헌법개정한계론을 원용하는 태도를 보이고 있다.

① ㉠, ㉣
② ㉠, ㉡, ㉢
③ ㉡, ㉢, ㉣
④ ㉠, ㉡, ㉢, ㉣

13 1 2 3 17 경찰승진

우리 헌정사에 대한 설명으로 가장 적절한 것은?

① 제헌헌법에서는 심의기관인 국무원을 두었으며, 대통령이 국무원의 의장이었다.

② 1952년 헌법에는 국무총리제를 폐지하고 국무위원에 대한 개별적 불신임제를 채택하였다.

③ 1962년의 제5차 개헌은 국회의 의결 없이 국가재건최고회의가 의결하여 국민투표로 확정하였으나, 이는 제2공화국 헌법의 헌법개정절차에 따른 개정이 아니었다.

④ 1987년 제9차 개헌에서는 근로자의 적정임금 보장, 재외국민 보호의무 규정을 신설하고 형사보상청구권을 피의자까지 확대 인정하였다.

14 1 2 3 17 경찰승진

국적에 대한 설명으로 가장 적절하지 않은 것은?(다툼이 있는 경우 판례에 의함)

① 외국인이 대한민국 국민인 배우자와 적법하게 혼인한 후 3년이 지나더라도 혼인한 상태로 대한민국에 1년 이상 계속하여 주소가 없는 경우에는 간이귀화의 요건을 충족하지 못한다.

② 외국 국적 포기의무를 이행하지 아니하여 대한민국 국적을 상실한 자가 1년 내에 그 외국국적을 포기한 때는 법무부장관의 허가를 얻어 대한민국 국적을 재취득할 수 있다.

③ 직계존속이 외국에서 영주할 목적 없이 체류한 상태에서 출생한 자는 병역의무 이행과 관련하여 병역면제처분을 받은 경우 국적 이탈 신고를 할 수 있다.

④ 대한민국 국적을 상실한 자는 국적을 상실한 때부터 대한민국의 국민만이 누릴 수 있는 권리를 누릴 수 없는데 이 권리 중 대한민국의 국민이었을 때 취득한 것으로서 양도할 수 있는 것은 그 권리와 관련된 법령에서 따로 정한 바가 없으면 3년 내에 대한민국의 국민에게 양도하여야 한다.

15 1 2 3 17 경찰승진

헌법상 기본원리에 대한 설명으로 가장 적절한 것은?(다툼이 있는 경우 판례에 의함)

① 헌법의 기본원리는 헌법의 이념적 기초인 동시에 헌법을 지배하는 지도원리로서 구체적 기본권을 도출하는 근거가 될 뿐만 아니라 기본권의 해석 및 기본권제한입법의 합헌성 심사에 있어 해석기준의 하나로서 작용한다.

② 주민소환제 자체는 지방자치의 본질적인 내용이라고 할 수 있으므로 이를 보장하지 않는 것은 헌법에 위반된다.

③ 자유시장 경제질서를 기본으로 하면서도 사회국가원리를 수용하고 있는 우리 헌법의 이념에 비추어 볼 때, 일반불법행위책임에 관하여 과실책임의 원리를 기본원칙으로 하면서도 일정한 영역의 특수한 불법행위책임에 관하여 위험책임의 원리를 수용하는 것은 헌법에 의해 직접적으로 부과되는 명령이므로, 입법자의 재량에 속한다고 볼 수 없다.

④ '책임 없는 자에게 형벌을 부과할 수 없다'는 형벌에 관한 책임주의는 「형사법」의 기본원리로서, 헌법상 법치국가의 원리에 내재하는 원리인 동시에 헌법 제10조의 취지로부터 도출되는 원리이고, 법인의 경우도 자연인과 마찬가지로 책임주의원칙이 적용된다.

16 1 2 3
17 경찰승진

법치국가원리에 대한 설명으로 가장 적절한 것은?(다툼이 있는 경우 판례에 의함)

① 검사에 대한 징계사유 중 하나인 '검사로서의 체면이나 위신을 손상하는 행위를 하였을 때'의 의미는 그 포섭범위가 지나치게 광범위하므로 명확성의 원칙에 반하여 헌법에 위배된다.

② 법적 안정성의 객관적 측면은 한번 제정된 법규범은 원칙적으로 존속력을 갖고 자신의 행위기준으로 작용하리라는 개인의 신뢰를 보호하는 것이다.

③ 기본권제한입법에 있어서 규율대상이 지극히 다양하거나 수시로 변화하는 성질의 것이어서 입법기술상 일의적으로 규정할 수 없는 경우라도 명확성의 요건이 강화되어야 한다.

④ 종합생활기록부에 의하여 절대평가와 상대평가를 병행, 활용하도록 한 교육부장관 지침(종합생활기록부제도개선보완시행지침, 1996.8.7.)은 교육개혁위원회의 교육개혁방안에 따라 절대평가가 이루어 질 것으로 믿고 특수목적고등학교에 입학한 학생들의 신뢰이익을 침해하였다고 볼 수 없다.

17 1 2 3
17 경찰승진

조약과 국제법규에 대한 설명으로 옳은 것을 모두 고른 것은?(다툼이 있는 경우 판례에 의함)

> ㉠ 외교통상부장관이 2006.1.19. 미합중국 국무장관과 발표한 '동맹 동반자 관계를 위한 전략대화 출범에 관한 공동성명'은 국회의 동의가 필요 없는 조약이다.
>
> ㉡ 「대한민국과 아메리카합중국 간의 상호방위조약 제4조에 의한 시설과 구역 및 대한민국에서의 합중국군대의 지위에 관한 협정」(SOFA)은 국회의 동의를 요하는 조약이다.
>
> ㉢ 「마라케쉬협정」은 적법하게 체결되어 공포된 조약이므로 「국내법」과 같은 효력을 가지나 그로 인하여 새로운 범죄를 구성하거나 가중 처벌하는 것은 허용되지 않는다.
>
> ㉣ 「대한민국과 일본국 간의 어업에 관한 협정」은 우리나라 정부가 일본 정부와의 사이에서 어업에 관해 체결·공포한 조약으로서 헌법 제6조 제1항에 의하여 「국내법」과 같은 효력을 가진다.

① ㉠, ㉢　　② ㉡, ㉣

③ ㉠, ㉡, ㉢　　④ ㉠, ㉡, ㉣

18 1 2 3
17 경찰승진

현행법상 정당 또는 정당해산심판에 대한 설명으로 가장 적절한 것은?(다툼이 있는 경우 판례에 의함)

① 공직선거 참여 여부는 정당의 등록취소와는 상관없으나, 공직 선거에 참여하지 않은 정당은 국고보조금을 배분받지 못한다.

② 정당의 목적이나 조직이 민주적 기본질서에 위배될 때에는 정부는 헌법재판소에 그 해산을 제소할 수 있고, 정당은 헌법재판소의 심판에 의해 해산된다.

③ 정당이 그 소속 국회의원을 제명하기 위해서는 당헌이 정하는 절차를 거치는 외에 그 소속 국회의원 전원의 2분의 1 이상의 찬성이 있어야 한다.

④ 어떤 정당이 위헌정당이라는 이유로 해산이 되면 「공직선거법」이 정한 바에 따라 해당 정당에 소속된 모든 국회의원의 의원직이 상실된다.

19 1 2 3 17 경찰승진

선거제도에 대한 설명으로 가장 적절하지 않은 것은?(다툼이 있는 경우 판례에 의함)

① 정당에 배분된 비례대표국회의원 의석수가 그 정당이 추천한 비례대표국회의원 후보자수를 넘는 때에는 그 넘는 의석은 공석으로 한다.

② 선거공영제의 내용은 우리의 선거문화와 풍토, 정치문화 및 국가의 재정상황과 국민의 법감정 등 여러 가지 요소를 종합적으로 고려하여 입법자가 정책적으로 결정할 사항으로서 넓은 입법형성권이 인정되는 영역이다.

③ 대통령선거에서 최고득표자가 2인이어서 국회가 당선인을 결정한 경우 국회의장은 이를 중앙선거관리위원회에 통고하고 중앙선거 관리위원장이 그 당선을 공고한다.

④ 국회의원지역선거구의 공정한 획정을 위하여 중앙선거관리위원회에 국회의원선거구획정위원회를 둔다.

20 1 2 3 17 경찰승진

현행법상 경제질서에 대한 설명으로 옳은 것을 모두 고른 것은?(다툼이 있는 경우 판례에 의함)

> ㉠ 헌법 제119조 제2항에 규정된 '경제주체 간의 조화를 통한 경제민주화'의 이념은 경제영역에서 정의로운 사회질서를 형성하기 위하여 추구할 수 있는 국가목표로서 개인의 기본권을 제한하는 국가행위를 정당화하는 헌법규범이다.
>
> ㉡ 국방상 또는 국민경제상 긴절한 필요로 인하여 법률이 정하는 경우를 제외하고는, 사영기업을 국유 또는 공유로 이전하거나 그 경영을 통제 또는 관리할 수 없다.
>
> ㉢ 현행 헌법은 소비자의 권리를 소비자보호운동의 보장 차원에서 규정하고 있을 뿐 기본권으로 명시하고 있지는 않다.
>
> ㉣ 국가는 등록소비자단체의 건전한 육성 · 발전을 위하여 필요하다고 인정될 때에는 금전적 지원을 할 수 있다.

① ㉡, ㉣ ② ㉠, ㉡, ㉢

③ ㉠, ㉢, ㉣ ④ ㉠, ㉡, ㉢, ㉣

제 10 회 경찰공무원(순경) 헌법

01 1 2 3 17 경찰승진

기본권의 주체에 대한 설명으로 가장 적절한 것은?(다툼이 있는 경우 판례에 의함)

① 선거기사심의위원회가 불공정한 선거기사를 게재하였다고 판단한 언론사에 대하여 사과문 게재 명령을 하도록 한 「공직선거법」상의 사과문 게재조항은 언론사인 법인의 인격권을 침해하는 것이 아니라 소극적 표현의 자유나 일반적 행동의 자유를 제한할 뿐이다.

② 「국가균형발전특별법」에 의한 도지사의 혁신도시 입지선정과 관련하여 그 입지선정에서 제외된 지방자치단체는 자의적인 선정기준을 다투는 평등권의 주체가 된다.

③ 개인이 자연인으로서 향유하게 되는 기본권은 그 성질상 당연히 법인에게 적용될 수 없다. 따라서 인간의 존엄과 가치에서 유래하는 인격권은 그 성질상 법인에게는 적용될 수 없다.

④ 헌법은 국가의 교육권한과 부모의 교육권의 범주 내에서 학생에게도 자신의 교육에 관하여 스스로 결정할 권리, 즉 자유롭게 교육을 받을 권리를 부여하고, 학생은 국가의 간섭을 받지 아니하고 자신의 능력과 개성, 적성에 맞는 학교를 자유롭게 선택할 권리를 가진다.

02 1 2 3 17 경찰승진

기본권 경합과 충돌에 대한 설명으로 가장 적절하지 않은 것은? (다툼이 있는 경우 판례에 의함)

① 수용자가 작성한 집필문의 외부반출을 불허하고 이를 영치할 수 있도록 한 것은 수용자의 통신의 자유와 표현의 자유를 제한한다.

② 혐연권은 흡연권보다 상위의 기본권이라 할 수 있고, 이처럼 상하의 위계질서가 있는 기본권끼리 충돌하는 경우에는 상위 기본권 우선원칙이 적용되므로 결국 흡연권은 혐연권을 침해하지 않는 한 인정된다.

③ 어떤 법령이 직업의 자유와 행복추구권 양자를 제한하는 외관을 띠는 경우 두 기본권의 경합 문제가 발생하는데, 보호영역으로서 '직업'이 문제될 때 직업의 자유는 행복추구권과의 관계에서 특별기본권의 지위를 가지므로, 행복추구권의 침해 여부에 대한 심사는 배제된다.

④ 반론권과 보도기관의 언론의 자유가 충돌하는 경우에는 헌법의 통일성을 유지하기 위하여 기본권 모두가 최대한으로 그 기능과 효력을 발휘할 수 있도록 하는 조화로운 방법이 모색되어야 한다.

03 1 2 3 17 경찰승진

현행법상 기본권의 제한과 한계에 대한 설명으로 가장 적절하지 않은 것은?(다툼이 있는 경우 판례에 의함)

① 기본권 제한에 관한 법률유보의 원칙에 따르면 기본권의 제한에는 법률의 근거가 필요하나, 기본권 제한 형식이 반드시 형식적 의미의 법률일 필요는 없다.

② 비상계엄이 선포된 경우, 영장제도와 언론 · 출판 · 집회 · 결사의 자유에 대한 특별한 조치를 통하여 기본권 제한을 할 수 있는 명시적인 헌법상 근거가 존재한다.

③ 형사보상은 형사피고인 등의 신체의 자유를 제한한 것에 대하여 사후적으로 그 손해를 보상하는 것인 바, 구금으로 인하여 침해되는 가치는 객관적으로 평가하기 어려운 것이므로, 그에 대한 보상을 어떻게 할 것인지는 국가의 경제적, 사회적, 정책적 사정들을 참작하여 입법재량으로 결정할 수 있는 사항이고, 이러한 점에서 헌법 제28조에서 규정하는'정당한 보상'은 헌법 제23조 제3항에서 재산권의 침해에 대하여 규정하는'정당한 보상'과 동일한 의미를 가진다.

④ 헌법재판소는 기본권을 제한함에 있어 비례의 원칙(과잉금지의 원칙)의 심사요건으로 목적의 정당성, 방법의 적정성, 침해의 최소성(필요성), 법익균형성(법익형량)을 채용하고 있다.

04 1 2 3 17 경찰승진

헌법 제10조 인간의 존엄과 가치, 행복추구권에 대한 설명으로 가장 적절한 것은?(다툼이 있는 경우 판례에 의함)

① 일반적 행동자유권은 개인이 행위를 할 것인가의 여부에 대하여 자유롭게 결단하는 것을 전제로 하여 이성적이고 책임감 있는 사람이라면 자기에 관한 사항은 스스로 처리할 수 있을 것이라는 생각에서 인정되는 것이므로, 가치 있는 행동만 그 보호영역으로 하며 위험한 스포츠를 즐길 권리와 같은 위험한 생활방식으로 살아갈 권리는 그 보호영역에 포함되지 않는다.

② 행복추구권도 국가안전보장, 질서유지 또는 공공복리를 위하여 제한될 수 있는 것이며, 공동체의 이익과 무관하게 무제한의 경제적 이익의 도모를 보장하는 것은 아니다.

③ 생명권은 헌법 제37조 제2항에 의한 일반적 법률유보의 대상이 아니다.

④ 「도로교통법」상 주취 중 운전금지규정을 3회 위반한 경우 운전면허를 필요적으로 취소하도록 규정한 것은 과잉금지원칙에 반하여 일반적 행동자유권을 침해하는 것이다.

05 1 2 3 17 경찰승진

평등권 및 평등의 원칙에 관한 설명에 대해 옳고 그름의 표시(○, ×)가 바르게 된 것은?(다툼이 있는 경우 판례에 의함)

> ㉠ 평등의 원칙은 국민의 기본권 보장에 관한 우리 헌법의 최고원리로서 국가가 입법을 하거나 법을 해석 및 집행함에 있어 따라야 할 기준인 동시에, 국가에 대하여 합리적 이유 없이 불평등한 대우를 하지 말 것과 평등한 대우를 할 것을 요구 할 수 있는 근거가 된다.
> ㉡ 초·중등학교의 교원의 정당 가입을 금지한 것은 헌법상의 평등권을 침해한 것이라고 할 수 없다.
> ㉢ 적극적 평등실현조치는 종래 사회로부터 차별을 받아 온 일정 집단에 대해 그 동안의 불이익을 보상하기 위한 우대적 조치이다.
> ㉣ '수사가 진행 중이거나 형사재판이 계속 중이었다가 그 사유가 소멸한 경우'에는 잔여 퇴직급여 등에 대해 이자를 가산하는 규정을 두면서, '형이 확정되었다가 그 사유가 소멸한 경우'에는 이자 가산 규정을 두지 않은 「군인연금법」(2013.3.22. 법률 제11632호로 개정된 것) 제33조 제2항은 평등원칙을 위반한다.

① ㉠(○), ㉡(○), ㉢(○), ㉣(×)
② ㉠(×), ㉡(×), ㉢(○), ㉣(×)
③ ㉠(×), ㉡(×), ㉢(×), ㉣(×)
④ ㉠(○), ㉡(○), ㉢(○), ㉣(○)

06 1 2 3 17 경찰승진

생명권과 신체의 자유에 대한 설명으로 가장 적절하지 않은 것은?(다툼이 있는 경우 판례에 의함)

① 비록 연명치료 중단에 관한 결정 및 그 실행이 환자의 생명단축을 초래한다 하더라도 이를 생명에 대한 임의적 처분으로서 자살이라고 평가할 수 없고, 오히려 이는 생명권의 한 내용으로서 보장된다.
② 모든 국민은 고문을 받지 아니하며, 형사상 자기에게 불리한 진술을 강요당하지 아니한다.
③ 죄형법정주의는 처벌하고자 하는 행위가 무엇이며 그에 대한 형벌이 어떠한 것인지 누구나 예견할 수 있고 그에 따라 자신의 행위를 결정할 수 있도록 구성요건을 명확하게 규정할 것을 요구한다.
④ 이중처벌금지의 원칙은 처벌 또는 제재가 '동일한 행위'를 대상으로 행해질 때에 적용될 수 있는 것이고, 그 대상이 동일한 행위인지의 여부는 기본적 사실관계가 동일한지 여부에 의하여 가려야 할 것이다.

07 1 2 3 17 경찰승진

신체의 자유 및 피의자 · 피고인의 권리에 대한 설명으로 가장 적절한 것은?(다툼이 있는 경우 판례에 의함)

① 범죄의 피의자로 입건된 사람이 경찰공무원이나 검사의 신문을 받으면서 자신의 신원을 밝히지 않고 지문채취에 불응하는 경우 형사처벌을 부과하는 것은, 수사기관이 직접 물리적 강제력을 행사하여 피의자에게 강제로 지문을 찍도록 하는 것을 허용하는 것과 질적인 차이가 없으므로 영장주의에 위배된다.

② 변호인의 조력을 받을 권리는 '형사사건'에서의 변호인의 조력을 받을 권리에 국한되는 것은 아니므로, 수형자가 형사사건의 변호인이 아닌 민사사건, 행정사건, 헌법소원사건 등에서 변호사와 접견할 경우에도 헌법상 변호인의 조력을 받을 권리의 주체가 될 수 있다.

③ 변호인의 수사서류 열람 · 등사권은 피고인의 신속 · 공정한 재판을 받을 권리 및 변호인의 조력을 받을 권리라는 헌법상 기본권의 중요한 내용이자 구성요소이며 이를 실현하는 구체적인 수단이 된다.

④ 특별검사가 참고인에게 지정된 장소까지 동행할 것을 명령할 수 있게 하고 참고인이 정당한 이유 없이 위 동행명령을 거부한 경우 천만 원 이하의 벌금형에 처하도록 규정한 동행명령조항은 참고인의 신체의 자유를 침해하지 않는다.

08 1 2 3 17 경찰승진

개인정보자기결정권에 대한 설명으로 가장 적절하지 <u>않은</u> 것은?(다툼이 있는 경우 판례에 의함)

① 헌법재판소는 개인정보자기결정권을 헌법상의 기본권으로 인정하며, 그 헌법적 근거는 독자적인 기본권으로서 헌법상 명시되지 않은 기본권에 해당한다고 본다.

② 주민등록번호 변경에 관한 규정을 두지 않는 「주민등록법」 관련 조항은 주민등록번호 불법 유출 등을 원인으로 자신의 주민등록번호를 변경하고자 하는 사람들의 개인정보자기결정권을 침해하고 있다.

③ 개인정보자기결정권은 인간의 존엄과 가치, 행복추구권을 규정한 헌법 제10조 제1문의 일반적 인격권 및 헌법 제17조의 사생활의 비밀과 자유에 의하여 도출되고 보장된다.

④ 개인정보자기결정권의 보호대상이 되는 개인정보에는 이미 공개된 개인정보는 포함되지 않는다.

09 1 2 3 17 경찰승진

통신의 자유에 대한 설명으로 가장 적절하지 않은 것은?(다툼이 있는 경우 판례에 의함)

① 미결수용자가 교정시설 내에서 규율위반 행위를 이유로 금치 처분을 받은 경우 금치기간 중 서신수수 · 접견 · 전화통화를 제한하는 것은 통신의 자유를 침해하지 아니한다.

② 긴급조치 제1호는 유신헌법을 부정하거나 반대하고 폐지를 주장하는 행위 중 실제로 국가의 안전보장과 공공의 안녕질서에 대한 심각하고 중대한 위협이 명백하고 현존하는 경우 이외에도, 국가긴급권의 발동이 필요한 상황과는 전혀 무관하게 헌법과 관련하여 자신의 견해를 단순하게 표명하는 행위까지 모두 처벌하고 처벌의 대상이 되는 행위를 구체적으로 특정할 수 없으므로 표현의 자유를 침해한다.

③ 국가기관이 정보통신부 장관의 인가 없이 감청설비의 제조 · 수입 등의 방법으로 감청설비를 보유 · 사용할 수 있도록 하는 것은 통신의 자유를 침해한 것이다.

④ 통신의 자유는 국가안전보장 · 질서유지 또는 공공복리를 위하여 필요한 경우에는 법률로 제한될 수 있다.

10 1 2 3 17 경찰승진

양심의 자유와 종교의 자유에 대한 설명으로 옳지 않은 것을 모두 고른 것은?(다툼이 있는 경우 판례에 의함)

ㄱ 양심의 자유가 보장하고자 하는 '양심'은 민주적 다수의 사고나 가치관과 일치하는 것이 아니라, 개인적 현상으로서 지극히 주관적인 것이고, 그 대상이나 내용 또는 동기에 의하여 판단될 수 없으며, 양심상의 결정이 이성적 · 합리적인지, 타당한지 또는 법질서나 사회규범, 도덕률과 일치하는지 여부는 양심의 존재를 판단하는 기준이 될 수 없다.

ㄴ 종교단체가 운영하는 학교 형태 혹은 학원형태의 교육기관도 예외 없이 학교설립 인가 혹은 학원설립 등록을 받도록 규정한 것은 종교의 자유를 침해하여 헌법에 위반된다.

ㄷ 종교적 신앙에 따른 병역 거부자를 처벌하는 「병역법」 조항에 대해서는, 헌법이 양심의 자유와 별개로 종교의 자유를 보장하고 있으며 종교적 신앙은 윤리적 양심과는 구별되는 내면적 세계의 핵심적 가치이므로 양심의 자유의 침해와는 별도로 종교의 자유의 침해 여부를 심사해야 한다.

ㄹ 종교의 자유가 국민에게 그가 선택한 임의의 장소에서 자유롭게 종교전파를 할 자유까지를 보장하는 것은 아니다.

① ㄱ, ㄴ
② ㄱ, ㄹ
③ ㄴ, ㄷ
④ ㄷ, ㄹ

11 1 2 3 17 경찰승진

언론 · 출판의 자유에 대한 설명으로 가장 적절하지 않은 것은? (다툼이 있는 경우 판례에 의함)

① 헌법 제21조 제2항의 검열금지조항은 절대적 금지를 의미하므로 국가안전보장 · 질서유지 · 공공복리를 위하여 필요한 경우라도 사전검열이 허용되지 않는다.

② '일단 표출되면 그 해악이 처음부터 해소될 수 없거나 또는 너무나 심대한 해악을 지닌 음란표현'도 헌법 제21조가 규정하는 언론 · 출판의 자유의 보호영역에 해당한다.

③ 의사의 자유로운 표명과 전파의 자유에는 책임이 따르므로 자신의 신원을 밝히지 아니한 채 익명 또는 가명으로 자신의 사상이나 견해를 표명하고 전파할 익명표현의 자유는 보장되지 않는다.

④ 의료광고의 심의기관이 행정기관인가 여부는 기관의 형식에 의하기 보다는 그 실질에 따라 판단되어야 하며, 민간심의기구가 심의를 담당하는 경우에도 행정권의 개입 때문에 자율성이 보장되지 않는다면 헌법이 금지하는 행정기관에 의한 사전검열에 해당하게 될 것이다.

12 1 2 3 17 경찰승진

집회 및 결사의 자유에 대한 설명으로 가장 적절한 것은?(다툼이 있는 경우 판례에 의함)

① 집회는 일정한 장소를 전제로 하여 특정 목적을 가진 다수인이 일시적으로 회합하는 것을 의미하여, 그 공동의 목적은 '내적인 유대 관계'뿐만 아니라 공동의 의사표현을 전제로 한다.

② 집회의 자유는 개성신장과 아울러 여론형성에 영향을 미칠 수 있게 하여 동화적 통합을 촉진하는 기능을 가지며, 나아가 정치 · 사회현상에 대한 불만과 비판을 공개적으로 표출케 함으로써 정치적 불만세력을 사회적으로 통합하여 정치적 안정에 기여하는 역할을 한다.

③ 헌법 제21조 제1항에 의해 보호되는 결사의 개념에는 공공목적에 의해 구성원의 자격이 정해진 특수단체나 공법상의 결사도 포함된다.

④ 입법자가 법률로써 일반적으로 집회를 제한하는 것도 원칙적으로 헌법 제21조 제2항에서 금지하는 '사전허가'에 해당한다.

13 1 2 3 17 경찰승진

재산권에 대한 설명으로 옳지 않은 것을 모두 고른 것은?(다툼이 있는 경우 판례에 의함)

ㄱ 재산권의 내용을 새로이 형성하는 법률이 합헌적이기 위해서는 장래에 적용될 법률이 헌법에 합치하여야 하고, 나아가 과거의 법적 상태에 의하여 부여된 구체적 권리에 대한 침해를 정당화하는 이유가 존재하여야 한다.

ㄴ 배우자의 상속공제를 인정받기 위한 요건으로 배우자상속재산 분할기한까지 배우자의 상속재산을 분할하여 신고할 것을 요구하면서 위 기한이 경과하면 일률적으로 배우자의 상속공제를 부인하고 있는 구 「상속세 및 증여세법」(2002.12.18. 법률 제6780호로 개정되고, 2010.1.1. 법률 제9916호로 개정되기 전의 것) 제19조 제2항은 배우자인 상속인의 재산권을 침해한다고 볼 수 없다.

ㄷ 헌법이 보장하는 재산권의 내용과 한계를 정하는 법률이 재산권을 형성한다는 의미를 갖는다 하더라도, 이러한 법률이 사유재산제도나 사유재산을 부인하는 것은 재산권 보장규정의 침해를 의미하고 결코 재산권형성적 법률유보라는 이유로 정당화될 수 없다.

ㄹ 토지의 강한 사회성 내지 공공성으로 말미암아 토지재산권에는 다른 재산권에 비하여 보다 강한 제한과 의무가 부과되고 이에 대한 제한입법에는 입법자의 광범위한 입법형성권이 인정되므로, 과잉금지원칙에 의한 심사는 부적절하다.

① ㄱ, ㄷ ② ㄱ, ㄹ

③ ㄴ, ㄷ ④ ㄴ, ㄹ

14 1 2 3

17 경찰승진

직업의 자유에 대한 설명으로 가장 적절하지 않은 것은?(다툼이 있는 경우 판례에 의함)

① 판매를 목적으로 모의총포를 소지하는 행위는 일률적으로 영업활동으로 볼 수는 없지만, 소지의 목적이나 정황에 따라 이를 영업을 위한 준비행위로 보아 영업활동의 일환으로 평가할 수 있으므로 직업의 자유의 보호범위에 포함될 수 있다.

② 변호사시험의 성적 공개를 금지하고 있는 「변호사시험법」 관련 조항은 변호사시험 합격자에 대하여 그 성적을 공개하지 않도록 규정하고 있을 뿐이고, 이러한 시험 성적의 비공개가 청구인들의 법조인으로서의 직역 선택이나 직업수행에 있어서 어떠한 제한을 두고 있는 것은 아니므로 청구인들의 직업선택의 자유를 제한하고 있다고 볼 수 없다.

③ 직업의 자유를 제한함에 있어서도 다른 기본권과 마찬가지로 헌법 제37조 제2항에서 정한 과잉금지의 원칙은 준수되어야 하므로, 직업수행의 자유를 제한하는 법령에 대한 위헌 여부를 심사하는 데 있어서 좁은 의미의 직업선택의 자유에 비하여 다소 완화된 심사기준을 적용할 수는 없다.

④ 어떠한 직업분야에 관하여 자격제도를 만들면서 그 자격요건을 어떻게 설정할 것인가에 관하여는 국가에게 폭넓은 입법재량권이 부여되어 있으므로, 다른 방법으로 직업의 자유를 제한하는 경우에 비하여 유연하고 탄력적인 심사가 필요하다.

15 1 2 3

17 경찰승진

국민투표권에 대한 설명으로 가장 적절하지 않은 것은?(다툼이 있는 경우 판례에 의함)

① 「신행정수도 후속대책을 위한 연기 · 공주지역 행정중심복합도시 건설을 위한 특별법」이 수도를 분할하는 국가정책을 집행하는 내용을 가지고 있고 대통령이 이를 추진하고 집행하기 이전에 그에 관한 국민투표를 실시하지 아니하였다면 국민투표권이 행사될 수 있는 계기인 대통령의 중요정책 국민투표 부의가 행해지지 않았다고 하더라도 청구인들의 국민투표권이 행사될 수 있을 정도로 구체화되었다고 할 수 있으므로 그 침해의 가능성이 인정된다.

② 대통령이 국민투표를 정치적 무기화하고 정치적으로 남용할 수 있는 위험성이 있다는 점을 고려하면, 국민투표부의권의 헌법 제72조는 대통령에 의한 국민투표의 정치적 남용을 방지할 수 있도록 엄격하고 축소적으로 해석되어야 한다.

③ 국민투표는 선거와 달리 국민이 직접 국가의 정치에 참여하는 절차이므로, 국민투표권은 대한민국 국민의 자격이 있는 사람에게 반드시 인정되어야 하는 권리이다.

④ 헌법의 개정은 반드시 국민투표를 거쳐야 하므로 국민은 헌법개정에 관하여 찬반투표로 그 의견을 표명할 권리를 가지는데, 헌법개정사항인 수도의 이전을 헌법개정의 절차를 밟지 아니하고 단지 단순 법률의 형태로 실현시킨 것은 헌법 제130조에 따라 헌법개정에 있어서 국민이 가지는 참정권적 기본권인 국민투표권을 침해한다.

16 1 2 3 17 경찰승진

청원권 및 재판청구권에 대한 설명으로 가장 적절하지 않은 것은?(다툼이 있는 경우 판례에 의함)

① 청원이 단순한 호소나 요청이 아닌 구체적인 권리행사로서의 성질을 갖는 경우라면, 그에 대한 국가기관의 거부행위는 헌법소원의 대상이 되는 공권력의 행사라고 할 수 있다.

② 재판청구권에 '피고인 스스로 치료감호를 청구할 수 있는 권리'가 포함된다고 보기 어렵고, 피고인에게까지 치료감호청구권을 주어야만 절차의 적법성이 담보되는 것은 아니므로 치료감호청구권자를 검사로 한정하는 법률규정은 재판청구권을 침해하지 않는다.

③ 공권력이나 사인에 의해 기본권이 침해당하거나 침해당할 위험에 처해 있을 경우 재판청구권에 기하여 이에 대한 구제나 그 예방을 요청할 수 있으므로, 재판청구권은 다른 기본권의 보장을 위한 기본권이라는 성격을 가진다.

④ 국민참여재판을 받을 권리는 직업법관에 의한 재판을 받을 권리를 주된 내용으로 하는 헌법 제27조 제1항에서 규정한 재판을 받을 권리의 보호범위에 속한다.

17 1 2 3 17 경찰승진

사회적 기본권에 대한 설명으로 가장 적절하지 않은 것은?(다툼이 있는 경우 판례에 의함)

① 인간다운 생활을 할 권리 중 최소한의 물질적 생활의 유지 이상의 급부를 요구할 수 있는 구체적인 권리는 법률을 통하여 구체화할 때에 비로소 인정되는 법률적 차원의 권리이다.

② '의무교육은 무상으로 한다'는 헌법 제31조 제3항은 초등교육에 관하여는 직접적인 효력규정으로서, 이로부터 개인은 국가에 대하여 초등학교의 입학금 · 수업료 등을 면제받을 수 있는 헌법상의 권리를 가진다.

③ 부모의 자녀교육권이란 부모의 자기결정권이라는 의미에서 보장되는 자유가 아니라, 자녀의 보호와 인격발현을 위하여 부여되는 것이므로, 자녀의 행복이란 관점에서 교육방향을 결정하라는 행위지침을 의미할 뿐 부모의 기본권이라고는 볼 수 없다.

④ 헌법상 보장되고 있는 학문의 자유 또는 교육을 받을 권리의 규정에서 교사의 수업권(授業權)이 파생되는 것으로 해석하여 기본권에 준하는 것으로 간주하더라도, 수업권을 내세워 국민의 수학권(修學權)을 침해할 수는 없다.

18 1 2 3 17 경찰승진

근로의 권리 및 근로3권에 대한 설명으로 가장 적절한 것은? (다툼이 있는 경우 판례에 의함)

① 소위 '소극적 단결권'이란 헌법 제33조 제1항의 단결권에 포함되지 아니하므로, 근로자가 노동조합에 가입하지 아니할 권리 내지 이미 가입한 노동조합에서 탈퇴할 권리는 노동조합의 지위를 약화시키려는 정치적 논리일 뿐 헌법상 기본권으로서 보호되는 권리라고 볼 수 없다.

② 연차유급휴가는 최소한의 인간의 존엄성을 보장하기 위한 핵심적인 근로조건에 해당하므로 근로연도 중도퇴직자의 중도퇴직 전 근로에 대해 유급휴가를 보장하지 않는 것이 근로의 권리를 침해하는지 여부는 과잉금지의 원칙에 의해 엄격히 심사되어야 한다.

③ 근로의 권리는 자유권적 기본권의 성격도 있으므로 이 부분에 관한 한 외국인에게도 기본권 주체성을 인정해야 한다.

④ 헌법 제33조에 의하면 일반 근로자의 근로3권은 주요 방위산업체 근로자의 단체행동권을 제외하고는 원칙적으로 제한되어서는 아니 되고, 다만 법률이 정한 자 이외의 공무원이 근로3권의 주체가 되지 못할 뿐이다. 따라서 청원경찰의 경우 그 업무가 갖는 강한 공공성을 이유로 단체행동권을 제한할 수는 있으나, 단결권 · 단체교섭권까지 부인할 수는 없다.

19 1 2 3 17 경찰승진

다음 중 헌법재판소의 판례의 태도로 가장 적절하지 않은 것은?

① 부정청탁금지조항 및 대가성 여부를 불문하고 직무와 관련하여 금품 등을 수수하는 것을 금지할 뿐만 아니라, 직무관련성이나 대가성이 없더라도 동일인으로부터 일정 금액을 초과하는 금품 등의 수수를 금지하는 「부정청탁 및 금품 등 수수의 금지에 관한 법률」 조항 중 사립학교 관계자와 언론인에 관한 부분이 언론인과 사립학교 관계자의 일반적 행동자유권을 침해하지 않는다.

② 구 「식품위생법」 제44조 제1항 '식품접객영업자 등 대통령령으로 정하는 영업자와 그 종업원은 영업의 위생관리와 질서유지, 국민의 보건위생 증진을 위하여 총리령으로 정하는 사항을 지켜야 한다'는 부분은 수범자와 준수사항을 하위법령에 위임하면서 위임될 내용에 대해 구체화하고 있고, 그 내용도 예측이 가능하므로 포괄위임금지원칙에 위반되지 않는다.

③ 「경범죄처벌법」 제3조 제1항 제33호(과다노출) '여러 사람의 눈에 뜨이는 곳에서 공공연하게 알몸을 지나치게 내놓거나 가려야 할 곳을 내놓아 다른 사람에게 부끄러운 느낌이나 불쾌감을 준 사람'의 부분은 죄형법정주의의 명확성원칙에 위배된다.

④ 강도상해죄 또는 강도치상죄를 무기 또는 7년 이상의 징역에 처하도록 규정한 「형법」 제337조는, 강도치상죄가 강간치상죄, 인질치상죄, 현주건조물등방화치상죄 등에 비하여 법정형의 하한이 높게 규정되어 있다 하더라도, 기본범죄, 보호법익, 죄질 등이 다른 이들 범죄를 강도치상죄와 단순히 평면적으로 비교하여 법정형의 과중여부를 판단할 수 없으므로, 심판대상조항이 형벌체계상 균형을 상실하여 평등원칙에 위반된다고 할 수 없다.

20 1 2 3 17 경찰승진

다음 중 헌법재판소의 판례의 태도로 가장 적절한 것은?

① 보호의무자 2인의 동의와 정신건강의학과 전문의 1인의 진단으로 정신질환자에 대한 보호입원이 가능하도록 한 「정신보건법」 조항은 보호입원 대상자의 신체의 자유를 과도하게 제한하는 등 과잉금지원칙을 위배하여 신체의 자유를 침해한다.

② 재판에 영향을 미칠 염려가 있거나 미치게 하기 위한 집회 또는 시위를 금지하고 이를 위반한 자를 형사처벌하는 구 「집회 및 시위에 관한 법률」 조항은 집회의 자유를 침해하지 않는다.

③ 미신고 시위에 대한 해산명령에 불응하는 자를 처벌하도록 규정한 「집회 및 시위에 관한 법률」 조항은 과잉금지원칙을 위반하여 집회의 자유를 침해한다.

④ 영업으로 성매매를 알선하는 행위를 처벌하는 「성매매알선 등 행위의 처벌에 관한 법률」 조항은 과잉금지원칙에 위배되어 이를 업으로 하고자 하는 사람들의 직업선택의 자유를 침해한다.

안심Touch

제 11 회 경찰공무원(순경) 헌법

01 1 2 3 21 5급 공채

헌법전문(前文)에 대한 설명으로 옳지 않은 것은?(다툼이 있는 경우 판례에 의함)

① 우리 헌법은 전문에서 모든 사회적 폐습과 불의를 타파한다고 규정하고 있다.

② '헌법전문에 기재된 3 · 1정신'은 우리나라 헌법의 연혁적 · 이념적 기초로서 헌법이나 법률해석에서의 해석기준으로 작용한다고 할 수 있지만, 그에 기하여 곧바로 국민의 개별적 기본권성을 도출해낼 수는 없다.

③ 국가는 일제로부터 조국의 자주독립을 위하여 공헌한 독립유공자와 그 유족에 대하여 응분의 예우를 하여야 할 법률상의 의무를 지닐 뿐 헌법적 의무를 지닌다고 보기는 어렵다.

④ 일제강점기에 일본군위안부로 강제 동원되어 인간의 존엄과 가치가 말살된 상태에서 장기간 비극적인 삶을 영위하였던 피해자들의 훼손된 인간의 존엄과 가치를 회복시켜야 할 의무는 대한민국임시정부의 법통을 계승한 지금의 정부가 국민에 대하여 부담하는 가장 근본적인 보호의무에 속한다.

02 1 2 3 21 5급 공채

형사보상청구권에 대한 설명으로 옳은 것은?

① 보상청구는 무죄재판을 한 법원의 상급법원에 대하여 하여야 한다.

② 보상을 청구하는 경우에는 국가배상을 청구할 수 없다.

③ 보상청구는 무죄재판이 확정된 사실을 안 날부터 3년, 무죄 재판이 확정된 때부터 5년 이내에 하여야 한다.

④ 보상청구는 대리인을 통하여 할 수 없다.

03 1 2 3 21 5급 공채

법인의 기본권 주체성에 대한 설명으로 옳지 않은 것은?(다툼이 있는 경우 판례에 의함)

① 본래 자연인에게 적용되는 기본권 규정이라도 성질상 법인이 누릴 수 있는 기본권은 당연히 법인에게도 적용하여야 한다.

② 법인도 법인의 목적과 사회적 기능에 비추어 볼 때 그 성질에 반하지 않는 범위 내에서 인격권의 한 내용인 사회적 신용이나 명예 등의 주체가 될 수 있다.

③ 국립서울대학교는 공권력 행사의 주체인 공법인으로서 기본권의 '수범자'이므로 기본권의 주체가 될 수는 없다.

④ 법인 아닌 사단 · 재단이라고 하더라도 대표자의 정함이 있고 독립된 사회적 조직체로서 활동하는 때에는 성질상 법인이 누릴 수 있는 기본권을 침해당하게 되면 법인 아닌 사단 · 재단의 이름으로 헌법소원심판을 청구할 수 있다.

04 1 2 3 21 5급 공채

헌법상 금지되는 사전검열에 대한 설명으로 옳은 것만을 모두 고르면?(다툼이 있는 경우 판례에 의함)

ㄱ. 「영화진흥법」이 규정하고 있는 영상물등급위원회에 의한 등급분류보류제도는 등급분류보류의 횟수제한이 없어 실질적으로 영상물등급위원회의 허가를 받지 않는 한 영화를 통한 의사표현이 무한정 금지될 수 있으므로 검열에 해당한다.
ㄴ. 검열을 행정기관이 아닌 독립적인 위원회에서 행한다고 하더라도, 행정권이 주체가 되어 검열절차를 형성하고 검열기관의 구성에 지속적인 영향을 미칠 수 있는 경우라면 실질적으로 그 검열기관은 행정기관이라고 보아야 한다.
ㄷ. 민간심의기구가 심의를 담당하는 경우에도 행정권이 개입하여 그 사전심의에 자율성이 보장되지 않는다면 이 역시 행정기관의 사전검열에 해당하게 된다.
ㄹ. 헌법상 사전검열은 표현의 자유 보호대상이면 예외 없이 금지된다.

① ㄱ, ㄴ
② ㄱ, ㄷ, ㄹ
③ ㄴ, ㄷ, ㄹ
④ ㄱ, ㄴ, ㄷ, ㄹ

05 1 2 3 21 5급 공채

신체의 자유에 대한 설명으로 옳지 않은 것은?(다툼이 있는 경우 판례에 의함)

① 검찰수사관이 정당한 사유 없이 피의자신문에 참여한 변호인에게 피의자 후방에 앉으라고 요구한 행위는 변호인의 변호권을 침해하는 것이다.
② 외국에서 실제로 형의 집행을 받았음에도 불구하고 우리 「형법」에 의한 처벌 시 이를 전혀 고려하지 않더라도 과도한 제한이라고 할 수 없으므로 신체의 자유를 침해하지 아니한다.
③ 현행범인인 경우와 장기 3년 이상의 형에 해당하는 죄를 범하고 도피 또는 증거인멸의 염려가 있을 때에는 사후에 영장을 청구할 수 있다.
④ 헌법 제12조 제4항 본문에 규정된 '구속'은 사법절차에서 이루어진 구속뿐 아니라, 행정절차에서 이루어진 구속까지 포함한다.

06 1 2 3 21 5급 공채

기본권 보호의무에 대한 설명으로 옳지 않은 것은?(다툼이 있는 경우 판례에 의함)

① 국가의 기본권 보호의무는 기본권적 법익을 기본권 주체인 사인에 의한 위법한 침해 또는 침해의 위험으로부터 보호해야 하는 국가의 의무로서 주로 사인인 제3자에 의한 개인의 생명이나 신체의 훼손에서 문제된다.
② 국가가 기본권 보호의무를 어떻게 실현할 것인지는 입법자의 책임범위에 속하는 것으로서 보호의무 이행을 위한 행위의 형식에 관하여도 폭넓은 형성의 자유가 인정되고, 반드시 법령에 의하여야 하는 것은 아니다.
③ 「공직선거법」이 선거운동을 위해 확성장치를 사용할 수 있는 기간과 장소, 시간, 사용 개수 등을 규정하고 있는 이상, 확성장치의 소음 규제기준을 정하지 않았다고 하여 기본권 보호의무를 과소하게 이행하였다고 볼 수는 없다.
④ 국가가 국민의 법익을 보호하기 위하여 아무런 보호조치를 취하지 않았든지 아니면 취한 조치가 법익을 보호하기에 명백하게 부적합하거나 불충분한 경우에 한하여 국가의 보호 의무의 위반을 확인할 수 있다.

07 1 2 3 21 5급 공채

보건에 관한 권리에 대한 설명으로 옳지 않은 것은?(다툼이 있는 경우 판례에 의함)

① 모든 국민은 보건에 관하여 국가의 보호를 받는다.
② 국가는 국민의 건강을 소극적으로 침해하여서는 아니 될 의무를 부담하는 것에서 한 걸음 더 나아가 적극적으로 국민의 보건을 위한 정책을 수립하고 시행하여야 할 의무를 부담한다.
③ 헌법 제10조, 제36조 제3항에 따라 국가는 국민의 생명 · 신체의 안전이 위협받거나 받게 될 우려가 있는 경우 국민의 생명 · 신체의 안전을 보호하기에 필요한 적절하고 효율적인 조치를 취하여 그 침해의 위험을 방지하고 이를 유지할 포괄적 의무를 진다.
④ 국민의 보건에 관한 권리는 국민이 자신의 건강을 유지하는데 필요한 국가적 급부와 배려까지 요구할 수 있는 권리를 포함 하는 것은 아니다.

08 1 2 3 21 5급 공채

개인정보자기결정권에 대한 설명으로 옳지 않은 것은?(다툼이 있는 경우 판례에 의함)

① 헌법재판소는 수사를 위하여 필요한 경우 검사 또는 사법경찰관이 전기통신사업자에게 기지국을 이용하여 착 · 발신한 전화번호 등의 통신사실 확인자료의 제공을 요청할 수 있도록 하는 「통신비밀보호법」 제13조 제1항이 과잉금지원칙에 위반되어 정보주체의 개인정보자기결정권을 침해한다고 판시하였다.
② '각급학교 교원의 교원단체 및 교원노조 가입현황 실명자료'를 인터넷을 통하여 일반 대중에게 공개하는 국회의원의 행위는 해당 교원들의 개인정보자기결정권을 침해한다.
③ 개인정보자기결정권은 자신에 관한 정보가 언제 누구에게 어느 범위까지 알려지고 또 이용되도록 할 것인지를 그 정보주체가 스스로 결정할 수 있는 권리로서, 헌법 제10조 제1문에서 도출되는 일반적 인격권 및 헌법 제17조의 사생활의 비밀과 자유에 의하여 보장된다.
④ 수형인 등이 재범하지 않고 상당 기간을 경과하는 경우에는 재범의 위험성이 그만큼 줄어든다고 할 것임에도 일률적으로 이들 대상자가 사망할 때까지 디엔에이신원확인정보를 보관하는 것은 과잉금지원칙에 위반하여 수형인 등의 개인정보 자기결정권을 침해한다.

09 1 2 3 21 5급 공채

다음 사례에 대한 설명으로 옳지 않은 것은?(다툼이 있는 경우 판례에 의함)

> 甲은 간통하였다는 범죄사실로 기소되어 형사재판을 받던 중 담당법원에 2011.8.26. 구 「형법」 제241조가 위헌이라며 위헌법률심판제청을 신청하였다. 헌법재판소가 위 법률조항에 대하여 1990.9.10, 1993.3.11, 2001.10.25. 세 차례에 걸쳐 합헌결정을 내린 바 있고, 담당법원은 합헌결정의 주요근거를 이유로 위 신청을 기각하였다. 이에 甲은 2014.3.13. 헌법재판소에 「헌법재판소법」 제68조 제2항에 의한 헌법소원심판을 청구하였다.
>
> [심판대상조항]
> 구 「형법」(1953.9.18. 법률 제293호로 제정되고, 2016.1.6. 법률 제13719호에 의하여 삭제되기 전의 것)
> 제241조(간통) ① 배우자 있는 자가 간통한 때에는 2년 이하의 징역에 처한다. 그와 상간한 자도 같다.
> ② 전항의 죄는 배우자의 고소가 있어야 논한다. 단 배우자가 간통을 종용 또는 유서한 때에는 고소할 수 없다.

① 위 사례에서 심판대상조항에 대하여 위헌결정을 선고하는 경우, 침해되는 甲의 기본권은 성적 자기결정권 및 사생활의 비밀과 자유이다.

② 위 사례에서 위헌결정이 선고되는 경우 결정 선고 이전에 심판대상조항에 의하여 유죄의 확정판결을 받은 사람들은 당연히 구제되는 것은 아니고 법원에 개별적으로 재심을 청구하여야 한다.

③ 위 사례에서 헌법재판관들의 의견이 위헌 3인, 헌법불합치 4인, 합헌 2인으로 나뉘는 경우 헌법재판소는 심판대상조항의 헌법불합치를 주문에서 선고하여야 한다.

④ 위 사례에서 심판대상조항에 대하여 위헌결정을 선고하는 경우, 이는 형벌조항에 대한 위헌결정이므로 예외적으로 심판대상조항은 제정된 때로 소급하여 효력을 상실하게 된다.

10 1 2 3 21 5급 공채

경제조항에 대한 설명으로 옳지 않은 것은?

① 국가는 농지에 관하여 경자유전의 원칙이 달성될 수 있도록 노력하여야 하며, 농지의 소작제도는 금지된다.

② 국가는 건전한 소비행위를 계도하고 생산품의 품질향상을 촉구하기 위한 소비자보호운동을 법률이 정하는 바에 의하여 보장한다.

③ 국가는 지역간의 균형있는 발전을 위하여 지역경제를 육성할 의무를 지나, 중소기업을 보호·육성하여야 할 의무를 지지 아니한다.

④ 국가는 농수산물의 수급균형과 유통구조의 개선에 노력하여 가격안정을 도모함으로써 농·어민의 이익을 보호한다.

11 1 2 3 20 5급 공채

헌법상 경제질서에 대한 설명으로 옳지 않은 것은?(다툼이 있는 경우 판례에 의함)

① 국방상 또는 국민경제상 긴절한 필요로 인하여 법률이 정하는 경우에는, 사영기업을 국유 또는 공유로 이전하거나 그 경영을 통제 또는 관리할 수 있다.

② 농업생산성의 제고와 농지의 합리적인 이용을 위하거나 불가피한 사정으로 발생하는 농지의 임대차와 위탁경영은 법률이 정하는 바에 의하여 인정된다.

③ 우리 헌법의 경제질서는 사유재산제를 바탕으로 하고 자유 경쟁을 존중하는 자유시장 경제질서를 기본으로 하면서도 이에 수반되는 갖가지 모순을 제거하고 사회복지·사회정의를 실현하기 위하여 국가적 규제와 조정을 용인하는 사회적 시장경제질서로서의 성격을 띠고 있다.

④ 헌법 제123조 제5항은 국가에게 '농·어민의 자조조직을 육성할 의무'와 '자조조직의 자율적 활동과 발전을 보장할 의무'를 아울러 규정하고 있는데, 국가가 농·어민의 자조조직을 적극적으로 육성하여야 할 의무까지도 수행하여야 한다고 볼 수 없다.

12 1 2 3 20 5급 공채

재판을 받을 권리에 대한 설명으로 옳지 않은 것은?(다툼이 있는 경우 판례에 의함)

① 헌법은 재판의 전심절차로서 행정심판을 할 수 있다고 규정하고 있다.

② 국가의 안전보장 또는 안녕질서를 방해하거나 선량한 풍속을 해할 염려가 있을 때에는 당사자의 청구가 있어야만 법원의 결정에 의해서 심리를 공개하지 않을 수 있다.

③ 재판을 받을 권리에 국민참여재판을 받을 권리가 포함되는 것은 아니다.

④ 군인 또는 군무원이 아닌 국민은 비상계엄이 선포된 경우 군사법원의 재판을 받을 수 있다.

13 1 2 3 20 5급 공채

헌법을 개정하여야만 할 수 있는 것은?

① 감사원의 감사위원을 12인으로 한다.

② 국회의원 수를 400인으로 한다.

③ 국무위원 수를 15인으로 한다.

④ 대법관 수를 12인으로 한다.

14 1 2 3 20 5급 공채

직업의 자유에 대한 설명으로 옳지 않은 것은?(다툼이 있는 경우 판례에 의함)

① 직업의 자유는 영업의 자유와 기업의 자유를 포함하고, 이러한 영업 및 기업의 자유를 근거로 원칙적으로 누구나가 자유롭게 경쟁에 참여할 수 있다.

② 직업의 자유는 직장선택의 자유를 포함하며, 직장선택의 자유는 원하는 직장을 제공하여 줄 것을 청구하거나 한번 선택한 직장의 존속보호를 청구할 권리를 보장하는 것이다.

③ 공무담임권은 국가 등에게 능력주의를 존중하는 공정한 공직자 선발을 요구할 수 있는 권리라는 점에서 직업선택의 자유보다는 그 기본권의 효과가 현실적 · 구체적이므로, 공직을 직업으로 선택하는 경우에 있어서 직업선택의 자유는 공무담임권을 통해서 그 기본권보호를 받게 된다.

④ 복수면허 의료인에게 양방이든 한방이든 하나의 의료기관만을 개설하도록 하는 것은 복수면허 의료인들의 직업의 자유를 침해한다.

15 1 2 3 20 5급 공채

정당에 대한 설명으로 옳지 않은 것은?

① 정당은 그 목적 · 조직과 활동이 민주적이어야 하며, 국민의 정치적 의사형성에 참여하는데 필요한 조직을 가져야 한다.

② 정당의 목적이나 활동이 민주적 기본질서에 위배될 때에는 정부는 헌법재판소에 그 해산을 제소할 수 있고, 정당은 헌법재판소의 심판에 의하여 해산된다.

③ 정당의 해산을 명하는 헌법재판소의 결정은 국회가 「정당법」에 따라 집행한다.

④ 정당은 법률이 정하는 바에 의하여 국가의 보호를 받으며, 국가는 법률이 정하는 바에 의하여 정당운영에 필요한 자금을 보조할 수 있다.

16 1 2 3 20 5급 공채

근로기본권에 대한 설명으로 옳지 않은 것은?(다툼이 있는 경우 판례에 의함)

① 청원경찰은 일반근로자일 뿐 공무원이 아니므로, 이들의 근로3권을 전면적으로 제한하는 것은 헌법에 위반된다.

② 헌법에서는 국가유공자의 유가족, 상이군경의 유가족 및 전몰군경의 유가족은 법률이 정하는 바에 의하여 우선적으로 근로의 기회를 부여받는다고 규정하고 있다.

③ 근로의 권리란 인간이 자신의 의사와 능력에 따라 근로관계를 형성하고, 타인의 방해를 받음이 없이 근로관계를 계속 유지하며, 근로의 기회를 얻지 못한 경우에는 국가에 대하여 근로의 기회를 제공하여 줄 것을 요구할 수 있는 권리를 말한다.

④ 근로의 권리는 사회적 기본권으로서, 국가에 대하여 직접 일자리를 청구하거나 일자리에 갈음하는 생계비의 지급 청구권을 의미하는 것이 아니다.

17 1 2 3 20 5급 공채

양심의 자유에 대한 설명으로 옳지 않은 것은?(다툼이 있는 경우 판례에 의함)

① 양심의 자유는 내심에서 우러나오는 윤리적 확신과 이에 반하는 외부적 법질서의 요구가 서로 회피할 수 없는 상태로 충돌할 때에만 침해될 수 있다.

② 양심형성의 자유와 양심적 결정의 자유는 내심에 머무르는 한 절대적 자유라고 할 수 있지만, 양심실현의 자유는 상대적 자유라고 할 수 있다.

③ 양심에는 세계관 · 인생관 · 주의 · 신조 등은 물론, 이에 이르지 아니하여도 보다 널리 개인의 인격형성에 관계되는 내심에 있어서의 가치적 · 윤리적 판단도 포함될 수 있으나, 단순한 사실관계의 확인과 같이 가치적 · 윤리적 판단이 개입될 여지가 없는 경우는 그 보호대상이 아니다.

④ 특정한 내적인 확신 또는 신념이 양심으로 형성된 이상 그 내용 여하를 떠나 양심의 자유에 의해 보호되는 양심이 될 수 있으므로, 헌법상 양심의 자유에 의해 보호받는 양심으로 인정할 것인지의 판단은 그것이 깊고, 확고하며, 진실된 것인지 여부와 관계없다.

18 1 2 3 20 5급 공채

지방자치에 대한 설명으로 옳지 않은 것은?

① 헌법재판소는 지방자치단체의 장 선거권은 헌법상 보장된 기본권이라고 판시하였다.

② 지방자치단체는 법령의 범위 안에서 그 사무에 관하여 조례를 제정할 수 있으나, 주민의 권리 제한 또는 의무 부과에 관한 사항이나 벌칙을 정할 때에는 법률의 위임이 있어야 한다.

③ 지방자치단체는 법인으로 한다.

④ 광역자치단체의 명칭 변경은 법률에 의하여야 하나, 기초자치단체의 명칭 변경은 기초자치단체의 조례나 주민투표에 의하여 할 수 있다.

19 1 2 3 20 5급 공채

집회의 자유에 대한 설명으로 옳지 않은 것은?(다툼이 있는 경우 판례에 의함)

① 헌법 제21조 제2항의 '허가'는 '행정청이 주체가 되어 집회의 허용 여부를 사전에 결정하는 것'으로서 행정청에 의한 사전허가는 헌법상 금지되지만, 입법자가 법률로써 일반적으로 집회를 제한하는 것은 헌법상 '사전허가금지'에 해당하지 않는다.

② 국회의사당의 경계지점으로부터 100미터 이내의 장소에서 옥외집회를 금지하는 것은 국회의 기능이나 역할에 비추어 볼 때 집회의 자유를 침해하는 것이 아니다.

③ 집회 · 시위 등 현장에서 집회 · 시위 참가자에 대한 사진이나 영상촬영 등의 행위는 집회 · 시위 참가자들에게 심리적 부담으로 작용하여 여론형성 및 민주적 토론절차에 영향을 주고 집회의 자유를 전체적으로 위축시키는 결과를 가져올 수 있으므로 집회의 자유를 제한한다.

④ 「집회 및 시위에 관한 법률」에서 옥외집회란 천장이 없거나 사방이 폐쇄되지 아니한 장소에서 여는 집회를 말한다.

20 1 2 3 20 5급 공채

기본권에 대한 설명으로 옳지 않은 것은?(다툼이 있는 경우 판례에 의함)

① 영토권을 헌법소원의 대상인 기본권의 하나로 간주하는 것은 가능하다.

② '헌법전문에 기재된 3 · 1정신'은 헌법소원의 대상인 헌법상 보장된 기본권에 해당하지 아니한다.

③ 행복추구권 속에는 일반적 행동자유권, 개성의 자유로운 발현권이 포함되어 있다.

④ 평화적 생존권은 헌법 제10조와 제37조 제1항에 의하여 인정된 기본권으로서 침략전쟁에 강제되지 않고 평화적 생존을 할 수 있도록 국가에 요청할 수 있는 권리이다.

제 12 회 경찰공무원(순경) 헌법

01 1 2 3 19 5급 공채

헌정사에 대한 설명으로 옳지 않은 것은?

① 1948년 제헌헌법부터 지방자치제도에 관한 헌법규정이 존재 하였다.
② 1960년 제4차 개정헌법에서 헌법개정안에 대한 국민투표가 처음으로 규정되었다.
③ 1980년 제8차 개정헌법에서 소비자보호가 처음으로 규정되었다.
④ 1987년 제9차 개정헌법에서 범죄피해자구조청구권이 처음으로 규정되었다.

02 1 2 3 20 5급 공채

신체의 자유에 대한 설명으로 옳지 않은 것은?(다툼이 있는 경우 판례에 의함)

① 헌법은 동일한 범죄에 대하여 거듭 처벌받지 않는다고 하고 있는데, 여기서 말하는 처벌은 국가가 행하는 일체의 제재나 불이익처분을 모두 포함하는 것이다.
② 모든 국민은 고문을 받지 아니하며, 형사상 자기에게 불리한 진술을 강요당하지 아니한다.
③ 체포 · 구속 · 압수 또는 수색을 할 때에는 적법한 절차에 따라 검사의 신청에 의하여 법관이 발부한 영장을 제시하여야 한다.
④ 체포 또는 구속을 당한 자의 가족 등 법률이 정하는 자에게는 그 이유와 일시 · 장소가 지체 없이 통지되어야 한다.

03 1 2 3 19 5급 공채

조세법률주의에 대한 설명으로 옳지 않은 것은?(다툼이 있는 경우 판례에 의함)

① 세금의 사용에 대해 이의를 제기하거나 잘못된 사용의 중지를 요구하는 내용의 기본권은 인정되지 않는다.
② 조세법규 등 국민의 기본권을 직접적으로 제한하거나 침해할 소지가 있는 법규에서는 구체성 · 명확성의 요구가 강화되어 그 위임의 요건과 범위가 일반적인 급부행정법규의 경우보다 더 엄격하게 제한적으로 규정되어야 한다.
③ 조세법률주의는 납세의무를 성립시키는 납세의무자, 과세물건, 과세표준, 과세기간, 세율 등의 모든 과세요건과 조세의 부과 · 징수절차는 모두 국민의 대표기관인 국회가 제정한 법률로 이를 규정하여야 한다는 과세요건 법정주의를 내용으로 한다.
④ 실효된 법률조항을 유효한 것으로 해석하여 과세의 근거로 삼는 것은 관련 당사자가 공평에 반하는 이익을 얻을 가능성을 막기 위한 것으로 헌법상 권력분립원칙과 조세법률주의의 원칙에 반하지 않는다.

04 1 2 3 19 5급 공채

양심의 자유에 대한 설명으로 옳지 않은 것은?(다툼이 있는 경우 판례에 의함)

① 진지한 윤리적 판단과는 관계없는 음주측정요구에 응할 것인가의 고민은 양심의 자유의 보호대상이 아니다.
② 헌법에 의해 보호받는 양심은 법질서와 도덕에 부합하는 사고를 가진 다수의 양심을 의미한다.
③ 법률해석에 다른 의견이 있는 경우와 같이 개인의 인격형성과의 관련성이 거의 없는 의견은 양심의 자유의 보호대상에 속하지 않는다.
④ 양심적 결정을 외부로 표현하고 실현할 수 있는 권리인 양심 실현의 자유는 법질서에 위배되거나 타인의 권리를 침해할 수 있기 때문에 법률에 의하여 제한될 수 있다.

05 1 2 3 19 5급 공채

직업의 자유에 대한 설명으로 옳은 것은?(다툼이 있는 경우 판례에 의함)

① 계속성과 생활수단성을 개념표지로 하는 직업의 개념에 비추어보면 학업 수행이 본업인 대학생의 경우 방학기간을 이용하여 또는 휴학 중에 학비 등을 벌기 위해 학원강사로서 일하는 행위는 일시적인 소득활동으로서 직업의 자유의 보호영역에 속하지 않는다.
② 직업수행의 자유는 직업결정의 자유에 비하여 상대적으로 그 침해의 정도가 작다고 할 것이므로 이에 대하여는 공공복리 등 공익상의 이유로 비교적 넓은 법률상의 규제가 가능하다.
③ 소주판매업자에게 자도소주구입을 강제하는 자도소주구입명령 제도는 독과점을 방지하고, 중소기업을 보호한다는 공익적 목적달성을 위한 적합한 수단이므로 소주판매업자의 직업의 자유를 침해하지 않는다.
④ 대통령령으로 정하는 공공기관 및 공기업으로 하여금 매년 정원의 100분의 3 이상씩 34세 이하의 청년 미취업자를 채용하도록 한 이른바 '청년할당제'는 35세 이상 미취업자들의 평등권, 직업선택의 자유를 침해한다.

06 1 2 3 19 5급 공채

공무담임권에 대한 설명으로 옳지 않은 것은?(다툼이 있는 경우 판례에 의함)

① 지방자치단체의 장이 금고 이상의 형을 선고받고 그 형이 확정되지 아니한 경우 부단체장이 그 권한을 대행하도록 규정한 「지방자치법」 조항은 지방자치단체장의 공무담임권을 침해한다.
② 5급 공개경쟁채용시험 응시연령의 상한을 32세까지로 제한하고 있는 것은 기본권 제한을 최소한도에 그치도록 요구하는 헌법 제37조 제2항에 부합된다고 보기 어렵다.
③ 공무담임권의 보호영역에는 공직취임기회의 자의적인 배제뿐만 아니라 공무원 신분의 부당한 박탈이나 권한의 부당한 정지, 승진시험의 응시제한이나 이를 통한 승진기회의 보장 등이 포함된다.
④ 공무담임권은 각종 선거에 입후보하여 당선될 수 있는 피선거권과 공직에 임명될 수 있는 공직취임권을 포괄하는 권리이다.

07 1 2 3 19 5급 공채

선거에 대한 설명으로 옳지 않은 것은?(다툼이 있는 경우 판례에 의함)

① 헌법 제24조는 모든 국민은 법률이 정하는 바에 의하여 선거권을 가진다고 규정함으로써 법률유보의 형식을 취하고 있는데, 이것은 국민의 선거권이 법률이 정하는 바에 따라서 인정될 수 있다는 포괄적인 입법권의 유보 하에 있음을 의미하는 것이다.

② 대통령선거 · 지역구국회의원선거 및 지방자치단체의 장선거의 후보자는 점자형 선거공보를 작성 · 제출하여야 하되, 책자형 선거공보에 그 내용이 음성 · 점자 등으로 출력되는 인쇄물 접근성 바코드를 표시하는 것으로 대신할 수 있다.

③ 선거일 현재 선거범으로서 100만 원 이상의 벌금형의 선고를 받고 그 형이 확정된 후 5년 또는 형의 집행유예의 선고를 받고 그 형이 확정된 후 10년을 경과하지 아니한 사람은 선거권이 없다.

④ 선거일 현재 5년 이상 국내에 거주하고 있는 40세 이상의 국민은 대통령의 피선거권이 있으며, 이 경우 공무로 외국에 파견된 기간과 국내에 주소를 두고 일정기간 외국에 체류한 기간은 국내거주기간으로 본다.

08 1 2 3 19 5급 공채

범죄피해자구조청구권에 대한 설명으로 옳은 것은?

① 외국인이 구조피해자이거나 유족인 경우에는 해당 국가의 상호보증이 있는 경우에 한하여 범죄피해자구조청구권을 행사할 수 있다.

② 범죄피해자구조청구권은 생명, 신체에 대한 피해를 입은 경우에 적용되는 것은 물론이고 재산상 피해를 입은 경우에도 적용된다.

③ 구조대상 범죄피해는 대한민국 영역 안에서 또는 대한민국 영역 밖에서 행하여진 범죄로 인한 피해를 말한다.

④ 범죄피해자구조금의 지급신청은 해당 구조대상 범죄피해의 발생을 안 날부터 3년이 지나거나 해당 구조대상 범죄피해가 발생한 날부터 5년이 지나면 할 수 없다.

09 1 2 3 19 5급 공채

정당해산심판제도에 대한 설명으로 옳은 것은?(다툼이 있는 경우 판례에 의함)

① 헌법재판소가 정당해산의 결정을 하는 때에는 재판관 과반수의 찬성을 요한다.

② 정당해산결정이 선고되면, 대체정당의 결성이 금지되나 동일한 당명을 사용하는 것은 가능하다.

③ 헌법재판소의 결정으로 정당이 해산될 경우에 정당의 기속성이 강한 비례대표 국회의원은 의원직을 상실하나, 국민이 직접 선출한 지역구 국회의원은 의원직을 상실하지 않는다.

④ 정부가 정당해산심판을 제소하기 위해서는 국무회의의 심의를 거쳐야 하는데, 대통령의 직무상 해외 순방 중 국무총리가 주재한 국무회의에서 정당해산심판청구서 제출안에 대한 의결을 하더라도 위법하지 않다.

10 1 2 3 19 5급 공채

개인정보보호에 대한 설명으로 옳지 않은 것은?(다툼이 있는 경우 판례에 의함)

① 개인정보란 살아 있는 개인에 관한 정보로서 성명, 주민등록번호 및 영상 등을 통하여 개인을 알아볼 수 있는 정보(해당 정보만으로는 특정 개인을 알아볼 수 없더라도 다른 정보와 쉽게 결합하여 알아볼 수 있는 것을 포함한다)를 말한다.

② 정보주체는 자신의 개인정보 처리로 인하여 발생한 피해를 신속하고 공정한 절차에 따라 구제받을 권리를 가진다.

③ 개인정보처리자는 정보주체가 필요한 최소한의 정보 외의 개인정보 수집에 동의하지 아니한다는 이유로 정보주체에게 재화 또는 서비스의 제공을 거부하여서는 아니 된다.

④ 국민건강보험공단이 피의자의 급여일자와 요양기관명에 관한 정보를 수사기관에 제공하는 것은, 당해 정보가 개인의 건강에 관한 것이기는 하나 개인의 건강 상태에 관한 막연하고 추상적인 정보에 불과하여 보호의 필요성이 높지 않을 뿐만 아니라, 검거목적에 필요한 최소한의 정보를 제공한 것으로써 그의 개인정보자기결정권을 침해하지 아니한다.

11 1 2 3 19 5급 공채

대한민국 국민이 되는 요건에 대한 설명으로 옳지 않은 것은?

① 출생 당시에 부 또는 모가 대한민국의 국민인 자는 출생과 동시에 대한민국 국적을 취득한다.

② 대한민국에서 발견된 기아(棄兒)는 대한민국에서 출생한 것으로 추정한다.

③ 국적을 후천적으로 취득하는 방법으로 인지나 귀화 등이 있다.

④ 부모 중 어느 한쪽이 국적이 없는 경우에 대한민국에서 출생한 자는 대한민국 국적을 취득한다.

12 1 2 3 19 5급 공채

주거의 자유에 대한 설명으로 옳지 않은 것은?(다툼이 있는 경우 판례에 의함)

① 헌법 제16조가 보장하는 주거의 자유는 개방되지 않은 사적 공간인 주거를 공권력이나 제3자에 의해 침해당하지 않도록 함으로써 국민의 사생활영역을 보호하기 위한 권리이다.

② 헌법 제16조에서 영장주의에 대한 예외를 마련하고 있지 않으므로 주거에 대한 압수나 수색에 있어 영장주의가 예외 없이 반드시 관철되어야 함을 의미하는 것이다.

③ 주거의 자유와 관련한 영장주의는 1962년 제5차 헌법개정에서 처음으로 헌법에 명시되었다.

④ 「출입국관리법」에 의한 보호에 있어서 용의자에 대한 긴급보호를 위해 그의 주거에 들어간 것이라면 그 긴급보호가 적법한 이상 주거의 자유를 침해한 것으로 볼 수 없다.

13 1 2 3 19 5급 공채

소급입법금지원칙에 대한 설명으로 옳지 않은 것은?(다툼이 있는 경우 판례에 의함)

① 진정소급입법의 경우는 개인의 신뢰보호와 법적 안정성을 내용으로 하는 법치국가원리에 의하여 헌법적으로 허용되지 아니하는 것이 원칙이나, 특단의 사정이 있는 경우에는 예외적으로 허용될 수 있다.

② 부당환급받은 세액을 징수하는 근거규정인 개정조항을 개정된 법 시행 후 최초로 환급세액을 징수하는 분부터 적용하도록 규정한 「법인세법」 부칙 조항은 이미 완성된 사실 · 법률관계를 규율하는 진정소급입법에 해당하나, 이를 허용하지 아니하면 위 개정조항과 같이 법인세 부과처분을 통하여 효율적으로 환수하지 못하고 부당이득 반환 등 복잡한 절차를 거칠 수밖에 없어 중대한 공익상 필요에 의하여 예외적으로 허용된다.

③ 형벌불소급원칙이란 형벌법규는 시행된 이후의 행위에 대해서만 적용되고 시행 이전의 행위에 대해서는 소급하여 불리하게 적용되어서는 안 된다는 원칙인바, 개정된 법률 이전의 행위를 소급하여 형사처벌하도록 규정하고 있는 것이 아니라 형사처벌을 규정하고 있던 행위시법이 사후 폐지되었음에도 신법이 아닌 행위시법에 의하여 형사처벌하도록 규정한 것은 헌법 제13조 제1항의 형벌불소급원칙 보호영역에 포섭되지 아니한다.

④ 디엔에이신원확인정보의 수집 · 이용은 수형인 등에게 심리적 압박으로 인한 범죄예방효과를 가진다는 점에서 보안처분의 성격을 지니지만, 처벌적인 효과가 없는 비형벌적 보안 처분으로서 소급입법금지원칙이 적용되지 않는다.

14 1 2 3 20 5급 공채

헌법개정에 대한 설명으로 옳지 않은 것은?

① 헌법개정은 국회재적의원 3분의 1 이상 또는 대통령의 발의로 제안된다.

② 대통령의 임기연장 또는 중임변경을 위한 헌법개정은 그 헌법개정 제안 당시의 대통령에 대하여는 효력이 없다.

③ 국회는 헌법개정안이 공고된 날로부터 60일 이내에 의결하여야 하며, 국회의 의결은 재적의원 3분의 2 이상의 찬성을 얻어야 한다.

④ 헌법개정안은 국회가 의결한 후 30일 이내에 국민투표에 붙여 국회의원선거권자 과반수의 투표와 투표자 과반수의 찬성을 얻어야 한다.

15 1 2 3 19 5급 공채

지방자치에 대한 설명으로 옳지 않은 것은?

① 시의 부시장, 군의 부군수, 자치구의 부구청장은 일반직 지방공무원으로 보하되, 그 직급은 대통령령으로 정하며 시장 · 군수 · 구청장이 임명한다.

② 지방의회의 의장이나 부의장이 법령을 위반하거나 정당한 사유 없이 직무를 수행하지 아니하면 지방의회는 불신임을 의결할 수 있다.

③ 지방의회는 새로운 재정부담을 수반하는 조례나 안건을 의결 하려면 미리 지방자치단체의 장의 의견을 들어야 한다.

④ 행정안전부장관은 지방자치단체의 자치사무에 관하여 보고를 받거나 서류 · 장부 또는 회계를 감사할 수 있으며, 이 경우 감사는 자치사무의 합목적성 및 법령위반사항에 대하여 실시한다.

16 1 2 3 21 경찰승진

양심의 자유에 대한 설명으로 가장 적절하지 않은 것은?(다툼이 있는 경우 판례에 의함)

① 양심적 병역거부자에 대한 관용은 결코 병역의무의 면제와 특혜의 부여에 대한 관용이 아니며, 대체복무제는 병역의무의 일환으로 도입되는 것이므로 현역복무와의 형평을 고려하여 최대한 등가성을 가지도록 설계되어야 한다.

② 양심상의 결정이 법질서나 사회규범 · 도덕률과 일치하는지 여부는 양심의 존재를 판단하는 기준이 된다.

③ 양심적 결정을 외부로 표현하고 실현할 수 있는 권리인 양심실현의 자유는 법률에 의해 제한될 수 있는 상대적 자유다.

④ 양심적 병역거부의 바탕이 되는 양심상의 결정은 종교적 동기뿐만 아니라 윤리적 · 철학적 또는 이와 유사한 동기로부터라도 형성될 수 있는 것이므로 양심적 병역거부자의 기본권 침해 여부는 양심의 자유를 중심으로 판단한다.

17 1 2 3 21 경찰승진

종교의 자유에 대한 설명으로 가장 적절하지 않은 것은?(다툼이 있는 경우 판례에 의함)

① 헌법 제20조 제2항이 국교금지와 정교분리원칙을 규정하고 있기 때문에, 종교시설의 건축행위에만 기반시설부담금을 면제한다면 국가가 종교를 지원하여 종교를 승인하거나 우대하는 것으로 비칠 소지가 있다.

② 전통사찰에 대하여 채무명의를 가진 일반채권자가 전통사찰 소유의 전법(傳法)용 경내지의 건조물 등에 대하여 압류하는 것을 금지하는 「전통사찰의 보존 및 지원에 관한 법률」 조항은 '전통사찰의 일반채권자'의 재산권을 제한하지만, 종교의 자유의 내용 중 어떠한 것도 제한되지 않는다.

③ 종교전파의 자유는 국민에게 그가 선택한 임의의 장소에서 자유롭게 행사할 수 있는 권리까지 보장한다고 할 수 없다.

④ 구치소장이 수용자 중 미결수용자에 대하여 일률적으로 종교행사 등에의 참석을 불허한 것은 교정시설의 여건 및 수용관리의 적정성을 기하기 위한 것으로서 목적이 정당하고, 일부 수용자에 대한 최소한의 제한에 해당하므로 종교의 자유를 침해한 것으로 볼 수 없다.

18 1 2 3 21 경찰승진

표현의 자유 및 언론 · 출판의 자유에 대한 설명으로 가장 적절하지 않은 것은?(다툼이 있는 경우 판례에 의함)

① 사전심의를 받지 않은 건강기능식품의 기능성 광고를 금지하고 이를 위반할 경우 형사처벌하도록 한 구 「건강기능식품에 관한 법률」 조항은 사전검열에 해당하므로 헌법에 위반된다.

② 공포심이나 불안감을 유발하는 문언을 반복적으로 상대방에게 도달하게 한 자를 형사처벌하도록 한 「정보통신망 이용 촉진 및 정보보호 등에 관한 법률」 조항은 표현의 자유를 침해하지 않는다.

③ 인터넷언론사에 대하여 선거일 전 90일부터 선거일까지 후보자 명의의 칼럼이나 저술을 게재하는 보도를 제한하는 구 「인터넷선거보도 심의기준 등에 관한 규정」 조항은 과잉금지원칙에 반하여 표현의 자유를 침해하지 않는다.

④ 지역농협 이사 선거의 경우 전화(문자메시지를 포함한다) · 컴퓨터통신(전자우편을 포함한다)을 이용한 지지 · 호소의 선거운동방법을 금지하고, 이를 위반한 자를 형사처벌하도록 한 구 「농업협동조합법」 조항은 표현의 자유를 침해한다.

19 1 2 3 21 경찰승진

집회의 자유에 대한 설명으로 가장 적절하지 않은 것은?(다툼이 있는 경우 판례에 의함)

① 헌법상 집회에서 공동의 목적은 내적인 유대 관계로 족하다.

② 집회의 자유에는 집회의 장소를 스스로 결정할 장소선택의 자유가 포함된다.

③ 우리 헌법상 집회의 자유에 의해 보호되는 것은 오로지 평화적 또는 비폭력적 집회에 한정된다.

④ 헌법에서 금지하고 있는 집회에 대한 허가는 입법권이 주체가 되어 집회의 내용 · 시간 · 장소 등을 사전심사하여 일반적인 집회금지를 특정한 경우에 해제함으로써 집회를 할 수 있게 하는 제도를 의미한다.

20 1 2 3 21 경찰승진

직업의 자유에 대한 설명으로 가장 적절하지 않은 것은?(다툼이 있는 경우 판례에 의함)

① 직업의 자유에는 해당 직업에 대한 합당한 보수를 받을 권리까지 포함되어 있다고 보기 어려우므로 자신이 원하는 수준보다 적은 보수를 법령에서 규정하고 있다고 하여 직업선택이나 직업수행의 자유가 침해된다고 할 수 없다.

② 국가정책에 따라 정부의 허가를 받은 외국인은 정부가 허가한 범위 내에서 소득활동을 할 수 있는 것이므로, 외국인이 국내에서 누리는 직업의 자유는 헌법에 의해서 부여된 기본권이 아닌 법률에 따른 정부의 허가에 의해 비로소 발생하는 권리이다.

③ 직업선택의 자유에는 자신이 원하는 직업 내지 직종에 종사하는데 필요한 전문지식을 습득하기 위한 직업교육장을 임의로 선택할 수 있는 '직업교육장 선택의 자유'도 포함된다.

④ 직장 선택의 자유는 인간의 존엄과 가치 및 행복추구권과도 밀접한 관련을 가지는 만큼 단순히 국민의 권리가 아닌 인간의 권리이기 때문에, 외국인도 국내에서 제한 없이 직장 선택의 자유를 향유할 수 있다고 보아야 한다.

제 13 회 경찰공무원(순경) 헌법

01 1 2 3 21 경찰승진

현행 헌법상 헌법개정에 대한 설명으로 가장 적절한 것은?

① 제안된 헌법개정안은 대통령이 30일 이상의 기간 이를 공고하여야 한다.

② 국회는 헌법개정안이 공고된 날로부터 60일 이내에 의결하여야 하며, 국회의 의결은 재적의원 3분의 2 이상의 찬성을 얻어야 한다.

③ 헌법개정안은 국회가 의결한 후 20일 이내에 국민투표에 붙여 국회의원 선거권자 과반수의 투표와 투표자 과반수의 찬성을 얻어야 한다.

④ 대통령의 임기연장 또는 중임변경을 위한 헌법개정은 그 헌법개정 제안 당시의 대통령에 대하여도 효력이 있다.

02 1 2 3 21 경찰승진

우리나라 헌정사에 대한 설명으로 가장 적절하지 않은 것은?

① 제헌헌법(1948년)에서는 영리를 목적으로 하는 사기업 근로자의 이익분배균점권, 생활무능력자의 보호를 명시하였다.

② 제2차 개정헌법(1954년)에서는 주권의 제약 또는 영토의 변경을 가져올 국가안위에 관한 중대사항은 국회의 가결을 거친 후 국민투표에 붙여 결정하도록 하였다.

③ 제7차 개정헌법(1972년)에서는 대통령에게 국회의원 정수의 2분의 1의 추천권을 부여하였다.

④ 제8차 개정헌법(1980년)에서는 깨끗한 환경에서 생활할 권리인 환경권을 처음으로 규정하였다.

03 1 2 3 21 경찰승진

「국적법」상 국적에 대한 설명으로 가장 적절한 것은?

① 대한민국에서 발견된 기아는 대한민국에서 출생한 것으로 간주한다.

② 대한민국 국민으로서 자진하여 외국 국적을 취득한 자는 그 외국 국적을 취득한 때부터 6개월 후에 대한민국 국적을 상실한다.

③ 대한민국의 국민만이 누릴 수 있는 권리 중 대한민국의 국민이었을 때 취득한 것으로서 양도할 수 있는 것은 그 권리와 관련된 법령에서 따로 정한 바가 없으면 2년 내에 대한민국의 국민에게 양도하여야 한다.

④ 대한민국 국적을 취득한 외국인으로서 외국 국적을 가지고 있는 자는 대한민국 국적을 취득한 날부터 1년 내에 그 외국 국적을 포기하여야 한다.

04 1 2 3 21 경찰승진

헌법 전문(前文)에 대한 설명으로 가장 적절하지 않은 것은? (다툼이 있는 경우 판례에 의함)

① 현행 헌법 전문은 “1945년 7월 12일에 제정되고 9차에 걸쳐 개정된 헌법을 이제 국회의 의결을 거쳐 국민투표에 의하여 개정한다”고 규정하고 있다.

② 헌법 전문에 규정된 3 · 1정신은 우리나라 헌법의 연혁적 · 이념적 기초로서 헌법이나 법률해석에서의 기준으로 작용한다고 할 수 있지만, 그에 기하여 곧바로 국민의 개별적 기본권성을 도출해낼 수는 없다고 할 것이므로, 헌법소원의 대상인 헌법상 보장된 기본권에 해당하지 아니한다.

③ 헌법 전문은 1962년 제5차 개정헌법에서 처음으로 개정되었다.

④ 현행 헌법 전문에는 ‘조국의 민주개혁’, ‘국민생활의 균등한 향상’, ‘세계평화와 인류공영에 이바지함’ 등이 규정되어 있다.

05 1 2 3 21 경찰승진

헌법상 신뢰보호원칙에 대한 설명으로 가장 적절하지 않은 것은?(다툼이 있는 경우 판례에 의함)

① 신뢰보호원칙은 헌법상 법치국가원리로부터 도출되는 것으로, 법률이 개정되는 경우 구법질서에 대한 당사자의 신뢰가 합리적이고도 정당하며 법률의 제정이나 개정으로 야기되는 당사자의 손해가 극심하여 새로운 입법으로 달성하고자 하는 공익적 목적이 그러한 당사자의 신뢰의 파괴를 정당화할 수 없다면, 그러한 새로운 입법은 신뢰보호원칙상 허용될 수 없다.

② 법적 안정성의 객관적 요소로서 신뢰보호원칙은 한번 제정된 법규범은 원칙적으로 존속력을 갖고 자신의 행위기준으로 작용하리라는 헌법상 원칙이다.

③ 신뢰보호원칙의 위반 여부는 한편으로는 침해되는 이익의 보호가치, 침해의 정도, 신뢰의 손상 정도, 신뢰침해의 방법 등과 또 다른 한편으로는 새로운 입법을 통하여 실현하고자 하는 공익적 목적 등을 종합적으로 형량하여야 한다.

④ 법률에 따른 개인의 행위가 단지 법률이 반사적으로 부여하는 기회의 활용을 넘어서 국가에 의하여 일정 방향으로 유인된 것이라면 특별히 보호가치가 있는 신뢰이익이 인정될 수 있고, 이러한 경우 원칙적으로 개인의 신뢰보호가 국가의 법률개정이익에 우선된다고 볼 여지가 있다.

06 1 2 3 21 경찰승진

명확성원칙에 대한 설명으로 가장 적절하지 않은 것은?(다툼이 있는 경우 판례에 의함)

① 취소소송 등의 제기시 '회복하기 어려운 손해'를 집행정지의 요건으로 규정한 「행정소송법」 조항은 명확성원칙에 위배 되지 않는다.

② 어린이집이 시 · 도지사가 정한 수납한도액을 초과하여 보호자로부터 필요경비를 수납한 것에 대해 해당 시 · 도지사가 「영유아보육법」에 근거하여 발할 수 있도록 한 '시정 또는 변경' 명령은 명확성원칙에 위배되지 않는다.

③ 전문과목을 표시한 치과의원은 그 표시한 '전문과목'에 해당하는 환자만을 진료하여야 한다고 규정한 「의료법」 조항은 명확성원칙에 위배되지 않는다.

④ '공중도덕상 유해한 업무'에 취업시킬 목적으로 근로자를 파견한 사람을 형사처벌하도록 한 구 「파견근로자보호 등에 관한 법률」 조항은 명확성원칙에 위배되지 않는다.

07 1 2 3 21 경찰승진

조약 및 국제법규에 대한 설명으로 가장 적절하지 않은 것은?(다툼이 있는 경우 판례에 의함)

① 대한민국과 아메리카합중국 간의 상호방위조약 제4조에 의한 시설과 구역 및 대한민국에서의 합중국군대의 지위에 관한 협정은 국회의 관여 없이 체결되는 행정협정이므로 국회의 동의를 요하지 않는다.

② 국회는 상호원조 또는 안전보장에 관한 조약, 중요한 국제조직에 관한 조약, 우호통상항해조약, 주권의 제약에 관한 조약, 강화조약, 국가나 국민에게 중대한 재정적 부담을 지우는 조약 또는 입법사항에 관한 조약의 체결 · 비준에 대한 동의권을 가진다.

③ 국제노동기구의 제87호 협약(결사의 자유 및 단결권 보장에 관한 협약), 제98호 협약(단결권 및 단체교섭권에 대한 원칙의 적용에 관한 협약), 제151호 협약(공공부문에서의 단결권 보호 및 고용조건의 결정을 위한 절차에 관한 협약)은 헌법 제6조 제1항에서 말하는 일반적으로 승인된 국제법규로서 헌법적 효력을 갖는 것이 아니다.

④ 우루과이라운드의 협상결과 체결된 마라케쉬협정은 적법하게 체결되어 공포된 조약이다.

08 1 2 3 21 경찰승진

정당제도에 대한 설명으로 가장 적절한 것은?(다툼이 있는 경우 판례에 의함)

① 정당설립의 자유는 등록된 정당에게만 인정되는 기본권이므로, 등록이 취소되어 권리능력 없는 사단인 정당에게는 인정되지 않는다.

② 정당이 비례대표국회의원선거 및 비례대표지방의회의원선거에 후보자를 추천하는 때에는 그 후보자 중 100분의 30 이상을 여성으로 추천하되, 그 후보자명부의 순위의 매 홀수에는 여성을 추천하여야 한다.

③ 정당이 그 소속 국회의원을 제명하기 위해서는 당헌이 정하는 절차를 거치는 외에 그 소속 국회의원 전원의 2분의 1 이상의 찬성이 있어야 한다.

④ 임기만료에 의한 국회의원선거에 참여하여 의석을 얻지 못하고 유효투표총수의 100분의 2 이상을 득표하지 못한 정당에 대해 등록취소하도록 한 「정당법」 조항은 헌법에 위반되지 않는다.

09 1 2 3 21 경찰승진

선거제도에 대한 설명으로 가장 적절하지 <u>않은</u> 것은?(다툼이 있는 경우 판례에 의함)

① 지역구국회의원 예비후보자에게 지역구국회의원이 납부할 기탁금의 100분의 20에 해당하는 금액을 기탁금으로 납부하도록 정한 「공직선거법」 조항은 공무담임권을 침해하지 않는다.

② 소선거구 다수대표제를 규정하여 다수의 사표가 발생한다 하더라도 그 이유만으로 헌법상 요구된 선거의 대표성의 본질을 침해한다고 할 수 없다.

③ 헌법재판소는 시 · 도의회의원 지역선거구 획정과 관련하여 헌법이 허용하는 인구편차의 기준을 인구편차 상하 50%(인구비례 3:1)로 변경하였다.

④ 국회의원선거에 있어서 선거의 효력에 관하여 이의가 있는 선거인 · 정당(후보자를 추천한 정당에 한한다) 또는 후보자는 선거일로부터 45일 이내에 헌법재판소에 소를 제기할 수 있다.

10 1 2 3 21 경찰승진

헌법재판소가 기본권 주체성을 인정한 경우만 묶은 것으로 가장 적절한 것은?(다툼이 있는 경우 판례에 의함)

㉠ 착상 전 초기배아 ㉡ 불법체류 중인 외국인 ㉢ 지방자치단체 ㉣ 축협중앙회

① ㉠, ㉡

② ㉡, ㉢

③ ㉡, ㉣

④ ㉢, ㉣

11 1 2 3

21 경찰승진

국가인권위원회에 대한 설명으로 가장 적절하지 않은 것은? (다툼이 있는 경우 판례에 의함)

① 국가인권위원회는 헌법에 의하여 설치되고 헌법과 법률에 의하여 독자적인 권한을 부여받은 국가기관이라 할 수 없으므로 권한쟁의심판의 당사자능력이 인정되지 않는다.

② 진정에 대한 국가인권위원회의 기각결정은 항고소송의 대상이 되는 행정처분에 해당하지 않으므로 「헌법재판소법」 제68조 제1항에 의한 헌법소원의 대상이 된다.

③ 국가인권위원회는 피해자의 명시한 의사에 반하여 피해자를 위한 법률구조 요청을 할 수 없다.

④ 국가인권위원회의 진정에 대한 조사 · 조정 및 심의는 비공개로 한다. 다만, 국가인권위원회의 의결이 있을 때에는 공개할 수 있다.

12 1 2 3

21 경찰승진

일반적 인격권에 대한 설명으로 가장 적절하지 않은 것은? (다툼이 있는 경우 판례에 의함)

① 중혼을 혼인취소의 사유로 정하면서 그 취소청구권의 제척기간 또는 소멸사유를 규정하지 않은 「민법」 조항은 후혼배우자의 인격권을 침해한다.

② 성명(姓名)은 개인의 정체성과 개별성을 나타내는 인격의 상징으로서 개인이 사회 속에서 자신의 생활영역을 형성하고 발현하는 기초가 되는 것이므로 자유로운 성(姓)의 사용은 헌법상 인격권으로부터 보호된다.

③ 민사재판의 당사자로 출석하는 수형자에 대하여 사복착용을 허용하지 않는 「형의 집행 및 수용자의 처우에 관한 법률」 조항은 인격권을 침해하지 않는다.

④ 상체승의 포승과 수갑을 채우고 별도의 포승으로 다른 수용자와 연승한 행위는 인격권을 침해하지 않는다.

13 1 2 3

21 경찰승진

평등권 또는 평등원칙에 대한 설명으로 가장 적절하지 않은 것은?(다툼이 있는 경우 판례에 의함)

① 보훈보상대상자의 부모에 대한 유족보상금 지급 시, 수급권자를 부모 1인에 한정하고 나이가 많은 자를 우선하도록 규정한 「보훈보상대상자 지원에 관한 법률」 조항은 부모 중 나이가 많은 자와 그렇지 않은 자를 합리적 이유 없이 차별하여 나이가 적은 부모의 평등권을 침해한다.

② 대한민국 국적을 가지고 있는 영유아 중에서 재외국민인 영유아를 보육료 · 양육수당의 지원대상에서 제외되도록 한 보건복지부지침은 국내에 거주하면서 재외국민인 영유아를 양육하는 부모를 차별하는 것으로서 평등권을 침해한다.

③ 사립학교 관계자와 언론인 못지않게 공공성이 큰 민간분야 종사자에 대하여 「부정청탁 및 금품등 수수의 금지에 관한 법률」이 적용되지 않는 것은 언론인과 사립학교 관계자의 평등권을 침해한다.

④ 「산업재해보상보험법」이 근로자가 사업주의 지배관리 아래 출퇴근하던 중 발생한 사고로 부상 등이 발생한 경우에만 업무상 재해로 인정하고, 도보나 자기 소유 교통수단 또는 대중교통수단 등을 이용하여 출퇴근하는 경우를 업무상 재해로 인정하지 않는 것은 평등원칙에 위배된다.

14 1 2 3 21 경찰승진

신체의 자유에 대한 설명으로 가장 적절하지 않은 것은?(다툼이 있는 경우 판례에 의함)

① 체포 · 구속 · 압수 또는 수색을 할 때에는 적법한 절차에 따라 검사의 신청에 의하여 법관이 발부한 영장을 제시하여야 한다. 다만, 현행범인인 경우와 장기 3년 이상의 형에 해당하는 죄를 범하고 도피 또는 증거인멸의 염려가 없을 때에는 사후에 영장을 청구할 수 있다.

② 외국에서 형의 전부 또는 일부의 집행을 받은 자에 대하여 형을 감경 또는 면제할 수 있도록 규정한 「형법」 조항은 신체의 자유를 침해한다.

③ 상소제기 후의 미결구금일수 산입을 규정하면서 상소제기 후 상소취하시까지의 구금일수 통산에 관하여는 규정하지 아니함으로써 이를 본형 산입의 대상에서 제외되도록 한 「형사소송법」 조항은 신체의 자유를 지나치게 제한하는 것으로서 헌법에 위반된다.

④ 변호인이 피의자신문에 자유롭게 참여할 수 있는 권리는 피의자가 가지는 변호인의 조력을 받을 권리를 실현하는 수단이므로 헌법상 기본권인 변호인의 변호권으로서 보호되어야 한다.

15 1 2 3 21 경찰승진

거주 · 이전의 자유에 대한 설명으로 가장 적절한 것은?(다툼이 있는 경우 판례에 의함)

① 거주 · 이전의 자유는 해외여행 및 해외 이주의 자유를 포함하고 있지만, 국적변경의 자유는 그 내용에 포섭되지 않는다.

② 영내 기거하는 현역병은 그가 속한 세대의 거주지에서 등록하여야 한다고 규정하고 있는 「주민등록법」 조항은 거주 · 이전의 자유를 제한하지 않는다.

③ 서울특별시 서울광장을 경찰버스들로 둘러싸 통행을 제지한 행위는 거주 · 이전의 자유를 제한한다.

④ 복수국적자에 대하여 병역준비역(구. 제1국민역)에 편입된 날부터 3개월 이내에 대한민국 국적을 이탈하지 않으면 병역의무를 해소한 후에야 이를 가능하도록 한 「국적법」 조항은 복수국적자의 국적이탈의 자유를 침해한다.

16 1 2 3 21 경찰승진

직업의 자유에 대한 설명으로 가장 적절하지 않은 것을 모두 고른 것은?(다툼이 있는 경우 판례에 의함)

> ㉠ 운전면허를 받은 사람이 자동차 등을 이용하여 살인 또는 강간 등 범죄행위를 한 때 필요적으로 운전면허를 취소하도록 규정한 구 「도로교통법」 조항은 직업의 자유를 침해한다.
> ㉡ 청원경찰이 금고 이상의 형의 선고유예를 받은 경우 당연 퇴직되도록 규정한 「청원경찰법」 조항은 청원경찰의 직업의 자유를 침해하지 않는다.
> ㉢ 제조업의 직접생산공정업무를 근로자파견의 대상 업무에서 제외하는 「파견근로자보호 등에 관한 법률」 조항은 사용사업주의 직업수행의 자유를 침해한다.
> ㉣ 성인대상 성범죄로 형을 선고받아 확정된 자에게 그 형의 집행을 종료한 날부터 10년 동안 의료기관을 개설하거나 의료기관에 취업할 수 없도록 한 「아동 · 청소년의 성보호에 관한 법률」 조항은 직업선택의 자유를 침해한다.

① ㉠, ㉡
② ㉠, ㉣
③ ㉡, ㉢
④ ㉢, ㉣

17 1 2 3 21 경찰승진

주거의 자유에 대한 설명으로 가장 적절하지 않은 것은?(다툼이 있는 경우 판례에 의함)

① 헌법 제16조가 영장주의에 대한 예외를 마련하고 있지 않으므로 주거에 대한 압수나 수색에 있어서 영장주의의 예외를 인정할 수 없다.

② 헌법 제16조가 보장하는 주거의 자유는 개방되지 않은 사적 공간인 주거를 공권력이나 제3자에 의해 침해당하지 않도록 함으로써 국민의 사생활영역을 보호하기 위한 권리이다.

③ 주거용 건축물의 사용 · 수익관계를 정하고 있는 「도시 및 주거환경정비법」 조항은 헌법 제16조에 의해 보호되는 주거의 자유를 제한하지 않는다.

④ 점유할 권리 없는 자의 점유라고 하더라도 그 주거의 평온은 보호되어야 할 것이므로, 권리자가 그 권리를 실행함에 있어 법에 정하여진 절차에 의하지 아니하고 그 건조물 등에 침입한 경우에 주거침입죄가 성립한다.

18 1 2 3 21 경찰승진

사생활의 비밀과 자유 또는 개인정보자기결정권에 대한 설명으로 가장 적절하지 않은 것은?(다툼이 있는 경우 판례에 의함)

① 징벌혐의의 조사를 받고 있는 수용자가 변호인 아닌 자와 접견할 당시 교도관이 참여하여 대화내용을 기록하게 한 행위는 수용자의 사생활의 비밀과 자유를 침해한다.

② 교도소장이 교도소 수용자가 없는 상태에서 실시한 거실 및 작업장 검사행위는 수용자의 사생활의 비밀과 자유를 침해하지 않는다.

③ 형제자매에게 가족관계등록부 등의 기록사항에 관한 증명서 교부청구권을 부여하는 「가족관계의 등록 등에 관한 법률」 조항은 개인정보자기결정권을 침해한다.

④ 통계청장이 인구주택총조사의 방문 면접조사를 실시하면서, 담당 조사원을 통해 청구인에게 인구주택총조사 조사표의 조사항목들에 응답할 것을 요구한 행위는 개인정보자기결정권을 침해하지 않는다.

19 1 2 3 21 경찰승진

통신의 자유에 대한 설명으로 가장 적절하지 않은 것은?(다툼이 있는 경우 판례에 의함)

① 육군 신병훈련소에서 교육훈련을 받는 동안 전화사용을 통제하는 육군 신병교육 지침서 규정은 신병교육훈련생들의 통신의 자유를 침해하지 않는다.

② 통신의 자유란 통신수단을 자유로이 이용하여 의사소통할 권리이고, 이러한 '통신수단의 자유로운 이용'에는 자신의 인적사항을 누구에게도 밝히지 않는 상태로 통신수단을 이용할 자유, 즉 통신수단의 익명성 보장도 포함된다.

③ 수용자가 국가기관에 서신을 발송할 경우에 교도소장의 허가를 받도록 하는 것은 통신비밀의 자유를 침해하지 않는다.

④ 검사, 사법경찰관 또는 정보수사기관의 장은 중대한 범죄의 계획이나 실행 등 긴박한 상황에 있는 경우 반드시 법원의 사전허가를 받아 통신제한조치를 하여야 한다.

20 1 2 3 21 경찰승진

헌법재판소가 헌법상 재산권으로 인정한 경우로 가장 적절한 것은?(다툼이 있는 경우 판례에 의함)

① 학교안전공제회가 관리 · 운용하는 학교안전공제 및 사고예방 기금

② 「사립학교교직원 연금법」상의 퇴직수당을 받을 권리

③ 약사의 한약조제권

④ 의료급여수급권

PART

02

해설편

경찰공무원(순경) 헌법 제1회~제13회

제 1 회 경찰공무원(순경) 헌법

빠른 정답							나의 점수		점
01	02	03	04	05	06	07	08	09	10
③	②	②	④	④	③	④	③	③	③
11	12	13	14	15	16	17	18	19	20
①	②	③	①	①	②	③	③	①	③

01 1 2 3 정답 ③

출처 20 국가직 7급

정답의 이유

③ 범죄피해자 구조청구권은 현행헌법(1987년)에서 규정되었다. 행복추구권과 연좌제금지는 1980년 제5공화국 헌법에서 최초로 규정하였다.

02 1 2 3 정답 ②

출처 20 국가직 7급

정답의 이유

② 1952년 제1차 헌법개정은 헌법에 명시된 헌법개정절차에 위배되는 위헌적인 헌법개정으로 정부안인 대통령직선제 개헌안과 야당안인 의원내각제 개헌안이 모두 부결되고, 절충된 소위 '발췌개헌안'이 공고절차를 거치지 않고 통과되었다.

오답의 이유

① 우리 헌법의 개정은 경성헌법이며 이는 헌법 개정 시 일반 법률과는 다른 엄격한 요건과 절차가 요구되는 헌법을 말한다. 경성헌법은 헌법의 최고규범성을 확보하고 헌법의 안정성과 헌법에 대한 존중의 요청을 가져오는 장점이 있다.

③ 1972년 제7차 개정헌법은 대통령이 제안한 헌법개정안은 국회의 의결 없이 곧바로 국민투표에 회부하여 확정되도록 하였고 국회의원이 제안한 헌법개정안은 국회의 의결을 거쳐 국민투표가 아닌 통일주체국민회의의 의결로 확정하도록 하여 헌법개정절차를 이원화하였다.

④ 헌법 제130조 제2항, 제3항

> **헌법 제130조** ② 헌법개정안은 국회가 의결한 후 30일 이내에 국민투표에 붙여 국회의원 선거권자 과반수의 투표와 투표자 과반수의 찬성을 얻어야 한다.
> ③ 헌법개정안이 제2항의 찬성을 얻은 때에는 헌법 개정은 확정되며, 대통령은 즉시 이를 공포하여야 한다.

03 1 2 3 정답 ②

출처 19 국가직 7급

정답의 이유

② 「정당법」 제6조

> **「정당법」 제6조(발기인)** 창당준비위원회는 중앙당의 경우에는 200명 이상의, 시 · 도당의 경우에는 100명 이상의 발기인으로 구성한다.

오답의 이유

① 정당해산심판은 원칙적으로 해당 정당에게만 그 효력이 미치며, 정당해산결정은 대체정당이나 유사정당의 설립까지 금지하는 효력을 가지므로 오류가 드러난 결정을 바로잡지 못한다면 장래 세대의 정치적 의사결정에까지 부당한 제약을 초래할 수 있다. 따라서 정당해산심판절차에서는 재심을 허용하지 아니함으로써 얻을 수 있는 법적 안정성의 이익보다 재심을 허용함으로써 얻을 수 있는 구체적 타당성의 이익이 더 크므로 재심을 허용하여야 한다. 한편, 이 재심절차에서는 원칙적으로 「민사소송법」의 재심에 관한 규정이 준용된다(헌재 2016.5.26. 2015헌아20).

③ 경찰청장으로 하여금 퇴직 후 2년간 정당의 설립과 가입을 금지하는 이 사건 법률조항은, '누구나 국가의 간섭을 받지 아니하고 자유롭게 정당을 설립하고 가입할 수 있는 자유'를 국민의 기본권으로서 보장하는 '정당의 자유' (헌법 제8조 제1항 및 제21조 제1항)를 제한하는 규정이다. … 피선거권에 대한 제한은 이 사건 법률조항이 가져오는 간접적이고 부수적인 효과에 지나지 아니하므로 헌법 제25조의 공무담임권(피선거권)은 이 사건 법률조항에 의하여 제한되는 청구인들의 기본권이 아니다. 또한 청구인들은 직업의 자유도 침해되었다고 주장하나, 공무원직에 관한 한 공무담임권은 직업의 자유에 우선하여 적용되는 특별법적 규정이고, 위에서 밝힌 바와 같이 공무담임권(피선거권)은 이 사건 법률조항에 의하여 제한되는 청구인들의 기본권이 아니므로, 직업의 자유 또한 이 사건 법률조항에 의하여 제한되는 기본권으로서 고려되지 아니한다(헌재 1999.12.23. 99헌마135).

④ 「정당법」 제45조 제1항, 제2항

> **「정당법」 제45조(자진해산)** ① 정당은 그 대의기관의 결의로써 해산할 수 있다.
> ② 제1항의 규정에 의하여 정당이 해산한 때에는 그 대표자는 지체 없이 그 뜻을 관할 선거관리위원회에 신고하여야 한다.

04 1 2 3

정답 ④

출처 19 국가직 7급

정답의 이유

④ 법무부장관은 거짓이나 그 밖의 부정한 방법으로 귀화허가나 국적회복허가 또는 국적보유판정을 받은 자에 대하여 그 허가 또는 판정을 취소할 수 있다(「국적법」 제21조). 취소권의 행사기간은 따로 정하지 않은 「국적법」 제21조에 대해 합헌결정이 있었다.

오답의 이유

① 「국적법」 제4조 제1항

> **「국적법」 제4조(귀화에 의한 국적 취득)** ① 대한민국 국적을 취득한 사실이 없는 외국인은 법무부장관의 귀화허가(歸化許可)를 받아 대한민국 국적을 취득할 수 있다.

② 국적은 국민의 자격을 결정짓는 것이고, 이를 취득한 사람은 국가의 주권자가 되는 동시에 국가의 속인적 통치권의 대상이 되므로, 귀화허가는 외국인에게 대한민국 국적을 부여함으로써 국민으로서의 법적 지위를 포괄적으로 설정하는 행위에 해당한다. 한편 「국적법」 등 관계 법령 어디에도 외국인에게 대한민국의 국적을 취득할 권리를 부여하였다고 볼 만한 규정이 없다. 이와 같은 귀화허가의 근거 규정의 형식과 문언, 귀화허가의 내용과 특성 등을 고려하여 보면, 법무부장관은 귀화신청인이 법률이 정하는 귀화요건을 갖추었다고 하더라도 귀화를 허가할 것인지 여부에 관하여 재량권을 가진다(대판 2010.7.15. 2009두19069).

③ 「국적법」 제4조 제3항

> **「국적법」 제4조(귀화에 의한 국적 취득)** ③ 제1항에 따라 귀화허가를 받은 사람은 법무부장관 앞에서 국민선서를 하고 귀화증서를 수여받은 때에 대한민국 국적을 취득한다. 다만, 법무부장관은 연령, 신체적 · 정신적 장애 등으로 국민선서의 의미를 이해할 수 없거나 이해한 것을 표현할 수 없다고 인정되는 사람에게는 국민선서를 면제할 수 있다.

05 1 2 3

정답 ④

출처 21 국가직 7급

정답의 이유

④ 헌법상의 여러 통일관련 조항들은 국가의 통일의무를 선언한 것이기는 하지만, 그로부터 국민 개개인의 통일에 대한 기본권, 특히 국가기관에 대하여 통일과 관련된 구체적인 행위를 요구하거나 일정한 행동을 할 수 있는 권리가 도출된다고 볼 수는 없다(헌재 2000.7.20. 98헌바63).

오답의 이유

①, ③ 우리 헌법이 "대한민국의 영토는 한반도와 그 부속도서로 한다"는 영토조항(제3조)을 두고 있는 이상 대한민국의 헌법은 북한지역을 포함한 한반도 전체에 그 효력이 미치고 따라서 북한지역은 당연히 대한민국의 영토가 되므로, 북한을 법 소정의 "외국"으로, 북한의 주민 또는 법인 등을 "비거주자"로 바로 인정하기는 어렵지만, 개별 법률의 적용 내지 준용에 있어서는 남북한의 특수관계적 성격을 고려하여 북한지역을 외국에 준하는 지역으로, 북한주민 등을 외국인에 준하는 지위에 있는 자로 규정할 수 있다고 할 것이다(헌재 2005.6.30. 2003헌바114).

② 헌재 1997.1.16. 92헌바6 등

06 1 2 3

정답 ③

출처 21 국가직 7급

정답의 이유

③ 체계정당성의 원리라는 것은 동일 규범 내에서 또는 상이한 규범 간에 그 규범의 구조나 내용 또는 규범의 근거가 되는 원칙면에서 상호 배치되거나 모순되어서는 아니된다는 하나의 헌법적 요청이다. 즉 이는 규범 상호간의 구조와 내용 등이 모순됨이 없이 체계와 균형을 유지하도록 입법자를 기속하는 헌법적 원리라고 볼 수 있다. 이처럼 규범 상호간의 체계정당성을 요구하는 이유는 입법자의 자의를 금지하여 규범의 명확성, 예측가능성 및 규범에 대한 신뢰와 법적 안정성을 확보하기 위한 것이고 이는 국가공권력에 대한 통제와 이를 통한 국민의 자유와 권리의 보장을 이념으로 하는 법치주의원리로부터 도출되는 것이라고 할 수 있다(헌재 2010.6.24. 2007헌바101 등).

07 1 2 3

정답 ④

출처 21 국가직 7급

정답의 이유

④ 약식명령은 경미하고 간이한 사건을 대상으로 하기 때문에, 대부분 범죄사실에 다툼이 없는 경우가 많고, 형사피해자도 이미 범죄사실을 충분히 인지하고 있어, 범죄사실에 대한 별도의 확인 없이도 얼마든지 법원이나 수사기관에 의견을 제출할 수 있으며, 직접 범죄사실의 확인을 원하는 경우에는 소송기록의 열람 · 등사를 신청하는 것도 가능하므로, 형사피해자가 약식명령을 고지받지 못한다고 하여 형사재판절차에서의 참여기회가 완전히 봉쇄되어 있다고 볼 수 없다. 따라서 이 사건 고지조항은 형사피해자의 재판절차진술권을 침해하지 않는다(헌재 2019.9.26. 2018헌마1015).

오답의 이유

① 헌법 제27조는 국민의 재판청구권을 보장하고 있는데, 여기에는 공정한 재판을 받을 권리가 포함되어 있다. 그런데 재판청구권에는 민사재판, 형사재판, 행정재판뿐만 아니라 헌법재판을 받을 권리도 포함되므로, 헌법상 보장되는 기본권인 '공정한 재판을 받을 권리'에는 '공정한 헌법재판을 받을 권리'도 포함된다(헌재 2016.11.24. 2015헌마902).

② 헌법과 법률이 정한 법관에 의한 재판을 받을 권리는 직업법관에 의한 재판을 주된 내용으로 하는 것이므로, 국민참여재판을 받을 권리가 헌법 제27조 제1항에서 규정한 재판을 받을 권리의 보호범위에 속한다고 볼 수 없다(헌재 2015.7.30. 2014헌바447).

③ 공정한 재판을 받을 권리 속에는 신속하고 공개된 법정의 법관의 면전에서 모든 증거자료가 조사 · 진술되고 이에 대하여 피고인이 공격 · 방어할 수 있는 기회가 보장되는 재판, 즉 원칙적으로 당사자주의와 구두변론주의가 보장되어 당사자가 공소사실에 대한 답변과 입증 및 반증하는 등 공격 · 방어권이 충분히 보장되는 재판을 받을 권리가 포함되어 있다(헌재 1996.12.26. 94헌바1).

08 1 2 3

정답 ③

출처 21 국가직 7급

정답의 이유

③ 종래 이와 견해를 달리하여 헌법 제12조 제4항 본문에 규정된 변호인의 조력을 받을 권리는 형사절차에서 피의자 또는 피고인의 방어권을 보장하기 위한 것으로서 「출입국관리법」상 보호 또는 강제퇴거의 절차에도 적용된다고 보기 어렵다고 판시한 우리 재판소 결정은, 이 결정 취지와 저촉되는 범위 안에서 변경한다(헌재 2018.5.31. 2014헌마346).

오답의 이유

① 변호인이 피의자신문에 자유롭게 참여할 수 있는 권리는 피의자가 가지는 변호인의 조력을 받을 권리를 실현하는 수단이라고 할 수 있으므로 헌법상 기본권인 변호인의 변호권으로서 보호되어야 한다. 피의자신문에 참여한 변호인이 피의자 옆에 앉는다고 하여 피의자 뒤에 앉는 경우보다 수사를 방해할 가능성이 높아진다거나 수사기밀을 유출할 가능성이 높아진다고 볼 수 없으므로, 이 사건 후방착석요구행위의 목적의 정당성과 수단의 적절성을 인정할 수 없다. … 따라서 이 사건 후방착석요구행위는 변호인인 청구인의 변호권을 침해한다(헌재 2017.11.30. 2016헌마503).

② 강력범죄 또는 조직폭력범죄의 수사와 재판에서 범죄입증을 위해 증언한 자의 안전을 효과적으로 보장해 줄 수 있는 조치가 마련되어야 할 필요성은 매우 크고, 경우에 따라서는 증인이 피고인의 변호인과 대면하여 진술하는 것으로부터 보호할 필요성이 있을 수 있다. … 「형사소송법」은 차폐시설을 설치하고 증인신문절차를 진행할 경우 피고인으로부터 의견을 듣도록 하는 등 피고인이 받을 수 있는 불이익을 최소화하기 위한 장치를 마련하고 있다. 따라서 심판대상조항은 과잉금지원칙에 위배되어 청구인의 공정한 재판을 받을 권리 및 변호인의 조력을 받을 권리를 침해한다고 할 수 없다(헌재 2016.12.29. 2015헌바221).

④ 피고인의 신속 · 공정한 재판을 받을 권리 및 변호인의 조력을 받을 권리는 헌법이 보장하고 있는 기본권이고, 변호인의 수사서류 열람 · 등사권은 피고인의 신속 · 공정한 재판을 받을 권리 및 변호인의 조력을 받을 권리라는 헌법상 기본권의 중요한 내용이자 구성요소이며 이를 실현하는 구체적인 수단이 된다. 따라서 변호인의 수사서류 열람 · 등사를 제한함으로 인하여 결과적으로 피고인의 신속 · 공정한 재판을 받을 권리 또는 변호인의 충분한 조력을 받을 권리가 침해된다면 이는 헌법에 위반되는 것이다(헌재 2010.6.24. 2009헌마257).

09 1 2 3

정답 ③

출처 21 국가직 7급

정답의 이유

③ 야당 소속 후보자 지지 혹은 정부 비판은 정치적 견해로서 개인의 인격주체성을 특징짓는 개인정보에 해당하고, 그것이 지지 선언 등의 형식으로 공개적으로 이루어진 것이라고 하더라도 여전히 개인정보자기결정권의 보호범위 내에 속한다(헌재 2020.12.23. 2017헌마416).

오답의 이유

① 이 사건 구법 조항이 법원에서 불처분결정된 소년부송치 사건에 대한 수사경력자료의 삭제 및 보존기간에 대하여 규정하지 아니하여 수사경력자료에 기록된 개인정보가 당사자의 사망 시까지 보존되면서 이용되는 것은 당사자의 개인정보자기결정권에 대한 제한에 해당하는바, 이 사건 구법 조항이 과잉금지원칙을 위반하여 개인정보자기결정권을 침해하는지 여부가 문제된다. … 따라서 법원에서 불처분결정된 소년부송치 사건에 대한 수사경력자료의 보존기간과 삭제에 대한 규정을 두지 않은 이 사건 구법 조항은 과잉금지원칙을 위반하여 소년부송치 후 불처분결정을 받은 자의 개인정보자기결정권을 침해한다(헌재 2021.6.24. 2018헌가2).

② 선거운동기간 중 정치적 익명표현의 부정적 효과는 익명성 외에도 해당 익명표현의 내용과 함께 정치적 표현행위를 규제하는 관련 제도, 정치적 · 사회적 상황의 여러 조건들이 아울러 작용하여 발생하므로, 모든 익명표현을 사전적 · 포괄적으로 규율하는 것은 표현의 자유보다 행정편의와 단속편의를 우선함으로써 익명표현의 자유와 개인정보자기결정권 등을 지나치게 제한한다(헌재 2021.1.28. 2018헌마456 등).

④ 서울용산경찰서장은 청구인들을 검거하기 위해서 국민건강보험공단에게 청구인들의 요양급여내역을 요청한 것인데, 서울용산경찰서장은 그와 같은 요청을 할 당시 전기통신사업자로부터 위치추적자료를 제공받는 등으로 청구인들의 위치를 확인하였거나 확인 할 수 있는 상태였다. 따라서 서울용산경찰서장이 청구인들을 검거하기 위하여 청구인들의 약 2년 또는 3년이라는 장기간의 요양급여내역을 제공받는 것이 불가피하였다고 보기 어렵다. … 그렇다면 이 사건 정보제공행위는 이 사건 정보제공조항 등이 정한 요건을 충족한 것으로 볼 수 없고, 침해의 최소성 및 법익의 균형성에 위배되어 청구인들의 개인정보자기결정권을 침해하였다(헌재 2018.8.30. 2014헌마368).

10 1 2 3

정답 ③

출처 21 국가직 7급

정답의 이유

③ 군인 아닌 자가 유사군복을 입고 군인임을 사칭하여 군인에 대한 국민의 신뢰를 실추시키는 행동을 하는 등 군에 대한 신뢰저하 문제로 이어져 향후 발생할 국가안전보장상의 부작용을 상정해볼 때, 단지 유사

군복의 착용을 금지하는 것으로는 입법목적을 달성하기에 부족하고, 유사군복을 판매 목적으로 소지하는 것까지 금지하여 유사군복이 유통되지 않도록 하는 사전적 규제조치가 불가피하다. … 이를 판매 목적으로 소지하지 못하여 입는 개인의 직업의 자유나 일반적 행동의 자유의 제한 정도는, 국가안전을 보장하고자 하는 공익에 비하여 결코 중하다고 볼 수 없다. 따라서 심판대상조항은 과잉금지원칙을 위반하여 직업의 자유 내지 일반적 행동의 자유를 침해한다고 볼 수 없다(헌재 2019.4.11. 2018헌가14).

오답의 이유

① 민간 전문가가 기금 운용 정책 전반에 관하여 문화체육관광부 장관을 보좌하는 직무를 수행함에 있어서 청렴성이나 공정성이 필요하다. 위 조항은 민간 전문가를 모든 영역에서 공무원으로 의제하는 것이 아니라 직무의 불가매수성을 담보한다는 요청에 의해 금품수수행위 등 직무 관련 비리행위를 엄격히 처벌하기 위해 「형법」 제129조 등의 적용에 대하여만 공무원으로 의제하고 있으므로 입법목적 달성에 필요한 정도를 넘어선 과잉형벌이라고 할 수 없고, 신체의 자유 등 헌법상 기본권 제한의 정도가 달성하려는 공익에 비하여 중하다고 할 수 없다. … 결론적으로 이 사건 공무원 의제조항이 과잉금지원칙에 위배되어 청구인의 신체의 자유 등 헌법상 기본권을 침해한다고 볼 수 없다(헌재 2014.7.24. 2012헌바188).

② '잔인성'에 대하여는 아직 판례상 그 개념규정이 확립되지 않은 상태이고 그 사전적 의미는 "인정이 없고 모짊"이라고 할 수 있는바, 이에 의하면 미성년자의 감정이나 의지, 행동 등 그 정신생활의 모든 영역을 망라하는 것으로서 … 법집행자의 자의적인 판단을 허용할 여지가 높다고 할 것이다. … "범죄의 충동을 일으킬 수 있게" 한다는 것이 과연 확정적이든 미필적이든 고의를 품도록 하는 것에만 한정되는 것인지, 인식의 유무를 가리지 않고 실제로 구성요건에 해당하는 행위로 나아가게 하는 일체의 것을 의미하는지, 더 나아가 단순히 그 행위에 착수하는 단계만으로도 충분한 것인지, 그 결과까지 의욕하거나 실현하도록 하여야만 하는 것인지를 전혀 알 수 없다. … 이 사건 「미성년자보호법」 조항은 법관의 보충적인 해석을 통하여도 그 규범내용이 확정될 수 없는 모호하고 막연한 개념을 사용함으로써 그 적용범위를 법집행기관의 자의적인 판단에 맡기고 있으므로, 죄형법정주의에서 파생된 명확성의 원칙에 위배된다(헌재 2002.2.28. 99헌가8).

④ 디엔에이신원확인정보의 수집 · 이용은 수형인 등에게 심리적 압박으로 인한 범죄예방효과를 가진다는 점에서 보안처분의 성격을 지니지만, 처벌적인 효과가 없는 비형벌적 보안처분으로서 소급입법금지원칙이 적용되지 않는다. 이 사건 법률의 소급적용으로 인한 공익적 목적이 당사자의 손실보다 더 크므로, 이 사건 부칙조항이 법률 시행 당시 디엔에이감식시료 채취 대상범죄로 실형이 확정되어 수용 중인 사람들까지 이 사건 법률을 적용한다고 하여 소급입법금지원칙에 위배되는 것은 아니다(헌재 2014.8.28. 2011헌마28 등).

11 1 2 3 정답 ①

출처 21 국가직 7급

정답의 이유

① 사업자단체의 「독점규제 및 공정거래법」 위반행위가 있을 때 공정거래위원회가 당해 사업자단체에 대하여 "법위반사실의 공표"를 명할 수 있도록 한 동법 제27조 부분이 양심의 자유를 침해하는 것은 아니나 위 조항부분이 과잉금지의 원칙에 위반하여 당해 행위자의 일반적 행동의 자유 및 명예권을 침해하고 무죄추정의 원칙에 반한다. 이 사건의 경우와 같이 경제규제법적 성격을 가진 「공정거래법」에 위반하였는지 여부에 있어서도 각 개인의 소신에 따라 어느 정도의 가치판단이 개입될 수 있는 소지가 있고 그 한도에서 다소의 윤리적 도덕적 관련성을 가질 수도 있겠으나, 이러한 법률판단의 문제는 개인의 인격형성과는 무관하며, 대화와 토론을 통하여 가장 합리적인 것으로 그 내용이 동화되거나 수렴될 수 있는 포용성을 가지는 분야에 속한다고 할 것이므로 헌법 제19조에 의하여 보장되는 양심의 영역에 포함되지 아니한다(헌재 2002.1.31. 2001헌바43).

오답의 이유

② 이 사건 공문서조항은 공문서를 읽고 쓰기 쉬운 한글로 작성하도록 함으로써 공적 영역에서 원활한 의사소통을 확보하고 효율적 · 경제적으로 공적 업무를 수행하기 위한 것으로, 공문서를 한글로 작성하면 학력이나 한자 독해력 등에 관계없이 모든 국민들이 공문서의 내용을 쉽게 이해할 수 있고, 다른 글자와 혼용하여 공문서를 작성하는 것에 비해 시간과 노력이 적게 소요되므로 행정의 효율성 및 경제성을 증진시킬 수 있다. … 결국 이 사건 공문서조항은 '공공기관 등이 작성하는 공문서'에 대하여만 적용되고, 일반 국민이 공공기관 등에 접수 · 제출하기 위하여 작성하는 문서나 일상생활에서 사적 의사소통을 위해 작성되는 문서에는 적용되지 않는다. 그러므로 이 사건 공문서조항은 청구인들의 행복추구권을 침해하지 아니한다(헌재 2016.11.24. 2012헌마854).

③ 범죄행위의 유형, 경중이나 위법성의 정도, 동력수상레저기구의 당해 범죄행위에 대한 기여도 등 제반사정을 전혀 고려하지 않고 필요적으로 조종면허를 취소하도록 규정하였으므로 심판대상조항은 침해의 최소성 원칙에 위배되고, 심판대상조항에 따라 조종면허가 취소되면 면허가 취소된 날부터 1년 동안은 조종면허를 다시 받을 수 없게 되어 법익의 균형성 원칙에도 위배된다. 따라서 심판대상조항은 직업의 자유 및 일반적 행동의 자유를 침해한다(헌재 2015.7.30. 2014헌가13).

④ 청구인이 공적인 인물의 부적절한 언행을 비판하면서 모욕적인 표현을 1회 사용한 행위는 청구인이 글을 게시한 동기, 청구인이 게시한 글의 전체적인 맥락 등을 고려할 때 비판의 범위 내에 있는 것으로 평가될 수 있어 사회상규에 위배되지 아니하는 행위로서 정당행위에 해당한다고 볼 여지가 있다. 그럼에도 불구하고 정당행위 여부를 판단하지 않고 청구인에 대한 모욕 혐의를 인정한 이 사건 기소유예처분은 자의적인 검찰권의 행사로서 청구인의 평등권과 행복추구권을 침해하였다(헌재 2020.9.24. 2019헌마1285).

12 1 2 3 정답 ②

출처 21 국가직 7급

정답의 이유

② 학교급식은 학생들에게 한 끼 식사를 제공하는 영양공급 차원을 넘어 교육적인 성격을 가지고 있지만, 이러한 교육적 측면은 기본적이고 필수적인 학교 교육 이외에 부가적으로 이루어지는 식생활 및 인성교육으로서의 보충적 성격을 가지므로 의무교육의 실질적인 균등보장을 위한 본질적이고 핵심적인 부분이라고까지는 할 수 없다. 이 사건 법률조항들은 비록 중학생의 학부모들에게 급식관련 비용의 일부를 부담하도록 하고 있지만, 학부모에게 급식에 필요한 경비의 일부를 부담시키는 경우에 있어서도 학교급식 실시의 기본적 인프라가 되는 부분은 배제하고 있으며, 국가나 지방자치단체의 지원으로 학부모의 급식비 부담을 경감하는 조항이 마련되어 있고, 특히 저소득층 학생들을 위한 지원방안이 마련되어 있다는 점 등을 고려해 보면, 이 사건 법률조항들이 입법형성권의 범위를 넘어 헌법상 의무교육의 무상원칙에 반하는 것으로 보기는 어렵다(헌재 2012.4.24. 2010헌바164).

오답의 이유

① 법률이 교사의 학생교육권(수업권)을 인정하고 보장하는 것은 헌법상 당연히 허용된다 할 것이나, 초·중등학교에서의 학생교육은 교사 자신의 인격의 발현 또는 학문과 연구의 자유를 위한 것이라기보다는 교사의 직무에 기초하여 초·중등학교의 교육목표를 실현하기 위한 것이므로, 교사인 청구인들이 이 사건 교육과정에 따라 학생들을 가르치고 평가하여야 하는 법적인 부담이나 제한을 받는다고 하더라도 이는 헌법상 보장된 기본권에 대한 제한이라고 보기 어려워 기본권침해 가능성이 인정되지 아니한다(헌재 2021.5.27. 2018헌마1108).

③ 교육을 받을 권리가 국가에 대하여 특정한 교육제도나 시설의 제공을 요구할 수 있는 권리를 뜻하는 것은 아니므로, 청구인이 이 사건 도서관에서 도서를 대출할 수 없거나 열람실을 이용할 수 없더라도 청구인의 교육을 받을 권리가 침해된다고 볼 수 없다(헌재 2016.11.24. 2014헌마977).

④ 헌법 제22조 제1항이 보장하고 있는 학문의 자유와 헌법 제31조 제4항에서 보장하고 있는 대학의 자율성에 따라 대학이 학생의 선발 및 전형 등 대학입시제도를 자율적으로 마련할 수 있다 하더라도, 이러한 대학의 자율적 학생 선발권을 내세워 국민의 '균등하게 교육을 받을 권리'를 침해할 수 없으며, 이를 위해 대학의 자율권은 일정부분 제약을 받을 수 있다(헌재 2017.12.28. 2016헌마649).

13 1 2 3 정답 ③

출처 21 국가직 7급

정답의 이유

ㄴ. (○) 「국회법」 제112조 제4항

> **「국회법」 제112조(표결방법)** ④ 헌법개정안은 기명투표로 표결한다.

ㄹ. (○) 헌법 제129조

> **헌법 제129조** 제안된 헌법개정안은 대통령이 20일 이상의 기간 이를 공고하여야 한다.

오답의 이유

ㄱ. (×) 헌법 제130조 제1항

> **헌법 제130조** ① 국회는 헌법개정안이 공고된 날로부터 60일 이내에 의결하여야 하며, 국회의 의결은 재적의원 3분의 2 이상의 찬성을 얻어야 한다.

ㄷ. (×) 헌법 제130조 제2항

> **헌법 제130조** ② 헌법개정안은 국회가 의결한 후 30일 이내에 국민투표에 붙여 국회의원선거권자 과반수의 투표와 투표자 과반수의 찬성을 얻어야 한다.

14 1 2 3 정답 ①

출처 21 국가직 7급

정답의 이유

① 헌법 제110조 제1항에서 "특별법원으로서 군사법원을 둘 수 있다"는 의미는 군사법원을 일반법원과 조직 권한 및 재판관의 자격을 달리하여 특별법원으로 설치할 수 있다는 뜻으로 해석되므로 법률로 군사법원을 설치함에 있어서 군사재판의 특수성을 고려하여 그 조직·권한 및 재판관의 자격을 일반법원과 달리 정하는 것은 헌법상 허용되고 있다(헌재 1996.10.31. 93헌바25).

오답의 이유

② 심판대상조항에 의한 영창처분은 징계처분임에도 불구하고 신분상 불이익 외에 신체의 자유를 박탈하는 것까지 그 내용으로 삼고 있어 징계의 한계를 초과한 점, … 영창제도가 갖고 있는 위하력이 인신구금보다는 「병역법」상 복무기간의 불산입에서 기인하는 바가 더 크다는 지적에 비추어 볼 때, 인신의 자유를 덜 제한하면서도 병의 비위행위를 효율적으로 억지할 수 있는 징계수단을 강구하는 것은 얼마든지 가능하다고 볼 수 있다. … 따라서 심판대상조항은 병의 신체의 자유를 필요 이상으로 과도하게 제한하므로, 침해의 최소성 원칙에 어긋난다. … 이와 같은 점을 종합할 때, 심판대상조항은 과잉금지원칙에 위배된다(헌재 2020.9.24. 2017헌바157 등).

③ 사관학교의 설치 목적과 교육 목표를 달성하기 위하여 사관학교는 사관생도에게 교내 음주 행위, 교육·훈련 및 공무 수행 중의 음주 행위, 사적 활동이라 하더라도 신분을 나타내는 생도 복장을 착용한 상태에서 음주하는 행위, 생도 복장을 착용하지 않은 상태에서 사적 활동을 하는 때에도 이로 인하여 사회적 물의를 일으킴으로써 품위를 손상한 경우 등에는 이러한 행위들을 금지하거나 제한할 필요가 있음은 물론이다. 그러나 여기에 그치지 않고 나아가 사관생도의 모든 사적 생활에서까지 예외 없이 금주의무를 이행할 것을 요구하는 것은 사관생도의 일반적 행동자유권은 물론 사생활의 비밀과 자유를 지나치게 제한하는 것이다(대판 2018.8.30. 2016두60591).

④ 우리 헌법 제74조 제1항은 "대통령은 헌법과 법률이 정하는 바에 의하여 국군을 통수한다"라고 규정함으로써, 대통령이 국군의 최고사령관이자 최고의 지휘 · 명령권자임을 밝히고 있다. 국군통수권은 군령(軍令)과 군정(軍政)에 관한 권한을 포괄하고, 여기서 군령이란 국방목적을 위하여 군을 현실적으로 지휘 · 명령하고 통솔하는 용병작용(用兵作用)을, 군정이란 군을 조직 · 유지 · 관리하는 양병작용(養兵作用)을 말한다(헌재 2016.2.25. 2013헌바111).

15 1 2 3

정답 ①

출처 21 국가직 7급

정답의 이유

① 특히 아직까지 국가지원에의 의존도가 높은 우리나라 문화예술계 환경을 고려할 때, 정부는 문화국가실현에 관한 과제를 수행함에 있어 과거 문화간섭정책에서 벗어나 문화의 다양성, 자율성, 창조성이 조화롭게 실현될 수 있도록 중립성을 지키면서 문화에 대한 지원 및 육성을 하도록 유의하여야 한다. 그럼에도 불구하고 피청구인들이 이러한 중립성을 보장하기 위하여 법률에서 정하고 있는 제도적 장치를 무시하고 정치적 견해를 기준으로 청구인들을 문화예술계 정부지원사업에서 배제되도록 차별취급한 것은 헌법상 문화국가원리와 법률유보원칙에 반하는 자의적인 것으로 정당화될 수 없다(헌재 2020.12.23. 2017헌마416).

오답의 이유

② 우리나라는 제헌헌법 이래 문화국가의 원리를 헌법의 기본원리로 채택하고 있다. 문화국가원리는 국가의 문화국가실현에 관한 과제 또는 책임을 통하여 실현되는바, 국가의 문화정책과 밀접 불가분의 관계를 맺고 있다(헌재 2020.12.23. 2017헌마416).

③ 문화국가원리의 이러한 특성은 문화의 개방성 내지 다원성의 표지와 연결되는데, 국가의 문화육성의 대상에는 원칙적으로 모든 사람에게 문화창조의 기회를 부여한다는 의미에서 모든 문화가 포함된다. 따라서 엘리트문화뿐만 아니라 서민문화, 대중문화도 그 가치를 인정하고 정책적인 배려의 대상으로 하여야 한다(헌재 2004.5.27. 2003헌가1 등).

④ 우리 헌법상 문화국가원리는 견해와 사상의 다양성을 그 본질로 하며, 이를 실현하는 국가의 문화정책은 불편부당의 원칙에 따라야 하는바, 모든 국민은 정치적 견해 등에 관계없이 문화 표현과 활동에서 차별을 받지 않아야 한다(헌재 2020.12.23. 2017헌마416).

16 1 2 3

정답 ②

출처 20 국가직 7급

정답의 이유

② 이 사건 법률조항으로 인하여 제한되는 사익인 환매권은 이미 정당한 보상을 받은 소유자에게 수용된 토지가 목적 사업에 이용되지 않을 경우에 인정되는 것이고, 변환된 공익사업을 기준으로 다시 취득할 수 있어, 이 사건 법률조항으로 인하여 제한되는 사익이 이로써 달성할 수 있는 공익에 비하여 중하다고 할 수 없으므로, 이 사건 법률조항은 과잉금지원칙에 위배되어 청구인의 재산권을 침해한다고 할 수 없다(헌재 2012.11.29. 2011헌바49).

오답의 이유

① 「고엽제법」에 의한 고엽제후유증환자 및 그 유족의 보상수급권은 법률에 의하여 비로소 인정되는 권리로서 재산권적 성질을 갖는 것이긴 하지만 그 발생에 필요한 요건이 법정되어 있는 이상 이러한 요건을 갖추기 전에는 헌법이 보장하는 재산권이라고 할 수 없다. 결국 「고엽제법」 제8조 제1항 제2호는 고엽제후유증환자의 유족이 보상수급권을 취득하기 위한 요건을 규정한 것인데, 청구인들은 이러한 요건을 충족하지 못하였기 때문에 보상수급권이라고 하는 재산권을 현재로서는 취득하지 못하였다고 할 것이다. 그렇다면 「고엽제법」 제8조 제1항 제2호가 평등원칙을 위반하였는지 여부는 별론으로 하고 청구인들이 이미 취득한 재산권을 침해한다고는 할 수 없다(헌재 2001.6.28. 99헌마516).

③ 「의료급여법」상 의료급여수급권은 저소득 국민에 대한 공공부조의 일종으로 순수하게 사회정책적 목적에서 주어지는 권리이므로 개인의 노력과 금전적 기여를 통하여 취득되는 재산권의 보호대상에 포함된다고 보기 어렵다(헌재 2009.9.24. 2007헌마1092).

④ 영화관 관람객이 입장권 가액의 100분의 3을 부담하도록 하는 영화상영관 입장권 부과금 제도는, 영화예술의 질적 향상과 한국영화 및 영화 · 비디오물산업의 진흥 · 발전의 토대를 구축하기 위한 영화발전기금의 안정적 재원 마련이라는 정당한 입법목적을 위한 것으로서 과잉금지원칙에 반하여 영화관 관람객의 재산권과 영화관 경영자의 직업수행의 자유를 침해하였다고 볼 수 없다(헌재 2008.11.27. 2007헌마860).

17 1 2 3

정답 ③

출처 20 국가직 7급

정답의 이유

③ 이 사건 재산등록조항은 금융감독원 직원의 비리유혹을 억제하고 업무 집행의 투명성 및 청렴성을 확보하기 위한 것으로 입법목적이 정당하고, 금융기관의 업무 및 재산상황에 대한 검사 및 감독과 그에 따른 제재를 업무로 하는 금융감독원의 특성상 소속직원의 금융기관에 대한 실질적인 영향력 및 비리 개연성이 클 수 있다는 점을 고려할 때 일정 직급 이상의 금융감독원 직원에게 재산등록의무를 부과하는 것은 적절한 수단이다. … 이 사건 재산등록조항은 청구인들의 사생활의 비밀과 자유를 침해하지 아니한다(헌재 2014.6.26. 2012헌마331).

오답의 이유

① 이 사건 CCTV 설치행위는 「행형법」 및 「교도관직무규칙」 등에 규정된 교도관의 계호활동 중 육안에 의한 시선계호를 CCTV 장비에 의한 시선계호로 대체한 것에 불과하므로, 이 사건 CCTV 설치행위에 대한 특별한 법적 근거가 없더라도 일반적인 계호활동을 허용하는 법률규정에 의하여 허용된다고 보아야 한다. 한편 CCTV에 의하여 감시되는 엄중격리대상자에 대하여 지속적이고 부단한 감시가 필요하고 자살 · 자해나 흉기 제작 등의 위험성 등을 고려하면, 제반사정을 종합하여 볼 때 기본권 제한의 최소성 요건이나 법익균형성의 요건도 충족하고 있다. … 이 사건 CCTV 설치행위는 헌법 제17조 및 제37조 제2항을 위반하여 청구인들의 사생활의 비밀 및 자유를 침해하였다고 볼 수 없다(헌재 2008.5.29. 2005헌마137 등).

② 흡연자들이 자유롭게 흡연할 권리를 흡연권이라고 한다면, 이러한 흡연권은 인간의 존엄과 행복추구권을 규정한 헌법 제10조와 사생활의 자유를 규정한 헌법 제17조에 의하여 뒷받침된다(헌재 2004.8.26. 2003헌마457).

④ 이 사건 검사행위는 교도소의 안전과 질서를 유지하고, 수형자의 교화 · 개선에 지장을 초래할 수 있는 물품을 차단하기 위한 것으로서 그 목적이 정당하고, 수단도 적절하며, 검사의 실효성을 확보하기 위한 최소한의 조치로 보이고, 달리 덜 제한적인 대체수단을 찾기 어려운 점 등에 비추어 보면 이 사건 검사행위가 과잉금지원칙에 위배하여 사생활의 비밀 및 자유를 침해하였다고 할 수 없다(헌재 2011.10.25. 2009헌마691).

18 1 2 3

정답 ③

출처 20 국가직 7급

정답의 이유

③ 국가가 생활능력 없는 장애인의 인간다운 생활을 보장하기 위하여 행하는 사회부조에는 보장법에 의한 생계급여 지급을 통한 최저생활보장 외에 다른 법령에 의하여 행하여지는 것도 있으므로, 국가가 행하는 최저생활보장 수준이 그 재량의 범위를 명백히 일탈하였는지 여부, 즉 인간다운 생활을 보장하기 위한 객관적 내용의 최소한을 보장하고 있는지 여부는 보장법에 의한 생계급여만을 가지고 판단하여서는 아니되고, 그 외의 법령에 의거하여 국가가 최저생활보장을 위하여 지급하는 각종 급여나 각종 부담의 감면 등을 총괄한 수준으로 판단하여야 한다(헌재 2004.10.28. 2002헌마328).

오답의 이유

① 장애인의 복지를 향상해야 할 국가의 의무가 다른 다양한 국가과제에 대하여 최우선적인 배려를 요청할 수 없을 뿐 아니라, 나아가 헌법의 규범으로부터는 '장애인을 위한 저상버스의 도입'과 같은 구체적인 국가의 행위의무를 도출할 수 없는 것이다. 국가에게 헌법 제34조에 의하여 장애인의 복지를 위하여 노력을 해야 할 의무가 있다는 것은, 장애인도 인간다운 생활을 누릴 수 있는 정의로운 사회질서를 형성해야 할 국가의 일반적인 의무를 뜻하는 것이지, 장애인을 위하여 저상버스를 도입해야 한다는 구체적 내용의 의무가 헌법으로부터 나오는 것은 아니다(헌재 2002.12.18. 2002헌마52).

② 「형의 집행 및 수용자의 처우에 관한 법률」에 의한 교도소 · 구치소에 수용 중인 자는 당해 법률에 의하여 생계유지의 보호를 받고 있으므로, 「국민기초생활 보장법」의 보충급여의 원칙에 따라 중복적인 보장을 피하기 위하여 위 수용자를 기초생활보장제도의 보장단위인 개별가구에서 제외키로 한 입법자의 판단이 헌법상 용인될 수 있는 재량의 범위를 일탈하여 수용자의 인간다운 생활을 할 권리를 침해하지 아니한다(헌재 2011.3.31. 2009헌마617 등).

④ 국가가 인간다운 생활을 보장하기 위한 헌법적인 의무를 다하였는지의 여부가 사법적 심사의 대상이 된 경우에는, 국가가 생계보호에 관한 입법을 전혀 하지 아니하였다든가 그 내용이 현저히 불합리하여 헌법상 용인될 수 있는 재량의 범위를 명백히 일탈한 경우에 한하여 헌법에 위반된다고 할 수 있다(헌재 2004.10.28. 2002헌마328).

19 1 2 3

정답 ①

출처 20 국가직 7급

정답의 이유

ㄱ. (○) 책임 없는 자에게 형벌을 부과할 수 없다'는 형벌에 관한 책임주의는 「형사법」의 기본원리로서, 헌법상 법치국가의 원리에 내재하는 원리인 동시에 헌법 제10조의 취지로부터 도출되는 원리이고, 법인의 경우도 자연인과 마찬가지로 책임주의원칙이 적용된다(헌재 2016.3.31. 2016헌가4).

ㄴ. (○) 헌법은 제119조에서 개인의 경제적 자유를 보장하면서 사회정의를 실현하기 위한 경제질서를 선언하고 있다. 이 규정은 헌법상 경제질서에 관한 일반조항으로서 국가의 경제정책에 대한 하나의 헌법적 지침이고, 동 조항이 언급하는 '경제적 자유와 창의'는 직업의 자유, 재산권의 보장, 근로3권과 같은 경제에 관한 기본권 및 비례의 원칙과 같은 법치국가원리에 의하여 비로소 헌법적으로 구체화된다. 따라서 이 사건에서 청구인들이 헌법 제119조 제1항과 관련하여 주장하는 내용은 구체화된 헌법적 표현인 경제적 기본권을 기준으로 심사되어야 한다(헌재 2002.10.31. 99헌바76).

오답의 이유

ㄷ. (×) 사회환경이나 경제여건의 변화에 따른 정책적인 필요에 의하여 공권력행사의 내용은 신축적으로 바뀔 수밖에 없고, 그 바뀐 공권력행사에 의하여 발생된 새로운 법질서와 기존의 법질서와의 사이에는 어느 정도 이해관계의 상충이 불가피하므로 국민들의 국가의 공권력행사에 관하여 가지는 모든 기대 내지 신뢰가 절대적인 권리로서 보호되는 것은 아니라고 할 것이다(헌재 1996.4.25. 94헌마119).

ㄹ. (×) 헌법의 기본원리는 헌법의 이념적 기초인 동시에 헌법을 지배하는 지도원리로서 입법이나 정책결정의 방향을 제시하며 공무원을 비롯한 모든 국민 · 국가기관이 헌법을 존중하고 수호하도록 하는 지침이 되며, 구체적 기본권을 도출하는 근거로 될 수는 없으나 기본권의 해석 및 기본권 제한 입법의 합헌성 심사에 있어 해석기준의 하나로서 작용한다(헌재 1996.4.25. 92헌바47).

20 1 2 3 정답 ③

출처 20 국가직 7급

정답의 이유

ㄱ. (○) 헌법상 군무원은 국민의 구성원으로서 정치적 표현의 자유를 보장받지만, 군무원은 그 특수한 지위로 인하여 국가공무원으로서 헌법 제7조에 따라 그 정치적 중립성을 준수하여야 할 뿐만 아니라, 국군의 구성원으로서 헌법 제5조 제2항에 따라 그 정치적 중립성을 준수할 필요성이 더욱 강조되므로, 그 정치적 표현의 자유에 대해 일반 국민보다 엄격한 제한을 받을 수밖에 없다(헌재 2018.7.26. 2016헌바139).

ㄴ. (○) 집필행위는 사람의 내면에 있는 생각이 외부로 나타나는 첫 단계의 행위란 점에서 문자를 통한 표현행위의 가장 기초적이고도 전제가 되는 행위라 할 것이다. 일반적으로 표현의 자유는 정보의 전달 또는 전파와 관련지어 생각되므로 구체적인 전달이나 전파의 상대방이 없는 집필의 단계를 표현의 자유의 보호영역에 포함시킬 것인지 의문이 있을 수 있으나, 집필은 문자를 통한 모든 의사표현의 기본 전제가 된다는 점에서 당연히 표현의 자유의 보호영역에 속해 있다고 보아야 한다(헌재 2005.2.24. 2003헌마289).

ㄷ. (○) 건강기능식품의 기능성 광고는 인체의 구조 및 기능에 대하여 보건용도에 유용한 효과를 준다는 기능성 등에 관한 정보를 널리 알려 해당 건강기능식품의 소비를 촉진시키기 위한 상업광고이지만, 헌법 제21조 제1항의 표현의 자유의 보호 대상이 됨과 동시에 같은 조 제2항의 사전검열 금지 대상도 된다. … 「건강기능식품법」상 기능성 광고의 심의는 식약처장으로부터 위탁받은 한국건강기능식품협회에서 수행하고 있지만, 법상 심의주체는 행정기관인 식약처장이며, 언제든지 그 위탁을 철회할 수 있고, 심의위원회의 구성에 관하여도 법령을 통해 행정권이 개입하고 지속적으로 영향을 미칠 가능성이 존재하는 이상 그 구성에 자율성이 보장되어있다고 볼 수 없다. … 따라서 이 사건 건강기능식품 기능성광고 사전심의는 그 검열이 행정권에 의하여 행하여진다고 볼 수 있고, 헌법이 금지하는 사전검열에 해당하므로 헌법에 위반된다(헌재 2018.6.28. 2016헌가8 등).

오답의 이유

ㄹ. (×) 선거운동기간 중 인터넷언론사 게시판 등을 통한 흑색선전이나 허위사실이 유포될 경우 언론사의 공신력과 지명도에 기초하여 광범위하고 신속한 정보의 왜곡이 일어날 수 있으므로, 실명확인조항은 이러한 인터넷언론사를 통한 정보의 특성과 우리나라 선거문화의 현실 등을 고려하여 입법된 것으로 선거의 공정성 확보를 위한 것이다. … 실명확인 후에도 게시자의 개인정보가 노출되지 않고 다만 '실명인증' 표시만이 나타나는 점 등을 고려하면, 이 사건 법률조항이 과잉금지원칙에 위배되어 게시판 이용자의 정치적 익명표현의 자유, 개인정보자기결정권 및 인터넷언론사의 언론의 자유를 침해한다고 볼 수 없다(헌재 2015.7.30. 2012헌마734 등).

제2회 경찰공무원(순경) 헌법

빠른 정답								나의 점수	점
01	02	03	04	05	06	07	08	09	10
④	①	③	④	②	④	②	①	③	②
11	12	13	14	15	16	17	18	19	20
④	②	①	②	④	①	③	①	②	②

01 1 2 3

정답 ④

출처 17 국가직 7급

정답의 이유

④ 헌법은 국가유공자 인정에 관하여 명문 규정을 두고 있지 않으나 전문(前文)에서 "3 · 1운동으로 건립된 대한민국임시정부의 법통을 계승"한다고 선언하고 있다. 이는 대한민국이 일제에 항거한 독립운동가의 공헌과 희생을 바탕으로 이룩된 것임을 선언한 것이고, 그렇다면 국가는 일제로부터 조국의 자주독립을 위하여 공헌한 독립유공자와 그 유족에 대하여는 응분의 예우를 하여야 할 헌법적 의무를 지닌다(헌재 2005.6.30. 2004헌마859).

오답의 이유

① '대한민국임시정부의 법통'은 현행헌법 전문에 처음 명시되었다.

> **헌법 전문(1948년)**
> 유구한 역사와 전통에 빛나는 우리들 대한국민은 기미 삼일운동으로 대한민국을 건립하여 세계에 선포한 위대한 독립정신을 계승하여 이제 민주독립국가를 재건함에 있어서 정의인도와 동포애로써 민족의 단결을 공고히 하며 모든 사회적 폐습을 타파하고 민주주의제제도를 수립하여 정치, 경제, 사회, 문화의 모든 영역에 있어서 각인의 기회를 균등히 하고 능력을 최고도로 발휘케 하며 각인의 책임과 의무를 완수케하여 안으로는 국민생활의 균등한 향상을 기하고 밖으로는 항구적인 국제평화의 유지에 노력하여 우리들과 우리들의 자손의 안전과 자유와 행복을 영원히 확보할 것을 결의하고 우리들의 정당 또 자유로히 선거된 대표로써 구성된 국회에서 단기 4281년 7월 12일 이 헌법을 제정한다.

② 현행헌법은 8차에 걸쳐 개정된 헌법을 개정한 9차 개정 헌법이다.

③ "헌법 전문에 기재된 3 · 1정신"은 우리나라 헌법의 연혁적 · 이념적 기초로서 헌법이나 법률해석에서의 해석기준으로 작용한다고 할 수 있지만, 그에 기하여 곧바로 국민의 개별적 기본권성을 도출해낼 수는 없다고 할 것이므로, 헌법소원의 대상인 "헌법상 보장된 기본권"에 해당하지 아니한다. 국민의 개별적 기본권이 아니라 할지라도 기본권보장의 실질화를 위하여서는, 영토조항만을 근거로 하여 독자적으로는 헌법소원을 청구할 수 없다 할지라도, 모든 국가권능의 정당성의 근원인 국민의 기본권 침해에 대한 권리구제를 위하여 그 전제조건으로서 영토에 관한 권리를, 이를테면 영토권이라 구성하여, 이를 헌법소원의 대상인 기본권의 하나로 간주하는 것은 가능한 것으로 판단된다(헌재 2001.3.21. 99헌마139).

02 1 2 3

정답 ①

출처 19 국가직 7급

정답의 이유

① 헌법 제12조 제3항과는 달리 헌법 제16조 후문은 "주거에 대한 압수나 수색을 할 때에는 검사의 신청에 의하여 법관이 발부한 영장을 제시하여야 한다"라고 규정하고 있을 뿐 영장주의에 대한 예외를 명문화하고 있지 않다. 그러나 … 헌법 제16조에서 영장주의에 대한 예외를 마련하지 아니하였다고 하여, 주거에 대한 압수나 수색에 있어 영장주의가 예외 없이 반드시 관철되어야 함을 의미하는 것은 아닌 점 … 헌법 제12조 제3항과 헌법 제16조의 관계, 주거 공간에 대한 긴급한 압수 · 수색의 필요성, 주거의 자유와 관련하여 영장주의를 선언하고 있는 헌법 제16조의 취지 등을 종합하면, 헌법 제16조의 영장주의에 대해서도 그 예외를 인정하되, … 이는 그 장소에 범죄혐의 등을 입증할 자료나 피의자가 존재할 개연성이 소명되고, 사전에 영장을 발부받기 어려운 긴급한 사정이 있는 경우에만 제한적으로 허용될 수 있다고 보는 것이 타당하다(헌재 2018.4.26. 2015헌바370 등).

오답의 이유

② 위치정보 추적자료 제공요청은 「통신비밀보호법」이 정한 강제처분에 해당되므로 헌법상 영장주의가 적용된다. 영장주의의 본질은 강제처분을 함에 있어 중립적인 법관이 구체적 판단을 거쳐야 한다는 점에 있는바, 이 사건 허가조항은 수사기관이 전기통신사업자에게 위치정보 추적자료 제공을 요청함에 있어 관할 지방법원 또는 지원의 허가를 받도록 규정하고 있으므로 헌법상 영장주의에 위배되지 아니한다(헌재 2018.6.28. 2012헌마191 등).

③ 심판대상조항은 체포영장을 발부받아 피의자를 체포하는 경우에 필요한 때에는 영장 없이 타인의 주거 등 내에서 피의자 수사를 할 수 있다고 규정함으로써, 앞서 본 바와 같이 별도로 영장을 발부받기 어려운 긴급한 사정이 있는지 여부를 구별하지 아니하고 피의자가 소재할 개연성만 소명되면 영장 없이 타인의 주거 등을 수색할 수 있도록 허용

하고 있다. 이는 체포영장이 발부된 피의자가 타인의 주거 등에 소재할 개연성은 소명되나, 수색에 앞서 영장을 발부받기 어려운 긴급한 사정이 인정되지 않는 경우에도 영장 없이 피의자 수색을 할 수 있다는 것이므로, 헌법 제16조의 영장주의 예외 요건을 벗어나는 것으로서 영장주의에 위반된다(헌재 2018.4.26. 2015헌바370 등).

④ 법원이 피고인의 구속 또는 그 유지 여부의 필요성에 관하여 한 재판의 효력이 검사나 다른 기관의 이견이나 불복이 있다 하여 좌우되거나 제한받는다면 이는 영장주의에 위반된다고 할 것인바, 구속집행정지결정에 대한 검사의 즉시항고를 인정하는 이 사건 법률조항은 검사의 불복을 그 피고인에 대한 구속집행을 정지할 필요가 있다는 법원의 판단보다 우선시킬 뿐만 아니라, 사실상 법원의 구속집행정지결정을 무의미하게 할 수 있는 권한을 검사에게 부여한 것이라는 점에서 헌법 제12조 제3항의 영장주의원칙에 위배된다(헌재 2012.6.27. 2011헌가36).

03 1 2 3

정답 ③

출처 19 국가직 7급

정답의 이유

③ 헌법 제26조와 「청원법」의 규정에 관하여 헌법상 보장된 청원권은 공권력과의 관계에서 일어나는 여러 가지 이해관계, 의견, 희망 등에 관하여 적법한 청원을 한 모든 국민에게, 국가기관이 (그 주관관서가) 청원을 수리할 뿐만 아니라, 이를 심사하여 청원자에게 그 처리결과를 통지할 것을 요구할 수 있는 권리를 말한다. 국민이면 누구든지 널리 제기할 수 있는 민중적 청원제도는 재판청구권 기타 준사법적 구제청구와는 그 성질을 달리하므로 청원사항의 처리결과에 심판서나 재결서에 준하여 이유명시를 요구할 수 없다(헌재 1999.11.25. 97헌마54).

오답의 이유

① 「지방자치법」 제75조 제1항, 제3항

> **「지방자치법」 제75조(청원의 심사 · 처리)** ① 지방의회의 의장은 청원서를 접수하면 소관 위원회나 본회의에 회부하여 심사를 하게 한다.
> ③ 위원회가 청원을 심사하여 본회의에 부칠 필요가 없다고 결정하면 그 처리결과를 의장에게 보고하고, 의장은 청원한 자에게 알려야 한다.

② 「국회법」 제124조 제1항, 제125조 제1항, 제3항

> **「국회법」 제124조(청원요지서의 작성과 회부)** ① 의장은 청원을 접수하였을 때에는 청원요지서를 작성하여 인쇄하거나 전산망에 입력하는 방법으로 각 의원에게 배부하는 동시에 그 청원서를 소관 위원회에 회부하여 심사하게 한다.
> **「국회법」 제125조(청원 심사 · 보고 등)** ① 위원회는 청원 심사를 위하여 청원심사소위원회를 둔다.
> ③ 청원을 소개한 의원은 소관 위원회 또는 청원심사소위원회의 요구가 있을 때에는 청원의 취지를 설명하여야 한다.

④ 반복청원, 이중청원, 국가기관 권한사항청원은 불수리사항이 아니다.

> **「청원법」 제4조(청원사항)** 청원은 다음 각 호의 어느 하나에 해당하는 경우에 한하여 할 수 있다.
> 1. 피해의 구제
> 2. 공무원의 위법 · 부당한 행위에 대한 시정이나 징계의 요구
> 3. 법률 · 명령 · 조례 · 규칙 등의 제정 · 개정 또는 폐지
> 4. 공공의 제도 또는 시설의 운영
> 5. 그 밖에 국가기관 등의 권한에 속하는 사항
>
> **「청원법」 제5조(청원의 불수리)** ① 청원이 다음 각 호의 어느 하나에 해당하는 때에는 이를 수리하지 아니한다.
> 1. 감사 · 수사 · 재판 · 행정심판 · 조정 · 중재 등 다른 법령에 의한 조사 · 불복 또는 구제절차가 진행중인 때
> 2. 허위의 사실로 타인으로 하여금 형사처분 또는 징계처분을 받게 하거나 국가기관 등을 중상모략하는 사항인 때
> 3. 사인간의 권리관계 또는 개인의 사생활에 관한 사항인 때
> 4. 청원인의 성명 · 주소 등이 불분명하거나 청원내용이 불명확한 때
>
> **「청원법」 제8조(반복청원 및 이중청원의 처리)** 동일인이 동일한 내용의 청원서를 동일한 기관에 2건 이상 제출하거나 2 이상의 기관에 제출한 때에는 나중에 접수된 청원서는 이를 반려할 수 있다.

04 1 2 3

정답 ④

출처 19 국가직 7급

정답의 이유

④ 이 사건 법률조항이 혼인빙자간음행위를 형사처벌함으로써 남성의 성적 자기결정권을 제한하는 것임은 틀림없고, 나아가 이 사건 법률조항은 남성의 성생활이라는 내밀한 사적 생활영역에서의 행위를 제한하므로 우리 헌법 제17조가 보장하는 사생활의 비밀과 자유 역시 제한하는 것으로 보인다(헌재 2009.11.26. 2008헌바58 등).

오답의 이유

① 개인정보를 대상으로 한 조사 · 수집 · 보관 · 처리 · 이용 등의 행위는 원칙적으로 개인정보자기결정권에 대한 제한에 해당한다. 따라서 경찰의 촬영행위는 개인정보자기결정권의 보호대상이 되는 신체, 특정인의 집회 · 시위 참가 여부 및 그 일시 · 장소 등의 개인정보를 정보주체의 동의 없이 수집하였다는 점에서 개인정보자기결정권을 제한할 수 있다(헌재 2018.8.30. 2014헌마843).

② 이 사건 법률조항은 본인이 해부용 시체로 제공되는 것에 대해 반대하는 의사표시를 명시적으로 표시할 수 있는 절차도 마련하지 않고 본인의 의사와는 무관하게 해부용 시체로 제공될 수 있도록 규정하고 있다는 점에서 침해의 최소성 원칙을 충족했다고 보기 어렵고, 실제로 해부용 시체로 제공된 사례가 거의 없는 상황에서 이 사건 법률조항이 추구하는 공익이 사후 자신의 시체가 자신의 의사와는 무관하게 해부용 시체로 제공됨으로써 침해되는 사익보다 크다고 할 수 없으므로 이 사건 법률조항은 청구인의 시체 처분에 대한 자기결정권을 침해한다(헌재 2015.11.26. 2012헌마940).

③ 부모가 자녀의 이름을 지어주는 것은 자녀의 양육과 가족생활을 위하여 필수적인 것이고, 가족생활의 핵심적 요소라 할 수 있으므로, '부모가 자녀의 이름을 지을 자유'는 혼인과 가족생활을 보장하는 헌법 제36조 제1항과 행복추구권을 보장하는 헌법 제10조에 의하여 보호받는다(헌재 2016.7.28. 2015헌마964).

05 1 2 3

정답 ②

출처 19 국가직 7급

정답의 이유

② '양심의 자유'가 보장하고자 하는 '양심'은 민주적 다수의 사고나 가치관과 일치하는 것이 아니라, 개인적 현상으로서 지극히 주관적인 것이다. 양심은 그 대상이나 내용 또는 동기에 의하여 판단될 수 없으며, 특히 양심상의 결정이 이성적·합리적인가, 타당한가 또는 법질서나 사회규범, 도덕률과 일치하는가 하는 관점은 양심의 존재를 판단하는 기준이 될 수 없다(헌재 2004.8.26. 2002헌가1).

오답의 이유

① 헌재 2004.8.26. 2002헌가1

③ 보안관찰처분은 보안관찰처분대상자의 내심의 작용을 문제 삼는 것이 아니라, 보안관찰처분대상자가 보안관찰해당범죄를 다시 저지를 위험성이 내심의 영역을 벗어나 외부에 표출되는 경우에 재범의 방지를 위하여 내려지는 특별예방적 목적의 처분이므로, 보안관찰처분 근거규정은 양심의 자유를 침해하지 아니한다(헌재 2015.11.26. 2014헌바475).

④ 인터넷언론사의 공개된 게시판·대화방에서 스스로의 의사에 의하여 정당·후보자에 대한 지지·반대의 글을 게시하는 행위가 양심의 자유나 사생활 비밀의 자유에 의하여 보호되는 영역이라고 할 수 없다(헌재 2010.2.25. 2008헌마324 등).

06 1 2 3

정답 ④

출처 19 국가직 7급

정답의 이유

④ 국적을 이탈하거나 변경하는 것은 헌법 제14조가 보장하는 거주·이전의 자유에 포함되므로 법 제12조 제1항 단서 및 그에 관한 제14조 제1항 단서는 이중국적자의 국적선택(국적이탈)의 자유를 제한하는 것이라 할 것이고, 그것이 병역의무이행의 확보라는 공익을 위하여 정당화될 수 있는 것인지가 문제된다(헌재 2006.11.30. 2005헌마739).

오답의 이유

① 거주·이전의 자유는 거주지나 체류지라고 볼 만한 정도로 생활과 밀접한 연관을 갖는 장소를 선택하고 변경하는 행위를 보호하는 기본권인바, 이 사건에서 서울광장이 청구인들의 생활형성의 중심지인 거주지나 체류지에 해당한다고 할 수 없고, 서울광장에 출입하고 통행하는 행위가 그 장소를 중심으로 생활을 형성해 나가는 행위에 속한다고 볼 수도 없으므로 청구인들의 거주·이전의 자유가 제한되었다고 할 수 없다(헌재 2011.6.30. 2009헌마406).

② 우리 헌법 제14조 제1항은 "모든 국민은 거주·이전의 자유를 가진다"고 규정하고 있고, 이러한 거주·이전의 자유에는 국내에서의 거주·이전의 자유뿐 아니라 국외 이주의 자유, 해외여행의 자유 및 귀국의 자유가 포함되는바, 아프가니스탄 등 일정한 국가로의 이주, 해외여행 등을 제한하는 이 사건 고시로 인하여 청구인들의 거주·이전의 자유가 일부 제한된 점은 인정된다(헌재 2008.6.26. 2007헌마1366).

③ 이 사건 법률조항은 수도권 내의 과밀억제권역 안에서 법인의 본점의 사업용 부동산, 특히 본점용 건축물을 신축 또는 증축하는 경우에 취득세를 중과세하는 조항이므로, 이 사건 법률조항에 의하여 청구인의 거주·이전의 자유와 영업의 자유가 침해되는지 여부가 문제된다(헌재 2014.7.24. 2012헌바408).

07 1 2 3

정답 ②

출처 19 국가직 7급

정답의 이유

② 「국민투표법」 제7조

> **「국민투표법」 제7조(투표권)** 19세 이상의 국민은 투표권이 있다.

오답의 이유

① 「국민투표법」 제28조 제1항

> **「국민투표법」 제28조(운동을 할 수 없는 자)** ① 「정당법」상의 당원의 자격이 없는 자는 운동을 할 수 없다.

③ 헌법 제130조 제2항에 의하면 헌법개정안 국민투표는 '국회의원선거권자' 과반수의 투표와 투표자의 과반수의 찬성을 얻도록 규정하고 있는바, 헌법은 헌법개정안 국민투표권자로서 국회의원선거권자를 예정하고 있다. 재외선거인은 임기만료에 따른 비례대표국회의원선거에 참여하고 있으므로, 재외선거인에게 국회의원선거권이 있음은 분명하다. 「국민투표법」 조항이 국회의원 선거권자인 재외선거인에게 국민투표권을 인정하지 않은 것은 국회의원선거권자의 헌법개정안 국민투표 참여를 전제하고 있는 헌법 제130조 제2항의 취지에도 부합하지 않는다(헌재 2014.7.24. 2009헌마256 등).

④ 헌법 제72조는 국민투표에 부쳐질 중요정책인지 여부를 대통령이 재량에 의하여 결정하도록 명문으로 규정하고 있고 헌법재판소 역시 위 규정은 대통령에게 국민투표의 실시 여부, 시기, 구체적 부의사항, 설문내용 등을 결정할 수 있는 임의적인 국민투표발의권을 독점적으로 부여하였다고 하여 이를 확인하고 있다. 따라서 특정의 국가정책에 대하여 다수의 국민들이 국민투표를 원하고 있음에도 불구하고 대통령이 이러한 희망과는 달리 국민투표에 회부하지 아니한다고 하여도 이를 헌법에 위반된다고 할 수 없고 국민에게 특정의 국가정책에 관하여 국민투표에 회부할 것을 요구할 권리가 인정된다고 할 수도 없다(헌재 2005.11.24. 2005헌마579 등).

08 1 2 3 정답 ①

출처 19 국가직 7급

정답의 이유

① 퇴직급여 및 퇴직수당의 필요적 감액제도가 과연 모든 경우에 있어서 그와 같은 입법목적을 달성하기 위한 적절하고 효과적인 수단으로서 기능할지는 의문이다. 교원의 직무상 의무나 교원 신분과 관련된 범죄로 인하여 금고 이상의 형의 선고를 받은 자에 대하여 퇴직급여 및 퇴직수당을 감액하는 것은 재직 중 교원으로서의 직무상 의무를 이행하도록 유도하는 입법목적의 달성에 상당한 수단이라고 할 것이다. 그러나 사립학교 교원의 신분이나 직무상 의무와 관련이 없는 범죄의 경우에도 퇴직급여 및 퇴직수당을 제한하는 것은, 교원범죄를 예방하고 교원이 재직 중 성실히 근무하도록 유도하는 입법목적을 달성하는 데 적합한 수단이라고 볼 수 없다(헌재 2010.7.29. 2008헌가15).

오답의 이유

② 수형자가 민사법정에 출석하기까지 도주 및 교정사고의 방지를 위해 교도관이 반드시 동행하여야 하므로 수용자의 신분은 의복의 종류에 관계없이 드러나게 되어 있어 재소자용 의류를 입었다는 이유로 인격권과 행복추구권이 제한되는 정도는 제한적이다. 또한 수형자가 재판에 참석하기 위하여 수용 시설 외부로 나가는 경우에는 시설 내에 수용되어 있을 때에 비하여 도주의 우려가 높아진다. 시설 내에 있을 때와는 달리 동행 교도관이나 교정설비의 한계로 인하여 구금기능이 취약해질 수밖에 없는 상황에서, 사복은 도주의 의지를 불러일으킬 수 있고 도주를 용이하게 하거나 도주를 감행했을 때 체포도 상대적으로 어렵게 만들 수 있는데, 특히 형사법정 이외의 법정 출입 방식은 미결수용자와 교도관 전용 통로 및 시설이 존재하는 형사재판과 다르고, 계호의 방식과 정도도 확연히 다르다. 도주를 예방하기 위해 계구를 사용하는 것도 아니므로, 심판대상조항의 민사재판출석 시 사복착용 불허는 침해의 최소성 및 법익균형의 원칙에도 위반되지 아니한다(헌재 2015.12.23. 2013헌마712).

③ 일반적으로 직업행사의 자유에 대하여는 직업선택의 자유와는 달리 공익목적을 위하여 상대적으로 폭넓은 입법적 규제가 가능한 것이지만, 그렇다고 하더라도 그 수단은 목적달성에 적절한 것이어야 하고 또한 필요한 정도를 넘는 지나친 것이어서는 아니 된다. … 결국, 직업의 자유에 대한 이 사건 법률조항의 제한은 헌법 제37조 제2항의 비례의 원칙에 기한 기본권제한의 입법적 한계 심사에 의하여야 할 것이다(헌재 2004.5.27. 2003헌가1 등).

④ 심판대상조항은 구체적 사안의 개별성과 특수성을 고려할 수 있는 여지를 일체 배제하고 그 위법의 정도나 비난 가능성의 정도가 미약한 경우까지도 획일적으로 20년이라는 장기간 동안 택시운송사업의 운전업무 종사자격을 제한하는 것이므로 침해의 최소성 원칙에 위배되며, 법익의 균형성 원칙에도 반한다. 따라서 심판대상조항은 청구인들의 직업선택의 자유를 침해한다(헌재 2015.12.23. 2013헌마575 등).

09 1 2 3 정답 ③

출처 19 국가직 7급

정답의 이유

ㄱ. (○) 승진가능성이라는 것은 공직신분의 유지나 업무수행과 같은 법적 지위에 직접 영향을 미치는 것이 아니고 간접적, 사실적 또는 경제적 이해관계에 영향을 미치는 것에 불과하여 공무담임권의 보호영역에 포함된다고 보기는 어렵다(헌재 2010.3.25. 2009헌마538).

ㄴ. (○) 「주민투표법」 제8조에 따른 국가정책에 대한 주민투표는 주민의 의견을 묻는 의견수렴으로서의 성격을 갖는 것이고, 주민투표권의 일반적 성격을 보더라도 이는 법률이 보장하는 참정권이라고 할 수 있을지언정 헌법이 보장하는 참정권이라고 할 수는 없다(헌재 2008.12.26. 2005헌마1158).

ㄷ. (○) 선거권을 제한하는 입법은 위 헌법 제24조에 의해서 곧바로 정당화될 수는 없고, 헌법 제37조 제2항의 규정에 따라 국가안전보장 · 질서유지 또는 공공복리를 위하여 필요하고 불가피한 예외적인 경우에만 그 제한이 정당화될 수 있으며, 그 경우에도 선거권의 본질적인 내용을 침해할 수 없다(헌재 2007.6.28. 2004헌마644 등).

오답의 이유

ㄹ. (×) 청구인은 심판대상조항들이 조합장선거 후보자의 피선거권과 선거인인 조합원의 후보자 선택권을 침해한다고 주장하나, 사법인적인 성격을 지니는 농협 · 축협의 조합장선거에서 조합장을 선출하거나 선거운동을 하는 것은 헌법에 의하여 보호되는 선거권의 범위에 포함되지 아니한다(헌재 2017.7.27. 2016헌바372).

10 1 2 3 정답 ②

출처 18 국가직 7급

정답의 이유

② 방송의 자유는 주관적 권리로서의 성격과 함께 자유로운 의견형성이나 여론형성을 위해 필수적인 기능을 행하는 객관적 규범질서로서 제도적 보장의 성격을 함께 가진다(헌재 2003.12.18. 2002헌바49).

오답의 이유

① 헌법 전문과 헌법 제9조에서 말하는 '전통', '전통문화'란 역사성과 시대성을 띤 개념으로서 헌법의 가치질서, 인류의 보편가치, 정의와 인도정신 등을 고려하여 오늘날의 의미로 포착하여야 하며, 가족제도에 관한 전통 · 전통문화란 적어도 그것이 가족제도에 관한 헌법이념인 개인의 존엄과 양성의 평등에 반하는 것이어서는 안 된다는 한계가 도출되므로, 전래의 어떤 가족제도가 헌법 제36조 제1항이 요구하는 개인의 존엄과 양성평등에 반한다면 헌법 제9조를 근거로 그 헌법적 정당성을 주장할 수는 없다(헌재 2005.2.3. 2001헌가9 등).

③ 제도보장은 입법 · 행정 · 사법을 직접적으로 구속하는 법규범이다. 따라서 제도보장은 프로그램적 규정이 아니라 재판규범으로서의 성격을 가진다. 그러나 제도보장은 권리보장규범이 아니기 때문에 제도보장 그 자체만을 근거로 소를 제기할 수는 없다.

④ 제도적 보장은 주관적 권리가 아닌 객관적 범규범이라는 점에서 기본권과 구별되기는 하지만 헌법에 의하여 일정한 제도가 보장되면 입법자는 그 제도를 설정하고 유지할 입법의무를 지게 될 뿐만 아니라 헌법에 규정되어 있기 때문에 법률로써 이를 폐지할 수 없고, 비록 내용을 제한하더라도 그 본질적 내용을 침해할 수 없다(헌재 1997.4.24. 95헌바48).

11 1 2 3 정답 ④

출처 18 국가직 7급

정답의 이유

④ 집행유예는 실형보다 죄질이나 범정이 더 가벼운 범죄에 관하여 선고하는 것이 보통인데, 이 사건 구법 조항은 집행유예보다 중한 실형을 선고받고 집행이 종료되거나 면제된 경우에는 자격에 관한 법령의 적용에 있어 형의 선고를 받지 아니한 것으로 본다고 하여 공무원 임용 등에 자격제한을 두지 않으면서 집행유예를 선고받은 경우에 대해서는 이와 같은 특례조항을 두지 아니하여 불합리한 차별을 야기하고 있다. … 더욱이 집행유예 기간을 경과한 자의 경우에는 원칙적으로 형의 선고에 의한 법적 효과가 장래를 향하여 소멸하고 향후 자격제한 등의 불이익을 받지 아니함에도, 이 사건 구법 조항에 따르면 집행유예를 선고받은 자의 자격제한을 완화하지 아니하여 집행유예 기간이 경과한 경우에도 그 후 일정 기간 자격제한을 받게 되었으므로, 명백히 자의적인 차별에 해당하여 평등원칙에 위반된다(헌재 2018.1.25. 2017헌가7 등).

오답의 이유

① 1호 관련 조항이 배우자나 직계존비속이 있는 후보자와 그렇지 않은 후보자를 달리 취급하고 있다고 할 수 있으나, 그 입법목적 및 명함의 속성 등을 고려하면, 1호 관련 조항에서 후보자의 정치 · 경제력과는 무관하게 존재가능하고 후보자와 동일시 할 수 있는 배우자나 직계존비속에 한정하여 명함을 교부할 수 있도록 한 것에는 합리적 이유가 있다 할 것이므로, 평등권을 침해하지 아니한다(헌재 2016.9.29. 2016헌마287).

② 심판대상조항이 국가의 재정부담능력의 한계를 이유로 하여 부모 1명에 한정하여 보상금을 지급하도록 하면서 어떠한 예외도 두지 않은 것에는 합리적 이유가 있다고 보기 어렵다. 심판대상조항 중 나이가 많은 자를 우선하도록 한 것 역시 문제된다. 나이에 따른 차별은 연장자를 연소자에 비해 우대하는 전통적인 유교사상에 기초한 것으로 보이나, 부모 중 나이가 많은 자가 나이가 적은 자를 부양한다고 일반화할 합리적인 이유가 없고, … 오히려 직업이나 보유재산에 따라 연장자가 경제적으로 형편이 더 나은 경우에도 그 보다 생활이 어려운 유족을 배제하면서까지 연장자라는 이유로 보상금을 지급하는 것은 보상금 수급권이 갖는 사회보장적 성격에 부합하지 아니한다(헌재 2018.6.28. 2016헌가14).

③ 단순한 단기체류가 아니라 국내에 거주하는 재외국민, 특히 외국의 영주권을 보유하고 있으나 상당한 기간 국내에서 계속 거주하고 있는 자들은 「주민등록법」상 재외국민으로 등록 · 관리될 뿐 '국민인 주민'이라는 점에서는 다른 일반 국민과 실질적으로 동일하므로, 단지 외국의 영주권을 취득한 재외국민이라는 이유로 달리 취급할 아무런 이유가 없어 위와 같은 차별은 청구인들의 평등권을 침해한다(헌재 2018.1.25. 2015헌마104).

12 1 2 3 정답 ②

출처 18 국가직 7급

정답의 이유

② 구 「석유 및 석유대체연료 사업법」(이하 「석유사업법」이라 한다)에 의한 처벌은 유사석유제품을 제조하는 것으로써 구성요건을 충족하는 반면, 심판대상조항에 의한 처벌은 유사석유제품을 제조하여 그에 따른 세금을 포탈한 때 비로소 구성요건에 해당하는 것이므로, 양자는 처벌의 대상이 되는 행위를 달리한다. 따라서 심판대상조항은 이중처벌금지원칙에 위배되지 아니한다(헌재 2017.7.27. 2012헌바323).

오답의 이유

① 심판대상조항은 체포영장을 발부받아 피의자를 체포하는 경우에 필요한 때에는 영장 없이 타인의 주거 등 내에서 피의자 수사를 할 수 있다고 규정함으로써, 앞서 본 바와 같이 별도로 영장을 발부받기 어려운 긴급한 사정이 있는지 여부를 구별하지 아니하고 피의자가 소재할 개연성만 소명되면 영장 없이 타인의 주거 등을 수색할 수 있도록 허용하고 있다. 이는 체포영장이 발부된 피의자가 타인의 주거 등에 소재할 개연성은 소명되나, 수색에 앞서 영장을 발부받기 어려운 긴급한 사정이 인정되지 않는 경우에도 영장 없이 피의자 수색을 할 수 있다는 것이므로, 헌법 제16조의 영장주의 예외 요건을 벗어나는 것으로서 영장주의에 위반된다(헌재 2018.4.26. 2015헌바370 등).

③ 이 사건 법률조항은 선장의 범죄행위에 관하여 비난할 근거가 되는 선박소유자의 의사결정 및 행위구조, 즉 선장이 저지른 행위의 결과에 대한 선박소유자의 독자적인 책임에 관하여 전혀 규정하지 않은 채, 단순히 선박소유자가 고용한 선장이 업무에 관하여 범죄행위를 하였다는 이유만으로 선박소유자에 대하여 형사처벌을 과하고 있는바, 이는 다른 사람의 범죄에 대하여 그 책임 유무를 묻지 않고 형벌을 부과하는 것으로서, 법치국가의 원리 및 죄형법정주의로부터 도출되는 책임주의 원칙에 반한다(헌재 2013.9.26. 2013헌가15).

④ 변호인이 피의자신문에 자유롭게 참여할 수 있는 권리는 피의자가 가지는 변호인의 조력을 받을 권리를 실현하는 수단이므로 헌법상 기본권인 변호인의 변호권으로서 보호되어야 한다(헌재 2017.11.30. 2016헌마503).

13 1 2 3 정답 ①

출처 18 국가직 7급

정답의 이유

① 청구인들이 '지방의회의원에 취임할 당시의 연금제도가 그대로 유지되어 그 임기동안 퇴직연금을 계속 지급받을 수 있을 것'이라고 신뢰하였다 하더라도 이러한 신뢰는 보호가치가 크다고 보기 어렵다. … 반면, 연금재정의 안정성과 건전성을 확보하는 것은 공무원연금제도의 장기적 운영과 지속가능성을 위하여 반드시 필요한 요소이므로, 심판대상

조항이 추구하는 공익적 가치는 매우 중대하다. 이러한 점들을 종합하면, 심판대상조항은 신뢰보호원칙에 반하여 청구인들의 재산권을 침해한다고 볼 수 없다(헌재 2017.7.27. 2015헌마1052).

오답의 이유

② 일반적으로 일정한 공권력작용이 체계정당성에 위반한다고 해서 곧 위헌이 되는 것은 아니다. 즉 체계정당성 위반(Systemwidrigkeit) 자체가 바로 위헌이 되는 것은 아니고 이는 비례의 원칙이나 평등원칙위반 내지 입법의 자의금지위반 등의 위헌성을 시사하는 하나의 징후일 뿐이다(헌재 2004.11.25. 2002헌바66).

③ 이 사건 법률조항들이 종전 「약사법」에 의하여 약국개설 등록을 받은 장소에서 법 시행일 후 1년 뒤에는 청구인들의 기존 약국을 더 이상 운영할 수 없도록 한 것은, 이미 개설 등록된 청구인들의 기존 약국의 효력이나 이제까지의 약국영업과 관련한 사법상의 법률효과를 소급하여 부인하는 것이 아니므로, 헌법 제13조 제2항에서 의미하는 소급입법에 해당되지 아니한다(헌재 2003.10.30. 2001헌마700 등).

④ 신뢰보호원칙의 위반여부는 한편으로는 침해받은 신뢰이익의 보호가치, 침해의 중한 정도, 신뢰침해의 방법 등과 다른 한편으로는 새 입법을 통해 실현코자 하는 공익목적을 종합적으로 비교형량하여 판단하여야 한다(헌재 1998.11.26. 97헌바58)

14 1 2 3

정답 ②

출처 18 국가직 7급

정답의 이유

② 행복추구권은 제8차 개정헌법(1980년)에 신설되었다.

오답의 이유

① 제2차 개정헌법 제7조의2

> **제2차 개정헌법(1954년) 제7조의2** 대한민국의 주권의 제약 또는 영토의 변경을 가져올 국가안위에 관한 중대사항은 국회의 가결을 거친 후에 국민투표에 부하여 민의원의원선거권자 3분지 2 이상의 투표와 유효투표 3분지 2 이상의 찬성을 얻어야 한다.

③ 제7차 개정헌법 제124조 제2항

> **제7차 개정헌법(1972년) 제124조** ② 대통령이 제안한 헌법개정안은 국민투표로 확정되며, 국회의원이 제안한 헌법개정안은 국회의 의결을 거쳐 통일주체국민회의의 의결로 확정된다.

④ 1987년 헌법은 체포 · 구속 시 이유고지 및 가족통지제도를 추가하였고, 범죄피해자구조청구권을 기본권으로 새로 규정하였다.

15 1 2 3

정답 ④

출처 18 국가직 7급

정답의 이유

④ 청구인 회사는 영업의 자유와 일반적 행동의 자유도 침해되고 헌법상 경제질서에도 위배된다고 주장하지만, 심판대상조항과 가장 밀접한 관계에 있는 직업수행의 자유 침해 여부를 판단하는 이상 이 부분 주장에 대해서는 별도로 판단하지 아니한다. … 국민의 생명과 건강에 직결되는 응급이송체계를 적정하게 확립한다는 공익의 중요성에 비추어 영업지역의 제한에 따라 침해되는 이송업자의 사익이 크다고 보기는 어려우므로 법익의 균형성도 인정된다. 따라서 심판대상조항은 과잉금지원칙을 위반하여 직업수행의 자유를 침해한다고 볼 수 없다(헌재 2018.2.22. 2016헌바10).

오답의 이유

① 헌법은 제119조에서 개인의 경제적 자유를 보장하면서 사회정의를 실현하기 위한 경제질서를 선언하고 있다. 이 규정은 헌법상 경제질서에 관한 일반조항으로서 국가의 경제정책에 대한 하나의 헌법적 지침이고, 동 조항이 언급하는 '경제적 자유와 창의'는 직업의 자유, 재산권의 보장, 근로3권과 같은 경제에 관한 기본권 및 비례의 원칙과 같은 법치국가원리에 의하여 비로소 헌법적으로 구체화된다(헌재 2002.10.31. 99헌바76 등). 헌법상 경제질서조항 그 자체가 기본권적 성질을 가지는 것은 아니다.

② 헌법 제123조 제5항은 국가에게 "농 · 어민의 자조조직을 육성할 의무"와 "자조조직의 자율적 활동과 발전을 보장할 의무"를 아울러 규정하고 있는데, 이러한 국가의 의무는 자조조직이 제대로 활동하고 기능하는 시기에는 그 조직의 자율성을 침해하지 않도록 하는 후자의 소극적 의무를 다하면 된다고 할 수 있지만, 그 조직이 제대로 기능하지 못하고 향후의 전망도 불확실한 경우라면 단순히 그 조직의 자율성을 보장하는 것에 그쳐서는 아니 되고, 적극적으로 이를 육성하여야 할 전자의 의무까지도 수행하여야 한다(헌재 2000.6.1. 99헌마553).

③ 현행 헌법이 보장하는 소비자보호운동이란 '공정한 가격으로 양질의 상품 또는 용역을 적절한 유통구조를 통해 적절한 시기에 안전하게 구입하거나 사용할 소비자의 제반 권익을 증진할 목적으로 이루어지는 구체적 활동'을 의미하고, 단체를 조직하고 이를 통하여 활동하는 형태, 즉 근로자의 단결권이나 단체행동권에 유사한 활동뿐만 아니라, 하나 또는 그 이상의 소비자가 동일한 목표로 함께 의사를 합치하여 벌이는 운동이면 모두 이에 포함된다 할 것이다(헌재 2011.12.29. 2010헌바54).

16 1 2 3 정답 ①

출처 18 국가직 7급

정답의 이유

① 헌법 제128조, 제129조, 제130조

> **헌법 제128조** ① 헌법개정은 국회재적의원 과반수 또는 대통령의 발의로 제안된다.
> **헌법 제129조** 제안된 헌법개정안은 대통령이 20일 이상의 기간 이를 공고하여야 한다.
> **헌법 제130조** ① 국회는 헌법개정안이 공고된 날로부터 60일 이내에 의결하여야 하며, 국회의 의결은 재적의원 3분의 2 이상의 찬성을 얻어야 한다.

오답의 이유

② 헌법재판관의 수는 헌법사항이므로 변경하려면 헌법을 개정하여야 한다.

> **헌법 제111조** ② 헌법재판소는 법관의 자격을 가진 9인의 재판관으로 구성하며, 재판관은 대통령이 임명한다.

③ 헌법개정의 한계에 관한 규정을 두지 아니하고 헌법의 개정을 법률의 개정과는 달리 국민투표에 의하여 이를 확정하도록 규정하고 있는(헌법 제130조 제2항) 현행의 우리 헌법상으로는 과연 어떤 규정이 헌법핵 내지는 헌법제정규범으로서 상위규범이고 어떤 규정이 단순한 헌법개정규범으로서 하위규범인지를 구별하는 것이 가능하지 아니하며, 달리 헌법의 각 개별규정 사이에 그 효력상의 차이를 인정하여야 할 아무런 근거도 찾을 수 없다(헌재 1996.6.13. 94헌마118 등).

④ 제2차 개정헌법 제2조, 제98조 제6항

> **제2차 개정헌법(1954년) 제2조** 대한민국의 주권은 국민에게 있고 모든 권력은 국민으로부터 나온다.
> **제2차 개정헌법(1954년) 제98조** ⑥ 제1조, 제2조와 제7조의2의 규정은 개폐할 수 없다.

17 1 2 3 정답 ③

출처 18 국가직 7급

정답의 이유

③ 신상정보 고지조항은 성폭력범죄행위에 대하여 일반 국민에게 경각심을 주어 유사한 범죄를 예방하고, 성폭력범죄자로부터 잠재적인 피해자와 지역사회를 보호하며, 특히, 성범죄자들이 사회에 복귀함을 그 지역에 거주하는 아동 · 청소년들의 안전에 책임이 있는 자들에게 경고하여 성범죄자들이 거주하는 지역의 아동 · 청소년의 안전을 보호하고자 하는 데 그 입법목적이 있다. … 또한, 성범죄자의 신상정보를 직접 우편 등으로 고지하는 것은 지역주민 등에게 경각심을 불러일으키는 데 효과적이므로 수단의 적합성도 인정된다. … 따라서 신상정보 고지조항은 과잉금지원칙을 위반하여 청구인의 인격권, 개인정보자기결정권을 침해한다고 볼 수 없다(헌재 2016.5.26. 2015헌바21).

오답의 이유

① 이 사건 법률조항은 증명서 발급에 있어 형제자매에게 정보주체인 본인과 거의 같은 지위를 부여하고 있으므로, 이는 증명서 교부청구권자의 범위를 필요한 최소한도로 한정한 것이라고 볼 수 없다. 본인은 인터넷을 이용하거나 위임을 통해 각종 증명서를 발급받을 수 있으며, 「가족관계등록법」 제14조 제1항 단서 각 호에서 일정한 경우에는 제3자도 각종 증명서의 교부를 청구할 수 있으므로 형제자매는 이를 통해 각종 증명서를 발급받을 수 있다. 따라서 이 사건 법률조항은 침해의 최소성에 위배된다. 또한, 이 사건 법률조항을 통해 달성하려는 공익에 비해 초래되는 기본권 제한의 정도가 중대하므로 법익의 균형성도 인정하기 어려워, 이 사건 법률조항은 청구인의 개인정보자기결정권을 침해한다(헌재 2016.6.30. 2015헌마924).

② 이 사건 제공행위는 형사사법의 실체적 진실을 발견하고 이를 통해 형사사법의 적정한 수행을 도모하기 위한 것으로 그 목적이 정당하고, 수단 역시 적합하다. … 나아가 접견내용이 기록된다는 사실이 미리 고지되어 그에 대한 보호가치가 그리 크다고 볼 수 없는 점 등을 고려할 때, 법익의 불균형을 인정하기도 어려우므로, 과잉금지원칙에 위반하여 청구인의 개인정보자기결정권을 침해하였다고 볼 수 없다(헌재 2012.12.27. 2010헌마153).

④ 법은 CCTV 열람의 활용 목적을 제한하고 있고, 어린이집 원장은 열람시간 지정 등을 통해 보육활동에 지장이 없도록 보호자의 열람 요청에 적절히 대응할 수 있으므로 이 조항으로 어린이집 원장이나 보육교사 등의 기본권이 필요 이상으로 과도하게 제한된다고 볼 수 없다. 또한 이를 통해 달성할 수 있는 보호자와 어린이집 사이의 신뢰회복 및 어린이집 아동학대 근절이라는 공익의 중대함에 반하여, 제한되는 사익이 크다고 보기 어렵다. 따라서 법 제15조의5 제1항 제1호는 과잉금지원칙을 위반하여 어린이집 보육교사 등의 개인정보자기결정권 및 어린이집 원장의 직업수행의 자유를 침해하지 아니한다(헌재 2017.12.28. 2015헌마994).

18 1 2 3 정답 ①

출처 18 국가직 7급

정답의 이유

① 심판대상조항은 제조업의 핵심 업무인 직접생산공정업무의 적정한 운영을 기하고 근로자에 대한 직접고용 증진 및 적정임금 지급을 보장하기 위한 것으로 입법목적의 정당성 및 수단의 적합성이 인정된다. … 또한, 제조업의 직접생산공정업무의 적정한 운영, 근로자의 직접고용 증진 및 적정임금 보장이라는 공익이 사용사업주가 제조업의 직접생산공정업무에 관하여 근로자파견의 역무를 제공받지 못하는 직업수행의 자유 제한에 비하여 작다고 볼 수 없으므로, 법익의 균형성도 충족된다. 따라서 심판대상조항이 제조업의 직접생산공정업무에 관하여 근로자파견의 역무를 제공받고자 하는 사업주의 직업수행의 자유를 침해한다고 볼 수 없다(헌재 2017.12.28. 2016헌바346).

오답의 이유

② 세무사의 업무에는 「세법」 및 관련 법령에 대한 전문 지식과 법률에 대한 해석 · 적용능력이 필수적으로 요구되는 업무가 포함되어 있다. 「세법」 및 관련 법령에 대한 해석 · 적용에 있어서는 세무사나 공인회계사보다 변호사에게 오히려 전문성과 능력이 인정됨에도 불구하고, 심판대상조항은 세무사 자격 보유 변호사로 하여금 세무대리를 일체 할 수 없도록 전면적으로 금지하고 있으므로, 수단의 적합성을 인정할 수 없다. … 그렇다면, 심판대상조항은 과잉금지원칙을 위반하여 세무사 자격 보유 변호사의 직업선택의 자유를 침해하므로 헌법에 위반된다(헌재 2018.4.26. 2015헌가19).

③ 심판대상조항은 청원경찰이 저지른 범죄의 종류나 내용을 불문하고 금고 이상의 형의 선고유예를 받게 되면 당연히 퇴직되도록 규정함으로써 청원경찰에게 공무원보다 더 가혹한 제재를 가하고 있으므로, 침해의 최소성 원칙에 위배된다. 심판대상 조항은 청원경찰이 저지른 범죄의 종류나 내용을 불문하고 범죄행위로 금고 이상의 형의 선고유예를 받게 되면 당연히 퇴직되도록 규정함으로써 그것이 달성하려는 공익의 비중에도 불구하고 청원경찰의 직업의 자유를 과도하게 제한하고 있어 법익의 균형성 원칙에도 위배된다. 따라서 심판대상조항은 과잉금지원칙에 반하여 직업의 자유를 침해한다(헌재 2018.1.25. 2017헌가26).

④ 이 사건 법률조항은 아동학대관련범죄전력만으로 그가 장래에 동일한 유형의 범죄를 다시 저지를 것을 당연시하고, 형의 집행이 종료된 때부터 10년이 경과하기 전에는 결코 재범의 위험성이 소멸하지 않는다고 보며, 각 행위의 죄질에 따른 상이한 제재의 필요성을 간과함으로써, 아동학대관련범죄전력자 중 재범의 위험성이 없는 자, 아동학대관련범죄전력이 있지만 10년의 기간 안에 재범의 위험성이 해소될 수 있는 자, 범행의 정도가 가볍고 재범의 위험성이 상대적으로 크지 않은 자에게까지 10년 동안 일률적인 취업제한을 부과하고 있는데, 이는 침해의 최소성 원칙과 법익의 균형성 원칙에 위배된다. 따라서 이 사건 법률조항은 청구인들의 직업선택의 자유를 침해한다(헌재 2018.6.28. 2017헌마130 등).

19 1 2 3

정답 ②

출처 18 국가직 7급

정답의 이유

② 선거권제한조항은 선거의 공정성을 확보하기 위한 것으로서, 선거권 제한의 대상과 요건, 기간이 제한적인 점, 선거의 공정성을 해친 바 있는 선거범으로부터 부정선거의 소지를 차단하여 공정한 선거가 이루어지도록 하기 위하여는 선거권을 제한하는 것이 효과적인 방법인 점, 법원이 선거범에 대한 형량을 결정함에 있어서 양형의 조건뿐만 아니라 선거권의 제한 여부에 대하여도 합리적 평가를 하게 되는 점, 선거권의 제한기간이 공직선거마다 벌금형의 경우는 1회 정도, 징역형의 집행유예의 경우에는 2~3회 정도 제한하는 것에 불과한 점 등을 종합하면, 선거권제한조항은 청구인들의 선거권을 침해한다고 볼 수 없다(헌재 2018.1.25. 2015헌마821 등).

오답의 이유

① 심판대상조항은 공동체 구성원으로서 기본적 의무를 저버린 수형자에 대하여 사회적 · 형사적 제재를 부과하고, 수형자와 일반국민의 준법의식을 제고하기 위한 것이다. 법원의 양형관행을 고려할 때 1년 이상의 징역형을 선고받은 사람은 공동체에 상당한 위해를 가하였다는 점이 재판 과정에서 인정된 자이므로, 이들에 한해서는 사회적 · 형사적 제재를 가하고 준법의식을 제고할 필요가 있다. … 따라서 심판대상조항은 과잉금지원칙을 위반하여 청구인의 선거권을 침해하지 아니한다(헌재 2017.5.25. 2016헌마292 등).

③ 이는 다수대표제의 단점, 즉 거대정당에게 일방적으로 유리하고 다양한 국민의 목소리를 제대로 대표하지 못하는 현상을 방지하기 위해 도입된 비례대표제의 본래 취지에도 부합하지 않는 결과를 초래한다. 따라서 상대적으로 당비나 국고보조금을 지원받기 어렵고 재정상태가 열악한 신생정당이나 소수정당에게 후보자 1명마다 1천500만 원이라는 기탁금액은 선거에의 참여 자체를 위축시킬 수 있는 금액으로서, 비례대표제의 취지를 실현하기 위해 필요한 최소한의 액수보다 지나치게 과다한 액수이다(헌재 2016.12.29. 2015헌마1160 등).

④ 한국철도공사의 상근직원은 「공직선거법」의 다른 조항에 의하여 직무상 행위를 이용하여 선거운동을 하거나 하도록 하는 행위를 할 수 없고, 선거에 영향을 미치는 전형적인 행위도 할 수 없다. 더욱이 그 직을 유지한 채 공직선거에 입후보할 수 없는 상근임원과 달리, 한국철도공사의 상근직원은 그 직을 유지한 채 공직선거에 입후보하여 자신을 위한 선거운동을 할 수 있음에도 타인을 위한 선거운동을 전면적으로 금지하는 것은 과도한 제한이다. 따라서 심판대상조항은 선거운동의 자유를 침해한다(헌재 2018.2.22. 2015헌바124).

20 1 2 3

정답 ②

출처 19 국가직 7급

정답의 이유

② 소급입법은 새로운 입법으로 이미 종료된 사실관계 또는 법률관계에 작용케 하는 진정소급입법과 현재 진행 중인 사실관계 또는 법률관계에 작용케 하는 부진정소급입법으로 나눌 수 있는바, 부진정소급입법은 원칙적으로 허용되지만 소급효를 요구하는 공익상의 사유와 신뢰보호의 요청 사이의 교량과정에서 신뢰보호의 관점이 입법자의 형성권에 제한을 가하게 되는데 반하여, 기존의 법에 의하여 형성되어 이미 굳어진 개인의 법적 지위를 사후입법을 통하여 박탈하는 것 등을 내용으로 하는 진정소급입법은 개인의 신뢰보호와 법적 안정성을 내용으로 하는 법치국가원리에 의하여 특단의 사정이 없는 한 헌법적으로 허용되지 아니하는 것이 원칙이고, 다만 일반적으로 국민이 소급입법을 예상할 수 있었거나 법적 상태가 불확실하고 혼란스러워 보호할 만한 신뢰이익이 적은 경우와 소급입법에 의한 당사자의 손실이 없거나 아주 경미한 경우 그리고 신뢰보호의 요청에 우선하는 심히 중대한 공익상의 사유가 소급입법을 정당화하는 경우 등에는 예외적으로 진정소급입법이 허용된다(헌재 1999.7.22. 97헌바76 등).

오답의 이유

① 신뢰보호의 원칙은 헌법상 법치국가의 원칙으로부터 도출되는데, 그 내용은 법률의 제정이나 개정 시 구법질서에 대한 당사자의 신뢰가 합리적이고도 정당하며 법률의 제정이나 개정으로 야기되는 당사자의 손해가 극심하여 새로운 입법으로 달성하고자 하는 공익적 목적이 그러한 당사자의 신뢰의 파괴를 정당화할 수 없다면, 그러한 새로운 입법은 신뢰보호의 원칙상 허용될 수 없다는 것이다(헌재 2002.11.28. 2002헌바45).

③ 신법이 피적용자에게 유리한 경우에는 이른바 시혜적인 소급입법이 가능하지만, 그러한 소급입법을 할 것인가의 여부는 그 일차적인 판단이 입법기관에 맡겨져 있으므로 입법자는 입법목적, 사회실정이나 국민의 법감정, 법률의 개정이유나 경위 등을 참작하여 시혜적 소급입법을 할 것인가 여부를 결정할 수 있고, 그 판단은 존중되어야 하며, 그 결정이 합리적 재량의 범위를 벗어나 현저하게 불합리하고 불공정한 것이 아닌 한 헌법에 위반된다고 할 수는 없다(헌재 2012.8.23. 2011헌바169).

④ 우리 헌법 제38조는 모든 국민은 법률이 정하는 바에 의하여 납세의무를 진다고 규정하는 한편, 헌법 제59조는 조세의 종목과 세율은 법률로 정한다고 규정하여, 조세법률주의를 선언하고 있는데, 이는 납세의무가 존재하지 않았던 과거에 소급하여 과세하는 입법을 금지하는 원칙을 포함하며, 이러한 소급입법 과세금지원칙은 조세법률관계에 있어서 법적 안정성을 보장하고 납세자의 신뢰이익의 보호에 기여한다(헌재 2004.7.15. 2002헌바63).

제3회 경찰공무원(순경) 헌법

빠른 정답							나의 점수		점
01	02	03	04	05	06	07	08	09	10
②	④	③	③	③	④	①	②	①	①
11	12	13	14	15	16	17	18	19	20
④	②	③	③	④	②	④	④	③	③

01 1 2 3

정답 ②

출처 17 국가직 7급

정답의 이유

② 「남북교류협력에 관한 법률」 제12조

> **「남북교류협력에 관한 법률」 제12조(남북한 거래의 원칙)** 남한과 북한 간의 거래는 국가 간의 거래가 아닌 민족내부의 거래로 본다.

오답의 이유

① 1992.2.19. 발효된 「남북 사이의 화해와 불가침 및 교류협력에 관한 합의서」는 일종의 공동성명 또는 신사협정에 준하는 성격을 가짐에 불과하여 법률이 아님은 물론 「국내법」과 동일한 효력이 있는 조약이나 이에 준하는 것으로 볼 수 없다(헌재 2000.7.20. 98헌바63).

③ 조약은 구두형식으로 체결되는 것이 아니라 서면형식으로 체결된다. 조약은 '국가 · 국제기구 등 「국제법」 주체 사이에 권리의무관계를 창출하기 위하여 서면형식으로 체결되고 「국제법」에 의하여 규율되는 합의'인데, 이러한 조약의 체결 · 비준에 관하여 헌법은 대통령에게 전속적인 권한을 부여하면서(헌법 제73조), 조약을 체결 · 비준함에 앞서 국무회의의 심의를 거쳐야 하고(헌법 제89조 제3호), 특히 중요한 사항에 관한 조약의 체결 · 비준은 사전에 국회의 동의를 얻도록 하는 한편(헌법 제60조 제1항), 국회는 헌법 제60조 제1항에 규정된 일정한 조약에 대해서만 체결 · 비준에 대한 동의권을 가진다(헌재 2008.3.27. 2006헌라4).

④ 헌법 제107조 제1항, 제2항은 법원의 재판에 적용되는 규범의 위헌 여부를 심사할 때, '법률'의 위헌 여부는 헌법재판소가, 법률의 하위 규범인 '명령 · 규칙 또는 처분' 등의 위헌 또는 위법 여부는 대법원이 그 심사권한을 갖는 것으로 권한을 분배하고 있다. 이 조항에 규정된 '법률'인지 여부는 그 제정 형식이나 명칭이 아니라 규범의 효력을 기준으로 판단하여야 하고, '법률'에는 국회의 의결을 거친 이른바 형식적 의미의 법률은 물론이고 그 밖에 조약 등 '형식적 의미의 법률과 동일한 효력'을 갖는 규범들도 모두 포함된다. 이때 '형식적 의미의 법률과 동일한 효력'이 있느냐 여부는 그 규범의 명칭이나 형식에 구애받지 않고 법률적 효력의 유무에 따라 판단하여야 한다(헌재 2013.3.21. 2010헌바70 등).

02 1 2 3

정답 ④

출처 17 국가직 7급

정답의 이유

④ 문화국가원리는 국가의 문화국가실현에 관한 과제 또는 책임을 통하여 실현되는바, 국가의 문화정책과 밀접 불가분의 관계를 맺고 있다. 과거 국가절대주의사상의 국가관이 지배하던 시대에는 국가의 적극적인 문화간섭정책이 당연한 것으로 여겨졌다. 그러나 오늘날에 와서는 국가가 어떤 문화현상에 대하여도 이를 선호하거나, 우대하는 경향을 보이지 않는 불편부당의 원칙이 가장 바람직한 정책으로 평가받고 있다. 오늘날 문화국가에서의 문화정책은 그 초점이 문화 그 자체에 있는 것이 아니라 문화가 생겨날 수 있는 문화풍토를 조성하는 데 두어야 한다. 문화국가원리의 이러한 특성은 문화의 개방성 내지 다원성의 표지와 연결되는데, 국가의 문화육성의 대상에는 원칙적으로 모든 사람에게 문화창조의 기회를 부여한다는 의미에서 모든 문화가 포함된다. 따라서 엘리트 문화뿐만 아니라 서민문화, 대중문화도 그 가치를 인정하고 정책적인 배려의 대상으로 하여야 한다(헌재 2004.5.27. 2003헌가1 등).

오답의 이유

① 오늘날 종교적인 의식 또는 행사가 하나의 사회공동체의 문화적인 현상으로 자리 잡고 있으므로, 어떤 의식, 행사, 유형물 등이 비록 종교적인 의식, 행사 또는 상징에서 유래되었다고 하더라도 그것이 이미 우리 사회공동체 구성원들 사이에서 관습화된 문화요소로 인식되고 받아들여질 정도에 이르렀다면, 이는 정교분리원칙이 적용되는 종교의 영역이 아니라 헌법적 보호가치를 지닌 문화의 의미를 갖게 된다. 그러므로 이와 같이 이미 문화적 가치로 성숙한 종교적인 의식, 행사, 유형물에 대한 국가 등의 지원은 일정 범위 내에서 전통문화의 계승 · 발전이라는 문화국가원리에 부합하며 정교분리원칙에 위배되지 않는다(대판 2009.5.28. 2008두16933).

② 헌법 전문과 헌법 제9조에서 말하는 '전통', '전통문화'란 역사성과 시대성을 띤 개념으로 이해하여야 한다. 과거의 어느 일정 시점에서 역사적으로 존재하였다는 사실만으로 모두 헌법의 보호를 받는 전통이 되는 것은 아니다. … 결론적으로 전래의 어떤 가족제도가 헌법 제36조 제1항이 요구하는 개인의 존엄과 양성평등에 반한다면 헌법 제9조를 근거로 그 헌법적 정당성을 주장할 수는 없다(헌재 2005.2.3. 2001헌가9 등).

③ 헌법 제9조의 규정취지와 민족문화유산의 본질에 비추어 볼 때, 국가가 민족문화유산을 보호하고자 하는 경우 이에 관한 헌법적 보호법익은 '민족문화유산의 존속' 그 자체를 보장하는 것이고, 원칙적으로 민족문화유산의 훼손 등에 관한 가치보상이 있는지 여부는 이러한 헌법적 보호법익과 직접적인 관련이 없다(헌재 2003.1.30. 2001헌바64).

03 1 2 3

정답 ③

출처 17 국가직 7급

정답의 이유

③ 청구인들이 평화적 생존권이란 이름으로 주장하고 있는 평화란 헌법의 이념 내지 목적으로서 추상적인 개념에 지나지 아니하고, 평화적 생존권은 이를 헌법에 열거되지 아니한 기본권으로서 특별히 새롭게 인정할 필요성이 있다거나 그 권리내용이 비교적 명확하여 구체적 권리로서의 실질에 부합한다고 보기 어려워 헌법상 보장된 기본권이라고 할 수 없다(헌재 2009.5.28. 2007헌마369).

오답의 이유

① 오늘날의 법치주의는 국민의 권리 · 의무에 관한 사항을 법률로써 정해야 한다는 형식적 법치주의에 그치는 것이 아니라 그 법률의 목적과 내용 또한 기본권 보장의 헌법이념에 부합되어야 한다는 실질적 적법절차를 요구하는 법치주의를 의미하며, 헌법 제38조, 제59조가 선언하는 조세법률주의도 이러한 실질적 적법절차가 지배하는 법치주의를 뜻하므로, 비록 과세요건이 법률로 명확히 정해진 것일지라도 그것만으로 충분한 것은 아니고 「조세법」의 목적이나 내용이 기본권 보장의 헌법이념과 이를 뒷받침하는 헌법상 요구되는 제원칙에 합치되어야 한다(헌재 1994.6.30. 93헌바9).

② 직장가입자에 비하여, 지역가입자에는 노인, 실업자, 퇴직자 등 소득이 없거나 저소득의 주민이 다수 포함되어 있고, 이러한 저소득층 지역가입자에 대하여 국가가 국고지원을 통하여 보험료를 보조하는 것은, 경제적 · 사회적 약자에게도 의료보험의 혜택을 제공해야 할 사회국가적 의무를 이행하기 위한 것이다. 사회보험의 목적이 모든 국민에게 최소한의 인간다운 생활을 보장하고자 하는 데 있으므로, 사회보험은 국가의 사회국가적 의무를 이행하기 위한 주요수단이다. 사회국가원리는 소득의 재분배의 관점에서 경제적 약자에 대한 보험료의 지원을 허용할 뿐만 아니라, 한걸음 더 나아가 정의로운 사회질서의 실현을 위하여 이를 요청하는 것이다. 따라서 국가가 저소득층 지역가입자를 대상으로 소득수준에 따라 보험료를 차등지원하는 것은 사회국가원리에 의하여 정당화되는 것이다. 결국, 국고지원에 있어서의 지역가입자와 직장가입자의 차별취급은 사회국가원리의 관점에서 합리적인 차별에 해당하는 것으로서 평등원칙에 위반되지 아니한다(헌재 2000.6.29. 99헌마289).

④ 법률의 개정 시 구법 질서에 대한 당사자의 신뢰가 합리적이고도 정당하며 법률의 개정으로 야기되는 당사자의 손해가 극심하여 새로운 입법으로 달성하고자 하는 공익적 목적이 그러한 당사자의 신뢰의 파괴를 정당화할 수 없다면 그러한 새 입법은 신뢰보호의 원칙상 허용될 수 없다. 이러한 신뢰보호원칙의 위배여부를 판단하기 위하여는 한면으로는 침해받은 이익의 보호가치, 침해의 중한 정도, 신뢰가 손상된 정도, 신뢰침해의 방법 등과 다른 한면으로는 새 입법을 통해 실현하고자 하는 공익적 목적을 종합적으로 비교 · 형량하여야 한다(헌재 1995.6.29. 94헌바39).

04 1 2 3

정답 ③

출처 17 국가직 7급

정답의 이유

ㄱ. (○) 이 사건 법률조항이 자산소득합산과세제도를 통하여 합산대상 자산소득을 가진 혼인한 부부를 소득세부과에서 차별취급하는 것은 중대한 합리적 근거가 존재하지 아니하므로 헌법상 정당화되지 아니한다. 따라서 혼인관계를 근거로 자산소득합산과세를 규정하고 있는 이 사건 법률조항은 혼인한 자의 차별을 금지하고 있는 헌법 제36조 제1항에 위반된다(헌재 2002.8.29. 2001헌바82).

ㄴ. (○) 헌법재판소 1997.3.27. 95헌가14 등 결정의 취지에 따라 2005.3.31. 법률 제7427호로 개정된 「민법」 제847조 제1항은 '친생부인의 사유가 있음을 안 날'을 제척기간의 기산점으로 삼음으로써 부(夫)가 혈연관계의 진실을 인식할 때까지 기간의 진행을 유보하고, '그로부터 2년'을 제척기간으로 삼음으로써 부(夫)의 친생부인의 기회를 실질적으로 보장하고 있다. 또한 2년이란 기간은 자녀의 불안정한 지위를 장기간 방치하지 않기 위한 것으로서 지나치게 짧다고 볼 수 없다. 따라서 「민법」 제847조 제1항 중 "부(夫)가 그 사유가 있음을 안 날부터 2년 내" 부분은 친생부인의 소의 제척기간에 관한 입법재량의 한계를 일탈하지 않은 것으로서 헌법에 위반되지 아니한다(헌재 2015.3.26. 2012헌바357).

ㄹ. (○) 육아휴직신청권은 헌법 제36조 제1항 등으로부터 개인에게 직접 주어지는 헌법적 차원의 권리라고 볼 수는 없고, 입법자가 입법의 목적, 수혜자의 상황, 국가예산, 전체적인 사회보장수준, 국민정서 등 여러 요소를 고려하여 제정하는 입법에 적용요건, 적용대상, 기간 등 구체적인 사항이 규정될 때 비로소 형성되는 법률상의 권리이다(헌재 2008.10.30. 2005헌마1156).

오답의 이유

ㄷ. (×) 심판대상조항에 따르면, 혼인 종료 후 300일 내에 출생한 자녀가 전남편의 친생자가 아님이 명백하고, 전남편이 친생추정을 원하지도 않으며, 생부가 그 자를 인지하려는 경우에도, 그 자녀는 전남편의 친생자로 추정되어 가족관계등록부에 전남편의 친생자로 등록되고, 이는 엄격한 친생부인의 소를 통해서만 번복될 수 있다. 그 결과 심판대상조항은 이혼한 모와 전남편이 새로운 가정을 꾸리는 데 부담이 되고, 자녀와 생부가 진실한 혈연관계를 회복하는 데 장애가 되고 있다.

이와 같이 「민법」 제정 이후의 사회적 · 법률적 · 의학적 사정변경을 전혀 반영하지 아니한 채, 이미 혼인관계가 해소된 이후에 자가 출생하고 생부가 출생한 자를 인지하려는 경우마저도, 아무런 예외 없이 그 자를 전남편의 친생자로 추정함으로써 친생부인의 소를 거치도록 하는 심판대상조항은 입법형성의 한계를 벗어나 모가 가정생활과 신분관계에서 누려야 할 인격권, 혼인과 가족생활에 관한 기본권을 침해한다(헌재 2015.4.30. 2013헌마623).

05 1 2 3

정답 ③

출처 17 국가직 7급

정답의 이유

③ 조례에 의한 규제가 지역 여건이나 환경 등 그 특성에 따라 다르게 나타나는 것은 헌법이 지방자치단체의 자치입법권을 인정한 이상 당연히 예상되는 결과이다. 청구인들이 자신들이 거주하는 지역의 학원조례조항으로 인하여 다른 지역 주민들에 비하여 더한 규제를 받게 되었다 하여 평등권이 침해되었다고 볼 수는 없다(헌재 2016.5.26. 2014헌마374).

오답의 이유

① 이 사건 법률조항이 청구인들과 같은 초 · 중등학교 교원의 정당가입 및 선거운동의 자유를 금지함으로써 정치적 기본권을 제한하는 측면이 있는 것은 사실이나, 공무원의 정치적 중립성 등을 규정한 헌법 제7조 제1항 · 제2항, 교육의 정치적 중립성을 규정한 헌법 제31조 제4항의 규정취지에 비추어 보면, 감수성과 모방성 그리고 수용성이 왕성한 초 · 중등학교 학생들에게 교원이 미치는 영향은 매우 크고, 교원의 활동은 근무시간 내외를 불문하고 학생들의 인격 및 기본생활습관 형성 등에 중요한 영향을 끼치는 잠재적 교육과정의 일부분인 점을 고려하고, 교원의 정치활동은 교육수혜자인 학생의 입장에서는 수업권의 침해로 받아들여질 수 있다는 점에서 현 시점에서는 국민의 교육기본권을 더욱 보장함으로써 얻을 수 있는 공익을 우선시해야 할 것이라는 점 등을 종합적으로 감안할 때, 초 · 중등학교 교육공무원의 정당가입 및 선거운동의 자유를 제한하는 것은 헌법적으로 정당화 될 수 있다(헌재 2004.3.25. 2001헌마710).

② 헌법 제31조 제1항의 교육을 받을 권리는, 국민이 능력에 따라 균등하게 교육받을 것을 공권력에 의하여 부당하게 침해받지 않을 권리와, 국민이 능력에 따라 균등하게 교육받을 수 있도록 국가가 적극적으로 배려하여 줄 것을 요구할 수 있는 권리로 구성되는바, 전자는 자유권적 기본권의 성격이, 후자는 사회권적 기본권의 성격이 강하다고 할 수 있다. 그런데 이 사건 규칙조항과 같이 검정고시응시자격을 제한하는 것은, 국민의 교육받을 권리 중 그 의사와 능력에 따라 균등하게 교육받을 것을 국가로부터 방해받지 않을 권리, 즉 자유권적 기본권을 제한하는 것이므로, 그 제한에 대하여는 헌법 제37조 제2항의 비례원칙에 의한 심사, 즉 과잉금지원칙에 따른 심사를 받아야 할 것이다(헌재 2008.4.24. 2007헌마1456).

④ 헌법 제31조 제1항에 의해서 보장되는 교육을 받을 권리는 교육영역에서의 기회균등을 내용으로 한다. 즉, 능력이 있으면서도 여러 가지 사회적 · 경제적 이유로 교육을 받지 못하는 일이 없도록, 국가가 재정능력이 허용하는 범위 내에서 가능하면 모든 국민에게 취학의 기회가 골고루 돌아가게끔 그에 필요한 교육시설 및 제도를 마련할 의무를 지게 하기 위한 것이 바로 이 교육을 받을 권리이다. 그러나 교육을 받을 권리는 국민이 국가에 대해 직접 특정한 교육제도나 학교시설을 요구할 수 있음을 뜻하지는 않으며, 더구나 자신의 교육환경을 최상 혹은 최적으로 만들기 위해 타인의 교육시설 참여 기회를 제한할 것을 청구할 수 있는 기본권은 더더욱 아닌 것이다(헌재 2003.9.25. 2001헌마814).

06 1 2 3

정답 ④

출처 17 국가직 7급

정답의 이유

ㄴ. (×) 상업광고는 표현의 자유의 보호영역에 속하지만 사상이나 지식에 관한 정치적, 시민적 표현행위와는 차이가 있고, 한편 직업수행의 자유의 보호영역에 속하지만 인격발현과 개성신장에 미치는 효과가 중대한 것은 아니다. 그러므로 상업광고 규제에 관한 비례의 원칙 심사에 있어서 '피해의 최소성' 원칙은 같은 목적을 달성하기 위하여 달리 덜 제약적인 수단이 없을 것인지 혹은 입법목적을 달성하기 위하여 필요한 최소한의 제한인지를 심사하기 보다는 '입법목적을 달성하기 위하여 필요한 범위 내의 것인지'를 심사하는 정도로 완화되는 것이 상당하다(헌재 2005.10.27. 2003헌가3).

ㄷ. (×) 건강기능식품의 허위 · 과장 광고를 사전에 예방하지 않을 경우 불특정 다수가 신체 · 건강상 피해를 보는 등 광범위한 해악이 초래될 수 있고, 허위 · 과장 광고 등에 대해 사후적인 제재를 하더라도 소비자들이 신체 · 건강상으로 이미 입은 피해는 피해 회복이 사실상 불가능할 수 있어서 실효성이 별로 없다는 문제가 있다. … 그러므로 이와 같이 건강 기능식품의 기능성 표시 · 광고와 같이 규제의 필요성이 큰 경우에 언론 · 출판의 자유를 최대한도로 보장할 의무를 지는 외에 헌법 제36조 제3항에 따라 국민의 보건에 관한 보호의무도 지는 입법자가 국민의 표현의 자유와 보건 · 건강권 모두를 최대한 보장하고, 기본권들 간의 균형을 기하는 차원에서 건강기능식품의 표시 · 광고에 관한 사전심의절차를 법률로 규정하였다 하여 이를 우리 헌법이 절대적으로 금지하는 사전검열에 해당한다고 보기는 어렵다. … 건강기능식품의 기능성 표시 · 광고를 하고자 하는 자가 사전에 건강기능식품협회의 심의절차를 거치도록 하는 것은 헌법 제37조 제2항의 과잉금지원칙에 위반하여 청구인의 표현의 자유 등 기본권을 침해한다고 보기 어렵다(헌재 2010.7.29. 2006헌바75).

ㄹ. (×) 음란표현이 언론 · 출판의 자유의 보호영역에 해당하지 아니한다고 해석할 경우 음란표현에 대하여는 언론 · 출판의 자유의 제한에 대한 헌법상의 기본원칙, 예컨대 명확성의 원칙, 검열 금지의 원칙 등에 입각한 합헌성 심사를 하지 못하게 될 뿐만 아니라, 기본권 제한에 대한 헌법상의 기본원칙, 예컨대 법률에 의한 제한, 본질적 내용의 침해금지 원칙 등도 적용하기 어렵게 되는 결과, 모든 음란표현에 대하여 사전 검열을 받도록 하고 이를 받지 않은 경우 형사처벌을 하거나, 유통목적이 없는 음란물의 단순소지를 금지하거나, 법률에 의하지 아니하고 음란물출판에 대한 불이익을 부과하는 행위 등에 대한 합헌성 심사도 하지 못하게 됨으로써, 결국 음란표현에 대한 최소한의 헌법상 보호마저도 부인하게 될 위험성이 농후하게 된다는 점을 간과할 수 없다. 이 사건 법률조항의 음란표현은 헌법 제21조가 규정하는 언론 · 출판의 자유의 보호영역 내에 있다고 볼 것인바, 종전에 이와 견해를 달리하여 음란표현은 헌법 제21조가 규정하는 언론 · 출판의 자유의 보호영역에 해당하지 아니한다는 취지로 판시한 우리 재판소의 의견을 변경한다(헌재 2009.5.28. 2006헌바109).

오답의 이유

ㄱ. (○) 이 사건 법률조항들은 지역농협 이사 선거가 과열되는 과정에서 후보자들의 경제력 차이에 따른 불균형한 선거운동 및 흑색선전을 통한 부당한 경쟁이 이루어짐으로써 선거의 공정이 해쳐지는 것을 방지하기 위하여 선거 공보의 배부를 통한 선거운동만을 허용하고 전화 · 컴퓨터통신을 이용한 지지 호소의 선거운동을 금지하며 이를 위반하여 선거운동을 한 자를 처벌하는바, 입법목적의 정당성 및 수단의 적합성이 인정된다. 그러나 전화 · 컴퓨터통신은 누구나 손쉽고 저렴하게 이용할 수 있는 매체인 점, 농업협동조합법에서 흑색선전 등을 처벌하는 조항을 두고 있는 점을 고려하면 입법목적 달성을 위하여 위 매체를 이용한 지지 호소까지 금지할 필요성은 인정되지 아니한다. 이 사건 법률조항들이 달성하려는 공익이 결사의 자유 및 표현의 자유 제한을 정당화할 정도로 크다고 보기는 어려우므로, 법익의 균형성도 인정되지 아니한다. 따라서 이 사건 법률조항들은 과잉금지원칙을 위반하여 결사의 자유, 표현의 자유를 침해하여 헌법에 위반된다(헌재 2016.11.24. 2015헌바62).

07 1 2 3

정답 ①

출처 17 국가직 7급

정답의 이유

① 특정 성폭력범죄자에 대한 위치추적 전자장치 부착에 관한 법률에 의한 전자감시제도는, 성폭력범죄자의 재범방지와 성행교정을 통한 재사회화를 위하여 그의 행적을 추적하여 위치를 확인할 수 있는 전자장치를 신체에 부착하게 하는 부가적인 조치를 취함으로써 성폭력범죄로부터 국민을 보호함을 목적으로 하는 일종의 보안처분이다(대판 2011.7.28. 2011도5813).

오답의 이유

② 죄형법정주의는 무엇이 범죄이며 그에 대한 형벌이 어떠한 것인가는 국민의 대표로 구성된 입법부가 제정한 법률로써 정하여야 한다는 원칙인데, 「부동산등기특별조치법」 제11조 제1항 본문 중 제2조 제1항에 관한 부분이 정하고 있는 과태료는 행정상의 질서유지를 위한 행정질서벌에 해당할 뿐 형벌이라고 할 수 없어 죄형법정주의의 규율대상에 해당하지 아니한다(헌재 1998.5.28. 96헌바83).

③ 형사처벌의 근거가 되는 것은 법률이지 판례가 아니고, 「형법」 조항에 관한 판례의 변경은 그 법률조항의 내용을 확인하는 것에 지나지 아니하여 이로써 그 법률조항 자체가 변경된 것으로 볼 수 없으므로, 행위 당시의 판례에 의하면 처벌대상이 되지 아니하는 것으로 해석되었던 행위를 판례의 변경에 따라 확인된 내용의 「형법」 조항에 근거하여 처벌한다고 하여 그것이 형벌불소급원칙에 위반된다고 할 수 없다(헌재 2014.5.29. 2012헌바390 등).

④ 심판대상조항은 정신질환자를 신속 · 적정하게 치료하고, 정신질환자 본인과 사회의 안전을 지키기 위한 것으로서 그 목적이 정당하다. … 그러나 현행 보호입원 제도가 입원치료 · 요양을 받을 정도의 정신질환이 어떤 것인지에 대해서는 구체적인 기준을 제시하지 않고 있는 점, 보호의무자 2인의 동의를 보호입원의 요건으로 하면서 보호의무자와 정신질환자 사이의 이해충돌을 적절히 예방하지 못하고 있는 점, 입원의 필요성이 인정되는지 여부에 대한 판단권한을 정신과전문의 1인에게 전적으로 부여함으로써 그의 자의적 판단 또는 권한의 남용 가능성을 배제하지 못하고 있는 점, 보호의무자 2인이 정신과전문의와 공모하거나, 그로부터 방조 · 용인을 받는 경우 보호입원 제도가 남용될 위험성은 더욱 커지는 점, 보호입원 제도로 말미암아 사실 응급이송단에 의한 정신질환자의 불법적 이송, 감금 또는 폭행과 같은 문제도 빈번하게 발생하고 있는 점, 보호입원 기간도 최초부터 6개월이라는 장기로 정해져 있고, 이 또한 계속적인 연장이 가능하여 보호입원이 치료의 목적보다는 격리의 목적으로 이용될 우려도 큰 점, 보호입원 절차에서 정신질환자의 권리를 보호할 수 있는 절차들을 마련하고 있지 않은 점, 기초정신보건심의회의 심사나 「인신보호법」상 구제청구만으로는 위법 · 부당한 보호입원에 대한 충분한 보호가 이루어지고 있다고 보기 어려운 점 등을 종합하면, 심판대상조항은 침해의 최소성 원칙에 위배된다. 심판대상조항이 정신질환자를 신속 · 적정하게 치료하고, 정신질환자 본인과 사회의 안전을 도모한다는 공익을 위한 것임은 인정되나, 정신질환자의 신체의 자유 침해를 최소화할 수 있는 적절한 방안을 마련하지 아니함으로써 지나치게 기본권을 제한하고 있다. 따라서 심판대상조항은 법익의 균형성 요건도 충족하지 못한다. 그렇다면 심판대상조항은 과잉금지원칙을 위반하여 신체의 자유를 침해한다(헌재 2016.9.29. 2014헌가9).

08 1 2 3

정답 ②

출처 17 국가직 7급

정답의 이유

② 이 사건 녹음행위는 교정시설 내의 안전과 질서유지에 기여하기 위한 것으로서 그 목적이 정당할 뿐 아니라 수단이 적절하다. 또한, 소장은 미리 접견내용의 녹음 사실 등을 고지하며, 접견기록물의 엄격한 관리를 위한 제도적 장치도 마련되어 있는 점 등을 고려할 때 침해의 최소성 요건도 갖추었고, 이 사건 녹음행위는 미리 고지되어 청구인의 접견내용은 사생활의 비밀로서의 보호가치가 그리 크지 않다고 할 것이므로 법익의 불균형을 인정하기도 어려워, 과잉금지원칙에 위반하여 청구인의 사생활의 비밀과 자유를 침해하였다고 볼 수 없다(헌재 2012.12.27. 2010헌마153).

오답의 이유

① 공직자의 공무집행과 직접적인 관련이 없는 개인적인 사생활에 관한 사실이라도 일정한 경우 공적인 관심 사안에 해당할 수 있다. 공직자의 자질 · 도덕성 · 청렴성에 관한 사실은 그 내용이 개인적인 사생활에 관한 것이라 할지라도 순수한 사생활의 영역에 있다고 보기 어렵다. 이러한 사실은 공직자 등의 사회적 활동에 대한 비판내지 평가의 한 자료가 될 수 있고, 업무집행의 내용에 따라서는 업무와 관련이 있을 수도 있으므로, 이에 대한 문제제기 내지 비판은 허용되어야 한다(헌재 2013.12.26. 2009헌마747).

③ 사생활의 비밀은 국가가 사생활영역을 들여다보는 것에 대한 보호를 제공하는 기본권이며, 사생활의 자유는 국가가 사생활의 자유로운 형성을 방해하거나 금지하는 것에 대한 보호를 의미한다. 구체적으로 사생활의 비밀과 자유가 보호하는 것은 개인의 내밀한 내용의 비밀을 유지할 권리, 개인이 자신의 사생활의 불가침을 보장받을 수 있는 권리, 개인의 양심영역이나 성적 영역과 같은 내밀한 영역에 대한 보호, 인격적인 감정세계의 존중의 권리와 정신적인 내면생활이 침해받지 아니할 권리 등이다(헌재 2003.10.30. 2002헌마518).

④ 헌법 제18조에서는 "모든 국민은 통신의 비밀을 침해받지 아니 한다"라고 규정하여 통신의 비밀보호를 그 핵심내용으로 하는 통신의 자유를 기본권으로 보장하고 있다. 통신의 자유를 기본권으로서 보장하는 것은 사적 영역에 속하는 개인간의 의사소통을 사생활의 일부로서 보장하겠다는 취지에서 비롯된 것이라 할 것이다(헌재 2001.3.21. 2000헌바25).

09 1 2 3

정답 ①

출처 17 국가직 7급

정답의 이유

ㄱ. (○) 「국가인권위원회법」 제5조 제1항, 제2항

> **「국가인권위원회법」 제5조(위원회의 구성)** ① 위원회는 위원장 1명과 상임위원 3명을 포함한 11명의 인권위원(이하 "위원"이라 한다)으로 구성한다.
> ② 위원은 다음 각 호의 사람을 대통령이 임명한다.
> 1. 국회가 선출하는 4명(상임위원 2명을 포함한다)
> 2. 대통령이 지명하는 4명(상임위원 1명을 포함한다)
> 3. 대법원장이 지명하는 3명

ㄴ. (○) 권한쟁의심판은 국회의 입법행위 등을 포함하여 권한쟁의 상대방의 처분 또는 부작위가 헌법 또는 법률에 의하여 부여받은 청구인의 권한을 침해하였거나 침해할 현저한 위험이 있는 때 제기할 수 있는 것인데, 헌법상 국가에게 부여된 임무 또는 의무를 수행하고 그 독립성이 보장된 국가기관이라고 하더라도 오로지 법률에 설치근거를 둔 국가기관이라면 국회의 입법행위에 의하여 존폐 및 권한범위가 결정될 수 있으므로 이러한 국가기관은 '헌법에 의하여 설치되고 헌법과 법률에 의하여 독자적인 권한을 부여받은 국가기관'이라고 할 수 없다. 즉, 청구인이 수행하는 업무의 헌법적 중요성, 기관의 독립성 등을 고려한다고 하더라도, 국회가 제정한 국가인권위원회법에 의하여 비로소 설립된 청구인은 국회의 위 법률 개정행위에 의하여 존폐 및 권한범위 등이 좌우되므로 헌법 제111조 제1항 제4호 소정의 헌법에 의하여 설치된 국가기관에 해당한다고 할 수 없다. 결국, 권한쟁의심판의 당사자능력은 헌법에 의하여 설치된 국가기관에 한정하여 인정하는 것이 타당하므로, 법률에 의하여 설치된 청구인에게는 권한쟁의심판의 당사자능력이 인정되지 아니한다(헌재 2010.10.28. 2009헌라6).

오답의 이유

ㄷ. (×) 국가인권위원회는 법률상의 독립된 국가기관이고, 피해자인 진정인에게는 「국가인권위원회법」이 정하고 있는 구제조치를 신청할 법률상 신청권이 있는데 국가인권위원회가 진정을 각하 및 기각결정을 할 경우 피해자인 진정인으로서는 자신의 인격권 등을 침해하는 인권침해 또는 차별행위 등이 시정되고 그에 따른 구제조치를 받을 권리를 박탈당하게 되므로, 진정에 대한 국가인권위원회의 각하 및 기각결정은 피해자인 진정인의 권리행사에 중대한 지장을 초래하는 것으로서 항고소송의 대상이 되는 행정처분에 해당하므로, 그에 대한 다툼은 우선 행정심판이나 행정소송에 의하여야 할 것이다. 따라서 이 사건 심판청구는 행정심판이나 행정소송 등의 사전 구제절차를 모두 거친 후 청구된 것이 아니므로 보충성 요건을 충족하지 못하였다(헌재 2015.3.26. 2013헌마214).

ㄹ. (×) 「국가인권위원회법」 제47조 제1항, 제2항

> **「국가인권위원회법」 제47조(피해자를 위한 법률구조 요청)** ① 위원회는 진정에 관한 위원회의 조사, 증거의 확보 또는 피해자의 권리 구제를 위하여 필요하다고 인정하면 피해자를 위하여 대한법률구조공단 또는 그 밖의 기관에 법률구조를 요청할 수 있다.
> ② 제1항에 따른 법률구조 요청은 피해자의 명시한 의사에 반하여 할 수 없다.

10 1 2 3 　　정답 ①

출처 17 국가직 7급

정답의 이유

① 이 사건 법률조항과 같이 상속재산(증여재산)의 가액을 상속세(증여세) 부과 당시의 가액으로 평가하도록 한 것은, 이미 객관적으로 확정된 과세원인사실의 발생시점 즉 사람의 사망시기나 어떤 재산의 증여시기를 법률로 바꾸겠다는 것과 같은 것이어서 매우 불합리할 뿐만 아니라, 과세관청이 과세처분을 언제 하느냐에 따라 그 상속재산(증여재산)의 가액평가를 달리 할 수 있는 것이어서 과세관청의 의사나 업무처리시가에 따라 과세표준의 평가기준 그 자체가 달라지고, 나아가서는 과세표준과 세율이 달라지며 끝내는 세금액이 달라지게 된다. 그렇다면 과세표준과 세율 등 과세요건이 조세법률주의에 의하여 법률로 결정되는 것이 아니라 과세관청(행정청)의 의사나 행위에 따라 좌우되는 결과가 될 것이고, 이는 과세관청의 자의에 의한 과세를 방지하고 국민의 경제생활에 법적안정성과 예측가능성을 부여하기 위하여 헌법이 선언하고 있는 조세법률주의에 정면으로 위반된다고 할 것이다(헌재 1992.12.24. 90헌바21).

오답의 이유

② 조세법률주의를 지나치게 철저하게 시행한다면 복잡다양하고도 끊임없이 변천하는 경제상황에 대처하여 적확하게 과세대상을 포착하고 적정하게 과세표준을 산출하기 어려워 담세력에 응한 공평과세의 목적을 달성할 수 없게 된다. 따라서 조세법률주의를 견지하면서도 조세평등주의와의 조화를 위하여 경제현실에 응하여 공정한 과세를 할 수 있게 하고 탈법적인 조세회피행위에 대처하기 위하여는 납세의무의 중요한 사항 내지 본질적인 내용에 관련된 것이라 하더라도 그 중 경제현실의 변화나 전문적 기술의 발달 등에 즉응하여야 하는 세부적인 사항에 관하여는 국회 제정의 형식적 법률보다 더 탄력성이 있는 행정입법에 이를 위임할 필요가 있으나 법률로 규정하여야 할 사항을 대통령령 등 하위법규에 위임하는 경우에 일반적이고 포괄적인 위임을 허용한다면 이는 사실상 입법권을 백지 위임하는 것이나 다름없어 의회입법의 원칙이나 법치주의를 부인하는 것이 되고 아무런 제한 없이 행하여지는 행정권의 자의로 말미암아 기본권이 침해될 위험이 있으므로, 헌법 제75조는 "대통령은 법률에서 구체적으로 범위를 정하여 위임받은 사항 …에 관하여 대통령령을 발할 수 있다"라고 규정하여 조세행정분야뿐만 아니라 국정 전반에 걸쳐 이러한 필요성이 있음을 확인하고 위와 같은 위임입법의 근거를 헌법상 명시하는 한편 "구체적으로 범위를 정하여" 위임하도록 하여 위임에 있어서 일정한 한계가 있음을 명시하고 있다(헌재 1995.11.30. 91헌바1 등).

③ 조세법률주의는 조세는 국민의 재산권을 침해하는 것이 되므로, 납세의무를 성립시키는 납세의무자, 과세물건, 과세표준, 과세기간, 세율 등의 과세요건과 조세의 부과 징수절차는 모두 국민의 대표기관인 국회가 제정한 법률로써 이를 규정하여야 한다는 과세요건법정주의와 아울러 과세요건을 법률로 규정하였다고 하더라도 그 규정내용이 지나치게 추상적이고 불명확하면 과세관청의 자의적인 해석과 집행을 초래할 염려가 있으므로 그 규정내용이 명확하고 일의 적이어야 한다는 과세요건명확주의를 그 핵심적 내용으로 하고 있다(헌재 1998.12.24. 97헌바33 등).

④ 과세요건법정주의 및 과세요건명확주의를 포함하는 조세법률주의가 지배하는 「조세법」의 영역에서는 경과규정의 미비라는 명백한 입법의 공백을 방지하고 형평성의 왜곡을 시정하는 것은 원칙적으로 입법자의 권한이고 책임이지 법문의 한계 안에서 법률을 해석 · 적용하는 법원이나 과세관청의 몫은 아니다. 뿐만 아니라 구체적 타당성을 이유로 법률에 대한 유추해석 내지 보충적 해석을 하는 것도 어디까지나 '유효한' 법률조항을 대상으로 할 수 있는 것이지 이미 '실효된' 법률조항은 그러한 해석의 대상이 될 수 없다(헌재 2012.5.31. 2009헌바123).

11 1 2 3 　　정답 ④

출처 17 국가직 7급

정답의 이유

ㄱ. (○) 헌법 제117조, 제118조가 제도적으로 보장하고 있는 지방자치의 본질적 내용은 '자치단체의 보장, 자치 기능의 보장 및 자치사무의 보장'이라고 할 것이나, 지방자치제도의 보장은 지방자치단체에 의한 자치행정을 일반적으로 보장한다는 것뿐이고 특정자치단체의 존속을 보장한다는 것은 아니므로, 마치 국가가 영토고권을 가지는 것과 마찬가지로, 지방자치단체에게 자신의 관할구역 내에 속하는 영토, 영해, 영공을 자유로이 관리하고 관할구역 내의 사람과 물건을 독점적, 배타적으로 지배할 수 있는 권리가 부여되어 있다고 할 수는 없다(헌재 2006.3.30. 2003헌라2).

ㄷ. (○) 헌법 제117조 제1항과 「지방자치법」 제15조에 의하면 지방자치단체는 법령의 범위 안에서 그 사무에 관하여 자치조례를 제정할 수 있으나 이 때 사무란 「지방자치법」 제9조 제1항에서 말하는 지방자치단체의 자치사무와 법령에 의하여 지방자치단체에 속하게 된 단체위임사무를 가리키므로 지방자치단체가 자치조례를 제정할 수 있는 것은 원칙적으로 이러한 자치사무와 단체위임사무에 한하므로, 국가사무가 지방자치단체의 장에게 위임된 기관위임사무와 같이 지방자치단체의 장이 국가기관의 지위에서 수행하는 사무일 뿐 지방자치단체 자체의 사무라고 할 수 없는 것은 원칙적으로 자치조례의 제정범위에 속하지 않는다. 기관위임사무에 있어서도 그에 관한 개별 법령에서 일정한 사항을 조례로 정하도록 위임하고 있는 경우에는 지방자치단체의 자치조례 제정권과 무관하게 이른바 위임조례를 정할 수 있다고 하겠으나 이 때에도 그 내용은 개별 법령이 위임하고 있는 사항에 관한 것으로서 개별 법령의 취지에 부합하는 것이라야만 하고, 그 범위를 벗

어난 경우에는 위임조례로서의 효력도 인정할 수 없다(대판 1999. 9.17. 99추30).

ㄹ. (O) 지방의회의원과 지방자치단체장을 선출하는 지방선거는 지방자치단체의 기관을 구성하고 그 기관의 각종 행위에 정당성을 부여하는 행위라 할 것이므로 지방선거사무는 지방자치단체의 존립을 위한 자치사무에 해당하고, 따라서 법률을 통하여 예외적으로 다른 행정주체에게 위임되지 않는 한, 원칙적으로 지방자치단체가 처리하고 그에 따른 비용도 지방자치단체가 부담하여야 한다. 다만 국가적 통일성을 유지하기 위하여 국가의 관여가 필요하거나 특정 사안이 해당 지방자치단체의 문제에 그치지 않고 국가 전체의 문제와 직결되는 등의 경우에는 지방자치단체의 독자성을 보장하는 범위 내에서 필요에 따라 국가가 관여할 수 있다(헌재 2008.6.26. 2005헌라7).

오답의 이유

ㄴ. (×) 「지방자치법」 제55조 제1항, 제2항

> **「지방자치법」 제55조(의장불신임의 의결)** ① 지방의회의 의장이나 부의장이 법령을 위반하거나 정당한 사유 없이 직무를 수행하지 아니하면 지방의회는 불신임을 의결할 수 있다.
> ② 제1항의 불신임의결은 재적의원 4분의 1 이상의 발의와 재적의원 과반수의 찬성으로 행한다.

12 1 2 3

정답 ②

출처 20 지방직 7급

정답의 이유

② 「국적법」 제18조 제1항, 제2항

> **「국적법」 제18조(국적상실자의 권리 변동)** ① 대한민국 국적을 상실한 자는 국적을 상실한 때부터 대한민국의 국민만이 누릴 수 있는 권리를 누릴 수 없다.
> ② 제1항에 해당하는 권리 중 대한민국의 국민이었을 때 취득한 것으로서 양도(讓渡)할 수 있는 것은 그 권리와 관련된 법령에서 따로 정한 바가 없으면 3년 내에 대한민국의 국민에게 양도하여야 한다.

오답의 이유

① 「국적법」 제15조 제1항

> **「국적법」 제15조(외국 국적 취득에 따른 국적 상실)** ① 대한민국의 국민으로서 자진하여 외국 국적을 취득한 자는 그 외국 국적을 취득한 때에 대한민국 국적을 상실한다.

③ 「국적법」 제8조 제1항

> **「국적법」 제8조(수반 취득)** ① 외국인의 자(子)로서 대한민국의 「민법」상 미성년인 사람은 부 또는 모가 귀화허가를 신청할 때 함께 국적 취득을 신청할 수 있다.

④ 「국적법」은 부모양계혈통주의를 규정하고 있다.

> **「국적법」 제2조(출생에 의한 국적 취득)** ① 다음 각 호의 어느 하나에 해당하는 자는 출생과 동시에 대한민국 국적(國籍)을 취득한다.
> 1. 출생 당시에 부(父) 또는 모(母)가 대한민국의 국민인 자

13 1 2 3

정답 ③

출처 20 지방직 7급

정답의 이유

③ 양심적 병역거부자에 대한 처벌은 대체복무제를 규정하지 아니한 병역종류조항의 입법상 불비와 양심적 병역거부는 처벌조항의 '정당한 사유'에 해당하지 않는다는 법원의 해석이 결합되어 발생한 문제일 뿐, 처벌조항 자체에서 비롯된 문제가 아니므로 처벌조항이 과잉금지원칙을 위반하여 양심적 병역거부자의 양심의 자유를 침해한다고 볼 수는 없다(헌재 2018.6.28. 2011헌바379 등).

오답의 이유

① 헌법이 보호하고자 하는 양심은 어떤 일의 옳고 그름을 판단함에 있어서 그렇게 행동하지 않고는 자신의 인격적 존재가치가 파멸되고 말 것이라는 강력하고 진지한 마음의 소리로서의 절박하고 구체적인 양심을 말한다. 따라서 막연하고 추상적인 개념으로서의 양심이 아니다(헌재 2002.4.25. 98헌마425 등).

② 이른바 개인적 자유의 시초라고 일컬어지는 이러한 양심의 자유는 인간으로서의 존엄성 유지와 개인의 자유로운 인격발현을 위해 개인의 윤리적 정체성을 보장하는 기능을 담당한다(헌재 2002.4.25. 98헌마425 등).

④ 헌법이 보장한 양심의 자유는 정신적인 자유로서 어떠한 사상 · 감정을 가지고 있다고 하더라도 그것이 내심에 머무르는 한 절대적인 자유이므로 제한할 수 없는 것이나, 「보안관찰법」상의 보안관찰처분은 보안관찰처분대상자의 내심의 작용을 문제 삼는 것이 아니라, 보안관찰처분대상자가 보안관찰해당범죄를 다시 저지를 위험성이 내심의 영역을 벗어나 외부에 표출되는 경우에 재범의 방지를 위하여 내려지는 특별예방적 목적의 처분이므로, 양심의 자유를 보장한 헌법규정에 위반된다고 할 수 없다(헌재 1997.11.27. 92헌바28).

14 1 2 3 정답 ③

출처 20 지방직 7급

정답의 이유

③ 「공직선거법」은 일정한 경우 외국인에게 해당 지방자치단체에서 선거하는 지방자치단체의 의회의원 및 장의 선거권을 인정하고 있다.

> **「공직선거법」 제15조(선거권)** ② 18세 이상으로서 제37조 제1항에 따른 선거인명부작성기준일 현재 다음 각 호의 어느 하나에 해당하는 사람은 그 구역에서 선거하는 지방자치단체의 의회의원 및 장의 선거권이 있다.
> 3. 「출입국관리법」 제10조에 따른 영주의 체류자격 취득일 후 3년이 경과한 외국인으로서 같은 법 제34조에 따라 해당 지방자치단체의 외국인등록대장에 올라 있는 사람

오답의 이유

① 청구인들이 침해받았다고 주장하고 있는 신체의 자유, 주거의 자유, 변호인의 조력을 받을 권리, 재판청구권 등은 성질상 인간의 권리에 해당한다고 볼 수 있으므로, 위 기본권들에 관하여는 청구인들의 기본권 주체성이 인정된다(헌재 2012.8.23. 2008헌마430).

② 기본권 주체성의 인정문제와 기본권제한의 정도는 별개의 문제이므로, 외국인에게 직장 선택의 자유에 대한 기본권 주체성을 인정한다는 것이 곧바로 이들에게 우리 국민과 동일한 수준의 직장 선택의 자유가 보장된다는 것을 의미하는 것은 아니라고 할 것이다(헌재 2011.9.29. 2009헌마351).

④ 근로의 권리가 "일할 자리에 관한 권리"만이 아니라 "일할 환경에 관한 권리"도 함께 내포하고 있는바, 후자(後者)는 인간의 존엄성에 대한 침해를 방어하기 위한 자유권적 기본권의 성격도 갖고 있어 건강한 작업환경, 일에 대한 정당한 보수, 합리적인 근로조건의 보장 등을 요구할 수 있는 권리 등을 포함한다고 할 것이므로 외국인 근로자라고 하여 이 부분에까지 기본권 주체성을 부인할 수는 없다. 즉 근로의 권리의 구체적인 내용에 따라, 국가에 대하여 고용증진을 위한 사회적 · 경제적 정책을 요구할 수 있는 권리는 사회권적 기본권으로서 국민에 대하여만 인정해야 하지만, 자본주의 경제질서하에서 근로자가 기본적 생활수단을 확보하고 인간의 존엄성을 보장받기 위하여 최소한의 근로조건을 요구할 수 있는 권리는 자유권적 기본권의 성격도 아울러 가지므로 이러한 경우 외국인 근로자에게도 그 기본권 주체성을 인정함이 타당하다(헌재 2007.8.30. 2004헌마670).

15 1 2 3 정답 ④

출처 20 지방직 7급

정답의 이유

④ 장기간의 시험 준비로 인력 낭비가 문제되었던 사법시험의 폐해를 극복하고 교육을 통하여 법조인을 양성한다는 법학전문대학원의 도입취지를 살리기 위하여 응시기회에 제한을 두어 시험 합격률을 일정 비율로 유지하고, 법학전문대학원의 교육이 끝난 때로부터 일정기간 동안만 시험에 응시할 수 있게 한 것은 정당한 입법목적을 달성하기 위한 적절한 수단이다. … 따라서 위 조항은 청구인들의 직업선택의 자유를 침해하지 아니한다(헌재 2016.9.29. 2016헌마47 등).

오답의 이유

① 치과의원의 치과전문의가 표시한 전문과목 이외의 영역에서 치과일반의로서의 진료도 전혀 하지 못하는 데서 오는 사적인 불이익은 매우 크므로, 심판대상조항은 과잉금지원칙에 위배되어 청구인들의 직업수행의 자유를 침해한다(헌재 2015.5.28. 2013헌마799).

② 이 사건 등록실효조항은 법인의 임원이 「학원법」을 위반하여 벌금형을 선고받으면 일률적으로 법인의 등록을 실효시키고 있고, 법인으로서는 대표자인 임원이건 그렇지 아니한 임원이건 모든 임원 개개인의 「학원법」 위반범죄와 형사처벌 여부를 항시 감독하여야만 등록의 실효를 면할 수 있게 되므로 학원을 설립하고 운영하는 법인에게 지나치게 과중한 부담을 지우고 있다. 또한 이로 인하여 법인의 등록이 실효되면 해당 임원이 더 이상 임원직을 수행할 수 없게 될 뿐 아니라, 학원법인 소속 근로자는 모두 생계의 위협을 받을 수 있으며, 갑작스러운 수업의 중단으로 학습자 역시 불측의 피해를 입을 수밖에 없으므로 이 사건 등록실효조항은 학원법인의 직업수행의 자유를 침해한다(헌재 2015.5.28. 2012헌마653).

③ 헌법 제15조에서 보장하는 '직업'이란 생활의 기본적 수요를 충족시키기 위하여 행하는 계속적인 소득활동을 의미하고, 성매매는 그것이 가지는 사회적 유해성과는 별개로 성판매자의 입장에서 생활의 기본적 수요를 충족하기 위한 소득활동에 해당함을 부인할 수 없다 할 것이므로, 심판대상조항은 성판매자의 직업선택의 자유도 제한하고 있다. … 심판대상조항은 개인의 성적 자기결정권, 사생활의 비밀과 자유, 직업선택의 자유를 침해하지 아니한다(헌재 2016.3.31. 2013헌가2).

16 1 2 3 정답 ②

출처 20 지방직 7급

정답의 이유

② 헌법 제10조의 행복추구권에서 파생하는 일반적 행동자유권은 모든 행위를 하거나 하지 않을 자유를 내용으로 하나, 그 보호대상으로서의 행동이란 국가가 간섭하지 않으면 자유롭게 할 수 있는 행위 내지 활동을 의미하고, 이를 국가권력이 가로막거나 강제하는 경우 자유권의 침해로서 논의될 수 있다 할 것인데, 병역의무의 이행으로서의 현역병 복무는 국가가 간섭하지 않으면 자유롭게 할 수 있는 행위에 속하지 않으므로, 현역병으로 복무할 권리가 일반적 행동자유권에 포함된다고 할 수도 없다(헌재 2010.12.28. 2008헌마527).

오답의 이유

① 일반적 행동자유권은 가치 있는 행동만 그 보호영역으로 하는 것은 아니다. 그 보호영역에는 개인의 생활방식과 취미에 관한 사항도 포함되며, 여기에는 위험한 스포츠를 즐길 권리와 같은 위험한 생활방식으로 살아갈 권리도 포함된다. 그런데 심판대상조항은 술에 취한 상태로 도로 외의 곳에서 운전하는 것을 금지하고 이에 위반했을 때 처벌하도록 하고 있으므로 일반적 행동의 자유를 제한한다(헌재 2016.2.25. 2015헌가11).

③ 헌법 제10조에 의하여 보장되는 행복추구권 속에는 일반적 행동자유권이 포함되고, 이 일반적 행동자유권으로부터 계약 체결의 여부, 계약의 상대방, 계약의 방식과 내용 등을 당사자의 자유로운 의사로 결정할 수 있는 계약의 자유가 파생된다(헌재 2013.10.24. 2010헌마219 등).

④ 헌법 제10조가 정하고 있는 행복추구권에서 파생되는 자기결정권 내지 일반적 행동자유권은 이성적이고 책임감 있는 사람의 자기의 운명에 대한 결정·선택을 존중하되 그에 대한 책임은 스스로 부담함을 전제로 한다(헌재 2004.6.24. 2002헌가27).

17 1 2 3

정답 ④

출처 20 지방직 7급

정답의 이유

④ 이 사건 면적조항이 규정한 264제곱미터라는 창고면적 기준은 과거 의약품 도매상 창고면적에 대한 기준이 있었던 때에 시행되었던 것과 같은 것으로, 이러한 시설기준이 지나치게 과도하다는 사정을 찾을 수 없으므로 이에 대한 입법자의 정책적 판단은 존중되어야 한다. … 이 사건 법률조항들의 입법취지는 중소기업을 대상으로 하여 그 영업을 규제하려는 것이 아니며, 그 내용도 중소기업에 대해 제한을 가하는 것이 아니므로, 헌법 제123조 제3항에 규정된 국가의 중소기업 보호·육성의무를 위반하였다고 볼 수 없다(헌재 2014.4.24. 2012헌마811).

오답의 이유

① 헌법 제126조

> **헌법 제126조** 국방상 또는 국민경제상 긴절한 필요로 인하여 법률이 정하는 경우를 제외하고는, 사영기업을 국유 또는 공유로 이전하거나 그 경영을 통제 또는 관리할 수 없다.

② 농지를 취득한 이후에도 계속 농지를 농업경영에 이용할 의무를 부과하고, 이에 위반하여 농지소유자격이 없는 자에 대하여 농지를 처분할 의무를 부과하고 이행강제금을 부과하는 것은 입법목적을 달성하기 위한 적절한 수단이다. … 그렇다면 이 사건 법률조항들은 과잉금지원칙에 위반되거나 기본권의 본질적 내용을 침해하지 아니하므로, 청구인의 재산권을 침해하지 아니한다(헌재 2010.2.25. 2010헌바39 등).

③ 불매운동의 목표로서의 '소비자의 권익'이란 원칙적으로 사업자가 제공하는 물품이나 용역의 소비생활과 관련된 것으로서 상품의 질이나 가격, 유통구조, 안전성 등 시장적 이익에 국한된다(헌재 2011.12.29. 2010헌바54 등).

18 1 2 3

정답 ④

출처 20 지방직 7급

정답의 이유

④ 심판대상조항은 입법목적을 달성하는 데 필요한 최소한도의 범위를 넘어, 규제가 불필요하거나 또는 예외적으로 허용하는 것이 가능한 집회까지도 이를 일률적·전면적으로 금지하고 있으므로 침해의 최소성 원칙에 위배된다. … 심판대상조항으로 달성하려는 공익이 제한되는 집회의 자유 정도보다 크다고 단정할 수는 없다고 할 것이므로 심판대상조항은 법익의 균형성 원칙에도 위배된다. 심판대상조항은 과잉금지원칙을 위반하여 집회의 자유를 침해한다(헌재 2018.5.31. 2013헌바322 등).

오답의 이유

① 이 사건 금지장소 조항은 국무총리 공관의 기능과 안녕을 직접 저해할 가능성이 거의 없는 '소규모 옥외집회·시위의 경우', '국무총리를 대상으로 하는 옥외집회·시위가 아닌 경우'까지도 예외 없이 옥외집회·시위를 금지하고 있는바, 이는 입법목적 달성에 필요한 범위를 넘는 과도한 제한이다. … 이 사건 금지장소 조항은 그 입법목적을 달성하는 데 필요한 최소한도의 범위를 넘어, 규제가 불필요하거나 또는 예외적으로 허용하는 것이 가능한 집회까지도 이를 일률적·전면적으로 금지하고 있다고 할 것이므로 침해의 최소성 원칙에 위배된다. … 따라서 이 사건 금지장소 조항은 과잉금지원칙을 위반하여 집회의 자유를 침해한다(헌재 2018.6.28. 2015헌가28 등).

② 집회의 자유는 집회의 시간, 장소, 방법과 목적을 스스로 결정할 권리를 보장한다. 집회의 자유에 의하여 구체적으로 보호되는 주요행위는 집회의 준비 및 조직, 지휘, 참가, 집회장소·시간의 선택이다(헌재 2003.10.30. 2000헌바67 등).

③ 이 사건 법률조항은 외교기관의 경계지점으로부터 반경 100미터 이내 지점에서의 집회 및 시위를 원칙적으로 금지하되, 그 가운데에서도 외교기관의 기능이나 안녕을 침해할 우려가 없다고 인정되는 세 가지의 예외적인 경우에는 이러한 집회 및 시위를 허용하고 있는바, … 이 사건 법률조항으로 달성하고자 하는 공익은 외교기관의 기능과 안전의 보호라는 국가적 이익이며, 이 사건 법률조항은 법익충돌의 위험성이 없는 경우에는 외교기관 인근에서의 집회나 시위도 허용함으로써 구체적인 상황에 따라 상충하는 법익 간의 조화를 이루고 있다. 따라서 이 사건 법률조항이 청구인의 집회의 자유를 침해한다고 할 수 없다(헌재 2010.10.28. 2010헌마111).

19 1 2 3

정답 ③

출처 20 지방직 7급

정답의 이유

③ 등록조항은 인터넷신문의 명칭, 발행인과 편집인의 인적사항 등 인터넷신문의 외형적이고 객관적 사항을 제한적으로 등록하도록 하고 있고, 고용조항 및 확인조항은 5인 이상 취재 및 편집 인력을 고용하되, 그 확인을 위해 등록 시 서류를 제출하도록 하고 있다. 이런 조항들은 인터넷신문에 대한 인적 요건의 규제 및 확인에 관한 것으로, 인터넷신문의 내용을 심사 · 선별하여 사전에 통제하기 위한 규정이 아님이 명백하다. 따라서 등록조항은 사전허가금지원칙에도 위배되지 않는다(헌재 2016.10.27. 2015헌마1206 등).

오답의 이유

① 의료광고의 심의기관이 행정기관인가 여부는 기관의 형식에 의하기보다는 그 실질에 따라 판단되어야 한다. 따라서 검열을 행정기관이 아닌 독립적인 위원회에서 행한다고 하더라도, 행정권이 주체가 되어 검열절차를 형성하고 검열기관의 구성에 지속적인 영향을 미칠 수 있는 경우라면 실질적으로 그 검열기관은 행정기관이라고 보아야 한다. … 민간심의기구가 심의를 담당하는 경우에도 행정권이 개입하여 그 사전심의에 자율성이 보장되지 않는다면 이 역시 행정기관의 사전검열에 해당하게 될 것이다. … 이 사건 법률규정들은 사전검열금지원칙에 위배된다(헌재 2015.12.23. 2015헌바75).

② "음란"의 개념과는 달리 "저속"의 개념은 그 적용범위가 매우 광범위할 뿐만 아니라 법관의 보충적인 해석에 의한다 하더라도 그 의미내용을 확정하기 어려울 정도로 매우 추상적이다. 이 "저속"의 개념에는 출판사등록이 취소되는 성적 표현의 하한이 열려있을 뿐만 아니라 폭력성이나 잔인성 및 천한 정도도 그 하한이 모두 열려 있기 때문에 출판을 하고자 하는 자는 어느 정도로 자신의 표현내용을 조절해야 되는지를 도저히 알 수 없도록 되어 있어 명확성의 원칙 및 과도한 광범성의 원칙에 반한다. … 그렇다면 이 사건 법률조항 중 "음란한 간행물" 부분은 헌법에 위반되지 아니하고, "저속한 간행물" 부분은 명확성의 원칙에 반할 뿐만 아니라 출판의 자유와 성인의 알권리를 침해하는 규정이어서 헌법에 위반된다(헌재 1998.4.30. 95헌가16).

④ 현행 헌법상 사전검열은 표현의 자유 보호대상이면 예외 없이 금지된다. 건강기능식품의 기능성 광고는 인체의 구조 및 기능에 대하여 보건용도에 유용한 효과를 준다는 기능성 등에 관한 정보를 널리 알려 해당 건강기능식품의 소비를 촉진시키기 위한 상업광고이지만, 헌법 제21조 제1항의 표현의 자유의 보호 대상이 됨과 동시에 같은 조 제2항의 사전검열 금지 대상도 된다. … 따라서 이 사건 건강기능식품 기능성광고 사전심의는 그 검열이 행정권에 의하여 행하여진다 볼 수 있고, 헌법이 금지하는 사전검열에 해당하므로 헌법에 위반된다(헌재 2018.6.28. 2016헌가8 등).

20 1 2 3

정답 ③

출처 20 지방직 7급

정답의 이유

③ 헌법 제12조 제4항 본문은 신체구속을 당한 사람에 대하여 변호인의 조력을 받을 권리를 규정하고 있는바, 이를 위하여서는 신체구속을 당한 사람에게 변호인과 사이의 충분한 접견교통을 허용함은 물론 교통내용에 대하여 비밀이 보장되고 부당한 간섭이 없어야 하는 것이며, 이러한 취지는 접견의 경우뿐만 아니라 변호인과 미결수용자 사이의 서신에도 적용되어 그 비밀이 보장되어야 할 것이다(헌재 1995.7.21. 92헌마144).

오답의 이유

① 형벌법규는 문언에 따라 엄격하게 해석 · 적용하여야 하고 피고인에게 불리한 방향으로 지나치게 확장해석하거나 유추해석하여서는 아니되지만, 형벌법규의 해석에서도 법률문언의 통상적인 의미를 벗어나지 않는 한 그 법률의 입법취지와 목적, 입법연혁 등을 고려한 목적론적 해석이 배제되는 것은 아니라고 할 것이다(대판 2002.2.21. 2001도2819).

② 「출입국관리법」에 따라 보호된 청구인들은 각 보호의 원인이 되는 강제퇴거명령에 대하여 취소소송을 제기함으로써 그 원인관계를 다투는 것 이외에, 보호명령 자체의 취소를 구하는 행정소송이나 그 집행의 정지를 구하는 집행정지신청을 할 수 있으므로, 헌법 제12조 제6항이 요구하는 체포 · 구속 자체에 대한 적법여부를 법원에 심사청구할 수 있는 절차가 있다. … 따라서 심판대상조항은 헌법 제12조 제6항의 요청을 충족한 것으로 청구인들의 신체의 자유를 침해하지 아니한다(헌재 2014.8.28. 2012헌마686).

④ 헌법 제12조 제2항은 "모든 국민은 …… 형사상 자기에게 불리한 진술을 강요당하지 아니한다"라고 하여 형사상 자기에게 불리한 진술이나 증언을 거부할 수 있는 진술거부권을 보장하고 있는바, 이는 피고인 또는 피의자가 공판절차나 수사절차에서 법원 또는 수사기관의 신문에 대하여 형사상 자신에게 불리한 진술을 거부할 수 있는 권리를 말하는 것이라 할 것이다(헌재 1998.7.16. 96헌바35).

제4회 경찰공무원(순경) 헌법

빠른 정답							나의 점수		점
01	02	03	04	05	06	07	08	09	10
③	③	①	④	②	②	④	④	①	③
11	12	13	14	15	16	17	18	19	20
④	④	④	④	①	②	③	③	②	③

01 1 2 3 정답 ③

출처 20 지방직 7급

정답의 이유

③ 등록취소된 정당의 명칭은 최초로 실시하는 임기만료에 의한 국회의원선거의 선거일까지만 정당의 명칭으로 사용할 수 없지만, 헌법재판소의 결정에 의하여 해산된 정당의 명칭과 같은 명칭은 정당의 명칭으로 다시 사용하지 못한다.

> **「정당법」 제41조(유사명칭 등의 사용금지)** ② 헌법재판소의 결정에 의하여 해산된 정당의 명칭과 같은 명칭은 정당의 명칭으로 다시 사용하지 못한다.
> ④ 제44조(등록의 취소) 제1항의 규정에 의하여 등록취소된 정당의 명칭과 같은 명칭은 등록취소된 날부터 최초로 실시하는 임기만료에 의한 국회의원선거의 선거일까지 정당의 명칭으로 사용할 수 없다.

오답의 이유

① 정당등록취소조항은 어느 정당이 대통령선거나 지방자치선거에서 아무리 좋은 성과를 올리더라도 국회의원선거에서 일정 수준의 지지를 얻는 데 실패하면 등록이 취소될 수밖에 없어 불합리하고, 신생·군소정당으로 하여금 국회의원선거에의 참여 자체를 포기하게 할 우려도 있어 법익의 균형성 요건도 갖추지 못하였다. 따라서 정당등록취소조항은 과잉금지원칙에 위반되어 청구인들의 정당설립의 자유를 침해한다(헌재 2014.1.28. 2012헌마431 등).

② 「정당법」 제19조 제1항

> **「정당법」 제19조(합당)** ① 정당이 새로운 당명으로 합당(이하 "신설합당"이라 한다)하거나 다른 정당에 합당(이하 "흡수합당"이라 한다)될 때에는 합당을 하는 정당들의 대의기관이나 그 수임기관의 합동회의의 결의로써 합당할 수 있다.

④ 정당의 시·도당 하부조직의 운영을 위하여 당원협의회 등의 사무소를 두는 것을 금지한 「정당법」 제37조 제3항은 임의기구인 당원협의회를 둘 수 있도록 하되, 과거 지구당 제도의 폐해가 되풀이되는 것을 방지하고 고비용 저효율의 정당구조를 개선하기 위해 사무소를 설치할 수 없도록 하는 것이므로 그 입법목적은 정당하고, 수단의 적절성도 인정된다. … 심판대상조항으로 인해 침해되는 사익은 당원협의회 사무소를 설치하지 못하는 불이익에 불과한 반면, 심판대상조항이 달성하고자 하는 고비용 저효율의 정당구조 개선이라는 공익은 위와 같은 불이익에 비하여 결코 작다고 할 수 없어 심판대상조항은 법익균형성도 충족되었다. 따라서 심판대상조항은 제청신청인의 정당활동의 자유를 침해하지 아니한다(헌재 2016.3.31. 2013헌가22).

02 1 2 3 정답 ③

출처 19 지방직 7급

정답의 이유

③ 공직자가 국가기관의 지위에서 순수한 직무상의 권한행사와 관련하여 기본권 침해를 주장하는 경우에는 기본권의 주체성을 인정하기 어렵다 할 것이나, 그 외의 사적인 영역에 있어서는 기본권의 주체가 될 수 있는 것이다. 청구인은 선출직 공무원인 하남시장으로서 이 사건 법률조항으로 인하여 공무담임권 등이 침해된다고 주장하여, 순수하게 직무상의 권한행사와 관련된 것이라기보다는 공직의 상실이라는 개인적인 불이익과 연관된 공무담임권을 다투고 있으므로, 이 사건에서 청구인에게는 기본권의 주체성이 인정된다 할 것이다(헌재 2009.3.26. 2007헌마843).

오답의 이유

① 법인도 법인의 목적과 사회적 기능에 비추어 볼 때 그 성질에 반하지 않는 범위 내에서 인격권의 한 내용인 사회적 신용이나 명예 등의 주체가 될 수 있고 법인이 이러한 사회적 신용이나 명예 유지 내지 법인격의 자유로운 발현을 위하여 의사결정이나 행동을 어떻게 할 것인지를 자율적으로 결정하는 것도 법인의 인격권의 한 내용을 이룬다고 할 것이다(헌재 2012.8.23. 2009헌가27).

② 근로의 권리가 "일할 자리에 관한 권리"만이 아니라 "일할 환경에 관한 권리"도 함께 내포하고 있는바, 후자(後者)는 인간의 존엄성에 대한 침해를 방어하기 위한 자유권적 기본권의 성격도 갖고 있어 건강한 작업환경, 일에 대한 정당한 보수, 합리적인 근로조건의 보장 등을 요구할 수 있는 권리 등을 포함한다고 할 것이므로 외국인 근로자라고 하여 이 부분에까지 기본권 주체성을 부인할 수는 없다(헌재 2007.8.30. 2004헌마670).

④ (1) 모든 인간은 헌법상 생명권의 주체가 되며, 형성 중의 생명인 태아에게도 생명에 대한 권리가 인정되어야 한다. 따라서 태아도 헌법상 생명권의 주체가 되며, 국가는 헌법 제10조에 따라 태아의 생명을 보호할 의무가 있다(헌재 2008.7.31. 2004헌바81).

(2) 초기배아는 수정이 된 배아라는 점에서 형성 중인 생명의 첫걸음을 떼었다고 볼 여지가 있기는 하나 아직 모체에 착상되거나 원시선이 나타나지 않은 이상 현재의 자연과학적 인식 수준에서 독립된 인간과 배아 간의 개체적 연속성을 확정하기 어렵다고 봄이 일반적이라는 점, 배아의 경우 현재의 과학기술 수준에서 모태 속에서 수용될 때 비로소 독립적인 인간으로의 성장가능성을 기대할 수 있다는 점, 수정 후 착상 전의 배아가 인간으로 인식된다거나 그와 같이 취급하여야 할 필요성이 있다는 사회적 승인이 존재한다고 보기 어려운 점 등을 종합적으로 고려할 때, 기본권 주체성을 인정하기 어렵다(헌재 2010.5.27. 2005헌마346).

03 1 2 3

정답 ①

출처 19 지방직 7급

정답의 이유

① 헌법재판소의 해산결정으로 정당이 해산되는 경우에 그 정당 소속 국회의원이 의원직을 상실하는지에 대하여 명문의 규정은 없으나, 정당해산심판제도의 본질은 민주적 기본질서에 위배되는 정당을 정치적 의사형성과정에서 배제함으로써 국민을 보호하는 데에 있는데 해산정당 소속 국회의원의 의원직을 상실시키지 않는 경우 정당해산결정의 실효성을 확보할 수 없게 되므로, 이러한 정당해산제도의 취지 등에 비추어 볼 때 헌법재판소의 정당해산결정이 있는 경우 그 정당 소속 국회의원의 의원직은 당선 방식을 불문하고 모두 상실되어야 한다(헌재 2014.12.19. 2013헌다1).

오답의 이유

② 정당의 공적기능의 수행에 있어 교섭단체의 구성 여부에 따라 차이가 나타날 수밖에 없고, 이 사건 법률조항이 교섭단체의 구성 여부만을 보조금 배분의 유일한 기준으로 삼은 것이 아니라 정당의 의석수비율과 득표수비율도 함께 고려함으로써 현행의 보조금 배분비율이 정당이 선거에서 얻은 결과를 반영한 득표수비율과 큰 차이를 보이지 않고 있는 점 등을 고려하면, 교섭단체를 구성할 정도의 다수 정당과 그에 미치지 못하는 소수 정당 사이에 나타나는 차등지급의 정도는 정당 간의 경쟁상태를 현저하게 변경시킬 정도로 합리성을 결여한 차별이라고 보기 어렵다(헌재 2006.7.27. 2004헌마655).

③ 정당제 민주주의 하에서 정당에 대한 재정적 후원이 전면적으로 금지됨으로써 정당이 스스로 재정을 충당하고자 하는 정당활동의 자유와 국민의 정치적 표현의 자유에 대한 제한이 매우 크다고 할 것이므로, 이 사건 법률조항은 정당의 정당활동의 자유와 국민의 정치적 표현의 자유를 침해한다(헌재 2015.12.23. 2013헌바168).

④ 정당등록의 취소는 정당의 존속 자체를 박탈하여 모든 형태의 정당활동을 불가능하게 하므로, 그에 대한 입법은 필요최소한의 범위에서 엄격한 기준에 따라 이루어져야 한다. … 정당등록취소조항은 어느 정당이 대통령선거나 지방자치선거에서 아무리 좋은 성과를 올리더라도 국회의원선거에서 일정 수준의 지지를 얻는 데 실패하면 등록이 취소될 수밖에 없어 불합리하고, 신생 · 군소정당으로 하여금 국회의원선거에의 참여 자체를 포기하게 할 우려도 있어 법익의 균형성 요건도 갖추지 못하였다. 따라서 정당등록취소조항은 과잉금지원칙에 위반되어 청구인들의 정당설립의 자유를 침해한다(헌재 2014.1.28. 2012헌마431 등).

04 1 2 3

정답 ④

출처 19 지방직 7급

정답의 이유

④ 「교원의 노동조합 설립 및 운영 등에 관한 법률」 제2조

> **「교원의 노동조합 설립 및 운영 등에 관한 법률」 제2조(정의)** 이 법에서 "교원"이란 「초 · 중등교육법」 제19조 제1항에서 규정하고 있는 교원을 말한다. 다만, 해고된 사람으로서 「노동조합 및 노동관계조정법」 제82조 제1항에 따라 노동위원회에 부당노동행위의 구제신청을 한 사람은 「노동위원회법」 제2조에 따른 중앙노동위원회(이하 "중앙노동위원회"라 한다)의 재심판정이 있을 때까지 교원으로 본다.

오답의 이유

① 「노동조합 및 노동관계조정법」상의 교섭창구단일화제도는 근로조건의 결정권이 있는 사업 또는 사업장 단위에서 복수노동조합과 사용자 사이의 교섭절차를 일원화하여 효율적이고 안정적인 교섭체계를 구축하고, 소속 노동조합과 관계없이 조합원들의 근로조건을 통일하기 위한 것으로, 교섭대표노동조합이 되지 못한 소수 노동조합의 단체교섭권을 제한하고 있지만, 소수노동조합도 교섭대표노동조합을 정하는 절차에 참여하게 하여 교섭대표노동조합이 사용자와 대등한 입장에 설 수 있는 기반이 되도록 하고 있으며, 그러한 실질적 대등성의 토대 위에서 이뤄낸 결과를 함께 향유하는 주체가 될 수 있도록 하고 있으므로 노사대등의 원리 하에 적정한 근로조건의 구현이라는 단체교섭권의 실질적인 보장을 위한 불가피한 제도라고 볼 수 있다. … 따라서 위 「노동조합 및 노동관계조정법」 조항들이 과잉금지원칙을 위반하여 청구인들의 단체교섭권을 침해한다고 볼 수 없다(헌재 2012.4.24. 2011헌마338).

② 근로자는 노동조합과 같은 근로자단체의 결성을 통하여 집단으로 사용자에 대항함으로써 사용자와 대등한 세력을 이루어 근로조건의 형성에 영향을 미칠 수 있는 기회를 갖게 된다는 의미에서 단결권은 '사회적 보호기능을 담당하는 자유권' 또는 '사회권적 성격을 띤 자유권'으로서의 성격을 가지고 있고 일반적인 시민적 자유권과는 질적으로 다른 권리로서 설정되어 헌법상 그 자체로서 이미 결사의 자유에 대한 특별법적인 지위를 승인받고 있다(헌재 2005.11.24. 2002헌바95 등).

③ 청원경찰은 일반근로자일 뿐 공무원이 아니므로 원칙적으로 헌법 제33조 제1항에 따라 근로3권이 보장되어야 한다. 청원경찰은 제한된 구역의 경비를 목적으로 필요한 범위에서 경찰관의 직무를 수행할 뿐이며, 그 신분보장은 공무원에 비해 취약하다. 또한 국가기관이나 지방자치단체 이외의 곳에서 근무하는 청원경찰은 근로조건에 관하여 공

무원뿐만 아니라 국가기관이나 지방자치단체에 근무하는 청원경찰에 비해서도 낮은 수준의 법적 보장을 받고 있으므로, 이들에 대해서는 근로3권이 허용되어야 할 필요성이 크다. … 그럼에도 심판대상조항은 군인이나 경찰과 마찬가지로 모든 청원경찰의 근로3권을 획일적으로 제한하고 있다. 이상을 종합하여 보면, 심판대상조항이 모든 청원경찰의 근로3권을 전면적으로 제한하는 것은 과잉금지원칙을 위반하여 청구인들의 근로3권을 침해하는 것이다(헌재 2017.9.28. 2015헌마653).

05 1 2 3

정답 ②

출처 19 지방직 7급

정답의 이유

② 변호인이 피의자신문에 자유롭게 참여할 수 있는 권리는 피의자가 가지는 변호인의 조력을 받을 권리를 실현하는 수단이므로 헌법상 기본권인 변호인의 변호권으로서 보호되어야 한다. … 이 사건 후방착석요구행위로 얻어질 공익보다는 변호인의 피의자신문참여권 제한에 따른 불이익의 정도가 크므로, 법익의 균형성 요건도 충족하지 못한다. 따라서 이 사건 후방착석요구 행위는 변호인인 청구인의 변호권을 침해한다(헌재 2017.11.30. 2016헌마503).

오답의 이유

① 피의자 · 피고인의 구속 여부를 불문하고 조언과 상담을 통하여 이루어지는 변호인의 조력자로서의 역할은 변호인선임권과 마찬가지로 변호인의 조력을 받을 권리의 내용 중 가장 핵심적인 것이고, 변호인과 상담하고 조언을 구할 권리는 변호인의 조력을 받을 권리의 내용 중 구체적인 입법형성이 필요한 다른 절차적 권리의 필수적인 전제요건으로서 변호인의 조력을 받을 권리 그 자체에서 막바로 도출되는 것이다(헌재 2004.9.23. 2000헌마138).

③ 변호인의 조력을 받을 권리에 대한 헌법과 법률의 규정 및 취지에 비추어 보면, '형사사건에서 변호인의 조력을 받을 권리'를 의미한다고 보아야 할 것이므로 형사절차가 종료되어 교정시설에 수용 중인 수형자나 미결수용자가 형사사건의 변호인이 아닌 민사재판, 행정재판, 헌법재판 등에서 변호사와 접견할 경우에는 원칙적으로 헌법상 변호인의 조력을 받을 권리의 주체가 될 수 없다(헌재 2013.8.29. 2011헌마122).

④ 변호인 선임을 위하여 피의자 · 피고인(이하 '피의자 등'이라 한다)이 가지는 '변호인이 되려는 자'와의 접견교통권은 헌법상 기본권으로 보호되어야 하고, '변호인이 되려는 자'의 접견교통권은 피의자 등이 변호인을 선임하여 그로부터 조력을 받을 권리를 공고히 하기 위한 것으로서, 그것이 보장되지 않으면 피의자 등이 변호인 선임을 통하여 변호인으로부터 충분한 조력을 받는다는 것이 유명무실하게 될 수밖에 없다. 이와 같이 '변호인이 되려는 자'의 접견교통권은 피의자 등을 조력하기 위한 핵심적인 부분으로서, 피의자 등이 가지는 헌법상의 기본권인 '변호인이 되려는 자'와의 접견교통권과 표리의 관계에 있다. 따라서 피의자 등이 가지는 '변호인이 되려는 자'의 조력을 받을 권리가 실질적으로 확보되기 위해서는 '변호인이 되려는 자'의 접견교통권 역시 헌법상 기본권으로서 보장되어야 한다(헌재 2019.2.28. 2015헌마1204).

06 1 2 3

정답 ②

출처 19 지방직 7급

정답의 이유

② 인터넷회선 감청은 검사가 법원의 허가를 받으면, 피의자 및 피내사자에 해당하는 감청대상자나 해당 인터넷회선의 가입자의 동의나 승낙을 얻지 아니하고도, 전기통신사업자의 협조를 통해 해당 인터넷회선을 통해 송 · 수신되는 전기통신에 대해 감청을 집행함으로써 정보주체의 기본권을 제한할 수 있으므로, 법이 정한 강제처분에 해당한다. 또한 인터넷회선 감청은 서버에 저장된 정보가 아니라, 인터넷상에서 발신되어 수신되기까지의 과정 중에 수집되는 정보, 즉 전송 중인 정보의 수집을 위한 수사이므로, 압수 · 수색과 구별된다(헌재 2018.8.30. 2016헌마263).

오답의 이유

① 이 사건 녹음조항은 수용자의 증거인멸의 가능성 및 추가범죄의 발생 가능성을 차단하고, 교정시설 내의 안전과 질서유지를 위한 것으로 목적의 정당성이 인정되며, 수용자는 증거인멸 또는 형사 법령 저촉 행위를 할 경우 쉽게 발각될 수 있다는 점을 예상하여 이를 억제하게 될 것이므로 수단의 적합성도 인정된다. … 따라서 이 사건 녹음조항은 과잉금지원칙에 위배되어 청구인의 사생활의 비밀과 자유 및 통신의 비밀을 침해하지 아니한다(헌재 2016.11.24. 2014헌바401).

③ 자유로운 의사소통은 통신내용의 비밀을 보장하는 것만으로는 충분하지 아니하고 구체적인 통신으로 발생하는 외형적인 사실관계, 특히 통신관여자의 인적 동일성 · 통신시간 · 통신장소 · 통신횟수 등 통신의 외형을 구성하는 통신이용의 전반적 상황의 비밀까지도 보장해야 한다(헌재 2018.6.28. 2012헌마191 등).

④ 이동전화의 이용과 관련하여 필연적으로 발생하는 통신사실 확인자료는 비록 비내용적 정보이지만 여러 정보의 결합과 분석을 통해 정보주체에 관한 정보를 유추해낼 수 있는 민감한 정보인 점, 수사기관의 통신사실 확인자료 제공요청에 대해 법원의 허가를 거치도록 규정하고 있으나 수사의 필요성만을 그 요건으로 하고 있어 제대로 된 통제가 이루어지기 어려운 점, 기지국수사의 허용과 관련하여서는 유괴 · 납치 · 성폭력범죄 등 강력범죄나 국가안보를 위협하는 각종 범죄와 같이 피의자나 피해자의 통신사실 확인자료가 반드시 필요한 범죄로 그 대상을 한정하는 방안 또는 다른 방법으로는 범죄수사가 어려운 경우(보충성)를 요건으로 추가하는 방안 등을 검토함으로써 수사에 지장을 초래하지 않으면서도 불특정 다수의 기본권을 덜 침해하는 수단이 존재하는 점을 고려할 때, 이 사건 요청조항은 과잉금지원칙에 반하여 청구인의 개인정보자기결정권과 통신의 자유를 침해한다(헌재 2018.6.28. 2012헌마538 등).

07 1 2 3 정답 ④

출처 19 지방직 7급

정답의 이유

④ 헌법 제119조 제2항에 규정된 '경제주체간의 조화를 통한 경제민주화'의 이념은 경제영역에서 정의로운 사회질서를 형성하기 위하여 추구할 수 있는 국가목표로서 개인의 기본권을 제한하는 국가행위를 정당화하는 헌법규범이다(헌재 2003.11.27. 2001헌바35).

오답의 이유

① 체계정당성의 원리라는 것은 동일 규범 내에서 또는 상이한 규범 간에 그 규범의 구조나 내용 또는 규범의 근거가 되는 원칙면에서 상호 배치되거나 모순되어서는 아니된다는 하나의 헌법적 요청이다. 즉 이는 규범 상호간의 구조와 내용 등이 모순됨이 없이 체계와 균형을 유지하도록 입법자를 기속하는 헌법적 원리라고 볼 수 있다. 이처럼 규범 상호간의 체계정당성을 요구하는 이유는 입법자의 자의를 금지하여 규범의 명확성, 예측가능성 및 규범에 대한 신뢰와 법적 안정성을 확보하기 위한 것이고 이는 국가공권력에 대한 통제와 이를 통한 국민의 자유와 권리의 보장을 이념으로 하는 법치주의원리로부터 도출되는 것이라고 할 수 있다(헌재 2010.6.24. 2007헌바101 등).

② 헌법상의 법치국가원리의 파생원칙인 신뢰보호의 원칙은 국민이 법률적 규율이나 제도가 장래에도 지속할 것이라는 합리적인 신뢰를 바탕으로 이에 적응하여 개인의 법적 지위를 형성해 왔을 때에는 국가로 하여금 그와 같은 국민의 신뢰를 되도록 보호할 것을 요구한다. … 이 원칙은 법률이나 그 하위법규 뿐만 아니라 국가관리의 입시제도와 같이 국·공립대학의 입시전형을 구속하여 국민의 권리에 직접 영향을 미치는 제도운영지침의 개폐에도 적용되는 것이다(헌재 1997.7.16. 97헌마38).

③ 오늘날 문화국가에서의 문화정책은 그 초점이 문화 그 자체에 있는 것이 아니라 문화가 생겨날 수 있는 문화풍토를 조성하는 데 두어야 한다. 문화국가원리의 이러한 특성은 문화의 개방성 내지 다원성의 표지와 연결되는데, 국가의 문화육성의 대상에는 원칙적으로 모든 사람에게 문화창조의 기회를 부여한다는 의미에서 모든 문화가 포함된다. 따라서 엘리트문화뿐만 아니라 서민문화, 대중문화도 그 가치를 인정하고 정책적인 배려의 대상으로 하여야 한다(헌재 2004.5.27. 2003헌가1 등).

08 1 2 3 정답 ④

출처 19 지방직 7급

정답의 이유

④ 교정시설의 안전과 질서유지를 위해서는 수용거실 안에 일정한 수준의 조명을 유지할 필요가 있다. 수용자의 도주나 자해 등을 막기 위해서는 취침시간에도 최소한의 조명은 유지할 수밖에 없다. 조명점등행위는 법무시설 기준규칙이 규정하는 조도 기준의 범위 안에서 이루어지고 있는데, 이보다 더 어두운 조명으로도 교정시설의 안전과 질서유지라는 목적을 같은 정도로 달성할 수 있다고 볼 수 있는 자료가 없다. 또 조명점등행위로 인한 청구인의 권익 침해가 교정시설 안전과 질서유지라는 공익 보호보다 더 크다고 보기도 어렵다. 그렇다면 조명점등행위가 과잉금지원칙에 위배하여 청구인의 기본권을 침해한다고 볼 수 없다(헌재 2018.8.30. 2017헌마440).

오답의 이유

① 수형자가 인간 생존의 기본조건이 박탈된 교정시설에 수용되어 인간의 존엄과 가치를 침해당하였는지 여부를 판단함에 있어서는 1인당 수용면적뿐만 아니라 수형자 수와 수용거실 현황 등 수용시설 전반의 운영 실태와 수용기간, 국가 예산의 문제 등 제반 사정을 종합적으로 고려할 필요가 있다. 그러나 교정시설의 1인당 수용면적이 수형자의 인간으로서의 기본 욕구에 따른 생활조차 어렵게 할 만큼 지나치게 협소하다면, 이는 그 자체로 국가형벌권 행사의 한계를 넘어 수형자의 인간의 존엄과 가치를 침해하는 것이다(헌재 2016.12.29. 2013헌마142).

② 시신 자체의 제공과는 구별되는 장기나 인체조직에 있어서는 본인이 명시적으로 반대하는 경우 이식·채취될 수 없도록 규정하고 있음에도 불구하고, 이 사건 법률조항은 본인이 해부용 시체로 제공되는 것에 대해 반대하는 의사표시를 명시적으로 표시할 수 있는 절차도 마련하지 않고 본인의 의사와는 무관하게 해부용 시체로 제공될 수 있도록 규정하고 있다는 점에서 침해의 최소성 원칙을 충족했다고 보기 어렵고, 실제로 해부용 시체로 제공된 사례가 거의 없는 상황에서 이 사건 법률조항이 추구하는 공익이 사후 자신의 시체가 자신의 의사와는 무관하게 해부용 시체로 제공됨으로써 침해되는 사익보다 크다고 할 수 없으므로 이 사건 법률조항은 청구인의 시체 처분에 대한 자기결정권을 침해한다(헌재 2015.11.26. 2012헌마940).

③ 「민법」 제정 이후의 사회적·법률적·의학적 사정변경을 전혀 반영하지 아니한 채, 이미 혼인관계가 해소된 이후에 자가 출생하고 생부가 출생한 자를 인지하려는 경우마저도, 아무런 예외 없이 그 자를 전남편의 친생자로 추정함으로써 친생부인의 소를 거치도록 하는 심판대상조항은 입법형성의 한계를 벗어나 모가 가정생활과 신분관계에서 누려야 할 인격권, 혼인과 가족생활에 관한 기본권을 침해한다(헌재 2015.4.30. 2013헌마623).

09 1 2 3 정답 ①

출처 19 지방직 7급

정답의 이유

① 제5차·제6차 개정헌법의 헌법개정의 제안은 대통령은 할 수 없었고 "국회의 재적의원 3분의 1 이상 또는 국회의원 선거권자 50만 인 이상의 찬성으로써 한다"고 규정하고 있었다.

> **제5차 개정헌법(1962년)·제6차 개정헌법(1969년) 제119조** ① 헌법개정의 제안은 국회의 재적의원 3분의 1 이상 또는 국회의원 선거권자 50만 인 이상의 찬성으로써 한다.

오답의 이유

② 제2차 개정헌법(1954년) · 제3차 개정헌법(1960년 6월) · 제4차 개정헌법(1960년 11월)은 "제98조 제6항에서 제1조, 제2조와 제7조의2의 규정은 개폐할 수 없다"고 규정하였다.

③ 제5차 개정헌법은 제2공화국 헌법개정절차에 의하지 않고 「국가재건비상조치법」에 따라 헌법을 개정하기로 하여, 제5차 개정헌법안은 국가재건최고회의의 의결을 거쳐 국민투표에 의하여 확정되고, 1962년 12월 26일에 공포되었다.

④ 제헌헌법에서는 헌법개정의 발의에 국회재적의원 3분의 1의 발의가 요구되었으나 제7차 개정헌법에서 과반수로 상향되었다.

10 1 2 3

정답 ③

출처 19 지방직 7급

정답의 이유

③ 통상의 경우 자복 그 자체만으로는, 자수와 같이 범죄자가 형사법절차 속으로 스스로 들어왔다거나 국가형벌권의 적정한 행사에 기여하였다고 단정하기 어려우므로, 이 사건 법률조항에서 통상의 자복에 관하여 자수와 동일한 법적 효과를 부여하지 않았다고 하여 자의적이라 볼 수는 없다. 반의사불벌죄에서의 자복은, 형사소추권의 행사 여부를 좌우할 수 있는 자에게 자신의 범죄를 알리는 행위란 점에서 자수와 그 구조 및 성격이 유사하므로, 이 사건 법률조항이 청구인과 같이 반의사불벌죄 이외의 죄를 범하고 피해자에게 자복한 사람에 대하여 반의사불벌죄를 범하고 피해자에게 자복한 사람과 달리 임의적 감면의 혜택을 부여하지 않고 있다 하더라도 이를 자의적인 차별이라고 보기 어렵다(헌재 2018.3.29. 2016헌바270).

오답의 이유

① 국가의 채권 · 채무관계를 조기에 확정하고 예산 수립의 불안정성을 제거하여 국가재정을 합리적으로 운용할 필요성이 있는 점, 국가의 채무는 법률에 의하여 엄격하게 관리되므로 채무이행에 대한 신용도가 매우 높은 반면, 법률상태가 조속히 확정되지 않을 경우 국가 예산 편성의 불안정성이 커지게 되는 점, 특히 손해배상청구권과 같이 예측가능성이 낮고 불안정성이 높은 채무의 경우 단기간에 법률관계를 안정시켜야 할 필요성이 큰 점, 일반사항에 관한 예산 · 회계 관련 기록물들의 보존기간이 5년인 점 등에 비추어 보면, 차별취급에 합리적인 사유가 존재한다고 할 것이다. 따라서 심판대상조항은 평등원칙에 위배되지 아니한다(헌재 2018.2.22. 2016헌바470).

② 애국지사는 일제의 국권침탈에 반대하거나 항거한 사실이 있는 당사자로서 조국의 자주독립을 위하여 직접 공헌하고 희생한 사람이지만, 순국선열의 유족은 일제의 국권침탈에 반대하거나 항거하다가 그로 인하여 사망한 당사자의 유가족으로서 「독립유공자법」이 정하는 바에 따라 그 공로에 대한 예우를 받는 지위에 있다. 독립유공자의 유족에 대하여 국가가 「독립유공자법」에 의한 보상을 하는 것은 유족 그 자신이 조국의 자주독립을 위하여 직접 공헌하고 희생하였기 때문이 아니라, 독립유공자의 공헌과 희생에 대한 보은과 예우로서 그와 한가족을 이루고 가족공동체로서 함께 살아온 그 유족에 대하여서도 그에 상응한 예우를 하기 위함이다. 애국지사 본인과 순국선열의 유족은 본질적으로 다른 집단이므로, 같은 서훈 등급임에도 순국선열의 유족보다 애국지사 본인에게 높은 보상금 지급액 기준을 두고 있다 하여 곧 청구인의 평등권이 침해되었다고 볼 수 없다(헌재 2018.1.25. 2016헌마319).

④ 이 사건 금지조항은 택시업종만을 규제하고 화물자동차나 대중버스 등 다른 운송수단에는 적용되지 않으나, 화물차운수사업은 여객이 아닌 화물을 운송하는 것을 목적으로 하고 있으며, 대중버스의 경우 운송비용 전가 문제가 발생하고 있지 않다. 따라서 택시운송사업에 한하여 운송비용 전가 문제를 규제할 필요성이 인정되므로 다른 운송수단에 대하여 동일한 규제를 하지 않는다고 하더라도 평등원칙에 위반되지 아니한다(헌재 2018.6.28. 2016헌마1153).

11 1 2 3

정답 ④

출처 19 지방직 7급

정답의 이유

ㄱ. (○) 지방교육자치도 지방자치권행사의 일환으로서 보장되는 것이므로, 중앙권력에 대한 지방적 자치로서의 속성을 지니고 있지만, 동시에 그것은 헌법 제31조 제4항이 보장하고 있는 교육의 자주성 · 전문성 · 정치적 중립성을 구현하기 위한 것이므로, 정치권력에 대한 문화적 자치로서의 속성도 아울러 지니고 있다(헌재 2000.3.30. 99헌바113).

ㄷ. (○) 「지방자치법」 제111조 제1항

> **「지방자치법」 제111조(지방자치단체의 장의 권한대행 등)** ① 지방자치단체의 장이 다음 각 호의 어느 하나에 해당되면 부지사 · 부시장 · 부군수 · 부구청장(이하 이 조에서 "부단체장"이라 한다)이 그 권한을 대행한다.
> 1. 궐위된 경우
> 2. 공소 제기된 후 구금상태에 있는 경우
> 3. 「의료법」에 따른 의료기관에 60일 이상 계속하여 입원한 경우

ㄹ. (○) 지방자치단체는 기관위임사무의 집행에 관한 권한의 존부 및 범위에 관한 권한분쟁을 이유로 기관위임사무를 집행하는 국가기관 또는 다른 지방자치단체의 장을 상대로 권한쟁의심판청구를 할 수 없다고 할 것이다. 결국 국가사무로서의 성격을 가지고 있는 기관위임사무의 집행권한의 존부 및 범위에 관하여 지방자치단체가 청구한 권한쟁의심판청구는 지방자치단체의 권한에 속하지 아니하는 사무에 관한 심판청구로서 그 청구가 부적법하다고 할 것이다(헌재 2004.9.23. 2000헌라2).

오답의 이유

ㄴ. (×) 심판대상조항의 입법목적은 선거에 소요되는 여러 가지 절차를 간소화하여 행정적 편의를 도모하고 선거비용을 절감하는 등 선거제도의 효율성을 제고하기 위한 것으로 그 정당성을 인정할 수 있으며, 후보자등록기한까지 후보자가 1인일 경우 투표를 생략하고 해당 후보자를 당선자로 결정하는 것은 이러한 입법목적을 달성하기 위한 적절한 수단이라 할 수 있다. … 입법자가 위와 같은 사정을 고려하여 후보자가 1인일 경우 투표를 실시하지 않고 해당 후보자를 지방자치단체의 장 당선자로 정하도록 결단한 것은 입법목적 달성에 필요한 범위를 넘은 과도한 제한이라 할 수 없으므로 심판대상조항은 청구인의 선거권을 침해하지 않는다(헌재 2016.10.27. 2014헌마797).

12 1 2 3

정답 ④

출처 18 지방직 7급

정답의 이유

④ 「국적법」 제8조 제1항, 제2항

> **「국적법」 제8조(수반 취득)** ① 외국인의 자(子)로서 대한민국의 「민법」상 미성년인 사람은 부 또는 모가 귀화허가를 신청할 때 함께 국적 취득을 신청할 수 있다.
> ② 제1항에 따라 국적 취득을 신청한 사람은 부 또는 모가 대한민국 국적을 취득한 때에 함께 대한민국 국적을 취득한다.

오답의 이유

① 심판대상조항은 외국인에게 대한민국 국적을 부여하는 '귀화'의 요건을 정한 것인데, '품행', '단정' 등 용어의 사전적 의미가 명백하고, 심판대상조항의 입법취지와 용어의 사전적 의미 및 법원의 일반적인 해석 등을 종합해 보면, '품행이 단정할 것'은 '귀화신청자를 대한민국의 새로운 구성원으로서 받아들이는 데 지장이 없을 만한 품성과 행실을 갖춘 것'을 의미하고, 구체적으로 이는 귀화신청자의 성별, 연령, 직업, 가족, 경력, 전과관계 등 여러 사정을 종합적으로 고려하여 판단될 것임을 예측할 수 있다. 따라서 심판대상조항은 명확성원칙에 위배되지 아니한다(헌재 2016.7.28. 2014헌바421).

② 「국적법」 제15조 제1항

> **「국적법」 제15조(외국 국적 취득에 따른 국적 상실)** ① 대한민국의 국민으로서 자진하여 외국 국적을 취득한 자는 그 외국국적을 취득한 때에 대한민국 국적을 상실한다.

③ 국적에 관한 사항은 국가의 주권자의 범위를 확정하는 고도의 정치적 속성을 가지고 있어서 당해 국가가 역사적 전통과 정치 · 경제 · 사회 · 문화 등 제반사정을 고려하여 결정할 문제이다. 헌법 제2조 제1항은 "대한민국의 국민이 되는 요건은 법률로 정한다"고 하여 기본권의 주체인 국민에 관한 내용을 입법자가 형성하도록 하고 있다. 이는 대한민국 국적의 '취득'뿐만 아니라 국적의 유지, 상실을 둘러싼 전반적인 법률관계를 법률에 규정하도록 위임하고 있는 것으로 풀이할 수 있다(헌재 2014.6.26. 2011헌마502).

13 1 2 3

정답 ④

출처 18 지방직 7급

정답의 이유

④ 「정당법」 제45조 제1항, 제2항

> **「정당법」 제45조(자진해산)** ① 정당은 그 대의기관의 결의로써 해산할 수 있다.
> ② 제1항의 규정에 의하여 정당이 해산한 때에는 그 대표자는 지체 없이 그 뜻을 관할 선거관리위원회에 신고하여야 한다.

오답의 이유

① 정당설립의 자유는 헌법 제8조 제1항 전단에 규정되어 있지만, 국민 개인과 정당 그리고 '권리능력 없는 사단'의 실체를 가지고 있는 등록취소된 정당에게 인정되는 '기본권'이다(헌재 2014.1.28. 2012헌마431 등).

② 정당은 국민과 국가의 중개자로서 정치적 도관(導管)의 기능을 수행하여 주체적 · 능동적으로 국민의 다원적 정치의사를 유도 · 통합함으로써 국가정책의 결정에 직접 영향을 미칠 수 있는 규모의 정치적 의사를 형성하고 있다. 오늘날 대의민주주의에서 차지하는 정당의 이러한 의의와 기능을 고려하여, 헌법 제8조 제1항은 국민 누구나가 원칙적으로 국가의 간섭을 받지 아니하고 정당을 설립할 권리를 기본권으로 보장함과 아울러 복수정당제를 제도적으로 보장하고 있다. 따라서 입법자는 정당설립의 자유를 최대한 보장하는 방향으로 입법하여야 하고, 헌법재판소는 정당설립의 자유를 제한하는 법률의 합헌성을 심사할 때에 헌법 제37조 제2항에 따라 엄격한 비례심사를 하여야 한다(헌재 2014.1.28. 2012헌마431 등).

③ 「정당법」 제31조 제2항

> **「정당법」 제31조(당비)** ② 정당의 당원은 같은 정당의 타인의 당비를 부담할 수 없으며, 타인의 당비를 부담한 자와 타인으로 하여금 자신의 당비를 부담하게 한 자는 당비를 낸 것이 확인된 날부터 1년간 당해 정당의 당원자격이 정지된다.

14 1 2 3

정답 ④

출처 18 지방직 7급

정답의 이유

④ 가석방 제도의 실제 운용에 있어서도 구 「형법」 제72조 제1항이 정한 10년보다 장기간의 형 집행 이후에 가석방을 해 왔고, 무기징역형을 선고받은 수형자에 대하여 가석방을 한 예가 많지 않으며, 2002년 이후에는 20년 미만의 집행기간을 경과한 무기징역형 수형자가 가석방된 사례가 없으므로, 청구인의 신뢰가 손상된 정도도 크지 아니하다. 그렇다면 죄질이 더 무거운 무기징역형을 선고받은 수형자를 가석방할 수 있는 형 집행 경과기간이 개정 「형법」 시행 후에 유기징역형을 선고받은 수형자의 경우와 같거나 오히려 더 짧게 되는 불합리한 결과를 방지하고, 사회를 방위하기 위한 이 사건 부칙조항이 신뢰보호원칙에 위배되어 청구인의 신체의 자유를 침해한다고 볼 수 없다(헌재 2013.8.29. 2011헌마408).

오답의 이유

① 청구인들이 '지방의회의원에 취임할 당시의 연금제도가 그대로 유지되어 그 임기동안 퇴직연금을 계속 지급받을 수 있을 것'이라고 신뢰하였다 하더라도 이러한 신뢰는 보호가치가 크다고 보기 어렵다. 또한 선출직 공무원에 대한 연금 지급정지제도는 종전에도 몇 차례에 걸쳐 시행된 바 있으므로 청구인들의 신뢰는 그다지 확고한 법질서에 기반한 것이었다고 보기도 어렵다. 반면, 연금재정의 안정성과 건전성을 확보하는 것은 공무원연금제도의 장기적 운영과 지속가능성을 위하여 반드시 필요한 요소이므로, 심판대상조항이 추구하는 공익적 가치는 매우 중대하다. 이러한 점들을 종합하면, 심판대상조항은 신뢰보호원칙에 반하여 청구인들의 재산권을 침해한다고 볼 수 없다(헌재 2017.7.27. 2015헌마1052).

② 신뢰보호원칙은 법치국가원리에 근거를 두고 있는 헌법상 원칙으로서, 특정한 법률에 의하여 발생한 법률관계는 그 법에 따라 파악되고 판단되어야 하고 과거의 사실관계가 그 뒤에 생긴 새로운 법률의 기준에 따라 판단되지 않는다는 국민의 신뢰를 보호하기 위한 것이다(헌재 2012.11.29. 2011헌마786 등).

③ 이 사건 정지조항을 통하여 기존의 연금수급자들에 대한 퇴역연금의 지급을 정지함으로써 달성하려는 공익은 군인연금재정의 악화를 개선하여 이를 유지·존속하려는 데에 있는 것으로, 그와 같은 공익적인 가치는 매우 크다 하지 않을 수 없다. 한편 연금수급권의 성격상 급여의 구체적인 내용은 불변적인 것이 아니라, 국가의 재정, 다음 세대의 부담 정도, 사회정책적 상황 등에 따라 변경될 수 있는 것이므로, 연금제도에 대한 신뢰는 반드시 "퇴직 후에 현 제도 그대로의 연금액을 받는다"는 데에 둘 수만은 없는 것이고, 또 연금수급자는 단순히 기존의 기준에 의하여 연금이 지속적으로 지급될 것이라는 기대 아래 소극적으로 연금을 지급받는 것일 뿐, 그러한 신뢰에 기하여 어떠한 적극적인 투자 등의 조치를 취하는 것도 아니다. 그렇다면 보호해야 할 연금수급자의 신뢰의 가치는 그리 크지 않은 반면, 군인연금 재정의 파탄을 막고 군인연금제도를 건실하게 유지하려는 공익적 가치는 긴급하고 또한 중요한 것이므로, 이 사건 정지조항이 헌법상 신뢰보호의 원칙에 위반된다고 할 수 없다(헌재 2007.10.25. 2005헌바68).

15 1 2 3

정답 ①

출처 18 지방직 7급

정답의 이유

① 범죄피해자 구조청구권을 인정하는 이유는 크게 국가의 범죄방지책임 또는 범죄로부터 국민을 보호할 국가의 보호의무를 다하지 못하였다는 것과 그 범죄피해자들에 대한 최소한의 구제가 필요하다는데 있다. 그런데 국가의 주권이 미치지 못하고 국가의 경찰력 등을 행사할 수 없거나 행사하기 어려운 해외에서 발생한 범죄에 대하여는 국가에 그 방지책임이 있다고 보기 어렵고, 상호보증이 있는 외국에서 발생한 범죄피해에 대하여는 국민이 그 외국에서 피해구조를 받을 수 있으며, 국가의 재정에 기반을 두고 있는 구조금에 대한 청구권 행사대상을 우선적으로 대한민국의 영역 안의 범죄피해에 한정하고, 향후 해외에서 발생한 범죄피해의 경우에도 구조를 하는 방향으로 운영하는 것은 입법형성의 재량의 범위 내라고 할 것이다(헌재 2011.12.29. 2009헌마354).

오답의 이유

② 「범죄피해자 보호법」 제3조 제1항

> **「범죄피해자 보호법」 제3조(정의)** ① 이 법에서 사용하는 용어의 뜻은 다음과 같다.
>
> 4. "구조대상 범죄피해"란 대한민국의 영역 안에서 또는 대한민국의 영역 밖에 있는 대한민국의 선박이나 항공기 안에서 행하여진 사람의 생명 또는 신체를 해치는 죄에 해당하는 행위(「형법」 제9조, 제10조 제1항, 제12조, 제22조 제1항에 따라 처벌되지 아니하는 행위를 포함하며, 같은 법 제20조 또는 제21조 제1항에 따라 처벌되지 아니하는 행위 및 과실에 의한 행위는 제외한다)로 인하여 사망하거나 장해 또는 중상해를 입은 것을 말한다.

③ 「범죄피해자 보호법」 제19조 제1항

> **「범죄피해자 보호법」 제19조(구조금을 지급하지 아니할 수 있는 경우)** ① 범죄행위 당시 구조피해자와 가해자 사이에 다음 각 호의 어느 하나에 해당하는 친족관계가 있는 경우에는 구조금을 지급하지 아니한다.
>
> 1. 부부(사실상의 혼인관계를 포함한다)

④ 「범죄피해자 보호법」 제31조

> **「범죄피해자 보호법」 제31조(소멸시효)** 구조금을 받을 권리는 그 구조결정이 해당 신청인에게 송달된 날부터 2년간 행사하지 아니하면 시효로 인하여 소멸된다.

16 1 2 3

정답 ②

출처 18 지방직 7급

정답의 이유

② 종교(선교활동)의 자유는 국민에게 그가 선택한 임의의 장소에서 자유롭게 행사할 수 있는 권리까지 보장한다고 할 수 없으며, 그 임의의 장소가 대한민국의 주권이 미치지 아니하는 지역 나아가 국가에 의한 국민의 생명 · 신체 및 재산의 보호가 강력히 요구되는 해외 위난지역인 경우에는 더욱 그러하다(헌재 2008.6.26. 2007헌마1366).

오답의 이유

① 종교의 자유에는 자기가 신봉하는 종교를 선전하고 새로운 신자를 규합하기 위한 선교의 자유가 포함되고 선교의 자유에는 다른 종교를 비판하거나 다른 종교의 신자에 대하여 개종을 권고하는 자유도 포함되는바, 종교적 선전, 타 종교에 대한 비판 등은 동시에 표현의 자유의 보호대상이 되는 것이나, 그 경우 종교의 자유에 관한 헌법 제20조 제1항은 표현의 자유에 관한 헌법 제21조 제1항에 대하여 특별 규정의 성격을 갖는다 할 것이므로 종교적 목적을 위한 언론 · 출판의 경우에는 그 밖의 일반적인 언론 · 출판에 비하여 보다 고도의 보장을 받게 된다(대판 1996.9.6. 96다19246).

③ 고등학교 평준화정책 및 교육 내지 사립학교의 공공성, 학교법인의 종교의 자유 및 운영의 자유가 학생들의 기본권이나 다른 헌법적 가치 앞에서 가지는 한계를 고려하고, 종립학교에서의 종교교육은 필요하고 또한 순기능을 가진다는 것을 간과하여서는 아니 되나 한편으로 종교교육으로 인하여 학생들이 입을 수 있는 피해는 그 정도가 가볍지 아니하며 그 구제수단이 별달리 없음에 반하여 학교법인은 제한된 범위 내에서 종교의 자유 및 운영의 자유를 실현할 가능성이 있다는 점을 감안하면, 비록 종립학교의 학교법인이 국 · 공립학교의 경우와는 달리 종교교육을 할 자유와 운영의 자유를 가진다고 하더라도, 그 종립학교가 공교육체계에 편입되어 있는 이상 원칙적으로 학생의 종교의 자유, 교육을 받을 권리를 고려한 대책을 마련하는 등의 조치를 취하는 속에서 그러한 자유를 누린다고 해석하여야 한다(대판 2010.4.22. 2008다38288).

④ 신앙의 자유는 신과 피안 또는 내세에 대한 인간의 내적 확신에 대한 자유를 말하는 것으로서 이러한 신앙의 자유는 그 자체가 내심의 자유의 핵심이기 때문에 법률로써도 이를 침해할 수 없다(헌재 2011.12.29. 2009헌마527).

17 1 2 3

정답 ③

출처 18 지방직 7급

정답의 이유

③ 「언론중재 및 피해구제 등에 관한 법률」 제30조 제1항

> **「언론중재 및 피해구제 등에 관한 법률」 제30조(손해의 배상)** ① 언론 등의 고의 또는 과실로 인한 위법행위로 인하여 재산상 손해를 입거나 인격권 침해 또는 그 밖의 정신적 고통을 받은 자는 그 손해에 대한 배상을 언론사 등에 청구할 수 있다.

오답의 이유

① 게시판 이용자의 표현의 자유를 사전에 제한하여 의사표현 자체를 위축시킴으로써 자유로운 여론의 형성을 방해하고, 본인확인제의 적용을 받지 않는 정보통신망상의 새로운 의사소통수단과 경쟁하여야 하는 게시판 운영자에게 업무상 불리한 제한을 가하며, 게시판 이용자의 개인정보가 외부로 유출되거나 부당하게 이용될 가능성이 증가하게 되었는바, 이러한 인터넷게시판 이용자 및 정보통신서비스 제공자의 불이익은 본인확인제가 달성하려는 공익보다 결코 더 작다고 할 수 없으므로, 법익의 균형성도 인정되지 않는다. 따라서 본인확인제를 규율하는 이 사건 법령조항들은 과잉금지원칙에 위배하여 인터넷게시판 이용자의 표현의 자유, 개인정보자기결정권 및 인터넷게시판을 운영하는 정보통신서비스 제공자의 언론의 자유를 침해를 침해한다(헌재 2012.8.23. 2010헌마47 등).

② 「언론중재 및 피해구제 등에 관한 법률」 제16조 제1항, 제2항

> **「언론중재 및 피해구제 등에 관한 법률」 제16조(반론보도청구권)**
> ① 사실적 주장에 관한 언론보도 등으로 인하여 피해를 입은 자는 그 보도 내용에 관한 반론보도를 언론사 등에 청구할 수 있다.
> ② 제1항의 청구에는 언론사 등의 고의 · 과실이나 위법성을 필요로 하지 아니하며, 보도 내용의 진실 여부와 상관없이 그 청구를 할 수 있다.

④ 「언론중재 및 피해구제 등에 관한 법률」 제14조 제1항

> **「언론중재 및 피해구제 등에 관한 법률」 제14조(정정보도 청구의 요건)** ① 사실적 주장에 관한 언론보도 등이 진실하지 아니함으로 인하여 피해를 입은 자(이하 "피해자"라 한다)는 해당 언론보도 등이 있음을 안 날부터 3개월 이내에 언론사, 인터넷 뉴스서비스사업자 및 인터넷 멀티미디어 방송사업자(이하 "언론사 등"이라 한다)에게 그 언론보도 등의 내용에 관한 정정보도를 청구할 수 있다. 다만, 해당 언론보도 등이 있은 후 6개월이 지났을 때에는 그러하지 아니하다.

18 1 2 3

정답 ③

출처 18 지방직 7급

정답의 이유

ㄱ. (×) 「국가배상법」 제4조

> **「국가배상법」 제4조(양도 등 금지)** 생명 · 신체의 침해로 인한 국가배상을 받을 권리는 양도하거나 압류하지 못한다.

ㄴ. (×) 「국가배상법」 제10조 제1항, 제3항

> **「국가배상법」 제10조(배상심의회)** ① 국가나 지방자치단체에 대한 배상신청사건을 심의하기 위하여 법무부에 본부심의회를 둔다. 다만, 군인이나 군무원이 타인에게 입힌 손해에 대한 배상신청사건을 심의하기 위하여 국방부에 특별심의회를 둔다.
> ③ 본부심의회와 특별심의회와 지구심의회는 법무부장관의 지휘를 받아야 한다.

ㄹ. (×) 「국가배상법」상 배상심의회의 결정전치주의는 임의적 전치주의로 개정되었다(「국가배상법」 제9조).

「국가배상법」에 의한 손해배상청구에 관한 시간, 노력, 비용의 절감을 도모하여 배상사무의 원활을 기하며 피해자로서도 신속, 간편한 절차에 의하여 배상금을 지급받을 수 있도록 하는 한편, 국고손실을 절감하도록 하기 위한 이 사건 법률조항에 의해 달성되는 공익과, 배상절차의 합리성 및 적정성의 정도, 그리고 한편으로는 배상신청을 하는 국민이 치루어야 하는 수고나 시간의 소모를 비교하여볼 때, 이 사건 법률조항이 헌법 제37조의 기본권제한의 한계에 관한 규정을 위배하여 국민의 재판청구권을 침해하는 정도에는 이르지 않는다(헌재 2000.2.24. 99헌바17 등).

오답의 이유

ㄷ. (○) 「국가배상법」이 정한 배상청구의 요건인 '공무원의 직무'에는 권력적 작용만이 아니라 행정지도와 같은 비권력적 작용도 포함되며 단지 행정주체가 사경제주체로서 하는 활동만 제외된다(대판 1998.7.10. 96다38971).

19 1 2 3

정답 ②

출처 18 지방직 7급

정답의 이유

② 「개인정보 보호법」 제2조

> **「개인정보 보호법」 제2조(정의)** 이 법에서 사용하는 용어의 뜻은 다음과 같다.
> 1. "개인정보"란 살아 있는 개인에 관한 정보로서 성명, 주민등록번호 및 영상 등을 통하여 개인을 알아볼 수 있는 정보(해당 정보만으로는 특정 개인을 알아볼 수 없더라도 다른 정보와 쉽게 결합하여 알아볼 수 있는 것을 포함한다)를 말한다.

오답의 이유

① 「개인정보 보호법」 제23조 제1항

> **「개인정보 보호법」 제23조(민감정보의 처리 제한)** ① 개인정보처리자는 사상 · 신념, 노동조합 · 정당의 가입 · 탈퇴, 정치적 견해, 건강, 성생활 등에 관한 정보, 그 밖에 정보주체의 사생활을 현저히 침해할 우려가 있는 개인정보로서 대통령령으로 정하는 정보(이하 "민감정보"라 한다)를 처리하여서는 아니 된다. 다만, 다음 각 호의 어느 하나에 해당하는 경우에는 그러하지 아니하다.

③ 심판대상행위는 방문 면접을 통해 행정자료로 파악하기 곤란한 항목들을 조사하여 그 결과를 사회 현안에 대한 심층분석과 각종 정책수립, 통계작성의 기초자료 또는 사회 · 경제현상의 연구 · 분석 등에 활용하도록 하고자 한 것이므로 그 목적이 정당하고, 15일이라는 짧은 방문면접조사 기간 등 현실적 여건을 감안하면 인근 주민을 조사원으로 채용하여 방문면접 조사를 실시한 것은 목적을 달성하기 위한 적정한 수단이 된다. … 나아가 관련 법령이나 실제 운용상 표본조사 대상 가구의 개인정보 남용을 방지할 수 있는 여러 제도적 장치도 충분히 마련되어 있다. 따라서 심판대상행위가 과잉금지원칙을 위반하여 청구인의 개인정보자기결정권을 침해하였다고 볼 수 없다(헌재 2017.7.27. 2015헌마1094).

④ 통신매체이용음란죄의 구성요건에 해당하는 행위 태양은 행위자의 범의 · 범행 동기 · 행위 상대방 · 행위 횟수 및 방법 등에 따라 매우 다양한 유형이 존재하고, 개별 행위유형에 따라 재범의 위험성 및 신상정보 등록 필요성은 현저히 다르다. 그런데 심판대상조항은 통신매체이용음란죄로 유죄판결이 확정된 사람은 누구나 법관의 판단 등 별도의 절차 없이 필요적으로 신상정보 등록대상자가 되도록 하고 있고, 등록된 이후에는 그 결과를 다툴 방법도 없다. 그렇다면 심판대상조항은 통신매체이용음란죄의 죄질 및 재범의 위험성에 따라 등록대상을 축소하거나, 유죄판결 확정과 별도로 신상정보 등록 여부에 관하여 법관의 판단을 받도록 하는 절차를 두는 등 기본권 침해를 줄일 수 있는 다른 수단을 채택하지 않았다는 점에서 침해의 최소성 원칙에 위배된다. 또한, 심판대상조항으로 인하여 비교적 불법성이 경미한 통신매체이용음란죄를 저지르고 재범의 위험성이 인정되지 않는 이들에 대하여는 달성되는 공익과 침해되는 사익 사이에 불균형이 발생할 수 있다는 점에서 법익의 균형성도 인정하기 어렵다. … 그렇다면, 심판대상조항은 과잉금지원칙을 위반하여 청구인의 개인정보자기결정권을 침해한다(헌재 2016.3.31. 2015헌마688).

20 1 2 3 정답 ③

출처 18 지방직 7급

정답의 이유

③ (1) 예비후보자 기탁금조항은 예비후보자의 무분별한 난립을 막고 책임성과 성실성을 담보하기 위한 것으로서, 입법목적의 정당성과 수단의 적합성이 인정된다. 또한 예비후보자 기탁금제도보다 덜 침해적인 다른 방법이 명백히 존재한다고 할 수 없고, 일정한 범위의 선거운동이 허용된 예비후보자의 기탁금 액수를 해당 선거의 후보자등록 시 납부해야 하는 기탁금의 100분의 20인 300만 원으로 설정한 것은 입법재량의 범위를 벗어난 것으로 볼 수 없으므로 침해의 최소성 원칙에 위배되지 아니한다. 그리고 위 조항으로 인하여 예비후보자로 등록하려는 사람의 공무담임권 제한은 이로써 달성하려는 공익보다 크다고 할 수 없어 법익의 균형성 원칙에도 반하지 않는다. 따라서 예비후보자 기탁금조항은 청구인의 공무담임권을 침해하지 않는다(헌재 1996.6.13. 94헌마118 등).

(2) 정당에 대한 선거로서의 성격을 가지는 비례대표 국회의원선거는 인물에 대한 선거로서의 성격을 가지는 지역구국회의원선거와 근본적으로 그 성격이 다르고, 「공직선거법」상 허용된 선거운동을 통하여 선거의 혼탁이나 과열을 초래할 여지가 지역구국회의원선거보다 훨씬 적다고 볼 수 있다. 또한 비례대표국회의원선거에서 실제 정당에게 부과된 전체 과태료 및 행정대집행비용의 액수는 후보자 1명에 대한 기탁금액인 1,500만 원에도 현저히 미치지 못하는데, 후보자 수에 비례하여 기탁금을 증액하는 것은 지나치게 과다한 기탁금을 요구하는 것이다. 나아가 이러한 고액의 기탁금은 거대정당에게 일방적으로 유리하고, 다양해진 국민의 목소리를 제대로 대표하지 못하여 사표를 양산하는 다수대표제의 단점을 보완하기 위하여 도입된 비례대표제의 취지에도 반하는 것이다. 그러므로 위 조항은 침해의 최소성 원칙에 위반되며, 위 조항을 통해 달성하고자 하는 공익보다 제한되는 정당활동의 자유 등의 불이익이 크므로 법익의 균형성의 원칙에도 위반된다. 그러므로 위 조항은 과잉금지원칙을 위반하여 정당활동의 자유, 공무담임권을 침해한다(헌재 2016.12.29. 2015헌마509 등).

오답의 이유

① 헌법 제25조는 "모든 국민은 법률이 정하는 바에 의하여 공무담임권을 가진다"고 하여 공무담임권을 기본권으로 보장하고 있다. 공무담임권이란 입법부, 집행부, 사법부는 물론 지방자치단체 등 국가, 공공단체의 구성원으로서 그 직무를 담당할 수 있는 권리를 말한다(헌재 2002.8.29. 2001헌마788 등).

② 「지방공무원법」 제25조의2 제2항

> **「지방공무원법」 제25조의2(외국인과 복수국적자의 임용)** ② 지방자치단체의 장은 다음 각 호의 어느 하나에 해당하는 분야로서 대통령령으로 정하는 분야에는 복수국적자(대한민국 국적과 외국 국적을 함께 가진 사람을 말한다. 이하 같다)의 임용을 제한할 수 있다.
> 1. 국가의 존립과 헌법 기본질서의 유지를 위한 국가안보 분야

④ 헌법 제25조가 규정하는 공무담임권은 공직 취임의 기회 보장을 보호영역으로 하는데, 더 나아가 지방자치단체장의 재임 기간 동안 충실한 공직 수행을 담보하기 위하여 이들을 위한 퇴직급여제도를 마련할 것까지 그 보호영역으로 한다고 볼 수는 없다(헌재 2014.6.26. 2012헌마459).

제5회 경찰공무원(순경) 헌법

빠른 정답							나의 점수		점
01	02	03	04	05	06	07	08	09	10
④	②	①	①	②	③	①	①	③	④
11	12	13	14	15	16	17	18	19	20
③	④	④	②	④	③	②	①	③	②

01 1 2 3

정답 ④

출처 18 지방직 7급

정답의 이유

④ 국가에 대한 구상권은 헌법 제23조 제1항에 의하여 보장되는 재산권이고 위와 같은 해석은 그러한 재산권의 제한에 해당하며 재산권의 제한은 헌법 제37조 제2항에 의한 기본권 제한의 한계 내에서만 가능한데, 위와 같은 해석은 헌법 제37조 제2항에 의하여 기본권을 제한할 때 요구되는 비례의 원칙에 위배하여 일반국민의 재산권을 과잉 제한하는 경우에 해당하여 헌법 제23조 제1항 및 제37조 제2항에도 위반된다고 할 것이다(헌재 1994.12.29. 93헌바21).

오답의 이유

① 재산권에 관계되는 시혜적 입법의 시혜대상에서 제외되었다는 이유만으로 재산권침해가 생기는 것은 아니고, 시혜적 입법의 시혜대상이 될 경우 얻을 수 있는 재산상 이익의 기대가 성취되지 않았다고 하여도 그러한 단순한 재산상 이익의 기대는 헌법이 보호하는 재산권의 영역에 포함되지 않으므로 이 사건에서 재산권침해가 문제되지는 않는다(헌재 1999.7.22. 98헌바14).

② 공무원연금제도는 공무원의 퇴직 또는 사망과 공무로 인한 부상, 질병, 폐질에 대하여 적절한 급여를 지급함으로써, 공무원이나 그 유족의 생활안정과 복리향상에 기여함을 목적으로 하는 사회보장제도이다. 한편, 공무원연금은 연금 운용에 필요한 재원 형성에 국가나 지방자치단체뿐만 아니라 수급권자인 공무원도 참여하는 등 지급사유 발생 시 부담을 나누어 구제를 도모한다는 점에서 사회보험제도의 일종이기도 하다. 공무원연금은 기여금 납부를 통해 공무원 자신도 재원의 형성에 일부 기여한다는 점에서 후불임금의 성격도 가지고 있다. 그러므로 「공무원연금법」상 연금수급권은 사회적 기본권의 하나인 사회보장수급권의 성격과 재산권의 성격을 아울러 지니고 있다(헌재 2016.3.31. 2015헌바18).

③ 사건에서 문제된 지구개발사업의 하나인 '관광휴양지 조성사업' 중에는 고급골프장, 고급리조트 등(이하 '고급골프장 등'이라 한다)의 사업과 같이 입법목적에 대한 기여도가 낮을 뿐만 아니라, 대중의 이용 · 접근가능성이 작아 공익성이 낮은 사업도 있다. 또한 고급골프장 등 사업은 그 특성상 사업 운영 과정에서 발생하는 지방세수 확보와 지역경제 활성화는 부수적인 공익일 뿐이고, 이 정도의 공익이 그 사업으로 인하여 강제수용 당하는 주민들의 기본권침해를 정당화할 정도로 우월하다고 볼 수는 없다. 따라서 이 사건 법률조항은 공익적 필요성이 인정되기 어려운 민간개발자의 지구개발사업을 위해서까지 공공수용이 허용될 수 있는 가능성을 열어두고 있어 헌법 제23조 제3항에 위반된다(헌재 2014.10.30. 2011헌바172 등).

02 1 2 3

정답 ②

출처 18 지방직 7급

정답의 이유

② 헌법 제21조 제1항은 "모든 국민은 언론 · 출판의 자유와 집회 · 결사의 자유를 가진다"고 규정하여 집회의 자유를 표현의 자유로서 언론 · 출판의 자유와 함께 국민의 기본권으로 보장하고 있다. 집회의 자유에는 집회를 통하여 형성된 의사를 집단적으로 표현하고 이를 통하여 불특정 다수인의 의사에 영향을 줄 자유를 포함한다(헌재 2016.9.29. 2014헌바492).

오답의 이유

① 「집회 및 시위에 관한 법률」 제2조

> **「집회 및 시위에 관한 법률」 제2조(정의)** 이 법에서 사용하는 용어의 뜻은 다음과 같다.
> 1. "옥외집회"란 천장이 없거나 사방이 폐쇄되지 아니한 장소에서 여는 집회를 말한다.

③ 집회의 자유가 가지는 헌법적 가치와 기능, 집회에 대한 허가 금지를 선언한 헌법정신, 옥외집회 및 시위에 관한 사전 신고제의 취지 등을 종합하여 보면, 신고는 행정관청에 집회에 관한 구체적인 정보를 제공함으로써 공공질서의 유지에 협력하도록 하는 데 의의가 있는 것으로 집회의 허가를 구하는 신청으로 변질되어서는 아니 되므로, 신고를 하지 아니하였다는 이유만으로 옥외집회 또는 시위를 헌법의 보호 범위를 벗어나 개최가 허용되지 않는 집회 내지 시위라고 단정할 수 없다(대판 2012.4.19. 2010도6388).

④ 헌법이 명시적으로 밝히고 있지는 않으나, 집회의 자유에 의하여 보호되는 것은 단지 '평화적' 또는 '비폭력적' 집회이다. 집회의 자유는 민주국가에서 정신적 대립과 논의의 수단으로서, 평화적 수단을 이용한 의견의 표명은 헌법적으로 보호되지만, 폭력을 사용한 의견의 강요는 헌법적으로 보호되지 않는다(헌재 2003.10.30. 2000헌바67 등).

03 1 2 3

정답 ①

출처 18 지방직 7급

정답의 이유

① 헌법 제36조 제1항에서 규정하는 '혼인'이란 양성이 평등하고 존엄한 개인으로서 자유로운 의사의 합치에 의하여 생활공동체를 이루는 것으로서 법적으로 승인받은 것을 말하므로, 법적으로 승인되지 아니한 사실혼은 헌법 제36조 제1항의 보호범위에 포함된다고 보기 어렵다(헌재 2014.8.28. 2013헌바119).

오답의 이유

② 부모가 자녀의 이름을 지어주는 것은 자녀의 양육과 가족생활을 위하여 필수적인 것이고, 가족생활의 핵심적 요소라 할 수 있으므로, '부모가 자녀의 이름을 지을 자유'는 혼인과 가족생활을 보장하는 헌법 제36조 제1항과 행복추구권을 보장하는 헌법 제10조에 의하여 보호받는다(헌재 2016.7.28. 2015헌마964).

③ 혼인 종료 후 300일 내에 출생한 자녀가 전남편의 친생자가 아님이 명백하고, 전남편이 친생추정을 원하지도 않으며, 생부가 그 자를 인지하려는 경우에도, 그 자녀는 전남편의 친생자로 추정되어 가족관계등록부에 전남편의 친생자로 등록되고, 이는 엄격한 친생부인의 소를 통해서만 번복될 수 있다. 그 결과 심판대상조항은 이혼한 모와 전남편이 새로운 가정을 꾸리는데 부담이 되고, 자녀와 생부가 진실한 혈연관계를 회복하는 데 장애가 되고 있다. 이와 같이 「민법」 제정 이후의 사회적 · 법률적 · 의학적 사정변경을 전혀 반영하지 아니한 채, 이미 혼인관계가 해소된 이후에 자가 출생하고 생부가 출생한 자를 인지하려는 경우마저도, 아무런 예외 없이 그 자를 전남편의 친생자로 추정함으로써 친생부인의 소를 거치도록 하는 심판대상조항은 입법형성의 한계를 벗어나 모가 가정생활과 신분관계에서 누려야 할 인격권, 혼인과 가족생활에 관한 기본권을 침해한다(헌재 2015.4.30. 2013헌마623).

④ 이 사건 법률조항은 친생부모의 친권이 상실되거나 사망 그 밖의 사유로 동의할 수 없는 경우를 제외하고는 친생부모의 동의가 있어야 친양자 입양을 청구할 수 있도록 규정하여 친양자가 될 자의 가족생활에 관한 기본권 등을 제한하고 있는바, 친양자 입양은 친생부모와 그 자녀 사이의 친족관계를 완전히 단절시키는 등 친생부모의 지위에 중대한 영향을 미치는 점, 친생부모 역시 헌법 제10조 및 제36조 제1항에 근거한 가족생활에 관한 기본권을 보유하고 있다는 점에 비추어 볼 때 그 입법목적은 정당하고, 나아가 이 사건 법률조항은 친양자 입양에 있어 무조건 친생부모의 동의를 요하도록 하고 있는 것이 아니라, '친생부모의 친권이 상실되거나 사망 기타 그 밖의 사유로 동의할 수 없는 경우'에는 그 동의 없이도 친양자 입양이 가능하도록 예외규정을 두어 기본권 제한의 비례성을 준수하고 있으므로 헌법에 위반되지 아니한다(헌재 2012.5.31. 2010헌바87).

04 1 2 3

정답 ①

출처 17 지방직 7급

정답의 이유

① 헌법 제34조 제1항은 모든 국민은 인간다운 생활을 할 권리를 가진다고 하여 인간다운 생활을 할 권리를 보장하고, 동조 제4항은 국가는 노인과 청소년의 복지향상을 위하여 정책을 실시할 의무를 진다고 하고 있다. 한편, 헌법은 제35조 제3항에서 국가는 주택정책개발을 통하여 모든 국민이 쾌적한 주거생활을 할 수 있도록 노력해야 한다고 규정한다. 따라서 국가는 노인의 특성에 적합한 주택정책을 복지향상차원에서 개발하여 노인으로 하여금 쾌적한 주거활동을 할 수 있도록 노력하여야 할 의무를 부담한다. 이에 따라 「노인복지법」 제8조는 국가 또는 지방자치단체는 노인의 주거에 적합한 기능 및 설비를 갖춘 주거용 시설의 공급을 조장하여야 하며, 그 주거용 시설의 공급자에 대하여 적절한 지원을 할 수 있다고 규정하고 있다(헌재 2016.6.30. 2015헌바46).

오답의 이유

② 「국민건강보험법」 제67조 제3항은 재정통합 후에도 지역가입자에 대해서만 국가가 보험료의 일부를 부담할 수 있도록 규정함으로써, 직장가입자와 지역가입자를 달리 취급하고 있다. 그러나 직장가입자에 비하여, 지역가입자에는 노인, 실업자, 퇴직자 등 소득이 없거나 저소득의 주민이 다수 포함되어 있고, 이러한 저소득층 지역가입자에 대하여 국가가 국고지원을 통하여 보험료를 보조하는 것은, 경제적 · 사회적 약자에게도 의료보험의 혜택을 제공해야할 사회국가적 의무를 이행하기 위한 것으로서, 국고지원에 있어서의 지역가입자와 직장가입자의 차별취급은 사회국가원리의 관점에서 합리적인 차별에 해당하는 것으로서 평등원칙에 위반되지 아니한다(헌재 2000.6.29. 99헌마289).

③ 헌법 제15조의 직업의 자유 또는 헌법 제32조의 근로의 권리, 사회국가원리 등에 근거하여 실업방지 및 부당한 해고로부터 근로자를 보호하여야 할 국가의 의무를 도출할 수는 있을 것이나, 국가에 대한 직접적인 직장존속보장청구권을 근로자에게 인정할 헌법상의 근거는 없다(헌재 2002.11.28. 2001헌바50).

④ 헌법 제119조 제2항은 국가가 경제영역에서 실현하여야 할 목표의 하나로서 "적정한 소득의 분배"를 들고 있지만, 이로부터 반드시 소득에 대하여 누진세율에 따른 종합과세를 시행하여야 할 구체적인 헌법적 의무가 조세입법자에게 부과되는 것이라고 할 수 없다. 오히려 입법자는 사회 · 경제정책을 시행함에 있어서 소득의 재분배라는 관점만이 아니라 서로 경쟁하고 충돌하는 여러 목표, 예컨대 "균형 있는 국민경제의 성장 및 안정", "고용의 안정" 등을 함께 고려하여 서로 조화시키려고 시도하여야 하고, 끊임없이 변화하는 사회 · 경제상황에 적응하기 위하여 정책의 우선순위를 정할 수도 있다. 그러므로 "적정한 소득의 분배"를 무조건적으로 실현할 것을 요구한다거나 정책적으로 항상 최우선적인 배려를 하도록 요구하는 것은 아니라 할 것이다(헌재 1999.11.25. 98헌마55).

05 1 2 3 정답 ②

출처 17 지방직 7급

정답의 이유

② 심판대상조항은 공무원 직무수행에 대한 국민의 신뢰 및 직무의 정상적 운영의 확보, 공무원범죄의 예방, 공직사회의 질서 유지를 위한 것으로서 목적이 정당하고, 「형법」 제129조 제1항의 수뢰죄를 범하여 금고 이상의 형의 선고유예를 받은 국가공무원을 공직에서 배제하는 것은 적절한 수단에 해당한다. 수뢰죄는 수수액의 다과에 관계없이 공무원 직무의 불가매수성과 염결성을 치명적으로 손상시키고, 직무의 공정성을 해치며 국민의 불신을 초래하므로 일반 「형법」상 범죄와 달리 엄격하게 취급할 필요가 있다. 수뢰죄를 범하더라도 자격정지형의 선고유예를 받은 경우 당연퇴직하지 않을 수 있으며, 당연퇴직의 사유가 직무 관련 범죄로 한정되므로 심판대상조항은 침해의 최소성 원칙에 위반되지 않고, 이로써 달성되는 공익이 공무원 개인이 입는 불이익보다 훨씬 크므로 법익균형성원칙에도 반하지 아니한다. 따라서 심판대상조항은 과잉금지원칙에 반하여 청구인의 공무담임권을 침해하지 아니한다(헌재 2013.7.25. 2012헌바409).

오답의 이유

① 「지방공무원법」 제62조 제1항 제3호에서 지방자치단체의 직제가 폐지된 경우에 행할 수 있도록 하고 있는 직권면직은 행정조직의 효율성을 높이기 위한 제도로서 행정수요가 소멸하거나 조직의 비대화로 효율성이 저하되는 경우 불가피하게 이루어지게 된다. … 한편, 행정조직의 개폐에 관한 문제에 있어 입법자가 광범위한 입법형성권을 가진다 하더라도 행정조직의 개폐로 인해 행해지는 직권면직은 보다 직접적으로 해당 공무원들의 신분에 중대한 위협을 주게 되므로 직제 폐지 후 실시되는 면직절차에 있어서는 보다 엄격한 요건이 필요한데, 이와 관련하여 「지방공무원법」 제62조는 직제의 폐지로 인해 직권면직이 이루어지는 경우 임용권자는 인사위원회의 의견을 듣도록 하고 있고, 면직기준으로 임용형태 · 업무실적 · 직무수행능력 · 징계처분사실 등을 고려하도록 하고 있으며, 면직기준을 정하거나 면직대상을 결정함에 있어서 반드시 인사위원회의 의결을 거치도록 하고 있는바, 이는 합리적인 면직기준을 구체적으로 정함과 동시에 그 공정성을 담보할 수 있는 절차를 마련하고 있는 것이라 볼 수 있다. 그렇다면 이 사건 규정이 직제가 폐지된 경우 직권면직을 할 수 있도록 규정하고 있다고 하더라도 이것이 직업공무원제도를 위반하고 있다고는 볼 수 없다(헌재 2004.11.25. 2002헌바8).

③ 형사사건으로 기소되기만 하면 그가 「국가공무원법」 제33조 제1항 제3호 내지 제6호에 해당하는 유죄판결을 받을 고도의 개연성이 있는가의 여부에 무관하게 경우에 따라서는 벌금형이나 무죄가 선고될 가능성이 큰 사건인 경우에 대해서까지도 당해 공무원에게 일률적으로 직위해제처분을 하지 않을 수 없도록 한 이 사건 규정은 헌법 제37조 제2항의 비례의 원칙에 위반되어 직업의 자유를 과도하게 침해하고 헌법 제27조 제4항의 무죄추정의 원칙에도 위반된다. 입법자가 임의적 규정으로도 법의 목적을 실현할 수 있는 경우에 구체적 사안의 개별성과 특수성을 고려할 수 있는 가능성을 일체 배제하는 필요적 규정을 둔다면, 이는 비례의 원칙의 한 요소인 '최소침해성의 원칙'에 위배된다(헌재 1998.5.28. 96헌가12).

④ 「지방공무원법」 제29조의3은 "지방자치단체의 장은 다른 지방자치단체의 장의 동의를 얻어 그 소속 공무원을 전입할 수 있다"라고만 규정하고 있어, 이러한 전입에 있어 지방공무원 본인의 동의가 필요한지에 관하여 다툼의 여지없이 명백한 것은 아니나, 위 법률조항을, 해당 지방공무원의 동의 없이도 지방자치단체의 장 사이의 동의만으로 지방공무원에 대한 전출 및 전입명령이 가능하다고 풀이하는 것은 헌법적으로 용인되지 아니하며, 헌법 제7조에 규정된 공무원의 신분보장 및 헌법 제15조에서 보장하는 직업선택의 자유의 의미와 효력에 비추어 볼 때 위 법률조항은 해당 지방공무원의 동의가 있을 것을 당연한 전제로 하여 그 공무원이 소속된 지방자치단체의 장의 동의를 얻어서만 그 공무원을 전입할 수 있음을 규정하고 있는 것으로 해석하는 것이 타당하고, 이렇게 본다면 인사교류를 통한 행정의 능률성이라는 입법목적도 적절히 달성할 수 있을 뿐만 아니라 지방공무원의 신분보장이라는 헌법적 요청도 충족할 수 있게 된다. 따라서 위 법률조항은 헌법에 위반되지 아니한다(헌재 2002.11.28. 98헌바101 등).

06 1 2 3 정답 ③

출처 17 지방직 7급

정답의 이유

③ 우리 헌법은 법인 내지 단체의 기본권 향유능력에 대하여 명문의 규정을 두고 있지는 않지만 본래 자연인에게 적용되는 기본권이라도 그 성질상 법인이 누릴 수 있는 기본권은 법인에게도 적용된다. … 법인도 법인의 목적과 사회적 기능에 비추어 볼 때 그 성질에 반하지 않는 범위 내에서 인격권의 한 내용인 사회적 신용이나 명예 등의 주체가 될 수 있고 법인이 이러한 사회적 신용이나 명예 유지 내지 법인격의 자유로운 발현을 위하여 의사결정이나 행동을 어떻게 할 것인지를 자율적으로 결정하는 것도 법인의 인격권의 한 내용을 이룬다고 할 것이다(헌재 2012.8.23. 2009헌가27).

오답의 이유

① 청구인 진보신당은 국민의 정치적 의사형성에 참여하기 위한 조직으로 성격상 권리능력 없는 단체에 속하지만, 구성원과는 독립하여 그 자체로서 기본권의 주체가 될 수 있고, 그 조직 자체의 기본권이 직접 침해당한 경우 자신의 이름으로 헌법소원심판을 청구할 수 있으나, 이 사건에서 침해된다고 하여 주장되는 기본권은 생명 · 신체의 안전에 관한 것으로서 성질상 자연인에게만 인정되는 것이므로, 이와 관련하여 청구인 진보신당과 같은 권리능력 없는 단체는 위와 같은 기본권의 행사에 있어 그 주체가 될 수 없고, 또한 청구인 진보신당이 그 정당원이나 일반 국민의 기본권이 침해됨을 이유로 이들을 위하거나 이들을 대신하여 헌법소원심판을 청구하는 것은 원칙적으로 허용되지 아니하므로, 이 사건에 있어 청구인 진보신당은 청구인능력이 인정되지 아니한다 할 것이다(헌재 2008.12.26. 2008헌마419 등).

② 헌법 제31조 제4항이 규정하는 교육의 자주성 및 대학의 자율성은 헌법 제22조 제1항이 보장하는 학문의 자유의 확실한 보장을 위해 꼭 필요한 것으로서 대학에 부여된 헌법상 기본권인 대학의 자율권이므로, 국립대학인 청구인도 이러한 대학의 자율권의 주체로서 헌법소원심판의 청구인능력이 인정된다(헌재 2015.12.23. 2014헌마1149).

④ 청구인의 경우 공법상 재단법인인 방송문화진흥회가 최다출자자인 방송사업자로서 「방송법」 등 관련규정에 의하여 공법상의 의무를 부담하고 있지만, 「상법」에 의하여 설립된 주식회사로 설립목적은 언론의 자유의 핵심영역인 방송사업이므로 이러한 업무 수행과 관련하여 당연히 기본권 주체가 될 수 있고, 그 운영을 광고수익에 전적으로 의존하고 있는 만큼 이를 위해 사경제 주체로서 활동하는 경우에도 기본권 주체가 될 수 있는바, 이사건 심판청구는 청구인이 그 운영을 위한 영업활동의 일환으로 방송광고를 판매하는 지위에서 그 제한과 관련하여 이루어진 것이므로 그 기본권 주체성을 인정할 수 있다(헌재 2013.9.26. 2012헌마271).

07 1 2 3

정답 ①

출처 17 지방직 7급

정답의 이유

① 헌법 제32조 제1항은 "모든 국민은 근로의 권리를 가진다. 국가는 사회적 · 경제적 방법으로 근로자의 고용의 증진과 적정임금의 보장에 노력하여야 하며, 법률이 정하는 바에 의하여 최저임금제를 시행하여야 한다"라고 규정하고 있다. 이는 국가의 개입 · 간섭을 받지 않고 자유로이 근로를 할 자유와, 국가에 대하여 근로의 기회를 제공하는 정책을 수립해 줄 것을 요구할 수 있는 권리 등을 기본적인 내용으로 하고 있고, 이 때 근로의 권리는 근로자를 개인의 차원에서 보호하기 위한 권리로서 개인인 근로자가 근로의 권리의 주체가 되는 것이고, 노동조합은 그 주체가 될 수 없는 것으로 이해되고 있다(헌재 2009.2.26. 2007헌바27).

오답의 이유

② 해고예고제도는 근로조건의 핵심적 부분인 해고와 관련된 사항일 뿐만 아니라, 근로자가 갑자기 직장을 잃어 생활이 곤란해지는 것을 막는 데 목적이 있으므로 근로자의 인간 존엄성을 보장하기 위한 최소한의 근로조건으로서 근로의 권리의 내용에 포함된다. 해고예고제도의 입법 취지와 「근로기준법」 제26조 단서에서 규정하고 있는 해고예고 적용배제사유를 종합하여 보면, 원칙적으로 해고예고 적용배제사유로 허용될 수 있는 경우는 근로계약의 성질상 근로관계 계속에 대한 근로자의 기대가능성이 적은 경우로 한정되어야 한다(헌재 2015.12.23. 2014헌바3).

③ 헌법 제32조 제3항은 위와 같은 근로의 권리가 실효적인 것이 될 수 있도록 "근로조건의 기준은 인간의 존엄성을 보장하도록 법률로 정한다"고 하여 근로조건의 법정주의를 규정하고 있고, 이에 따라 「근로기준법」 등에 규정된 연차유급휴가는 근로자의 건강하고 문화적인 생활의 실현에 이바지할 수 있도록 여가를 부여하는데 그 목적이 있으므로 이는 인간의 존엄성을 보장하기 위한 합리적인 근로조건에 해당한다. 따라서 연차유급휴가에 관한 권리는 인간의 존엄성을 보장받기 위한 최소한의 근로조건을 요구할 수 있는 권리로서 근로의 권리의 내용에 포함된다 할 것이다(헌재 2008.9.25. 2005헌마586).

④ 헌법 제22조 제1항은 근로자가 근로조건의 향상을 위하여 자주적인 단결권 · 단체교섭권 및 단체행동권을 가진다고 규정함으로써, 근로자가 인간다운 삶을 누리기 위하여 자주적인 단결을 통해서 임금 및 근로조건의 개선을 실현할 수 있는 길을 열어 놓았다. … 헌법의 이러한 정신에 따라 노동관계의 공정한 조정을 도모하고 근로자의 단체행동권의 행사에 따른 노동관계 당사자간의 노동쟁의를 예방 및 해결함으로써 산업평화의 유지와 국민경제발전에 기여할 목적으로 법이 제정되었다. 법이 규정한 쟁의행위는 동맹파업 · 태업 · 직장폐쇄 기타 노동관계 당사자가 그 주장을 관철할 목적으로 행하는 행위와 이에 대항하는 행위로서 업무의 정상적인 운영을 저해 하는 것이고, 실질적으로는 쟁의의 상대방에게 고통을 주어 상대방으로 하여금 자신의 주장을 수용하게 하는 최후수단인 것이다. 따라서 노동관계 당사자가 쟁의행위를 함에 있어서는 그 목적 · 방법 및 절차상의 한계를 존중하지 않으면 아니되며, 그 한계를 벗어나지 아니하는 범위 안에서 관계자들의 민사상 및 형사상의 책임이 면제되는 것이다(헌재 1990.1.15. 89헌가103).

08 1 2 3

정답 ①

출처 17 지방직 7급

정답의 이유

① "성인대상 성범죄"는 그 문언에 비추어 성인 피해자를 범죄대상으로 한 성에 관련된 범죄로서 타인의 성적 자기결정권을 침해하여 가해지는 위법행위 혹은 성인이 연루되어 있는 사회의 건전한 성풍속을 침해하는 위법행위를 일컫는 것으로 보이고, 이러한 범죄들 중에서도 이 사건 법률조항의 입법목적에 비추어, 의료기관 취업을 제한할 필요가 있는 범죄로 해석된다. 또한, 「청소년성보호법」에 이미 규정된 "아동 · 청소년대상 성범죄"의 내용들을 살펴봄으로써 "성인대상 성범죄"의 내용도 "아동 · 청소년대상 성범죄"와 유사하게 규율될 것임을 어느 정도 예상할 수 있고, 성범죄를 예방하고 피해자를 보호한다는 측면에서 「청소년성보호법」과 긴밀한 법적 연관성이 있는 「성폭력범죄의 처벌 등에 관한 특례법」의 내용들도 "성인대상 성범죄"의 내용을 파악하는 데에 도움이 된다. 이상의 내용을 종합하면 "성인대상 성범죄" 부분은 불명확하다고 볼 수 없어 헌법상 명확성원칙에 위배되지 않는다(헌재 2016.3.31. 2013헌마585 등).

오답의 이유

② 이 사건 부칙조항은 의료인의 취업제한제도가 시행된 후 형이 확정된 자부터 적용되도록 규정하였는데, 취업 제한은 형벌이 아니므로 헌법 제13조 제1항 전단의 형벌불소급원칙이 적용되지 않는다(헌재 2016.3.31. 2013헌마585 등).

③ 헌법 제15조는 "모든 국민은 직업선택의 자유를 가진다"고 규정하여, 개인이 원하는 직업을 자유롭게 선택하는 '좁은 의미의 직업선택의 자유'와 그가 선택한 직업을 자기가 원하는 방식으로 자유롭게 수행할 수 있는 '직업수행의 자유'를 보장하고 있다. 청구인들은 이 사건 법률조항에 의하여 형의 집행을 종료한 때부터 10년간 의료기관에 취업할 수 없게 되었는바, 이는 일정한 직업을 선택함에 있어 기본권 주체의 능력과 자질에 따른 제한이므로 이른바 '주관적 요건에 의한 좁은 의미의 직업선택의 자유'에 대한 제한에 해당한다(헌재 2016.3.31. 2013헌마585 등).

④ 이 사건 법률조항은 의료기관의 운영자나 종사자의 자질을 일정 수준으로 담보하도록 함으로써, 아동 · 청소년을 잠재적 성범죄로부터 보호하고, 의료기관의 윤리성과 신뢰성을 높여 아동 · 청소년 및 그 보호자가 이들 기관을 믿고 이용할 수 있도록 하는 입법목적을 지니는바 이러한 입법목적은 정당하다. 그러나 이 사건 법률조항이 성범죄 전력만으로 그가 장래에 동일한 유형의 범죄를 다시 저지를 것을 당연시하고, 형의 집행이 종료된 때부터 10년이 경과하기 전에는 결코 재범의 위험성이 소멸하지 않는다고 보며, 각 행위의 죄질에 따른 상이한 제재의 필요성을 간과함으로써, 성범죄 전력자 중 재범의 위험성이 없는 자, 성범죄 전력이 있지만 10년의 기간 안에 재범의 위험성이 해소될 수 있는 자, 범행의 정도가 가볍고 재범의 위험성이 상대적으로 크지 않은 자에게까지 10년 동안 일률적인 취업제한을 부과하고 있는 것은 침해의 최소성 원칙과 법익의 균형성 원칙에 위배된다. 따라서 이 사건 법률조항은 청구인들의 직업선택의 자유를 침해한다(헌재 2016.3.31. 2013헌마585 등).

09 1 2 3

정답 ③

출처 17 지방직 7급

정답의 이유

③ 이 사건 투표시간조항이 투표종료시간을 오후 4시까지로 정한 것은 투표당일 부재자투표의 인계 · 발송 절차를 밟을 수 있도록 함으로써 부재자투표의 인계 · 발송절차가 지연되는 것을 막고 투표관리의 효율성을 제고하고 투표함의 관리위험을 경감하기 위한 것이고, 이 사건 투표시간조항이 투표종료시간을 오후 4시까지로 정한다고 하더라도 투표개시시간을 일과시간 이전으로 변경한다면, 부재자투표의 인계 · 발송절차가 지연될 위험 등이 발생하지 않으면서도 일과시간에 학업 · 직장업무를 하여야 하는 부재자투표자가 현실적으로 선거권을 행사하는 데 큰 어려움이 발생하지 않을 것이다. 따라서 이 사건 투표시간조항 중 투표종료시간 부분은 수단의 적정성, 법익 균형성을 갖추고 있으므로 청구인의 선거권이나 평등권을 침해하지 않는다(헌재 2012.2.23. 2010헌마601).

오답의 이유

① 헌법에서 지방자치제를 제도적으로 보장하고 있고, 지방자치는 지방자치단체가 독자적인 자치기구를 설치해서 그 자치단체의 고유사무를 국가기관의 간섭 없이 스스로의 책임 아래 처리하는 것이라는 점에서 지방자치단체의 대표인 단체장은 지방의회의원과 마찬가지로 주민의 자발적 지지에 기초를 둔 선거를 통해 선출되어야 한다. 공직선거 관련 법상 지방자치단체의 장 선임방법은 '선거'로 규정되어 왔고, 지방자치단체의 장을 선거로 선출하여 온 우리 지방자치제의 역사에 비추어 볼 때, 지방자치단체의 장에 대한 주민직선제 이외의 다른 선출방법을 허용할 수 없다는 관행과 이에 대한 국민적 인식이 광범위하게 존재한다고 볼 수 있다. 주민자치제를 본질로 하는 민주적 지방자치제도가 안정적으로 뿌리내린 현 시점에서 지방자치단체의 장 선거권을 지방의회의원 선거권, 나아가 국회의원 선거권 및 대통령 선거권과 구별하여 하나는 법률상의 권리로, 나머지는 헌법상의 권리로 이원화하는 것은 허용될 수 없다. 그러므로 지방자치단체의 장 선거권 역시 다른 선거권과 마찬가지로 헌법 제24조에 의해 보호되는 기본권으로 인정하여야 한다(헌재 2016.10.27. 2014헌마797).

② 헌법 제24조는 모든 국민은 '법률이 정하는 바에 의하여' 선거권을 가진다고 규정함으로써 법률유보의 형식을 취하고 있다. 하지만 이것은 국민의 선거권이 '법률이 정하는 바에 따라서만 인정될 수 있다'는 포괄적인 입법권의 유보 아래 있음을 뜻하는 것이 아니다. 이것은 국민의 기본권을 법률로 구체화하라는 뜻이며, 선거권을 법률을 통해 구체적으로 실현하라는 뜻이다(헌재 2014.1.28. 2012헌마409 등).

④ 헌법 제25조는 "모든 국민은 법률이 정하는 바에 의하여 공무담임권을 가진다"고 하여 공무담임권을 기본권으로 보장하고 있다. 공무담임권에는 일반적으로 공직취임의 기회보장, 신분박탈, 직무의 정지에 관련된 사항이 그 보호영역에 포함되지만, 특별한 사정도 없이 공무원이 특정의 장소에서 근무하는 것이나 특정의 보직을 받아 근무하는 것을 포함하는 일종의 '공무수행의 자유'까지 그 보호영역에 포함된다고 보기는 어렵다(헌재 2014.1.28. 2011헌마239).

10 1 2 3

정답 ④

출처 17 지방직 7급

정답의 이유

④ 이 사건 시행령조항은 교정시설의 안전과 질서유지, 수용자의 교화 및 사회복귀를 원활하게 하기 위해 수용자가 밖으로 내보내는 서신을 봉함하지 않은 상태로 제출하도록 한 것이나, 이와 같은 목적은 교도관이 수용자의 면전에서 서신에 금지물품이 들어 있는지를 확인하고 수용자로 하여금 서신을 봉함하게 하는 방법, 봉함된 상태로 제출된 서신을 X-ray 검색기 등으로 확인한 후 의심이 있는 경우에만 개봉하여 확인하는 방법, 서신에 대한 검열이 허용되는 경우에만 무봉함 상태로 제출하도록 하는 방법 등으로도 얼마든지 달성할 수 있다고 할 것인바, 위 시행령조항이 수용자가 보내려는 모든 서신에 대해 무봉함 상태의 제출을 강제함으로써 수용자의 발송 서신 모두를 사실상 검열 가능한 상태에 놓이도록 하는 것은 기본권 제한의 최소 침해성 요건을 위반하여 수용자인 청구인의 통신비밀의 자유를 침해하는 것이다(헌재 2012.2.23. 2009헌마333).

오답의 이유

① 수형자가 인간 생존의 기본조건이 박탈된 교정시설에 수용되어 인간의 존엄과 가치를 침해당하였는지 여부를 판단함에 있어서는 1인당 수용면적뿐만 아니라 수형자 수와 수용거실 현황 등 수용시설 전반의 운영 실태와 수용기간, 국가 예산의 문제 등 제반 사정을 종합적으로 고려할 필요가 있다. 그러나 교정시설의 1인당 수용면적이 수형자의 인간으로서의 기본 욕구에 따른 생활조차 어렵게 할 만큼 지나치게 협소하다면, 이는 그 자체로 국가형벌권 행사의 한계를 넘어 수형자의 인간의 존엄과 가치를 침해하는 것이다(헌재 2016.12.29. 2013헌마142).

② 보통의 평범한 성인인 청구인들로서는 내밀한 신체부위가 노출될 수 있고 역겨운 냄새, 소리 등이 흘러나오는 가운데 용변을 보지 않을 수 없는 상황에 있었으므로 그때마다 수치심과 당혹감, 굴욕감을 느꼈을 것이고 나아가 생리적 욕구까지도 억제해야만 했을 것임을 어렵지 않게 알 수 있다. 이 사건 청구인들로 하여금 유치기간동안 위와 같은 구조의 화장실을 사용하도록 강제한 피청구인의 행위는 인간으로서의 기본적 품위를 유지할 수 없도록 하는 것으로서, 수인하기 어려운 정도라고 보여지므로 전체적으로 볼 때 비인도적 · 굴욕적일 뿐만 아니라 동시에 비록 건강을 침해할 정도는 아니라고 할지라도 헌법 제10조의 인간의 존엄과 가치로부터 유래하는 인격권을 침해하는 정도에 이르렀다고 판단된다(헌재 2001.7.19. 2000헌마546).

③ ㅇㅇ구치소장은 「형집행법」 등에서 규정한 바에 따라 수용자의 사생활의 비밀과 자유에 대한 제한을 최소화하기 위하여 특정부분을 확대하거나 정밀하게 촬영할 수 없는 CCTV를 설치하였고, 화장실 문의 창에 불투명재질의 종이를 부착하였으며, 녹화된 영상정보의 무단유출 방지를 위한 영상시스템 운영계획을 실시하는 등의 조치를 취하였다. 교정시설 내 수용자를 상시적으로 시선계호할 인력 확보가 불가능한 현실에서 응급상황이 발생하는 경우 신속하게 이를 파악하고 응급조치를 실행하기 위하여는 CCTV를 이용한 계호 외에 다른 효과적인 방법을 찾기 어렵다. 나아가 교정시설 내 자살 · 자해 등의 사고는 수용자 본인 및 다른 수용자들에게 중대한 부정적 영향을 끼칠 수 있고, 교정정책 전반에 대한 불신을 야기할 수도 있다는 점에서 이를 방지할 필요성이 매우 크다. 따라서 이 사건 CCTV 계호가 청구인의 사생활의 비밀과 자유를 과도하게 제한하는 것으로 볼 수 없다(헌재 2016.4.28. 2012헌마549 등).

11 1 2 3

정답 ③

출처 17 지방직 7급

정답의 이유

③ 「헌법재판소법」 제72조 제3항, 제4항

> **「헌법재판소법」 제72조(사전심사)** ③ 지정재판부는 다음 각 호의 어느 하나에 해당되는 경우에는 지정재판부 재판관 전원의 일치된 의견에 의한 결정으로 헌법소원의 심판청구를 각하한다.
> 1.~4. (생략)
> ④ 지정재판부는 전원의 일치된 의견으로 제3항의 각하결정을 하지 아니하는 경우에는 결정으로 헌법소원을 재판부의 심판에 회부하여야 한다. 헌법소원심판의 청구 후 30일이 지날 때까지 각하결정이 없는 때에는 심판에 회부하는 결정(이하 "심판회부결정"이라 한다)이 있는 것으로 본다.

오답의 이유

① 「헌법재판소법」 제70조 제4항

> **「헌법재판소법」 제70조(국선대리인)** ④ 헌법재판소가 국선대리인을 선정하지 아니한다는 결정을 한 때에는 지체 없이 그 사실을 신청인에게 통지하여야 한다. 이 경우 신청인이 선임신청을 한 날부터 그 통지를 받은 날까지의 기간은 제69조의 청구기간에 산입하지 아니한다.

② 「헌법재판소법」 제68조 제1항에 의거하여 헌법소원은 공권력의 불행사에 대해서도 제기할 수 있으며, 공권력 중에는 입법권도 당연히 포함되므로 입법부작위에 대한 헌법소원도 허용된다. 입법부작위에는 입법자가 헌법상 입법의무가 있는 어떤 사항에 관하여 전혀 입법을 하지 아니함으로써 입법행위의 흠결이 있는 진정입법부작위와 입법자가 어떤 사항에 관하여 입법은 하였으나 그 입법의 내용 · 범위 · 절차 등의 당해 사항을 불완전 · 불충분 또는 불공정하게 규율함으로써 입법행위에 결함이 있는 부진정입법부작위로 나눌 수 있다. 전자인 진정입법부작위는 입법부작위로서 헌법소원의 대상이 될 수 있지만, 후자인 부진정입법부작위의 경우에는 그 불완전한 법규정 자체를 대상으로 하여 그것이 헌법위반이라는 적극적인 헌법소원을 청구할 수 있을 뿐 이를 입법부작위라 하여 헌법소원을 제기할 수 없다(헌재 2003.5.15. 2000헌마192 등).

④ 헌법 제107조 제1항 및 「헌법재판소법」 제41조 제1항의 규정을 모두어 보면, 법률이 헌법에 위반되는 여부가 재판의 전제가 된 때에는 당해 사건을 담당하는 법원은 직권 또는 당사자의 신청에 의한 결정으로 헌법재판소에 위헌법률심판을 제청하고, 그 심판에 의하여 재판하게 되어 있다. 또한 헌법 제111조 제1항, 「헌법재판소법」 제2조 및 제41조 내지 제47조의 규정들을 종합하면, 헌법재판소가 관장하는 재판사항은 위헌법률심판, 탄핵심판, 정당해산심판, 권한쟁의심판 및 헌법소원심판의 5가지로 한정되어 있고, 그 중 위헌법률심판은 위 헌법 제107조 제1항 및 「헌법재판소법」 제41조 제1항의 규정에 따라 법원의 제청이 있는 때에 한하여 할 수 있게 되어있다. 다만, 법률의 규정으로 말미암아 직접 기본권이 침해되었거나, 법원으로부터 위헌법률심판 제청신청이 기각되었음을 이유로 「헌법재판소법」 제68조에 의거하여 법률의 규정에 대한 위헌선언을 구하는 헌법소원심판을 청구할 수 있으나, 그것은 위에서 말하는 위헌법률심판의 청구는 아니다. 따라서 헌법재판소는 구체적 사건에서 법률의 위헌여부가 재판의 전제가 되어 법원의 제청이 있는 때에 한하여 위헌법률심판을 할 수 있고, 개인의 제소 또는 심판청구만으로는 위헌법률심판을 할 수 없다는 것이다(헌재 1994.6.30. 94헌아5).

12 1 2 3 정답 ④

출처 17 지방직 7급

정답의 이유

④ 이 사건 법률조항에서 의약분업의 예외를 인정한 취지를 살리면서도 약사 이외의 사람이 조제를 담당하여 발생할 수 있는 약화사고 등을 방지하기 위해서는, 의과대학에서 기초의학부터 시작하여 체계적으로 의학을 공부하고 상당기간 임상실습을 한 후 국가의 검증을 거친 의사로 하여금 조제를 직접 담당하도록 하는 것이 타당하고, 의사가 손수 의약품을 조제한 것에 준한다고 볼 수 있는 정도의 지휘 · 감독이 이루어진 경우에는 간호사의 보조를 받아 의약품을 조제하는 것이 허용되는 점 등을 감안하면 침해 최소성 원칙에 반한다고 볼 수 없으며, 이 사건 법률조항을 통하여 달성하고자 하는 국민보건의 향상과 약화사고의 방지라는 공익은 의약품 조제가 인정되는 가운데 의사가 받게 되는 조제방식의 제한이라는 사익에 비하여 현저히 커 법익균형성도 충족되므로, 이 사건 법률조항은 직업수행의 자유를 침해하지 아니한다(헌재 2015.7.30. 2013헌바422)

오답의 이유

① 심판대상조항은 치과의사로서 외국의 의료기관에서 치과전문의 과정을 이수한 사람이라도 다시 국내에서 치과전문의 수련과정을 이수하도록 하여 국내 실정에 맞는 경험과 지식을 갖추도록 하기 위한 것이므로 입법목적이 정당하고, 그 수단 또한 적합하다. 외국의 의료기관에서 치과전문의 과정을 이수한 사람에 대해 그 외국의 치과전문의 과정에 대한 인정절차를 거치거나, 치과전문의 자격시험에 앞서 예비시험 제도를 두는 등 직업의 자유를 덜 제한하는 방법으로도 입법목적을 달성할 수 있고, 이미 국내에서 치과의사면허를 취득하고 외국의 의료기관에서 치과전문의 과정을 이수한 사람들에게 다시 국내에서 전문의 과정을 다시 이수할 것을 요구하는 것은 지나친 부담을 지우는 것이므로, 심판대상조항은 침해의 최소성 원칙에 위배되고 법익의 균형성도 충족하지 못한다. 따라서 심판대상조항은 과잉금지원칙에 위배되어 청구인들의 직업수행의 자유를 침해한다(헌재 2015.9.24. 2013헌마197).

② 의료인 면허를 취득한 것은 그 면허에 따른 직업선택의 자유를 회복한 것이고, 이렇게 회복된 자유에 대하여 전문분야의 성격과 정책적 판단에 따라 면허를 실현할 수 있는 방법이나 내용을 정할 수는 있지만 이를 다시 전면적으로 금지하는 것은 입법형성의 범위 내라고 보기 어렵다. 환자가 양방과 한방 의료기관에서 순차적, 교차적으로 의료서비스를 받는 경우가 금지되지 않는 현실에서 복수면허 의료인은 양방 및 한방 의료행위 양쪽에 대하여 상대적으로 지식이 많거나 능력이 뛰어나고, 그가 행하는 양방 및 한방 의료행위의 내용과 그것이 인체에 미치는 영향 등에 대하여 더 유용한 정보를 취득하고 이를 분석하여 적절하게 대처할 수 있다고 평가될 수 있다. 양방 및 한방 의료행위가 중첩될 경우 인체에 미치는 영향에 대한 과학적 검증이 없다는 점을 고려한다 하여도 위험영역을 한정하여 규제를 하면 족한 것이지 진단 등과 같이 위험이 없는 영역까지 전면적으로 금지하는 것은 지나치다. … 결국이 사건 법률조항은 청구인들과 같은 복수면허 의료인에게 양방이든 한방이든 하나의 의료기관만을 개설하도록 하는 규범으로 작용한다는 점에서 과잉금지원칙에 반하여 청구인들의 직업의 자유를 침해한다(헌재 2007.12.27. 2004헌마1021).

③ 치과의원의 치과전문의가 자신의 전문과목을 표시하는 경우 그 진료범위를 제한하여 현실적으로 전문과목의 표시를 매우 어렵게 하고 있는바, 이는 치과전문의 자격 자체의 의미를 현저히 감소시키고, 이로 인해 치과의원의 치과전문의들이 대부분 전문과목을 표시하지 않음에 따라 치과전문의 제도를 유명무실하게 만들 위험이 있다. 또한 치과전문의는 표시한 전문과목 이외의 다른 모든 전문과목에 해당하는 환자를 진료할 수 없게 되므로 기본권 제한의 정도가 매우 크다. … 심판대상조항이 달성하고자 하는 적정한 치과 의료전달체계의 정립 및 치과전문의의 특정 전문과목에의 편중 방지라는 공익은 중요하나, 심판대상조항으로 그러한 공익이 얼마나 달성될 수 있을 것인지 의문인 반면, 치과의원의 치과전문의가 표시한 전문과목 이외의 영역에서 치과일반의로서의 진료도 전혀 하지 못하는 데서 오는 사적인 불이익은 매우 크므로, 심판대상조항은 과잉금지원칙에 위배되어 청구인들의 직업수행의 자유를 침해한다(헌재 2015.5.28. 2013헌마799).

13 1 2 3 정답 ④

출처 17 지방직 7급

정답의 이유

④ 생활이 어려운 국민에게 필요한 급여를 행하여 이들의 최저생활을 보장하기 위해 제정된 「국민기초생활보장법」은 부양의무자에 의한 부양과 다른 법령에 의한 보호가 이 법에 의한 급여에 우선하여 행하여지도록 하는 보충급여의 원칙을 채택하고 있는바, 「형의 집행 및 수용자의 처우에 관한 법률」에 의한 교도소 · 구치소에 수용중인 자는 당해 법률에 의하여 생계유지의 보호를 받고 있으므로 이러한 생계유지의 보호를 받고 있는 교도소 · 구치소에 수용 중인 자에 대하여 「국민기초생활 보장법」에 의한 중복적인 보장을 피하기 위하여 개별가구에서 제외키로 한 입법자의 판단이 헌법상 용인될 수 있는 재량의 범위를 일탈하여 인간다운 생활을 할 권리를 침해한다고 볼 수 없다(헌재 2011.3.31. 2009헌마617 등).

오답의 이유

① 이 사건 법률조항이 규정하는 참전명예수당은 국가를 위한 특별한 공헌과 희생에 대한 국가보훈적 성격과, 고령으로 사회활동능력을 상실한 참전 유공자에게 경제적 지원을 함으로써 참전의 노고에 보답하고 아울러 자부심과 긍지를 고양하며 장기적인 측면에서 수급권자의 생활보호를 위한 사회보장적 의미를 동시에 갖는 것이다(헌재 2003.7.24. 2002헌마522 등).

② 경과실의 범죄로 인한 사고는 개념상 우연한 사고의 범위를 벗어나지 않으므로 경과실로 인한 범죄행위에 기인하는 보험사고에 대하여 의료보험급여를 부정하는 것은 우연한 사고로 인한 위험으로부터 다수의 국민을 보호하고자 하는 사회보장제도로서의 의료보험의 본질을 침해하여 헌법에 위반된다(헌재 2003.12.18. 2002헌바1).

③ 모든 국민은 인간다운 생활을 할 권리를 가지며 국가는 생활능력 없는 국민을 보호할 의무가 있다는 헌법의 규정은 입법부와 행정부에 대하여는 국민소득, 국가의 재정능력과 정책 등을 고려하여 가능한 범위 안에서 최대한으로 모든 국민이 물질적인 최저생활을 넘어서 인간의 존엄성에 맞는 건강하고 문화적인 생활을 누릴 수 있도록 하여야 한다는 행위의 지침 즉, 행위규범으로서 작용하지만, 헌법재판에 있어서는 다른 국가기관 즉 입법부나 행정부가 국민으로 하여금 인간다운 생활을 영위하도록 하기 위하여 객관적으로 필요한 최소한의 조치를 취할 의무를 다하였는지의 여부를 기준으로 국가기관의 행위의 합헌성을 심사하여야 한다는 통제규범으로 작용하는 것이다. 그러므로 국가가 인간다운 생활을 보장하기 위한 헌법적인 의무를 다하였는지의 여부가 사법적 심사의 대상이 된 경우에는, 국가가 생계보호에 관한 입법을 전혀 하지 아니하였다든가 그 내용이 현저히 불합리하여 헌법상 용인될 수 있는 재량의 범위를 명백히 일탈한 경우에 한하여 헌법에 위반된다고 할 수 있다(헌재 1997.5.29. 94헌마33).

14 1 2 3

정답 ②

출처 17 지방직 7급

정답의 이유

ㄱ. (×) 경력공무원에 대하여 행정사 자격시험 중 일부를 면제하는 것은 상당 기간 행정의 실무 경험을 갖춘 공무원의 경우 행정에 관련된 전문 지식이나 능력을 이미 갖춘 것으로 볼 수 있기 때문이다. 경력직공무원으로 10년 이상 근무한 사람 중 7급 이상의 직에 근무한 사람 등은 그 선발방법 및 직무범위에 비추어 볼 때 이미 제1차 시험에서 검증하고자 하는 정도의 기본적인 소양은 갖추었다고 보아도 무리가 없다. 15년 이상 공무원으로 근무하면서 7급 이상의 직에 근무한 경험이 있거나, 5급 이상 공무원의 지위에서 5년 이상 근무하였다면, 행정절차 및 사무관리에 관하여 상당한 수준의 경험 및 전문지식을 갖춘 것으로 볼 수 있으므로, 제2차 시험 중 행정절차론 및 사무관리론을 면제한 시험면제조항은 합리적인 이유가 있다. 국·공립학교 교사나 직업군인을 비롯하여 대부분의 공무원들은 직렬이나 담당 업무를 불문하고 일정한 행정업무를 담당하고 있고, 그와 같은 행정경험이 행정사 업무 수행에 기여할 것이라는 입법자의 판단이 현저하게 잘못되었다고 보기 어렵다. 따라서 시험면제조항은 일반 응시자인 청구인들의 평등권이나 직업선택의 자유를 침해하지 아니한다(헌재 2016.2.25. 2013헌마626 등).

ㄴ. (×) 심판대상조항은 병역의무로 인하여 본인의 의사와 관계없이 징집·소집되어 적정한 보수를 받지 못하고 공무수행으로 복무한 기간을 공무원 초임호봉에 반영함으로써, 상대적으로 열악한 환경에서 병역의무를 이행한 공로를 금전적으로 보상하고자함에 그 취지가 있다. 그런데 사회복무요원은 공익 수행을 목적으로 한 제도로, 그 직무가 공무수행으로 인정되고, 본인의사에 관계없이 소집되며, 현역병에 준하는 최소한의 보수만 지급됨에 반하여, 산업기능요원은 국가산업 육성을 목적으로 한 제도로, 그 직무가 공무수행으로 인정되지 아니하고, 본인의사에 따라 편입 가능하며, 「근로기준법」 및 「최저임금법」의 적용을 받는다. 심판대상조항은 이와 같은 실질적 차이를 고려하여 상대적으로 열악한 환경에서 병역의무를 이행한 것으로 평가되는 현역병 및 사회복무요원의 공로를 보상하도록 한 것으로 산업기능요원과의 차별취급에 합리적 이유가 있으므로, 청구인의 평등권을 침해하지 아니한다(헌재 2016.6.30. 2014헌마192).

ㄷ. (○) 도보나 자기 소유 교통수단 또는 대중교통수단 등을 이용하여 출퇴근하는 산업재해보상보험 가입 근로자(이하 '비혜택근로자'라 한다)는 사업주가 제공하거나 그에 준하는 교통수단을 이용하여 출퇴근하는 산재보험 가입 근로자(이하 '혜택근로자'라 한다)와 같은 근로자인데도 사업주의 지배관리 아래 있다고 볼 수 없는 통상적 경로와 방법으로 출퇴근하던 중에 발생한 재해(이하 '통상의 출퇴근 재해'라 한다)를 업무상 재해로 인정받지 못한다는 점에서 차별취급이 존재한다. … 대법원은 출장행위 중 발생한 재해를 사업주의 지배관리 아래 발생한 업무상 재해로 인정하는데, 이러한 출장행위도 이동방법이나 경로선택이 근로자에게 맡겨져 있다는 점에서 통상의 출퇴근행위와 다를 바 없다. 따라서 통상의 출퇴근 재해를 업무상 재해로 인정하여 근로자를 보호해 주는 것이 산재보험의 생활보장적 성격에 부합한다. 사업장 규모나 재정여건의 부족 또는 사업주의 일방적 의사나 개인 사정 등으로 출퇴근용 차량을 제공받지 못하거나 그에 준하는 교통수단을 지원받지 못하는 비혜택근로자는 비록 산재보험에 가입되어 있다 하더라도 출퇴근 재해에 대하여 보상을 받을 수 없는데, 이러한 차별을 정당화할 수 있는 합리적 근거를 찾을 수 없다. … 따라서 심판대상조항은 합리적 이유 없이 비혜택근로자를 자의적으로 차별하는 것이므로, 헌법상 평등원칙에 위배된다(헌재 2016.9.29. 2014헌바254).

ㄹ. (×) 공무원에 버금가는 정도의 공정성·청렴성 및 직무의 불가매수성이 요구되는 각종 분야에 종사하는 사람 중 어느 범위까지 「청탁금지법」의 적용을 받도록 할 것인지는 업무의 공공성, 청탁관행이나 접대문화의 존재 및 그 심각성의 정도, 국민의 인식, 사회에 미치는 파급효 등 여러 요소를 고려하여 입법자가 선택할 사항으로 입법재량이 인정되는 영역이다. 부정청탁금지조항과 금품수수금지조항 및 신고조항과 제재조항은 전체 민간부문을 대상으로 하지 않고 사립학교 관계자와 언론인만 '공직자 등'에 포함시켜 공직자와 같은 의무를 부담시키고 있는데, 이들 조항이 청구인들의 일반적 행동자유권 등을 침해하지 않는 이상, 민간부문 중 우선 이들만 '공직자 등'에 포함시킨 입법자의 결단이 자의적 차별이라 보기는 어렵다. 교육과 언론은 공공성이 강한 영역으로 공공부문과 민간부문이 함께 참여하고 있고, 참여 주체의 신분에 따른 차별을 두기 어려운 분야이다. 따라서 사립학교 관계자와 언론인 못지않게 공공성이 큰 민간분야 종사자에 대해서 「청탁금지법」이 적용되지 않는다는 이유만으로 부정청탁금지조항과 금품수수금지조항 및 신고조항과 제재조항이 청구인들의 평등권을 침해한다고 볼 수 없다(헌재 2016.7.28. 2015헌마236 등).

15 1 2 3

정답 ④

출처 20 경찰승진

정답의 이유

④ 헌법에서 기본권보장을 위하여 법령에 명시적인 입법위임을 하였음에도 불구하고 입법자가 이를 이행하지 아니한 경우이거나, 헌법해석상 특정인에게 구체적인 기본권이 생겨 이를 보장하기 위한 국가의 행위의무 내지 보호의무가 발생하였음이 명백함에도 불구하고 입법자가 아무런 입법조치를 취하지 아니한 경우에 한하여 입법자에게 입법의무를 인정한다고 할 것이다(헌재 2003.6.26. 2000헌마509).

오답의 이유

① 법률 또는 법률의 위 조항은 원칙적으로 가능한 범위 안에서 합헌적으로 해석함이 마땅하나 그 해석은 법의 문구와 목적에 따른 한계가 있다. 즉, 법률의 조항의 문구가 간직하고 있는 말의 뜻을 넘어서 말의 뜻이 완전히 다른 의미로 변질되지 아니하는 범위 내 이어야 한다는 문의적 한계와 입법권자가 그 법률의 제정으로써 추구하고자 하는 입법자의 명백한 의지와 입법의 목적을 헛되게 하는 내용으로 해석할 수 없다는 법목적에 따른 한계가 바로 그것이다(헌재 1989.7.14. 88헌가5 등).

② 법률의 합헌적 해석은 헌법의 최고규범성에서 나오는 법질서의 통일성에 바탕을 두고, 법률이 헌법에 조화하여 해석될 수 있는 경우에는 위헌으로 판단하여서는 아니된다는 것을 뜻하는 것으로서 권력분립과 입법권을 존중하는 정신에 그 뿌리를 두고 있다. 따라서 법률 또는 법률의 위 조항은 원칙적으로 가능한 범위 안에서 합헌적으로 해석함이 마땅하나 그 해석은 법의 문구와 목적에 따른 한계가 있다(헌재 1989.7.14. 88헌가5 등).

③ 헌법의 기본원리는 헌법의 이념적 기초인 동시에 헌법을 지배하는 지도원리로서 입법이나 정책결정의 방향을 제시하며 공무원을 비롯한 모든 국민 · 국가기관이 헌법을 존중하고 수호하도록 하는 지침이 되며, 구체적 기본권을 도출하는 근거로 될 수는 없으나 기본권의 해석 및 기본권제한입법의 합헌성 심사에 있어 해석기준의 하나로서 작용한다(헌재 1996.4.25. 92헌바47).

16 1 2 3

정답 ③

출처 20 경찰승진

정답의 이유

③ 「헌법재판소법」 제68조 제1항

> **「헌법재판소법」 제68조(청구 사유)** ① 공권력의 행사 또는 불행사로 인하여 헌법상 보장된 기본권을 침해받은 자는 법원의 재판을 제외하고는 헌법재판소에 헌법소원심판을 청구할 수 있다. 다만, 다른 법률에 구제절차가 있는 경우에는 그 절차를 모두 거친 후에 청구할 수 있다.

오답의 이유

① 헌법 제67조 제4항

> **헌법 제67조** ④ 대통령으로 선거될 수 있는 자는 국회의원의 피선거권이 있고 선거일 현재 40세에 달하여야 한다.

② 헌법 제107조 제1항

> **헌법 제107조** ① 법률이 헌법에 위반되는 여부가 재판의 전제가 된 경우에는 법원은 헌법재판소에 제청하여 그 심판에 의하여 재판한다.

→ 구체적 규범통제의 헌법상 근거

④ 헌법 제118조 제1항

> **헌법 제118조** ① 지방자치단체에 의회를 둔다.

17 1 2 3

정답 ②

출처 20 경찰승진

정답의 이유

② 국회는 국무총리 또는 국무위원의 해임을 대통령에게 건의할 수 있다(제5차 개정헌법(1962년) 제59조 제1항). 제1항과 제2항에 의한 건의가 있을 때에는 대통령은 특별한 사유가 없는 한 이에 응하여야 한다(동법 제59조 제3항).

오답의 이유

① 대통령과 부통령의 임기는 4년으로 한다. 단, 재선에 의하여 1차 중임할 수 있다. 대통령이 궐위된 때에는 부통령이 대통령이 되고 잔임기간 중 재임한다. 부칙 이 헌법공포당시의 대통령에 대하여는 제55조 제1항 단서의 제한을 적용하지 아니한다(제2차 개정헌법(1954년) 제55조).

③ 제8차 개정헌법 제45조, 제39조, 제112조

> **제8차 개정헌법(1980년) 제45조** 대통령의 임기는 7년으로 하며, 중임할 수 없다.
> **제8차 개정헌법(1980년) 제39조** ① 대통령은 대통령선거인단에서 무기명투표로 선거한다.
> **제8차 개정헌법(1980년) 제112조** ① 헌법위원회는 다음 사항을 심판한다.
> 1. 법원의 제청에 의한 법률의 위헌여부
> 2. 탄핵
> 3. 정당의 해산

④ "모든 국민은 깨끗한 환경에서 생활할 권리를 가지며, 국가와 국민은 환경보전을 위하여 노력하여야 한다"라고 헌법에 환경권을 처음 규정한 것은 1980년 제8차 개정헌법 제33조이며 현행 헌법에서는 제35조에 이를 이어오고 있다.

18 1 2 3 정답 ①

출처 20 경찰승진

정답의 이유

① 「국적법」 제13조 제3항

> **「국적법」 제13조(대한민국 국적의 선택 절차)** ③ 제1항 및 제2항 단서에도 불구하고 출생 당시에 모가 자녀에게 외국 국적을 취득하게 할 목적으로 외국에서 체류 중이었던 사실이 인정되는 자는 외국 국적을 포기한 경우에만 대한민국 국적을 선택한다는 뜻을 신고할 수 있다.

오답의 이유

② 「국적법」 제14조의2 제1항

> **「국적법」 제14조의2(복수국적자에 대한 국적선택명령)** ① 법무부장관은 복수국적자로서 제12조 제1항 또는 제2항에서 정한 기간 내에 국적을 선택하지 아니한 자에게 1년 내에 하나의 국적을 선택할 것을 명하여야 한다.

③ 정부수립 이후 이주동포와 정부수립 이전 이주동포는 이미 대한민국을 떠나 그들이 거주하고 있는 외국의 국적을 취득한 우리의 동포라는 점에서 같고, 국외로 이주한 시기가 대한민국 정부수립 이전인가 이후인가는 결정적인 기준이 될 수 없는데도 … 이 사건 심판대상규정이 청구인들과 같은 정부수립 이전 이주동포를 「재외동포법」의 적용대상에서 제외한 것은 합리적 이유 없이 정부수립 이전 이주동포를 차별하는 자의적인 입법이어서 헌법 제11조의 평등원칙에 위배된다(헌재 2001.11.29. 99헌마494).

④ 심판대상조항은 특례의 적용을 받는 모계출생자가 그 권리를 조속히 행사하도록 하여 위 모계출생자의 국적·법률관계를 조속히 확정하고, 국가기관의 행정상 부담을 줄일 수 있도록 하며, 위 모계출생자가 권리를 남용할 가능성을 억제하기 위하여 특례기간을 2004.12.31.까지로 한정하고 있는바, 이를 불합리하다고 볼 수 없다. … 심판대상조항은 특례의 적용을 받는 모계출생자와 출생으로 대한민국 국적을 취득하는 모계출생자를 합리적 사유 없이 차별하고 있다고 볼 수 없고, 따라서 평등원칙에 위배되지 않는다(헌재 2015.11.26. 2014헌바211).

19 1 2 3 정답 ③

출처 20 경찰승진

정답의 이유

③ 이 사건 정지조항을 통하여 기존의 연금수급자들에 대한 퇴역연금의 지급을 정지함으로써 달성하려는 공익은 군인연금 재정의 악화를 개선하여 이를 유지·존속하려는 데에 있는 것으로, 그와 같은 공익적인 가치는 매우 크다 하지 않을 수 없다. … 그렇다면 보호해야 할 연금수급자의 신뢰의 가치는 그리 크지 않은 반면, 군인연금 재정의 파탄을 막고 군인연금제도를 건실하게 유지하려는 공익적 가치는 긴급하고 또한 중요한 것이므로, 이 사건 정지조항이 헌법상 신뢰보호의 원칙에 위반된다고 할 수 없다(헌재 2007.10.25. 2005헌바68).

오답의 이유

① 소방공무원이 재난·재해현장에서 화재진압이나 인명구조작업 중 입은 위해뿐만 아니라 그 업무수행을 위한 긴급한 출동·복귀 및 부수활동 중 위해에 의하여 사망한 경우까지 그 유족에게 순직공무원보상을 하여 주는 제도를 도입하면서 이 사건 부칙조항이 신법을 소급하는 경과규정을 두지 않았다고 하더라도 소급적용에 따른 국가의 재정부담, 법적 안정성 측면 등을 종합적으로 고려하여 입법정책적으로 정한 것이므로 입법재량의 범위를 벗어나 불합리한 차별이라고 할 수 없다(헌재 2012.8.23. 2011헌바169).

② 심판대상조항은 개정조항이 시행되기 전 환급세액을 수령한 부분까지 사후적으로 소급하여 개정된 징수조항을 적용하는 것으로서 헌법 제13조 제2항에 따라 원칙적으로 금지되는 이미 완성된 사실·법률관계를 규율하는 진정소급입법에 해당한다. 법인세를 부당 환급받은 법인은 소급입법을 통하여 이자상당액을 포함한 조세채무를 부담할 것이라고 예상할 수 없었고, 환급세액과 이자상당액을 법인세로서 납부하지 않을 것이라는 신뢰는 보호할 필요가 있다. 나아가 개정 전 「법인세법」 아래에서도 환급세액을 부당이득 반환청구를 통하여 환수할 수 있었으므로, 신뢰보호의 요청에 우선하여 진정소급입법을 하여야 할 매우 중대한 공익상 이유가 있다고 볼 수도 없다(헌재 2014.7.24. 2012헌바105).

④ 청구인들이 주장하는 교원으로 우선임용받을 권리는 헌법상 권리가 아니고 단지 구 「교육공무원법」 제11조 제1항의 규정에 의하여 비로소 인정되었던 권리일 뿐이며, 헌법재판소가 1990.10.8. 위 법률조항에 대한 위헌결정을 하면서 청구인들과 같이 국·공립 사범대학을 졸업하고 아직 교사로 채용되지 아니한 자들에게 교원으로 우선임용받을 권리를 보장할 것을 입법자나 교육부장관에게 명하고 있지도 아니하므로 국회 및 교육부장관에게 청구인들을 중등교사로 우선임용하여야 할 작위의무가 있다고 볼 근거가 없어 국회의 입법불행위 및 교육부장관의 경과조치부작위에 대한 이 사건 헌법소원심판청구 부분은 부적법하다(헌재 1995.5.25. 90헌마196).

20 1 2 3 정답 ②

출처 20 경찰승진

정답의 이유

② 일반 시민들이 특정한 사회, 경제적 또는 정치적 대의나 가치를 주장·옹호하거나 이를 진작시키기 위한 수단으로서 소비자불매운동을 선택하는 경우도 있을 수 있고, 이러한 소비자불매운동 역시 반드시 헌법 제124조는 아니더라도 헌법 제21조에 따라 보장되는 정치적 표현의 자유나 헌법 제10조에 내재된 일반적 행동의 자유의 관점 등에서 보호받을 가능성이 있으므로, 단순히 소비자불매운동이 헌법 제124조에 따라 보장되는 소비자보호운동의 요건을 갖추지 못하였다는 이유만으로 이에 대하여 아무런 헌법적 보호도 주어지지 아니한다거나 소비자불매운동에 본질적으로 내재되어 있는 집단행위로서의 성격과 대상 기업에 대한 불이익 또는 피해의 가능성만을 들어 곧바로 「형법」 제314조 제1항의 업무방해죄에서 말하는 위력의 행사에 해당한다고 단정하여서는 아니 된다(대판 2013.3.14. 2010도410).

오답의 이유

① 헌법 제120조 제1항

> **헌법 제120조** ① 광물 기타 중요한 지하자원·수산자원·수력과 경제상 이용할 수 있는 자연력은 법률이 정하는 바에 의하여 일정한 기간 그 채취·개발 또는 이용을 특허할 수 있다.

③ 구 「특가법」 제6조 제7항이 관세포탈 등 예비범에 대하여 본죄에 준하여 가중처벌하도록 규정하고 있는 것은, 동 조항이 특정하고 있는 관세포탈죄 등만은 그 특성과 위험성을 고려하여 이를 처벌함에 있어 조세범이나 다른 일반범죄와는 달리함으로써 건전한 사회질서의 유지와 국민경제의 발전에 이바지함을 목적으로 한다(동법 제1조 참조). 이와 같은 이 사건 예비죄 조항의 입법목적은 우리나라의 경제질서에 관한 헌법 제119조 제2항(경제의 규제·조정), 제125조(무역의 규제·조정) 규정의 정신에 부합하여 정당하다고 인정된다(헌재 2010.7.29. 2008헌바88).

④ 불매운동의 목표로서의 '소비자의 권익'이란 원칙적으로 사업자가 제공하는 물품이나 용역의 소비생활과 관련된 것으로서 상품의 질이나 가격, 유통구조, 안전성 등 시장적 이익에 국한된다(헌재 2011.12.29. 2010헌바54 등)

제6회 경찰공무원(순경) 헌법

빠른 정답							나의 점수		점
01	02	03	04	05	06	07	08	09	10
②	③	②	①	②	③	④	④	③	③
11	12	13	14	15	16	17	18	19	20
①	②	④	③	④	②	①	②	④	④

01 1 2 3

정답 ②

출처 20 경찰승진

정답의 이유

② 사법적인 성격을 지니는 농협의 조합장선거에서 조합장을 선출하거나 조합장으로 선출될 권리, 조합장선거에서 선거운동을 하는 것은 헌법에 의하여 보호되는 선거권의 범위에 포함되지 않는다(헌재 2012.2.23. 2011헌바154).

오답의 이유

① 전국을 단위로 선거를 실시하는 대통령선거와 비례대표국회의원선거에 투표하기 위해서는 국민이라는 자격만으로 충분한 데 반해, 특정한 지역구의 국회의원선거에 투표하기 위해서는 '해당 지역과의 관련성'이 인정되어야 한다. 주민등록과 국내거소신고를 기준으로 지역구국회의원선거권을 인정하는 것은 해당 국민의 지역적 관련성을 확인하는 합리적인 방법이다. 따라서 선거권조항과 재외선거인 등록신청조항이 재외선거인의 임기만료지역구국회의원선거권을 인정하지 않은 것이 재외선거인의 선거권을 침해하거나 보통선거원칙에 위배된다고 볼 수 없다(헌재 2014.7.24. 2009헌마256 등).

③ 「공직선거법」 제18조 제1항

④ 헌재 2017.10.26. 2016헌마623

02 1 2 3

정답 ③

출처 20 경찰승진

정답의 이유

③ 국가나 지방자치단체는 법령에 의해 부여된 관할범위 내에서 활동하므로 이들에게 부여된 것은 권한이지, 기본권이 아니다. 따라서 국가나 지방자치단체는 기본권을 향유할 수 없다.

오답의 이유

① 법인도 법인의 목적과 사회적 기능에 비추어 볼 때 그 성질에 반하지 않는 범위 내에서 인격권의 한 내용인 사회적 신용이나 명예 등의 주체가 될 수 있고 법인이 이러한 사회적 신용이나 명예 유지 내지 법인격의 자유로운 발현을 위하여 의사결정이나 행동을 어떻게 할 것인지를 자율적으로 결정하는 것도 법인의 인격권의 한 내용을 이룬다고 할 것이다(헌재 2012.8.23. 2009헌가27).

② '기본권능력'을 가진 사람은 모두가 '기본권의 주체'가 되지만 기본권주체가 모든 기본권의 '행사능력'을 가지는 것은 아니다.

④ 출입국관리에 관한 사항 중 외국인의 입국에 관한 사항은 주권국가로서의 기능을 수행하는데 필요한 것으로서 광범위한 정책재량의 영역이므로, 심판대상조항들이 청구인 김○철의 평등권을 침해하는지 여부는 자의금지원칙 위반 여부에 의하여 판단하기로 한다(헌재 2014.4.24. 2011헌마474 등).

03 1 2 3

정답 ②

출처 20 경찰승진

정답의 이유

② 이 사건 응시제한은 청구인들이 상급학교 진학을 위하여 취득하여야 할 평가자료의 형성을 제약함으로써 청구인들의 상급학교 진학의 가능성에 영향을 미칠 수 있으므로 교육을 받을 권리를 제한한다 할 것이다. … 이와 같은 목적의 달성을 위해 선행되어야 할 근본적인 조치에 대한 검토 없이 검정고시제도 도입 이후 허용되어 온 합격자의 재응시를 아무런 경과조치 없이 무조건적으로 금지함으로써 응시자격을 단번에 영구히 박탈한 것이어서 최소침해성의 원칙에 위배되고 법익의 균형성도 상실하고 있다 할 것이므로 과잉금지원칙에 위배된다(헌재 2012.5.31. 2010헌마139 등).

오답의 이유

① 원칙적으로 '범죄사실' 자체가 아닌 그 범죄를 저지른 자에 관한 부분은 일반 국민에게 널리 알려야 할 공공성을 지닌다고 할 수 없고, 이에 대한 예외는 공개수배의 필요성이 있는 경우 등에 극히 제한적으로 인정될 수 있을 뿐이다. 피청구인은 기자들에게 청구인이 경찰서 내에서 수갑을 차고 얼굴을 드러낸 상태에서 조사받는 모습을 촬영할 수 있도록 허용하였는데, 청구인에 대한 이러한 수사 장면을 공개 및 촬영하게 할 어떠한 공익 목적도 인정하기 어려우므로 촬영허용행위는 목적의 정당성이 인정되지 아니한다(헌재 2014.3.27. 2012헌마652).

③ 자기낙태죄 조항은 「모자보건법」에서 정한 사유에 해당하지 않는다면 결정가능기간 중에 다양하고 광범위한 사회적 · 경제적 사유를 이유로 낙태갈등 상황을 겪고 있는 경우까지도 예외 없이 전면적 · 일률적으로 임신의 유지 및 출산을 강제하고, 이를 위반한 경우 형사처벌하고 있다. 따라서 자기낙태죄 조항은 입법목적을 달성하기 위하여 필요한 최소한의 정도를 넘어 임신한 여성의 자기결정권을 제한하고 있어 침해의 최소성을 갖추지 못하였고, 태아의 생명 보호라는 공익에 대하여만 일방적이고 절대적인 우위를 부여함으로써 법익균형성의 원칙도 위반하였으므로, 과잉금지원칙을 위반하여 임신한 여성의 자기 결정권을 침해한다(헌재 2019.4.11. 2017헌바127).

④ 이 사건 고시 부분은 초등학생의 전인적 성장을 도모하고, 영어 사교육 시장의 과열을 방지하기 위한 것으로, 그 목적의 정당성이 인정되고, 이 사건 고시 부분으로 영어교육의 편제와 시간 배당을 통제하는 것은 위 목적을 달성하기 위한 적절한 수단이다. 초등학교 시기는 인격 형성의 토대를 마련하는 중요한 시기이므로, 한정된 시간에 교육과정을 고르게 구성하여 초등학생의 전인적 성장을 도모하기 위해서는 초등학생의 영어교육이 일정한 범위로 제한되는 것이 불가피하다. … 따라서 이 사건 고시 부분은 청구인들의 인격의 자유로운 발현권과 자녀교육권을 침해하지 않는다(헌재 2016.2.25. 2013헌마838).

04 1 2 3

정답 ①

출처 20 경찰승진

정답의 이유

① 친고죄의 경우든 비친고죄의 경우든 이 사건 법률조항이 재판절차진술권의 중대한 제한을 초래한다고 보기는 어려우므로, 이 사건 법률조항이 평등원칙에 위반되는지 여부에 대한 판단은 완화된 자의심사에 따라 차별에 합리적인 이유가 있는지를 따져보는 것으로 족하다 할 것이다(헌재 2011.2.24. 2008헌바56).

오답의 이유

② 지방자치단체장은 특정 정당을 정치적 기반으로 할 수 있는 선출직 공무원으로 임기가 4년이고 계속 재임도 3기로 제한되어 있어, 장기근속을 전제로 하는 공무원을 주된 대상으로 하고 이들이 재직 기간 동안 납부하는 기여금을 일부 재원으로 하여 설계된 「공무원연금법」의 적용대상에서 지방자체단체장을 제외하는 것에는 합리적 이유가 있다. 선출직 공무원의 경우 선출 기반 및 재임 가능성이 모두 투표권자에게 달려 있고, 정해진 임기가 대체로 짧으며, 공무원연금의 전체 기금은 기본적으로 기여금 및 국가 또는 지방자치단체의 비용으로 운용되는 것이므로 공무원연금급여의 종류를 구별하여 기여금 납부를 전제로 하지 않는 급여의 경우 선출직 공무원에게 지급이 가능하다고 보기도 어렵다. 따라서 심판대상조항은 청구인들의 평등권을 침해하지 않는다(헌재 2014.6.26. 2012헌마459).

③ 가산점제도는 헌법 제32조 제4항이 특별히 남녀평등을 요구하고 있는 "근로" 내지 "고용"의 영역에서 남성과 여성을 달리 취급하는 제도이고, 또한 헌법 제25조에 의하여 보장된 공무담임권이라는 기본권의 행사에 중대한 제약을 초래하는 것이기 때문에 엄격한 심사척도가 적용된다(헌재 1999.12.23. 98헌마363).

④ 이 사건 고시로 인한 장애인가구와 비장애인가구의 차별취급은 헌법에서 특별히 평등을 요구하는 경우 내지 차별대우로 인하여 자유권의 행사에 중대한 제한을 받는 경우에 해당한다고 볼 수 없는 점, 국가가 국민의 인간다운 생활을 보장하기 위하여 행하는 사회부조에 관하여는 입법부 내지 입법에 의하여 위임을 받은 행정부에게 사회보장, 사회복지의 이념에 명백히 어긋나지 않는 한 광범위한 형성의 자유가 부여된다는 점을 고려하면, 이 사건 고시로 인한 장애인가구와 비장애인 가구의 차별취급이 평등위반인지 여부를 심사함에 있어서는 완화된 심사기준인 자의금지원칙을 적용함이 상당하다(헌재 2004.10.28. 2002헌마328).

05 1 2 3

정답 ②

출처 20 경찰승진

정답의 이유

② 「변호사법」 제15조에서 변호사에 대해 형사사건으로 공소가 제기되었다는 사실만으로 업무정지명령을 발하게 한 것은 아직 유무죄가 가려지지 아니한 범죄의 혐의사실뿐 확증 없는 상태에서 유죄로 추정하는 것이 되며 이를 전제로 한 불이익한 처분이라 할 것이다. … 「변호사법」 제15조의 규정에 의하여 입는 불이익은 죄가 없는 자에 준하는 취급이 아님은 말할 것도 없고, 불이익을 입히는데 앞서 본 바와 같이 필요한 요건, 불이익처분의 기관구성, 절차 및 불이익의 정도 등에 있어서 비례의 원칙이 준수되었다고 보기 어려울 것으로 헌법의 위 규정을 어긴 것이라 할 것이다(헌재 1990.11.19. 90헌가48).

오답의 이유

① 헌법 제12조 제5항

> **헌법 제12조** ⑤ 누구든지 체포 또는 구속의 이유와 변호인의 조력을 받을 권리가 있음을 고지받지 아니하고는 체포 또는 구속을 당하지 아니한다. 체포 또는 구속을 당한 자의 가족 등 법률이 정하는 자에게는 그 이유와 일시 · 장소가 지체 없이 통지되어야 한다.

③ 장기형이 선고되는 경우 치료명령의 선고시점과 집행시점 사이에 상당한 시간적 간극이 있어 집행시점에서 발생할 수 있는 불필요한 치료와 관련한 부분에 대해서는 침해의 최소성과 법익균형성을 인정하기 어렵다. … 이 사건 명령조항은 집행 시점에서 불필요한 치료를 막을 수 있는 절차가 마련되어 있지 않은 점으로 인하여 과잉금지원칙에 위배되어 치료명령 피청구인의 신체의 자유 등 기본권을 침해한다(헌재 2015.12.23. 2013헌가9).

④ 참고인에 대한 동행명령제도는 참고인의 신체의 자유를 사실상 억압하여 일정 장소로 인치하는 것과 실질적으로 같으므로 헌법 제12조 제3항이 정한 영장주의원칙이 적용되어야 한다. 그럼에도 불구하고 법관이 아닌 특별검사가 동행명령장을 발부하도록 하고 정당한 사유 없이 이를 거부한 경우 벌금형에 처하도록 함으로써, 실질적으로는 참고인의 신체의 자유를 침해하여 지정된 장소에 인치하는 것과 마찬가지의 결과가 나타나도록 규정한 이 사건 동행명령조항은 영장주의원칙을 규정한 헌법 제12조 제3항에 위반되거나 적어도 위 헌법상 원칙을 잠탈하는 것이다(헌재 2008.1.10. 2007헌마1468).

06 1 2 3 정답 ③

출처 20 경찰승진

정답의 이유

③ 이 사건 정보제공행위에 의하여 제공된 청구인 김ㅇ환의 약 2년 동안의 총 44회 요양급여내역 및 청구인 박ㅇ만의 약 3년 동안의 총 38회 요양급여내역은 건강에 관한 정보로서 「개인정보 보호법」 제23조 제1항이 규정한 민감정보에 해당한다. … 한편 급여일자와 요양기관명은 피의자의 현재 위치를 곧바로 파악할 수 있는 정보는 아니므로, 이 사건 정보제공행위로 얻을 수 있는 수사상의 이익은 없었거나 미약한 정도였다. 반면 서울용산경찰서장에게 제공된 요양기관명에는 전문의의 병원도 포함되어 있어 청구인들의 질병의 종류를 예측할 수 있는 점, 2년 내지 3년 동안의 요양급여정보는 청구인들의 건강상태에 대한 총체적인 정보를 구성할 수 있는 점 등에 비추어 볼 때, 이 사건 정보제공행위로 인한 청구인들의 개인정보자기결정권에 대한 침해는 매우 중대하다. 그렇다면 이 사건 정보제공행위는 이 사건 정보제공조항 등이 정한 요건을 충족한 것으로 볼 수 없고, 침해의 최소성 및 법익의 균형성에 위배되어 청구인들의 개인정보자기결정권을 침해하였다(헌재 2018.8.30. 2014헌마368).

오답의 이유

① 김포시장은 이 사건 정보제공조항에 따라 범죄의 수사를 위하여 필요한 경우 정보주체 또는 제3자의 이익을 부당하게 침해할 우려가 있을 때를 제외하고 개인정보를 수사기관에게 제공할 수 있다. … 이름, 생년월일, 주소는 수사의 초기 단계에서 범죄의 피의자를 특정하기 위하여 필요한 가장 기초적인 정보이고, 전화번호는 피의자 등에게 연락을 하기 위하여 필요한 정보이다. 또한 활동지원급여가 제공된 시간을 확인하기 위해서 수급자에 대하여도 조사를 할 필요성을 인정할 수 있다. … 이와 같은 점에 더하여, 활동보조인의 부정 수급 관련 범죄의 수사를 가능하게 함으로써 실체적 진실 발견과 국가형벌권의 적정한 행사에 기여하고자 하는 공익은 매우 중대한 것인 점을 고려하면, 이 사건 정보제공행위는 과잉금지원칙에 위배되어 청구인들의 개인정보자기결정권을 침해하였다고 볼 수 없다(헌재 2018.8.30. 2016헌마483).

② 후보자의 실효된 형까지 포함한 금고 이상의 형의 범죄경력을 공개함으로써 국민의 알권리를 충족하고 공정하고 정당한 선거권 행사를 보장하고자 하는 이 사건 법률조항의 입법목적은 정당하며, 이러한 입법목적을 달성하기 위하여는 선거권자가 후보자의 모든 범죄경력을 인지한 후 그 공직적합성을 판단하는 것이 효과적이다. … 따라서 이 사건 법률조항은 청구인들의 사생활의 비밀과 자유를 침해한다고 볼 수 없다(헌재 2008.4.24. 2006헌마402 등).

④ 심판대상행위는 방문 면접을 통해 행정자료로 파악하기 곤란한 항목들을 조사하여 그 결과를 사회 현안에 대한 심층분석과 각종 정책수립, 통계작성의 기초자료 또는 사회 · 경제현상의 연구 · 분석 등에 활용하도록 하고자 한 것이므로 그 목적이 정당하고, 15일이라는 짧은 방문면접조사 기간 등 현실적 여건을 감안하면 인근 주민을 조사원으로 채용하여 방문면접조사를 실시한 것은 목적을 달성하기 위한 적정한 수단이 된다. … 따라서 심판대상행위가 과잉금지원칙을 위반하여 청구인의 개인정보자기결정권을 침해하였다고 볼 수 없다(헌재 2017.7.27. 2015헌마1094).

07 1 2 3 정답 ④

출처 20 경찰승진

정답의 이유

④ 종교적 신앙에 의한 행위라도 개인의 주관적 · 윤리적 판단을 동반하는 것인 한 양심의 자유에 포함시켜 고찰할 수 있고, 앞서 보았듯이 양심적 병역거부의 바탕이 되는 양심상의 결정은 종교적 동기뿐만 아니라 윤리적 · 철학적 또는 이와 유사한 동기로부터도 형성될 수 있는 것이므로, 이 사건에서는 양심의 자유를 중심으로 기본권 침해 여부를 판단하기로 한다(헌재 2018.6.28. 2011헌바379 등).

오답의 이유

① 일반적으로 민주적 다수는 법질서와 사회질서를 그의 정치적 의사와 도덕적 기준에 따라 형성하기 때문에, 그들이 국가의 법질서나 사회의 도덕률과 양심상의 갈등을 일으키는 것은 예외에 속한다. 양심의 자유에서 현실적으로 문제가 되는 것은 국가의 법질서나 사회의 도덕률에서 벗어나려는 소수의 양심이다(헌재 2004.8.26. 2002헌가1).

② '양심적' 병역거부는 실상 당사자의 '양심에 따른' 혹은 '양심을 이유로 한' 병역거부를 가리키는 것일 뿐이지 병역거부가 '도덕적이고 정당하다'는 의미는 아닌 것이다. 따라서 '양심적' 병역거부라는 용어를 사용한다고 하여 병역의무이행은 '비양심적'이 된다거나, 병역을 이행하는 거의 대부분의 병역의무자들과 병역의무이행이 국민의 숭고한 의무라고 생각하는 대다수 국민들이 '비양심적'인 사람들이 되는 것은 결코 아니다(헌재 2018.6.28. 2011헌바379 등).

③ 전투경찰순경으로서 대간첩작전을 수행하는 것도 위와 같이 넓은 의미의 국방의 의무를 수행하는 것으로 볼 수 있고, 국방의 의무의 이행을 위하여 현역병으로 입영한 사람을 어디에 배치하여 어떠한 임무를 부여할 것인가의 문제나 대간첩작전을 수행하는 자의 소속이나 신분을 국방부 소속의 군인으로 할 것인가, 내무부 소속의 경찰로 할 것인가의 문제는 입법자가 국가의 안보상황 및 재정, 대간첩작전의 효율성 등 여러 가지 사정을 고려하여 합목적적으로 정할 사항이다. 따라서 위에서 본 바와 같은 입법목적과 필요성에 따라 대간첩작전의 수행을 임무로 하는 전투경찰순경을 현역병으로 입영하여 복무 중인 군인에서 전임시켜 충원할 수 있도록 한 이 사건 법률조항들이 그 자체로서 청구인의 행복추구권 및 양심의 자유를 침해한 것이라고 볼 수 없다(헌재 1995.12.28. 91헌마80).

08 1 2 3 정답 ④

출처 20 경찰승진

정답의 이유

㉡ (○) 심판대상조항은 여론조사결과의 보도나 공표행위를 규제하는 것이 아니라 여론조사의 실시행위에 대한 신고의무를 부과하는 것이므로, 허가받지 아니한 것의 발표를 금지하는 헌법 제21조 제2항의 사전검열과 관련이 있다고 볼 수 없다. 따라서 심판대상조항은 헌법 제21조 제2항의 검열금지원칙에 위반되지 아니한다(헌재 2015.4.30. 2014헌마360).

㉣ (○) 심의 받은 내용과 다른 내용의 광고를 한 경우, 이 사건 제재조항은 대통령령으로 정하는 바에 따라 영업허가를 취소 · 정지하거나, 영업소의 폐쇄를 명할 수 있도록 하고, 이 사건 처벌조항은 5년 이하의 징역 또는 5천만 원 이하의 벌금에 처하도록 하고 있다. 이와 같은 행정제재나 형벌의 부과는 사전심의절차를 관철하기 위한 강제수단에 해당한다(헌재 2018.6.28. 2016헌가8 등).

오답의 이유

㉠ (×) 이 사건 법률조항은 소수에 의한 여론 왜곡으로 선거의 평온과 공정이 위협받아 발생하는 사회경제적 손실과 부작용을 방지하고 선거의 공정성을 확보하기 위한 것이므로 목적의 정당성이 인정되고 그 수단의 적합성 또한 인정되며, 인터넷의 특성상 흑색선전이나 허위사실이 빠르게 유포되어 정보의 왜곡이 쉬운 점, 짧은 선거운동기간 중 이를 치유하기 불가능한 점, 인터넷 이용자의 실명이 표출되지 않고 다만 '실명확인' 표시만이 나타나는 점을 고려하면, 피해를 최소화하기 위한 요건도 갖추었다. … 이 사건 법률조항은 과잉금지의 원칙 등에 위배되어 표현의 자유를 침해한다고 할 수 없고, 청구인이 주장하는 적법절차의 원칙에 위배되거나 직업수행의 자유를 침해한다고 할 수 없다(헌재 2010.2.25. 2008헌마324 등).

㉢ (×) 이 사건 집필제한 조항은 금치처분을 받은 미결수용자에게 집필제한이라는 불이익을 가함으로써 규율 준수를 강제하고 수용시설의 안전과 질서를 유지하기 위한 것으로 목적의 정당성 및 방법의 적절성이 인정된다. 교정시설의 장이 수용자의 권리구제 등을 위해 특히 필요하다고 인정하는 때에는 집필을 허용할 수 있도록 예외가 규정되어 있으며, 「형집행법」 제85조에서 미결수용자의 징벌집행 중 소송서류의 작성 등 수사 및 재판과정에서의 권리행사를 보장하도록 규정하고 있는 점 등에 비추어 볼 때 위 조항이 청구인의 표현의 자유를 과도하게 제한한다고 보기 어렵다(헌재 2016.4.28. 2012헌마549 등).

09 1 2 3 정답 ③

출처 20 경찰승진

정답의 이유

③ 집회의 신고가 경합할 경우 특별한 사정이 없는 한 관할경찰관서장은 「집회 및 시위에 관한 법률」(이하 「집시법」이라 한다) 제8조 제2항의 규정에 의하여 신고 순서에 따라 뒤에 신고된 집회에 대하여 금지통고를 할 수 있지만, 먼저 신고된 집회의 참여예정인원, 집회의 목적, 집회개최장소 및 시간, 집회 신고인이 기존에 신고한 집회 건수와 실제로 집회를 개최한 비율 등 먼저 신고된 집회의 실제 개최 가능성 여부와 양 집회의 상반 또는 방해가능성 등 제반 사정을 확인하여 먼저 신고된 집회가 다른 집회의 개최를 봉쇄하기 위한 허위 또는 가장 집회신고에 해당함이 객관적으로 분명해 보이는 경우에는, 뒤에 신고된 집회에 다른 집회금지 사유가 있는 경우가 아닌 한, 관할경찰관서장이 단지 먼저 신고가 있었다는 이유만으로 뒤에 신고된 집회에 대하여 집회 자체를 금지하는 통고를 하여서는 아니 되고, 설령 이러한 금지통고에 위반하여 집회를 개최하였다고 하더라도 그러한 행위를 「집시법」상 금지통고에 위반한 집회개최행위에 해당한다고 보아서는 아니 된다(대판 2014.12.11. 2011도13299).

오답의 이유

① 집회의 자유에는 집회의 장소를 스스로 결정할 장소선택의 자유가 포함되고, 집회장소는 집회의 목적을 달성하는 데 있어서 중요한 의미를 지니는 경우가 많기 때문에 집회장소를 자유롭게 선택할 수 있어야만 집회의 자유가 비로소 효과적으로 보장되므로, 장소선택의 자유는 집회의 자유의 한 실질을 형성한다(헌재 2009.12.29. 2006헌바20 등).

② 일반적으로 집회는, 일정한 장소를 전제로 하여 특정 목적을 가진 다수인이 일시적으로 회합하는 것을 말하는 것으로 일컬어지고 있고, 그 공동의 목적은 '내적인 유대 관계'로 족하다(헌재 2009.5.28. 2007헌바22).

④ 「주택건설촉진법」상의 주택조합은 주택이 없는 국민의 주거생활의 안정을 도모하고 모든 국민의 주거수준의 향상을 기한다는(동법 제1조) 공공목적을 위하여 법이 구성원의 자격을 제한적으로 정해 놓은 특수조합이어서 이는 헌법상 결사의 자유가 뜻하는 헌법상 보호법익의 대상이 되는 단체가 아니며 또한 위 법률조항이 위 법률 소정의 주택조합 중 지역조합과 직장조합의 조합원 자격을 무주택자로 한정하였다고 해서 그로 인하여 유주택자가 위 법률과 관계없는 주택조합의 조합원이 되는 것까지 제한받는 것이 아니므로 위 법률조항은 유주택자의 결사의 자유를 침해하는 것이 아니다(헌재 1994.2.24. 92헌바43).

10 1 2 3 정답 ③

출처 20 경찰승진

정답의 이유

③ 이 사건 증액청구조항이 환매목적물인 토지의 가격이 통상적인 지가상승분을 넘어 현저히 상승하고 당사자 간 협의가 이루어지지 아니할 경우에 한하여 환매금액의 증액청구를 허용하고 있는 점, 환매권의 내용에 토지가 취득되지 아니하였다면 원소유자가 누렸을 법적 지위의 회복을 요구할 권리가 포함된다고 볼 수 없는 점, 개발이익은 토지의 취득 당시의 객관적 가치에 포함된다고 볼 수 없는 점, 환매권자가 증액된 환매금액의 지급의무를 부담하게 될 것을 우려하여 환매권을 행사하지 못하더라도 이는 사실상의 제약에 불과한 점 등에 비추어 볼 때, 위 조항이 재산권의 내용에 관한 입법형성권의 한계를 일탈하여 환매권자의 재산권을 침해한다고 볼 수 없다(헌재 2016.9.29. 2014헌바400).

오답의 이유

① 일반적인 물건에 대한 재산권 행사에 비하여 동물에 대한 재산권 행사는 사회적 연관성과 사회적 기능이 매우 크다 할 것이므로 이를 제한하는 경우 입법재량의 범위를 폭넓게 인정함이 타당하다. 그러므로 이 사건 법률조항이 과잉금지원칙을 위반하여 재산권을 침해하는지 여부를 살펴보되 심사기준을 완화하여 적용함이 상당하다(헌재 2013.10.24. 2012헌바431).

② 구 「문화재보호법」 제44조 제4항 제2문은 건설공사 과정에서 매장문화재의 발굴로 인하여 문화재 훼손 위험을 야기한 사업시행자에게 원칙적으로 발굴경비를 부담시킴으로써 각종 개발행위로 인한 무분별한 문화재 발굴로부터 매장문화재를 보호하는 것이어서 입법목적의 정당성, 방법의 적절성이 인정되고, 발굴조사비용 확대에 따른 위험은 사업계획단계나 사업자금의 조달 과정에서 기업적 판단에 의해 위험요인의 하나로서 충분히 고려될 수 있는 것이고, 사업시행자가 발굴조사비용을 감당하기 어렵다고 판단하는 경우에는 더 이상 사업시행에 나아가지 아니할 선택권 또한 유보되어 있으며, 대통령령으로 정하는 경우에는 예외적으로 국가 등이 발굴조사비용을 부담할 수 있는 완화규정을 두고 있어 최소침해성 원칙, 법익균형성 원칙에도 반하지 아니하므로 과잉금지원칙에 위배되어 위헌이라고 볼 수 없다(헌재 2010.10.28. 2008헌바74).

④ 이 사건 법률조항은 '건축물의 안전과 기능, 미관을 향상시켜 공공복리의 증진을 도모하기 위한 것'으로 그 입법목적이 정당하고, 이러한 목적 달성을 위하여 시정명령에 불응하고 있는 「건축법」 위반자에 대하여 이행강제금을 부과함으로써 시정명령에 응할 것을 강제하고 있으므로 적절한 수단이 된다. … 따라서 이 사건 법률조항은 과잉금지의 원칙에 위배되지 아니하므로 위반자의 재산권을 침해하지 아니한다(헌재 2011.10.25. 2009헌바140).

11 1 2 3

정답 ①

출처 20 경찰승진

정답의 이유

① 이 사건 법률조항들은 유치원 주변 및 아직 유아 단계인 청소년을 유해한 환경으로부터 보호하고 이들의 건전한 성장을 돕기 위한 것으로 그 입법목적이 정당하고, 이를 위해서 유치원 주변의 일정구역 안에서 해당 업소를 절대적으로 금지하는 것은 그러한 유해성으로부터 청소년을 격리하기 위하여 필요 · 적절한 방법이며, 그 범위가 유치원 부근 200미터 이내에서 금지되는 것에 불과하므로, 청구인들의 직업의 자유를 침해하지 아니한다(헌재 2013.6.27. 2011헌바8 등).

오답의 이유

② 국토교통부장관은 도시철도운영자에 대한 감독 및 조정기능을 담당하는 주무관청으로서 전문성과 객관성을 갖추고 있고, 당사자들은 「행정절차법」에 따라 의견제출이 가능하며, 공청회를 통한 의견 수렴도 가능하므로, 심판대상조항이 별도의 위원회를 구성하여 그 판단을 받도록 규정하지 않았다는 사정만으로 기본권을 덜 제한하는 수단을 간과하였다고 보기 어렵다. … 심판대상조항으로 인해 제한되는 직업수행의 자유는 도시철도운영자 등이 연락운송 운임수입 배분을 자율적으로 정하지 못한다는 정도에 그치나, 이를 통해 달성되는 공익은 도시교통 이용자의 편의 증진에 이바지하는 것으로서 위와 같은 불이익에 비하여 더 중대하다. 따라서 심판대상조항은 과잉금지원칙을 위반하여 도시철도운영자 등의 직업수행의 자유를 침해하였다고 볼 수 없다(헌재 2019.6.28. 2017헌바135).

③ 헌법 제15조는 모든 국민은 직업선택의 자유를 가진다고 규정하고 있는데 그 뜻은 누구든지 자기가 선택한 직업에 종사하여 이를 영위하고 언제든지 임의로 그것을 바꿀 수 있는 자유와 여러 개의 직업을 선택하여 동시에 함께 행사할 수 있는 자유, 즉 겸직의 자유도 가질 수 있다는 것이다(헌재 1997.4.24. 95헌마90).

④ 심판대상조항은 청원경찰이 저지른 범죄의 종류나 내용을 불문하고 금고 이상의 형의 선고유예를 받게 되면 당연히 퇴직되도록 규정함으로써 청원경찰에게 공무원보다 더 가혹한 제재를 가하고 있으므로, 침해의 최소성 원칙에 위배된다. 심판대상조항은 청원경찰이 저지른 범죄의 종류나 내용을 불문하고 범죄행위로 금고 이상의 형의 선고유예를 받게 되면 당연히 퇴직되도록 규정함으로써 그것이 달성하려는 공익의 비중에도 불구하고 청원경찰의 직업의 자유를 과도하게 제한하고 있어 법익의 균형성 원칙에도 위배된다. 따라서 심판대상조항은 과잉금지원칙에 반하여 직업의 자유를 침해한다(헌재 2018.1.25. 2017헌가26).

12 1 2 3

정답 ②

출처 20 경찰승진

정답의 이유

② 선거에 의하여 주권자인 국민으로부터 직접 공무담임권을 위임받는 자치단체장의 경우, 그와 같이 공무담임권을 위임한 선출의 정당성이 무너지거나 공무담임권 위임의 본지를 배반하는 직무상 범죄를 저질렀다면, 이러한 경우에도 계속 공무를 담당하게 하는 것은 공무담임권 위임의 본지에 부합된다고 보기 어렵다. 그러므로, 위 두 사유에 해당하는 범죄로 자치단체장이 금고 이상의 형을 선고받은 경우라면, 그 형이 확정되기 전에 해당 자치단체장의 직무를 정지시키더라도 무죄추정의 원칙에 직접적으로 위배된다고 보기 어렵고, 과잉금지의 원칙도 위반하였다고 볼 수 없으나, 위 두 가지 경우 이외에는 금고 이상의 형의 선고를 받았다는 이유로 형이 확정되기 전에 자치단체장의 직무를 정지시키는 것은 무죄추정의 원칙과 과잉금지의 원칙에 위배된다(헌재 2010.9.2. 2010헌마418).

오답의 이유

① 공무담임권은 공직취임의 기회 균등뿐만 아니라 취임한 뒤 승진할 때에도 균등한 기회 제공을 요구한다. 청구인의 경우 군 복무기간이 승진소요 최저연수에 포함되지 않으므로 공무원으로 근무하다가 군 복무를 한 사람보다 더 오래 재직하여야 승진임용절차가 진행된다. 또 군 복무기간이 경력평정에서도 일부만 산입되므로 경력평정점수도 상대적으로 적게 부여된다. 이는 승진임용절차 개시 및 승진임용점수 산정과 관련된 법적 불이익에 해당하므로, 승진경쟁인원 증가에 따라 승진가능성이 낮아지는 사실상의 불이익 문제나 단순한 내부승진인사 문제와 달리 공무담임권의 제한에 해당한다(헌재 2018.7.26. 2017헌마1183).

③ 공무담임권의 보호영역에는 일반적으로 공직취임의 기회보장, 신분박탈, 직무의 정지가 포함되는 것일 뿐, 여기서 더 나아가 공무원이 특정의 장소에서 근무하는 것 또는 특정의 보직을 받아 근무하는 것을 포함하는 일종의 '공무수행의 자유'까지 그 보호영역에 포함된다고 보기

는 어렵다. 따라서 이 사건 법률조항이 특정직공무원으로서 군무원인 청구인들의 공무담임권을 제한하는 것은 아니다(헌재 2008.6.26. 2005헌마1275).

④ 헌법 제25조의 공무담임권이 공무원의 재임 기간 동안 충실한 공무 수행을 담보하기 위하여 공무원의 퇴직급여 및 공무상 재해보상을 보장할 것까지 그 보호영역으로 하고 있다고 보기 어렵고, 행복추구권은 행복을 추구하기 위하여 필요한 급부를 국가에 대하여 적극적으로 요구할 수 있음을 내용으로 하는 것이 아니므로(헌재 2003.11.27. 2003헌바39), 심판대상조항으로 인한 공무담임권 및 행복추구권의 제한은 문제되지 않는다(헌재 2014.6.26. 2012헌마459).

13 ☐1☐2☐3

정답 ④

출처 20 경찰승진

정답의 이유

④ 헌법 제72조의 중요정책 국민투표와 헌법 제130조의 헌법개정안 국민투표는 대의기관인 국회와 대통령의 의사결정에 대한 국민의 승인절차에 해당한다. 대의기관의 선출주체가 곧 대의기관의 의사결정에 대한 승인주체가 되는 것은 당연한 논리적 귀결이다(헌재 2014.7.24. 2009헌마256 등).

오답의 이유

① 헌법 제130조 제2항에 의하면 헌법개정안 국민투표는 '국회의원선거권자' 과반수의 투표와 투표자의 과반수의 찬성을 얻도록 규정하고 있는바, 헌법은 헌법개정안 국민투표권자로서 국회의원선거권자를 예정하고 있다. 재외선거인은 임기만료에 따른 비례대표국회의원선거에 참여하고 있으므로, 재외선거인에게 국회의원선거권이 있음은 분명하다. 「국민투표법」 조항이 국회의원선거권자인 재외선거인에게 국민투표권을 인정하지 않은 것은 국회의원선거권자의 헌법개정안 국민투표 참여를 전제하고 있는 헌법 제130조 제2항의 취지에도 부합하지 않는다(헌재 2014.7.24. 2009헌마256 등).

② 「국민투표법」 제93조

> **「국민투표법」 제93조(국민투표무효의 판결)** 대법원은 제92조의 규정에 의한 소송에 있어서 국민투표에 관하여 이 법 또는 이 법에 의하여 발하는 명령에 위반하는 사실이 있는 경우라도 국민투표의 결과에 영향이 미쳤다고 인정하는 때에 한하여 국민투표의 전부 또는 일부의 무효를 판결한다.

③ 「국민투표법」 제28조 제1항

> **「국민투표법」 제28조(운동을 할 수 없는 자)** ① 「정당법」상의 당원의 자격이 없는 자는 운동을 할 수 없다.

14 ☐1☐2☐3

정답 ③

출처 20 경찰승진

정답의 이유

③ 수형자와 변호사와의 접견내용을 녹음, 녹화하게 되면 그로 인해 제3자인 교도소 측에 접견내용이 그대로 노출되므로 수형자와 변호사는 상담과정에서 상당히 위축될 수밖에 없고, 특히 소송의 상대방이 국가나 교도소 등의 구금시설로서 그 내용이 구금시설 등의 부당처우를 다투는 내용일 경우에 접견내용에 대한 녹음, 녹화는 실질적으로 당사자대등의 원칙에 따른 무기평등을 무력화시킬 수 있다. … 이 사건에 있어서 청구인과 헌법소원 사건의 국선대리인인 변호사의 접견내용에 대해서는 접견의 목적이나 접견의 상대방 등을 고려할 때 녹음, 기록이 허용되어서는 아니 될 것임에도, 이를 녹음, 기록한 행위는 청구인의 재판을 받을 권리를 침해한다(헌재 2013.9.26. 2011헌마398).

오답의 이유

① 군인 또는 군무원이 아닌 국민에 대한 군사법원의 예외적인 재판권을 정한 헌법 제27조 제2항에 규정된 군용물에는 군사시설이 포함되지 않는다. 그렇다면 '군사시설' 중 '전투용에 공하는 시설'을 손괴한 일반 국민이 항상 군사법원에서 재판받도록 하는 이 사건 법률조항은, 비상계엄이 선포된 경우를 제외하고는 '군사시설'에 관한 죄를 범한 군인 또는 군무원이 아닌 일반 국민은 군사법원의 재판을 받지 아니하도록 규정한 헌법 제27조 제2항에 위반되고, 국민이 헌법과 법률이 정한 법관에 의한 재판을 받을 권리를 침해한다(헌재 2013.11.28. 2012헌가10).

② '처분 등이 있음을 안 날'을 기산점으로 정하여 취소소송의 제소기간에 제한을 둔 것은 법률관계의 조속한 확정을 위한 것으로 입법목적이 정당하다. 처분 등이 위법할 수 있다는 의심을 갖는데 있어 처분 등이 있음을 안 때로부터 90일의 기간은 지나치게 짧은 기간이라고 보기 어렵고, '처분 등이 있음'을 안 시점은 비교적 객관적이고 명확하게 특정할 수 있으므로 이를 제소기간의 기산점으로 둔 것은 「행정법」 관계의 조속한 안정을 위해 필요하고 효과적인 방법이다. … 따라서 '처분 등이 있음을 안 날'을 제소기간의 기산점으로 정한 심판대상조항은 재판청구권을 침해하지 아니한다(헌재 2018.6.28. 2017헌바66).

④ 우리 헌법상 헌법과 법률이 정한 법관에 의한 재판을 받을 권리는 직업법관에 의한 재판을 주된 내용으로 하는 것이므로 국민참여재판을 받을 권리가 헌법 제27조 제1항에서 규정한 재판을 받을 권리의 보호범위에 속한다고 볼 수 없다(헌재 2009.11.26. 2008헌바12).

15 1 2 3 정답 ④

출처 20 경찰승진

정답의 이유

④ 국가의 주권이 미치지 못하고 국가의 경찰력 등을 행사할 수 없거나 행사하기 어려운 해외에서 발생한 범죄에 대하여는 국가에 그 방지책임이 있다고 보기 어렵고, 상호보증이 있는 외국에서 발생한 범죄피해에 대하여는 국민이 그 외국에서 피해구조를 받을 수 있으며, 국가의 재정에 기반을 두고 있는 구조금에 대한 청구권 행사대상을 우선적으로 대한민국의 영역 안의 범죄피해에 한정하고, 향후 해외에서 발생한 범죄피해의 경우에도 구조를 하는 방향으로 운영하는 것은 입법형성의 재량의 범위 내라고 할 것이다. 따라서 범죄피해자구조청구권의 대상이 되는 범죄피해에 해외에서 발생한 범죄피해의 경우를 포함하고 있지 아니한 것이 현저하게 불합리한 자의적인 차별이라고 볼 수 없어 평등원칙에 위배되지 아니한다(헌재 2011.12.29. 2009헌마354).

오답의 이유

①「범죄피해자 보호법」 제3조 제1항

> **「범죄피해자 보호법」 제3조(정의)** ① 이 법에서 사용하는 용어의 뜻은 다음과 같다.
>
> 4. "구조대상 범죄피해"란 대한민국의 영역 안에서 또는 대한민국의 영역 밖에 있는 대한민국의 선박이나 항공기 안에서 행하여진 사람의 생명 또는 신체를 해치는 죄에 해당하는 행위(「형법」 제9조, 제10조 제1항, 제12조, 제22조 제1항에 따라 처벌되지 아니하는 행위를 포함하며, 같은 법 제20조 또는 제21조 제1항에 따라 처벌되지 아니하는 행위 및 과실에 의한 행위는 제외한다)로 인하여 사망하거나 장해 또는 중상해를 입은 것을 말한다.

②「범죄피해자 보호법」 제19조 제1항

> **「범죄피해자 보호법」 제19조(구조금을 지급하지 아니할 수 있는 경우)** ① 범죄행위 당시 구조피해자와 가해자 사이에 다음 각 호의 어느 하나에 해당하는 친족관계가 있는 경우에는 구조금을 지급하지 아니한다.
>
> 1. 부부(사실상의 혼인관계를 포함한다)

③「범죄피해자 보호법」 제31조

> **「범죄피해자 보호법」 제31조(소멸시효)** 구조금을 받을 권리는 그 구조결정이 해당 신청인에게 송달된 날부터 2년간 행사하지 아니하면 시효로 인하여 소멸된다.

16 1 2 3 정답 ②

출처 20 경찰승진

정답의 이유

② 의무교육의 무상성에 관한 헌법상 규정은 교육을 받을 권리를 보다 실효성 있게 보장하기 위해 의무교육 비용을 학령 아동 보호자의 부담으로부터 공동체 전체의 부담으로 이전하라는 명령일 뿐 의무교육의 모든 비용을 조세로 해결해야 함을 의미하는 것은 아니므로, 학교용지부담금의 부과대상을 수분양자가 아닌 개발사업자로 정하고 있는 이 사건 법률조항은 의무교육의 무상원칙에 위배되지 아니한다(헌재 2008.9.25. 2007헌가1).

오답의 이유

① 수능시험을 준비하면서 무엇을 어떻게 공부하여야 할지에 관하여 스스로 결정할 자유가 심판대상계획에 따라 제한된다. 이는 자신의 교육에 관하여 스스로 결정할 권리, 즉 교육을 통한 자유로운 인격발현권을 제한받는 것으로 볼 수 있다. 한편, 청구인들은 심판대상계획으로 인해 교육을 받을 권리가 침해된다고 주장하지만, 심판대상계획이 헌법 제31조 제1항의 능력에 따라 균등하게 교육을 받을 권리를 직접 제한한다고 보기는 어렵다(헌재 2018.2.22. 2017헌마691).

③ '부모의 자녀에 대한 교육권'은 비록 헌법에 명문으로 규정되어 있지는 아니하지만, 이는 모든 인간이 국적과 관계없이 누리는 양도할 수 없는 불가침의 인권으로서 혼인과 가족생활을 보장하는 헌법 제36조 제1항, 행복추구권을 보장하는 헌법 제10조 및 "국민의 자유와 권리는 헌법에 열거되지 아니한 이유로 경시되지 아니한다"고 규정하는 헌법 제37조 제1항에서 나오는 중요한 기본권이다(헌재 2000.4.27. 98헌가16 등).

④ 초등학교의 교육목적과 교육목표를 달성하기 위한 교육과정은 국가수준의 공통성뿐만 아니라 지역, 학교, 개인 수준의 다양성을 동시에 갖추어야 하는 과정으로서, 교육을 둘러싼 여러 여건에 따라 적절히 대처할 필요성이 있기 때문에 이에 관한 모든 사항을 법률에 규정하는 것은 입법기술상 매우 어렵다. 특히, 초등학교 교육과정의 편제와 수업시간은 교육여건의 변화에 따른 시의적절한 대처가 필요하므로 교육현장을 가장 잘 파악하고 교육과정에 대해 적절한 수요 예측을 할 수 있는 해당 부처에서 정하도록 할 필요가 있다. 따라서 「초·중등교육법」 제23조 제2항이 교육과정의 기준과 내용에 관한 기본적인 사항을 교육부장관이 정하도록 위임한 것 자체가 교육제도 법정주의에 반한다고 보기 어렵다(헌재 2016.2.25. 2013헌마838).

17 1 2 3

정답 ①

출처 20 경찰승진

정답의 이유

① 근로자가 노동조합을 결성하지 아니할 자유나 노동조합에 가입을 강제당하지 아니할 자유, 그리고 가입한 노동조합을 탈퇴할 자유는 근로자에게 보장된 단결권의 내용에 포섭되는 권리로서가 아니라 헌법 제10조의 행복추구권에서 파생되는 일반적 행동의 자유 또는 제21조 제1항의 결사의 자유에서 그 근거를 찾을 수 있다(헌재 2005.11.24. 2002헌바95 등).

오답의 이유

② 근로의 권리가 "일할 자리에 관한 권리"만이 아니라 "일할 환경에 관한 권리"도 함께 내포하고 있는바, 후자는 인간의 존엄성에 대한 침해를 방어하기 위한 자유권적 기본권의 성격도 갖고 있어 건강한 작업환경, 일에 대한 정당한 보수, 합리적인 근로조건의 보장 등을 요구할 수 있는 권리 등을 포함한다고 할 것이므로 외국인 근로자라고 하여 이 부분에까지 기본권 주체성을 부인할 수는 없다(헌재 2007.8.30. 2004헌마670).

③ 근로의 권리는 사회적 기본권으로서 국가에 대하여 직접 일자리를 청구하거나 일자리에 갈음하는 생계비의 지급청구권을 의미하는 것이 아니라 고용증진을 위한 사회적 · 경제적 정책을 요구할 수 있는 권리에 그치며, 근로의 권리로부터 국가에 대한 직접적인 직장존속청구권이 도출되는 것도 아니다(헌재 2011.7.28. 2009헌마408).

④ 심판대상조항으로 인하여 교육공무원 아닌 대학 교원들이 향유하지 못하는 단결권은 헌법이 보장하고 있는 근로3권의 핵심적이고 본질적인 권리이다. 심판대상조항의 입법목적이 재직 중인 초 · 중등교원에 대하여 교원노조를 인정해 줌으로써 교원노조의 자주성과 주체성을 확보한다는 측면에서는 그 정당성을 인정할 수 있을 것이나, 교원노조를 설립하거나 가입하여 활동할 수 있는 자격을 초 · 중등교원으로 한정함으로써 교육공무원이 아닌 대학 교원에 대해서는 근로기본권의 핵심인 단결권조차 전면적으로 부정한 측면에 대해서는 그 입법목적의 정당성을 인정하기 어렵고, 수단의 적합성 역시 인정할 수 없다. … 또 최근 들어 대학 사회가 다층적으로 변화하면서 대학 교원의 사회 · 경제적 지위의 향상을 위한 요구가 높아지고 있는 상황에서 단결권을 행사하지 못한 채 개별적으로만 근로조건의 향상을 도모해야 하는 불이익은 중대한 것이므로, 심판대상조항은 과잉금지원칙에 위배된다(헌재 2018.8.30. 2015헌가38).

18 1 2 3

정답 ②

출처 20 경찰승진

정답의 이유

㉠ (○) 헌법 제23조 제1항이 보장하고 있는 사유재산권은 사유재산에 관한 임의적인 이용, 수익, 처분권을 본질로 하기 때문에 사유재산의 처분금지를 내용으로 하는 입법조치는 원칙으로 재산권에 관한 입법형성권의 한계를 일탈하는 것일 뿐만 아니라 조세의 부과 · 징수는 국민의 납세의무에 기초하는 것으로서 원칙으로 재산권의 침해가 되지 않는다고 하더라도 그로 인하여 납세의무자의 사유재산에 관한 이용, 수익, 처분권이 중대한 제한을 받게 되는 경우에는 그것도 재산권의 침해가 될 수 있는 것이다(헌재 1997.12.24. 96헌가19 등).

㉢ (○) 이 사건 법률조항은 바로 이와 같이 가장 기본적인 국민의 국방의 의무를 구체화하기 위하여 마련된 것이다. 그리고 이와 같은 병역의무가 제대로 이행되지 않아 국가의 안전보장이 이루어지지 않는다면 국민의 인간으로서의 존엄과 가치도 보장될 수 없음은 불을 보듯 명확한 일이다. 따라서 병역의무는, 궁극적으로는 국민 전체의 인간으로서의 존엄과 가치를 보장하기 위한 것이라 할 것이고, 피고인의 양심의 자유가 위와 같은 헌법적 법익보다 우월한 가치라고는 할 수 없다(헌재 2004.10.28. 2004헌바61 등).

오답의 이유

㉡ (×) 이 사건 공고는 현역군인 신분자에게 다른 직종의 시험응시기회를 제한하고 있으나 이는 병역의무 그 자체를 이행하느라 받는 불이익으로서 병역의무 중에 입는 불이익에 해당될 뿐, 병역의무의 이행을 이유로 한 불이익은 아니므로 이 사건 공고로 인하여 현역군인이 타 직종에 시험응시를 하지 못하는 것은 헌법 제39조 제2항에서 금지하는 '불이익한 처우'라 볼 수 없다(헌재 2007.5.31. 2006헌마627).

㉣ (×) 학교운영지원비는 그 운영상 교원연구비와 같은 교사의 인건비 일부와 학교회계직원의 인건비 일부 등 의무교육과정의 인적기반을 유지하기 위한 비용을 충당하는데 사용되고 있다는 점, 학교회계의 세입상 현재 의무교육기관에서는 국고지원을 받고 있는 입학금, 수업료와 함께 같은 항에 속하여 분류되고 있음에도 불구하고 학교운영지원비에 대해서만 학생과 학부모의 부담으로 남아있다는 점, 학교운영지원비는 기본적으로 학부모의 자율적 협찬금의 외양을 갖고 있음에도 그 조성이나 징수의 자율성이 완전히 보장되지 않아 기본적이고 필수적인 학교 교육에 필요한 비용에 가깝게 운영되고 있다는 점 등을 고려해보면 이 사건 세입조항은 헌법 제31조 제3항에 규정되어 있는 의무교육의 무상원칙에 위배되어 헌법에 위반된다(헌재 2012.8.23. 2010헌바220).

19 ①②③ 정답 ④

출처 19 경찰승진

정답의 이유

④ 국적의 재취득은 법무부장관의 허가가 아니라 신고함으로써 대한민국 국적을 취득한다.

> **「국적법」 제11조(국적의 재취득)** ① 제10조(국적 취득자의 외국 국적 포기의무) 제3항에 따라 대한민국 국적을 상실한 자가 그 후 1년 내에 그 외국 국적을 포기하면 법무부장관에게 신고함으로써 대한민국 국적을 재취득할 수 있다.
> ② 제1항에 따라 신고한 자는 그 신고를 한 때에 대한민국 국적을 취득한다.

오답의 이유

① 「국적법」 제6조 제1항

> **「국적법」 제6조(간이귀화 요건)** ① 다음 각 호의 어느 하나에 해당하는 외국인으로서 대한민국에 3년 이상 계속하여 주소가 있는 사람은 제5조 제1호 및 제1호의2의 요건을 갖추지 아니하여도 귀화허가를 받을 수 있다.
> 1. 부 또는 모가 대한민국의 국민이었던 사람
> 2. 대한민국에서 출생한 사람으로서 부 또는 모가 대한민국에서 출생한 사람

② 「국적법」 제7조 제1항

> **「국적법」 제7조(특별귀화 요건)** ① 다음 각 호의 어느 하나에 해당하는 외국인으로서 대한민국에 주소가 있는 사람은 제5조 제1호·제1호의2·제2호 또는 제4호의 요건을 갖추지 아니하여도 귀화허가를 받을 수 있다.
> 1. 부 또는 모가 대한민국의 국민인 사람. 다만, 양자로서 대한민국의 「민법」상 성년이 된 후에 입양된 사람은 제외한다.
> 2. 대한민국에 특별한 공로가 있는 사람

③ 「국적법」 제8조 제1항

> **「국적법」 제8조(수반 취득)** ① 외국인의 자(子)로서 대한민국의 「민법」상 미성년인 사람은 부 또는 모가 귀화허가를 신청할 때 함께 국적 취득을 신청할 수 있다.

20 ①②③ 정답 ④

출처 19 경찰승진

정답의 이유

④ 개인의 신뢰이익에 대한 보호가치는 법령에 따른 개인의 행위가 국가에 의하여 일정방향으로 유인된 신뢰의 행사인지, 아니면 단지 법률이 부여한 기회를 활용한 것으로서 원칙적으로 사적 위험부담의 범위에 속하는 것인지 여부에 따라 달라진다. 만일 법률에 따른 개인의 행위가 단지 법률이 반사적으로 부여하는 기회의 활용을 넘어서 국가에 의하여 일정 방향으로 유인된 것이라면 특별히 보호가치가 있는 신뢰이익이 인정될 수 있고, 원칙적으로 개인의 신뢰보호가 국가의 법률개정이익에 우선된다고 볼 여지가 있다(헌재 2002.11.28. 2002헌바45).

오답의 이유

① 입법자는 새로운 인식을 수용하고 변화한 현실에 적절하게 대처해야 하기 때문에, 국민은 현재의 법적 상태가 항상 지속되리라는 것을 원칙적으로 신뢰할 수 없다. 법률의 존속에 대한 개인의 신뢰는 법적 상태의 변화를 예측할 수 있는 정도에 따라서 달라지므로, 신뢰보호가치의 정도는 개인이 어느 정도로 법률개정을 예측할 수 있었는가에 따라서 결정된다(헌재 2003.10.30. 2001헌마700 등).

② 사회환경이나 경제여건의 변화에 따른 필요성에 의하여 법률은 신축적으로 변할 수밖에 없고, 변경된 새로운 법질서와 기존의 법질서 사이에는 이해관계의 상충이 불가피하다. 따라서 국민이 가지는 모든 기대 내지 신뢰가 헌법상 권리로서 보호될 것은 아니고, 개정된 법규·제도의 존속에 대한 개인의 신뢰가 합리적이어서 권리로서 보호할 필요성이 인정되어야 한다(헌재 2017.7.27. 2015헌마1052).

③ 신뢰보호의 원칙의 위배 여부는 한편으로는 침해받은 이익의 보호가치, 침해의 중한 정도, 신뢰가 손상된 정도, 신뢰침해의 방법 등과 다른 한편으로는 새 입법을 통해 실현하고자 하는 공익적 목적을 종합적으로 비교·형량하여 판단하여야 하는데, 이 사건의 경우 투자유인이라는 입법목적을 감안하더라도 그로 인한 공익의 필요성이 구법에 대한 신뢰보호보다 간절한 것이라고 보여지지 아니한다(헌재 1995.10.26. 94헌바12).

경찰공무원(순경) 헌법

빠른 정답							나의 점수		점
01	02	03	04	05	06	07	08	09	10
③	②	③	④	③	②	①	④	①	②
11	12	13	14	15	16	17	18	19	20
④	③	③	②	④	①	②	②	③	②

01 1 2 3

정답 ③

출처 19 경찰승진

정답의 이유

③ 소급입법은 새로운 입법으로 이미 종료된 사실관계 또는 법률관계에 작용케 하는 진정소급입법과 현재 진행 중인 사실관계 또는 법률관계에 작용케 하는 부진정소급입법으로 나눌 수 있는바, 부진정소급입법은 원칙적으로 허용되지만 소급효를 요구하는 공익상의 사유와 신뢰보호의 요청 사이의 교량과정에서 신뢰보호의 관점이 입법자의 형성권에 제한을 가하게 되는데 반하여, 기존의 법에 의하여 형성되어 이미 굳어진 개인의 법적 지위를 사후입법을 통하여 박탈하는 것 등을 내용으로 하는 진정소급입법은 개인의 신뢰보호와 법적 안정성을 내용으로 하는 법치국가원리에 의하여 특단의 사정이 없는 한 헌법적으로 허용되지 아니하는 것이 원칙이고, 다만 일반적으로 국민이 소급입법을 예상할 수 있었거나 법적 상태가 불확실하고 혼란스러워 보호할 만한 신뢰이익이 적은 경우와 소급입법에 의한 당사자의 손실이 없거나 아주 경미한 경우 그리고 신뢰보호의 요청에 우선하는 심히 중대한 공익상의 사유가 소급입법을 정당화하는 경우 등에는 예외적으로 진정소급입법이 허용된다(헌재 1999.7.22. 97헌바76 등).

02 1 2 3

정답 ②

출처 19 경찰승진

정답의 이유

② 「건설산업기본법」 제83조 단서 중 제1호에서의 '부정한 방법'이란, 실제로는 기술능력 · 자본금 · 시설 · 장비 등에 관하여 법령이 정한 건설업 등록요건을 갖추지 못하였음에도 자본금의 납입을 가장하거나 허위신고를 통하여 기술능력이나 시설, 장비 등의 보유를 가장하는 수단을 사용함으로써 등록요건을 충족시킨 것처럼 위장하여 등록하는 방법을 말하는 것으로 그 내용이 충분히 구체화 되고 제한된다고 판단된다. 따라서 이 사건 법률조항에 규정된 '부정한 방법'의 개념이 약간의 모호함에도 불구하고 법률해석을 통하여 충분히 구체화될 수 있고, 이로써 행정청과 법원의 자의적인 법적용을 배제하는 객관적인 기준을 제공하고 있으므로 이사건 조항은 법률의 명확성원칙에 위반되지 않는다(헌재 2004.7.15. 2003헌바35 등).

오답의 이유

① 이 사건 조항에서 '토지의 형질변경'은 단순히 토지를 원래대로의 형상과 성질을 유지하면서 이용 및 관리하는 행위가 아니라 절토, 성토, 정지 또는 포장 등으로 토지의 형상과 성질을 변경하는 행위와 공유수면을 매립하는 행위로서, 산지를 농지로 개간하거나 토지를 대지화하는 등 개발제한구역 지정 당시의 토지의 형상을 사실상 변형시키고 또 그 원상회복을 어렵게 하는 행위를 의미하는 것이고 이는 건전한 상식과 통상적인 법감정을 가진 사람이라면 쉽사리 알 수 있고 법원에서도 구체적이고 일관된 해석기준을 제시하고 있어, 그 의미 및 처벌대상이 불명확하다고 볼 수 없다. 그렇다면 이 사건 조항은 헌법상 죄형법정주의의 명확성원칙에 위반되지 않는다(헌재 2011.3.31. 2010헌바86).

③ 심판대상조항의 불명확성을 해소하기 위해 노출이 허용되지 않는 신체부위를 예시적으로 열거하거나 구체적으로 특정하여 이를 분명하게 규정하는 것이 입법기술상 불가능하거나 현저히 곤란하다고 보이지도 않는다. 예컨대 의도적으로 자신의 성기를 사람들에게 노출하여 불쾌감을 유발하는 이른바 '바바리맨'의 행위를 규제할 필요성이 있다면 심판대상조항처럼 추상적이고 막연하게 규정할 것이 아니라 노출이 금지되는 신체부위를 '성기'로 명확하게 특정하면 될 것이다. 이상과 같이, 심판대상조항은 구성요건의 내용을 불명확하게 규정하여 죄형법정주의의 명확성원칙에 위배된다(헌재 2016.11.24. 2016헌가3).

④ 위 규정은 수입품목허가를 받지 않은 의료기기에 대하여, 이를 판매 · 임대 · 수여 또는 사용하는 행위는 그 목적을 불문하고 금지하고, 이를 제조 · 수입 · 수리 · 저장 또는 진열하는 행위는 수리 · 판매 · 임대 · 수여 또는 사용의 목적이 있는 경우에 이를 금지하는 것으로 일의적으로 해석된다. 또한 "사용"이란 '어떤 목적이나 기능에 맞게 필요로 하거나 소용이 되는 곳에 쓰다'라는 뜻이고, 이 사건 금지조항이 사용의 의미를 한정하고 있지 않으므로, 어느 의료기기가 질병의 진단 · 치료 · 경감 · 처치 또는 예방의 목적 달성에 효과가 있는 것인지 여부를 판단하기 위하여 테스트 목적으로 그 기기를 사용하는 것 역시 이 사건 금지조항이 정한 의료기기의 "사용"에 해당한다. 따라서 이 사건 금지조항이 명확성원칙에 위배된다고 할 수 없다(헌재 2015.7.30. 2014헌바6).

03 1 2 3 정답 ③

출처 19 경찰승진

정답의 이유

③ 헌법 제8조 제2항이 정당조직의 자유와 밀접한 관계를 가지고 있는 것은 사실이나, 이는 오히려 그 자유에 대한 한계를 긋는 기능을 하는 것이고, 그러한 한도에서 정당의 자유의 구체적인 내용을 제시한다고는 할 수 있으나, 정당의 자유의 헌법적 근거를 제공하는 근거규범으로서 기능한다고는 할 수 없다(헌재 2004.12.16. 2004헌마456).

오답의 이유

① 헌법 제8조 제1항이 명시하는 정당설립의 자유는 설립할 정당의 조직형태를 어떠한 내용으로 할 것인가에 관한 정당조직 선택의 자유 및 그와 같이 선택된 조직을 결성할 자유를 포괄하는 '정당조직의 자유'를 포함한다. 정당조직의 자유는 정당설립의 자유에 개념적으로 포괄될 뿐만 아니라 정당조직의 자유가 완전히 배제되거나 임의적으로 제한될 수 있다면 정당설립의 자유가 실질적으로 무의미해지기 때문이다. 또 헌법 제8조 제1항은 정당활동의 자유도 보장하고 있기 때문에 위 조항은 결국 정당설립의 자유, 정당조직의 자유, 정당활동의 자유 등을 포괄하는 정당의 자유를 보장하고 있다(헌재 2004.12.16. 2004헌마456).

② 헌법 제8조 제1항 전단은 단지 정당설립의 자유만을 명시적으로 규정하고 있지만, 정당의 설립만이 보장될 뿐 설립된 정당이 언제든지 해산될 수 있거나 정당의 활동이 임의로 제한될 수 있다면 정당설립의 자유는 사실상 아무런 의미가 없게 되므로, 정당설립의 자유는 당연히 정당존속의 자유와 정당활동의 자유를 포함하는 것이다. 한편, 정당의 명칭은 그 정당의 정책과 정치적 신념을 나타내는 대표적인 표지에 해당하므로, 정당설립의 자유는 자신들이 원하는 명칭을 사용하여 정당을 설립하거나 정당활동을 할 자유도 포함한다고 할 것이다(헌재 2014.1.28. 2012헌마431 등).

④ 헌법 제8조 제4항

> **헌법 제8조** ④ 정당의 목적이나 활동이 민주적 기본질서에 위배될 때에는 정부는 헌법재판소에 그 해산을 제소할 수 있고, 정당은 헌법재판소의 심판에 의하여 해산된다.

04 1 2 3 정답 ④

출처 19 경찰승진

정답의 이유

④ 이 사건 법률조항이 소선거구 다수대표제를 규정하여 다수의 사표가 발생한다 하더라고 그 이유만으로 헌법상 요구된 선거의 대표성의 본질을 침해한다거나 그로 인해 국민주권원리를 침해하고 있다고 할 수 없고, 청구인의 평등권과 선거권을 침해한다고 할 수 없다(헌재 2016.5.26. 2012헌마374).

오답의 이유

① 심판대상조항은 비례대표국회의원 후보자명부상의 차순위 후보자의 승계까지 부인함으로써 선거를 통하여 표출된 선거권자들의 정치적 의사표명을 무시 · 왜곡하는 결과를 초래하고, 선거범죄에 관하여 귀책사유도 없는 정당이나 차순위 후보자에게 불이익을 주는 것은 필요 이상의 지나친 제재를 규정한 것이라고 보지 않을 수 없으므로, 과잉금지원칙에 위배하여 청구인들의 공무담임권을 침해한 것이다(헌재 2009.10.29. 2009헌마350 등).

② 선거권제한조항은 선거범죄를 방지하여 공정한 선거를 보장하고 진정한 주권자의 의사를 선거결과에 제대로 반영하기 위한 것으로서, 선거범 자신을 포함하여 일반 국민으로 하여금 선거의 공정성에 대한 의식을 제고하는 데 기여할 수 있다. 특히 선거권제한조항은 국회의원선거에 참여한 자로서 반드시 지켜야 할 기본적인 의무를 저버린 행위자까지 일정기간 그 공동체의 운용을 주도하는 통치조직의 구성에 직 · 간접적으로 참여하도록 하는 것은 바람직하지 않다는 인식과 이러한 반사회적 행위에 대한 사회적 제재의 의미도 가진다. 즉 선거권제한조항은 「선거법」을 위반한 행위에 대한 일종의 응보적 기능도 가진 것이다. 이러한 입법목적은 헌법 제37조 제2항의 공공복리를 위한 것으로서 그 정당성이 인정된다. … 선거권제한조항은 과잉금지원칙을 위반하여 청구인의 선거권을 침해하고 있다고 할 수 없다. … 다만 징역형의 집행유예 선고를 받은 경우는 제한기간이 벌금형의 경우보다 긴 10년이 되고, 이로써 각 선거마다 통상 2~3회에 걸쳐 선거권이 제한되기는 하나, 징역형은 벌금형보다 위반의 정도가 훨씬 무거운 것임을 고려하면, 벌금형의 경우보다 선거권이 통상 1회 정도 더 제한되는 것에 불과하여 이 역시 지나치게 장기간이라고 보기 어려우므로 과잉금지원칙을 위반하였다고 할 수 없다. 따라서 선거권제한조항이 과잉금지원칙을 위반하여 청구인들의 선거권을 침해하는 것은 아니다(헌재 2018.1.25. 2015헌마821 등).

③ 공무담임권은 국민이 공무담임에 관한 평등한 기회를 보장받는 권리로서 공직취임 기회의 자의적인 배제와 공무원 신분의 부당한 박탈을 금지하는 것을 그 보호영역으로 한다. 살피건대, 이 사건 법률조항에서 규정한 제재는 이미 선거에 입후보하여 당선된 사람 즉, 공직취임의 기회를 이미 보장받았던 사람을 대상으로 하는 것이라서 공직취임의 기회를 배제하는 내용이라고 볼 수 없고, 그 제재의 내용도 금전적 불이익의 부과뿐이라서 공무원 신분의 부당한 박탈에 관한 규정이라고 할 수 없으므로 공무담임권의 보호영역에 속하는 사항을 규정한 것이 아니다. 그리고 이 사건 법률조항은 선거범죄를 저질러 벌금 100만 원 이상의 형을 선고받은 당선자만을 제재대상으로 하고 있어 선거범죄를 저지르지 않고 선거를 치르려는 대부분의 후보자는 제재대상에 포함될 여지가 없으므로 청구인의 주장과 같이 자력이 충분하지 못한 국민의 입후보를 곤란하게 하는 효과를 갖는다고 할 수도 없다. 따라서 이 사건 법률조항에 의하여 공무담임권이 제한된다고 할 수 없다(헌재 2011.4.28. 2010헌바232).

05 1 2 3

정답 ③

출처 19 경찰승진

정답의 이유

③ 이 사건 동점자처리조항에 의하여 일반 응시자들은 국·공립학교 채용시험의 동점자처리에서 불이익을 당할 수도 있으므로 일반 응시자들의 공무담임권이 제한된다고 할 것이나, 이는 국가유공자와 그 유·가족의 생활안정을 도모하고 이를 통해 국민의 애국정신함양과 민주사회 발전에 이바지한다고 하는 공공복리를 위한 불가피한 기본권 제한에 해당하며, 앞서 본 바와 같이 비례의 원칙 내지 과잉금지의 원칙에 위반된 것으로 볼 수 없고, 기본권의 본질적인 내용을 침해한다고도 할 수 없다. 따라서 이 사건 동점자처리조항은 일반 응시자들의 공무담임권을 침해하지 아니한다(헌재 2006.6.29. 2005헌마44).

오답의 이유

① 국회의원의 직무수행에 있어 공정성과 전념성을 확보하여 국회가 본연의 기능을 충실히 수행할 수 있도록 하는 것은 대의제 민주주의를 성공적으로 운영하기 위한 발판이고, 사립대학에 재학 중인 학생들이 충실한 수업과 지도를 받을 수 있도록 함으로써 대학교육을 정상화하는 것은 미래의 인적 자원을 양성하는 초석이 되는 것인바, 앞서 본 사정들을 종합할 때 입법자가 이와 같은 공익을 국회의원으로 당선된 사립대학 교원이 교원의 직을 사직하여야 하는 것으로 인해 발생하는 공무담임권 및 직업선택의 자유에 대한 제한보다 중시한다고 해서 법익 간의 형량을 그르쳤다고 할 수는 없다. 따라서 심판대상조항은 법익의 균형성 원칙에도 위반되지 않는다(헌재 2015.4.30. 2014헌마621).

② 이 사건 법률조항은 금고 이상의 형의 선고유예의 판결을 받아 그 기간 중에 있는 사람이 공무원으로 임용되는 것을 금지하고 이러한 사람이 공무원으로 임용되더라도 그 임용을 당연무효로 하는 것으로서, 공직에 대한 국민의 신뢰를 보장하고 공무원의 원활한 직무수행을 도모하기 위하여 마련된 조항이다. 청구인과 같이 임용결격사유에도 불구하고 임용된 임용결격공무원은 상당한 기간 동안 근무한 경우라도 적법한 공무원의 신분을 취득하여 근무한 것이 아니라는 이유로 「공무원연금법」상 퇴직급여의 지급대상이 되지 못하는 등 일정한 불이익을 받기는 하지만, 재직기간 중 사실상 제공한 근로에 대하여는 그 대가에 상응하는 금액의 반환을 부당이득으로 청구하는 등의 민사적 구제수단이 있는 점을 고려하면, 공직에 대한 국민의 신뢰보장이라는 공익과 비교하여 임용결격공무원의 사익 침해가 현저하다고 보기 어렵다. 따라서 이 사건 법률조항은 입법자의 재량을 일탈하여 공무담임권을 침해한 것이라고 볼 수 없다(헌재 2016.7.28. 2014헌바437).

④ 형사재판을 위하여 신체가 구금되어 정상적이고 시의적절한 직무를 수행하기 어려운 상황에 처한 자치단체장을 직무에서 배제시킴으로써 자치단체행정의 원활하고 효율적인 운영을 도모하는 한편 주민의 복리에 초래될 것으로 예상되는 위험을 미연에 방지하려는 이 사건 법률조항의 입법목적은 입법자가 추구할 수 있는 정당한 공익이라 할 것이고, 이를 실현하기 위하여 해당 자치단체장을 구금상태가 해소될 때까지 잠정적으로 그 직무에서 배제시키는 것은 일응 유효·적절한 수단이라고 볼 수 있다. … 따라서 이 사건 법률조항은 청구인의 공무담임권을 제한함에 있어 과잉금지원칙에 위배되지 않는다(헌재 2011.4.28. 2010헌마474).

06 1 2 3

정답 ②

출처 19 경찰승진

정답의 이유

② 비례대표 지방의원은 주민소환의 대상이 아니다.

> **「지방자치법」 제20조(주민소환)** ① 주민은 그 지방자치단체의 장 및 지방의회의원(비례대표 지방의회의원은 제외한다)을 소환할 권리를 가진다.

오답의 이유

① 헌법 제117조 제1항

> **헌법 제117조** ① 지방자치단체는 주민의 복리에 관한 사무를 처리하고 재산을 관리하며, 법령의 범위 안에서 자치에 관한 규정을 제정할 수 있다.

③ 헌법에서 지방자치제를 제도적으로 보장하고 있고, 지방자치는 지방자치단체가 독자적인 자치기구를 설치해서 그 자치 단체의 고유사무를 국가기관의 간섭 없이 스스로의 책임 아래 처리하는 것을 의미한다는 점에서 지방자치단체의 대표인 단체장은 지방의회의원과 마찬가지로 주민의 자발적 지지에 기초를 둔 선거를 통해 선출되어야 한다는 것은 지방자치제도의 본질에서 당연히 도출되는 원리이다. … 주민자치제를 본질로 하는 민주적 지방자치제도가 안정적으로 뿌리내린 현 시점에서 지방자치단체의 장 선거권을 지방의회의원 선거권, 더 나아가 국회의원 선거권 및 대통령 선거권과 구별하여 하나는 법률상의 권리로, 나머지는 헌법상의 권리로 이원화하는 것은 허용될 수 없다. 그러므로 지방자치단체의 장 선거권 역시 다른 선거권과 마찬가지로 헌법 제24조에 의해 보호되는 헌법상의 권리로 인정하여야 할 것이다(헌재 2016.10.27. 2014헌마797).

④ 헌법 제118조 제2항

> **헌법 제118조** ② 지방의회의 조직·권한·의원선거와 지방자치단체의 장의 선임방법 기타 지방자치단체의 조직과 운영에 관한 사항은 법률로 정한다.

07 1 2 3

정답 ①

출처 19 경찰승진

정답의 이유

① 헌법은 제119조에서 개인의 경제적 자유를 보장하면서 사회정의를 실현하기 위한 경제질서를 선언하고 있다. 이 규정은 헌법상 경제질서에 관한 일반조항으로서 국가의 경제정책에 대한 하나의 헌법적 지침이고, 동 조항이 언급하는 '경제적 자유와 창의'는 직업의 자유, 재산권의 보장, 근로3권과 같은 경제에 관한 기본권 및 비례의 원칙과 같은 법치국가원리에 의하여 비로소 헌법적으로 구체화된다. 따라서 이 사건에서 청구인들이 헌법 제119조 제1항과 관련하여 주장하는 내용은 구체화된 헌법적 표현인 경제적 기본권을 기준으로 심사되어야 한다(헌재 2002.10.31. 99헌바76 등).

오답의 이유

② 헌법 제126조

> **헌법 제126조** 국방상 또는 국민경제상 긴절한 필요로 인하여 법률이 정하는 경우를 제외하고는, 사영기업을 국유 또는 공유로 이전하거나 그 경영을 통제 또는 관리할 수 없다.

③ 헌법 제23조 제1항 전문은 "모든 국민의 재산권은 보장된다"라고 규정하고, 제119조 제1항은 "대한민국의 경제질서는 개인과 기업의 경제상의 자유와 창의를 존중함을 기본으로 한다"고 규정함으로써, 우리 헌법이 사유재산제도와 경제활동에 관한 사적자치의 원칙을 기초로 하는 자본주의 시장경제질서를 기본으로 하고 있음을 선언하고 있는 것이다(헌재 1997.8.21. 94헌바19 등).

④ 헌법 제119조 제2항

> **헌법 제119조** ② 국가는 균형 있는 국민경제의 성장 및 안정과 적정한 소득의 분배를 유지하고, 시장의 지배와 경제력의 남용을 방지하며, 경제주체간의 조화를 통한 경제의 민주화를 위하여 경제에 관한 규제와 조정을 할 수 있다.

08 1 2 3 정답 ④

출처 19 경찰승진

정답의 이유

④ 위임입법에 관한 헌법 제75조는 처벌법규에도 적용되는 것이지만 법률에 의한 처벌법규의 위임은, 헌법이 특히 인권을 최대한으로 보장하기 위하여 죄형법정주의와 적법절차를 규정하고, 법률(형식적 의미의)에 의한 처벌을 특별히 강조하고 있는 기본권보장 우위사상에 비추어 바람직스럽지 못한 일이므로, 그 요건과 범위가 보다 엄격하게 제한적으로 적용되어야 한다. 따라서 처벌법규의 위임은 특히 긴급한 필요가 있거나 미리 법률로써 자세히 정할 수 없는 부득이한 사정이 있는 경우에 한정되어야 하고 이러한 경우일지라도 법률에서 범죄의 구성요건은 처벌대상인 행위가 어떠한 것일 것이라고 이를 예측할 수 있을 정도로 구체적으로 정하고 형벌의 종류 및 그 상한과 폭을 명백히 규정하여야 한다(헌재 1991.7.8. 91헌가4).

오답의 이유

② 헌법 제75조의 입법취지에 비추어 볼 때, 법률에 대통령령 등 하위법규에 규정될 내용 및 범위의 기본사항이 가능한 한 구체적이고도 명확하게 규정되어 있어서 누구라도 당해 법률 그 자체로부터 대통령령 등에 규정될 내용의 대강을 예측할 수 있어야 함을 의미한다고 할 것이고, 그 예측가능성의 유무는 당해 특정조항 하나만을 가지고 판단할 것은 아니고 관련 법 조항 전체를 유기적 · 체계적으로 종합판단하여야 하며, 각 대상법률의 성질에 따라 구체적 · 개별적으로 검토하여야 한다(헌재 1999.2.25. 97헌바63).

③ 위임의 구체성 · 명확성의 요구 정도는 그 규율대상의 종류와 성격에 따라 달라질 것이지만 특히 처벌법규나 조세법규와 같이 국민의 기본권을 직접적으로 제한하거나 침해할 소지가 있는 법규에서는 구체성 · 명확성의 요구가 강화되어 그 위임의 요건과 범위가 일반적인 급부행정의 경우보다 더 엄격하게 제한적으로 규정되어야 하는 반면에, 규율대상이 지극히 다양하거나 수시로 변화하는 성질의 것일 때에는 위임의 구체성 · 명확성의 요건이 완화되어야 할 것이다(헌재 1999.2.25. 97헌바63).

09 1 2 3 정답 ①

출처 19 경찰승진

정답의 이유

① 청구인의 경우 공법상 재단법인인 방송문화진흥회가 최다출자자인 방송사업자로서 「방송법」 등 관련 규정에 의하여 공법상의 의무를 부담하고 있지만, 「상법」에 의하여 설립된 주식회사로 설립목적은 언론의 자유의 핵심 영역인 방송사업이므로 이러한 업무 수행과 관련하여 당연히 기본권 주체가 될 수 있고, 그 운영을 광고수익에 전적으로 의존하고 있는 만큼 이를 위해 사경제 주체로서 활동하는 경우에도 기본권 주체가 될 수 있는바, 이 사건 심판청구는 청구인이 그 운영을 위한 영업활동의 일환으로 방송광고를 판매하는 지위에서 그 제한과 관련하여 이루어진 것이므로 그 기본권 주체성을 인정할 수 있다(헌재 2013.9.26. 2012헌마271).

오답의 이유

② 부모는 아직 성숙하지 못하고 인격을 닦고 있는 미성년 자녀를 교육시킬 교육권을 가지지만, 자녀가 성년에 이르면 자녀 스스로 자신의 기본권 침해를 다툴 수 있으므로 이와 별도로 부모에게 자녀교육권 침해를 다툴 수 있도록 허용할 필요가 없다. 따라서 심판대상계획이 청구인 이○경의 자녀교육권을 제한한다고 볼 수 없으므로, 청구인 이○경에 대한 기본권 침해 가능성도 인정할 수 없다(헌재 2018.2.22. 2017헌마691).

③ 법인도 법인의 목적과 사회적 기능에 비추어 볼 때 그 성질에 반하지 않는 범위 내에서 인격권의 한 내용인 사회적 신용이나 명예 등의 주체가 될 수 있고 법인이 이러한 사회적 신용이나 명예 유지 내지 법인격의 자유로운 발현을 위하여 의사결정이나 행동을 어떻게 할 것인지를 자율적으로 결정하는 것도 법인의 인격권의 한 내용을 이룬다고 할 것이다(헌재 2012.8.23. 2009헌가27).

④ 모든 인간은 헌법상 생명권의 주체가 되고, 인간으로서 형성되어 가는 단계의 생명인 태아에게도 생명에 대한 권리가 인정되어야 한다. 태아가 비록 그 생명의 유지를 위하여 모(母)에게 의존해야 하지만, 그 자체로 모(母)와 별개의 생명체이고 특별한 사정이 없는 한 인간으로 성장할 가능성이 크기 때문이다. 태아도 헌법상 생명권의 주체이고, 따라서 그 성장 상태가 보호 여부의 기준이 되어서는 안될 것이다(헌재 2012.8.23. 2010헌바402).

10 1 2 3

정답 ②

출처 19 경찰승진

정답의 이유

② 디엔에이감식시료채취영장에 따른 디엔에이감식시료 채취 및 등록 과정에서 채취대상자는 신체의 자유, 개인정보자기결정권 등 기본권을 제한받게 된다. 그럼에도 불구하고 이 사건 영장절차 조항이 채취대상자에게 디엔에이감식시료채취영장 발부 과정에서 자신의 의견을 진술할 수 있는 기회를 절차적으로 보장하고 있지 않을 뿐만 아니라, 발부 후 그 영장 발부에 대하여 불복할 수 있는 기회를 주거나 채취행위의 위법성 확인을 청구할 수 있도록 하는 구제절차마저 마련하고 있지 않음으로써, 채취대상자의 재판청구권은 형해화되고 채취대상자는 범죄수사 내지 예방의 객체로만 취급받게 된다. … 이상의 사정들을 종합하면, 위와 같은 입법상의 불비가 있는 이 사건 영장절차 조항은 채취대상자인 청구인들의 재판청구권을 과도하게 제한하므로, 침해의 최소성 원칙에 위반된다. … 따라서 이 사건 영장절차 조항은 과잉금지원칙을 위반하여 청구인들의 재판청구권을 침해한다(헌재 2018.8.30. 2016헌마344 등).

오답의 이유

① 심판대상조항은 음식점 영업 자체를 금지하는 것이 아니고 영업 방식을 한정적으로 제한하고 있을 뿐이다. 반면에 간접흡연의 위험으로부터 국민의 건강을 보호하고 증진하는 것은 매우 중요한 법익이다. 생명·신체의 안전에 관한 권리는 인간의 존엄과 가치의 근간을 이루는 기본권일 뿐만 아니라, 헌법은 제36조 제3항에서 국민의 보건에 관한 국가의 보호 의무를 특별히 강조하고 있기도 하다. 음식점 시설 전체를 금연구역으로 지정함으로써 음식점 영업자가 입게 될 불이익보다 간접흡연을 차단하여 이로 인한 폐해를 예방하고 국민의 생명·신체를 보호하고자 하는 공익이 더욱 큰 이상, 심판대상조항은 법익의 균형성도 충족하고 있다. 심판대상조항은 과잉금지원칙에 위반되어 청구인의 직업수행의 자유를 침해한다고 할 수 없다(헌재 2016.6.30. 2015헌마813).

③ 심판대상조항은 수용자의 처우 또는 교정시설의 운영에 관하여 명백하게 거짓 사실을 포함하고 있거나, 타인의 사생활의 비밀이나 자유를 침해하거나 교정시설의 안전과 질서를 해치고 수형자의 교정교화와 건전한 사회복귀를 저해할 우려가 있는 내용을 포함하는 집필문의 반출로 인해 야기될 사회적 혼란과 위험을 사전에 예방하고, 교정시설 내의 규율과 수용질서를 유지하고 수용자의 교화와 사회복귀를 원활하게 하려는 것으로 그 입법목적의 정당성이 인정된다. 이러한 사유에 해당하는 집필문의 외부 반출을 금하는 것은 입법목적을 달성하기 위한 적절한 수단에 해당한다. … 따라서 심판대상조항은 수용자의 통신의 자유를 침해하지 아니한다(헌재 2016.5.26. 2013헌바98).

④ 인구주택총조사는 앞서 본 것처럼 사회 전체 상황을 조망할 수 있는 국가의 기본 통계조사로서, 그 조사결과를 정책수립과 각종 통계작성의 기초자료나 경제·사회현상의 연구·분석 등에 활용하고자 함에 그 목적이 있다. 담당 조사원으로 하여금 청구인의 가구에 방문하여 청구인에게 피청구인이 작성한 2015 인구주택총조사 조사표의 조사항목들에 응답할 것을 요구한 심판대상행위는, 행정자료로 파악하기 곤란한 항목들을 방문 면접을 통해 조사하여 그 결과를 사회 현안에 대한 심층 분석과 각종 정책수립, 통계작성의 기초자료 또는 사회·경제현상의 연구·분석 등에 활용하도록 하고자 한 것이므로 그 목적이 정당하다. 15일이라는 짧은 방문 면접조사 기간 등 현실적 여건을 감안하면, 인근 주민을 조사원으로 채용하여 가구표본을 대상으로 행정자료로 파악하기 곤란한 표본조사 항목에 대한 정보를 수집하도록 한 것은 이러한 목적을 달성하기 위한 적정한 수단이다. … 심판대상행위가 과잉금지원칙을 위반하여 청구인의 개인정보자기결정권을 침해하였다고 볼 수 없다(헌재 2017.7.27. 2015헌마1094).

11 1 2 3

정답 ④

출처 19 경찰승진

정답의 이유

④ 수형자를 다른 교도소로 이송하는 경우에는 도주 등 교정사고의 우려가 높아지기 때문에 교정시설 안에서의 계호보다 높은 수준의 계호가 요구된다. 이에 피청구인이 도주 등의 교정사고를 예방하기 위하여 이 사건 보호장비 사용행위를 한 것은 그 목적이 정당하고, 상체승의 포승과 앞으로 사용한 수갑은 이송하는 경우의 보호장비로서 적절하다. … 따라서 이 사건 보호장비 사용행위는 그 기본권제한의 범위 내에서 이루어진 것이므로 청구인의 인격권과 신체의 자유를 침해하지 않는다(헌재 2012.7.26. 2011헌마426).

오답의 이유

① 징계결정 공개조항은 위와 같이 전문적인 법률지식과 윤리적 소양 및 공정성과 신뢰성을 갖추어야 할 변호사가 변론불성실, 비밀누설 등 직무상 의무 또는 직업윤리를 위반하여 징계를 받은 경우, 국민이 이러한 사정을 쉽게 알 수 있도록 하여 법률사무를 맡길 변호사를 선택할 권리를 보장하고 변호사의 윤리의식을 고취시킴으로써 법률사무에 대한 전문성, 공정성 및 신뢰성을 확보하여 국민의 기본권을 보호하고 사회정의를 실현하기 위한 것이다. 따라서 징계결정 공개조항의 입법목적은 정당하다. … 따라서 징계결정 공개조항은 과잉금지원칙에 위배되지 아니하므로 청구인의 인격권을 침해하지 아니한다(헌재 2018.7.26. 2016헌마1029).

② 이 사건 부칙조항은 개정 전 법률로는 전자장치 부착명령의 대상자에 포함되지 아니한 성폭력범죄자의 재범에 효과적으로 대처할 만한 수단이 없다는 우려 아래 대상자의 범위를 징역형 등의 집행 중인 사람 내지 징역형 등의 집행이 종료된 뒤 3년이 경과되지 아니한 사람(다음부터 '형 집행 종료자 등'이라 한다)에게까지 확대한 것으로서, 성폭력범죄의 재범을 방지하고 성폭력범죄로부터 국민을 보호하고자 하는 목적의 정당성이 인정된다. … 그렇다면 이 사건 부칙조항은 침해받은 신뢰이익의 보호가치, 침해의 중한 정도 및 방법, 위 조항을 통하여 실현하고자 하는 공익적 목적을 종합적으로 비교형량할 때, 법익 균형성 원칙에 위배된다고 할 수 없다. 따라서 이 사건 부칙조항은 과잉금지원칙에 위배되지 아니한다(헌재 2012.12.27. 2010헌가82 등).

③ 이 사건 국가항공보안계획은, 이미 출국 수속 과정에서 일반적인 보안 검색을 마친 승객을 상대로, 촉수검색(patdown)과 같은 추가적인 보안 검색 실시를 예정하고 있으므로 이로 인한 인격권 및 신체의 자유 침해 여부가 문제된다. 이 사건 국가항공보안계획은 민간항공 보안에 관한 국제협약의 준수 및 항공기 안전과 보안을 위한 것으로 입법목적의 정당성 및 수단의 적합성이 인정되고, 항공운송사업자가 다른 체약국의 추가 보안검색 요구에 응하지 않을 경우 항공기의 취항 자체가 거부될 수 있으므로 이 사건 국가항공보안계획에 따른 추가 보안검색 실시는 불가피하며, 관련 법령에서 보안검색의 구체적 기준 및 방법 등을 마련하여 기본권 침해를 최소화하고 있으므로 침해의 최소성도 인정된다. 또한 국내외적으로 항공기 안전사고와 테러 위협이 커지는 상황에서, 민간항공의 보안 확보라는 공익은 매우 중대한 반면, 추가 보안검색 실시로 인해 승객의 기본권이 제한되는 정도는 그리 크지 아니하므로 법익의 균형성도 인정된다. 따라서 이 사건 국제항공보안계획은 헌법상 과잉금지원칙에 위반되지 않으므로, 청구인의 기본권을 침해하지 아니한다(헌재 2018.2.22. 2016헌마780).

12 1 2 3

정답 ③

출처 19 경찰승진

정답의 이유

③ 교도소의 안전과 질서를 위하여 가장 중한 징벌인 금치처분을 받은 사람을 엄격한 격리에 의하여 외부와의 접촉을 금지시키고 반성에 전념하도록 하여 수용 질서를 확립히고자 하는 입법목적은 정당하며, 금치기간 동안 자비구매물품의 사용을 금지하는 것은 위 목적을 달성하기 위한 적합한 수단이다. … 따라서 이 사건 금치조항 중 제108조 제7호의 신문 · 잡지 · 도서 외 자비구매물품에 관한 부분은 청구인의 일반적 행동의 자유를 침해하지 않는다(헌재 2016.5.26. 2014헌마45).

오답의 이유

① 수형자라 하더라도 확정되지 않은 별도의 형사재판에서만큼은 미결수용자와 같은 지위에 있는 것이므로, 그를 죄 있는 자에 준하여 취급함으로써 법률적 · 사실적 측면에서 유형 · 무형의 불이익을 주어서는 아니 된다. 그런데 이러한 수형자로 하여금 형사재판 출석 시 아무런 예외 없이 사복착용을 금지하고 재소자용 의류를 입도록 하여 인격적인 모욕감과 수치심 속에서 재판을 받도록 하는 것은, 그 재판과 관련하여 미결수용자의 지위임에도 이미 유죄의 확정판결을 받은 수형자와 같은 외관을 형성하게 함으로써 재판부나 검사 등 소송관계자들에게 유죄의 선입견을 줄 수 있는 등 무죄추정의 원칙에 위배될 소지가 크다. … 따라서 심판대상조항이 형사재판의 피고인으로 출석하는 수형자에 대하여 「형집행법」 제82조를 준용하지 아니한 것은 과잉금지원칙에 위반되어 청구인의 공정한 재판을 받을 권리, 인격권, 행복추구권을 침해한다(헌재 2015.12.23. 2013헌마712).

② 심판대상조항의 민사재판 출석 시 사복착용 불허는 시설 바깥으로의 외출이라는 기회를 이용한 도주를 예방하기 위한 것으로서 그 목적이 정당하고, 사복착용의 불허는 위와 같은 목적을 달성하기 위한 적합한 수단이 된다. … 따라서 심판대상조항의 민사재판 출석 시 사복착용 불허는 과잉금지원칙에 위배되어 청구인의 인격권과 행복추구권을 침해한다고 볼 수 없다(헌재 2015.12.23. 2013헌마712).

④ 이 사건 공문서조항은 공문서를 읽고 쓰기 쉬운 한글로 작성하도록 함으로써 공적 영역에서 원활한 의사소통을 확보하고 효율적 · 경제적으로 공적 업무를 수행하기 위한 것으로, 공문서를 한글로 작성하면 학력이나 한자 독해력 등에 관계없이 모든 국민들이 공문서의 내용을 쉽게 이해할 수 있고, 다른 글자와 혼용하여 공문서를 작성하는 것에 비해 시간과 노력이 적게 소요되므로 행정의 효율성 및 경제성을 증진시킬 수 있다. … 결국 이 사건 공문서조항은 '공공기관 등이 작성하는 공문서'에 대하여만 적용되고, 일반 국민이 공공기관 등에 접수 · 제출하기 위하여 작성하는 문서나 일상생활에서 사적 의사소통을 위해 작성되는 문서에는 적용되지 않는다. 그러므로 이 사건 공문서조항은 청구인들의 행복추구권을 침해하지 아니한다(헌재 2016.11.24. 2012헌마854).

13 1 2 3

정답 ③

출처 19 경찰승진

정답의 이유

③ 평등위반 여부를 심사함에 있어 엄격한 심사척도에 의할 것인지, 완화된 심사척도에 의할 것인지는 입법자에게 인정되는 입법형성권의 정도에 따라 달라지게 될 것이나, 헌법에서 특별히 평등을 요구하고 있는 경우와 차별적 취급으로 인하여 관련 기본권에 대한 중대한 제한을 초래하게 된다면 입법형성권은 축소되어 보다 엄격한 심사척도가 적용되어야 할 것인바, 가산점제도는 헌법 제32조 제4항이 특별히 남녀평등을 요구하고 있는 "근로" 내지 "고용"의 영역에서 남성과 여성을 달리 취급하는 제도이고, 또한 헌법 제25조에 의하여 보장된 공무담임권이라는 기본권의 행사에 중대한 제약을 초래하는 것이기 때문에 엄격한 심사척도가 적용된다(헌재 1999.12.23. 98헌마363).

오답의 이유

② 자의심사의 경우에는 차별을 정당화하는 합리적인 이유가 있는지만을 심사하기 때문에 그에 해당하는 비교대상간의 사실상의 차이나 입법목적(차별목적)의 발견 · 확인에 그치는 반면에, 비례심사의 경우에는 단순히 합리적인 이유의 존부문제가 아니라 차별을 정당화하는 이유와 차별간의 상관관계에 대한 심사, 즉 비교대상간의 사실상의 차이의 성질과 비중 또는 입법목적(차별목적)의 비중과 차별의 정도에 적정한 균형관계가 이루어져 있는가를 심사한다(헌재 2008.11.27. 2006헌가1).

④ 헌법상 평등의 원칙은 국가가 언제 어디에서 어떤 계층을 대상으로 하여 기본권에 관한 사항이나 제도의 개선을 시작할 것인지를 선택하는 것을 방해하지는 않는다. 말하자면 국가는 합리적인 기준에 따라 능력이 허용하는 범위 내에서 법적 가치의 상향적 구현을 위한 제도의 단계적 개선을 추진할 수 있는 길을 선택할 수 있어야 한다(헌재 1991.2.11. 90헌가27).

14 ① ② ③ 정답 ②

출처 19 경찰승진

정답의 이유

② 심판대상조항이 정한 보호입원 제도는 입원의 필요성에 대한 판단에 있어 객관성과 공정성을 담보할 만한 장치를 두고 있지 않고, 보호입원 대상자의 의사 확인이나 부당한 강제입원에 대한 불복제도도 충분히 갖추고 있지 아니하여, 보호입원 대상자의 신체의 자유를 과도하게 제한하고 있어, 침해의 최소성에 반한다. … 심판대상조항은 단지 보호의무자 2인의 동의와 정신과전문의 1인의 판단만으로 정신질환자에 대한 보호입원이 가능하도록 하면서 정신질환자의 신체의 자유 침해를 최소화할 수 있는 적절한 방안을 마련하지 아니함으로써 지나치게 기본권을 제한하고 있다. 따라서 심판대상조항은 법익의 균형성 요건도 충족하지 못한다. 심판대상조항은 과잉금지원칙을 위반하여 신체의 자유를 침해한다(헌재 2016.9.29. 2014헌가9).

오답의 이유

① 마약류는 중독성 등으로 교정시설로 반입되어 수용자가 복용할 위험성이 상존하고, 수용자가 마약류를 복용할 경우 그 수용자의 수용목적이 근본적으로 훼멸될 뿐만 아니라 다른 수용자들에 대한 위해로 인한 사고로 이어질 수 있으므로, 소변채취를 통한 마약류반응검사가 월 1회씩 정기적으로 행하여진다 하여도 이는 마약류의 반입 및 복용사실을 조기에 발견하고 마약류의 반입시도를 사전에 차단함으로써 교정시설 내의 안전과 질서유지를 위하여 필요하고, 마약의 복용 여부는 외부관찰 등에 의해서는 발견될 수 없으며, 징벌 등 제재처분 없이 자발적으로 소변을 받아 제출하도록 한 후, 3분 내의 짧은 시간에, 시약을 떨어뜨리는 간단한 방법으로 실시되므로, 대상자가 소변을 받아 제출하는 하기 싫은 일을 하여야 하고 자신의 신체의 배출물에 대한 자기결정권이 다소 제한된다고 하여도, 그것만으로는 소변채위의 목적 및 검사방법 등에 비추어 과잉금지의 원칙에 반한다고 할 수 없다(헌재 2006.7.27. 2005헌마277).

③ 이 사건 법률조항은 보호감호처분에 관하여 「형집행법」 제107조 제1호, 제6호를 준용하여 형사 법률에 저촉되는 행위 또는 규율 위반 행위를 한 피보호감호자에 대하여 불이익처분을 내릴 수 있도록 함으로써 수용시설의 안전과 공동생활의 질서를 유지하기 위한 것으로, 입법목적의 정당성이 인정된다. … 이 사건 법률조항이 달성하고자 하는 수용시설의 안전과 질서유지는 수용목적을 달성하기 위한 가장 기본적인 전제조건으로서 수용시설의 운영을 위한 필수불가결한 공익인 만큼 이 사건 법률조항으로 인하여 제한되는 청구인의 사익보다 결코 작다고 볼 수 없으므로, 이 사건 법률조항은 법익의 균형성도 갖추었다. 그러므로 이 사건 법률조항은 과잉금지원칙에 위배되어 청구인의 신체의 자유 등 기본권을 침해하지 않는다(헌재 2016.5.26. 2015헌바378).

④ 이 사건 법률조항은 수사기관이 법관에 의하여 발부된 영장 없이 일부 범죄 혐의자에 대하여 구속 등 강제처분을 할 수 있도록 규정하고 있을 뿐만 아니라, 그와 같이 영장 없이 이루어진 강제처분에 대하여 일정한 기간 내에 법관에 의한 사후영장을 발부받도록 하는 규정도 마련하지 아니함으로써, 수사기관이 법관에 의한 구체적 판단을 전혀 거치지 않고서도 임의로 불특정한 기간 동안 피의자에 대한 구속 등 강제처분을 할 수 있도록 하고 있는바, 이는 이 사건 법률조항의 입법목적과 그에 따른 입법자의 정책적 선택이 자의적이었는지 여부를 따질 필요도 없이 형식적으로 영장주의의 본질을 침해한다고 하지 않을 수 없다(헌재 2012.12.27. 2011헌가5).

15 ① ② ③ 정답 ④

출처 19 경찰승진

정답의 이유

④ 청구인은 이 사건 변호인 접견신청 거부가 있었을 당시 행정기관인 피청구인에 의해 송환대기실에 구속된 상태였으므로, 헌법 제12조 제4항 본문에 따라 변호인의 조력을 받을 권리가 있다. … 현행법상 청구인의 변호인조력권 제한의 근거 법률이 없다. 이 사건 변호인 접견신청 거부는 아무런 법률상 근거가 없다. … 이 사건 변호인 접견신청 거부는 국가안전보장이나 질서유지, 공공복리를 위해 필요한 기본권 제한 조치로 볼 수도 없다. 이 사건 변호인 접견신청 거부는 청구인의 변호인의 조력을 받을 권리를 침해하므로 헌법에 위반된다(헌재 2018.5.31. 2014헌마346).

오답의 이유

① 금지물품의 수수나 폭행 등 교정사고를 방지하고 적절하게 대처하기 위해서는 변호인접견실 또한 계호할 필요가 있으며, 변호인접견실에 CCTV를 설치하는 것은 교도관의 육안에 의한 시선계호를 CCTV 장비에 의한 시선계호로 대체한 것에 불과하므로, 이 사건 CCTV 관찰행위는 그 목적의 정당성과 수단의 적합성이 인정된다. … 따라서 이 사건 CCTV 관찰행위는 청구인의 변호인의 조력을 받을 권리를 침해하지 아니한다(헌재 2016.4.28. 2015헌마243).

② 심판대상조항은 형사절차에서 소환된 증인이 안심하고 자발적으로 진술할 수 있도록 증인을 보호하고 실체 진실의 발견을 용이하게 하기 위한 목적을 가지고 있으므로 그 목적의 정당성이 인정된다. 그리고 위와 같이 피고인 등에 대해서 차폐시설을 함으로써 증인의 인적사항 등을 보호하는 것은 증인의 안전 및 자유로운 진술을 보장한다는 목적을 달성하기 위한 적합한 수단이다. … 따라서 심판대상조항은 과잉금지원칙에 위배되어 청구인의 공정한 재판을 받을 권리 및 변호인의 조력을 받을 권리를 침해한다고 할 수 없다(헌재 2016.12.29. 2015헌바221).

③ 법원의 열람 · 등사 허용 결정에도 불구하고 검사가 이를 신속하게 이행하지 아니하는 경우에는 해당 증인 및 서류 등을 증거로 신청할 수 없는 불이익을 받는 것에 그치는 것이 아니라, 그러한 검사의 거부행위는 피고인의 열람 · 등사권을 침해하고, 나아가 피고인의 신속 · 공정한 재판을 받을 권리 및 변호인의 조력을 받을 권리까지 침해하게 되는 것이다(헌재 2010.6.24. 2009헌마257).

16 [1][2][3]

정답 ①

출처 19 경찰승진

정답의 이유

① 직업의 자유 중 이 사건에서 문제되는 직장 선택의 자유는 인간의 존엄과 가치 및 행복추구권과도 밀접한 관련을 가지는 만큼 단순히 국민의 권리가 아닌 인간의 권리로 보아야 할 것이므로 권리의 성질상 참정권, 사회권적 기본권, 입국의 자유 등과 같이 외국인의 기본권주체성을 전면적으로 부정할 수는 없고, 외국인도 제한적으로라도 직장 선택의 자유를 향유할 수 있다고 보아야 한다(헌재 2011.9.29. 2007헌마1083 등).

오답의 이유

② 직업선택의 자유에는 직업결정의 자유, 직업종사(직업수행)의 자유, 전직의 자유 등이 포함되지만 직업결정의 자유나 전직의 자유에 비하여 직업종사(직업수행)의 자유에 대하여서는 상대적으로 더욱 넓은 법률상의 규제가 가능하다고 할 것이고, 따라서 다른 기본권의 경우와 마찬가지로 국가안전보장 · 질서유지 또는 공공복리를 위하여 필요한 경우에는 제한이 가하여질 수 있는 것은 물론이지만 그 제한의 방법은 법률로써만 가능하고 제한의 정도도 필요한 최소한도에 그쳐야 하는 것 또한 의문의 여지가 없이 자명한 것이다(헌재 1993.5.13. 92헌마80).

③ 헌법 제15조에 의한 직업선택의 자유라 함은 자신이 원하는 직업 내지 직종을 자유롭게 선택하는 직업선택의 자유뿐만 아니라 그가 선택한 직업을 자기가 결정한 방식으로 자유롭게 수행할 수 있는 직업수행의 자유를 포함한다. 그리고 직업선택의 자유에는 자신이 원하는 직업 내지 직종에 종사하는데 필요한 전문지식을 습득하기 위한 직업교육장을 임의로 선택할 수 있는 '직업교육장 선택의 자유'도 포함된다(헌재 2009.2.26. 2007헌마1262).

④ 청구인들은 이 사건 입법부작위로 인하여 직업의 자유, 평등권, 재산권, 행복추구권이 침해되었다고 주장한다. 그런데 시행령이 제정되지 않아 법관, 검사와 같은 보수를 받지 못한다 하더라도, 직업의 자유에 '해당 직업에 합당한 보수를 받을 권리'까지 포함되어 있다고 보기 어려우므로 청구인들의 직업선택이나 직업수행의 자유가 침해되었다고 할 수 없다(헌재 2004.2.26. 2001헌마718).

17 [1][2][3]

정답 ②

출처 19 경찰승진

정답의 이유

② 서울용산경찰서장은 청구인들을 검거하기 위하여 청구인들의 요양급여정보를 제공받는 것이 불가피한 상황이 아니었음에도 불구하고 이 사건 정보제공요청을 하였고, 국민건강보험공단은 이 사건 정보제공조항 등이 정한 요건에 해당하는지 여부에 대하여 실질적으로 판단하지 아니한 채 민감정보에 해당하는 청구인들의 요양급여정보를 제공한 것이므로, 이 사건 정보제공행위는 '청구인들의 민감정보를 제공받는 것이 범죄의 수사를 위하여 불가피할 것'이라는 요건을 갖춘 것으로 볼 수 없다. … 그렇다면 이 사건 정보제공행위는 침해의 최소성에 위배된다. 앞서 본 바와 같이 서울용산경찰서장은 청구인들의 소재를 파악한 상태였거나 다른 수단으로 충분히 파악할 수 있었으므로 이 사건 정보제공행위로 얻을 수 있는 수사상의 이익은 거의 없거나 미약하였던 반면, 청구인들은 자신도 모르는 사이에 민감정보인 요양급여정보가 수사기관에 제공되어 개인정보자기결정권에 대한 중대한 불이익을 받게 되었으므로, 이 사건 정보제공행위는 법익의 균형성도 갖추지 못하였다. 이 사건 정보제공행위는 과잉금지원칙에 위배되어 청구인들의 개인정보자기결정권을 침해하였다(헌재 2018.8.30. 2014헌마368).

오답의 이유

① 이 사건 법률조항을 통해 달성하려는 것은 본인과 형제자매의 편익 증진인바, 이러한 공익의 중요성은 그다지 크다고 볼 수 없고, 이를 통해 달성되는 공익 실현의 효과 또한 크지 않다. 반면, 이 사건 법률조항으로 말미암아 형제자매가 각종 증명서를 발급받을 수 있노록 함으로써 초래되는 기본권 침해는 중대하다고 볼 수 있으므로 이 사건 법률조항에 대해서는 법익의 균형성을 인정하기 어렵다. 따라서 이 사건 법률조항은 과잉금지원칙을 위반하여 청구인의 개인정보자기결정권을 침해한다(헌재 2016.6.30. 2015헌마924).

③ 심판대상조항의 입법목적은 차량의 축산관계시설 출입정보를 국가가 축방역통합정보시스템으로 송신하여 이를 통합적 · 체계적으로 관리하고 차량의 이동경로를 신속하게 파악하여 구제역과 같은 가축전염병이 발생한 경우 신속한 역학조사를 행함으로써 가축전염병의 확산을 방지하고 효과적으로 대응하고자 함에 있으므로, 그 입법목적의 정당성이 인정된다. … 따라서 심판대상조항은 청구인들의 개인정보자기결정권을 침해하지 아니한다(헌재 2015.4.30. 2013헌마81).

④ 다른 범죄에 비하여 상대적으로 재범의 위험성이 높은 범죄를 범한 수형인 등은 언제 다시 동종의 범죄를 저지를지 알 수 없어 그가 생존하는 동안에는 재범의 위험성이 있다고 할 수 있으므로, 데이터베이스에 수록된 디엔에이신원확인정보를 수형인 등이 사망할 때까지 관리하여 범죄수사 및 범죄예방에 이바지하고자 하는 이 사건 삭제조항은 입법목적의 정당성과 수단의 적절성이 인정된다. … 그러므로 이 사건 삭제조항은 과잉금지원칙을 위반하여 디엔에이신원확인정보 수록 대상자의 개인정보자기결정권을 침해한다고 볼 수 없다(헌재 2014.8.28. 2011헌마28 등).

18 1 2 3

정답 ②

출처 19 경찰승진

정답의 이유

② 이 사건 특정구역은 새롭게 건설되는 행정기능 중심의 복합도시로서 '자연이 살아 숨 쉬는 환상(環狀)도시'를 지향하고 있으므로, 이 사건 특정구역 안에서의 옥외광고물의 표시방법을 제한하는 심판대상조항들은 옥외광고물의 난립을 막아 쾌적하고 조화로운 도시미관을 조성함과 동시에 도시의 정체성을 확립하고, 공중에 대한 위해를 방지하고자 하는 것으로서 그 목적의 정당성이 인정된다. … 그러므로 심판대상조항들은 비례의 원칙을 위반하여 청구인들의 표현의 자유 및 직업수행의 자유를 침해한다고 볼 수 없다(헌재 2016.3.31. 2014헌마794).

오답의 이유

① 음란표현도 헌법 제21조가 규정하는 언론 · 출판의 자유의 보호영역에는 해당하되, 다만 헌법 제37조 제2항에 따라 국가 안전보장 · 질서유지 또는 공공복리를 위하여 제한할 수 있는 것이라고 해석하여야 할 것이다. 결국 이 사건 법률조항의 음란표현은 헌법 제21조가 규정하는 언론 · 출판의 자유의 보호영역 내에 있다고 볼 것인바, 종전에 이와 견해를 달리하여 음란표현은 헌법 제21조가 규정하는 언론 · 출판의 자유의 보호영역에 해당하지 아니한다는 취지로 판시한 우리 재판소의 의견은 이를 변경하기로 하며, 이하에서는 이를 전제로 하여 이 사건 법률조항의 위헌 여부를 심사하기로 한다(헌재 2009.5.28. 2006헌바109 등).

③ 사전선거운동금지조항의 입법목적, 제한의 내용, 우리나라에서의 선거의 태양과 현실적 필요성, 선거운동기간 전이라도 예비후보자로 등록하면 대통령 선거의 경우 선거일 전 240일부터 예비후보자의 명함을 배부할 수 있고 예비후보자 홍보물을 우편발송할 수 있는 등의 선거운동이 가능한 점 등을 고려하면, 사전선거운동금지조항이 선거운동 등 정치적 표현의 자유를 침해한다고 볼 수 없다(헌재 2016.6.30. 2014헌바253).

④ 한국건강기능식품협회나 위 협회에 설치된 표시 · 광고심의위원회가 사전심의업무를 수행함에 있어서 식약처장 등 행정권의 영향력에서 벗어나 독립적이고 자율적으로 심의를 하고 있다고 보기 어렵고, 결국 건강기능식품 기능성광고 심의는 행정권이 주체가 된 사전심사라고 할 것이다. … 한국건강기능식품협회가 행하는 이 사건 건강기능식품 기능성광고 사전심의는 헌법이 금지하는 사전검열에 해당하므로 헌법에 위반된다(헌재 2018.6.28. 2016헌가8 등).

19 1 2 3

정답 ③

출처 19 경찰승진

정답의 이유

③ 단지 폭력적이거나 불법적인 옥외집회 · 시위의 가능성이 있다는 이유만으로 심판대상조항에 따라 법원 인근에서의 옥외집회를 일률적이고 절대적으로 금지하는 것이 정당화될 수 없다. 이런 사정을 종합하여 보면, 심판대상조항은 입법목적을 달성하는 데 필요한 최소한도의 범위를 넘어 규제가 불필요하거나 또는 예외적으로 허용 가능한 옥외집회 · 시위까지도 일률적 · 전면적으로 금지하고 있으므로, 침해의 최소성 원칙에 위배된다. 심판대상조항은 법관의 독립이나 법원의 재판에 영향을 미칠 우려가 있는 집회 · 시위를 제한하는 데 머무르지 않고, 각급 법원 인근의 모든 옥외집회를 전면적으로 금지함으로써 구체적 상황을 고려하여 상충하는 법익 사이의 조화를 이루려는 노력을 기울이지 않고 있다. 심판대상조항을 통해 달성하려는 공익과 집회의 자유에 대한 제약 정도를 비교할 때, 심판대상조항으로 달성하려는 공익이 제한되는 집회의 자유 정도보다 크다고 단정할 수 없으므로, 심판대상조항은 법익의 균형성 원칙에도 어긋난다. 심판대상조항은 과잉금지원칙을 위반하여 집회의 자유를 침해한다(헌재 2018.7.26. 2018헌바137).

오답의 이유

① 구 「집시법」에 '옥외집회'에 대한 정의규정은 있으나 '집회'에 대한 정의규정은 없음은 청구인의 주장과 같다. 그러나 일반적으로 집회는, 일정한 장소를 전제로 하여 특정 목적을 가진 다수인이 일시적으로 회합하는 것을 말하는 것으로 일컬어지고 있고, 그 공동의 목적은 '내적인 유대 관계'로 족하다고 할 것이다(헌재 2009.5.28. 2007헌바22).

② 구 「집시법」 제6조 제1항은, 옥회집회를 주최하려는 자는 그에 관한 신고서를 옥외집회를 시작하기 720시간 전부터 48시간 전에 관할 경찰서장에게 제출하도록 하고 있다. 이러한 사전신고는 경찰관청 등 행정관청으로 하여금 집회의 순조로운 개최와 공공의 안전보호를 위하여 필요한 준비를 할 수 있는 시간적 여유를 주기 위한 것으로서, 협력의무로서의 신고라고 할 것이다. 결국, 구 「집시법」 전체의 규정 체제에서 보면 법은 일정한 신고절차만 밟으면 일반적 · 원칙적으로 옥회집회 및 시위를 할 수 있도록 보장하고 있으므로, 집회에 대한 사전신고제도는 헌법 제21조 제2항의 사전허가금지에 반하지 않는다고 할 것이다(헌재 2009.5.28. 2007헌바22).

④ 비록 헌법이 명시적으로 밝히고 있지는 않으나, 집회의 자유에 의하여 보호되는 것은 단지 '평화적' 또는 '비폭력적' 집회이다. 집회의 자유는 민주국가에서 정신적 대립과 논의의 수단으로서, 평화적 수단을 이용한 의견의 표명은 헌법적으로 보호되지만, 폭력을 사용한 의견의 강요는 헌법적으로 보호되지 않는다(헌재 2003.10.30. 2000헌바67 등).

20 1 2 3 정답 ②

출처 19 경찰승진

정답의 이유

㉠ (○) 「토지수용법」 제71조 소정의 환매권은 헌법상의 재산권 보장규정으로부터 도출되는 것으로서 헌법이 보장하는 재산권의 내용에 포함되는 권리이며, 피수용자가 손실보상을 받고 소유권의 박탈을 수인할 의무는 그 재산권의 목적물이 공공사업에 이용되는 것을 전제로 하기 때문에 위 헌법상 권리는 피수용자가 수용 당시 이미 정당한 손실보상을 받았다는 사실로 말미암아 부인되지 않는다(헌재 1994.2.24. 92헌가15 등).

㉢ (○) 상속권은 재산권의 일종이므로 상속제도나 상속권의 내용은 입법자가 입법정책적으로 결정하여야 할 사항으로서 원칙적으로 입법자의 입법형성의 자유에 속한다고 할 것이지만, 입법자가 상속제도와 상속권의 내용을 정함에 있어서 입법형성권을 자의적으로 행사하여 헌법 제37조 제2항이 규정하는 기본권제한의 입법한계를 일탈하는 경우에는 그 법률조항은 헌법에 위반된다고 할 것이다(헌재 1998.8.27. 96헌가22 등).

㉤ (○) 「사학연금법」상 연금제도는 「공무원연금법」상 연금제도와 그 적용대상이 서로 달라 각각 독립하여 운영되고 있을 뿐 동일한 사회적 위험에 대비하기 위한 하나의 통일적인 제도라고 할 것인바, 「사학연금법」상 각종 급여는 모두 사회보험에 입각한 사회보장적 급여로서의 성격을 가짐과 동시에 공로보상 내지 후불임금으로서의 성격도 함께 가지고, 특히 퇴직연금수급권은 사회보장적 급여인 동시에 경제적인 가치가 있는 권리로서 헌법 제23조에 의하여 보장되는 재산권으로서의 성격을 지닌다(헌재 2009.7.30. 2007헌바113).

오답의 이유

㉡ (×) 「사회보험법」상의 지위는 청구권자에게 구체적인 급여에 대한 법적 권리가 인정되어 있는 경우에 한하여 재산권의 보호대상이 된다. 그러나 이 사건 적립금의 경우, 법률이 조합의 해산이나 합병 시 적립금을 청구할 수 있는 조합원의 권리를 규정하고 있지 않을 뿐만 아니라, 공법상의 권리인 「사회보험법」상의 권리가 재산권보장의 보호를 받기 위해서는 법적 지위가 사적 이익을 위하여 유용한 것으로서 권리주체에게 귀속될 수 있는 성질의 것이어야 하는데, 적립금에는 사법상의 재산권과 비교될 만한 최소한의 재산권적 특성이 결여되어 있다. 따라서 의료보험조합의 적립금은 헌법 제23조에 의하여 보장되는 재산권의 보호대상이라고 볼 수 없다(헌재 2000.6.29. 99헌마289).

㉣ (×) 청구인들이 침해되었다고 주장하는 의료급여수급권은 공공부조의 일종으로 순수하게 사회정책적 목적에서 주어지는 권리이다. 그렇다면 이는 개인의 노력과 금전적 기여를 통하여 취득되는 재산권의 보호대상에 포함된다고 보기 어렵고, 따라서 본인부담금제 및 선택병의원제를 규정한 이 사건 시행령 및 시행규칙 규정들로 인해 청구인들의 재산권이 침해된다고 할 수 없다(헌재 2009.9.24. 2007헌마1092).

제8회 경찰공무원(순경) 헌법

빠른 정답							나의 점수		점
01	02	03	04	05	06	07	08	09	10
④	④	③	②	④	②	③	①	④	④
11	12	13	14	15	16	17	18	19	20
③	③	④	②	②	③	①	②	③	②

01 [1][2][3]

정답 ④

출처 19 경찰승진

정답의 이유

④ 군대는 각종 훈련 및 작전수행 등으로 인해 근무시간이 정해져 있지 않고 집단적 병영(兵營) 생활 및 작전위수(衛戍)구역으로 인한 생활공간적인 제약 등, 군대의 특수성으로 인하여 일단 군인신분을 취득한 군인이 군대 외부의 일반법원에서 재판을 받는 것은 군대 조직의 효율적인 운영을 저해하고, 현실적으로도 군인이 수감 중인 상태에서 일반법원의 재판을 받기 위해서는 상당한 비용 · 인력 및 시간이 소요되므로 이러한 군의 특수성 및 전문성을 고려할 때 군인신분 취득 전에 범한 죄에 대하여 군사법원에서 재판을 받도록 하는 것은 합리적인 이유가 있다. 또한, 형사재판에 있어 범죄사실의 확정과 책임은 행위 시를 기준으로 하지만, 재판권 유무는 원칙적으로 재판 시점을 기준으로 해야 하며, 형사재판은 유죄인정과 양형이 복합되어 있는데 양형은 일반적으로 재판받을 당시, 즉 선고시점의 피고인의 군인신분을 주요 고려 요소로 해군의 특수성을 반영할 수 있어야 하므로, 이러한 양형은 군사법원에서 담당하도록 하는 것이 타당하다. 나아가 군사법원의 상고심은 대법원에서 관할하고 군사법원에 관한 내부규율을 정함에 있어서도 대법원이 종국적인 관여를 하고 있으므로 이 사건 법률조항이 군사법원의 재판권과 군인의 재판청구권을 형성함에 있어 그 재량의 헌법적 한계를 벗어났다고 볼 수 없다(헌재 2009.7.30. 2008헌바162).

오답의 이유

① 형사소송절차에서 국민참여재판제도는 사법의 민주적 정당성과 신뢰를 높이기 위하여 배심원이 사실심 법관의 판단을 돕기 위한 권고적 효력을 가지는 의견을 제시하는 제한적 역할을 수행하게 되고, 헌법상 재판을 받을 권리의 보호범위에는 배심재판을 받을 권리가 포함되지 아니한다(헌재 2014.1.28. 2012헌바298).

② 심리불속행 상고기각판결에 이유를 기재한다고 해도, 현실적으로 「상고심 절차에 관한 특례법」 제4조의 심리속행사유에 해당하지 않는다는 정도의 이유기재에 그칠 수밖에 없고, 나아가 그 이상의 이유기재를 하게 하더라도 이는 법령해석의 통일을 주된 임무로 하는 상고심에게 불필요한 부담만 가중시키는 것으로서 심리불속행제도의 입법취지에 반하는 결과를 초래할 수 있으므로, 「상고심 절차에 관한 특례법」 제5조 제1항 중 제4조에 관한 부분이 재판청구권 등을 침해하여 위헌이라고 볼 수 없다(헌재 2008.5.29. 2007헌마1408).

③ 이 사건 법률조항들은 특정범죄에 관한 형사절차에서 국민이 안심하고 자발적으로 협조할 수 있도록 그 범죄신고자 등을 실질적으로 보호함으로써 피해자의 진술을 제약하는 요소를 제거하고 이를 통해 범죄로부터 사회를 방위함에 이바지함과 아울러 실체적 진실의 발견을 용이하게 하기 위한 것으로서, 그 목적의 정당성 및 수단의 적합성이 인정되며, 피고인 퇴정조항에 의하여 피고인 퇴정 후 증인신문을 하는 경우에도 피고인은 여전히 「형사소송법」 제161조의2에 의하여 반대신문권이 보장되고, 이때 변호인이 반대신문 전에 피고인과 상의하여 반대신문사항을 정리하면 피고인의 반대신문권이 실질적으로 보장될 수 있는 점, 인적사항이 공개되지 아니한 증인에 대하여는 증인신문 전에 수사기관 작성의 조서나 증인 작성의 진술서 등의 열람 · 복사를 통하여 그 신문 내용을 어느 정도 예상할 수 있고, 변호인이 피고인과 상의하여 반대신문의 내용을 정리한 후 반대신문할 수 있는 점 등에 비추어, 기본권제한의 정도가 특정범죄의 범죄신고자 등 증인 등을 보호하고 실체적 진실의 발견에 이바지하는 공익에 비하여 크다고 할 수 없어 법익의 균형성도 갖추고 있으며, 기본권제한에 관한 피해의 최소성 역시 인정되므로, 공정한 재판을 받을 권리를 침해한다고 할 수 없다(헌재 2010.11.25. 2009헌바57).

02 [1][2][3]

정답 ④

출처 18 경찰승진

정답의 이유

④ 현대 입헌 자유민주주의 국가의 헌법이론상 「자연법」에서 우러나온 자연권으로서의 소위 저항권이 헌법 기타 「실정법」에 규정되어 있는 없든 간에 엄존하는 권리로 인정되어야 한다는 논지가 시인된다 하더라도 그 저항권이 「실정법」에 근거를 두지 못하고 오직 「자연법」에만 근거하고 있는 한 법관은 이를 재판규범으로 원용할 수 없다(대판 1980.5.20. 80도306).

오답의 이유

①, ③ 저항권은 국가권력에 의하여 헌법의 기본원리에 대한 중대한 침해가 행하여지고 그 침해가 헌법의 존재 자체를 부인하는 것으로서 다른 합법적인 구제수단으로는 목적을 달성할 수 없을 때에 국민이 자기의 권리 · 자유를 지키기 위하여 실력으로 저항하는 권리이므로, 「국회법」 소정의 협의 없는 개의시간의 변경과 회의일시를 통지하지 아니한 입법과정의 하자는 저항권 행사의 대상이 되지 아니한다(헌재 1997.9.25. 97헌가4).

② 헌정사상 우리 헌법에는 저항권에 대한 명문규정이 없다.

03 1 2 3

정답 ③

출처 18 경찰승진

정답의 이유

③ 「군인사법」 제48조 제4항 후단의 '무죄의 선고를 받은 때'의 의미와 관련하여, 형식상 무죄판결뿐 아니라 공소기각재판을 받았다 하더라도 그와 같은 공소기각의 사유가 없었더라면 무죄가 선고될 현저한 사유가 있는 이른바 내용상 무죄재판의 경우도 이에 포함된다고 확대 해석함이 법률의 문의적 한계 내의 합헌적 법률해석에 부합한다(대판 2004.8.20. 2004다22377).

오답의 이유

① 어떤 법률의 개념이 다의적이고 그 어의의 테두리 안에서 여러 가지 해석이 가능할 때, 헌법을 최고법규로 하는 통일적인 법질서의 형성을 위하여 헌법에 합치되는 해석 즉 합헌적인 해석을 택하여야 하며, 이에 의하여 위헌적인 결과가 될 해석은 배제하면서 합헌적이고 긍정적인 면은 살려야 한다는 것이 헌법의 일반법리이다(헌재 1990.4.2. 89헌가113).

② 헌법정신에 맞도록 법률의 내용을 해석 · 보충하거나 정정하는 '헌법합치적 법률해석' 역시 '유효한' 법률조항의 의미나 문구를 대상으로 하는 것이지, 이를 넘어 이미 실효된 법률조항을 대상으로 하여 헌법합치적인 법률해석을 할 수는 없는 것이어서, 유효하지 않은 법률조항을 유효한 것으로 해석하는 결과에 이르는 것은 '헌법합치적 법률해석'을 이유로도 정당화될 수 없다 할 것이다(헌재 2012.5.31. 2009헌바123).

④ 한정위헌 결정에 표현되어 있는 헌법재판소의 법률해석에 관한 견해는 법률의 의미 · 내용과 그 적용범위에 관한 헌법재판소의 견해를 일응 표명한 데 불과하여 이와 같이 법원에 전속되어 있는 법령의 해석 · 적용 권한에 대하여 어떠한 영향을 미치거나 기속력도 가질 수 없다(대판 1996.4.9. 95누11405).

04 1 2 3

정답 ②

출처 18 경찰승진

정답의 이유

② 헌법재판소장의 정년은 헌법에 규정되어 있지 않기 때문에 법률 개정만으로 소장의 정년연장이 가능하다.

오답의 이유

① 제2~6차 개헌에서는 국민발안이 가능했다.

③ 헌법 제128조 제2항

> **헌법 제128조** ② 대통령의 임기연장 또는 중임변경을 위한 헌법개정은 그 헌법개정 제안 당시의 대통령에 대하여는 효력이 없다.

④ 관습헌법은 주권자인 국민에 의하여 유효한 헌법규범으로 인정되는 동안에만 존속하는 것이며, 「관습법」의 존속요건의 하나인 국민적 합의성이 소멸되면 관습헌법으로서의 법적 효력도 상실하게 된다. 관습헌법의 요건들은 그 성립의 요건일 뿐만 아니라 효력 유지의 요건이다(헌재 2004.10.21. 2004헌마554).

05 1 2 3

정답 ④

출처 18 경찰승진

정답의 이유

④ 환경권을 최초로 규정한 것은 1980년 제8차 개헌이며, 제9차 개헌에서는 환경권의 내용과 행사를 최초로 규정하였다.

06 1 2 3

정답 ②

출처 18 경찰승진

정답의 이유

② 1978.6.14.부터 1998.6.13.사이에 태어난 모계출생자가 대한민국 국적을 취득할 수 있는 특례를 두면서 2004.12.31.까지 국적취득신고를 한 경우에만 대한민국 국적을 취득하도록 한 것은, 특례의 적용을 받는 모계출생자와 출생으로 대한민국 국적을 취득하는 모계출생자를 합리적 사유 없이 차별하고 있다고 볼 수 없고, 따라서 평등원칙에 위배되지 않는다(헌재 2015.11.26. 2014헌바211).

오답의 이유

① 대한민국 국민이 자진하여 외국 국적을 취득한 경우 대한민국 국적을 상실하도록 한 「국적법」 조항은 청구인의 거주 · 이전의 자유 및 행복추구권을 침해하지 않는다(헌재 2014.6.26. 2011헌마502).

③ 복수국적자에 대하여 제1국민역에 편입된 날부터 3개월 이내에 대한민국 국적을 이탈하지 않으면 병역의무를 해소한 후에야 이를 가능하도록 한 「국적법」 조항은 청구인들의 국적이탈의 자유를 침해하지 않는다(헌재 2015.11.26. 2013헌마805).

④ 「국적법」 제10조 제1항, 제11조 제1항

07 1 2 3

정답 ③

출처 18 경찰승진

정답의 이유

③ 현행 헌법전문은 "1948년 7월 12일에 제정되고 8차에 걸쳐 개정된 헌법을 이제 국회의 의결을 거쳐 국민투표에 의하여 개정한다"라고 규정하고 있다.

오답의 이유

① "헌법전문에 기재된 3·1정신"은 우리나라 헌법의 연혁적·이념적 기초로서 헌법이나 법률해석에서의 해석기준으로 작용한다고 할 수 있지만, 그에 기하여 곧바로 국민의 개별적 기본권성을 도출해낼 수는 없다고 할 것이므로, 헌법소원의 대상인 "헌법상 보장된 기본권"에 해당하지 아니한다(헌재 2001.3.21. 99헌마139).

② 헌법은 국가유공자 인정에 관하여 명문 규정을 두고 있지 않으나 전문(前文)에서 "3·1운동으로 건립된 대한민국임시정부의 법통을 계승"한다고 선언하고 있다. 이는 대한민국이 일제에 항거한 독립운동가의 공헌과 희생을 바탕으로 이룩된 것임을 선언한 것이고, 그렇다면 국가는 일제로부터 조국의 자주독립을 위하여 공헌한 독립유공자와 그 유족에 대하여는 응분의 예우를 하여야 할 헌법적 의무를 지닌다(헌재 2005.6.30. 2004헌마859).

④ 우리 헌법의 전문과 본문의 전체에 담겨있는 최고 이념은 국민주권주의와 자유민주주에 입각한 입헌민주헌법의 본질적 기본원리에 기초하고 있다. 기타 헌법상의 제원칙도 여기에서 연유되는 것이므로 이는 헌법전을 비롯한 모든 법령해석의 기준이 되고, 입법형성권 행사의 한계와 정책결정의 방향을 제시하며, 나아가 모든 국가기관과 국민이 존중하고 지켜가야 하는 최고의 가치규범이다(헌재 1989.9.8. 88헌가6).

08 1 2 3

정답 ①

출처 18 경찰승진

정답의 이유

① 부진정소급입법은 원칙적으로 허용되지만 소급효를 요구하는 공익상의 사유와 신뢰 보호의 요청 사이의 교량과정에서 신뢰보호의 원칙이 입법자의 형성권에 제한을 가하게 된다(헌재 2001.5.31. 99헌가18).

오답의 이유

② 공무원의 퇴직연금 지급개시연령을 제한한 것은, 현재 공무원으로 재직 중인 자가 퇴직하는 경우 장차 받게 될 퇴직연금의 지급시기를 변경한 것으로, 아직 완성되지 아니한 사실 또는 법률관계를 규율대상으로 하는 부진정소급입법에 해당되는 것이어서 원칙적으로 허용되고, 입법목적으로 달성하고자 하는 연금재정 안정 등의 공익이 손상되는 신뢰에 비하여 우월하다고 할 것이어서 신뢰보호원칙에 위배된다고 볼 수 없다. 따라서 이 사건 법률조항들은 공무원의 재산권을 침해하지 아니한다(헌재 2015.12.23. 2013헌바259).

③ 선불식 할부계약이 체결되고 선수금이 지급되었다고 하더라도 그 계약에 따른 선불식 할부거래업자의 재화 또는 용역 제공 의무는 여전히 남아 있게 된다. 따라서 선불식 할부거래업자에게 개정 법률이 시행되기 전에 체결된 선불식 할부계약에 대하여도 소비자피해보상보험계약 등을 체결할 의무를 부과한 선수금보전의무조항은 현재 진행 중인 사실관계에 적용되는 것이어서 진정소급입법에 해당된다고 볼 수 없으므로 소급입법금지원칙에 위배되지 아니한다(헌재 2017.7.27. 2015헌바240).

④ 과거에 소멸한 저작인접권을 회복시키는 심판대상조항은 개정된 「저작권법」이 시행되기 전에 있었던 과거의 음원 사용 행위에 대한 것이 아니라 개정된 법률 시행 이후에 음원을 사용하는 행위를 규율하고 있으므로 진정소급입법에 해당하지 않으며, 저작인접권이 소멸한 음원을 무상으로 사용하는 것은 저작인접권자의 권리가 소멸함으로 인하여 얻을 수 있는 반사적 이익에 불과할 뿐이므로, 심판대상조항은 헌법 제13조 제2항이 금지하는 소급입법에 의한 재산권 박탈에 해당하지 아니한다(헌재 2013.11.28. 2012헌마770).

09 1 2 3

정답 ④

출처 18 경찰승진

정답의 이유

④ 정당설립의 자유는 그 성질상 등록된 정당에게만 인정되는 기본권이 아니라 청구인과 같이 등록정당은 아니지만 권리능력 없는 사단의 실체를 가지고 있는 정당에게도 인정되는 기본권이라고 할 수 있다(헌재 2006.3.30. 2004헌마246).

오답의 이유

① 당론과 다른 견해를 가진 소속 국회의원을 당해 교섭단체의 필요에 따라 다른 상임위원회로 전임(사·보임)하는 조치는 특별한 사정이 없는 한 헌법상 용인될 수 있는 "정당내부의 사실상 강제"의 범위 내에 해당한다고 할 것이다. 피청구인의 이 사건 사·보임행위는 청구인이 소속된 정당내부의 사실상 강제에 터 잡아 교섭단체대표의원이 상임위원회 사·보임 요청을 하고 이에 따라 이른바 의사정리 권한의 일환으로 이를 받아들인 것으로서, 그 절차·과정에 헌법이나 법률의 규정을 명백하게 위반하여 재량권의 한계를 현저히 벗어나 청구인의 권한을 침해한 것으로는 볼 수 없다고 할 것이다(헌재 2003.10.30. 2002헌라1).

② 헌법 제8조 제2항은 헌법 제8조 제1항에 의하여 정당의 자유가 보장됨을 전제로 하여, 그러한 자유를 누리는 정당의 목적·조직·활동이 민주적이어야 한다는 요청, 그리고 그 조직이 국민의 정치적 의사형성에 참여하는데 필요한 조직이어야 한다는 요청을 내용으로 하는 것으로서, 정당에 대하여 정당의 자유의 한계를 부과하는 것임과 동시에 입법자에 대하여 그에 필요한 입법을 해야 할 의무를 부과하고 있다. 그러나 이에 나아가 정당의 자유의 헌법적 근거를 제공하는 근거규범으로서 기능한다고는 할 수 없다(헌재 2004.12.16. 2004헌마456).

③ 입법자는 정당설립의 자유를 최대한 보장하는 방향으로 입법하여야 하고, 헌법재판소는 정당설립의 자유를 제한하는 법률의 합헌성을 심사할 때에 헌법 제37조 제2항에 따라 엄격한 비례심사를 하여야 한다(헌재 2014.1.28. 2012헌마431).

10 1 2 3 정답 ④

출처 18 경찰승진

정답의 이유

㉠ (×) 18세 이상의 국민은 대통령 및 국회의원의 선거권이 있다(「공직선거법」 제15조 제1항).

㉡ (×) 25세 이상의 국민은 국회의원의 피선거권이 있다(「공직선거법」 제16조 제2항).

㉢ (×) 선거일 현재 5년 이상 국내에 거주하고 있는 40세 이상의 국민은 대통령의 피선거권이 있다(「공직선거법」 제16조 제1항).

㉣ (×) 대통령선거에 있어서 당선의 효력에 이의가 있는 정당(후보자를 추천한 정당에 한한다) 또는 후보자는 당선인결정일부터 30일 이내에 사안에 따라 당선인, 중앙선거관리위원회위원장 또는 국회의장을 각각 피고로 하여 대법원에 소를 제기할 수 있다(「공직선거법」 제223조 제1항).

11 1 2 3 정답 ③

출처 18 경찰승진

정답의 이유

㉡ (○) 집행유예자와 수형자의 선거권 제한은 범죄자가 범죄의 대가로 선고받은 자유형의 본질에서 당연히 도출되는 것이 아니므로, 범죄자의 선거권 제한 역시 보통선거원칙에 기초하여 필요 최소한의 정도에 그쳐야 한다(헌재 2014.1.28. 2012헌마409).

㉢ (○) 선거권이 제대로 행사되기 위하여는 후보자에 대한 정보의 자유교환이 필연적으로 요청된다 할 것이므로, 선거운동의 자유는 선거권 행사의 전제 내지 선거권의 중요한 내용을 이룬다고 할 수 있다. 그러므로 선거운동의 제한은 후보자에 관한 정보에 자유롭게 접근할 수 있는 권리를 제한하는 것이므로 선거권, 곧 참정권의 제한으로 귀결된다(헌재 1999.6.24. 98헌마153).

오답의 이유

㉠ (×) 「공직선거법」 제187조 제1항

> **「공직선거법」 제187조** ① 대통령선거에 있어서는 중앙선거관리위원회가 유효투표의 다수를 얻은 자를 당선인으로 결정하고, 이를 국회의장에게 통지하여야 한다. 다만, 후보자가 1인인 때에는 그 득표수가 선거권자총수의 3분의 1 이상에 달하여야 당선인으로 결정한다.

㉣ (×) 후보자의 배우자가 그와 함께 다니는 사람 중에서 지정한 1명도 명함교부를 할 수 있도록 한 것은 배우자의 유무라는 우연한 사정에 근거하여 합리적 이유 없이 배우자 없는 후보자와 배우자 있는 후보자를 차별 취급하므로 평등권을 침해한다(헌재 2016.9.29. 2016헌마287).

12 1 2 3 정답 ③

출처 18 경찰승진

정답의 이유

③ 헌재 2006.7.27. 2003헌마758

오답의 이유

① 경찰공무원이 자격정지 이상의 형의 선고유예를 받은 경우 공무원직에서 당연퇴직하도록 규정하고 있는 이 사건 법률조항은 자격정지 이상의 선고유예 판결을 받은 모든 범죄를 포괄하여 규정하고 있을 뿐만 아니라 심지어 오늘날 누구에게나 위험이 상존하는 교통사고 관련범죄 등 과실범의 경우마저 당연퇴직의 사유에서 제외하지 않고 있으므로 최소침해성의 원칙에 반한다. 따라서 이 사건 법률조항은 헌법 제25조의 공무담임권을 침해한 위헌 법률이다(헌재 2004.9.23. 2004헌가12).

② 지방자치단체의 직제가 폐지된 경우에 해당 공무원을 직권면직할 수 있도록 규정하고 있는 것은 직업공무원제도를 위반하고 있다고는 볼 수 없다(헌재 2004.11.25. 2002헌바8).

④ 공무원 또는 공무원이었던 자가 재직 중의 사유로 금고 이상의 형을 받은 때에는 대통령령이 정하는 바에 의하여 퇴직급여 및 퇴직수당의 일부를 감액하여 지급하도록 한 것은 재산권을 침해하고 평등의 원칙에 위배된다(헌재 2007.3.29. 2005헌바33).

13 1 2 3 정답 ④

출처 18 경찰승진

정답의 이유

④ 기본권 보장은 "최대한 보장의 원칙"이 적용됨에 반하여, 제도적 보장은 그 본질적 내용을 침해하지 아니하는 범위 안에서 입법자에게 제도의 구체적 내용과 형태의 형성권을 폭넓게 인정한다는 의미에서 "최소한 보장의 원칙"이 적용될 뿐이다(헌재 1997.4.24. 95헌바48).

오답의 이유

① 헌법 제118조 제2항

> **헌법 제118조** ② 지방의회의 조직 · 권한 · 의원선거와 지방자치단체의 장의 선임방법 기타 지방자치단체의 조직과 운영에 관한 사항은 법률로 정한다.

② 조례안의 일부 조항이 법령에 위반되어 위법한 경우에는 그 조례안에 대한 재의결은 그 전체의 효력을 부인할 수밖에 없다(대판 2001.11.27. 2001추57).

③ 헌법 제117조 제1항

> **헌법 제117조** ① 지방자치단체는 주민의 복리에 관한 사무를 처리하고 재산을 관리하며, 법령의 범위 안에서 자치에 관한 규정을 제정할 수 있다.

14 1 2 3 정답 ②

출처 18 경찰승진

정답의 이유

② 직업의 자유 중 직장 선택의 자유는 인간의 존엄과 가치 및 행복추구권과도 밀접한 관련을 가지는 만큼 단순히 국민의 권리가 아닌 인간의 권리로 보아야 할 것이므로 외국인도 제한적으로라도 직장 선택의 자유를 향유할 수 있다고 보아야 한다(헌재 2011.9.29. 2007헌마1083).

오답의 이유

① 평등권 및 평등선거의 원칙으로부터 나오는 (선거에 있어서의) 기회균등의 원칙은 후보자에 대하여서는 물론 정당에 대하여서도 보장되는 것이다(헌재 1991.3.11. 91헌마21).

③ 한국영화인협회 감독위원회는 한국영화인협회로부터 독립된 별개의 단체가 아니고, 영화인협회의 내부에 설치된 8개의 분과위원회 가운데 하나에 지나지 아니하며, 달리 단체로서의 실체를 갖추어 당사자능력이 인정되는 법인 아닌 사단으로 볼 자료가 없으므로 헌법소원심판청구능력이 있다고 할 수 없다(헌재 1991.6.3. 90헌마56).

④ 초기배아는 수정이 된 배아라는 점에서 형성 중인 생명의 첫걸음을 떼었다고 볼 여지가 있기는 하나 아직 모체에 착상되거나 원시선이 나타나지 않은 이상 현재의 자연과학적 인식수준에서 독립된 인간과 배아 간의 개체적 연속성을 확정하기 어렵다고 봄이 일반적이라는 점, 배아의 경우 현재의 과학기술 수준에서 모태 속에서 수용될 때 비로소 독립적인 인간으로의 성장가능성을 기대할 수 있다는 점, 수정 후 착상 전의 배아가 인간으로 인식된다거나 그와 같이 취급하여야 할 필요성이 있다는 사회적 승인이 존재한다고 보기 어려운 점 등을 종합적으로 고려할 때, 기본권 주체성을 인정하기 어렵다(헌재 2010.5.27. 2005헌마346).

15 1 2 3 정답 ②

출처 18 경찰승진

정답의 이유

② 행복추구권은 다른 기본권에 대한 보충적 기본권으로서의 성격을 지니므로, 공무담임권이라는 우선적으로 적용되는 기본권이 존재하여 그 침해여부를 판단하는 이상, 행복추구권 침해 여부를 독자적으로 판단할 필요가 없다(헌재 2000.12.14. 99헌마112).

오답의 이유

① 종교인 또는 종교단체가 사회취약계층이나 빈곤층을 위해 양로시설과 같은 사회복지시설을 마련하여 선교행위를 하는 것은 오랜 전통으로 확립된 선교행위의 방법이며, 사회적 약자를 위한 시설을 지어 도움을 주는 것은 종교의 본질과 관련이 있다. 따라서 심판대상조항에 의하여 신고의 대상이 되는 양로시설에 종교단체가 운영하는 양로시설을 제외하지 않는 것은 자유로운 양로시설 운영을 통한 선교의 자유, 즉 종교의 자유 제한의 문제를 불러온다. 그러나 심판대상조항은 종교단체에서 운영하는 양로시설도 일정규모 이상의 경우 신고하도록 한 규정일 뿐, 거주이전의 자유나 인간다운 생활을 할 권리의 제한을 불러온다고 볼 수 없으므로 이에 대해서는 별도로 판단하지 아니한다(헌재 2016.6.30. 2015헌바46).

③ 수업권은 교사의 지위에서 생기는 학생에 대한 일차적인 교육상의 직무권한(직권)이지만, 학생의 수학권의 실현을 위하여 인정되는 것으로서 양자는 상호협력관계에 있다고 하겠으나, 수학권은 헌법상 보장된 기본권의 하나로서 보다 존중되어야 하며, 그것이 왜곡되지 않고 올바로 행사될 수 있게 하기 위한 범위 내에서는 수업권도 어느 정도의 범위 내에서 제약을 받지 않으면 안될 것이다(헌재 1992.11.12. 89헌마88).

④ 심판대상조항은 청구인이 선택한 직업을 영위하는 방식과 조건을 규율하고 있으므로 청구인의 직업수행의 자유를 제한한다. 한편, 심판대상조항은 청구인으로 하여금 음식점 시설과 그 내부 장비 등을 철거하거나 변경하도록 강제하는 내용이 아니므로, 이로 인하여 청구인의 음식점 시설 등에 대한 권리가 제한되어 재산권이 침해되는 것은 아니다(헌재 2016.6.30. 2015헌마813).

16 1 2 3 정답 ③

출처 18 경찰승진

정답의 이유

㉡ (○) 입법자는 일정한 전문분야에 관한 자격제도를 마련함에 있어서 그 제도를 마련한 목적을 고려하여 정책적인 판단에 따라 그 내용을 구성할 수 있고, 마련한 자격제도의 내용이 불합리하고 불공정하지 않은 한 입법자의 정책판단은 존중되어야 하며, 자격제도에서 입법자에게는 그 자격요건을 정함에 있어 광범위한 입법재량이 인정되는 만큼, 자격요건에 관한 법률조항은 합리적인 근거 없이 현저히 자의적인 경우에만 헌법에 위반된다(헌재 2006.4.27. 2005헌마997).

㉢ (○) 어떤 범죄를 어떻게 처벌할 것인가 하는 문제 즉 법정형의 종류와 범위의 선택은 그 범죄의 죄질과 보호법익에 대한 고려뿐만 아니라 우리의 역사와 문화, 입법당시의 시대적 상황, 국민일반의 가치관 내지 법감정 그리고 범죄예방을 위한 형사정책적 측면 등 여러 가지 요소를 종합적으로 고려하여 입법자가 결정할 사항으로서 광범위한 입법재량 내지 형성의 자유가 인정되어야 할 분야이다(헌재 1999.5.27. 98헌바26).

㉣ (○) 법률유보의 원칙은 '법률에 의한' 규율만을 뜻하는 것이 아니라 '법률에 근거한' 규율을 요청하는 것이므로 기본권 제한의 형식이 반드시 법률의 형식일 필요는 없고 법률에 근거를 두면서 헌법 제75조가 요구하는 위임의 구체성과 명확성을 구비하기만 하면 위임입법에 의하여도 기본권을 제한할 수 있다(헌재 2016.4.28. 2012헌마549).

오답의 이유

㉠ (×) 유치원주변에 당구장시설을 허용한다고 하여도 이로 인하여 유치원생이 학습을 소홀히 하거나 교육적으로 나쁜 영향을 받을 위험성이 있다고 보기 어려우므로, 유치원 및 이와 유사한 교육기관의 학교환경위생정화구역안에서 당구장시설을 하지 못하도록 기본권을 제한하는 것은 입법목적의 달성을 위하여 필요하고도 적정한 방법이라고 할 수 없어 역시 기본권제한의 한계를 벗어난 것이다(헌재 1997.3.27. 94헌마196).

17 1 2 3

정답 ①

출처 18 경찰승진

정답의 이유

① 종업원의 고정조치의무 위반행위와 관련하여 선임 · 감독상 주의의무를 다하여 아무런 잘못이 없는 법인도 형사처벌되게 되었는바, 이는 다른 사람의 범죄에 대하여 그 책임 유무를 묻지 않고 형사처벌하는 것이므로 헌법상 법치국가원리 및 죄형법정주의로부터 도출되는 책임주의원칙에 위배된다(헌재 2016.10.27. 2016헌가10).

오답의 이유

② 종업원의 위반행위에 대하여 양벌조항으로서 개인인 영업주에게도 동일하게 무기 또는 2년 이상의 징역형의 법정형으로 처벌하도록 규정하고 있는 「보건범죄단속에 관한 특별조치법」 조항은 「형사법」상 책임원칙에 위반된다(헌재 2007.11.29. 2005헌가10).

③ 「형법」 제129조 제1항의 수뢰죄를 범한 사람에게 수뢰액의 2배 이상 5배 이하의 벌금을 병과하도록 규정한 특정범죄 가중처벌 등에 관한 법률조항은 책임과 형벌의 비례원칙에 위배되지 아니한다(헌재 2017.7.27. 2016헌바42).

④ 단체나 다중의 위력으로써 「형법」상 상해죄를 범한 사람을 가중 처벌하는 구 「폭력행위 등 처벌에 관한 법률」 조항은 책임과 형벌의 비례원칙에 위반되지 아니한다(헌재 2017.7.27. 2015헌바450).

18 1 2 3

정답 ②

출처 18 경찰승진

정답의 이유

㉠ (○) 헌재 2008.1.10. 2007헌마1468

㉢ (○) 헌재 2005.6.30. 2003헌마841

오답의 이유

㉡ (×) 「친일반민족행위자 재산의 국가귀속에 관한 특별법」 조항들은 친일반민족행위자의 친일 재산에 일반적으로 적용되는 것이므로 위 법률조항들을 처분적 법률로 보기도 어렵다(헌재 2011.3.31. 2008헌바141).

㉣ (×) 「신행정수도 후속대책을 위한 연기 · 공주지역 행정중심복합도시 건설을 위한 특별법」 조항은 행정중심복합도시의 예정지역 등에 대한 지정고시 처분을 매개로 하여 집행된다는 점에서 처분적 법률이라고 할 수 없다(헌재 2009.2.26. 2007헌바41).

19 1 2 3

정답 ③

출처 18 경찰승진

정답의 이유

㉠ (○) 학교생활세부사항기록부의 '행동특성 및 종합의견'에 「학교폭력예방법」 제17조에 규정된 가해학생에 대한 조치사항을 입력하고 이를 졸업할 때까지 보존하도록 규정하고 있는 것은, 「초 · 중등교육법」 제25조 제1항이 교육부령에 위임하고 동법 시행규칙 제23조 및 제24조가 교육부장관에게 재위임한 '학교생활기록의 작성과 관리에 관한 사항'에 해당한다. 따라서 이 사건 기재조항 및 보존조항은 법률유보원칙에 위배되어 청구인의 개인정보자기결정권을 침해하지 않는다(헌재 2016.4.28. 2012헌마630).

㉣ (○) 게임물 관련사업자에게 게임물 이용자의 회원가입 시 본인인증을 할 수 있는 절차를 마련하도록 하고, 청소년의 회원가입 시 법정대리인의 동의를 확보하도록 하고 있는 「게임산업진흥에 관한 법률」의 본인인증 및 동의확보 조항은 인터넷게임 이용자가 자기의 개인정보에 대한 제공, 이용 및 보관에 관하여 스스로 결정할 권리인 개인정보자기결정권을 제한한다(헌재 2015.3.26. 2013헌마517).

오답의 이유

㉡ (×) 형제자매에게 가족관계등록부 등의 기록사항에 관한 증명서 교부청구권을 부여하는 「가족관계의 등록 등에 관한 법률」 조항은 과잉금지원칙을 위반하여 개인정보자기결정권을 침해한다(헌재 2016.6.30. 2015헌마924).

㉢ (×) 「국민기초생활보장법」상의 급여신청자에게 금융거래정보의 제출을 요구할 수 있도록 한 동법 시행규칙은 개인정보자기결정권을 침해하지 아니한다(헌재 2005.11.24. 2005헌마112).

20 1 2 3 정답 ②

출처 18 경찰승진

정답의 이유

② 사법경찰관이 보도자료 배포 직후 기자들의 취재 요청에 응하여 피의자가 경찰서 조사실에서 양손에 수갑을 찬 채 조사받는 모습을 촬영할 수 있도록 허용한 행위는 과잉 금지원칙에 위반되어 청구인의 인격권을 침해하였다(헌재 2014.3.27. 2012헌마652).

오답의 이유

① 헌법 제10조는 "모든 국민은 인간으로서의 존엄과 가치를 가지며, 행복을 추구할 권리를 가진다. 국가는 개인이 가지는 불가침의 기본적 인권을 확인하고 이를 보장할 의무를 진다"라고 규정하여 개인의 인격권과 행복추구권을 보장하고 있다. 개인의 인격권 · 행복추구권에는 개인의 자기운명결정권이 전제되는 것이고, 이 자기운명결정권에는 성행위 여부 및 그 상대방을 결정할 수 있는 성적(性的) 자기결정권이 포함되어 있다(헌재 2009.11.26. 2008헌바58).

③ 환자가 장차 죽음에 임박한 상태에 이를 경우에 대비하여 미리 의료인 등에게 연명치료 거부 또는 중단에 관한 의사를 밝히는 등의 방법으로 죽음에 임박한 상태에서 인간으로서의 존엄과 가치를 지키기 위하여 연명치료의 거부 또는 중단을 결정할 수 있다 할 것이고, 위 결정은 헌법상 기본권인 자기결정권의 한 내용으로서 보장되지만, 헌법해석상 연명치료 중단 등에 관한 법률을 제정할 국가의 입법의무가 명백하다고 볼 수는 없다(헌재 2009.11.26. 2008헌마385).

④ 수형자가 민사법정에 출석하기까지 교도관이 반드시 동행하여야 하므로 수용자의 신분이 드러나게 되어 있어 재소자용 의류를 입었다는 이유로 인격권과 행복추구권이 제한되는 정도는 제한적이고, 형사법정 이외의 법정 출입 방식은 미결수용자와 교도관 전용 통로 및 시설이 존재하는 형사재판과 다르며, 계호의 방식과 정도도 확연히 다르다. 따라서 심판대상조항이 민사재판에 출석하는 수형자에 대하여 사복착용을 허용하지 아니한 것은 청구인의 인격권과 행복추구권을 침해하지 아니한다(헌재 2015.12.23. 2013헌마712).

※ 형사재판의 피고인으로 출석하는 수형자에 대하여 사복착용을 허용하지 아니한 것은 공정한 재판을 받을 권리, 인격권, 행복추구권을 침해한다(헌재 2015.12.23. 2013헌마712).

제 9 회 경찰공무원(순경) 헌법

빠른 정답							나의 점수		점
01	02	03	04	05	06	07	08	09	10
③	①	④	④	②	①	③	④	①	②
11	12	13	14	15	16	17	18	19	20
④	④	③	②	④	④	②	③	③	④

01 1 2 3 정답 ③

출처 18 경찰승진

정답의 이유

③ 퇴직 후 신법 조항 시행일 전에 장애 상태가 확정된 군인을 보호하기 위한 최소한의 조치도 하지 않은 것은 그 차별이 군인연금기금의 재정 상황 등 실무적 여건이나 경제상황 등을 고려한 것이라고 하더라도, 그 차별을 정당화할 만한 합리적인 이유가 있는 것으로 보기 어렵다. 따라서 공무상 질병 또는 부상으로 인하여 퇴직 후 장애 상태가 확정된 군인에게 상이연금을 지급하도록 한 개정된 「군인연금법」 제23조 제1항을 개정법 시행일 이후부터 적용하도록 한 「군인연금법」 조항은 헌법상 평등원칙에 위반된다(헌재 2016.12.29. 2015헌바208).

오답의 이유

① 헌법재판소에서는 평등위반여부를 심사함에 있어서, 헌법에서 특별히 평등을 요구하고 있는 경우 즉, 헌법이 스스로 차별의 근거로 삼아서는 아니되는 기준을 제시하거나 차별을 특히 금지하고 있는 영역을 제시하고 있는 경우와 차별적 취급으로 인하여 관련 기본권에 대한 중대한 제한을 초래하게 되는 경우에는 엄격한 심사척도(비례성원칙에 따른 심사)를 적용하고, 그 밖의 경우에는 완화된 심사척도(자의금지원칙에 따른 심사)에 의한다는 원칙을 적용하고 있다. 엄격한 심사를 한다는 것은 차별취급의 목적과 수단간에 엄격한 비례관계가 성립하는지를 기준으로 한 심사를 행함을 의미하며, 완화된 심사척도 즉, 자의심사의 경우에는 차별을 정당화하는 합리적인 이유가 있는지만을 심사한다(헌재 2003.3.27. 2002헌마573).

② 종전 결정은 국가유공자와 그 가족에 대한 가산점제도는 모두 헌법 제32조 제6항에 근거를 두고 있으므로 평등권 침해 여부에 관하여 보다 완화된 기준을 적용한 비례심사를 하였으나, 국가유공자 본인의 경우는 별론으로 하고, 그 가족의 경우는 위에서 본 바와 같이 헌법 제32조 제6항이 가산점제도의 근거라고 볼 수 없으므로 그러한 완화된 심사는 부적절한 것이다(헌재 2006.2.23. 2004헌마675).

④ 자기 또는 배우자의 직계존속을 고소하지 못하도록 규정한 「형사소송법」 제224조는, '효'라는 우리 고유의 전통규범을 수호하기 위하여 비속이 존속을 고소하는 행위의 반윤리성을 억제하고자 이를 제한하는 것은 합리적인 근거가 있는 차별이라고 할 수 있으므로 헌법 제11조 제1항의 평등원칙에 위반되지 아니한다(헌재 2011.2.24. 2008헌바56).

02 1 2 3 정답 ①

출처 18 경찰승진

정답의 이유

① 검찰수사관인 피청구인이 피의자신문에 참여한 변호인인 청구인에게 피의자 후방에 앉으라고 요구한 행위는 변호인인 청구인의 변호권을 침해한다(헌재 2017.11.30. 2016헌마503).

오답의 이유

② 불구속 피의자나 피고인의 경우 「형사소송법」상 특별한 명문의 규정이 없더라도 스스로 선임한 변호인의 조력을 받기 위하여 변호인을 옆에 두고 조언과 상담을 구하는 것은 수사절차의 개시에서부터 재판절차의 종료에 이르기까지 언제나 가능하다(헌재 2004.9.23. 2000헌마138).

③ 형사절차가 종료되어 교정시설에 수용중인 수형자는 원칙적으로 변호인의 조력을 받을 권리의 주체가 될 수 없다. 다만, 수형자의 경우에도 재심절차 등에는 변호인 선임을 위한 일반적인 교통·통신이 보장될 수 있다(헌재 1998.8.27. 96헌마398).

④ 헌법재판소가 91헌마111 결정에서 미결수용자와 변호인과의 접견에 대해 어떠한 명분으로도 제한할 수 없다고 한 것은 구속된 자와 변호인 간의 접견이 실제로 이루어지는 경우에 있어서의 '자유로운 접견', 즉 '대화내용에 대하여 비밀이 완전히 보장되고 어떠한 제한, 영향, 압력 또는 부당한 간섭 없이 자유롭게 대화할 수 있는 접견'을 제한할 수 없다는 것이지, 변호인과의 접견 자체에 대해 아무런 제한도 가할 수 없다는 것을 의미하는 것이 아니므로 미결수용자의 변호인 접견권 역시 국가안전보장·질서유지 또는 공공복리를 위해 필요한 경우에는 법률로써 제한될 수 있음은 당연하다(헌재 2011.5.26. 2009헌마341).

03 1 2 3

정답 ④

출처 18 경찰승진

정답의 이유

④ 지역농협 이사 선거의 경우 전화(문자메시지를 포함한다) · 컴퓨터통신(전자우편을 포함한다)을 이용한 지지 호소의 선거운동방법을 금지하고, 이를 위반한 자를 처벌하는 것은 과잉금지원칙을 위반하여 결사의 자유, 표현의 자유를 침해하여 헌법에 위반된다(헌재 2016.11.24. 2015헌바62).

오답의 이유

① 「정보통신망 이용촉진 및 정보보호 등에 관한 법률」 제74조 제1항 제3호 중 '제44조의7 제1항 제3호를 위반하여 공포심이나 불안감을 유발하는 문언을 반복적으로 상대방에게 도달하게 한 자' 부분으로 인하여, 개인은 정보통신망을 통한 표현에 일정한 제약을 받게 되나, 수신인인 피해자의 사생활의 평온 보호 및 정보의 건전한 이용풍토 조성이라고 하는 공익이 침해되는 사익보다 크다고 할 것이어서 심판대상조항은 법익균형성의 요건도 충족하였다. 따라서 심판대상조항은 표현의 자유를 침해하지 아니한다(헌재 2016.12.29. 2014헌바434).

② 인터넷게시판을 설치 · 운영하는 정보통신서비스 제공자에게 본인확인조치의무를 부과하여 게시판 이용자로 하여금 본인확인절차를 거쳐야만 게시판을 이용할 수 있도록 하는 「정보통신망 이용촉진 및 정보보호 등에 관한 법률」 조항은 과잉금지원칙에 위배하여 인터넷게시판 이용자의 표현의 자유, 개인정보자기결정권 및 인터넷게시판을 운영하는 정보 통신서비스 제공자의 언론의 자유를 침해를 침해한다(헌재 2012.8.23. 2010헌마47).

③ 음란표현도 헌법 제21조가 규정하는 언론 · 출판의 자유의 보호영역에는 해당하되, 다만 헌법 제37조 제2항에 따라 국가 안전보장 · 질서유지 또는 공공복리를 위하여 제한할 수 있는 것이라고 해석하여야 할 것이다(헌재 2009.5.28. 2006헌바109).

04 1 2 3

정답 ④

출처 18 경찰승진

정답의 이유

④ 집회의 자유가 가지는 헌법적 가치와 기능, 집회에 대한 허가 금지를 선언한 헌법정신, 옥외집회 및 시위에 관한 사전신고제의 취지 등을 종합하여 보면, 신고는 행정관청에 집회에 관한 구체적인 정보를 제공함으로써 공공질서의 유지에 협력하도록 하는 데 의의가 있는 것으로 집회의 허가를 구하는 신청으로 변질되어서는 아니 되므로, 신고를 하지 아니하였다는 이유만으로 옥외집회 또는 시위를 헌법의 보호 범위를 벗어나 개최가 허용되지 않는 집회 내지 시위라고 단정할 수 없다. 따라서 「집회 및 시위에 관한 법률」(이하 「집시법」이라고 한다) 제20조 제1항 제2호가 미신고 옥외집회 또는 시위를 해산명령 대상으로 하면서 별도의 해산 요건을 정하고 있지 않더라도, 그 옥외집회 또는 시위로 인하여 타인의 법익이나 공공의 안녕질서에 대한 직접적인 위험이 명백하게 초래된 경우에 한하여 위 조항에 기하여 해산을 명할 수 있고, 이러한 요건을 갖춘 해산명령에 불응하는 경우에만 「집시법」 제24조 제5호에 의하여 처벌할 수 있다고 보아야 한다(대판 2012.4.19. 2010도6388).

오답의 이유

① 일몰시간 후부터 같은 날 24시까지의 시위의 경우, 특별히 공공의 질서 내지 법적 평화를 침해할 위험성이 크다고 할 수 없으므로 그와 같은 시위를 일률적으로 금지하는 것은 과잉금지원칙에 위반된다(헌재 2014.3.27. 2010헌가2).

② 집회의 자유는 개인이 집회에 참가하는 것을 방해하거나 또는 집회에 참가할 것을 강요하는 국가행위를 금지할 뿐만 아니라, 예컨대 집회장소로의 여행을 방해하거나, 집회장소로부터 귀가하는 것을 방해하거나, 집회참가자에 대한 검문의 방법으로 시간을 지연시킴으로써 집회장소에 접근하는 것을 방해하는 등 집회의 자유행사에 영향을 미치는 모든 조치를 금지한다(헌재 2003.10.30. 2000헌바67).

③ 안마사들로 하여금 의무적으로 대한안마사협회의 회원이 되어 정관을 준수하도록 하는 「의료법」 조항은 안마사들의 결사의 자유를 침해하지 않는다(헌재 2008.10.30. 2006헌가15).

05 1 2 3

정답 ②

출처 18 경찰승진

정답의 이유

㉢ (O) 경쟁의 자유는 기본권의 주체가 직업의 자유를 실제로 행사하는데에서 나오는 결과이므로 당연히 직업의 자유에 의하여 보장되고, 다른 기업과의 경쟁에서 국가의 간섭이나 방해를 받지 않고 기업활동을 할 수 있는 자유를 의미한다(헌재 1996.12.26. 96헌가18)

오답의 이유

㉠ (×) 직업의 선택 혹은 수행의 자유는 각자의 생활의 수요를 충족시키는 방편이 되고 또한 개성신장의 바탕이 된다는 점에서 주관적 공권의 성격이 두드러진 것이기는 하나, 다른 한편 국가의 사회질서와 경제질서가 형성된다는 점에서 사회적 시장경제질서라고 하는 객관적 법질서의 구성요소이기도 하다(헌재 1997.4.24. 95헌마273).

㉡ (×) 로스쿨에 입학하는 자들에 대하여 학사 전공별로, 그리고 출신 대학별로 로스쿨 입학 정원의 비율을 각각 규정한 것은 변호사가 되기 위하여 필요한 전문지식을 습득할 수 있는 로스쿨에 입학하는 것을 제한하는 것이기 때문에 직업교육장 선택의 자유 내지 직업선택의 자유를 제한한다고 할 것이다(헌재 2009.2.26. 2007헌마1262).

㉣ (×) 이륜자동차 운전자의 고속도로 통행을 금지하는 것은 이륜자동차 운전자가 고속도로 등을 통행하는 것을 금지하고 있을 뿐, 퀵서비스 배달업의 직업수행행위를 직접적으로 제한하는 것이 아니고, 이로 인하여 청구인들이 퀵서비스 배달업의 수행에 지장을 받는 점이 있다고 하더라도, 그것은 고속도로 통행금지로 인하여 발생하는 간접적 · 사실상의 효과일 뿐이므로 이 사건 법률조항은 청구인들의 직업수행의 자유를 침해하지 않는다(헌재 2008.7.31. 2007헌바90).

06 1 2 3 정답 ①

출처 18 경찰승진

정답의 이유

① 사법적인 성격을 지니는 농협의 조합장선거에서 조합장을 선출하거나 조합장으로 선출될 권리, 조합장선거에서 선거운동을 하는 것은 헌법에 의하여 보호되는 선거권의 범위에 포함되지 않는다(헌재 2012.2.23. 2011헌바154).

오답의 이유

② 부재자투표시간을 오전 10시부터 오후 4시까지로 규정한 구 「공직선거법」 조항 중 "오전 10시에 열고" 부분은 일과시간에 학업이나 직장업무를 하여야 하는 부재자투표자가 일과시간 이전에 투표소에 가서 투표할 수 없게 되어 사실상 선거권을 행사할 수 없게 하므로 과잉금지원칙에 위반되고, "오후 4시에 닫는다" 부분은 투표당일 부재자투표의 인계 · 발송 절차를 밟을 수 있도록 함으로써 부재자투표의 인계 · 발송절차가 지연되는 것을 막고 투표관리의 효율성을 제고하며 투표함의 관리위험을 경감하기 위한 것이므로 헌법에 위반되지 않는다(헌재 2012.2.23. 2010헌마601).

③ 경선을 포기한 대통령선거경선후보자에 대하여도 정치자금의 적정한 제공이라는 입법목적을 실현할 필요가 있는 것이며, 이들에 대하여 후원회로부터 지원받은 후원금 총액을 회수함으로써 경선에 참여한 대통령선거경선후보자와 차별하는 이 사건 법률조항의 차별은 합리적인 이유가 있는 차별이라고 하기 어렵다(헌재 2009.12.29. 2007헌마1412).

④ 주민투표권 행사를 위한 요건으로 주민등록을 요구함으로써 국내거소신고만 할 수 있고 주민등록을 할 수 없는 국내거주 재외국민에 대하여 주민투표권을 인정하지 않고 있는 것은 주민등록만을 요건으로 주민투표권의 행사 여부가 결정되도록 함으로써 '주민등록을 할 수 없는 국내거주 재외국민'을 '주민등록이 된 국민인 주민'에 비해 차별하고 있고, 나아가 '주민투표권이 인정되는 외국인'과의 관계에서도 차별을 행하고 있는바, 그와 같은 차별에 아무런 합리적 근거도 인정될 수 없으므로 국내거주 재외국민의 헌법상 기본권인 평등권을 침해하는 것으로 위헌이다(헌재 2007.6.28. 2004헌마643).

07 1 2 3 정답 ③

출처 18 경찰승진

정답의 이유

③ 「형사보상 및 명예회복에 관한 법률」 제8조

> **「형사보상 및 명예회복에 관한 법률」 제8조** 형사보상청구는 무죄재판이 확정된 사실을 안 날부터 3년, 무죄재판이 확정된 때부터 5년 이내에 하여야 한다.

오답의 이유

① 「형사보상 및 명예회복에 관한 법률」 제27조

② 헌재 2010.10.28. 2008헌마514

④ 「형사보상 및 명예회복에 관한 법률」 제6조 제1항

08 1 2 3 정답 ④

출처 18 경찰승진

정답의 이유

④ 「범죄피해자보호법」 제32조

> **「범죄피해자보호법」 제32조(구조금 수급권의 보호)** 구조금을 받을 권리는 양도하거나 담보로 제공하거나 압류할 수 없다.

오답의 이유

① 「범죄피해자 보호법」 제31조

② 헌재 2011.12.29. 2009헌마354

③ 「범죄피해자 보호법」 제16조 제2호

09 1 2 3 정답 ①

출처 18 경찰승진

정답의 이유

① 근로자가 사업주의 지배관리 아래 출퇴근하던 중 발생한 사고로 부상 등이 발생한 경우만 업무상 재해로 인정하는 것은 합리적 이유 없이 비혜택근로자를 자의적으로 차별하는 것이므로, 헌법상 평등원칙에 위배된다(헌재 2016.9.29. 2014헌바254).

오답의 이유

② 헌재 2000.6.29. 98헌바106

③ 「공무원연금법」상의 연금수급권과 같은 사회보장수급권은 헌법 제34조의 규정으로부터 도출되는 사회적 기본권의 하나이며, 따라서 국가에 대하여 적극적으로 급부를 요구하는 것이므로 헌법규정만으로는 이를 실현할 수 없고, 법률에 의한 형성을 필요로 한다(헌재 2012.8.23. 2010헌바425).

④ 헌재 2017.9.28. 2015헌마653

10 1 2 3 정답 ②

출처 18 경찰승진

정답의 이유

② 제1종 특수면허 없이 자동차를 운전한 경우 무면허운전죄로 처벌하면서 제1종 특수면허로 운전할 수 있는 차의 종류를 행정안전부령에 위임하고 있는 「도로교통법」 조항은 포괄위임금지원칙에 위배된다고 할 수 없다(헌재 2015.1.29. 2013헌바173).

오답의 이유

① 헌법 제75조, 제95조의 문리해석상 및 법리해석상 포괄적인 위임입법의 금지는 법규적 효력을 가지는 행정입법의 제정을 그 주된 대상으로 하고 있다(헌재 2006.3.30. 2005헌바31).

③ 위임입법의 법리는 헌법의 근본원리인 권력분립주의와 의회주의 내지 법치주의에 바탕을 두는 것이기 때문에 행정부에서 제정된 대통령령에서 규정한 내용이 정당한 것인지 여부와 위임의 적법성은 직접적인 관계가 없다. 따라서 대통령령으로 규정한 내용이 헌법에 위반될 경우라도 그 대통령령의 규정이 위헌으로 되는 것은 별론으로 하고, 그로 인하여 정당하고 적법하게 입법권을 위임한 수권법률조항까지도 위헌으로 되는 것은 아니다(헌재 1996.6.26. 93헌바2).

④ 「군인사법」 제47조의2는 헌법이 대통령에게 부여한 군통수권을 실질적으로 존중한다는 차원에서 군인의 복무에 관한 사항을 규율할 권한을 대통령령에 위임한 것이라 할 수 있고, 대통령령으로 규정될 내용 및 범위에 관한 기본적인 사항을 다소 광범위하게 위임하였다 하더라도 포괄위임금지원칙에 위배된다고 볼 수 없다(헌재 2010.10.28. 2008헌마638).

11 1 2 3

정답 ④

출처 17 경찰승진

정답의 이유

④ 합헌적 법률해석은 졸속입법이 사실상 방치될 수 있다는 점과 인권침해를 가져올 수 있다는 점에서 비판받는다.

오답의 이유

① 합헌적 법률해석이란 법률 문언의 뜻이 분명치 아니하여 다의적(多義的)으로 해석될 여지가 있을 때, 합헌적 해석이 가능하다면 이를 위헌으로 판단하지 아니하고 합헌으로 해석해야 한다는 법률해석의 지침이다.

② 1827년 미국의 Ogden v. Saunder 사건을 통해 합헌적 법률해석이 확립되었다.

③ 합헌적 법률해석이 규범통제의 과정에서만 문제가 되는 것은 아니다.

12 1 2 3

정답 ④

출처 17 경찰승진

정답의 이유

㉠ (×) 제안된 헌법개정안은 대통령이 20일 이상의 기간 이를 공고하여야 한다(헌법 제129조).

㉡ (×) 헌법개정안은 국회가 의결한 후 30일 이내에 국민투표에 붙여 국회의원선거권자 과반수의 투표와 투표자 과반수의 찬성을 얻어야 한다(헌법 제130조 제2항).

㉢ (×) 국민투표의 효력에 관하여 이의가 있는 투표인은 투표인 10만 인 이상의 찬성을 얻어 중앙선거관리위원회위원장을 피고로 하여 투표일로부터 20일 이내에 대법원에 제소할 수 있다(「국민투표법」 제92조).

㉣ (×) 우리 헌법의 각 개별규정 가운데 무엇이 헌법제정규정이고 무엇이 헌법개정규정인지를 구분하는 것이 가능하지 아니할 뿐 아니라, 각 개별규정에 그 효력상의 차이를 인정하여야 할 형식적인 이유를 찾을 수 없다. 이러한 점과 앞에서 검토한 현행 헌법 및 헌법재판소법의 명문의 규정취지에 비추어, 헌법제정권과 헌법개정권의 구별론이나 헌법개정한계론은 그 자체로서의 이론적 타당성 여부와 상관없이 우리 헌법재판소가 헌법의 개별규정에 대하여 위헌심사를 할 수 있다는 논거로 원용될 수 있는 것이 아니다(헌재1995.12.28. 95헌바3).

13 1 2 3

정답 ③

출처 17 경찰승진

정답의 이유

③ 1962년 제5차 개헌은 헌법상의 개정절차를 따르지 않고 「국가재건비상조치법」이 규정한 국민투표에 의해서 개정하여 제2공화국 헌법의 개정절차에 따른 개정이 아니었다.

오답의 이유

① 제헌헌법은 대통령제를 채택하면서도 국무원을 의결기관으로 하였다.

② 1954년 제2차 개헌(사사오입 개헌)은 국무총리제를 폐지하고, 국무위원에 대한 개별적 불신임제를 채택하였다.

④ 근로자의 적정임금 보장, 국가의 재외국민보호규정은 제8차 개헌에서 신설하였다. 형사보상청구권은 제헌헌법에서 최초로 규정하였고, 제9차 개헌에서 구금된 피의자가 불기소 처분을 받는 경우에 형사보상청구권을 보장하였다.

14 1 2 3

정답 ②

출처 17 경찰승진

정답의 이유

② 「국적법」 제11조 제1항

> **「국적법」 제11조(국적의 재취득)** ① 외국 국적 포기의무를 이행하지 아니하여 대한민국 국적을 상실한 자가 그 후 1년 내에 그 외국 국적을 포기하면 법무부장관에게 신고함으로써 대한민국 국적을 재취득할 수 있다.

오답의 이유

① 「국적법」 제6조 제2항 제2호

③ 「국적법」 제12조 제3항

④ 「국적법」 제18조

15 1 2 3

정답 ④

출처 17 경찰승진

정답의 이유

④ '책임 없는 자에게 형벌을 부과할 수 없다'는 형벌에 관한 책임주의는 「형사법」의 기본원리로서, 헌법상 법치국가의 원리에 내재하는 원리인 동시에 헌법 제10조의 취지로부터 도출되는 원리이고, 법인의 경우도 자연인과 마찬가지로 책임주의원칙이 적용된다(헌재 2016.3.31. 2016헌가4).

오답의 이유

① 헌법의 기본원리는 헌법의 이념적 기초인 동시에 헌법을 지배하는 지도원리로서 입법이나 정책결정의 방향을 제시하며 공무원을 비롯한 모든 국민·국가기관이 헌법을 존중하고 수호하도록 하는 지침이 되며, 구체적 기본권을 도출하는 근거로 될 수는 없으나 기본권의 해석 및 기본권제한입법의 합헌성 심사에 있어 해석기준의 하나로서 작용한다(헌재 1996.4.25. 92헌바47).

② 주민소환제 자체는 지방자치의 본질적인 내용이라고 할 수 없으므로 이를 보장하지 않는 것이 위헌이라거나 어떤 특정한 내용의 주민소환제를 반드시 보장해야 한다는 헌법적인 요구가 있다고 볼 수는 없다. 다만 주민소환제는 주민의 참여를 적극 보장하고, 이로써 주민자치를 실현하여 지방자치에도 부합하므로, 이 점에서는 위헌의 문제가 발생할 소지가 없고, 제도적인 형성에 있어서도 입법자에게 광범위한 입법재량이 인정된다 할 것이나, 원칙으로서의 대의제의 본질적인 부분을 침해하여서는 아니된다는 점이 그 입법형성권의 한계로 작용한다 할 것이다(헌재 2011.12.29. 2010헌바368)

③ 자유시장 경제질서를 기본으로 하면서도 사회국가원리를 수용하고 있는 우리 헌법의 이념에 비추어, 일반불법행위책임에 관하여는 과실책임의 원리를 기본원칙으로 하면서, 특수한 불법행위책임에 관하여 위험책임의 원리를 수용하는 것은 입법정책에 관한 사항으로서 입법자의 재량에 속한다고 할 것이다(헌재 1998.5.28. 96헌가4).

16 1 2 3

정답 ④

출처 17 경찰승진

정답의 이유

④ 청구인들이 이른바 특수목적고등학교인 외국어고등학교에 입학하기 위하여 원서를 제출할 당시 시행되었던 종합생활기록부 제도는 처음부터 절대평가와 상대평가를 예정하고 있었고, 대학입학전형에 있어서 학생부를 절대평가방법으로 활용할 것인가 상대평가 방법으로 활용할 것인가 등 그 반영방법도 대학의 자율에 일임되어 있었다. 따라서 그 이후 공표된 이 사건 제도개선보완시행지침은 1999학년도까지 대입전형자료로 절대평가와 상대평가를 병행하도록 하고 다만 종전 종합생활기록부제도의 문제점을 보완하기 위하여 과목별 석차의 기록방법 등 세부적인 사항을 개선, 변경한 데 불과하므로 이로 인하여 청구인들의 헌법상 보호할 가치가 있는 신뢰가 침해되었다고 볼 수 없다(헌재 1997.7.16. 97헌마38).

오답의 이유

① "검사로서의 체면이나 위신을 손상하는 행위"의 의미는, 공직자로서의 검사의 구체적 언행과 그에 대한 검찰 내부의 평가 및 사회 일반의 여론, 그리고 검사의 언행이 사회에 미친 파장 등을 종합적으로 고려하여 구체적인 상황에 따라 건전한 사회통념에 의하여 판단할 수 있으므로 명확성원칙에 위배되지 아니한다(헌재 2011.12.29. 2009헌바282).

② 법적 안정성은 객관적 요소로서 법질서의 신뢰성·항구성·법적 투명성과 법적 평화를 의미하고, 이와 내적인 상호연관관계에 있는 법적 안정성의 주관적 측면은 한번 제정된 법규범은 원칙적으로 존속력을 갖고 자신의 행위기준으로 작용하리라는 개인의 신뢰보호원칙이다(헌재 1996.2.16. 96헌가2).

③ 기본권제한입법이라 하더라도 규율대상이 지극히 다양하거나 수시로 변화하는 성질의 것이어서 입법기술상 일의적으로 규정할 수 없는 경우에는 명확성의 요건이 완화되어야 할 것이다. 또 당해 규정이 명확한지 여부는 그 규정의 문언만으로 판단할 것이 아니라 관련 조항을 유기적·체계적으로 종합하여 판단하여야 할 것이다(헌재 1999.9.16. 97헌바73).

17 1 2 3

정답 ②

출처 17 경찰승진

정답의 이유

㉡ (○) 대한민국과 아메리카 합중국 간의 상호방위조약 제4조에 의한 시설과 구역 및 대한민국에서의 합중국군대의 지위에 관한 협정은 그 명칭이 "협정"으로 되어 있어 국회의 관여 없이 체결되는 행정협정처럼 보이기도 하나 우리나라의 입장에서 볼 때에는 외국군대의 지위에 관한 것이고, 국가에게 재정적 부담을 지우는 내용과 입법사항을 포함하고 있으므로 국회의 동의를 요하는 조약으로 취급되어야 한다(헌재 1999.4.29. 97헌가14).

㉣ (○) 대한민국과 일본국 간의 어업에 관한 협정은 우리나라 정부가 일본 정부와의 사이에서 어업에 관해 체결·공포한 조약(조약 제1477호)으로서 헌법 제6조 제1항에 의하여 「국내법」과 같은 효력을 가지므로, 그 체결행위는 고권적 행위로서 '공권력의 행사'에 해당한다(헌재 2001.3.21. 99헌마139).

오답의 이유

㉠ (×) 동맹 동반자 관계를 위한 전략대화 출범에 관한 공동성명은 한국과 미합중국이 상대방의 입장을 존중한다는 내용만 담고 있을 뿐, 구체적인 법적 권리·의무를 창설하는 내용을 전혀 포함하고 있지 아니하므로, 조약에 해당된다고 볼 수 없으므로 그 내용이 헌법 제60조 제1항의 조약에 해당되는지 여부를 따질 필요도 없이 이 사건 공동성명에 대하여 국회가 동의권을 가진다거나 국회의원인 청구인이 심의표결권을 가진다고 볼 수 없다(헌재 2008.3.27. 2006헌라4).

㉢ (×) 「마라케쉬협정」도 적법하게 체결되어 공포된 조약이므로 「국내법」과 같은 효력을 갖는 것이어서 그로 인하여 새로운 범죄를 구성하거나 범죄자에 대한 처벌이 가중된다고 하더라도 이것은 「국내법」에 의하여 형사처벌을 가중한 것과 같은 효력을 갖게 되는 것이다(헌재1998.11.26. 97헌바65).

18 1 2 3

정답 ③

출처 17 경찰승진

정답의 이유

③ 「정당법」 제33조

오답의 이유

① 최근 4년간 임기만료에 의한 국회의원선거 또는 임기만료에 의한 지방자치단체의 장 선거나 시·도의회의원선거에 참여하지 아니한 때에는 그 정당의 등록은 취소된다(「정당법」 제44조 제1항 제2호).

② 정당의 목적이나 활동이 민주적 기본질서에 위배될 때에는 정부는 헌법재판소에 그 해산을 제소할 수 있고, 정당은 헌법재판소의 심판에 의하여 해산된다(헌법 제8조 제4항).

④ 위헌정당해산으로 인한 국회의원직 상실에 관한 규정은 없다. 헌법재판소는 2014.12.19. 2013헌다1 결정에서 통진당의 해산으로 인하여 소속 국회의원의 의원직이 상실된다고 판시한 바 있다.

19 1 2 3

정답 ③

출처 17 경찰승진

정답의 이유

③ 대통령선거에서 최고득표자가 2인 이상인 때에는 중앙선거관리위원회의 통지에 의하여 국회는 재적의원 과반수가 출석한 공개회의에서 다수표를 얻은 자를 당선인으로 결정하고, 국회에서 당선인이 결정된 때에는 국회의장이 이를 공고하고, 지체 없이 당선인에게 당선증을 교부하여야 한다(「공직선거법」 제187조 제2항, 제3항).

오답의 이유

① 「공직선거법」 제189조 제5항

② 선거공영제의 내용은 우리의 선거문화와 풍토, 정치문화 및 국가의 재정상황과 국민의 법감정 등 여러 가지 요소를 종합적으로 고려하여 입법자가 정책적으로 결정할 사항으로서 넓은 입법형성권이 인정되는 영역이라고 할 것이다(헌재 2011.4.28. 2010헌바232).

④ 「공직선거법」 제24조 제1항, 제2항

20 1 2 3

정답 ④

출처 17 경찰승진

정답의 이유

㉠ (○) 헌법 제119조 제2항에 규정된 '경제주체 간의 조화를 통한 경제민주화'의 이념은 경제영역에서 정의로운 사회질서를 형성하기 위하여 추구할 수 있는 국가목표로서 개인의 기본권을 제한하는 국가행위를 정당화하는 헌법규범이다(헌재 2004.10.28. 99헌바91).

㉡ (○) 헌법 제126조

> **헌법 제126조** 국방상 또는 국민경제상 긴절한 필요로 인하여 법률이 정하는 경우를 제외하고는, 사영기업을 국유 또는 공유로 이전하거나 그 경영을 통제 또는 관리할 수 없다.

㉢ (○) 헌법 제124조는 "국가는 건전한 소비행위를 계도하고 생산품의 품질향상을 촉구하기 위한 소비자보호운동을 법률이 정하는 바에 의하여 보장한다"라고 규정하고 있다.

㉣ (○) 「소비자기본법」 제32조

> **「소비자기본법」 제32조(보조금의 지급)** 국가 또는 지방자치단체는 등록소비자단체의 건전한 육성·발전을 위하여 필요하다고 인정될 때에는 보조금을 지급할 수 있다.

제10회 경찰공무원(순경) 헌법

빠른 정답 나의 점수 점

01	02	03	04	05	06	07	08	09	10
④	①	③	②	④	①	③	④	③	③
11	12	13	14	15	16	17	18	19	20
③	②	④	③	①	④	③	③	②	①

01 1 2 3 정답 ④

출처 17 경찰승진

정답의 이유

④ 헌법은 국가의 교육권한과 부모의 교육권의 범주 내에서 학생에게도 자신의 교육에 관하여 스스로 결정할 권리, 즉 자유롭게 교육을 받을 권리를 부여하고, 학생은 국가의 간섭을 받지 아니하고 자신의 능력과 개성, 적성에 맞는 학교를 자유롭게 선택할 권리를 가진다(헌재 2012.11.29. 2011헌마827).

오답의 이유

① 선거기사심의위원회가 불공정한 선거기사를 게재하였다고 판단한 언론사에 대하여 사과문 게재 명령을 하도록 한 「공직선거법」상의 사과문 게재조항은 언론사의 인격권을 침해하여 헌법에 위반된다(헌재 2015.7.30. 2013헌가8).

② 지방자치단체는 기본권의 주체가 될 수 없다(헌재 2006.12.28. 2006헌마312).

③ 법인도 법인의 목적과 사회적 기능에 비추어 볼 때 그 성질에 반하지 않는 범위 내에서 인격권의 한 내용인 사회적 신용이나 명예 등의 주체가 될 수 있고 법인이 이러한 사회적 신용이나 명예 유지 내지 법인격의 자유로운 발현을 위하여 의사결정이나 행동을 어떻게 할 것인지를 자율적으로 결정하는 것도 법인의 인격권의 한 내용을 이룬다고 할 것이다(헌재 2012.8.23. 2009헌가27).

02 1 2 3 정답 ①

출처 17 경찰승진

정답의 이유

① 수용자가 작성한 집필문의 외부반출을 불허하고 이를 영치할 수 있도록 한 심판대상조항은 집필문을 창작하거나 표현하는 것을 금지하거나 이에 대한 허가를 요구하는 조항이 아니라 이미 표현된 집필문을 외부의 특정한 상대방에게 발송할 수 있는지 여부에 대해 규율하는 것이므로, 제한되는 기본권은 헌법 제18조에서 정하고 있는 통신의 자유로 봄이 상당하며, 통신의 자유를 침해하지 않는다(헌재 2016.5.26. 2013헌바98).

오답의 이유

② 흡연권은 사생활의 자유를 실질적 핵으로 하는 것이고 혐연권은 사생활의 자유뿐만 아니라 생명권에까지 연결되는 것이므로 혐연권이 흡연권보다 상위의 기본권이다. 상하의 위계질서가 있는 기본권끼리 충돌하는 경우에는 상위기본권우선의 원칙에 따라 하위기본권이 제한될 수 있으므로, 흡연권은 혐연권을 침해하지 않는 한에서 인정되어야 한다(헌재 2004.8.26. 2003헌마457).

③ 어떠한 법령이 수범자의 직업의 자유와 행복추구권 양자를 제한하는 외관을 띠는 경우 두 기본권의 경합 문제가 발생하는데, 보호영역으로서 '직업'이 문제되는 경우 행복추구권과 직업의 자유는 서로 일반특별관계에 있어 기본권의 내용상 특별성을 갖는 직업의 자유의 침해 여부가 우선하므로 행복추구권 관련 위헌 여부의 심사는 배제되어야 한다(헌재 2008.11.27. 2005헌마161).

④ 정정보도청구권(반론권)과 보도기관의 언론의 자유가 충돌하는 경우에는 헌법의 통일성을 유지하기 위하여 상충하는 기본권 모두가 최대한으로 그 기능과 효력을 발휘할 수 있도록 하는 조화로운 방법이 모색되어야 한다(헌재 1991.9.16. 89헌마165).

03 1 2 3 정답 ③

출처 17 경찰승진

정답의 이유

③ 형사보상은 형사피고인 등의 신체의 자유를 제한한 것에 대하여 사후적으로 그 손해를 보상하는 것인바, 구금으로 인하여 침해되는 가치는 객관적으로 평가하기 어려운 것이므로, 그에 대한 보상을 어떻게 할 것인지는 국가의 경제적, 사회적, 정책적 사정들을 참작하여 입법재량으로 결정할 수 있는 사항이라 할 것이다. 이러한 점에서 헌법 제28조에서 규정하는 '정당한 보상'은 헌법 제23조 제3항에서 재산권의 침해에 대하여 규정하는 '정당한 보상'과는 차이가 있다 할 것이다. 헌법 제23조 제3항에서 규정하는 '정당한 보상'이란 원칙적으로 피수용재산의 객관적 재산가치를 완전하게 보상하는 것이어야 하는바, 토지수용 등과 같은 재산권의 제한은 물질적 가치에 대한 제한이므로 제한되는 가치의 범위가 객관적으로 산정될 수 있어 이에 대한 완전한 보상이 가능하다. 그런데 헌법 제28조에서 문제되는 신체의 자유에 대한 제한인

구금으로 인하여 침해되는 가치는 객관적으로 산정할 수 없으므로, 일단 침해된 신체의 자유에 대하여 어느 정도의 보상을 하여야 완전한 보상을 하였다고 할 것인지 단언하기 어렵다(헌재 2010.10.28. 2008헌마514).

오답의 이유

① 국민의 기본권은 헌법 제37조 제2항에 의하여 국가안전보장 · 질서유지 또는 공공복리를 위하여 필요한 경우에 한하여 이를 제한할 수 있으나, 그 제한의 방법은 원칙적으로 법률로써만 가능하고 제한의 정도도 기본권의 본질적 내용을 침해할 수 없으며 필요한 최소한도에 그쳐야 한다. 여기서 기본권 제한에 관한 법률유보원칙은 '법률에 근거한 규율'을 요청하는 것이므로, 그 형식이 반드시 법률일 필요는 없다 하더라도 법률상의 근거는 있어야 한다 할 것이다(헌재 2012.5.31. 2010헌마139).

② 헌법 제77조 제3항은 "비상계엄이 선포된 때에는 법률이 정하는 바에 의하여 영장제도, 언론 · 출판 · 집회 · 결사의 자유, 정부나 법원의 권한에 관하여 특별한 조치를 할 수 있다"라고 규정하고 있다.

04 1 2 3

정답 ②

출처 17 경찰승진

정답의 이유

② 헌법이 보장하는 행복추구권이 공동체의 이익과 무관하게 무제한의 경제적 이익의 도모를 보장하는 것이라고 볼 수 없다(헌재 1995.7.21. 94헌마125).

오답의 이유

① 일반적 행동자유권은 개인이 행위를 할 것인가의 여부에 대하여 자유롭게 결단하는 것을 전제로 하여 이성적이고 책임감 있는 사람이라면 자기에 관한 사항은 스스로 처리할 수 있을 것이라는 생각에서 인정되는 것이다. 일반적 행동자유권에는 적극적으로 자유롭게 행동을 하는 것은 물론 소극적으로 행동을 하지 않을 자유 즉, 부작위의 자유도 포함되며, 포괄적인 의미의 자유권으로서 일반조항적인 성격을 가진다. 즉 일반적 행동자유권은 모든 행위를 할 자유와 행위를 하지 않을 자유로 가치 있는 행동만 그 보호영역으로 하는 것은 아닌 것으로, 그 보호영역에는 개인의 생활방식과 취미에 관한 사항도 포함되며, 여기에는 위험한 스포츠를 즐길 권리와 같은 위험한 생활방식으로 살아갈 권리도 포함된다(헌재 2003.10.30. 2002헌마518).

③ 헌법은 절대적 기본권을 명문으로 인정하고 있지 아니하며, 헌법 제37조 제2항에서는 국민의 모든 자유와 권리는 국가안전보장 · 질서유지 또는 공공복리를 위하여 필요한 경우에 한하여 법률로써 제한할 수 있도록 규정하고 있어, 비록 생명이 이념적으로 절대적 가치를 지닌 것이라 하더라도 생명에 대한 법적 평가가 예외적으로 허용될 수 있다고 할 것이므로, 생명권 역시 헌법 제37조 제2항에 의한 일반적 법률유보의 대상이 될 수밖에 없다(헌재 2010.2.25. 2008헌가23).

④ 주취 중 운전 금지규정을 2회 이상 위반한 사람이 다시 이를 위반한 때에는 운전면허를 필요적으로 취소하도록 규정하고 있는 「도로교통법」 조항은 과잉금지원칙을 위반하여 직업의 자유 내지 일반적 행동의 자유를 침해하지 아니한다(헌재 2010.3.25. 2009헌바83).

05 1 2 3

정답 ④

출처 17 경찰승진

정답의 이유

㉠ (○) 평등의 원칙은 국민의 기본권 보장에 관한 우리 헌법의 최고원리로서 국가가 입법을 하거나 법을 해석 및 집행함에 있어 따라야할 기준인 동시에, 국가에 대하여 합리적 이유 없이 불평등한 대우를 하지 말 것과, 평등한 대우를 요구할 수 있는 모든 국민의 권리로서, 국민의 기본권중의 기본권인 것이다(헌재 1989.1.25. 88헌가7).

㉡ (○) 초 · 중등학교 교원에 대해서는 정당가입과 선거운동의 자유를 금지하면서 대학교원에게는 이를 허용한다 하더라도, 이는 양자간 직무의 본질이나 내용 그리고 근무태양이 다른 점을 고려할 때 합리적인 차별이라고 할 것이므로 헌법상의 평등권을 침해한 것이라고 할 수 없다(헌재 2004.3.25. 2001헌마710).

㉢ (○) 잠정적 우대조치(적극적 평등실현조치)라 함은, 종래 사회로부터 차별을 받아 온 일정집단에 대해 그동안의 불이익을 보상하여 주기 위하여 그 집단의 구성원이라는 이유로 취업이나 입학 등의 영역에서 직 · 간접적으로 이익을 부여하는 조치를 말한다. 잠정적 우대조치의 특징으로는 이러한 정책이 개인의 자격이나 실적보다는 집단의 일원이라는 것을 근거로 하여 혜택을 준다는 점, 기회의 평등보다는 결과의 평등을 추구한다는 점, 항구적 정책이 아니라 구제목적이 실현되면 종료하는 임시적 조치라는 점 등을 들 수 있다(헌재 1999.12.23. 98헌마363).

㉣ (○) '수사가 진행 중이거나 형사재판이 계속 중이었다가 그 사유가 소멸한 경우'에는 잔여 퇴직급여 등에 대해 이자를 가산하는 규정을 두면서, '형이 확정되었다가 그 사유가 소멸한 경우'에는 이자 가산 규정을 두지 않은 「군인연금법」(2013.3.22. 법률 제11632호로 개정된 것) 제33조 제2항은, 잔여 퇴직급여에 대한 이자 지급 여부에 있어 양자를 달리 취급하는 것은 합리적 이유 없는 차별로서 평등원칙을 위반한다(헌재 2016.7.28. 2015헌바20).

06 1 2 3

정답 ①

출처 17 경찰승진

정답의 이유

① 비록 연명치료 중단에 관한 결정 및 그 실행이 환자의 생명단축을 초래한다 하더라도 이를 생명에 대한 임의적 처분으로서 자살이라고 평가할 수 없고, 오히려 인위적인 신체침해 행위에서 벗어나서 자신의 생명을 자연적인 상태에 맡기고자 하는 것으로서 인간의 존엄과 가치에 부합한다 할 것이다(헌재 2009.11.26. 2008헌마385).

오답의 이유

② 헌법 제12조 제2항

> **헌법 제12조** ② 모든 국민은 고문을 받지 아니하며, 형사상 자기에게 불리한 진술을 강요당하지 아니한다.

③ 헌법 제12조 및 제13조를 통하여 보장되고 있는 죄형법정주의의 원칙은 범죄와 형벌이 법률로 정하여져야 함을 의미하며, 이러한 죄형법정주의에서 파생되는 명확성의 원칙은 법률이 처벌하고자 하는 행위가 무엇이며 그에 대한 형벌이 어떠한 것인지를 누구나 예견할 수 있고, 그에 따라 자신의 행위를 결정할 수 있도록 구성요건을 명확하게 규정할 것을 요구하고 있다(헌재 2000.6.29. 98헌가10).

④ 이중처벌금지의 원칙은 처벌 또는 제재가 '동일한 행위'를 대상으로 행해질 때에 적용될 수 있는 것이고, 그 대상이 동일한 행위인지의 여부는 기본적 사실관계가 동일한지 여부에 의하여 가려야 할 것이다(헌재 2004.2.26. 2001헌바80).

07 1 2 3 정답 ③

출처 17 경찰승진

정답의 이유

③ 피고인의 신속 · 공정한 재판을 받을 권리 및 변호인의 조력을 받을 권리는 헌법이 보장하고 있는 기본권이고, 변호인의 수사서류 열람 · 등사권은 피고인의 신속 · 공정한 재판을 받을 권리 및 변호인의 조력을 받을 권리라는 헌법상 기본권의 중요한 내용이자 구성요소이며 이를 실현하는 구체적인 수단이 된다. 따라서 변호인의 수사서류 열람 · 등사를 제한함으로 인하여 결과적으로 피고인의 신속 · 공정한 재판을 받을 권리 또는 변호인의 충분한 조력을 받을 권리가 침해된다면 이는 헌법에 위반되는 것이다(헌재 2010.6.24. 2009헌마257).

오답의 이유

① 범죄의 피의자로 입건된 사람이 경찰공무원이나 검사의 신문을 받으면서 자신의 신원을 밝히지 않고 지문채취에 불응하는 경우 형사처벌하는 것은 수사기관에 의하여 직접적으로 이루어지는 것이 아니라 법관에 의한 재판에 의하여 이루어진다. 특히 정당한 이유가 없는 지문채취거부의 경우에만 처벌대상이 되므로 사후에 법관이 지문채취거부의 정당성을 판단하여 당사자를 처벌하지 않을 수도 있고, 이에 따라 수사기관의 지문채취요구의 남용을 억제하는 역할을 하게 된다. 따라서 이 사건 법률조항이 지문채취거부를 처벌할 수 있도록 하는 것이 비록 피의자에게 지문채취를 강요하는 측면이 있다 하더라도 수사의 편의성만을 위하여 영장주의의 본질을 훼손하고 형해화한다고 할 수는 없다(헌재 2004.9.23. 2002헌가17).

② 변호인의 조력을 받을 권리는 '형사사건'에서의 변호인의 조력을 받을 권리를 의미한다. 따라서 수형자가 형사사건의 변호인이 아닌 민사사건, 행정사건, 헌법소원사건 등에서 변호사와 접견할 경우에는 원칙적으로 헌법상 변호인의 조력을 받을 권리의 주체가 될 수 없다(헌재 2013.9.26. 2011헌마398).

④ 특별검사가 참고인에게 지정된 장소까지 동행할 것을 명령할 수 있게 하고 참고인이 정당한 이유 없이 위 동행명령을 거부한 경우 천만 원 이하의 벌금형에 처하도록 규정한 것은 과잉금지원칙에 위배하여 신체의 자유를 침해한다(헌재 2008.1.10. 2007헌마1468).

08 1 2 3 정답 ④

출처 17 경찰승진

정답의 이유

④ 개인정보자기결정권의 보호대상이 되는 개인정보는 개인의 신체, 신념, 사회적 지위, 신분 등과 같이 개인의 인격주체성을 특징짓는 사항으로서 그 개인의 동일성을 식별 할 수 있게 하는 일체의 정보라고 할 수 있고, 반드시 개인의 내밀한 영역이나 사사(私事)의 영역에 속하는 정보에 국한되지 않고 공적 생활에서 형성되었거나 이미 공개된 개인정보까지 포함한다(헌재 2005.5.26. 99헌마513).

오답의 이유

①, ③ 개인정보자기결정권의 헌법상 근거로는 헌법 제17조의 사생활의 비밀과 자유, 헌법 제10조 제1문의 인간의 존엄과 가치 및 행복추구권에 근거를 둔 일반적 인격권 또는 위 조문들과 동시에 우리 헌법의 자유민주적 기본질서 규정 또는 국민주권원리와 민주주의원리 등을 고려할 수 있으나, 개인정보자기결정권으로 보호하려는 내용을 위 각 기본권들 및 헌법원리들 중 일부에 완전히 포섭시키는 것은 불가능하다고 할 것이므로, 그 헌법적 근거를 굳이 어느 한 두개에 국한시키는 것은 바람직하지 않은 것으로 보이고, 오히려 개인정보자기결정권은 이들을 이념적 기초로 하는 독자적 기본권으로서 헌법에 명시되지 아니한 기본권이라고 보아야 할 것이다(헌재 2005.5.26. 99헌마513).

② 주민등록번호 변경에 관한 규정을 두고 있지 않은 심판대상조항은 과잉금지원칙에 위배되어 개인정보자기결정권을 침해한다(헌재 2015.12.23. 2013헌바68).

09 1 2 3 정답 ③

출처 17 경찰승진

정답의 이유

③ 국가기관의 감청설비 보유 · 사용에 대한 관리와 통제를 위한 법적, 제도적 장치가 마련되어 있으므로, 국가기관이 인가 없이 감청설비를 보유, 사용할 수 있다는 사실만 가지고 바로 국가기관에 의한 통신비밀침해행위를 용이하게 하는 결과를 초래함으로써 통신의 자유를 침해한다고 볼 수는 없다(헌재 2001.3.21. 2000헌바25).

오답의 이유

① 미결수용자가 교정시설 내에서 규율위반 행위를 이유로 금치 처분을 받은 경우 금치기간 중 서신수수 · 접견 · 전화통화를 제한하는 것은 통신의 자유를 침해하지 아니한다(헌재 2016.4.28. 2012헌마549).

② 긴급조치 제1호, 제2호는 국가긴급권의 발동이 필요한 상황과는 전혀 무관하게 헌법과 관련하여 자신의 견해를 단순하게 표명하는 모든 행

위까지 처벌하고, 처벌의 대상이 되는 행위를 전혀 구체적으로 특정할 수 없으므로, 표현의 자유 제한의 한계를 일탈하여 국가형벌권을 자의적으로 행사하였고, 죄형법정주의의 명확성 원칙에 위배되며, 국민의 헌법개정권력의 행사와 관련한 참정권, 국민투표권, 영장주의 및 신체의 자유, 법관에 의한 재판을 받을 권리 등을 침해한다(헌재 2013.3.21. 2010헌바70).

④ 통신의 자유는 헌법 제37조 제2항에 의해 국가안전보장 · 질서유지 또는 공공복리를 위하여 필요한 경우에 한하여 법률로써 제한할 수 있으며, 제한하는 경우에도 자유와 권리의 본질적인 내용을 침해할 수 없다.

10 [1][2][3]

정답 ③

출처 17 경찰승진

정답의 이유

㉡ (×) 종교단체가 운영하는 학교 형태 혹은 학원 형태의 교육기관도 예외 없이 학교설립인가 혹은 학원설립등록을 받도록 규정하고 있는 「교육법」 제85조 제1항 및 「학원의 설립 · 운영에 관한 법률」 제6조가 종교교육을 담당하는 기관들에 대하여 예외적으로 인가 혹은 등록의무를 면제하여 주지 않았다고 하더라도, 헌법 제31조 제6항이 교육제도에 관한 기본사항을 법률로 입법자가 정하도록 한 취지, 종교교육기관이 자체 내부의 순수한 성직자 양성기관이 아니라 학교 혹은 학원의 형태로 운영될 경우 일반국민들이 받을 수 있는 부실한 교육의 피해의 방지, 현행 법률상 학교 내지 학원의 설립절차가 지나치게 엄격하다고 볼 수 없는 점 등을 고려할 때, 종교의 자유 등을 침해하였다고 볼 수 없다(헌재 2000.3.30. 99헌바14).

㉢ (×) 헌법 제20조 제1항은 양심의 자유와 별개로 종교의 자유를 따로 보장하고 있고, 당해사건 피고인들은 모두 '여호와의 증인' 신도들로서 자신들의 종교적 신앙에 따라 현역복무라는 병역의무를 거부하고 있으므로, 이 사건 법률조항에 의하여 이들의 종교의 자유도 함께 제한된다. 그러나 종교적 신앙에 의한 행위라도 개인의 주관적 · 윤리적 판단을 동반하는 것인 한 양심의 자유에 포함시켜 고찰할 수 있으므로, 양심의 자유를 중심으로 기본권 침해 여부를 판단하면 족하다고 할 것이다(헌재 2011.8.30. 2008헌가22).

오답의 이유

㉠ (○) '양심의 자유'가 보장하고자 하는 '양심'은 민주적 다수의 사고나 가치관과 일치하는 것이 아니라, 개인적 현상으로서 지극히 주관적인 것이다. 양심은 그 대상이나 내용 또는 동기에 의하여 판단될 수 없으며, 특히 양심상의 결정이 이성적 · 합리적인가, 타당한가 또는 법질서나 사회규범, 도덕률과 일치하는가 하는 관점은 양심의 존재를 판단하는 기준이 될 수 없다(헌재 2004.8.26. 2002헌가1).

㉣ (○) 종교전파의 자유에는 누구에게나 자신의 종교 또는 종교적 확신을 알리고 선전하는 자유를 말하며, 포교행위 또는 선교행위가 이에 해당한다. 그러나 이러한 종교전파의 자유는 국민에게 그가 선택한 임의의 장소에서 자유롭게 행사할 수 있는 권리까지 보장한다고 할 수 없으며, 그 임의의 장소가 대한민국의 주권이 미치지 아니하는 지역 나아가 국가에 의한 국민의 생명 · 신체 및 재산의 보호가 강력히 요구되는 해외 위난지역인 경우에는 더욱 그러하다(헌재 2008.6.26. 2007헌마1366).

11 [1][2][3]

정답 ③

출처 17 경찰승진

정답의 이유

③ '자유로운' 표명과 전파의 자유에는 자신의 신원을 누구에게도 밝히지 아니한 채 익명 또는 가명으로 자신의 사상이나 견해를 표명하고 전파할 익명표현의 자유도 그 보호영역에 포함된다고 할 것이다(헌재 2010.2.25. 2008헌마324).

오답의 이유

① 헌법 제21조 제2항은 언론 · 출판에 대한 허가나 검열은 인정되지 아니한다고 규정하여 언론 · 출판에 대한 검열을 절대적으로 금지하고 있다. 언론 · 출판에 대하여 사전검열이 허용될 경우에는 국민의 예술활동의 독창성과 창의성을 침해하여 정신생활에 미치는 위험이 클 뿐만 아니라 행정기관이 집권자에게 불리한 내용의 표현을 사전에 억제함으로써 이른바 관제의견이나 지배자에게 무해한 여론만이 허용되는 결과를 초래할 염려가 있기 때문에 헌법이 절대적으로 금지하고 있는 것이다. 따라서 비록 헌법 제37조 제2항이 국민의 자유와 권리를 국가안전보장 · 질서유지 또는 공공복리를 위하여 필요한 경우에 한하여 법률로써 제한할 수 있도록 규정하고 있다고 하여도 언론 · 출판의 자유에 대하여는 검열을 수단으로 한 제한만은 법률로써도 절대 허용되지 아니 한다고 할 것이다(헌재 1996.10.31. 94헌가6).

② 음란표현도 헌법 제21조가 규정하는 언론 · 출판의 자유의 보호영역에는 해당하되, 다만 헌법 제37조 제2항에 따라 국가 안전보장 · 질서유지 또는 공공복리를 위하여 제한할 수 있는 것이라고 해석하여야 할 것이다(헌재 2009.5.28. 2006헌바109).

④ 의료광고의 심의기관이 행정기관인가 여부는 기관의 형식에 의하기보다는 그 실질에 따라 판단되어야 한다. 따라서 검열을 행정기관이 아닌 독립적인 위원회에서 행한다고 하더라도, 행정권이 주체가 되어 검열절차를 형성하고 검열기관의 구성에 지속적인 영향을 미칠 수 있는 경우라면 실질적으로 그 검열기관은 행정기관이라고 보아야 한다. 민간심의기구가 심의를 담당하는 경우에도 행정권이 개입하여 그 사전심의에 자율성이 보장되지 않는다면 이 역시 행정기관의 사전검열에 해당하게 될 것이다(헌재 2015.12.23. 2015헌바75).

12 [1][2][3]

정답 ②

출처 17 경찰승진

정답의 이유

② 집회의 자유는 국민들이 타인과 접촉하고 정보와 의견을 교환하며 공동의 목적을 위하여 집단적으로 의사표현을 할 수 있게 함으로써 개성신장과 아울러 여론형성에 영향을 미칠 수 있게 하여 동화적 통합을 촉진하는 기능을 가지며, 나아가 정치 · 사회현상에 대한 불만과 비판을 공개적으로 표출케 함으로써 정치적 불만세력을 사회적으로 통합하여 정치적 안정에 기여하는 역할을 한다(헌재 2014.3.27. 2010헌가2).

오답의 이유

① 일반적으로 집회는, 일정한 장소를 전제로 하여 특정 목적을 가진 다수인이 일시적으로 회합하는 것을 말하는 것으로 일컬어지고 있고, 그 공동의 목적은 '내적인 유대 관계'로 족하다(헌재 2009.5.28. 2007헌바22).

③ 결사의 자유에서 말하는 '결사'란 자연인 또는 법인의 다수가 상당한 기간 동안 공동목적을 위하여 자유의사에 기하여 결합하고 조직화된 의사형성이 가능한 단체를 말하는 것이라고 정의하여 공동목적의 범위를 비영리적인 것으로 제한하지는 않았고, 다만, 결사개념에 공법상의 결사(헌재 1996.4.2. 92헌바47)나 법이 특별한 공공목적에 의하여 구성원의 자격을 정하고 있는 특수단체의 조직활동(헌재 1994.2.24. 92헌바43)은 해당되지 않는다(헌재 2002.9.19. 2000헌바84).

④ 헌법 제21조 제2항의 '허가'는 '행정청이 주체가 되어 집회의 허용 여부를 사전에 결정하는 것'으로서 행정청에 의한 사전허가는 헌법상 금지되지만, 입법자가 법률로써 일반적으로 집회를 제한하는 것은 헌법상 '사전허가금지'에 해당하지 않는다(헌재 2014.4.24. 2011헌가29).

13 1 2 3

정답 ④

출처 17 경찰승진

정답의 이유

㉡ (×) 배우자의 상속공제를 인정받기 위한 요건으로 배우자상속재산분할기한까지 배우자의 상속재산을 분할하여 신고할 것을 요구하면서 위 기한이 경과하면 일률적으로 배우자의 상속공제를 부인하는 이 사건 법률조항은, 피상속인의 배우자가 상속공제를 받은 후에 상속재산을 상속인들에게 이전하는 방법으로 부의 무상이전을 시도하는 것을 방지하고 상속세에 대한 조세법률관계를 조기에 확정하기 위한 정당한 입법목적을 가진 것이나, 상속재산분할심판과 같이 상속에 대한 실체적 분쟁이 계속 중이어서 법정기한 내에 재산분할을 마치기 어려운 부득이한 사정이 있는 경우, 후발적 경정청구 등에 의해 그러한 심판의 결과를 상속세 산정에 추후 반영할 길을 열어두지도 않은 채, 위 기한이 경과하면 일률적으로 배우자 상속공제를 부인함으로써 비례원칙에 위배되어 청구인들의 재산권을 침해한다(헌재 2012.5.3. 2009헌바190).

㉣ (×) 토지재산권에 대한 제한입법은 토지의 강한 사회성 내지는 공공성으로 말미암아 다른 재산권에 비하여 보다 강한 제한과 의무가 부과될 수 있으나, 역시 다른 기본권에 대한 제한입법과 마찬가지로 과잉금지의 원칙(비례의 원칙)을 준수해야 한다(헌재 2012.7.26. 2009헌바328).

오답의 이유

㉠ (○) 재산권의 내용을 새로이 형성하는 법률이 합헌적이기 위하여서는 장래에 적용될 법률이 헌법에 합치하여야 할 뿐만 아니라, 또한 과거의 법적 상태에 의하여 부여된 구체적 권리에 대한 침해를 정당화하는 이유가 존재하여야 하는 것이다(헌재 1999.4.29. 94헌바37).

㉢ (○) 헌법이 보장하는 재산권의 내용과 한계를 정하는 법률은 재산권을 제한한다는 의미가 아니라 재산권을 형성한다는 의미를 갖는다. 이러한 재산권의 내용과 한계를 정하는 법률의 경우에도 사유재산제도나 사유재산을 부인하는 것은 재산권 보장규정의 침해를 의미하고, 결코 재산권형성적 법률유보라는 이유로 정당화될 수 없다(헌재 1993.7.29. 92헌바20).

14 1 2 3

정답 ③

출처 17 경찰승진

정답의 이유

③ 헌법재판소는 직업수행의 자유 제한의 경우에는 입법자의 재량의 여지가 많으므로, 그 제한을 규정하는 법령에 대한 위헌 여부를 심사하는 데 있어서 좁은 의미의 직업선택의 자유에 비하여 상대적으로 폭넓은 법률상의 규제가 가능한 것으로 보아 다소 완화된 심사기준을 적용하여 왔다(헌재 2007.5.31. 2003헌마579).

오답의 이유

① 판매를 목적으로 모의총포를 소지하는 행위 자체를 일률적으로 영업활동이라 볼 수는 없지만, 그 소지 목적이나 정황적 근거에 따라 소지행위가 영업을 위한 준비행위로서 영업활동의 일환으로 평가될 수 있고, 이 사건 법률조항에 의하여 금지되는 소지행위도 영업으로서 직업의 자유의 보호범위에 포함될 수 있다(헌재 2011.11.24. 2011헌바18).

② 변호사시험 성적을 합격자에게 공개하지 않도록 규정한 심판대상조항은 변호사시험 합격자에 대하여 그 성적을 공개하지 않도록 규정하고 있을 뿐이고, 이러한 시험 성적의 비공개가 청구인들의 법조인으로서의 직역 선택이나 직업수행에 있어서 어떠한 제한을 두고 있는 것은 아니므로 심판대상조항이 청구인들의 직업선택의 자유를 제한하고 있다고 볼 수 없다(헌재 2015.6.25. 2011헌마769).

※ 변호사시험 성적을 합격자에게 공개하지 않도록 규정한 「변호사시험법」 제18조 제1항 본문은 알 권리(정보공개청구권)를 침해한다.

④ 어떠한 직업분야에 관한 자격제도를 만들면서 그 자격요건을 어떻게 설정할 것인가에 관하여는 국가에게 폭넓은 입법재량권이 부여되어 있는 것이므로 다른 방법으로 직업선택의 자유를 제한하는 경우에 비하여 보다 유연하고 탄력적인 심사가 필요하다 할 것이다(헌재 2003.9.25. 2002헌마519).

15 1 2 3

정답 ①

출처 17 경찰승진

정답의 이유

① 「신행정수도 후속대책을 위한 연기·공주지역 행정중심복합도시 건설을 위한 특별법」이 설사 수도를 분할하는 국가정책을 집행하는 내용을 가지고 있고 대통령이 이를 추진하고 집행하기 이전에 그에 관한 국민투표를 실시하지 아니하였다고 하더라도 국민투표권이 행사될 수 있는 계기인 대통령의 중요정책 국민투표 부의가 행해지지 않은 이상 청구인들의 국민투표권이 행사될 수 있을 정도로 구체화되었다고 할 수 없으므로 그 침해의 가능성은 인정되지 않는다(헌재 2005.11.24. 2005헌마579).

[오답의 이유]

② 헌법 제72조는 대통령에게 국민투표의 실시 여부, 시기, 구체적 부의사항, 설문내용 등을 결정할 수 있는 임의적인 국민투표발의권을 독점적으로 부여함으로써, 대통령이 단순히 특정 정책에 대한 국민의 의사를 확인하는 것을 넘어서 자신의 정책에 대한 추가적인 정당성을 확보하거나 정치적 입지를 강화하는 등, 국민투표를 정치적 무기화하고 정치적으로 남용할 수 있는 위험성을 안고 있다. 이러한 점을 고려할 때, 대통령의 부의권을 부여하는 헌법 제72조는 가능하면 대통령에 의한 국민투표의 정치적 남용을 방지할 수 있도록 엄격하고 축소적으로 해석되어야 한다(헌재 2004.5.14. 2004헌나1).

③ 국민투표는 선거와 달리 국민이 직접 국가의 정치에 참여하는 절차이므로, 국민투표권은 대한민국 국민의 자격이 있는 사람에게 반드시 인정되어야 하는 권리이다(헌재 2014.7.24. 2009헌마256).

④ 헌법개정사항인 수도의 이전을 헌법개정 절차를 밟지 아니하고 단지 단순법률의 형태로 실현시킨 것은 헌법 제130조에 따라 헌법개정에 있어서 국민이 가지는 참정권적 기본권인 국민투표권의 행사를 배제한 것이므로 동 권리를 침해하고 있다(헌재 2004.10.21. 2004헌마554).

16 [1][2][3]

정답 ④

출처 17 경찰승진

[정답의 이유]

④ 헌법과 법률이 정한 법관에 의한 재판을 받을 권리는 직업법관에 의한 재판을 주된 내용으로 하는 것이므로, 국민참여재판을 받을 권리가 헌법 제27조 제1항에서 규정한 재판을 받을 권리의 보호범위에 속한다고 볼 수 없다(헌재 2015.7.30. 2014헌바447).

[오답의 이유]

① 청구인의 청원이 단순한 호소나 요청이 아닌 구체적인 권리행사로서의 성질을 갖는 경우라면 그에 대한 위 피청구인의 거부행위는 청구인의 법률관계나 법적 지위에 영향을 미치는 것으로서 당연히 헌법소원의 대상이 되는 공권력의 행사라고 할 수 있을 것이다. 청구인의 청원이 구체적인 권리행사로서의 성질을 갖지 아니한 단순한 청원인 경우 이에 대한 거부의 회신이 헌법소원의 대상이 되는 공권력의 행사 또는 불행사라고 할 수 없다(헌재 2004.10.28. 2003헌마898).

② '피고인 스스로 치료감호를 청구할 수 있는 권리'가 헌법상 재판청구권의 보호범위에 포함된다고 보기는 어렵고, 검사뿐만 아니라 피고인에게까지 치료감호 청구권을 주어야만 절차의 적법성이 담보되는 것도 아니므로, 치료감호 청구권자를 검사로 한정한 구 「치료감호법」 조항이 재판청구권을 침해하거나 적법절차의 원칙에 반한다고 볼 수 없다(헌재 2010.4.29. 2008헌마622).

③ 재판청구권은 공권력이나 사인에 의해서 기본권이 침해당하거나 침해당할 위험에 처해있을 경우 이에 대한 구제나 그 예방을 요청할 수 있는 권리라는 점에서 다른 기본권의 보장을 위한 기본권이라는 성격을 가지고 있다(헌재 2009.10.29. 2008헌바101).

17 [1][2][3]

정답 ③

출처 17 경찰승진

[정답의 이유]

③ '부모의 자녀에 대한 교육권'은 비록 헌법에 명문으로 규정되어 있지는 아니하지만, 이는 모든 인간이 국적과 관계없이 누리는 양도할 수 없는 불가침의 인권으로서 혼인과 가족생활을 보장하는 헌법 제36조 제1항, 행복추구권을 보장하는 헌법 제10조 및 "국민의 자유와 권리는 헌법에 열거되지 아니한 이유로 경시되지 아니한다"라고 규정하는 헌법 제37조 제1항에서 나오는 중요한 기본권이다. 부모의 자녀교육권은 다른 기본권과는 달리, 기본권의 주체인 부모의 자기결정권이라는 의미에서 보장되는 자유가 아니라, 자녀의 보호와 인격발현을 위하여 부여되는 기본권이다. 다시 말하면, 부모의 자녀교육권은 자녀의 행복이란 관점에서 보장되는 것이며, 자녀의 행복이 부모의 교육에 있어서 그 방향을 결정하는 지침이 된다(헌재 2000.4.27. 98헌가16).

[오답의 이유]

① 인간의 존엄에 상응하는 생활에 필요한 "최소한의 물질적인 생활"의 유지에 필요한 급부를 요구할 수 있는 구체적인 권리가 상황에 따라서는 직접 도출될 수 있다고 할 수는 있어도, 동 기본권이 직접 그 이상의 급부를 내용으로 하는 구체적인 권리를 발생케 한다고는 볼 수 없다고 할 것이다. 이러한 구체적 권리는 국가가 재정형편 등 여러 가지 상황들을 종합적으로 감안하여 법률을 통하여 구체화할 때에 비로소 인정되는 법률적 차원의 권리라고 할 것이다(헌재 1995.7.21. 93헌가14).

② 의무교육의 실시범위와 관련하여 의무교육의 무상원칙을 규정한 헌법 제31조 제3항은 초등교육에 관하여는 직접적인 효력규정으로서 개인이 국가에 대하여 입학금 · 수업료 등을 면제받을 수 있는 헌법상의 권리라고 볼 수 있다(헌재 1991.2.11. 90헌가27).

④ 헌법상 보장되고 있는 학문의 자유 또는 교육을 받을 권리의 규정에서 교사의 수업권이 파생되는 것으로 해석하여 기본권에 준하는 것으로 간주하더라도 수업권을 내세워 수학권을 침해할 수는 없으며 국민의 수학권의 보장을 위하여 교사의 수업권은 일정범위 내에서 제약을 받을 수밖에 없는 것이다(헌재 1992.11.12. 89헌마88).

18 [1][2][3]

정답 ③

출처 17 경찰승진

[정답의 이유]

③ 근로의 권리가 "일할 자리에 관한 권리"만이 아니라 "일할 환경에 관한 권리"도 함께 내포하고 있는바, 후자는 인간의 존엄성에 대한 침해를 방어하기 위한 자유권적 기본권의 성격도 갖고 있어 건강한 작업환경, 일에 대한 정당한 보수, 합리적인 근로조건의 보장 등을 요구할 수 있는 권리 등을 포함한다고 할 것이므로 외국인 근로자라고 하여 이 부분에까지 기본권 주체성을 부인할 수는 없다(헌재 2007.8.30. 2004헌마670).

오답의 이유

① 헌법 제33조 제1항에서 보장된 근로자의 단결권은 단결할 자유만을 가리킬 뿐이고, 단결하지 아니할 자유 이른바 소극적 단결권은 이에 포함되지 않는다. 그렇다면 근로자가 노동조합을 결성하지 아니할 자유나 노동조합에 가입을 강제당하지 아니할 자유, 그리고 가입한 노동조합을 탈퇴할 자유는 근로자에게 보장된 단결권의 내용에 포섭되는 권리로서가 아니라 헌법 제10조의 행복추구권에서 파생되는 일반적 행동의 자유 또는 제21조 제1항의 결사의 자유에서 그 근거를 찾을 수 있다(헌재 2005.11.24. 2002헌바95).

② 근로연도 중도퇴직자의 중도퇴직 전 근로에 대해 유급휴가를 보장하지 않음으로써 근로의 권리를 침해하는지 여부는 이것이 현저히 불합리하여 헌법상 용인될 수 있는 재량의 범위를 명백히 일탈하고 있는지 여부에 달려있다고 할 수 있다. 계속근로기간 1년 이상인 근로자가 근로연도 중도에 퇴직한 경우 중도퇴직 전 1년 미만의 근로에 대하여 유급 휴가를 보장하지 않는 것은 입법재량의 범위를 현저히 일탈한 것이라고 볼 수는 없으므로 근로의 권리를 침해하지 않는다(헌재 2015.5.28. 2013헌마619).

④ 청원경찰에 대한 신분보장과 그 업무의 공공성, 업무수행의 특수성 등을 고려할 때, 군인이나 경찰관과 마찬가지로 청원경찰에 대하여도 단체행동권뿐만 아니라 단결권과 단체교섭권도 제한할 필요성이 충분히 인정된다(헌재 2008.7.31. 2004헌바9).

19 1 2 3

정답 ②

출처 17 경찰승진

정답의 이유

② '영업의 위생관리와 질서유지', '국민의 보건위생 증진'은 매우 추상적이고 포괄적인 개념이어서 이를 위하여 준수하여야 할 사항이 구체적으로 어떠한 것인지 그 행위태양이나 내용을 예측하기 어렵다. 또한 '영업의 위생관리와 국민의 보건위생 증진'은 「식품위생법」 전체의 입법목적과 크게 다를 바 없고, '질서유지'는 「식품위생법」의 입법목적에도 포함되어 있지 않은 일반적이고 추상적인 공익의 전체를 의미함에 불과하므로, 이러한 목적의 나열만으로는 식품 관련 영업자에게 행위기준을 제공해주지 못한다. 결국 심판대상조항은 수범자와 준수사항을 모두 하위법령에 위임하면서도 위임될 내용에 대해 구체화하고 있지 아니하여 그 내용들을 전혀 예측할 수 없게 하고 있으므로, 포괄위임금지원칙에 위반된다(헌재 2016.11.24. 2014헌가6).

오답의 이유

① 부정청탁금지조항 및 대가성 여부를 불문하고 직무와 관련하여 금품 등을 수수하는 것을 금지할 뿐만 아니라, 직무관련성이나 대가성이 없더라도 동일인으로부터 일정 금액을 초과하는 금품 등의 수수를 금지하는 부정청탁 및 금품 등 수수의 금지에 관한 법률조항 중 사립학교 관계자와 언론인에 관한 부분이 과잉금지원칙을 위반하여 청구인들의 일반적 행동자유권을 침해한다고 보기 어렵다(헌재 2016.7.28. 2015헌마236).

③ '여러 사람의 눈에 뜨이는 곳에서 공공연하게 알몸을 지나치게 내놓거나 가려야 할 곳을 내놓아 다른 사람에게 부끄러운 느낌이나 불쾌감을 준 사람'을 처벌하는 「경범죄처벌법」 제3조 제1항 제33호는 죄형법정주의의 명확성원칙에 위배된다(헌재 2016.11.24. 2016헌가3).

④ 강도상해죄의 법정형의 하한을 '7년 이상의 징역'으로 정하고 있는 「형법」 제337조는 강도치상죄 법정형의 하한을 강간치상죄, 인질치상죄 등에 비하여 높게 규정하였다 하더라도, 강도치상죄와 기본범죄, 보호법익, 죄질 등이 다른 이들 범죄를 단순히 평면적으로 비교하여 법정형의 과중 여부를 판단할 수 없으므로, 심판대상조항이 형벌체계상의 균형성을 상실하여 헌법에 위반된다고 할 수 없다(헌재 2016.9.29. 2014헌바183).

20 1 2 3

정답 ①

출처 17 경찰승진

정답의 이유

① 보호의무자 2인의 동의와 정신건강의학과 전문의 1인의 진단으로 정신질환자에 대한 보호입원이 가능하도록 한 「정신보건법」 조항은, 목적이 정당하고 수단의 적절성도 인정되나, 침해의 최소성 원칙에 위배되며 법익의 균형성 요건도 충족하지 못하여 과잉금지원칙을 위반하여 신체의 자유를 침해한다(헌재 2016.9.29. 2014헌가9).

오답의 이유

② 재판에 영향을 미칠 염려가 있거나 미치게 하기 위한 집회 · 시위를 사전적 · 전면적으로 금지하고 있을 뿐 아니라, 어떠한 집회 · 시위가 규제대상에 해당하는지를 판단할 수 있는 아무런 기준도 제시하지 아니함으로써 사실상 재판과 관련된 집단적 의견표명 일체가 불가능하게 되어 집회의 자유를 실질적으로 박탈하는 결과를 초래하므로 최소침해성 원칙에 반한다. 더욱이 이 사건 제2호 부분으로 인하여 달성하고자 하는 공익 실현 효과는 가정적이고 추상적인 반면, 이 사건 제2호 부분으로 인하여 침해되는 집회의 자유에 대한 제한 정도는 중대하므로 법익균형성도 상실하였다. 따라서 이 사건 제2호 부분은 과잉금지원칙에 위배되어 집회의 자유를 침해한다(헌재 2016.9.29. 2014헌가3).

③ 미신고 시위에 대한 해산명령에 불응하는 자를 처벌하도록 규정한 「집회 및 시위에 관한 법률」 조항은 과잉금지원칙을 위반하여 집회의 자유를 침해한다고 볼 수 없다(헌재 2016.9.29. 2014헌바492).

④ 성매매 영업알선행위를 처벌하는 「성매매알선 등 행위의 처벌에 관한 법률」 조항은 과잉금지원칙에 위배되어 직업선택의 자유를 침해하지 아니한다(헌재 2016.9.29. 2015헌바65).

제 11 회 경찰공무원(순경) 헌법

빠른 정답 나의 점수 점

01	02	03	04	05	06	07	08	09	10
③	③	③	④	②	③	④	④	④	③
11	**12**	**13**	**14**	**15**	**16**	**17**	**18**	**19**	**20**
④	②	①	②	③	②	④	④	②	④

01 [1][2][3] 정답 ③

출처 21 5급 공채

정답의 이유

③ 헌법은 전문(前文)에서 "3 · 1운동으로 건립된 대한민국임시정부의 법통을 계승"한다고 선언하고 있다. 이는 대한민국이 일제에 항거한 독립운동가의 공헌과 희생을 바탕으로 이룩된 것임을 선언한 것이고, 그렇다면 국가는 일제로부터 조국의 자주독립을 위하여 공헌한 독립유공자와 그 유족에 대하여는 응분의 예우를 하여야 할 헌법적 의무를 지닌다고 보아야 할 것이다(헌재 2005.6.30. 2004헌마859).

오답의 이유

① 우리 헌법은 전문에서 모든 사회적 폐습과 불의를 타파한다고 규정하고 있다.

> [헌법 전문]
> 유구한 역사와 전통에 빛나는 우리 대한국민은 3 · 1운동으로 건립된 대한민국임시정부의 법통과 불의에 항거한 4 · 19민주이념을 계승하고, 조국의 민주개혁과 평화적 통일의 사명에 입각하여 정의 · 인도와 동포애로써 민족의 단결을 공고히 하고, 모든 사회적 폐습과 불의를 타파하며, 자율과 조화를 바탕으로 자유민주적 기본질서를 더욱 확고히 하여 정치 · 경제 · 사회 · 문화의 모든 영역에 있어서 각인의 기회를 균등히 하고, 능력을 최고도로 발휘하게 하며, 자유와 권리에 따르는 책임과 의무를 완수하게 하여, 안으로는 국민생활의 균등한 향상을 기하고 밖으로는 항구적인 세계평화와 인류공영에 이바지함으로써 우리들과 우리들의 자손의 안전과 자유와 행복을 영원히 확보할 것을 다짐하면서 1948년 7월 12일에 제정되고 8차에 걸쳐 개정된 헌법을 이제 국회의 의결을 거쳐 국민투표에 의하여 개정한다.

② "헌법전문에 기재된 3 · 1정신"은 우리나라 헌법의 연혁적 · 이념적 기초로서 헌법이나 법률해석에서의 해석기준으로 작용한다고 할 수 있지만, 그에 기하여 곧바로 국민의 개별적 기본권성을 도출해낼 수는 없다고 할 것이므로, 헌법소원의 대상인 "헌법상 보장된 기본권"에 해당하지 아니한다(헌재 2001.3.21. 99헌마139 등).

④ 우리 헌법은 전문에서 "3 · 1운동으로 건립된 대한민국임시정부의 법통"의 계승을 천명하고 있는바, 비록 우리 헌법이 제정되기 전의 일이라 할지라도 국가가 국민의 안전과 생명을 보호하여야 할 가장 기본적인 의무를 수행하지 못한 일제강점기에 일본군위안부로 강제 동원되어 인간의 존엄과 가치가 말살된 상태에서 장기간 비극적인 삶을 영위하였던 피해자들의 훼손된 인간의 존엄과 가치를 회복시켜야 할 의무는 대한민국임시정부의 법통을 계승한 지금의 정부가 국민에 대하여 부담하는 가장 근본적인 보호의무에 속한다고 할 것이다(헌재 2011.8.30. 2006헌마788).

02 [1][2][3] 정답 ③

출처 21 5급 공채

정답의 이유

③ 「형사보상 및 명예회복에 관한 법률」 제8조

오답의 이유

① 「형사보상 및 명예회복에 관한 법률」 제7조

> **「형사보상 및 명예회복에 관한 법률」 제7조(관할법원)** 보상청구는 무죄재판을 한 법원에 대하여 하여야 한다.

② 「형사보상 및 명예회복에 관한 법률」 제6조 제1항

> **「형사보상 및 명예회복에 관한 법률」 제6조(손해배상과의 관계)** ① 이 법은 보상을 받을 자가 다른 법률에 따라 손해배상을 청구하는 것을 금지하지 아니한다.

④ 「형사보상 및 명예회복에 관한 법률」 제13조

> **「형사보상 및 명예회복에 관한 법률」 제13조(대리인에 의한 보상청구)** 보상청구는 대리인을 통하여서도 할 수 있다.

03 1 2 3 정답 ③

출처 21 5급 공채

정답의 이유

③ 교육의 자주성이나 대학의 자율성은 헌법 제22조 제12항이 보장하고 있는 학문의 자유의 확실한 보장수단으로 꼭 필요한 것으로서 이는 대학에게 부여된 헌법상의 기본권이다. 따라서 국립대학인 서울대학교는 다른 국가기관 내지 행정기관과는 달리 공권력의 행사자의 지위와 함께 기본권의 주체라는 점도 중요하게 다루어져야 한다. 여기서 대학의 자율은 대학시설의 관리 · 운영만이 아니라 학사관리 등 전반적인 것이라야 하므로 연구와 교육의 내용, 그 방법과 그 대상, 교과과정의 편성, 학생의 선발, 학생의 전형도 자율의 범위에 속해야 하고 따라서 입학시험제도도 자주적으로 마련될 수 있어야 한다(헌재 1992.10.1. 92헌마68 등).

오답의 이유

① 우리 헌법은 법인의 기본권향유능력을 인정하는 명문의 규정을 두고 있지 않지만, 본래 자연인에게 적용되는 기본권규정이라도 언론 · 출판의 자유, 재산권의 보장 등과 같이 성질상 법인이 누릴 수 있는 기본권을 당연히 법인에게도 적용하여야 한 것으로 본다(헌재 1991.6.3. 90헌마56).

② 법인도 법인의 목적과 사회적 기능에 비추어 볼 때 그 성질에 반하지 않는 범위 내에서 인격권의 한 내용인 사회적 신용이나 명예 등의 주체가 될 수 있고 법인이 이러한 사회적 신용이나 명예 유지 내지 법인격의 자유로운 발현을 위하여 의사결정이나 행동을 어떻게 할 것인지를 자율적으로 결정하는 것도 법인의 인격권의 한 내용을 이룬다고 할 것이다(헌재 2012.8.23. 2009헌가27).

④ 법인도 사단법인 · 재단법인 또는 영리법인 · 비영리법인을 가리지 아니하고 위 한계내에서는 헌법상 보장된 기본권이 침해되었음을 이유로 헌법소원심판을 청구할 수 있다. 또한, 법인 아닌 사단 · 재단이라고 하더라도 대표자의 정함이 있고 독립된 사회적 조직체로서 활동하는 때에는 성질상 법인이 누릴 수 있는 기본권을 침해당하게 되면 그의 이름으로 헌법소원심판을 청구할 수 있다(헌재 1991.6.3. 90헌마56).

04 1 2 3 정답 ④

출처 21 5급 공채

정답의 이유

ㄱ. (○) 「영화진흥법」 제21조 제4항이 규정하고 있는 영상물등급위원회에 의한 등급분류보류제도는, 영상물등급위원회가 영화의 상영에 앞서 영화를 제출받아 그 심의 및 상영등급분류를 하되, 등급분류를 받지 아니한 영화는 상영이 금지되고 만약 등급분류를 받지않은 채 영화를 상영한 경우 과태료, 상영금지명령에 이어 형벌까지 부과할 수 있도록 하며, 등급분류보류의 횟수제한이 없어 실질적으로 영상물등급위원회의 허가를 받지 않는 한 영화를 통한 의사표현이 무한정 금지될 수 있으므로 검열에 해당한다(헌재 2001.8.30. 2000헌가9).

ㄴ. (○) 검열을 행정기관이 아닌 독립적인 위원회에서 행한다고 하더라도, 행정권이 주체가 되어 검열절차를 형성하고 검열기관의 구성에 지속적인 영향을 미칠 수 있는 경우라면 실질적으로 그 검열기관은 행정기관이라고 보아야 한다. 그렇게 해석하지 아니한다면 검열기관의 구성은 입법기술상의 문제에 지나지 않음에도 불구하고 정부에게 행정관청이 아닌 독립된 위원회의 구성을 통하여 사실상 검열을 하면서도 헌법상 검열금지원칙을 위반하였다는 비난을 면할 수 있는 길을 열어주기 때문이다(헌재 2015.12.23. 2015헌바75).

ㄷ. (○) 민간심의기구가 심의를 담당하는 경우에도 행정권이 개입하여 그 사전심의에 자율성이 보장되지 않는다면 이 역시 행정기관의 사전검열에 해당하게 될 것이다(헌재 2015.12.23. 2015헌바75).

ㄹ. (○) 현행 헌법상 사전검열은 표현의 자유 보호대상이면 예외 없이 금지된다. 건강기능식품의 기능성 광고는 인체의 구조 및 기능에 대하여 보건용도에 유용한 효과를 준다는 기능성 등에 관한 정보를 널리 알려 해당 건강기능식품의 소비를 촉진시키기 위한 상업광고이지만, 헌법 제21조 제1항의 표현의 자유의 보호 대상이 됨과 동시에 같은 조 제2항의 사전검열 금지 대상도 된다(헌재 2018.6.28. 2016헌가8 등).

05 1 2 3 정답 ②

출처 21 5급 공채

정답의 이유

② 외국에서 실제로 형의 집행을 받았음에도 불구하고 우리 「형법」에 의한 처벌 시 이를 전혀 고려하지 않는다면 신체의 자유에 대한 과도한 제한이 될 수 있으므로 그와 같은 사정은 어느 범위에서든 반드시 반영되어야 하고, 이러한 점에서 입법형성권의 범위는 다소 축소될 수 있다. 입법자는 국가형벌권의 실현과 국민의 기본권 보장의 요구를 조화시키기 위하여 형을 필요적으로 감면하거나 외국에서 집행된 형의 전부 또는 일부를 필요적으로 산입하는 등의 방법을 선택하여 청구인의 신체의 자유를 덜 침해할 수 있음에도, 이 사건 법률조항과 같이 우리 「형법」에 의한 처벌 시 외국에서 받은 형의 집행을 전혀 반영하지 아니할 수도 있도록 한 것은 과잉금지원칙에 위배되어 신체의 자유를 침해한다(헌재 2015.5.28. 2013헌바129).

오답의 이유

① 피의자신문에 참여한 변호인이 피의자 옆에 앉는다고 하여 피의자 뒤에 앉는 경우보다 수사를 방해할 가능성이 높아진다거나 수사기밀을 유출할 가능성이 높아진다고 볼 수 없으므로, 이 사건 후방착석요구행위의 목적의 정당성과 수단의 적절성을 인정할 수 없다. … 따라서 이 사건 후방착석요구행위는 변호인인 청구인의 변호권을 침해한다(헌재 2017.11.30. 2016헌마503).

③ 헌법 제12조 제3항

④ 헌법 제12조 제4항 본문의 문언 및 헌법 제12조의 조문 체계, 변호인 조력권의 속성, 헌법이 신체의 자유를 보장하는 취지를 종합하여 보면 헌법 제12조 제4항 본문에 규정된 "구속"은 사법절차에서 이루어진 구속뿐 아니라, 행정절차에서 이루어진 구속까지 포함하는 개념이다. 따라서 헌법 제12조 제4항 본문에 규정된 변호인의 조력을 받을 권리는 행정절차에서 구속을 당한 사람에게도 즉시 보장된다(헌재 2018. 5.31. 2014헌마346).

06 1 2 3

정답 ③

출처 21 5급 공채

정답의 이유

③ 심판대상조항이 선거운동의 자유를 감안하여 선거운동을 위한 확성장치를 허용할 공익적 필요성이 인정된다고 하더라도 정온한 생활환경이 보장되어야 할 주거지역에서 출근 또는 등교 이전 및 퇴근 또는 하교 이후 시간대에 확성장치의 최고출력 내지 소음을 제한하는 등 사용시간과 사용지역에 따른 수인한도 내에서 확성장치의 최고출력 내지 소음 규제기준에 관한 규정을 두지 아니한 것은, 국민이 건강하고 쾌적하게 생활할 수 있는 양호한 주거환경을 위하여 노력하여야 할 국가의 의무를 부과한 헌법 제35조 제3항에 비추어 보면, 적절하고 효율적인 최소한의 보호조치를 취하지 아니하여 국가의 기본권 보호의무를 과소하게 이행한 것이다. 따라서 심판대상조항은 국가의 기본권 보호의무를 과소하게 이행한 것으로서, 청구인의 건강하고 쾌적한 환경에서 생활할 권리를 침해한다(헌재 2019.12.27. 2018헌마730).

오답의 이유

① 국가의 기본권 보호의무란 기본권적 법익을 기본권 주체인 사인에 의한 위법한 침해 또는 침해의 위험으로부터 보호하여야 하는 국가의 의무를 말하며, 주로 사인인 제3자에 의한 개인의 생명이나 신체의 훼손에서 문제되는 것이므로, 제3자에 의한 개인의 생명이나 신체의 훼손이 문제되는 사안이 아닌 이 사건에서는 이에 대해 판단할 필요가 없다(헌재 2015.12.23. 2011헌바139).

② 국가가 국민의 생명 · 신체의 안전을 보호할 의무를 진다 하더라도, 국가의 보호의무를 입법자 또는 그로부터 위임받은 집행자가 어떻게 실현할 것인가 하는 문제는 원칙적으로 권력분립과 민주주의 원칙에 따라 국민에 의하여 직접 민주적 정당성을 부여받고 자신의 결정에 대하여 정치적 책임을 지는 입법자의 책임범위에 속하므로, 헌법재판소는 단지 제한적으로만 입법자 또는 그로부터 위임받은 집행자에 의한 보호의무의 이행을 심사할 수 있다. … 여기서 국가가 기본권 보호의무를 이행함에 있어서는 그 행위의 형식에 관하여도 폭넓은 형성의 자유가 인정되고, 반드시 법령에 의하여 이행하여야 하는 것은 아니므로, 국가의 보호조치가 침해되는 기본권을 보호하는 데 적절한지 여부를 판단함에 있어서는 이 사건 결정 선고 시까지 취해진 국가행위를 전체적으로 고려하여 판단하여야 한다(헌재 2016.10.27. 2012헌마121).

④ 입법자가 기본권 보호의무를 최대한 실현하는 것이 이상적이지만, 그러한 이상적 기준이 헌법재판소가 위헌 여부를 판단하는 심사기준이 될 수는 없으며, 헌법재판소는 권력분립의 관점에서 소위 "과소보호금지원칙"을, 즉 국가가 국민의 기본권 보호를 위하여 적어도 적절하고 효율적인 최소한의 보호조치를 취했는가를 기준으로 심사하게 된다. 따라서 입법부작위나 불완전한 입법에 의한 기본권의 침해는 입법자의 보호의무에 대한 명백한 위반이 있는 경우에만 인정될 수 있다. 다시 말하면 국가가 국민의 법익을 보호하기 위하여 아무런 보호조치를 취하지 않았든지 아니면 취한 조치가 법익을 보호하기에 명백하게 부적합하거나 불충분한 경우에 한하여 헌법재판소는 국가의 보호의무의 위반을 확인할 수 있을 뿐이다(헌재 2008.7.31. 2004헌바81).

07 1 2 3

정답 ④

출처 21 5급 공채

정답의 이유

④ 헌법 제36조 제3항이 규정하고 있는 국민의 보건에 관한 권리는 국민이 자신의 건강을 유지하는 데 필요한 국가적 급부와 배려를 요구할 수 있는 권리를 말하는 것으로서, 국가는 국민의 건강을 소극적으로 침해하여서는 아니 될 의무를 부담하는 것에서 한걸음 더 나아가 적극적으로 국민의 보건을 위한 정책을 수립하고 시행하여야 할 의무를 부담한다는 것을 의미한다(헌재 2012.2.23. 2011헌마123).

오답의 이유

① 헌법 제36조 제3항

② 헌재 2012.2.23. 2011헌마123

③ 헌법 제10조, 제36조 제3항에 따라 국가는 국민의 생명 · 신체의 안전이 위협받거나 받게 될 우려가 있는 경우 국민의 생명 · 신체의 안전을 보호하기에 필요한 적절하고 효율적인 조치를 취하여 그 침해의 위험을 방지하고 이를 유지할 포괄적 의무를 진다. 국가가 위와 같은 조치를 취하지 못하였다면 이는 국가가 국민의 생명 · 신체 보호의무를 위반하여 국민의 생명 · 신체의 안전에 관한 기본권 내지 보건권을 침해할 가능성이 있는 경우에 해당한다(헌재 2019.6.28. 2017헌마1309).

08 1 2 3

정답 ④

출처 21 5급 공채

정답의 이유

④ 재범의 위험성이 높은 범죄를 범한 수형인 등은 생존하는 동안 재범의 가능성이 있으므로, 디엔에이신원확인정보를 수형인 등이 사망할 때까지 관리하여 범죄 수사 및 예방에 이바지하고자 하는 이 사건 삭제조항은 입법목적의 정당성과 수단의 적절성이 인정된다. … 디엔에이신원확인정보를 범죄수사 등에 이용함으로써 달성할 수 있는 공익의 중요성에 비하여 청구인의 불이익이 크다고 보기 어려워 법익균형성도 갖추었다. 따라서 이 사건 삭제조항이 과도하게 개인정보자기결정권을 침해한다고 볼 수 없다(헌재 2014.8.28. 2011헌마28 등).

오답의 이유

① 이동전화의 이용과 관련하여 필연적으로 발생하는 통신사실 확인자료는 비록 비내용적 정보이지만 여러 정보의 결합과 분석을 통해 정보주체에 관한 정보를 유추해낼 수 있는 민감한 정보인 점, 수사기관의 통신사실 확인자료 제공요청에 대해 법원의 허가를 거치도록 규정하고 있으나 수사의 필요성만을 그 요건으로 하고 있어 제대로 된 통제가 이루어지기 어려운 점, 기지국수사의 허용과 관련하여서는 유괴·납치·성폭력범죄 등 강력범죄나 국가안보를 위협하는 각종 범죄와 같이 피의자나 피해자의 통신사실 확인자료가 반드시 필요한 범죄로 그 대상을 한정하는 방안 또는 다른 방법으로는 범죄수사가 어려운 경우(보충성)를 요건으로 추가하는 방안 등을 검토함으로써 수사에 지장을 초래하지 않으면서도 불특정 다수의 기본권을 덜 침해하는 수단이 존재하는 점을 고려할 때, 이 사건 요청조항은 과잉금지원칙에 반하여 청구인의 개인정보자기결정권과 통신의 자유를 침해한다(헌재 2018.6.28. 2012헌마538 등).

② 국회의원인 甲 등이 '각급학교 교원의 교원단체 및 교원노조 가입현황 실명자료'를 인터넷을 통하여 공개한 사안에서, 위 정보는 개인정보자기결정권의 보호대상이 되는 개인정보에 해당하므로 이를 일반 대중에게 공개하는 행위는 해당 교원들의 개인정보자기결정권과 전국교직원노동조합의 존속, 유지, 발전에 관한 권리를 침해하는 것이고, 甲 등이 위 정보를 공개한 표현행위로 인하여 얻을 수 있는 법적 이익이 이를 공개하지 않음으로써 보호받을 수 있는 해당 교원 등의 법적 이익에 비하여 우월하다고 할 수 없으므로, 甲 등의 정보 공개행위가 위법하다(대판 2014.7.24. 2012다49933).

③ 개인정보자기결정권은 자신에 관한 정보가 언제 누구에게 어느 범위까지 알려지고 또 이용되도록 할 것인지를 그 정보주체가 스스로 결정할 수 있는 권리로서, 헌법 제10조 제1문에서 도출되는 일반적 인격권 및 헌법 제17조의 사생활의 비밀과 자유에 의하여 보장된다. 개인정보를 대상으로 한 조사·수집·보관·처리·이용 등의 행위는 모두 원칙적으로 개인정보자기결정권에 대한 제한에 해당한다(헌재 2018.8.30. 2016헌마483).

09 1 2 3 정답 ④

출처 21 5급 공채

정답의 이유

④ 「헌법재판소법」 제47조 제3항에 의하면 형벌에 관한 법률 또는 법률조항은 소급하여 그 효력을 상실하지만 해당 법률 또는 법률의 조항에 대하여 종전에 합헌으로 결정한 사건이 있는 경우에는 그 결정이 있는 날의 다음 날로 소급하여 효력을 상실한다. 따라서 위 사례에서 심판대상조항에 대하여 위헌결정을 선고하는 경우 심판대상조항은 제정된 때가 아닌 종전에 합헌이 있는 날인 2001.10.25.의 다음날인 2001.10.26.로 소급하여 효력을 상실한다.

오답의 이유

① 헌법 제10조는 개인의 인격권과 행복추구권을 보장하고 있고, 인격권과 행복추구권은 개인의 자기운명결정권을 전제로 한다. 이 자기운명결정권에는 성행위 여부 및 그 상대방을 결정할 수 있는 성적 자기결정권이 포함되어 있으므로, 심판대상조항은 개인의 성적 자기결정권을 제한한다. 또한, 심판대상조항은 개인의 성생활이라는 내밀한 사적 생활영역에서의 행위를 제한하므로 헌법 제17조가 보장하는 사생활의 비밀과 자유 역시 제한한다. … 결국, 심판대상조항은 수단의 적절성 및 침해최소성을 갖추지 못하였고 법익의 균형성도 상실하였으므로, 과잉금지원칙을 위반하여 국민의 성적 자기결정권 및 사생활의 비밀과 자유를 침해하는 것으로 헌법에 위반된다(헌재 2015.2.26. 2009헌바17 등).

② 「헌법재판소법」 제47조 제4항

> **「헌법재판소법」 제47조** ④ 제3항의 경우에 위헌으로 결정된 법률 또는 법률의 조항에 근거한 유죄의 확정판결에 대하여는 재심을 청구할 수 있다.

③ 헌법재판관들의 의견이 위헌 3인, 헌법불합치 4인, 합헌 2인으로 나뉘는 경우 청구인에게 가장 유리한 의견인 위헌 3인에 헌법불합치 4일을 더해 위헌정족수 6인에 도달한 헌법불합치를 주문에서 선고해야 한다.

10 1 2 3 정답 ③

출처 21 5급 공채

정답의 이유

③ 헌법 제123조 제3항

> **헌법 제123조** ③ 국가는 중소기업을 보호·육성할 의무를 진다.

오답의 이유

① 헌법 제121조 제1항

② 헌법 제124조

④ 헌법 제123조 제4항

11 1 2 3 정답 ④

출처 20 5급 공채

정답의 이유

④ 헌법 제123조 제5항은 국가에게 "농·어민의 자조조직을 육성할 의무"와 "자조조직의 자율적 활동과 발전을 보장할 의무"를 아울러 규정하고 있는데, 이러한 국가의 의무는 자조조직이 제대로 활동하고 기능하는 시기에는 그 조직의 자율성을 침해하지 않도록 하는 후자의 소극적 의무를 다하면 된다고 할 수 있지만, 그 조직이 제대로 기능하지 못하고 향후의 전망도 불확실한 경우라면 단순히 그 조직의 자율성을 보장하는 것에 그쳐서는 아니 되고, 적극적으로 이를 육성하여야 할 전자의 의무까지도 수행하여야 한다(헌재 2000.6.1. 99헌마553).

오답의 이유

① 헌법 제126조
② 헌법 제121조 제2항
③ 우리 헌법의 경제질서는 사유재산제를 바탕으로 하고 자유경쟁을 존중하는 자유시장 경제질서를 기본으로 하면서도 이에 수반되는 갖가지 모순을 제거하고 사회복지 · 사회정의를 실현하기 위하여 국가적 규제와 조정을 용인하는 사회적 시장경제질서로서의 성격을 띠고 있다(헌재 2001.6.28. 2001헌마132).

12 1 2 3

정답 ②

출처 20 5급 공채

정답의 이유

② 헌법 제109조

> **헌법 제109조** 재판의 심리와 판결은 공개한다. 다만, 심리는 국가의 안전보장 또는 안녕질서를 방해하거나 선량한 풍속을 해할 염려가 있을 때에는 법원의 결정으로 공개하지 아니할 수 있다.

오답의 이유

① 헌법 제107조 제3항
③ 우리 헌법상 헌법과 법률이 정한 법관에 의한 재판을 받을 권리는 직업법관에 의한 재판을 주된 내용으로 하는 것이므로 국민참여재판을 받을 권리가 헌법 제27조 제1항에서 규정한 재판을 받을 권리의 보호범위에 속한다고 볼 수 없다(헌재 2009.11.26. 2008헌바12).
④ 헌법 제27조 제2항

> **헌법 제27조** ② 군인 또는 군무원이 아닌 국민은 대한민국의 영역 안에서는 중대한 군사상 기밀 · 초병 · 초소 · 유독음식물공급 · 포로 · 군용물에 관한 죄중 법률이 정한 경우와 비상계엄이 선포된 경우를 제외하고는 군사법원의 재판을 받지 아니한다.

13 1 2 3

정답 ①

출처 20 5급 공채

정답의 이유

① 헌법 제98조 제1항

> **헌법 제98조** ① 감사원은 원장을 포함한 5인 이상 11인 이하의 감사위원으로 구성한다.

오답의 이유

② 헌법 제41조는 "국회의원의 수를 법률로 정하되 200인 이상으로 한다"고 규정하며 「공직선거법」 제21조는 "국회의 의원정수는 지역구국회의원 253명과 비례대표국회의원 47명을 합하여 300명으로 한다"고 규정하므로 "국회의원을 400인으로 한다"는 법률개정으로 가능하다.
③ 헌법개정 없이 국무위원의 수를 15인으로 할 수 있다.

> **헌법 제88조** ② 국무회의는 대통령 · 국무총리와 15인 이상 30인 이하의 국무위원으로 구성한다.

④ 대법관 수를 12인으로 하는 것은 법률개정사항이다.

> **「법원조직법」 제4조(대법관)** ② 대법관의 수는 대법원장을 포함하여 14명으로 한다.

14 1 2 3

정답 ②

출처 20 5급 공채

정답의 이유

② 헌법 제15조가 보장하는 직업선택의 자유는 직업 "선택"의 자유만이 아니라 직업과 관련된 종합적이고 포괄적인 직업의 자유를 보장하는 것이다. 또한 직업의 자유는 독립적 형태의 직업활동뿐만 아니라 고용된 형태의 종속적인 직업활동도 보장한다. 따라서 직업선택의 자유는 직장선택의 자유를 포함한다. … 이러한 직장선택의 자유는 개인이 그 선택한 직업분야에서 구체적인 취업의 기회를 가지거나, 이미 형성된 근로관계를 계속 유지하거나 포기하는 데에 있어 국가의 방해를 받지 않는 자유로운 선택 · 결정을 보호하는 것을 내용으로 한다. 그러나 이 기본권은 원하는 직장을 제공하여 줄 것을 청구하거나 한번 선택한 직장의 존속보호를 청구할 권리를 보장하지 않으며, 또한 사용자의 처분에 따른 직장 상실로부터 직접 보호하여 줄 것을 청구할 수도 없다(헌재 2002.11.28. 2001헌바50).

오답의 이유

① 직업의 자유는 영업의 자유와 기업의 자유를 포함하고, 이러한 영업 및 기업의 자유를 근거로 원칙적으로 누구나가 자유롭게 경쟁에 참여할 수 있다. 경쟁의 자유는 기본권의 주체가 직업의 자유를 실제로 행사하는데에서 나오는 결과이므로 당연히 직업의 자유에 의하여 보장되고, 다른 기업과의 경쟁에서 국가의 간섭이나 방해를 받지 않고 기업활동을 할 수 있는 자유를 의미한다(헌재 1996.12.26. 96헌가18).
③ 공무담임권은 국가 등에게 능력주의를 존중하는 공정한 공직자선발을 요구할 수 있는 권리라는 점에서 직업선택의 자유보다는 그 기본권의 효과가 현실적 · 구체적이므로, 공직을 직업으로 선택하는 경우에 있어서 직업선택의 자유는 공무담임권을 통해서 그 기본권보호를 받게 된다고 할 수 있으므로 공무담임권을 침해하는지 여부를 심사하는 이상 이와 별도로 직업선택의 자유 침해 여부를 심사할 필요는 없다(헌재 2006.3.30. 2005헌마598).
④ 상대적으로 쌍방 의료행위에 대한 지식과 능력이 우수한 사람들에 대하여 어느 한쪽의 의료기관의 개설만을 허용하고 나머지를 금지하는 이 사건 법률 조항은 그 제한의 목적과 수단이 정당하고 적절하다고 보기도 어렵다. … 이 사건 법률조항은 청구인들과 같은 복수면허 의료인에게 양방이든 한방이든 하나의 의료기관만을 개설하도록 하는 규범으로 작용한다는 점에서 과잉금지원칙에 반하여 청구인들의 직업의 자유를 침해한다(헌재 2007.12.27. 2004헌마1021).

15 1 2 3 정답 ③

출처 20 5급 공채

정답의 이유

③ 「헌법재판소법」 제60조

> **「헌법재판소법」 제60조(결정의 집행)** 정당의 해산을 명하는 헌법재판소의 결정은 중앙선거관리위원회가 「정당법」에 따라 집행한다.

오답의 이유

① 헌법 제8조 제2항
② 헌법 제8조 제4항
④ 헌법 제8조 제3항

16 1 2 3 정답 ②

출처 20 5급 공채

정답의 이유

② 헌법 제32조 제6항

> **헌법 제32조** ⑥ 국가유공자·상이군경 및 전몰군경의 유가족은 법률이 정하는 바에 의하여 우선적으로 근로의 기회를 부여받는다.

오답의 이유

① 청원경찰은 일반근로자일 뿐 공무원이 아니므로 원칙적으로 헌법 제33조 제1항에 따라 근로3권이 보장되어야 한다. 청원경찰은 제한된 구역의 경비를 목적으로 필요한 범위에서 경찰관의 직무를 수행할 뿐이며, 그 신분보장은 공무원에 비해 취약하다. 또한 국가기관이나 지방자치단체 이외의 곳에서 근무하는 청원경찰은 근로조건에 관하여 공무원뿐만 아니라 국가기관이나 지방자치단체에 근무하는 청원경찰에 비해서도 낮은 수준의 법적 보장을 받고 있으므로, 이들에 대해서는 근로3권이 허용되어야 할 필요성이 크다. 청원경찰에 대하여 직접행동을 수반하지 않는 단결권과 단체교섭권을 인정하더라도 시설의 안전 유지에 지장이 된다고 단정할 수 없다. … 그럼에도 심판대상조항은 군인이나 경찰과 마찬가지로 모든 청원경찰의 근로3권을 획일적으로 제한하고 있다. 이상을 종합하여 보면, 심판대상조항이 모든 청원경찰의 근로3권을 전면적으로 제한하는 것은 과잉금지원칙을 위반하여 청구인들의 근로3권을 침해하는 것이다(헌재 2017.9.28. 2015헌마653).

③ 근로의 권리란 인간이 자신의 의사와 능력에 따라 근로관계를 형성하고, 타인의 방해를 받음이 없이 근로관계를 계속 유지하며, 근로의 기회를 얻지 못한 경우에는 국가에 대하여 근로의 기회를 제공하여 줄 것을 요구할 수 있는 권리를 말하며, 이러한 근로의 권리는 생활의 기본적인 수요를 충족시킬 수 있는 생활수단을 확보해 주고 나아가 인격의 자유로운 발현과 인간의 존엄성을 보장해 주는 것으로서 사회권적 기본권의 성격이 강하므로 이에 대한 외국인의 기본권주체성을 전면적으로 인정하기는 어렵다(헌재 2007.8.30. 2004헌마670).

④ 헌법 제32조 제1항이 규정하는 근로의 권리는 사회적 기본권으로서 국가에 대하여 직접 일자리를 청구하거나 일자리에 갈음하는 생계비의 지급청구권을 의미하는 것이 아니라 고용증진을 위한 사회적·경제적 정책을 요구할 수 있는 권리에 그치며, 근로의 권리로부터 국가에 대한 직접적인 직장존속청구권이 도출되는 것도 아니다(헌재 2011.7.28. 2009헌마408).

17 1 2 3 정답 ④

출처 20 5급 공채

정답의 이유

④ 특정한 내적인 확신 또는 신념이 양심으로 형성된 이상 그 내용 여하를 떠나 양심의 자유에 의해 보호되는 양심이 될 수 있으므로, 헌법상 양심의 자유에 의해 보호받는 '양심'으로 인정할 것인지의 판단은 그것이 깊고, 확고하며, 진실된 것인지 여부에 따르게 된다. 그리하여 양심적 병역거부를 주장하는 사람은 자신의 '양심'을 외부로 표명하여 증명할 최소한의 의무를 진다(헌재 2018.6.28. 2011헌바379 등).

오답의 이유

① 양심의 자유는 내심에서 우러나오는 윤리적 확신과 이에 반하는 외부적 법질서의 요구가 서로 회피할 수 없는 상태로 충돌할 때에만 침해될 수 있다. 그러므로 당해 실정법이 특정의 행위를 금지하거나 명령하는 것이 아니라 단지 특별한 혜택을 부여하거나 권고 내지 허용하고 있는 데에 불과하다면, 수범자는 수혜를 스스로 포기하거나 권고를 거부함으로써 법질서와 충돌하지 아니한 채 자신의 양심을 유지, 보존할 수 있으므로 양심의 자유에 대한 침해가 된다할 수 없다(헌재 2002.4.25. 98헌마425 등).

② 헌법 제19조가 보호하고 있는 양심의 자유는 양심형성의 자유와 양심적 결정의 자유를 포함하는 내심적 자유(forum internum)뿐만 아니라, 양심적 결정을 외부로 표현하고 실현할 수 있는 양심실현의 자유(forum externum)를 포함한다고 할 수 있다. 내심적 자유, 즉 양심형성의 자유와 양심적 결정의 자유는 내심에 머무르는 한 절대적 자유라고 할 수 있지만, 양심실현의 자유는 타인의 기본권이나 다른 헌법적 질서와 저촉되는 경우 헌법 제37조 제2항에 따라 국가안전보장·질서유지 또는 공공복리를 위하여 법률에 의하여 제한될 수 있는 상대적 자유라고 할 수 있다(헌재 1998.7.16. 96헌바35).

③ 양심은 옳고 그른 것에 대한 판단을 추구하는 가치적·도덕적 마음가짐으로, 개인의 소신에 따른 다양성이 보장되어야 하고 그 형성과 변경에 외부적 개입과 억압에 의한 강요가 있어서는 아니되는 인간의 윤리적 내심영역이다. 보호되어야 할 양심에는 세계관·인생관·주의·신조 등은 물론, 이에 이르지 아니하여도 보다 널리 개인의 인격형성에 관계되는 내심에 있어서의 가치적·윤리적 판단도 포함될 수 있다. 그러나 단순한 사실관계의 확인과 같이 가치적·윤리적 판단이 개입될 여지가 없는 경우는 물론, 법률해석에 관하여 여러 견해가 갈리는 경우처럼 다소의 가치관련성을 가진다고 하더라도 개인의 인격형성과는 관계가 없는 사사로운 사유나 의견 등은 그 보호대상이 아니라고 할 것이다(헌재 2002.1.31. 2001헌바43).

18 1 2 3 정답 ④

출처 20 5급 공채

정답의 이유

④「지방자치법」 제4조

> **「지방자치법」 제4조** 기초자치단체의 명칭 변경도 광역자치단체의 명칭 변경과 같이 법률에 의하여야 한다.

오답의 이유

① 자치단체의 대표인 단체장은 지방의회의원과 마찬가지로 주민의 자발적 지지에 기초를 둔 선거를 통해 선출되어야 한다. 공직선거 관련법상 지방자치단체의 장 선임방법은 '선거'로 규정되어 왔고, 지방자치단체의 장을 선거로 선출하여 온 우리 지방자치제의 역사에 비추어 볼 때, 지방자치단체의 장에 대한 주민직선제 이외의 다른 선출방법을 허용할 수 없다는 관행과 이에 대한 국민적 인식이 광범위하게 존재한다고 볼 수 있다. 주민자치제를 본질로 하는 민주적 지방자치제도가 안정적으로 뿌리내린 현 시점에서 지방자치단체의 장 선거권을 지방의회의원 선거권, 나아가 국회의원 선거권 및 대통령 선거권과 구별하여 하나는 법률상의 권리로, 나머지는 헌법상의 권리로 이원화하는 것은 허용될 수 없다. 그러므로 지방자치단체의 장 선거권 역시 다른 선거권과 마찬가지로 헌법 제24조에 의해 보호되는 기본권으로 인정하여야 한다(헌재 2016.10.27. 2014헌마797).

②「지방자치법」 제22조

③「지방자치법」 제3조 제1항

19 1 2 3 정답 ②

출처 20 5급 공채

정답의 이유

② 심판대상조항은 입법목적을 달성하는 데 필요한 최소한도의 범위를 넘어, 규제가 불필요하거나 또는 예외적으로 허용하는 것이 가능한 집회까지도 이를 일률적·전면적으로 금지하고 있으므로 침해의 최소성 원칙에 위배된다. 심판대상조항은 국회의 헌법적 기능을 무력화시키거나 저해할 우려가 있는 집회를 금지하는 데 머무르지 않고, 그 밖의 평화적이고 정당한 집회까지 전면적으로 제한함으로써 구체적인 상황을 고려하여 상충하는 법익간의 조화를 이루려는 노력을 전혀 기울이지 않고 있다. 심판대상조항으로 달성하려는 공익이 제한되는 집회의 자유 정도보다 크다고 단정할 수는 없다고 할 것이므로 심판대상조항은 법익의 균형성 원칙에도 위배된다. 심판대상조항은 과잉금지원칙을 위반하여 집회의 자유를 침해한다(헌재 2018.5.31. 2013헌바322 등).

오답의 이유

① 헌법 제21조 제2항은 "언론·출판에 대한 허가나 검열과 집회·결사에 대한 허가는 인정되지 아니한다"고 규정하여 헌법 자체에서 언론·출판에 대한 허가나 검열의 금지와 더불어 집회에 대한 허가금지를 명시함으로써, 집회의 자유에 있어서는 다른 기본권 조항들과는 달리, '허가'의 방식에 의한 제한을 허용하지 않겠다는 헌법적 결단을 분명히 하고 있다. 한편, 헌법 제21조 제2항의 '허가'는 '행정청이 주체가 되어 집회의 허용 여부를 사전에 결정하는 것'으로서 행정청에 의한 사전허가는 헌법상 금지되지만, 입법자가 법률로써 일반적으로 집회를 제한하는 것은 헌법상 '사전허가금지'에 해당하지 않는다(헌재 2014.4.24. 2011헌가29).

③ 집회의 자유는 그 내용에 있어 집회참가자가 기본권행사를 이유로 혹은 기본권행사와 관련하여 국가의 감시를 받게 되거나, 경우에 따라서는 어떠한 불이익을 받을 수도 있다는 것을 걱정할 필요가 없는, 즉 자유로운 심리상태의 보장이 전제되어야 한다. 개인이 가능한 외부의 영향을 받지 않고 집회의 준비와 실행에 참여할 수 있고, 집회참가자 상호간 및 공중과의 의사소통이 가능한 방해받지 않아야 한다. 따라서 집회·시위 등 현장에서 집회·시위 참가자에 대한 사진이나 영상촬영 등의 행위는 집회·시위 참가자들에게 심리적 부담으로 작용하여 여론형성 및 민주적 토론절차에 영향을 주고 집회의 자유를 전체적으로 위축시키는 결과를 가져올 수 있으므로 집회의 자유를 제한한다고 할 수 있다(헌재 2018.8.30. 2014헌마843).

④「집회 및 시위에 관한 법률」 제2조 제1호

> **「집회 및 시위에 관한 법률」 제2조** 이 법에서 사용하는 용어의 뜻은 다음과 같다.
> 1. "옥외집회"란 천장이 없거나 사방이 폐쇄되지 아니한 장소에서 여는 집회를 말한다.

20 1 2 3 정답 ④

출처 20 5급 공채

정답의 이유

④ 청구인들이 평화적 생존권이란 이름으로 주장하고 있는 평화란 헌법의 이념 내지 목적으로서 추상적인 개념에 지나지 아니하고, 평화적 생존권은 이를 헌법에 열거되지 아니한 기본권으로서 특별히 새롭게 인정할 필요성이 있다거나 그 권리 내용이 비교적 명확하여 구체적 권리로서의 실질에 부합한다고 보기 어려워 헌법상 보장된 기본권이라고 할 수 없다. 종전에 헌법재판소가 이 결정과 견해를 달리하여 '평화적 생존권을 헌법 제10조와 제37조 제1항에 의하여 인정된 기본권으로서 침략전쟁에 강제되지 않고 평화적 생존을 할 수 있도록 국가에 요청할 수 있는 권리'라고 판시한 2003.2.23. 2005헌마268 결정은 이 결정과 저촉되는 범위 내에서 이를 변경한다(헌재 2009.5.28. 2007헌마369).

오답의 이유

① 국민의 개별적 기본권이 아니라 할지라도 기본권보장의 실질화를 위하여서는, 영토조항만을 근거로 하여 독자적으로는 헌법소원을 청구할 수 없다 할지라도, 모든 국가권능의 정당성의 근원인 국민의 기본권 침해에 대한 권리구제를 위하여 그 전제조건으로서 영토에 관한 권리를, 이를테면 영토권이라 구성하여, 이를 헌법소원의 대상인 기본권의 하나로 간주하는 것은 가능한 것으로 판단된다(헌재 2001.3.21. 99헌마139 등).

② "헌법전문에 기재된 3 · 1정신"은 우리나라 헌법의 연혁적 · 이념적 기초로서 헌법이나 법률해석에서의 해석기준으로 작용한다고 할 수 있지만, 그에 기하여 곧바로 국민의 개별적 기본권성을 도출해낼 수는 없다고 할 것이므로, 헌법소원의 대상인 "헌법상 보장된 기본권"에 해당하지 아니한다(헌재 2001.3.21. 99헌마139 등).

③ 헌법 제10조 전문은 모든 국민은 인간으로서의 존엄과 가치를 지니며, 행복을 추구할 권리를 가진다고 규정하여 행복추구권을 보장하고 있고, 행복추구권은 그의 구체적인 표현으로서 일반적인 행동자유권과 개성의 자유로운 발현권을 포함한다(헌재 2003.10.30. 2002헌마518).

경찰공무원(순경) 헌법

빠른 정답							나의 점수		점
01	02	03	04	05	06	07	08	09	10
②	①	④	②	②	③	①	①	④	④
11	12	13	14	15	16	17	18	19	20
④	②	②	①	④	②	④	③	④	④

01 1 2 3

정답 ②

출처 19 5급 공채

정답의 이유

② 헌법개정안에 대한 국민투표가 처음 규정된 것은 제5차 개정헌법(1962년)이다.

오답의 이유

① 제헌헌법(1948년) 제96조, 제97조

> **제헌헌법(1948년) 제96조** 지방자치단체는 법령의 범위 내에서 그 자치에 관한 행정사무와 국가가 위임한 행정사무를 처리하며 재산을 관리한다. 지방자치단체는 법령의 범위 내에서 자치에 관한 규정을 제정할 수 있다.
> **제헌헌법(1948년) 제97조** 지방자치단체의 조직과 운영에 관한 사항은 법률로써 정한다. 지방자치단체에는 각각 의회를 둔다. 지방의회의 조직, 권한과 의원의 선거는 법률로써 정한다.

③ 제8차 개정헌법 제125조

> **제8차 개정헌법 제125조** 국가는 건전한 소비행위를 계도하고 생산품의 품질향상을 촉구하기 위한 소비자보호운동을 법률이 정하는 바에 의하여 보장한다.

④ 헌법 제30조

> **헌법 제30조** 타인의 범죄행위로 인하여 생명 · 신체에 대한 피해를 받은 국민은 법률이 정하는 바에 의하여 국가로부터 구조를 받을 수 있다.

02 1 2 3

정답 ①

출처 20 5급 공채

정답의 이유

① 헌법 제13조 제1항은 "모든 국민은 … 동일한 범죄에 대하여 거듭 처벌받지 아니한다"고 하여 이른바 "이중처벌금지의 원칙"을 규정하고 있는바, 이 원칙은 한번 판결이 확정되면 동일한 사건에 대해서는 다시 심판할 수 없다는 "일사부재리의 원칙"이 국가형벌권의 기속원리로 헌법상 선언된 것으로서, 동일한 범죄행위에 대하여 국가가 형벌권을 거듭 행사할 수 없도록 함으로써 국민의 기본권 특히 신체의 자유를 보장하기 위한 것이라고 할 수 있다. 이러한 점에서 헌법 제13조 제1항에서 말하는 "처벌"은 원칙으로 범죄에 대한 국가의 형벌권 실행으로서의 과벌을 의미하는 것이고, 국가가 행하는 일체의 제재나 불이익처분을 모두 그 "처벌"에 포함시킬 수는 없다 할 것이다(헌재 1994.6.30. 92헌바38).

오답의 이유

② 헌법 제12조 제2항

③ 헌법 제12조 제3항

④ 헌법 제12조 제5항

> **헌법 제12조** ⑤ 누구든지 체포 또는 구속의 이유와 변호인의 조력을 받을 권리가 있음을 고지받지 아니하고는 체포 또는 구속을 당하지 아니한다. 체포 또는 구속을 당한 자의 가족 등 법률이 정하는 자에게는 그 이유와 일시 · 장소가 지체 없이 통지되어야 한다.

03 1 2 3

정답 ④

출처 19 5급 공채

정답의 이유

④ 구체적 타당성을 이유로 법률에 대한 유추해석 내지 보충적 해석을 해야 하는 경우에도 그것은 어디까지나 '유효한' 법률조항을 대상으로 그 의미와 내용을 분명히 하기 위한 것이지, 이미 실효된 법률조항은 그러한 해석의 대상이 될 수 없음은 명백하다. 그러므로 관련 당사자가 공평에 반하는 이익을 얻을 가능성이 있다 하여 이미 실효된 법률조항을 유효한 것으로 의제하여 과세의 근거로 삼는 것은 과세근거의 창설을 국회가 제정하는 법률에 맡기고 있는 헌법상의 권력분립원칙과 조세법률주의의 원칙에 근본적으로 반하는 것이다(헌재 2012.5.31. 2009헌바123 등).

오답의 이유

① 헌법상 조세의 효율성과 타당한 사용에 대한 감시는 국회의 주요책무이자 권한으로 규정되어 있어(헌법 제54조, 제61조) 재정지출의 효율성 또는 타당성과 관련된 문제에 대한 국민의 관여는 선거를 통한 간접적이고 보충적인 것에 한정된다. 따라서 헌법상 납세의 의무가 부과되어 있다는 이유만으로 국민에게 자신이 납부한 세금을 국가가 효율적으로 적재적소에 사용하고 있는가를 감시하고, 이에 대하여 이의를 제기하거나, 잘못 사용되고 있는 세금에 대하여 그 사용을 중지할 것을 요구할 수 있는 헌법상 권리가 인정된다고 볼 수 없다(헌재 2006.6.29. 2005헌마165 등).

② 위임의 구체성 · 명확성의 요구 정도는 그 규율대상의 종류와 성격에 따라 달라질 것이지만, 처벌법규나 조세를 부과하는 조세법규와 같이 국민의 기본권을 직접적으로 제한하거나 침해할 소지가 있는 법규에서는 구체성 · 명확성의 요구가 강화되어 그 위임의 요건과 범위가 더 엄격하게 규정되어야 하는 반면에, 일반적인 급부행정이나 조세감면혜택을 부여하는 조세법규의 경우에는 위임의 구체성 내지 명확성의 요구가 완화되어 그 위임의 요건과 범위가 덜 엄격하게 규정될 수 있으며, 그리고 규율대상이 지극히 다양하거나 수시로 변화하는 성질의 것일 때에는 위임의 구체성 · 명확성의 요건이 완화되어야 할 것이다(헌재 2005.4.28. 2003헌가23).

③ 조세법률주의는 조세는 국민의 재산권을 침해하는 것이 되므로, 납세의무를 성립시키는 납세의무자, 과세물건, 과세표준, 과세기간, 세율 등의 과세요건과 조세의 부과 징수절차는 모두 국민의 대표기관인 국회가 제정한 법률로써 이를 규정하여야 한다는 과세요건법정주의와 아울러 과세요건을 법률로 규정하였다고 하더라도 그 규정내용이 지나치게 추상적이고 불명확하면 과세관청의 자의적인 해석과 집행을 초래할 염려가 있으므로 그 규정내용이 명확하고 일의적이어야 한다는 과세요건명확주의를 그 핵심적 내용으로 하고 있다(헌재 2006.6.29. 2005헌바76).

04 1 2 3

정답 ②

출처 19 5급 공채

정답의 이유

② 개인의 양심은 사회 다수의 정의관 · 도덕관과 일치하지 않을 수 있으며, 오히려 헌법상 양심의 자유가 문제되는 상황은 개인의 양심이 국가의 법질서나 사회의 도덕률에 부합하지 않는 경우이므로, 헌법에 의해 보호받는 양심은 법질서와 도덕에 부합하는 사고를 가진 다수가 아니라 이른바 '소수자'의 양심이 되기 마련이다(헌재 2018.6.28. 2011헌바379 등).

오답의 이유

① 음주측정에 응해야 할 것인지, 거부해야 할 것인지 그 상황에서 고민에 빠질 수는 있겠으나 그러한 고민은 선(善)과 악(惡)의 범주에 관한 진지한 윤리적 결정을 위한 고민이라 할 수 없으므로 그 고민 끝에 어쩔 수 없이 음주측정에 응하였다 하여 내면적으로 구축된 인간양심이 왜곡 · 굴절된다고 할 수도 없다. 따라서 음주측정요구와 그 거부는 양심의 자유의 보호영역에 포괄되지 아니하므로 이 사건 법률조항을 두고 헌법 제19조에서 보장하는 양심의 자유를 침해하는 것이라고 할 수 없다(헌재 1997.3.27. 96헌가11).

③ 헌법 제19조에서 보호하는 양심은 옳고 그른 것에 대한 판단을 추구하는 가치적 · 도덕적 마음가짐으로, 개인의 소신에 따른 다양성이 보장되어야 하고 그 형성과 변경에 외부적 개입과 억압에 의한 강요가 있어서는 아니되는 인간의 윤리적 내심영역이다. 따라서 단순한 사실관계의 확인과 같이 가치적 · 윤리적 판단이 개입될 여지가 없는 경우는 물론, 법률해석에 관하여 여러 견해가 갈리는 경우처럼 다소의 가치관련성을 가진다고 하더라도 개인의 인격형성과는 관계가 없는 사사로운 사유나 의견 등은 그 보호대상이 아니다. … 이러한 법률판단의 문제는 개인의 인격형성과는 무관하며, 대화와 토론을 통하여 가장 합리적인 것으로 그 내용이 동화되거나 수렴될 수 있는 포용성을 가지는 분야에 속한다고 할 것이므로 헌법 제19조에 의하여 보장되는 양심의 영역에 포함되지 아니한다(헌재 2002.1.31. 2001헌바43).

④ 양심의 자유 중 양심형성의 자유는 내심에 머무르는 한, 절대적으로 보호되는 기본권이라 할 수 있는 반면, 양심적 결정을 외부로 표현하고 실현할 수 있는 권리인 양심실현의 자유는 법질서에 위배되거나 타인의 권리를 침해할 수 있기 때문에 법률에 의하여 제한될 수 있다(헌재 2018.6.28. 2011헌바379 등).

05 1 2 3

정답 ②

출처 19 5급 공채

정답의 이유

② 직업수행의 자유는 직업결정의 자유에 비하여 상대적으로 그 침해의 정도가 작다고 할 것이어서, 이에 대하여는 공공복리 등 공익상의 이유로 비교적 넓은 법률상의 규제가 가능하다. 그러나 직업수행의 자유를 제한할 때에도 헌법 제37조 제2항에 의거한 비례의 원칙에 위배되어서는 안 된다(헌재 2004.10.28. 2002헌바41).

오답의 이유

① 직업의 개념표지들은 개방적 성질을 지녀 엄격하게 해석할 필요는 없는바, '계속성'과 관련하여서는 주관적으로 활동의 주체가 어느 정도 계속적으로 해당 소득활동을 영위할 의사가 있고, 객관적으로도 그러한 활동이 계속성을 띨 수 있으면 족하다고 해석되므로 휴가기간 중에 하는 일, 수습직으로서의 활동 따위도 이에 포함된다고 볼 것이고, 또 '생활수단성'과 관련하여서는 단순한 여가활동이나 취미활동은 직업의 개념에 포함되지 않으나 겸업이나 부업은 삶의 수요를 충족하기에 적합하므로 직업에 해당한다고 말할 수 있다. … 위에서 살펴본 '직업'의 개념에 비추어 보면 비록 학업 수행이 청구인과 같은 대학생의 본업이라 하더라도 방학기간을 이용하여 또는 휴학 중에 학비 등을 벌기 위해 학원강사로서 일하는 행위는 어느 정도 계속성을 띤 소득활동으로서 직업의 자유의 보호영역에 속한다고 봄이 상당하다(헌재 2003.9.25. 2002헌마519).

③ 「주세법」의 구입명령제도는 전국적으로 자유경쟁을 배제한 채 지역할거주의로 자리 잡게 되고 그로써 지역 독과점현상의 고착화를 초래하므로, 독과점규제란 공익을 달성하기에 적정한 조치로 보기 어렵다. …

중소기업의 보호란 공익이 자유경쟁질서 안에서 발생하는 불리함을 국가의 지원으로 보완하여 경쟁을 유지하고 촉진시키려는데 그 목적이 있으므로, 구입명령제도는 이러한 공익을 실현하기에 적합한 수단으로 보기 어렵다. 따라서 구입명령제도는 소주판매업자의 직업의 자유는 물론 소주제조업자의 경쟁 및 기업의 자유, 즉 직업의 자유와 소비자의 행복추구권에서 파생된 자기결정권을 지나치게 침해하는 위헌적인 규정이다. 소주시장과 다른 상품시장, 소주판매업자와 다른 상품의 판매업자, 중소소주제조업자와 다른 상품의 중소제조업자 사이의 차별을 정당화할 수 있는 합리적인 이유를 찾아 볼 수 없으므로 이 사건 법률조항은 평등원칙에도 위반된다(헌재 1996.12.26. 96헌가18).

④ 비록 청년할당제도가 35세 이상의 미취업자들의 공공기관 취업기회에 불이익을 준다고 할지라도 그로 인한 불이익이 수인할 수 없는 정도라고 볼 수 없는 데 비하여, 청년할당제가 시행됨으로써 청년실업률이 조금이라도 호전된다면 그로 인하여 얻게 되는 사회 안정 등 공익적 효과는 상대적으로 크다고 볼 수 있다. 따라서 심판대상조항이 법익의 균형성도 갖추고 있다고 인정된다. 결국, 심판대상조항이 35세 이상의 미취업자를 비례의 원칙에 어긋나게 차별하는 것이라고 볼 수 없고, 이들의 직업 선택의 자유를 과도하게 침해하여 헌법에 위반된다고 보기도 어렵다(헌재 2014.8.28. 2013헌마553).

06 1 2 3

정답 ③

출처 19 5급 공채

정답의 이유

③ 공무담임권의 보호영역에는 공직취임 기회의 자의적인 배제뿐 아니라, 공무원 신분의 부당한 박탈이나 권한(직무)의 부당한 정지도 포함된다. 다만, '승진시험의 응시제한'이나 이를 통한 승진기회의 보장 문제는 공직신분의 유지나 업무수행에는 영향을 주지 않는 단순한 내부 승진인사에 관한 문제에 불과하여 공무담임권의 보호영역에 포함된다고 보기는 어렵다고 할 것이다(헌재 2010.3.25. 2009헌마538).

오답의 이유

① 금고 이상의 형이 선고된 자치단체장은 단지 그 이유만으로 형의 확정이라는 불확정한 기한까지 직무를 정지당함은 물론, 주민들에게 유죄가 확정된 범죄자라는 선입견까지 주게 된다. 더욱이 장차 상급심에서 무죄 또는 금고 미만의 형이 선고되더라도 이미 침해된 당해 자치단체장의 공무담임권은 회복될 수도 없다. 또한 자치단체장에 대한 직무정지기간 동안 주민의 선출에 의하지 않은 부단체장이 실질적으로 지방자치단체의 행정을 운영하게 되므로, 민주주의와 지방자치제도의 원리상 바람직하지 않은 결과가 발생하게 된다. 이처럼 이 사건 법률조항으로 인하여 해당 자치단체장이 입게 되는 불이익은 회복하기 어려울 만큼 매우 중대하므로, 위 법률조항으로 달성될 공익, 즉 지방자치단체행정의 원활한 운영과 공직기강 확립보다 결코 작다고 할 수 없다. 그러므로 위 법률조항은 법익균형성의 요건도 충족하지 못한다고 할 것이다. 따라서 이 사건 법률조항은 기본권제한의 침해최소성 및 법익균형성을 갖추지 못하였으므로, 헌법상 과잉금지원칙에 위반하여 청구인의 공무담임권을 과도하게 제한하고 있다고 할 것이다(헌재 2010.9.2. 2010헌마418).

② 이 사건 시행령조항은 32세가 넘은 사람의 공직취임권을 직접적으로 제한하는 것이므로, 그러한 제한을 정당화하려면 헌법 제37조 제2항이 요구하는 과잉금지의 원칙에 부합하여야 한다. 그런데 32세까지는 5급 공무원의 직무수행에 필요한 최소한도의 자격요건을 갖추고, 32세가 넘으면 그러한 자격요건을 상실한다고 보기 어렵고, 6급 및 7급 공무원 공채시험의 응시연령 상한을 35세까지로 규정하면서 그 상급자인 5급 공무원의 채용연령을 32세까지로 제한한 것은 합리적이라고 볼 수 없으므로, 이 사건 시행령 조항이 5급 공채시험 응시연령의 상한을 '32세까지'로 제한하고 있는 것은 기본권 제한을 최소한도에 그치도록 요구하는 헌법 제37조 제2항에 부합된다고 보기 어렵다(헌재 2008.5.29. 2007헌마1105).

④ 헌법 제25조는 "모든 국민은 법률이 정하는 바에 의하여 공무담임권을 가진다"라고 규정하여 국회의원을 비롯한 각종 선거직공무원과 기타 국가기관의 공직에 취임하여 이를 수행할 권리를 기본권으로 보장하고 있는바, 공무담임권은 각종 선거에 입후보하여 당선될 수 있는 피선거권과 공직에 임명될 수 있는 공직취임권을 포괄하고 있고, 그 보호영역에는 공직취임의 기회의 자의적인 배제가 포함된다(헌재 2009.6.25. 2007헌마40).

07 1 2 3

정답 ①

출처 19 5급 공채

정답의 이유

① 헌법 제24조는 모든 국민은 '법률이 정하는 바에 의하여' 선거권을 가진다고 규정함으로써 법률유보의 형식을 취하고 있지만, 이것은 국민의 선거권이 '법률이 정하는 바에 따라서만 인정될 수 있다'는 포괄적인 입법권의 유보하에 있음을 의미하는 것이 아니다. 국민의 기본권을 법률에 의하여 구체화하라는 뜻이며 선거권을 법률을 통해 구체적으로 실현하라는 의미이다(헌재 2007.6.28. 2004헌마644 등).

오답의 이유

② 후보자는 제1항의 규정에 따른 선거공보 외에 시각장애선거인(선거인으로서 「장애인복지법」 제32조에 따라 등록된 시각장애인을 말한다. 이하 이 조에서 같다)을 위한 선거공보(이하 "점자형 선거공보"라 한다) 1종을 제2항에 따른 책자형 선거공보의 면수의 두 배 이내에서 작성할 수 있다. 다만, 대통령선거 · 지역구국회의원선거 및 지방자치 단체의 장선거의 후보자는 점자형 선거공보를 작성 · 제출하여야 하되, 책자형 선거공보에 그 내용이 음성 · 점자 등으로 출력되는 인쇄물 접근성 바코드를 표시하는 것으로 대신할 수 있다(「공직선거법」 제65조 제4항).

③ 「공직선거법」 제18조 제1항 제3호

> **「공직선거법」 제18조** ① 선거일 현재 다음 각 호의 어느 하나에 해당하는 사람은 선거권이 없다.
> 3. 선거범, 「정치자금법」 제45조(정치자금부정수수죄) 및 제49조(선거비용관련 위반행위에 관한 벌칙)에 규정된 죄를 범한 자 또는 대통령 · 국회의원 · 지방의회의원 · 지방자치단체의 장으로서 그 재임중의 직무와 관련하여 「형법」(「특정범죄가중처벌 등에 관한 법률」 제2조에 의하여 가중처벌되는 경우를 포함한다) 제129조(수뢰, 사전수뢰) 내지 제132조(알선수뢰) · 「특정범죄가중처벌 등에 관한 법률」 제3조(알선수재)에 규정된 죄를 범한 자로서, 100만 원 이상의 벌금형의 선고를 받고 그 형이 확정된 후 5년 또는 형의 집행유예의 선고를 받고 그 형이 확정된 후 10년을 경과하지 아니하거나 징역형의 선고를 받고 그 집행을 받지 아니하기로 확정된 후 또는 그 형의 집행이 종료되거나 면제된 후 10년을 경과하지 아니한 자(刑이 失效된 者도 포함한다)

④ 「공직선거법」 제16조 제1항

08 1 2 3 정답 ①

출처 19 5급 공채

정답의 이유

① 「범죄피해자 보호법」 제23조

오답의 이유

② 재산상 피해를 입은 경우는 제외된다.

> **헌법 제30조** 타인의 범죄행위로 인하여 생명 · 신체에 대한 피해를 받은 국민은 법률이 정하는 바에 의하여 국가로부터 구조를 받을 수 있다.

③ 「범죄피해자 보호법」 제3조 제1항 제4호

④ 「범죄피해자 보호법」 제25조 제2항

> **「범죄피해자 보호법」 제25조(구조금의 지급신청)** ② 제1항에 따른 신청은 해당 구조대상 범죄피해의 발생을 안 날부터 3년이 지나거나 해당 구조대상 범죄피해가 발생한 날부터 10년이 지나면 할 수 없다.

09 1 2 3 정답 ④

출처 19 5급 공채

정답의 이유

④ 정부는 정당의 목적이나 활동이 민주적 기본질서에 위배될 때 국무회의의 심의를 거쳐 헌법재판소에 그 해산을 청구할 수 있다. … 「정부조직법」 제12조에 의하면, 대통령은 국무회의의 의장으로서 회의를 소집하고 이를 주재하지만 대통령이 사고로 직무를 수행할 수 없는 경우에는 국무총리가 그 직무를 대행한다. 대통령이 해외 순방 중인 경우는 일시적으로 직무를 수행할 수 없는 경우로서 '사고'에 해당된다고 할 것이므로, 위 국무회의의 의결이 위법하다고 볼 수 없다(헌재 2014.12.19. 2013헌다1).

오답의 이유

① 헌법 제113조 제1항

> **헌법 제113조** ① 헌법재판소에서 법률의 위헌결정, 탄핵의 결정, 정당해산의 결정 또는 헌법소원에 관한 인용결정을 할 때에는 재판관 6인 이상의 찬성이 있어야 한다.

② 「정당법」 제40조, 제41조 제2항

> **「정당법」 제40조** 정당이 헌법재판소의 결정으로 해산된 때에는 해산된 정당의 강령(또는 기본정책)과 동일하거나 유사한 것으로 정당을 창당하지 못한다.
> **「정당법」 제41조** ② 헌법재판소의 결정에 의하여 해산된 정당의 명칭과 같은 명칭은 정당의 명칭으로 다시 사용하지 못한다.

③ 헌법재판소의 해산결정으로 해산되는 정당 소속 국회의원의 의원직 상실은 정당해산심판제도의 본질로부터 인정되는 기본적 효력으로 봄이 상당하므로, 이에 관하여 명문의 규정이 있는지 여부는 고려의 대상이 되지 아니하고, 그 국회의원이 지역구에서 당선되었는지, 비례대표로 당선되었는지에 따라 아무런 차이가 없이, 정당해산결정으로 인하여 신분유지의 헌법적인 정당성을 잃으므로 그 의원직은 상실되어야 한다(헌재 2014.12.19. 2013헌다1).

10 1 2 3 정답 ④

출처 19 5급 공채

정답의 이유

④ 서울용산경찰서장은 청구인들의 소재를 파악한 상태였거나 다른 수단으로 충분히 파악할 수 있었으므로 이 사건 정보 제공행위로 얻을 수 있는 수사상의 이익은 거의 없거나 미약하였던 반면, 청구인들은 자신도 모르는 사이에 민감정보인 요양급여정보가 수사기관에 제공되어 개인정보자기결정권에 대한 중대한 불이익을 받게 되었으므로, 이 사건 정보제공행위는 법익의 균형성도 갖추지 못하였다. 이 사건 정보제공행위는 과잉금지원칙에 위배되어 청구인들의 개인정보자기결정권을 침해하였다(헌재 2018.8.30. 2014헌마368).

오답의 이유

① 「개인정보 보호법」 제2조 제1호

② 「개인정보 보호법」 제4조 제5호

③ 「개인정보 보호법」 제16조 제3항

11 1 2 3

정답 ④

출처 19 5급 공채

정답의 이유

④ 「국적법」 제2조 제1항 제3호

> **「국적법」 제2조** ① 다음 각 호의 어느 하나에 해당하는 자는 출생과 동시에 대한민국 국적(國籍)을 취득한다.
> 3. 부모가 모두 분명하지 아니한 경우나 부모가 모두 국적이 없는 경우에 대한민국에서 출생한 자는 대한민국 국적을 취득한다.

오답의 이유

① 「국적법」 제2조 제1항 제1호

② 「국적법」 제2조 제2항

③ 「국적법」 제3조, 제4조

> **「국적법」 제3조(인지에 의한 국적 취득)** ① 대한민국의 국민이 아닌 자(이하 "외국인"이라 한다)로서 대한민국의 국민인 부 또는 모에 의하여 인지(認知)된 자가 다음 각 호의 요건을 모두 갖추면 법무부장관에게 신고함으로써 대한민국 국적을 취득 할 수 있다.
> **「국적법」 제4조(귀화에 의한 국적 취득)** ① 대한민국 국적을 취득한 사실이 없는 외국인은 법무부장관의 귀화허가(歸化許可)를 받아 대한민국 국적을 취득할 수 있다.

12 1 2 3

정답 ②

출처 19 5급 공채

정답의 이유

② 헌법 제16조에서 영장주의에 대한 예외를 마련하지 아니하였다고 하여, 주거에 대한 압수나 수색에 있어 영장주의가 예외 없이 반드시 관철되어야 함을 의미하는 것은 아닌 점, 인간의 존엄성 실현과 인격의 자유로운 발현을 위한 핵심적 자유영역에 속하는 기본권인 신체의 자유에 대해서도 헌법 제12조 제3항에서 영장주의의 예외를 인정하고 있는데, 이러한 신체의 자유에 비하여 주거의 자유는 그 기본권 제한의 여지가 크므로, 형사사법 및 공권력 작용의 기능적 효율성을 함께 고려하여 본다면, 헌법 제16조의 영장주의에 대해서도 일정한 요건 하에서 그 예외를 인정할 필요가 있는 점, 주거공간에 대한 압수 · 수색은 그 장소에 혐의사실 입증에 기여할 자료나 피의자가 존재할 개연성이 충분히 소명되어야 그 필요성을 인정할 수 있는 점, 헌법 제12조 제3항 단서에서 현행범인 체포나 긴급체포의 경우에 사전영장원칙의 예외를 둔 것은 그 체포의 긴급성에 비추어 사전에 압수 · 수색 · 검증영장을 발부받을 것을 기대하기 어렵기 때문이며, 또한 체포영장 발부 이후 혐의사실 입증에 기여할 자료나 피의자가 존재할 개연성이 충분히 소명되어 압수 · 수색영장을 발부받은 경우에도 그 자료나 피의자가 계속 그 장소에 존재하지 않는 한 그 집행의 실효성을 기대할 수 없게 되므로, 체포영장이 발부된 경우에도 영장 없이 그 장소에 대한 압수 · 수색을 하여야 할 긴급한 상황은 충분히 발생할 수 있는 점, 헌법 제16조가 주거의 자유와 관련하여 영장주의를 선언하고 있는 이상, 그 예외는 매우 엄격한 요건 하에서만 인정되어야 하는 점 등을 종합하면, 헌법 제16조의 영장주의에 대해서도 그 예외를 인정하되, 이는 그 장소에 범죄혐의 등을 입증할 자료나 피의자가 존재할 개연성이 소명되고, 사전에 영장을 발부받기 어려운 긴급한 사정이 있는 경우에만 제한적으로 허용될 수 있다고 보는 것이 타당하다(헌재 2018.4.26. 2015헌바370 등).

오답의 이유

① 헌법 제16조가 보장하는 주거의 자유는 개방되지 않은 사적 공간인 주거를 공권력이나 제3자에 의해 침해당하지 않도록 함으로써 국민의 사생활영역을 보호하기 위한 권리이므로, 주거용 건축물의 사용 · 수익관계를 정하고 있는 이 사건 법률조항이 주거의 자유를 제한한다고 볼 수도 없다(헌재 2014.7.24. 2012헌마662).

③ 헌법 제16조는 "모든 국민은 주거의 자유를 침해받지 아니한다. 주거에 대하여 압수나 수색을 할 때에는 검사의 신청에 의하여 법관이 발부한 영장을 제시하여야 한다"라고 규정하고 있다. 이와 같은 주거의 자유와 관련한 영장주의는 1962.12.26. 헌법 제6호로 헌법이 전부 개정되면서 처음으로 명시되었다(헌재 2018.4.26. 2015헌바370 등).

④ 「출입국관리법」에 의한 보호에 있어서 용의자에 대한 긴급보호를 위해 그의 주거에 들어간 것이라면 그 긴급보호가 적법한 이상 주거의 자유를 침해한 것으로 볼 수 없으므로 청구인에 대한 긴급보호가 적법한 이상 그 긴급보호 과정에서 청구인의 주거에 들어갔다고 하더라도 주거의 자유를 침해하였다고 볼 수 없다(헌재 2012.8.23. 2008헌마430).

13 1 2 3

정답 ②

출처 19 5급 공채

정답의 이유

② 심판대상조항은 개정 후 「법인세법」의 시행 이전에 결손금 소급공제 대상 중소기업이 아닌 법인이 결손금 소급공제로 법인세를 환급받은 경우에도 이 사건 개정조항을 적용할 수 있도록 규정하고 있으므로, 이는 이미 종결한 과세요건사실에 소급하여 적용할 수 있도록 하는 것이다. 따라서 심판대상조항은 청구인이 이 사건 개정조항이 시행되기 전 환급세액을 수령한 부분까지 사후적으로 소급하여 적용되는 것으로서 헌법 제13조 제2항에 따라 원칙적으로 금지되는 이미 완성된 사실 · 법률관계를 규율하는 진정소급입법에 해당한다. … 결국, 법인세를 부당 환급받은 법인은 소급입법을 통하여 이자상당액을 포함한 조세채무를 부담할 것이라고 예상할 수 없었고, 환급세액과 이자상당액을 법인세로서 납부하지 않을 것이라는 신뢰는 보호할 필요가 있으며 신뢰의 이익이 적은 경우라거나 소급입법에 의한 당사자의 손실이 가벼운 경우라고 할 수 없다. 나아가 개정 전 「법인세법」 아래에서도 환급세액을 부당이득 반환청구를 통하여 환수할 수 있었으므로, 신뢰보호의 요청에 우선하여 진정소급입법을 하여야할 매우 중대한 공익상 이유가 있다고 볼 수도 없다(헌재 2014.7.24. 2012헌바105).

오답의 이유

① 기존의 법에 의하여 형성되어 이미 굳어진 개인의 법적 지위를 사후입법을 통하여 박탈하는 것 등을 내용으로 하는 진정소급입법은 개인의 신뢰보호와 법적 안정성을 내용으로 하는 법치국가원리에 의하여 헌법적으로 허용되지 않는 것이 원칙이지만, 특단의 사정이 있는 경우, 즉 기존의 법을 변경하여야 할 공익적 필요는 심히 중대한 반면에 그 법적 지위에 대한 개인의 신뢰를 보호하여야 할 필요가 상대적으로 정당화될 수 없는 경우에는 예외적으로 허용될 수 있다(헌재 1996.2.16. 96헌가2 등).

③ 헌재 2015.2.26. 2012헌바268

④ 헌재 2014.8.28. 2011헌마28

14 1 2 3

정답 ①

출처 20 5급 공채

정답의 이유

① 헌법 제128조 제1항

> **헌법 제128조** ① 헌법개정은 국회재적의원 과반수 또는 대통령의 발의로 제안된다.

오답의 이유

② 헌법 제128조 제2항

③ 헌법 제130조 제1항

④ 헌법 제130조 제2항

15 1 2 3

정답 ④

출처 19 5급 공채

정답의 이유

④ 「지방자치법」 제171조 제1항

> **「지방자치법」 제171조** ① 행정안전부장관이나 시 · 도지사는 지방자치단체의 자치사무에 관하여 보고를 받거나 서류 · 장부 또는 회계를 감사할 수 있다. 이 경우 감사는 법령위반사항에 대하여만 실시한다.

오답의 이유

① 「지방자치법」 제110조 제4항

② 「지방자치법」 제55조 제1항

③ 「지방자치법」 제132조

16 1 2 3

정답 ②

출처 21 경찰승진

정답의 이유

② '양심의 자유'가 보장하고자 하는 '양심'은 민주적 다수의 사고나 가치관과 일치하는 것이 아니라, 개인적 현상으로서 지극히 주관적인 것이다. 양심은 그 대상이나 내용 또는 동기에 의하여 판단될 수 없으며, 특히 양심상의 결정이 이성적 · 합리적인가, 타당한가 또는 법질서나 사회규범, 도덕률과 일치하는가 하는 관점은 양심의 존재를 판단하는 기준이 될 수 없다(헌재 2004.8.26. 2002헌가1).

오답의 이유

① 양심적 병역거부자에 대한 관용은 결코 병역의무의 면제와 특혜의 부여에 대한 관용이 아니다. 대체복무제는 병역의무의 일환으로 도입되는 것이고 현역복무와의 형평을 고려하여 최대한 등가성을 가지도록 설계되어야 하는 것이기 때문이다(헌재 2018.6.28. 2011헌바379 등).

③ 내심적 자유, 즉 양심형성의 자유와 양심적 결정의 자유는 내심에 머무르는 한 절대적 자유라고 할 수 있지만, 양심실현의 자유는 타인의 기본권이나 다른 헌법적 질서와 저촉되는 경우 헌법 제37조 제2항에 따라 국가안전보장 · 질서유지 또는 공공복리를 위하여 법률에 의하여 제한될 수 있는 상대적 자유라고 할 수 있다(헌재 1998.7.16. 96헌바35).

④ 헌재 2018.6.28. 2011헌바379 등

17 1 2 3

정답 ④

출처 21 경찰승진

정답의 이유

④ 무죄추정의 원칙이 적용되는 미결수용자들에 대한 기본권 제한은 징역형 등의 선고를 받아 그 형이 확정된 수형자의 경우보다는 더 완화되어야 할 것임에도, 피청구인이 수용자 중 미결수용자에 대하여만 일률적으로 종교행사 등에의 참석을 불허한 것은 미결수용자의 종교의 자유를 나머지 수용자의 종교의 자유보다 더욱 엄격하게 제한한 것이다. 나아가 공범 등이 없는 경우 내지 공범 등이 있는 경우라도 공범이나 동일사건 관련자를 분리하여 종교행사 등에의 참석을 허용하는 등의 방법으로 미결수용자의 기본권을 덜 침해하는 수단이 존재함에도 불구하고 이를 전혀 고려하지 아니하였으므로 이 사건 종교행사 등 참석불허 처우는 침해의 최소성 요건을 충족하였다고 보기 어렵다. … 따라서, 이 사건 종교행사 등 참석불허 처우는 과잉금지원칙을 위반하여 청구인의 종교의 자유를 침해하였다(헌재 2011.12.29. 2009헌마527).

오답의 이유

① 헌재 2010.2.25. 2007헌바131 등

② 압류 등 강제집행은 국가가 강제력을 행사함으로써 채권자의 사법상 청구권에 대한 실현을 도모하는 절차로서 채권자의 재산권은 궁극적으로 강제집행에 의하여 그 실현이 보장되는 것인바, 이 사건 법률조항은 전통사찰에 대하여 채무명의를 가진 일반 채권자(이하 '전통사찰의 일반 채권자'라 한다)가 전통사찰 소유의 전법용 경내지의 건조물 등에 대하여 압류하는 것을 금지하고 있으므로 '전통사찰의 일반 채권자'의

재산권을 제한한다. … 청구인은 이 사건 법률조항이 다른 종교단체의 재산과는 달리 불교 전통사찰 소유의 재산만을 압류 금지 재산으로 규정함으로써 청구인의 종교의 자유를 침해한다고 주장한다. 그러나 종교의 자유는 신앙의 자유, 종교적 행위의 자유 및 종교적 집회·결사의 자유를 그 내용으로 하는바, 이 사건 법률조항은 전통사찰 소유의 일정 재산에 대한 압류를 금지할 뿐이므로 그로 인하여 위와 같은 종교의 자유의 내용 중 어떠한 것도 제한되지는 아니한다(헌재 2012.6.27. 2011헌바34).

③ 헌재 2008.6.26. 2007헌마1366

18 1 2 3

정답 ③

출처 21 경찰승진

정답의 이유

③ 이 사건 시기제한조항은 선거일 전 90일부터 선거일까지 후보자 명의의 칼럼 등을 게재하는 인터넷 선거보도가 불공정 하다고 볼 수 있는지에 대해 구체적으로 판단하지 않고 이를 불공정한 선거보도로 간주하여 선거의 공정성을 해치지 않는 보도까지 광범위하게 제한한다. … 이 사건 시기제한조항의 입법목적을 달성할 수 있는 덜 제약적인 다른 방법들이 이 사건 심의기준 규정과 「공직선거법」에 이미 충분히 존재한다. 따라서 이 사건 시기제한조항은 과잉금지원칙에 반하여 청구인의 표현의 자유를 침해한다(헌재 2019.11.28. 2016헌마90).

오답의 이유

① 헌재 2019.5.30. 2019헌가4

② 헌재 2016.12.29. 2014헌바434

④ 전화·컴퓨터통신은 누구나 손쉽고 저렴하게 이용할 수 있는 매체인 점, 「농업협동조합법」에서 흑색선전 등을 처벌하는 조항을 두고 있는 점을 고려하면 입법목적 달성을 위하여 위 매체를 이용한 지지 호소까지 금지할 필요성은 인정되지 아니한다. 이 사건 법률조항들이 달성하려는 공익이 결사의 자유 및 표현의 자유 제한을 정당화할 정도로 크다고 보기는 어려우므로, 법익의 균형성도 인정되지 아니한다. 따라서 이 사건 법률조항들은 과잉금지원칙을 위반하여 결사의 자유, 표현의 자유를 침해하여 헌법에 위반된다(헌재 2016.11.24. 2015헌바62).

19 1 2 3

정답 ④

출처 21 경찰승진

정답의 이유

④ 이 사건 헌법규정에서 금지하고 있는 '허가'는 행정권이 주체가 되어 집회 이전에 예방적 조치로서 집회의 내용·시간·장소 등을 사전심사하여 일반적인 집회금지를 특정한 경우에 해제함으로써 집회를 할 수 있게 하는 제도, 즉 허가를 받지 아니한 집회를 금지하는 제도를 의미한다(헌재 2009.9.24. 2008헌가25).

오답의 이유

① 헌재 2009.5.28. 2007헌바22

② 집회·시위장소는 집회·시위의 목적을 달성하는데 있어서 매우 중요한 역할을 수행하는 경우가 많기 때문에 집회·시위장소를 자유롭게 선택할 수 있어야만 집회·시위의 자유가 비로소 효과적으로 보장되므로 장소선택의 자유는 집회·시위의 자유의 한 실질을 형성한다(헌재 2005.11.24. 2004헌가17).

③ 헌재 2003.10.30. 2000헌바67 등

20 1 2 3

정답 ④

출처 21 경찰승진

정답의 이유

④ 직업의 자유 중 이 사건에서 문제되는 직장 선택의 자유는 인간의 존엄과 가치 및 행복추구권과도 밀접한 관련을 가지는 만큼 단순히 국민의 권리가 아닌 인간의 권리로 보아야 할 것이므로 외국인도 제한적으로라도 직장 선택의 자유를 향유할 수 있다고 보아야 한다. 청구인들이 이미 적법하게 고용허가를 받아 적법하게 우리나라에 입국하여 우리나라에서 일정한 생활관계를 형성, 유지하는 등, 우리 사회에서 정당한 노동인력으로서의 지위를 부여받은 상황임을 전제로 하는 이상, 이 사건 청구인들에게 직장 선택의 자유에 대한 기본권 주체성을 인정할 수 있다 할 것이다(헌재 2011.9.29. 2007헌마1083 등).

오답의 이유

① 직업의 자유에 '해당 직업에 합당한 보수를 받을 권리'까지 포함되어 있다고 보기 어려우므로 이 사건 법령조항이 청구인이 원하는 수준 보다 적은 봉급월액을 규정하고 있다고 하여 이로 인해 청구인의 직업선택이나 직업수행의 자유가 침해되었다고 할 수 없고, 위 조항은 경찰공무원인 경장의 봉급표를 규정한 것으로서 개성 신장을 위한 행복추구권의 제한과는 직접적인 관련이 없으므로, 청구인의 위 주장들은 모두 이유 없다(헌재 2008.12.26. 2007헌마444).

② 헌재 2014.8.28. 2013헌마359

③ 헌법 제15조에 의한 직업선택의 자유라 함은 자신이 원하는 직업 내지 직종을 자유롭게 선택하는 직업선택의 자유뿐만 아니라 그가 선택한 직업을 자기가 결정한 방식으로 자유롭게 수행할 수 있는 직업수행의 자유를 포함한다. 그리고 직업선택의 자유에는 자신이 원하는 직업 내지 직종에 종사하는데 필요한 전문지식을 습득하기 위한 직업교육장을 임의로 선택할 수 있는 '직업교육장 선택의 자유'도 포함된다(헌재 2009.2.26. 2007헌마1262).

제 13 회 경찰공무원(순경) 헌법

빠른 정답							나의 점수		점
01	02	03	04	05	06	07	08	09	10
②	③	④	①	②	④	①	③	④	③
11	12	13	14	15	16	17	18	19	20
②	①	③	①	②, ④	③	①	①	④	②

01 1 2 3

정답 ②

출처 21 경찰승진

정답의 이유

② 헌법 제130조 제1항

오답의 이유

① 헌법 제129조

> **헌법 제129조** 제안된 헌법개성안은 내통령이 20일 이상의 기간 이를 공고하여야 한다.

③ 헌법 제130조 제2항

> **헌법 제130조** ② 헌법개정안은 국회가 의결한 후 30일 이내에 국민투표에 붙여 국회의원선거권자 과반수의 투표와 투표자 과반수의 찬성을 얻어야 한다.

④ 헌법 제129조 제2항

> **헌법 제128조** ② 대통령의 임기연장 또는 중임변경을 위한 헌법개정은 그 헌법개정 제안 당시의 대통령에 대하여는 효력이 없다.

02 1 2 3

정답 ③

출처 21 경찰승진

정답의 이유

③ 제7차 개정헌법(1972년) 제40조 제1항

> **제7차 개정헌법(1972년) 제40조** ① 통일주체국민회의는 국회의원 정수의 3분의 1에 해당하는 수의 국회의원을 선거한다.

오답의 이유

① 제헌헌법(1948년) 제18조, 제19조

> **제헌헌법(1948년) 제18조** 근로자의 단결, 단체교섭과 단체행동의 자유는 법률의 범위 내에서 보장된다. 영리를 목적으로 하는 사기업에 있어서는 근로자는 법률의 정하는 바에 의하여 이익의 분배에 균점할 권리가 있다.
> **제헌헌법(1948년) 제19조** 노령, 질병 기타 근로능력의 상실로 인하여 생활유지의 능력이 없는 자는 법률의 정하는 바에 의하여 국가의 보호를 받는다.

② 제2차 개정헌법(1954년) 제7조의2

> **제2차 개정헌법(1954년) 제7조의2** 대한민국의 주권의 제약 또는 영토의 변경을 가져올 국가안위에 관한 중대사항은 국회의 가결을 거친 후에 국민투표에 부하여 민의원의원선거권자 3분지 2 이상의 투표와 유효투표 3분지 2 이상의 찬성을 얻어야 한다.

④ 제8차 개정헌법(1980년) 제33조

> **제8차 개정헌법(1980년) 제33조** 모든 국민은 깨끗한 환경에서 생활할 권리를 가지며, 국가와 국민은 환경보전을 위하여 노력하여야 한다.

03 1 2 3

정답 ④

출처 21 경찰승진

정답의 이유

④ 「국적법」 제10조 제1항

오답의 이유

① 「국적법」 제2조 제2항

> **「국적법」 제2조(출생에 의한 국적 취득)** ② 대한민국에서 발견된 기아(棄兒)는 대한민국에서 출생한 것으로 추정한다.

② 「국적법 제15조 제1항

> **「국적법」 제15조(외국 국적 취득에 따른 국적 상실)** ① 대한민국의 국민으로서 자진하여 외국 국적을 취득한 자는 그 외국 국적을 취득한 때에 대한민국 국적을 상실한다.

③ 「국적법」 제18조 제2항

> **「국적법」 제18조(국적상실자의 권리 변동)** ② 제1항에 해당하는 권리 중 대한민국의 국민이었을 때 취득한 것으로서 양도(讓渡)할 수 있는 것은 그 권리와 관련된 법령에서 따로 정한 바가 없으면 3년 내에 대한민국의 국민에게 양도하여야 한다.

04 1 2 3 정답 ①

출처 21 경찰승진

정답의 이유

① 헌법 전문은 "1945년 7월 12일에 제정되고 8차에 걸쳐 개정된 헌법을 이제 국회의 의결을 거쳐 국민투표에 의하여 개정한다"고 규정하고 있다.

> **[헌법 전문]**
> 유구한 역사와 전통에 빛나는 우리 대한국민은 3·1운동으로 건립된 대한민국임시정부의 법통과 불의에 항거한 4·19민주이념을 계승하고, 조국의 민주개혁과 평화적 통일의 사명에 입각하여 정의·인도와 동포애로써 민족의 단결을 공고히 하고, 모든 사회적 폐습과 불의를 타파하며, 자율과 조화를 바탕으로 자유민주적 기본질서를 더욱 확고히 하여 정치·경제·사회·문화의 모든 영역에 있어서 각인의 기회를 균등히 하고, 능력을 최고도로 발휘하게 하며, 자유와 권리에 따르는 책임과 의무를 완수하게 하여, 안으로는 국민생활의 균등한 향상을 기하고 밖으로는 항구적인 세계평화와 인류공영에 이바지함으로써 우리들과 우리들의 자손의 안전과 자유와 행복을 영원히 확보할 것을 다짐하면서 1948년 7월 12일에 제정되고 8차에 걸쳐 개정된 헌법을 이제 국회의 의결을 거쳐 국민투표에 의하여 개정한다.

오답의 이유

② "헌법 전문에 기재된 3·1정신"은 우리나라 헌법의 연혁적·이념적 기초로서 헌법이나 법률해석에서의 해석기준으로 작용한다고 할 수 있지만, 그에 기하여 곧바로 국민의 개별적 기본권성을 도출해낼 수는 없다고 할 것이므로, 헌법소원의 대상인 "헌법상 보장된 기본권"에 해당하지 아니한다(헌재 2001.3.21. 99헌마139 등).

③ 1962년 제5차 개정헌법에서 헌법 전문이 처음으로 개정되었다.

05 1 2 3 정답 ②

출처 21 경찰승진

정답의 이유

② 법적 안정성은 객관적 요소로서 법질서의 신뢰성·항구성·법적 투명성과 법적 평화를 의미하고, 이와 내적인 상호연관 관계에 있는 법적 안정성의 주관적 측면은 한번 제정된 법규범은 원칙적으로 존속력을 갖고 자신의 행위기준으로 작용하리라는 개인의 신뢰보호원칙이다(헌재 1996.2.16. 96헌가2 등).

오답의 이유

① 헌재 2002.11.28. 2002헌바45

③ 신뢰보호의 원칙의 위배 여부는 한편으로는 침해받은 이익의 보호가치, 침해의 중한 정도, 신뢰가 손상된 정도, 신뢰침해의 방법 등과 다른 한편으로는 새 입법을 통해 실현하고자 하는 공익적 목적을 종합적으로 비교·형량하여 판단하여야 하는데, 이 사건의 경우 투자유인이라는 입법목적을 감안하더라도 그로 인한 공익의 필요성이 구법에 대한 신뢰보호보다 간절한 것이라고 보여지지 아니한다(헌재 1995.10.26. 94헌바12).

④ 헌재 2002.11.28. 2002헌바45

06 1 2 3 정답 ④

출처 21 경찰승진

정답의 이유

④ 파견법은 '공중도덕상 유해한 업무'에 관한 정의조항은 물론 그 의미를 해석할 수 있는 수식어를 두지 않았으므로, 심판대상조항이 규율하는 사항을 바로 알아내기도 어렵다. … 심판대상조항은 건전한 상식과 통상적 법감정을 가진 사람으로 하여금 자신의 행위를 결정해 나가기에 충분한 기준이 될 정도의 의미내용을 가지고 있다고 볼 수 없으므로 죄형법정주의의 명확성원칙에 위배된다(헌재 2016.11.24. 2015헌가23).

오답의 이유

① 이 사건 집행정지 요건 조항에서 집행정지 요건으로 규정한 '회복하기 어려운 손해'는 대법원 판례에 의하여 '특별한 사정이 없는 한 금전으로 보상할 수 없는 손해로서 이는 금전보상이 불능인 경우 내지는 금전보상으로는 사회관념상 행정처분을 받은 당사자가 참고 견딜 수 없거나 또는 참고 견디기가 현저히 곤란한 경우의 유형, 무형의 손해'를 의미한 것으로 해석할 수 있고, '긴급한 필요'란 손해의 발생이 시간상 임박하여 손해를 방지하기 위해서 본안판결까지 기다릴 여유가 없는 경우를 의미하는 것으로, 이는 집행정지가 임시적 권리구제제도로서 잠정성, 긴급성, 본안소송에의 부종성의 특징을 지니는 것이라는 점에서 그 의미를 쉽게 예측할 수 있다. 이와 같이 심판대상조항은 법관의 법 보충작용을 통한 판례에 의하여 합리적으로 해석할 수 있고, 자의적인 법해석의 위험이 있다고 보기 어려우므로 명확성 원칙에 위배되지 않는다(헌재 2018.1.25. 2016헌바208).

② 헌재 2017.12.28. 2016헌바249

③ 헌재 2015.5.28. 2013헌마799

07 1 2 3

정답 ①

출처 21 경찰승진

정답의 이유

① 이 사건 조약은 그 명칭이 "협정"으로 되어 있어 국회의 관여 없이 체결되는 행정협정처럼 보이기도 하나 우리나라의 입장에서 볼 때에는 외국군대의 지위에 관한 것이고, 국가에게 재정적 부담을 지우는 내용과 입법사항을 포함하고 있으므로 국회의 동의를 요하는 조약으로 취급되어야 한다(헌재 1999.4.29. 97헌가14).

오답의 이유

② 헌법 제60조 제1항

③ 국제노동기구의 제87호 협약(결사의 자유 및 단결권 보장에 관한 협약), 제98호 협약(단결권 및 단체교섭권에 대한 원칙의 적용에 관한 협약), 제151호 협약(공공부문에서의 단결권 보호 및 고용조건의 결정을 위한 절차에 관한 협약)은 우리나라가 비준한 바가 없고, 헌법 제6조 제1항에서 말하는 일반적으로 승인된 국제법규로서 헌법적 효력을 갖는 것이라고 볼 만한 근거도 없으므로, 이 사건 심판대상 규정의 위헌성 심사의 척도가 될 수 없다(헌재 2005.10.27. 2003헌바50 등).

④ 헌재 1998.11.26. 97헌바65

08 1 2 3

정답 ③

출처 21 경찰승진

정답의 이유

③ 「정당법」 제33조

오답의 이유

① 정당설립의 자유는 그 성질상 등록된 정당에게만 인정되는 기본권이 아니라 청구인과 같이 등록정당은 아니지만 권리 능력 없는 사단의 실체를 가지고 있는 정당에게도 인정되는 기본권이라고 할 수 있고, 청구인이 등록정당으로서의 지위를 갖추지 못한 것은 결국 이 사건 법률조항 및 같은 내용의 현행 「정당법」(제17조, 제18조)의 정당등록요건규정 때문이고, 장래에도 이 사건 법률조항과 같은 내용의 현행 「정당법」 규정에 따라 기본권제한이 반복될 위험이 있으므로, 심판청구의 이익을 인정할 수 있다(헌재 2006.3.30. 2004헌마246).

② 「공직선거법」 제47조 제3항

> **「공직선거법」 제47조** ③ 정당이 비례대표국회의원선거 및 비례대표지방의회의원선거에 후보자를 추천하는 때에는 그 후보자 중 100분의 50 이상을 여성으로 추천하되, 그 후보자명부의 순위의 매 홀수에는 여성을 추천하여야 한다.

④ 일정기간 동안 공직선거에 참여할 기회를 수 회 부여하고 그 결과에 따라 등록취소 여부를 결정하는 등 덜 기본권 제한적인 방법을 상정할 수 있고, 「정당법」에서 법정의 등록요건을 갖추지 못하게 된 정당이나 일정 기간 국회의원선거 등에 참여하지 아니한 정당의 등록을 취소하도록 하는 등 현재의 법체계 아래에서도 입법목적을 실현할 수 있는 다른 장치가 마련되어 있으므로, 정당등록취소조항은 침해의 최소성 요건을 갖추지 못하였다. … 따라서 정당등록취소조항은 과잉금지원칙에 위반되어 청구인들의 정당설립의 자유를 침해한다(헌재 2014.1.28. 2012헌마431 등).

09 1 2 3

정답 ④

출처 21 경찰승진

정답의 이유

④ 「공직선거법」 제222조 제1항

> **「공직선거법」 제222조** ① 대통령선거 및 국회의원선거에 있어서 선거의 효력에 관하여 이의가 있는 선거인 · 정당(候補者를 추천한 政黨에 한한다) 또는 후보자는 선거일부터 30일 이내에 당해 선거구선거관리위원회위원장을 피고로 하여 대법원에 소를 제기할 수 있다.

오답의 이유

① 헌재 1996.6.13. 94헌마118 등

② 이 사건 법률조항이 소선거구 다수대표제를 규정하여 다수의 사표가 발생한다 하더라도 그 이유만으로 헌법상 요구된 선거의 대표성의 본질을 침해한다거나 그로 인해 국민주권원리를 침해하고 있다고 할 수 없고, 청구인의 평등권과 선거권을 침해한다고 할 수 없다(헌재 2016.5.26. 2012헌마374).

③ 현재의 시점에서 시 · 도의원지역구 획정과 관련하여 헌법이 허용하는 인구편차의 기준을 인구편차 상하 50%(인구비례 3 : 1)로 변경하는 것이 타당하다(헌재 2018.6.28. 2014헌마189).

10 1 2 3

정답 ③

출처 21 경찰승진

정답의 이유

ㄴ. (○) 헌재 2012.8.23. 2008헌마430

ㄹ. (○) 축협중앙회는 지역별 · 업종별 축협과 비교할 때, 회원의 임의탈퇴나 임의해산이 불가능한 점 등 그 공법인성이 상대적으로 크다고 할 것이지만, 이로써 공법인이라고 단정할 수는 없을 것이고, 이 역시 그 존립목적 및 설립형식에서의 자주적 성격에 비추어 사법인적 성격을 부인할 수 없으므로, 축협중앙회는 공법인성과 사법인성을 겸유한 특수한 법인으로서 이 사건에서 기본권의 주체가 될 수 있다(헌재 2000.6.1. 99헌마553).

오답의 이유

ㄱ. (×) 초기배아는 수정이 된 배아라는 점에서 형성중인 생명의 첫걸음을 떼었다고 볼 여지가 있기는 하나 아직 모체에 착상되거나 원시선이 나타나지 않은 이상 현재의 자연과학적 인식 수준에서 독립된 인간과 배아 간의 개체적 연속성을 확정하기 어렵다고 봄이 일반적이라는 점, 배아의 경우 현재의 과학기술 수준에서 모태 속에서 수용될 때 비로소 독립적인 인간으로의 성장가능성을 기대할 수 있다는 점, 수정 후 착

상 전의 배아가 인간으로 인식된다거나 그와 같이 취급하여야 할 필요성이 있다는 사회적 승인이 존재한다고 보기 어려운 점 등을 종합적으로 고려할 때, 기본권 주체성을 인정하기 어렵다(헌재 2010.5.27. 2005헌마346).

ㄷ. (×) 지방자치단체는 기본권의 주체가 될 수 없다는 것이 헌법재판소의 입장이며, 이를 변경해야 할 만한 사정이나 필요성이 없으므로 지방자치단체인 춘천시의 헌법소원 청구는 부적법하다(헌재 2006.12.28. 2006헌마312).

11 1 2 3 정답 ②

출처 21 경찰승진

정답의 이유

② 국가인권위원회는 법률상의 독립된 국가기관이고, 피해자인 진정인에게는 국가인권위원회법이 정하고 있는 구제조치를 신청할 법률상 신청권이 있는데 국가인권위원회가 진정을 각하 및 기각결정을 할 경우 피해자인 진정인으로서는 자신의 인격권 등을 침해하는 인권침해 또는 차별행위 등이 시정되고 그에 따른 구제조치를 받을 권리를 박탈당하게 되므로, 진정에 대한 국가인권위원회의 각하 및 기각결정은 피해자인 진정인의 권리행사에 중대한 지장을 초래하는 것으로서 항고소송의 대상이 되는 행정처분에 해당하므로, 그에 대한 다툼은 우선 행정심판이나 행정소송에 의하여야 할 것이다. 따라서 이 사건 심판청구는 행정심판이나 행정소송 등의 사전 구제절차를 모두 거친 후 청구된 것이 아니므로 보충성 요건을 충족하지 못하였다(헌재 2015.3.26. 2013헌마214 등).

오답의 이유

① 헌재 2010.10.28. 2009헌라6

③ 「국가인권위원회법」 제47조 제1항, 제2항

> **「국가인권위원회법」 제47조(피해자를 위한 법률구조 요청)** ① 위원회는 진정에 관한 위원회의 조사, 증거의 확보 또는 피해자의 권리 구제를 위하여 필요하다고 인정하면 피해자를 위하여 대한법률구조공단 또는 그 밖의 기관에 법률구조를 요청할 수 있다.
> ② 제1항에 따른 법률구조 요청은 피해자의 명시한 의사에 반하여 할 수 없다.

④ 「국가인권위원회법」 제49조

12 1 2 3 정답 ①

출처 21 경찰승진

정답의 이유

① 이 사건 법률조항은 우리 사회의 중대한 공익이며 헌법 제36조 제1항으로부터 도출되는 일부일처제를 실현하기 위한 것이다. 이 사건 법률조항은 중혼을 혼인무효사유가 아니라 혼인취소사유로 정하고 있는데, 혼인 취소의 효력은 기왕에 소급하지 아니하므로 중혼이라 하더라도 법원의 취소판결이 확정되기 전까지는 유효한 법률혼으로 보호받는다. … 따라서 중혼취소청구권의 소멸에 관하여 아무런 규정을 두지 않았다 하더라도, 이 사건 법률조항이 현저히 입법재량의 범위를 일탈하여 후혼배우자의 인격권 및 행복추구권을 침해하지 아니한다(헌재 2014.7.24. 2011헌바275).

오답의 이유

② 헌재 2005.12.22. 2003헌가5 등

③ 민사재판에서 법관이 당사자의 복장에 따라 불리한 심증을 갖거나 불공정한 재판진행을 하게 되는 것은 아니므로, 심판대상조항이 민사재판의 당사자로 출석하는 수형자에 대하여 사복착용을 불허하는 것으로 공정한 재판을 받을 권리가 침해되는 것은 아니다. 수형자가 민사법정에 출석하기까지 교도관이 반드시 동행하여야 하므로 수용자의 신분이 드러나게 되어 있어 재소자용 의류를 입었다는 이유로 인격권과 행복추구권이 제한되는 정도는 제한적이고, 형사법정 이외의 법정 출입 방식은 미결수용자와 교도관 전용 통로 및 시설이 존재하는 형사재판과 다르며, 계호의 방식과 정도도 확연히 다르다. 따라서 심판대상조항이 민사재판에 출석하는 수형자에 대하여 사복착용을 허용하지 아니한 것은 청구인의 인격권과 행복추구권을 침해하지 아니한다(헌재 2015.12.23. 2013헌마712).

④ 헌재 2012.7.26. 2011헌마426

13 1 2 3 정답 ③

출처 21 경찰승진

정답의 이유

③ 사립학교 관계자와 언론인 못지않게 공공성이 큰 민간분야 종사자에 대해서 「청탁금지법」이 적용되지 않는다는 이유만으로 부정청탁금지조항과 금품수수금지조항 및 신고조항과 제재조항이 청구인들의 평등권을 침해한다고 볼 수 없다(헌재 2016.7.28. 2015헌마236 등).

오답의 이유

① 헌재 2018.6.28. 2016헌가14

② 단순한 단기체류가 아니라 국내에 거주하는 재외국민, 특히 외국의 영주권을 보유하고 있으나 상당한 기간 국내에서 계속 거주하고 있는 자들은 「주민등록법」상 재외국민으로 등록 · 관리될 뿐 '국민인 주민'이라는 점에서는 다른 일반 국민과 실질적으로 동일하므로, 단지 외국의 영주권을 취득한 재외국민이라는 이유로 달리 취급할 아무런 이유가 없어 위와 같은 차별은 청구인들의 평등권을 침해한다(헌재 2018.1.25. 2015헌마1047).

④ 헌재 2016.9.29. 2014헌바254

14 1 2 3

정답 ①

출처 21 경찰승진

정답의 이유

① 헌법 제12조 제3항

> **헌법 제12조** ③ 체포 · 구속 · 압수 또는 수색을 할 때에는 적법한 절차에 따라 검사의 신청에 의하여 법관이 발부한 영장을 제시하여야 한다. 다만, 현행범인인 경우와 장기 3년 이상의 형에 해당하는 죄를 범하고 도피 또는 증거인멸의 염려가 있을 때에는 사후에 영장을 청구할 수 있다.

오답의 이유

② 외국에서 집행된 형의 전부 또는 일부를 필요적으로 산입하는 등의 방법을 선택하여 청구인의 신체의 자유를 덜 침해할 수 있음에도, 이 사건 법률조항과 같이 우리 「형법」에 의한 처벌 시 외국에서 받은 형의 집행을 전혀 반영하지 아니할 수도 있도록 한 것은 과잉금지원칙에 위배되어 신체의 자유를 침해한다(헌재 2015.5.28. 2013헌바129).

③ 미결구금은 신체의 자유를 침해받는 피의자 또는 피고인의 입장에서 보면 실질적으로 자유형의 집행과 다를 바 없으므로 인권보호 및 공평의 원칙상 형기에 전부 산입되어야 한다. … 상소제기 후 상소취하시까지의 미결구금을 형기에 산입하지 아니하는 것은 헌법상 무죄추정의 원칙 및 적법절차의 원칙, 평등원칙 등을 위배하여 합리성과 정당성 없이 신체의 자유를 지나치게 제한하는 것이고, … 상소제기 후 상소취하시까지의 미결구금일수를 본형에 산입하도록 규정하지 아니한 것은 헌법에 위반된다(헌재 2009.12.29. 2008헌가13 등).

④ 변호인이 피의자신문에 자유롭게 참여할 수 있는 권리는 피의자가 가지는 변호인의 조력을 받을 권리를 실현하는 수단이므로 헌법상 기본권인 변호인의 변호권으로서 보호되어야 한다(헌재 2017.11.30. 2016헌마503).

15 1 2 3

정답 ②, ④

출처 21 경찰승진

정답의 이유

② 누구든지 주민등록 여부와 무관하게 거주지를 자유롭게 이전할 수 있으므로 주민등록 여부가 거주 · 이전의 자유와 직접적인 관계가 있다고 보기 어려우며, 영내 기거하는 현역병은 병역법으로 인해 거주 · 이전의 자유를 제한받게 되므로 이 사건 법률조항은 영내 기거 현역병의 거주 · 이전의 자유를 제한하지 않는다(헌재 2011.6.30. 2009헌마59).

④ 복수국적자는 병역준비역(구. 제1국민역)에 편입된 날부터 3개월 이내에 대한민국 국적을 이탈하지 않으면 병역의무를 해소한 후에야 국적이탈이 가능하도록 한 것은 과잉금지원칙에 위반하여 복수국적자의 국적이탈의 자유를 침해한다(헌재 2020.9.24. 2016헌마889).

오답의 이유

① (1) 우리 헌법 제14조 제1항은 "모든 국민은 거주 · 이전의 자유를 가진다"고 규정하고 있고, 이러한 거주 · 이전의 자유에는 국내에서의 거주 · 이전의 자유뿐 아니라 국외 이주의 자유, 해외여행의 자유 및 귀국의 자유가 포함되는바, 아프가니스탄 등 일정한 국가로의 이주, 해외여행 등을 제한하는 이 사건 고시로 인하여 청구인들의 거주 · 이전의 자유가 일부 제한된 점은 인정된다(헌재 2008.6.26. 2007헌마1366).

(2) 국적을 이탈하거나 변경하는 것은 헌법 제14조가 보장하는 거주 · 이전의 자유에 포함되므로 법 제12조 제1항 단서 및 그에 관한 제14조 제1항 단서는 이중국적자의 국적선택(국적이탈)의 자유를 제한하는 것이라 할 것이고, 그것이 병역의무이행의 확보라는 공익을 위하여 정당화될 수 있는 것인지가 문제된다(헌재 2006.11.30. 2005헌마739).

③ 거주 · 이전의 자유는 거주지나 체류지라고 볼 만한 정도로 생활과 밀접한 연관을 갖는 장소를 선택하고 변경하는 행위를 보호하는 기본권인바, 이 사건에서 서울광장이 청구인들의 생활형성의 중심지인 거주지나 체류지에 해당한다고 할 수 없고, 서울광장에 출입하고 통행하는 행위가 그 장소를 중심으로 생활을 형성해 나가는 행위에 속한다고 볼 수도 없으므로 청구인들의 거주 · 이전의 자유가 제한되었다고 할 수 없다(헌재 2011.6.30. 2009헌마406).

16 1 2 3

정답 ③

출처 21 경찰승진

정답의 이유

ㄴ. (×) 심판대상조항은 청원경찰이 저지른 범죄의 종류나 내용을 불문하고 범죄행위로 금고 이상의 형의 선고유예를 받게 되면 당연히 퇴직되도록 규정함으로써 그것이 달성하려는 공익의 비중에도 불구하고 청원경찰의 직업의 자유를 과도하게 제한하고 있어 법익의 균형성 원칙에도 위배된다. 따라서 심판대상조항은 과잉금지원칙에 반하여 직업의 자유를 침해한다(헌재 2018.1.25. 2017헌가26).

ㄷ. (×) 심판대상조항은 제조업의 핵심 업무인 직접생산공정업무의 적정한 운영을 기하고 근로자에 대한 직접고용 증진 및 적정임금 지급을 보장하기 위한 것으로 입법목적의 정당성 및 수단의 적합성이 인정된다. … 또한, 제조업의 직접생산공정업무의 적정한 운영, 근로자의 직접고용 증진 및 적정임금 보장이라는 공익이 사용사업주가 제조업의 직접생산공정업무에 관하여 근로자파견의 역무를 제공받지 못하는 직업수행의 자유 제한에 비하여 작다고 볼 수 없으므로, 법익의 균형성도 충족된다. 따라서 심판대상조항이 제조업의 직접생산공정업무에 관하여 근로자파견의 역무를 제공받고자 하는 사업주의 직업수행의 자유를 침해한다고 볼 수 없다(헌재 2017.12.28. 2016헌바346).

오답의 이유

ㄱ. (○) 헌재 2015.5.28. 2013헌가6

ㄹ. (○) 이 사건 법률조항은 오직 성범죄 전과에 기초해 10년이라는 일률적인 기간 동안 취업제한의 제재를 부과하며, 이 기간 내에는 취업제한 대상자가 그러한 제재로부터 벗어날 수 있는 어떠한 기회도 존재하지 않는 점, 재범의 위험에 대한 사회적 차원의 대처가 필요하다 해도 이 위험의 경중에 대한 고려가 있어야 하는 점 등에 비추어 침해의 최소성 요건을 충족했다고 보기 힘들다. … 이상과 같이 이 사건 법률조항은 그 목적의 정당성, 수단의 적합성이 인정되지만, 침해의 최소성과 법익의 균형성 원칙에 위반되어 청구인들의 직업선택의 자유를 침해한다(헌재 2014.1.28. 2012헌마431 등).

17 1 2 3

정답 ①

출처 21 경찰승진

정답의 이유

① 헌법 제16조에서 영장주의에 대한 예외를 마련하지 아니하였다고 하여, 주거에 대한 압수나 수색에 있어 영장주의가 예외 없이 반드시 관철되어야 함을 의미하는 것은 아닌 점, 인간의 존엄성 실현과 인격의 자유로운 발현을 위한 핵심적 자유 영역에 속하는 기본권인 신체의 자유에 대해서도 헌법 제12조 제3항에서 영장주의의 예외를 인정하고 있는데, 이러한 신체의 자유에 비하여 주거의 자유는 그 기본권 제한의 여지가 크므로, 형사사법 및 공권력 작용의 기능적 효율성을 함께 고려하여 본다면, 헌법 제16조의 영장주의에 대해서도 일정한 요건 하에서 그 예외를 인정할 필요가 있는 점, … 헌법 제16조가 주거의 자유와 관련하여 영장주의를 선언하고 있는 이상, 그 예외는 매우 엄격한 요건 하에서만 인정되어야 하는 점 등을 종합하면, 헌법 제16조의 영장주의에 대해서도 그 예외를 인정하되, 이는 그 장소에 범죄혐의 등을 입증할 자료나 피의자가 존재할 개연성이 소명되고, 사전에 영장을 발부받기 어려운 긴급한 사정이 있는 경우에만 제한적으로 허용될 수 있다고 보는 것이 타당하다(헌재 2018.4.26. 2015헌바370 등).

오답의 이유

② 헌재 2014.7.24. 2012헌마662

③ 헌재 2019.11.28. 2017헌바241

④ 주거침입죄는 사실상의 주거의 평온을 보호법익으로 하는 것이므로 그 주거자 또는 간수자가 건조물 등에 거주 또는 간수할 권리를 가지고 있는가의 여부는 범죄의 성립을 좌우하는 것이 아니며, 점유할 권리 없는 자의 점유라고 하더라도 그 주거의 평온은 보호되어야 할 것이므로, 권리자가 그 권리를 실행함에 있어 법에 정하여진 절차에 의하지 아니하고 그 건조물 등에 침입한 경우에는 주거침입죄가 성립한다(대판 1987.11.10. 선고 87도1760).

18 1 2 3

정답 ①

출처 21 경찰승진

정답의 이유

① 청구인이 나눈 접견내용에 대한 사생활의 비밀로서의 보호가치에 비해 증거인멸의 위험을 방지하고 교정시설 내의 안전과 질서유지에 기여하려는 공익이 크고 중요하다는 점에 비추어 볼 때, 이 사건 접견참여 · 기록이 청구인의 사생활의 비밀과 자유를 침해하였다고 볼 수 없다(헌재 2014.9.25. 2012헌마523).

오답의 이유

② 이 사건 검사행위는 교도소의 안전과 질서를 유지하고, 수형자의 교화 · 개선에 지장을 초래할 수 있는 물품을 차단하기 위한 것으로서 그 목적이 정당하고, 수단도 적절하며, 검사의 실효성을 확보하기 위한 최소한의 조치로 보이고, 달리 덜 제한적인 대체수단을 찾기 어려운 점 등에 비추어 보면 이 사건 검사행위가 과잉금지원칙에 위배하여 사생활의 비밀 및 자유를 침해하였다고 할 수 없다(헌재 2011.10.25. 2009헌마691).

③ 헌재 2016.6.30. 2015헌마924

④ 심판대상행위는 방문 면접을 통해 행정자료로 파악하기 곤란한 항목들을 조사하여 그 결과를 사회 현안에 대한 심층분석과 각종 정책수립, 통계작성의 기초자료 또는 사회 · 경제현상의 연구 · 분석 등에 활용하도록 하고자 한 것이므로 그 목적이 정당하고, 15일이라는 짧은 방문면접조사 기간 등 현실적 여건을 감안하면 인근 주민을 조사원으로 채용하여 방문면접 조사를 실시한 것은 목적을 달성하기 위한 적정한 수단이 된다. … 따라서 심판대상행위가 과잉금지원칙을 위반하여 청구인의 개인정보자기결정권을 침해하였다고 볼 수 없다(헌재 2017.7.27. 2015헌마1094).

19 1 2 3

정답 ④

출처 21 경찰승진

정답의 이유

④ 「통신비밀보호법」 제8조 제1항

> **「통신비밀보호법」 제8조(긴급통신제한조치)** ① 검사, 사법경찰관 또는 정보수사기관의 장은 국가안보를 위협하는 음모행위, 직접적인 사망이나 심각한 상해의 위험을 야기할 수 있는 범죄 또는 조직범죄 등 중대한 범죄의 계획이나 실행 등 긴박한 상황에 있고 제5조 제1항 또는 제7조 제1항 제1호의 규정에 의한 요건을 구비한 자에 대하여 제6조 또는 제7조 제1항 및 제3항의 규정에 의한 절차를 거칠 수 없는 긴급한 사유가 있는 때에는 법원의 허가 없이 통신제한조치를 할 수 있다.

오답의 이유

① 헌재 2010.10.28. 2007헌마890

② 헌법 제18조로 보장되는 기본권인 통신의 자유란 통신수단을 자유로이 이용하여 의사소통할 권리이다. '통신수단의 자유로운 이용'에는 자신의 인적 사항을 누구에게도 밝히지 않는 상태로 통신수단을 이용할 자유, 즉 통신수단의 익명성 보장도 포함된다. 심판대상조항은 휴대전화를 통한 문자 · 전화 · 모바일 인터넷 등 통신기능을 사용하고자 하는 자에게 반드시 사전에 본인확인 절차를 거치는 데 동의해야만 이를 사용할 수 있도록 하므로, 익명으로 통신하고자 하는 청구인들의 통신의 자유를 제한한다(헌재 2019.9.26. 2017헌마1209).

③ 헌재 2001.11.29. 99헌마713

20 1 2 3 정답 ②

출처 21 경찰승진

정답의 이유

② 「사립학교교직원 연금법」상의 퇴직급여 및 퇴직수당을 받을 권리는 사회적 기본권의 하나인 사회보장수급권임과 동시에 경제적 가치가 있는 권리로서 헌법 제23조에 의하여 보장되는 재산권이다(헌재 2010.7.29. 2008헌가15).

오답의 이유

① 공제회가 관리 · 운용하는 기금은 학교안전사고보상공제 사업 등에 필요한 재원을 확보하고, 공제급여에 충당하기 위하여 설치 및 조성되는 것으로서 학교안전법령이 정하는 용도에 사용되는 것일 뿐, 각 공제회에 귀속되어 사적 유용성을 갖는다거나 원칙적 처분권이 있는 재산적 가치라고 보기 어렵고, 공제회가 갖는 기금에 대한 권리는 법에 의하여 정해진 대로 운영할 수 있는 법적 권능에 불과할 뿐 사적 이익을 위해 권리주체에게 귀속될 수 있는 성질의 것이 아니므로, 이는 헌법 제23조 제1항에 의하여 보호되는 공제회의 재산권에 해당되지 않는다(헌재 2015.7.30. 2014헌가7).

③ 약사는 단순히 의약품의 판매뿐만 아니라 의약품의 분석, 관리 등의 업무를 다루며, 약사면허 그 자체는 양도 · 양수할 수 없고 상속의 대상도 되지 아니하며, 또한 약사의 한약조제권이란 그것이 타인에 의하여 침해되었을 때 방해를 배제하거나 원상회복 내지 손해배상을 청구할 수 있는 권리가 아니라 법률에 의하여 약사의 지위에서 인정되는 하나의 권능에 불과하고, 더욱이 의약품을 판매하여 얻게 되는 이익 역시 장래의 불확실한 기대이익에 불과한 것이므로, 구 「약사법」상 약사에게 인정된 한약조제권은 위 헌법조항들이 말하는 재산권의 범위에 속하지 아니한다(헌재 1997.11.27. 97헌바10).

④ 「의료급여법」상 의료급여수급권은 저소득 국민에 대한 공공부조의 일종으로 순수하게 사회정책적 목적에서 주어지는 권리이므로 개인의 노력과 금전적 기여를 통하여 취득되는 재산권의 보호대상에 포함된다고 보기 어렵다(헌재 2009.9.24. 2007헌마1092).

최신 기출

- 2022년 제1차 경찰(순경) 채용시험 헌법문제
- 2022년 제2차 경찰(순경) 채용시험 헌법문제
- 2022년 제1차 경찰(순경) 채용시험 헌법해설
- 2022년 제2차 경찰(순경) 채용시험 헌법해설

2022년 제1차 경찰(순경) 채용시험 헌법

01 헌법개정에 관한 설명 중 가장 적절하지 않은 것은?(다툼이 있는 경우 판례에 의함)

① 헌법개정은 국회재적의원 과반수 또는 대통령의 발의로 제안되며, 제안된 헌법개정안은 대통령이 20일 이상의 기간 이를 공고하여야 한다.

② 우리 헌법의 각 개별규정 가운데 무엇이 헌법제정규정이고 무엇이 헌법개정규정인지를 구분하는 것이 가능하지 아니할 뿐 아니라, 각 개별규정에 그 효력상의 차이를 인정하여야 할 형식적인 이유를 찾을 수 없다.

③ 제7차 헌법개정에서는 대통령이 제안한 헌법개정안은 국민투표로 확정되며, 국회의원이 제안한 헌법개정안은 국회의 의결을 거쳐 통일주체국민회의의 의결로 확정되도록 하였다.

④ 헌법개정안이 국회에서 의결된 후 60일 이내에 국민투표에 붙여 국회의원선거권자 과반수의 투표와 투표자 과반수의 찬성을 얻으면 헌법개정은 확정되며, 국회의장은 즉시 이를 공포하여야 한다.

02 민주적 기본질서에 관한 설명 중 가장 적절하지 않은 것은?(다툼이 있는 경우 판례에 의함)

① 현행 헌법에서 직접 '자유민주적 기본질서'를 명시하고 있는 것은 헌법전문(前文)과 제4조의 통일조항이다.

② 정당의 목적이나 활동이 민주적 기본질서에 위배될 때에는 정부는 헌법재판소에 그 해산을 제소할 수 있고, 정당은 헌법재판소의 심판에 의하여 해산된다.

③ 정당해산 사유로서의 '민주적 기본질서의 위배'란, 민주적 기본질서에 대한 단순한 위반이나 저촉만으로도 족하며, 반드시 민주사회의 불가결한 요소인 정당의 존립을 제약해야 할 만큼 그 정당의 목적이나 활동이 민주적 기본질서에 대하여 실질적인 해악을 끼칠 수 있는 구체적 위험성을 초래하는 경우까지 포함하는 것은 아니다.

④ 헌법에서 채택하고 있는 사회국가의 원리는 자유민주적 기본 질서의 범위내에서 이루어져야 하고, 국민 개인의 자유와 창의를 보완하는 범위내에서 이루어지는 내재적 한계를 지니고 있다.

03 법치주의에 관한 설명 중 가장 적절하지 않은 것은?(다툼이 있는 경우 판례에 의함)

① 실종기간이 구법 시행기간 중에 만료되는 때에도 그 실종이 개정 「민법」 시행일 후에 선고된 때에는 상속에 관하여 개정 「민법」의 규정을 적용하도록 한 「민법」 부칙의 조항은 재산권 보장에 관한 신뢰보호원칙에 위배된다고 볼 수 없다.

② 공소시효제도가 헌법 제12조 제1항 및 제13조 제1항에 정한 죄형법정주의의 보호범위에 바로 속하지 않는다면, 소급입법의 헌법적 한계는 법적 안정성과 신뢰보호원칙을 포함하는 법치주의의 원칙에 따른 기준으로 판단하여야 한다.

③ 신뢰보호원칙은 객관적 요소로서 법질서의 신뢰성 · 항구성 · 법적 투명성과 법적 평화를 의미하고, 이와 내적인 상호 연관 관계에 있는 법적 안정성은 한번 제정된 법규범은 원칙적으로 존속력을 갖고 자신의 행위기준으로 작용하리라는 개인의 주관적 기대이다.

④ 임차인의 계약갱신요구권 행사 기간을 10년으로 규정한 「상가건물 임대차보호법」의 개정법 조항을 개정법 시행 후 갱신되는 임대차에 대하여도 적용하도록 규정한 동법 부칙의 규정은 신뢰보호원칙에 위배되어 임대인의 재산권을 침해한다고 볼 수 없다.

04 선거제도에 관한 설명 중 가장 적절하지 않은 것은?(다툼이 있는 경우 판례에 의함)

① 대통령선거에서 대통령후보자가 1인일 때에는 그 득표수가 선거권자 총수의 3분의 1 이상이 아니면 대통령으로 당선될 수 없다.

② 「공직선거법」 상 선거일 현재 1년 이상의 징역 또는 금고의 형의 선고를 받고 그 집행이 종료되지 아니하거나 그 집행을 받지 아니하기로 확정되지 아니한 사람 및 그 형의 집행유예를 선고받고 유예기간 중에 있는 사람은 선거권이 없다.

③ 지방자치단체의 장 선거권을 지방의회의원 선거권, 나아가 국회의원 선거권 및 대통령 선거권과 구별하여 하나는 법률상의 권리로, 나머지는 헌법상의 권리로 이원화하는 것은 허용될 수 없으므로 지방자치단체의 장 선거권 역시 다른 선거권과 마찬가지로 헌법 제24조에 의해 보호되는 기본권으로 인정하여야 한다.

④ 방송광고, 후보자 등의 방송연설, 방송시설주관 후보자연설의 방송, 선거방송토론위원회 주관 대담 토론회의 방송에서 한국수화언어 또는 자막의 방영을 재량사항으로 규정한 「공직선거법」조항이 자의적으로 비청각장애인과 청각장애인인 청구인을 달리 취급하여 청구인의 평등권을 침해한다고 보기는 어렵다.

05 **기본권의 주체에 관한 설명 중 가장 적절하지 않은 것은?(다툼이 있는 경우 판례에 의함)**

① 불법체류 중인 외국인들이라 하더라도, 불법체류라는 것은 관련 법령에 의하여 체류자격이 인정되지 않는다는 것일 뿐이므로, '인간의 권리'로서 외국인에게도 주체성이 인정되는 일정한 기본권에 관하여 불법체류 여부에 따라 그 인정 여부가 달라지는 것은 아니다.

② 근로의 권리의 구체적인 내용에 따라, 국가에 대하여 고용증진을 위한 사회적 · 경제적 정책을 요구할 수 있는 권리는 사회권적 기본권으로서 국민에 대하여만 인정해야 하지만, 자본주의 경제 질서하에서 근로자가 기본적 생활수단을 확보하고 인간의 존엄성을 보장받기 위하여 최소한의 근로조건을 요구할 수 있는 권리는 자유권적 기본권의 성격도 아울러 가지므로 이러한 경우 외국인 근로자에게도 그 기본권 주체성을 인정함이 타당하다.

③ 청구인은 공법상 재단법인인 방송문화진흥회가 최다출자자인 방송사업자로서 「방송법」 등 관련 규정에 의하여 공법상의 의무를 부담하고 있으므로, 그 설립목적이 언론의 자유의 핵심 영역인 방송 사업이라고 하더라도 이러한 업무수행과 관련해서는 기본권 주체가 될 수 없다.

④ 대통령도 국민의 한사람으로서 제한적으로나마 기본권의 주체가 될 수 있는바, 대통령은 소속 정당을 위하여 정당활동을 할 수 있는 사인으로서의 지위와 국민 모두에 대한 봉사자로서 공익 실현의 의무가 있는 헌법기관으로서의 지위를 동시에 갖는데 최소한 전자의 지위와 관련하여는 기본권 주체성을 갖는다고 할 수 있다.

06 **기본권의 제한에 관한 설명 중 가장 적절하지 않은 것은?(다툼이 있는 경우 판례에 의함)**

①「형법」 제304조 중 "혼인을 빙자하여 음행의 상습없는 부녀를 기망하여 간음한 자" 부분은 형벌규정을 통하여 추구하고자 하는 목적 자체가 헌법에 의하여 허용되지 않는 것으로서 그 정당성이 인정되지 않는다.

② 배우자 있는 자의 간통행위 및 그와의 상간행위를 2년 이하의 징역에 처하도록 규정한 「형법」 제241조는 선량한 성풍속 및 일부일처제에 기초한 혼인제도를 보호하고 부부간 정조의무를 지키게 하기 위한 것으로 그 입법목적의 정당성은 인정된다.

③ 운전면허를 받은 사람이 다른 사람의 자동차 등을 훔친 경우에는 운전면허를 필요적으로 취소하도록 한 구 「도로교통법」 조항 중 '다른 사람의 자동차등을 훔친 경우' 부분은 다른 사람의 자동차 등을 훔친 범죄행위에 대한 행정적 제재를 강화하여 자동차 등의 운행과정에서 야기될 수 있는 교통상의 위험과 장해를 방지함으로써 안전하고 원활한 교통을 확보하고자 하는 것으로서 그 입법목적이 정당하다.

④「형법」 제269조 제1항의 자기낙태죄 조항은 태아의 생명을 보호하기 위한 것으로서 그 입법목적은 정당하지만, 낙태를 방지하기 위하여 임신한 여성의 낙태를 형사처벌하는 것은 이러한 입법목적을 달성하는 데 적절하고 실효성 있는 수단이라고 할 수 없다.

07 **인간의 존엄과 가치에 관한 설명 중 가장 적절하지 않은 것은?(다툼이 있는 경우 판례에 의함)**

① 친생부인의 소의 제척기간을 규정한 「민법」 규정 중 "부(夫)가 그 사유가 있음을 안 날부터 2년내" 부분은 부(夫)가 가정생활과 신분관계에서 누려야 할 인격권을 침해한다.

② 수용자를 교정시설에 수용할 때마다 전자영상 검사기를 이용하여 수용자의 항문 부위에 대한 신체검사를 하는 것이 수용자의 인격권을 침해하는 것은 아니다.

③ 외부 민사재판에 출정할 때 운동화를 착용하게 해 달라는 수형자인 청구인의 신청에 대하여 이를 불허한 피청구인 교도소장의 행위는 청구인의 인격권을 침해한다고 볼 수 없다.

④ 선거기사심의위원회가 불공정한 선거기사를 보도하였다고 인정한 언론사에 대하여 언론중재위원회를 통하여 사과문을 게재할 것을 명하도록 하는 「공직선거법」 조항 중 '사과문 게재' 부분과, 해당 언론사가 사과문 게재 명령을 지체 없이 이행하지 않을 경우 형사처벌하는 구 「공직선거법」 규정 중 해당 부분은 언론사의 인격권을 침해한다.

08 **일반적 행동자유권에 관한 설명 중 옳은 것을 모두 고른 것은?(다툼이 있는 경우 판례에 의함)**

㉠ 헌법 제10조 전문의 행복추구권에는 일반적 행동자유권이 포함되는바, 이는 적극적으로 자유롭게 행동을 하는 것은 물론 소극적으로 행동을 하지 않을 자유도 포함하는 권리로 포괄적인 의미의 자유권이다.

㉡ 육군 장교가 민간법원에서 약식명령을 받아 확정되면 자진 신고할 의무를 규정한, '2020년도 장교 진급 지시'의 해당부분 중 '민간법원에서 약식명령을 받아 확정된 사실이 있는 자'에 관한 부분은 청구인인 육군 장교의 일반적 행동의 자유를 침해한다.

㉢ 일반적 행동자유권의 보호영역에는 가치 있는 행동뿐만 아니라 개인의 생활방식과 취미에 관한 사항도 포함되며, 여기에는 위험한 스포츠를 즐길 권리와 같은 위험한 생활방식으로 살아갈 권리도 포함된다. 따라서 운전 중 휴대용 전화를 사용할 자유는 헌법 제10조의 행복추구권에서 나오는 일반적 행동 자유권의 보호영역에 속한다.

㉣ 의료분쟁 조정신청의 대상인 의료사고가 사망에 해당하는 경우 한국의료분쟁조정중재원의 원장은 지체 없이 조정절차를 개시해야 한다고 규정한 「의료사고 피해구제 및 의료분쟁 조정 등에 관한 법률」 제27조 제9항 전문 중 '사망'에 관한 부분이 청구인의 일반적 행동의 자유를 침해한다고 할 수 없다.

① ㉠, ㉡　　② ㉠, ㉢, ㉣
③ ㉡, ㉢, ㉣　　④ ㉠, ㉡, ㉢, ㉣

09 **표현의 자유에 관한 설명 중 가장 적절한 것은?(다툼이 있는 경우 판례에 의함)**

① '익명표현'은 표현의 자유를 행사하는 하나의 방법으로서 그 자체로 규제되어야 하는 것은 아니고, 부정적 효과가 발생하는 것이 예상되는 경우에 한하여 규제될 필요가 있다.

② 헌법 제21조 제4항 전문은 "언론 · 출판은 타인의 명예나 권리 또는 공중도덕이나 사회윤리를 침해하여서는 아니 된다."라고 규정하고 있는바, 이는 헌법상 표현의 자유의 보호영역에 대한 한계를 설정한 것이라고 보아야 한다.

③ '음란표현'은 헌법상 언론 · 출판의 자유의 보호영역 밖에 있다고 보아야 한다.

④ 인터넷언론사에 대하여 선거일 전 90일부터 선거일까지 후보자 명의의 칼럼이나 저술을 게재하는 보도를 제한하는 구 「인터넷 선거보도 심의기준 등에 관한 규정」은 인터넷 선거보도의 공정성과 선거의 공정성을 확보하려는 것이므로 후보자인 청구인의 표현의 자유를 침해하지 않는다.

10 **헌법상 신체의 자유에 관한 규정 중 가장 적절하지 <u>않은</u> 것은?**

① 누구든지 체포 또는 구속의 이유와 변호인의 조력을 받을 권리가 있음을 고지받지 아니하고는 체포 또는 구속을 당하지 아니한다. 체포 또는 구속을 당한 자의 가족 등 법률이 정하는 자에게는 그 이유와 일시 · 장소가 지체없이 통지되어야 한다.

② 체포 · 구속 · 압수 또는 수색을 할 때에는 적법한 절차에 따라 검사의 신청에 의하여 법관이 발부한 영장을 제시하여야 한다. 다만, 현행범인인 경우와 장기 3년 이상의 형에 해당하는 죄를 범하고 도피 또는 증거인멸의 염려가 있을 때에는 사후에 영장을 청구할 수 있다.

③ 모든 국민은 신체의 자유를 가진다. 누구든지 법률과 적법절차에 의하지 아니하고는 체포 · 구속 · 압수 · 수색을 받지 아니하며, 법률에 의하지 아니하고는 심문 · 처벌 · 보안처분 또는 강제노역을 받지 아니한다.

④ 피고인의 자백이 고문 · 폭행 · 협박 · 구속의 부당한 장기화 또는 기망 기타의 방법에 의하여 자의로 진술된 것이 아니라고 인정될 때 또는 정식재판에 있어서 피고인의 자백이 그에게 불리한 유일한 증거일 때에는 이를 유죄의 증거로 삼거나 이를 이유로 처벌 할 수 없다.

11 개인정보자기결정권에 관한 설명 중 가장 적절하지 않은 것은?(다툼이 있는 경우 판례에 의함)

① 아동 · 청소년 성매수죄로 유죄가 확정된 자는 신상정보 등록대상자가 되도록 규정한 「성폭력범죄의 처벌 등에 관한 특례법」 제42조 제1항 중 "구 「아동 청소년의 성보호에 관한 법률」 제2조 제2호 가운데 제10조 제1항의 범죄로 유죄판결이 확정된 자는 신상정보 등록대상자가 된다."는 부분은 청구인의 개인정보자기결정권을 침해하지 않는다.

② 성적목적공공장소침입죄로 형을 선고받아 유죄판결이 확정된 자는 신상정보 등록대상자가 된다고 규정한 「성폭력범죄의 처벌 등에 관한 특례법」 제42조 제1항 중 "제12조의 범죄로 유죄판결이 확정된 자"에 관한 부분은 청구인의 개인정보자기결정권을 침해하지 않는다.

③ 통신매체이용음란죄로 유죄판결이 확정된 자는 신상정보 등록 대상자가 된다고 규정한 「성폭력범죄의 처벌 등에 관한 특례법」 제42조 제1항 중 "제13조의 범죄로 유죄판결이 확정된 자는 신상정보 등록대상자가 된다."는 부분은 청구인의 개인정보자기결정권을 침해한다.

④ 가상의 아동 청소년이용음란물배포죄로 유죄판결이 확정된 자는 신상정보 등록대상자가 되도록 규정한 「성폭력범죄의 처벌 등에 관한 특례법」 제42조 제1항 중 구 「아동 · 청소년의 성보호에 관한 법률」 제8조 제4항의 아동 · 청소년이용음란물 가운데 "아동 · 청소년으로 인식될 수 있는 사람이나 표현물이 등장하는 것"에 관한 부분으로 유죄판결이 확정된 자에 관한 부분은 청구인의 개인정보자기결정권을 침해한다.

12 대학의 자치에 관한 설명 중 가장 적절하지 않은 것은?(다툼이 있는 경우 판례에 의함)

① 대학 본연의 기능인 학술의 연구나 교수, 학생선발 지도 등과 관련된 교무 · 학사행정의 영역에서는 대학구성원의 결정이 우선 한다고 볼 수 있으나, 대학의 재정, 시설 및 인사 등의 영역에서는 학교법인이 기본적인 윤곽을 결정하게 되므로, 대학구성원에게는 이러한 영역에 대한 참여권이 인정될 여지가 없다.

② 헌법 제31조 제4항이 규정하는 교육의 자주성 및 대학의 자율성은 헌법 제22조 제1항이 보장하는 학문의 자유의 확실한 보장을 위해 꼭 필요한 것으로서 대학에 부여된 헌법상 기본권인 대학의 자율권이므로, 국립대학인 청구인도 이러한 대학의 자율권의 주체로서 헌법소원심판의 청구인능력이 인정된다.

③ 대학의 자율성 즉, 대학의 자치란 대학이 그 본연의 임무인 연구와 교수를 외부의 간섭 없이 수행하기 위하여 인사 · 학사시설 · 재정 등의 사항을 자주적으로 결정하여 운영하는 것을 말한다. 따라서 연구 교수활동의 담당자인 교수가 그 핵심주체라 할 것이나, 연구 교수활동의 범위를 좁게 한정할 이유가 없으므로 학생, 직원 등도 포함될 수 있다.

④ 이사회와 재경위원회에 일정 비율 이상의 외부인사를 포함하는 내용 등을 담고 있는 구 「국립대학법인 서울대학교 설립 운영에 관한 법률」 규정의 이른바 '외부인사 참여 조항'이 대학의 자율의 본질적인 부분을 침해하였다고 볼 수 없다.

13 다음 사례에 관한 설명 중 가장 적절한 것은?(다툼이 있는 경우 판례에 의함)

> 청구인 A는 경장으로 근무 중인 사람으로서 「공무원보수규정」의 해당 부분이 「경찰공무원 임용령 시행규칙」 상의 '계급환산기준표' 및 '호봉획정을 위한 공무원경력의 상당계급기준표'에 따라 경찰공무원인 자신의 1호봉 봉급월액을 청구인의 계급에 상당하는 군인 계급인 중사의 1호봉 봉급월액에 비해 낮게 규정함으로써 자신의 기본권을 침해한다고 주장하면서 2007년 4월 16일 그 위헌확인을 구하는 헌법소원심판을 청구하였다.

① 청구인 A는 「공무원보수규정」 의 해당 부분이 자신의 평등권, 재산권, 직업선택의 자유 및 행복추구권 등을 침해한다고 주장하는바, 이는 기본권 충돌에 해당한다.

② 경찰공무원과 군인은 「공무원보수규정」 상의 봉급표에 있어서 본질적으로 동일 유사한 지위에 있다고 볼 수 없으므로 청구인 A의 평등권 침해는 문제되지 않는다.

③ 직업의 자유에 '해당 직업에 합당한 보수를 받을 권리'까지 포함되어 있다고 보아야 하므로, 경장의 1호봉 봉급월액을 중사의 1호봉 봉급월액보다 적게 규정한 것은 청구인 A의 직업수행의 자유를 침해한 것이다.

④ 공무원의 보수청구권은, 법률 및 법률의 위임을 받은 하위법령에 의해 그 구체적 내용이 형성되면 재산적 가치가 있는 공법상의 권리가 되어 재산권의 내용에 포함되지만, 법령에 의하여 구체적 내용이 형성되기 전의 권리, 즉 공무원이 국가 또는 지방자치 단체에 대하여 어느 수준의 보수를 청구할 수 있는 권리는 단순한 기대이익에 불과하여 재산권의 내용에 포함된다고 볼 수 없으므로 「공무원보수규정」 의 해당 부분은 청구인 A의 재산권을 침해하지 않는다.

14 통신의 자유에 관한 설명 중 가장 적절하지 <u>않은</u> 것은?(다툼이 있는 경우 판례에 의함)

① 「통신비밀보호법」 상 '통신'이라 함은 우편물 및 전기통신을 말한다.

② 전기통신역무제공에 관한 계약을 체결하는 경우 전기통신사업자로 하여금 가입자에게 본인임을 확인할 수 있는 증서 등을 제시하도록 요구하고 부정가입방지시스템 등을 이용하여 본인인지 여부를 확인하도록 한 「전기통신사업법」 조항 및 「전기통신사업법 시행령」 조항은 이동통신서비스에 가입하려는 청구인들의 통신의 비밀을 제한한다.

③ 「통신비밀보호법」 조항 중 '인터넷회선을 통하여 송 · 수신하는 전기통신'에 관한 부분은 인터넷회선 감청의 특성을 고려하여 그 집행 단계나 집행 이후에 수사기관의 권한 남용을 통제하고 관련 기본권의 침해를 최소화하기 위한 제도적 조치가 제대로 마련되어 있지 않은 상태에서, 범죄수사 목적을 이유로 인터넷 회선 감청을 통신제한조치 허가 대상 중 하나로 정하고 있으므로 청구인의 기본권을 침해한다.

④ 미결수용자가 교정시설 내에서 규율위반행위 등을 이유로 금치 처분을 받은 경우 금치기간 중 서신수수, 접견, 전화통화를 제한하는 「형의 집행 및 수용자의 처우에 관한 법률」 조항 중 미결수용자에게 적용되는 부분은 미결수용자인 청구인의 통신의 자유를 침해하지 않는다.

15 **인간다운 생활을 할 권리에 관한 설명 중 가장 적절하지 않은 것은?(다툼이 있는 경우 판례에 의함)**

① 국가가 인간다운 생활을 보장하기 위한 헌법적 의무를 다하였는 지의 여부가 사법적 심사의 대상이 된 경우에는, 국가가 최저생활보장에 관한 입법을 전혀 하지 아니하였다든가 그 내용이 현저히 불합리하여 헌법상 용인될 수 있는 재량의 범위를 명백히 일탈한 경우에 한하여 헌법에 위반된다.

② 65세 미만의 일정한 노인성 질병이 있는 사람의 장애인 활동지원급여 신청자격을 제한하는 「장애인활동 지원에 관한 법률」 제5조 제2호 본문 중 '「노인장기요양보험법」 제2조 제1호에 따른 노인 등' 가운데 '65세 미만의 자로서 치매 뇌혈관성질환 등 대통령령으로 정하는 노인성 질병을 가진 자'에 관한 부분은 합리적 이유가 있다고 할 것이므로 평등원칙에 위반되지 않는다.

③ 업무상 질병으로 인한 업무상 재해에 있어 업무와 재해 사이의 상당인과관계에 대한 입증책임을 이를 주장하는 근로자나 그 유족에게 부담시키는 「산업재해보상보험법」 규정이 근로자나 그 유족의 사회보장수급권을 침해한다고 볼 수 없다.

④ 「공무원연금법」에 따른 퇴직연금일시금을 지급받은 사람 및 그 배우자를 기초연금 수급권자의 범위에서 제외하는 것은 한정된 재원으로 노인의 생활안정과 복리향상이라는 「기초연금법」 의 목적을 달성하기 위한 것으로서 합리성이 인정되므로 인간다운 생활을 할 권리를 침해한다고 볼 수 없다.

16 **근로의 권리에 관한 설명 중 가장 적절하지 않은 것은?(다툼이 있는 경우 판례에 의함)**

① 근로의 권리는 국가의 개입 간섭을 받지 않고 자유로이 근로를 할 자유와, 국가에 대하여 근로의 기회를 제공하는 정책을 수립해 줄 것을 요구할 수 있는 권리 등을 기본적인 내용으로 하고 있고, 이 때 근로의 권리는 근로자를 개인의 차원에서 보호하기 위한 권리로서 개인인 근로자가 근로의 권리의 주체가 되는 것이고, 노동조합은 그 주체가 될 수 없다.

② 일용근로자로서 3개월을 계속 근무하지 아니한 자를 해고예고 제도의 적용제외사유로 규정하고 있는 「근로기준법」 규정은 일용근로자인 청구인의 근로의 권리를 침해하지 않는다.

③ 청원경찰의 복무에 관하여 「국가공무원법」 의 해당 조항을 준용함으로써 노동운동을 금지하는 「청원경찰법」 의 해당 조항 중 「국가공무원법」 의 해당 조항 가운데 '노동운동' 부분을 준용하는 부분은 국가기관이나 지방자치단체 이외의 곳에서 근무하는 청원경찰인 청구인들의 근로3권을 침해한다.

④ 공항 항만 등 국가중요시설의 경비업무를 담당하는 특수경비원에게 경비업무의 정상적인 운영을 저해하는 일체의 쟁의행위를 금지하는 「경비업법」 의 해당 조항은 특수경비원의 단체행동권을 박탈하여 근로3권을 규정하고 있는 헌법 제33조 제1항에 위배된다.

17 **환경권에 관한 설명 중 가장 적절하지 않은 것은?(다툼이 있는 경우 판례에 의함)**

① 「공직선거법」이 정온한 생활환경이 보장되어야 할 주거지역에서 출근 또는 등교 이전 및 퇴근 또는 하교 이후 시간대에 확성 장치의 최고출력 내지 소음을 제한하는 등 사용시간과 사용지역에 따른 수인한도 내에서 확성장치의 최고출력 내지 소음 규제기준에 관한 규정을 두지 아니한 것은 청구인의 건강하고 쾌적한 환경에서 생활할 권리를 침해한다.

② 독서실과 같이 정온을 요하는 사업장의 실내소음 규제기준을 만들어야 할 입법의무가 헌법의 해석상 곧바로 도출된다고 보기는 어렵다.

③ 환경권의 내용과 행사는 법률에 의해 구체적으로 정해지는 것이기는 하나(헌법 제35조 제2항), 이 헌법조항의 취지는 특별히 명문으로 헌법에서 정한 환경권을 입법자가 그 취지에 부합하도록 법률로써 내용을 구체화하도록 한 것이지 환경권이 완전히 무의미하게 되는데도 그에 대한 입법을 전혀 하지 아니하거나, 어떠한 내용이든 법률로써 정하기만 하면 된다는 것은 아니다.

④ 국가가 국민의 건강하고 쾌적한 환경에서 생활할 권리에 대한 보호의무를 다하지 않았는지 여부를 헌법재판소가 심사할 때에는 국가가 이를 보호하기 위하여 적어도 적절하고 효율적인 최소한의 보호조치를 취하였는가 하는 이른바 '과잉입법금지원칙' 내지 '비례의 원칙'의 위반 여부를 기준으로 삼아야 한다.

18 **재판청구권에 관한 설명 중 가장 적절하지 않은 것은?(다툼이 있는 경우 판례에 의함)**

① 헌법은 "군인 또는 군무원이 아닌 국민은 대한민국의 영역안에서는 중대한 군사상 기밀 · 초병 · 초소 · 유독음식물공급 · 포로 · 군용물에 관한 죄중 법률이 정한 경우와 비상계엄이 선포된 경우를 제외하고는 군사법원의 재판을 받지 아니한다."고 규정하고 있다.

② 소환된 증인 또는 그 친족 등이 보복을 당할 우려가 있는 경우, 재판장은 피고인을 퇴정시키고 증인신문을 행할 수 있도록 규정한 「특정범죄신고자 등 보호법」 조항은 피고인의 「형사소송법」상의 반대신문권을 제한하고 있어 피고인의 공정한 재판을 받을 권리를 침해한다.

③ 법관기피신청이 소송의 지연을 목적으로 함이 명백한 경우에 신청을 받은 법원 또는 법관은 결정으로 이를 기각할 수 있도록 규정한 「형사소송법」 제20조 제1항이 헌법상 보장되는 공정한 재판을 받을 권리를 침해하는 것은 아니다.

④ 형사재판에 계속 중인 사람에 대하여 출국을 금지할 수 있다고 규정한 「출입국관리법」 제4조 제1항 제1호는 유죄를 근거로 형사재판에 계속 중인 사람에게 사회적 비난 내지 응보적 의미의 제재를 가하려는 것이라고 보기 어려우므로 무죄추정의 원칙에 위배된다고 볼 수 없다.

19 형사보상에 관한 설명 중 가장 적절하지 않은 것은?(다툼이 있는 경우 판례에 의함)

① 형사보상의 청구에 대한 보상의 결정에 대하여는 불복을 신청 할 수 없도록 단심재판으로 규정한 「형사보상법」 조항은 형사보상인용결정의 안정성을 유지하고, 신속한 형사보상절차의 확립을 통해 형사보상에 관한 국가예산 수립의 안정성을 확보하며, 나아가 상급법원의 부담을 경감하고자 하는 데 그 목적이 있으므로 청구인들의 형사보상청구권을 침해하지 않는다.

② 형사보상의 청구를 무죄재판이 확정된 때로부터 1년 이내에 하도록 규정하고 있는 「형사보상법」 조항은 입법재량의 한계를 일탈하여 청구인의 형사보상청구권을 침해한다.

③ 「형사보상 및 명예회복에 관한 법률」 에 따르면 본인이 수사 또는 심판을 그르칠 목적으로 거짓 자백을 하거나 다른 유죄의 증거를 만듦으로써 기소, 미결구금 또는 유죄재판을 받게 된 것으로 인정된 경우에는 법원은 재량으로 보상청구의 전부 또는 일부를 기각할 수 있다.

④ 국가의 형사사법행위가 고의 · 과실로 인한 것으로 인정되는 경우에는 국가배상청구 등 별개의 절차에 의하여 인과관계 있는 모든 손해를 배상받을 수 있으므로, 형사보상절차로써 인과관계 있는 모든 손해를 보상하지 않는다고 하여 반드시 부당하다고 할 수는 없다.

20 공무담임권에 관한 설명 중 가장 적절하지 않은 것은?(다툼이 있는 경우 판례에 의함)

① 공무담임권은 국가 등에게 능력주의를 존중하는 공정한 공직자 선발을 요구할 수 있는 권리라는 점에서 직업선택의 자유보다는 그 기본권의 효과가 현실적 · 구체적이므로, 공직을 직업으로 선택하는 경우에 있어서 직업선택의 자유는 공무담임권을 통해서 그 기본권보호를 받게 된다고 할 수 있으므로 공무담임권을 침해하는지 여부를 심사하는 이상 이와 별도로 직업선택의 자유 침해 여부를 심사할 필요는 없다.

② 공무담임권의 보호영역에는 일반적으로 공직취임의 기회보장, 신분박탈, 직무의 정지가 포함될 뿐이고 '승진시험의 응시제한'이나 이를 통한 승진기회의 보장 문제는 공직신분의 유지나 업무수행에는 영향을 주지 않는 단순한 내부 승진인사에 관한 문제에 불과하여 공무담임권의 보호영역에 포함된다고 보기 어렵다.

③ 서울교통공사는 공익적인 업무를 수행하기 위한 지방공사이나 서울특별시와 독립적인 공법인으로서 경영의 자율성이 보장되고, 서울교통공사의 직원의 신분도 지방공무원법이 아닌 지방공기업법과 정관에서 정한 바에 따르는 등, 서울교통공사의 직원이라는 직위가 헌법 제25조가 보장하는 공무담임권의 보호영역인 '공무'의 범위에는 해당하지 않는다.

④ 금고 이상의 형의 선고유예를 받고 그 기간 중에 있는 자를 임용결격사유로 삼고, 위 사유에 해당하는 자가 임용되더라도 이를 당연무효로 하는 구 「국가공무원법」 조항은 입법자의 재량을 일탈하여 청구인의 공무담임권을 침해한다.

2022년 제2차 경찰(순경) 채용시험 헌법

01 신뢰보호원칙에 관한 설명 중 가장 적절하지 않은 것은?(다툼이 있는 경우 판례에 의함)

① 신뢰보호의 원칙은 법치국가원리에 근거를 두고 있는 헌법상의 원칙으로서 특정한 법률에 의하여 발생한 법률관계는 그 법에 따라 파악되고 판단되어야 하고, 과거의 사실관계가 그 뒤에 생긴 새로운 법률의 기준에 따라 판단되지 않는다는 국민의 신뢰를 보호하기 위한 것이다.

② 구 「매장 및 묘지 등에 관한 법률」이 「장사 등에 관한 법률」로 전부개정되면서 그 부칙에서 종전의 법령에 따라 설치된 봉안 시설을 신법에 의하여 설치된 봉안시설로 보도록 함으로써 구법에 따라 설치 허가를 받은 봉안시설 설치 관리인의 기존의 법상태에 대한 신뢰는 이미 보호되었다고 할 것이므로, 더 나아가 신법 시행 후 추가로 설치되는 부분에 대해서까지 기존의 법상태에 대한 보호가치 있는 신뢰가 있다고 보기 어렵다.

③ 부진정소급입법의 경우 입법권자의 입법형성권보다 당사자가 구법질서에 기대했던 신뢰보호의 견지에서 그리고 법적 안정성을 도모하기 위해 특단의 사정이 없는 한 구법에 의하여 이미 얻은 자격 또는 권리를 새 입법을 하는 마당에 그대로 존중할 의무가 있다고 할 것이나, 진정소급입법의 경우에는 구법질서에 대하여 기대했던 당사자의 신뢰보호보다는 광범위한 입법권자의 입법 형성권을 경시해서는 안될 일이므로 특단의 사정이 없는 한 새 입법을 하면서 구법관계 내지 구법상의 기대이익을 존중하여야 할 의무가 발생하지는 않는다.

④ '개성공단의 정상화를 위한 합의서'에는 국내법과 동일한 법적 구속력을 인정하기 어렵고, 과거 사례 등에 비추어 개성공단의 중단 가능성은 충분히 예상할 수 있었으므로, 개성공단 전면 중단 조치는 신뢰보호원칙을 위반하여 개성공단 투자기업인 청구인들의 영업의 자유와 재산권을 침해하지 아니한다.

02 국적의 취득 등에 관한 설명 중 옳은 것은 모두 몇 개인가?(다툼이 있는 경우 판례에 의함)

> ㉠ 우리나라가 선천적 국적취득에 관하여 부계혈통주의에서 부모양계혈통주의로 개정한 것은 가족생활에 있어서 양성의 평등원칙에 부합한다.
>
> ㉡ 외국인이 「국적법」상 귀화요건을 갖추었더라도 법무부장관은 그 외국인의 귀화 허가 여부에 대한 재량권을 가진다.
>
> ㉢ 외국인이 복수국적을 누릴 자유는 우리 헌법상 행복추구권에 의하여 보호되는 기본권이라고 보기 어렵다.
>
> ㉣ "대한민국의 국민으로서 자진하여 외국 국적을 취득한 자는 그 외국 국적을 취득한 때에 대한민국 국적을 상실한다."는 「국적법」 조항은 청구인의 거주 이전의 자유 및 행복추구권을 침해하는 것은 아니다.
>
> ㉤ 국적회복과 귀화는 모두 외국인이 후천적으로 법무부장관의 허가라는 주권적 행정절차를 통하여 대한민국 국적을 취득하는 제도라는 점에서 동일하나, 귀화는 대한민국 국적을 취득한 사실이 없는 순수한 외국인이 법무부장관의 허가를 받아 대한민국 국적을 취득할 수 있도록 하는 절차인데 비해, 국적회복허가는 한 때 대한민국 국민이었던 자를 대상으로 한다는 점, 귀화는 일정한 요건을 갖춘 사람에게만 허가할 수 있는 반면, 국적회복허가는 일정한 사유에 해당하는 사람에 대해서만 국적회복을 허가하지 아니한다는 점에서 차이가 있다.

① 2개 ② 3개 ③ 4개 ④ 5개

03 **문화국가원리에 관한 설명 중 가장 적절하지 않은 것은?(다툼이 있는 경우 판례에 의함)**

① 우리 헌법상 문화국가원리는 견해와 사상의 다양성을 그 본질로 하며, 이를 실현하는 국가의 문화정책은 불편부당의 원칙에 따라야 한다.

② 문화창달을 위하여 문화예술 공연관람자 등에게 예술감상에 의한 정신적 풍요의 대가로 문화예술진흥기금을 납입하게 하는 것은 헌법의 문화국가이념에 반하는 것이 아니다.

③ 국가의 문화육성의 대상에는 원칙적으로 모든 사람에게 문화 창조의 기회를 부여한다는 의미에서 모든 문화가 포함되므로, 엘리트문화, 서민문화, 대중문화 모두 그 가치가 인정되고 정책적인 배려의 대상이 되어야 한다.

④ 고액 과외교습을 방지하기 위하여 모든 학생으로 하여금 오로지 학원에서만 사적으로 배울 수 있도록 규율한다는 것은 개성과 창의성, 다양성을 지향하는 문화국가원리에 위반된다.

04 **기본권 주체성에 관한 설명 중 가장 적절하지 않은 것은?(다툼이 있는 경우 판례에 의함)**

① 「학교안전사고 예방 및 보상에 관한 법률」에 의하여 설립된 학교안전공제회는 행정관청 또는 그로부터 행정권한을 위임받은 공공단체로 공법인에 해당할 뿐, 사법인적 성격을 갖는 것은 아니므로 기본권의 주체가 될 수 없다.

② 모든 인간은 헌법상 생명권의 주체가 되나, 자궁에 착상하기 전 또는 원시선이 나타나기 전까지의 '초기배아'에게는 기본권 주체성을 인정하기 어렵다.

③ 헌법에 법인의 기본권 향유능력을 인정하는 명문의 규정이 없지만, 언론 출판의 자유, 재산권의 보장 등과 같이 성질상 법인이 누릴 수 있는 기본권은 법인에게 적용된다.

④ 대학 자치의 주체를 기본적으로 대학으로 본다고 하더라도 교수나 교수회의 주체성이 부정된다고 볼 수 없는바, 가령 학문의 자유를 침해하는 대학의 장에 대한 관계에서는 교수나 교수회가 주체가 될 수 있고, 또한 국가에 의한 침해에 있어서는 대학 자체 외에도 대학 전구성원이 자율성을 갖는 경우도 있을 것이므로 문제되는 경우에 따라서 대학, 교수, 교수회 모두가 단독, 혹은 중첩적으로 주체가 될 수 있다고 보아야 할 것이다.

05 기본권 보호의무에 관한 설명 중 가장 적절하지 않은 것은?(다툼이 있는 경우 판례에 의함)

① 국민의 생명 · 신체의 안전이 질병 등으로부터 위협받거나 받게 될 우려가 있는 경우 국가로서는 그 위험의 원인과 정도에 따라 사회 · 경제적인 여건 및 재정사정 등을 감안하여 국민의 생명 · 신체의 안전을 보호하기에 필요한 적절하고 효율적인 입법행정상의 조치를 취하여 그 침해의 위험을 방지하고 이를 유지할 포괄적인 의무를 진다.

② 「담배사업법」은 담배성분의 표시나 경고문구의 표시, 담배광고의 제한 등 여러 규제들을 통하여 직접흡연으로부터 국민의 생명신체의 안전을 보호하려고 노력하고 있으므로 「담배사업법」이 국가의 보호의무에 관한 과소보호금지 원칙을 위반하여 청구인의 생명 · 신체의 안전에 관한 권리를 침해하였다고 볼 수 없다.

③ 구 「전원개발촉진법」 제2조 제1호에서 원전 건설을 내용으로 하는 전원개발사업 실시계획에 대한 승인권한을 다른 전원개발과 마찬가지로 산업통상자원부장관에게 부여하고 있다 하더라도, 국가가 국민의 생명 신체의 안전을 보호하기 위하여 필요한 최소한의 보호조치를 취하지 아니한 것이라고 보기는 어렵다.

④ 대통령은 행정부의 수반으로서 국가가 국민의 생명과 신체의 안전 보호의무를 충실하게 이행할 수 있도록 권한을 행사하고 직책을 수행하여야 하는 의무를 부담하므로, 국민의 생명이 위협받는 재난상황이 발생한 경우 직접 구조 활동에 참여하여야 하는 등 구체적이고 특정한 행위의무까지 발생한다고 볼 수 있다.

06 제도적 보장에 관한 설명 중 가장 적절하지 않은 것은?(다툼이 있는 경우 판례에 의함)

① 제도적 보장은 주관적 권리가 아닌 객관적 법규범이라는 점에서 기본권과 구별되기는 하지만 헌법에 의하여 일정한 제도가 보장되면 입법자는 그 제도를 설정하고 유지할 입법의무를 지게 될 뿐만 아니라 헌법에 규정되어 있기 때문에 법률로써 이를 폐지할 수 없고, 비록 내용을 제한하더라도 그 본질적 내용을 침해할 수 없다.

② 제도적 보장은 객관적 제도를 헌법에 규정하여 당해 제도의 본질을 유지하려는 것으로서 헌법제정권자가 특히 중요하고도 가치가 있다고 인정되고 헌법적으로도 보장할 필요가 있다고 생각하는 국가제도를 헌법에 규정함으로써 장래의 법 발전, 법형성의 방침과 범주를 미리 규율하려는 데 있다.

③ 재판청구권과 같은 절차적 기본권은 원칙적으로 제도적 보장의 성격이 강하기 때문에, 자유권적 기본권의 경우와 비교하여 볼 때 상대적으로 축소된 입법형성권이 인정된다.

④ 직업공무원제도는 지방자치제도, 복수정당제도, 혼인제도 등과 함께 '제도보장'의 하나로서 이는 일반적인 법에 의한 폐지나 제도본질의 침해를 금지한다는 의미의 '최소보장'의 원칙이 적용되는바, 이는 기본권의 경우 헌법 제37조 제2항의 과잉금지의 원칙에 따라 필요한 경우에 한하여 '최소한으로 제한'되는 것과 대조되는 것이다.

07 **헌법상 자기결정권에 관한 설명 중 가장 적절하지 않은 것은?(다툼이 있는 경우 판례에 의함)**

① 지역 주민의 의사가 반영되지 않은 채 이루어진 미군기지의 이전은 인근 지역에 거주하는 주민들의 삶을 결정함에 있어서 사회적으로 영향을 미치므로 헌법상 보장된 개인의 자기결정권을 제한하는 것이다.

② 「형법」상 자기낙태죄 조항은 「모자보건법」이 정한 예외를 제외하고는 임신기간 전체를 통틀어 모든 낙태를 전면적 · 일률적으로 금지하고, 이를 위반할 경우 형벌을 부과함으로써 임신의 유지 · 출산을 강제하고 있으므로, 임신한 여성의 자기결정권을 제한한다.

③ 환자가 장차 죽음에 임박한 상태에 이를 경우에 대비하여 미리의료인 등에게 연명치료 거부 또는 중단에 관한 의사를 밝히는 등의 방법으로 죽음에 임박한 상태에서 인간으로서의 존엄과 가치를 지키기 위하여 연명치료의 거부 또는 중단을 결정할 수 있다 할 것이고, 위 결정은 헌법상 기본권인 자기결정권의 한 내용으로 보장이 되나, 입법자에게 헌법 해석상 『연명치료 중단 등에 관한 법률』을 제정할 입법의무까지 인정된다고 보기는 어렵다.

④ 소주도매업자로 하여금 그 영업장소 소재지에서 생산되는 자도소주를 의무적으로 총구입액의 100분의 50 이상을 구입하도록 하는 자도소주 구입명령제도는 소비자가 자신의 의사에 따라 자유롭게 상품을 선택하는 자기결정권을 제한한다.

08 **평등권 내지 평등원칙에 관한 설명 중 옳은 것은 모두 몇 개인가?(다툼이 있는 경우 판례에 의함)**

㉠ 조세를 비롯한 공과금 부과에서의 평등원칙은, 공과금 납부의무자가 법률에 의하여 법적인 평등 부담뿐만 아니라 사실적으로도 평등하게 부담을 받을 것을 요청한다.

㉡ 유사한 성격의 규율대상에 대하여 이미 입법이 있다 하더라도, 평등원칙을 근거로 입법자에게 청구인들에게도 적용될 입법을 하여야 할 헌법상의 의무가 발생한다고 볼 수 없다.

㉢ 국가라 할지라도 국고작용으로 인한 민사관계에 있어서는 일반인과 같이 원칙적으로 대등하게 다루어져야 하며 국가라고 하여 우대하여야 할 헌법상의 근거가 없다.

㉣ 국가를 상대로 하는 당사자소송의 경우에는 가집행선고를 할 수 없다고 규정한 「행정소송법」 제43조는 공법상 법률관계를 전제로 한다는 점에서 일반 사법상 법률관계와 달리 취급할 합리적 이유가 있으므로 평등원칙에 위배되지 아니한다.

① 1개 ② 2개 ③ 3개 ④ 4개

09 일사부재리 내지 이중처벌금지원칙에 관한 설명 중 가장 적절하지 않은 것은?(다툼이 있는 경우 판례에 의함)

① 「형법」 이 누범을 가중처벌하는 것은 전범에 대하여 형벌을 받았음에도 다시 범행을 하였다는 데 있는 것이지, 전범에 대하여 처벌을 받았음에도 다시 범행을 하는 경우 전범도 후범과 일괄하여 다시 처벌한다는 것은 아님이 명백하므로, 누범에 대하여 형을 가중하는 것이 일사부재리원칙에 위배하는 것은 아니다.

② 「행정법」은 의무를 명하거나 금지를 설정함으로써 일정한 행정 목적을 달성하려고 하는데, 그 실효성을 확보하기 위하여 행정 형벌, 과태료, 영업허가의 취소·정지, 과징금 등을 가함으로써 의무위반 당사자로 하여금 더 이상 위반을 하지 않도록 유도하는 것이 필요하고, 이와 같이 '제재를 통한 억지'는 행정규제의 본원적 기능이라 볼 수 있으므로, 어떤 행정제재의 기능이 오로지 제재에 있다고 하여 이를 헌법 제13조 제1항에서 말하는 '이중처벌'에 해당한다고 할 수 없다.

③ 「공직선거법」위반죄를 범하여 형사처벌을 받은 공무원에 대하여 당선무효라는 불이익을 가하는 것은 「공직선거법」위반 행위 자체에 대한 국가의 형벌권 실행으로서의 과벌에 해당하므로, 이중처벌 금지원칙에 위배될 가능성이 크다.

④ 형사판결은 국가주권의 일부분인 형벌권 행사에 기초한 것으로서, 외국의 형사판결은 원칙적으로 우리 법원을 기속하지 않으므로 동일한 범죄행위에 관하여 다수의 국가에서 재판 또는 처벌을 받는 것이 배제되지 않는다고 할 것인바, 외국에서 형의 전부 또는 일부의 집행을 받은 자에 대하여 형을 감경 또는 면제할 수 있도록 규정한 「형법」 제7조는 이중처벌금지원칙에 위반되지 아니한다.

10 영장주의에 관한 설명 중 가장 적절하지 않은 것은?(다툼이 있는 경우 판례에 의함)

① 형사재판에 계속 중인 사람에 대하여 출국을 금지할 수 있다고 규정한 「출입국관리법」 조항에 따른 법무부장관의 출국금지결정은 형사재판에 계속 중인 국민의 출국의 자유를 제한하는 행정처분일 뿐이고, 영장주의가 적용되는 신체에 대하여 직접적으로 물리적 강제력을 수반하는 강제처분이라고 할 수는 없다.

② 영장주의는 법관이 발부한 영장에 의하지 아니하고는 수사에 필요한 강제처분을 하지 못한다는 원칙으로서, 마약류사범인 청구인에게 마약류 반응검사를 위하여 소변을 받아 제출하도록한 것은 교도소의 안전과 질서유지를 위한 것으로 수사에 필요한 처분이 아닐 뿐만 아니라 검사대상자들의 협력이 필수적이어서 강제처분이라고 할 수도 없어 영장주의의 원칙이 적용되지 않는다.

③ 영장주의는 구속개시 시점에 있어서 신체의 자유에 대한 박탈의 허용만이 아니라 그 구속영장의 효력을 계속 유지할 것인지 아니면 정지 또는 실효시킬 것인지 여부의 결정도 오직 법관의 판단에 의하여만 결정되어야 한다는 것을 의미한다.

④ 병(兵)에 대한 징계처분으로 일정기간 부대나 함정(艦艇) 내의 영창에 감금하는 처분이 가능하도록 규정한 구 「군인사법」 조항은 군(軍)이라는 특수한 신분관계에서 오는 불가피성 및 그 내용과 집행의 실질, 효과 등에 비추어 볼 때, 그 본질이 일반 형사절차에서 이루어지는 인신구금과 동일하게 취급하기 어렵다는 측면에서 영장주의 원칙이 적용되지 않는다.

11 **변호인의 조력을 받을 권리에 관한 설명 중 가장 적절하지 않은 것은?(다툼이 있는 경우 판례에 의함)**

① 변호인의 조력을 받을 권리란 국가권력의 일방적인 형벌권 행사에 대항하여 자신에게 부여된 헌법상·소송법상 권리를 효율적이고 독립적으로 행사하기 위하여 변호인의 도움을 얻을 피의자 및 피고인의 권리를 말한다.

② 교정시설 내 수용자와 변호사 사이의 접견교통권의 보장은 헌법상 보장되는 재판청구권의 한 내용 또는 그로부터 파생되는 권리로 볼 수 있다.

③ 변호인접견실에 CCTV를 설치하여 교도관이 그 CCTV를 통해 미결수용자와 변호인 간의 접견을 관찰한 행위는 변호인의 조력을 받을 권리를 침해한다.

④ '변호인이 되려는 자'의 접견교통권은 피의자 등을 조력하기 위한 핵심적인 부분으로서, 피의자 등이 가지는 헌법상의 기본권인 '변호인이 되려는 자'와의 접견교통권과 표리의 관계에 있으므로 피의자 등이 가지는 '변호인이 되려는 자'의 조력을 받을 권리가 실질적으로 확보되기 위해서는 '변호인이 되려는 자'의 접견교통권 역시 헌법상 기본권으로서 보장되어야 한다.

12 **종교의 자유에 관한 설명 중 옳은 것을 모두 고른 것은?(다툼이 있는 경우 판례에 의함)**

㉠ 종교의 자유에는 선교의 자유가 포함되고, 선교의 자유에는 다른 종교를 비판하거나 다른 종교의 신자에 대하여 개종을 권고하는 자유도 포함된다.

㉡ 기독교재단이 설립한 사립대학에서 6학기 동안 대학예배에 참석할 것을 졸업요건으로 하는 학칙은 비록 위 대학예배가 복음 전도나 종교인 양성에 직접적인 목표가 있는 것이 아니고 신앙을 가지지 않을 자유를 침해하지 않는 범위 내에서 학생들에게 종교교육을 함으로써 진리·사랑에 기초한 보편적 교양인을 양성하는 데 목표를 두고 있다고 하더라도 헌법상 보장된 종교의 자유를 침해하는 것이다.

㉢ 지방자치단체가 유서 깊은 천주교 성당 일대를 문화관광지로 조성하기 위하여 상급단체로부터 문화관광지 조성계획을 승인받은 후 사업부지 내 토지 등을 수용재결한 것은 헌법의 정교분리원칙에 위배되지 않는다.

㉣ 종교시설의 건축행위에만 기반시설부담금을 면제한다면 국가가 종교를 지원하여 종교를 승인하거나 우대하는 것으로 비칠 소지가 있어 헌법 제20조 제2항의 국교금지·정교분리에 위배 될 수도 있다.

㉤ 종교단체의 복지시설 운영에 대한 제한은 종교단체 내 복지시설을 운영하는 법인의 인격권 및 법인운영의 자유를 제한하는 것이므로 종교의 자유 침해가 아닌 법인운영의 자유를 침해하는지 여부에 대한 문제로 귀결된다.

① ㉠, ㉡, ㉤　　② ㉠, ㉢, ㉣

③ ㉡, ㉣, ㉤　　④ ㉢, ㉣, ㉤

13 **알권리에 관한 설명 중 가장 적절하지 않은 것은?(다툼이 있는 경우 판례에 의함)**

① 국가 또는 지방자치단체의 기관이 보관하고 있는 문서 등에 관하여 이해관계 있는 국민이 공개를 요구함에도 정당한 이유 없이 이에 응하지 아니하거나 거부하는 것은 당해 국민의 알 권리를 침해하는 것이다.

② 군사기밀의 범위는 국민의 표현의 자유 내지 알권리의 대상영역을 최대한 넓혀줄 수 있도록 필요한 최소한도에 한정되어야 할 것인바, 구 「군사기밀보호법」 제6조 등은 '군사상의 기밀'이 비공지의 사실로서 적법절차에 따라 군사기밀로서의 표지를 갖추고 그 누설이 국가의 안전보장에 명백한 위험을 초래한다고 볼 만큼의 실질가치를 지닌 것으로 인정되는 경우에 한하여 적용된다 할 것이므로 이러한 해석하에 헌법에 위반되지 아니한다.

③ 공판조서의 절대적 증명력을 규정한 「형사소송법」 조항은 공판조서의 증명력을 규정하고 있을 뿐 공판조서의 내용에 대한 접근 · 수집 · 처리 등에 관한 규정이 아니어서, 정보에의 접근 · 수집 · 처리의 자유를 의미하는 알권리에 어떠한 제한이 있다고 보기 어렵다.

④ 개별 교원이 어떤 교원단체나 노동조합에 가입해 있는지에 대한 정보 공개를 제한하는 것은 학부모인 청구인들의 알권리를 제한하는 것은 아니다.

14 **집회의 자유에 관한 설명 중 가장 적절하지 않은 것은?(다툼이 있는 경우 판례에 의함)**

① 집회의 자유는 집권세력에 대한 정치적 반대의사를 공동으로 표명하는 효과적인 수단으로서 현대사회에서 언론매체에 접근할 수 없는 소수집단에게 그들의 권익과 주장을 옹호하기 위한 적절한 수단을 제공한다.

② 대한민국을 방문하는 외국의 국가 원수를 경호하기 위하여 지정된 경호구역 안에서 서울종로경찰서장이 안전 활동의 일환으로 청구인들의 삼보일배행진을 제지한 행위는 집회의 자유를 침해한다.

③ 집회 장소의 선택은 집회의 성과를 결정하는 주요 요인이 되므로, 집회 장소를 선택할 자유는 집회의 자유의 실질적 부분을 형성한다고 볼 수 있다.

④ 옥외집회 시위에 대한 경찰의 촬영행위는 증거보전의 필요성 및 긴급성, 방법의 상당성이 인정되는 때에는 헌법에 위반된다고 할 수 없으나, 경찰이 옥외집회 및 시위 현장을 촬영하여 수집한 자료의 보관 · 사용 등은 엄격하게 제한하여, 옥외집회 시위 참가자 등의 기본권 제한을 최소화해야 한다.

15 **예술의 자유에 관한 설명 중 가장 적절하지 <u>않은</u> 것은?(다툼이 있는 경우 판례에 의함)**

① 구 「음반에 관한 법률」 제3조 제1항이 비디오물을 포함하는 음반 제작자에 대하여 일정한 시설을 갖추어 문화공보부에 등록할 것을 명하는 것은 예술의 자유를 침해하는 것이다.

② 극장은 영상물 · 공연물 등 의사표현의 매개체를 일반 공중에게 표현하는 장소로서의 의미가 있으므로 극장의 자유로운 운영에 대한 제한은 공연물, 영상물이 지니는 표현물, 예술작품으로서의 성격에 기하여 표현의 자유 및 예술의 자유의 제한효과도 가지고 있다.

③ 자신의 미적 감상 등을 문신시술을 통하여 시각적으로 표현할 수 있다는 측면에서 문신시술이 예술의 자유 또는 표현의 자유의 영역에 포함될 수 있다.

④ 헌법 제22조 제2항은 저작자 · 발명가 · 과학기술자와 예술가의 권리는 법률로써 보호한다고 하여 학문과 예술의 자유를 제도적으로 뒷받침해 주고 학문과 예술의 자유에 내포된 문화국가실현의 실효성을 높이기 위하여 저작자 등의 권리보호를 국가의 과제로 규정하고 있다.

16 **국가배상청구권에 관한 설명 중 가장 적절한 것은?(다툼이 있는 경우 판례에 의함)**

① 구 「국가배상법」 제8조가 "국가 또는 지방자치단체의 손해배상 책임에 관하여는 이 법의 규정에 의한 것을 제외하고는 「민법」의 규정에 의한다."고 규정하여, 소멸시효에 관하여 별도의 규정을 두지 아니함으로써 국가배상청구권에도 소멸시효에 관한 일반 「민법」 제766조가 적용되게 된 것은 입법자의 입법재량 범위를 벗어난 것으로 국가배상청구권의 본질적인 내용을 침해한다고 볼 수 있다.

② 당초 유효한 법률에 근거한 공무원의 직무집행이 사후에 그 근거가 되는 법률에 대한 헌법재판소의 위헌결정으로 위법하게 된 경우, 이에 이르는 과정에 있어 공무원의 고의, 과실을 어느 정도 인정할 수 있고, 그로써 국가의 청구인들에 대한 손해배상 책임이 성립한다고 볼 수 있다.

③ 「국가배상법」 조항이 국가배상청구권의 성립요건으로서 공무원의 고의 또는 과실을 규정한 것은 법률로 이미 형성된 국가배상청구권의 행사 및 존속을 제한할 뿐만 아니라, 국가배상청구권의 내용을 새롭게 형성하는 것이라고 할 것이므로, 「국가배상법」 조항이 국가배상청구권의 성립요건으로서 공무원의 고의 또는 과실을 요구함으로써 무과실책임을 인정하지 않은 것은 입법형성의 범위를 벗어나 헌법 제29조에서 규정한 국가배상청구권을 침해한다.

④ 특수임무수행자는 보상금 등 산정과정에서 국가 행위의 불법성이나 구체적인 손해 항목 등을 주장 입증할 필요가 없고 특수임무 수행자의 과실이 반영되지도 않으며, 국가배상청구에 상당한 시간과 비용이 소요되는 데 반해 보상금 등 지급결정은 비교적 간이 · 신속한 점까지 고려하면, 「특수임무수행자 보상에 관한 법률」이 정한 보상금을 지급받는 것이 국가배상을 받는 것에 비해 일률적으로 과소 보상된다고 할 수 없으므로 국가배상청구권 또는 재판청구권을 침해한다고 보기 어렵다.

17 **인간다운 생활을 할 권리에 관한 설명 중 가장 적절하지 않은 것은?(다툼이 있는 경우 판례에 의함)**

① 인간다운 생활을 할 권리는 자연인의 권리이므로 법인에게는 인정되지 않고, 또한 국민의 권리이므로 원칙적으로 외국인에게는 인정되지 아니한다.

② 인간다운 생활을 할 권리에 관한 헌법상 규정은 모든 국가기관을 기속하지만, 그 기속의 의미는 적극적 · 형성적 활동을 하는 입법부 또는 행정부의 경우와 헌법재판에 의한 사법적 통제기능을 하는 헌법재판소에 있어서 동일하지 아니하다.

③ 주거환경개선사업 및 주택재개발사업의 시행으로 철거되는 주택의 소유자에 대해서는 임시수용시설의 설치 등을 사업시행자의 의무로 규정한 반면, 도시환경정비사업의 경우에는 이와 같은 규정을 두지 아니한 것은 청구인의 인간다운 생활을 할 권리를 제한한다.

④ 국가가 인간다운 생활을 보장하기 위한 헌법적 의무를 다하였는지의 여부가 사법적 심사의 대상이 된 경우에는, 국가가 최저생활보장에 관한 입법을 전혀 하지 아니하였다든지, 그 내용이 현저히 불합리하여 헌법상 용인될 수 있는 재량의 범위를 명백히 일탈한 경우에 한하여 헌법에 위반된다고 보아야 한다.

18 **근로의 권리에 관한 설명 중 가장 적절하지 않은 것은?(다툼이 있는 경우 판례에 의함)**

① 헌법 제32조 및 제33조에 각 규정된 근로기본권은 근로자의 근로조건을 개선함으로써 그들의 경제적 사회적 지위의 향상을 기하기 위한 것으로서 자유권적 기본권으로서의 성격보다는 생존권 내지 사회적 기본권으로서의 측면이 보다 강한 것으로서 그 권리의 실질적 보장을 위해서는 국가의 적극적인 개입과 뒷받침이 요구되는 기본권이다.

② 근로의 권리는 사회적 기본권으로서 국가에 대하여 직접 일자리를 청구하거나 일자리에 갈음하는 생계비의 지급을 청구할 수 있는 권리를 의미하는 것이 아니라 고용증진을 위한 사회적 경제적 정책을 요구할 수 있는 권리에 그치며, 근로의 권리로부터 국가에 대한 직접적인 직장존속청구권이 도출되는 것도 아니다.

③ 매월 1회 이상 정기적으로 지급하는 상여금 등 및 복리후생비의 일부를 새롭게 최저임금에 산입하도록 한 「최저임금법」 상 산입조항은 헌법상 용인될 수 있는 입법재량의 범위를 명백히 일탈하였다고 볼 수 없으므로 근로자들의 근로의 권리를 침해하지 아니한다.

④ 퇴직급여제도가 갖는 사회보장적 급여의 성격과 근로자의 장기간 복무 및 충실한 근무를 유도하는 기능을 감안하더라도, 소정근로시간이 1주간 15시간 미만인 이른바 '초단시간근로자'에 대해 퇴직급여제도 적용대상에서 제외하는 것은 "근로조건의 기준은 인간의 존엄성을 보장하도록 법률로 정하도록 규정"한 헌법 제32조 제3항에 위배된다.

19 **보건권에 관한 설명 중 옳지 않은 것은 모두 몇 개인가?(다툼이 있는 경우 판례에 의함)**

> ㉠ 우리 헌법은 1948년 제헌헌법에서 “가족의 건강은 국가의 특별한 보호를 받는다.”라고 규정한 이래 1962년 제3공화국 헌법에서 “모든 국민은 보건에 관하여 국가의 보호를 받는다.”라고 정하여 현행 헌법까지 이어져 오고 있다.
> ㉡ 치료감호 청구권자를 검사로 한정하고, 피고인의 치료감호 청구권을 따로 인정하지 않은 구 「치료감호법」 조항은 국민의 보건에 관한 권리를 침해하는 것이다.
> ㉢ 국가의 국민보건에 관한 보호의무를 명시한 헌법 제36조 제3항에 의한 권리를 헌법소원을 통하여 주장할 수 있는자는 직접 자신의 보건이나 의료문제가 국가에 의해 보호 받지 못하고 있는 의료 수혜자적 지위에 있는 국민이라고 할 것이므로, 의료시술자적 지위에 있는 안과의사가 자기 고유의 업무범위를 주장하여 다투는 경우에는 위 헌법규정을 원용할 수 없다.
> ㉣ 무면허 의료행위를 일률적, 전면적으로 금지하고 이를 위반한 경우 그 치료결과에 관계없이 형사처벌을 받게 하는 「의료법」 조항은 헌법 제10조가 규정하는 인간으로서의 존엄과 가치를 보장하고 헌법 제36조 제3항이 규정하는 국민보건에 관한 국가의 보호의무를 다하고자 하는 것으로서, 국민의 생명권, 건강권, 보건권 및 그 신체활동의 자유 등을 보장하는 규정이지, 이를 제한하는 규정이라고 할 수 없다.

① 1개 ② 2개 ③ 3개 ④ 4개

20 **국민의 기본적 의무에 관한 설명 중 옳은 것을 모두 고른 것은?(다툼이 있는 경우 판례에 의함)**

> ㉠ 납세의 의무, 국방의 의무, 근로의 의무는 제헌헌법에서부터 규정되었고, 교육을 받게 할 의무는 1962년 제3공화국 헌법에서 처음 규정되었다.
> ㉡ 국방의 의무는 직접적인 병력형성의 의무뿐만 아니라 「향토예비군설치법」, 「민방위기본법」 등에 의한 간접적인 병력형성 의무 및 병력형성 이후 군작전 명령에 복종하고 협력하여야 할 의무를 포함하는 것이다.
> ㉢ 「향토예비군설치법」에 따라 예비군훈련소집에 응하여 훈련을 받는 것은 국민의 의무를 다하는 것일 뿐만 아니라 국가나 공익목적을 위하여 특별한 희생을 하는 것이므로 보상하여야한다.
> ㉣ 조세는 국가 또는 지방자치단체가 재정수요를 충족시키거나 경제적 사회적 특수정책의 실현을 위하여 국민 또는 주민에 대하여 아무런 특별한 반대급부 없이 강제적으로 부과징수하는 과징금을 의미한다.

① ㉠, ㉡, ㉢ ② ㉠, ㉡, ㉣
③ ㉠, ㉢, ㉣ ④ ㉡, ㉢, ㉣

2022년 제1차 경찰(순경) 채용시험 헌법

빠른 정답 나의 점수 점

01	02	03	04	05	06	07	08	09	10
④	③	③	②	③	④	①	②	①	③
11	12	13	14	15	16	17	18	19	20
④	①	④	②	②	④	④	②	①	④

01 1 2 3 정답 ④

난이도 ★★

정답의 이유

④ 헌법개정안이 국회에서 의결된 후 30일 이내에 국민투표에 붙여 국회의원선거권자 과반수의 투표와 투표자 과반수의 찬성을 얻으면 헌법개정은 확정되며, 대통령은 즉시 이를 공포하여야 한다(헌법 제130조).

> **헌법 제130조** ①국회는 헌법개정안이 공고된 날로부터 60일 이내에 의결하여야 하며, 국회의 의결은 재적의원 3분의 2 이상의 찬성을 얻어야 한다.
> ② 헌법개정안은 국회가 의결한 후 30일 이내에 국민투표에 붙여 국회의원선거권자 과반수의 투표와 투표자 과반수의 찬성을 얻어야 한다.
> ③ 헌법개정안이 제2항의 찬성을 얻은 때에는 헌법개정은 확정되며, 대통령은 즉시 이를 공포하여야 한다.

오답의 이유

① 헌법 제128조, 제129조
② 헌재 1995.12.28. 95헌바3
③ 제7차 헌법개정(1972년)

02 1 2 3 정답 ③

난이도 ★

정답의 이유

③ 정당해산심판의 사유를 "정당의 목적이나 활동이 민주적 기본질서에 위배될 때"로 규정하고 있는데, 여기서 말하는 민주적 기본질서의 '위배'란, 민주적 기본질서에 대한 단순한 위반이나 저촉을 의미하는 것이 아니라, 민주사회의 불가결한 요소인 정당의 존립을 제약해야 할 만큼 그 정당의 목적이나 활동이 우리 사회의 민주적 기본질서에 대하여 실질적인 해악을 끼칠 수 있는 구체적 위험성을 초래하는 경우를 가리킨다(헌재 2014.12.19. 2013헌다1).

오답의 이유

① 헌법 전문, 헌법 제4조
② 헌법 제8조 제4항
④ 헌재 2001.9.27. 2000헌마238

03 1 2 3 정답 ③

난이도 ★★★

정답의 이유

③ 법적 안정성은 객관적 요소로서 법질서의 신뢰성 · 항구성 · 법적 투명성과 법적 평화를 의미하고, 이와 내적인 상호연관관계에 있는 법적 안정성의 주관적 측면은 한번 제정된 법규범은 원칙적으로 존속력을 갖고 자신의 행위기준으로 작용하리라는 개인의 신뢰보호원칙이다(헌재 2021.6.24. 2018헌바457).

오답의 이유

① 헌재 2016.10.27. 2015헌바203
② 헌재 1996.2.16. 96헌가2
④ 헌재 2021.10.28. 2019헌마106

04 1 2 3 정답 ②

난이도 ★★★

정답의 이유

② 집행유예를 선고받고 유예기간 중에 있는 사람은 제외한다(「공직선거법」 제18조 제1항 제2호).

> **「공직선거법」 제18조(선거권이 없는 자)** ① 선거일 현재 다음 각 호의 어느 하나에 해당하는 사람은 선거권이 없다. 〈개정 2004. 3. 12., 2005. 8. 4., 2015. 8. 13.〉
> 1. 금치산선고를 받은 자
> 2. 1년 이상의 징역 또는 금고의 형의 선고를 받고 그 집행이 종료되지 아니하거나 그 집행을 받지 아니하기로 확정되지 아니한 사람. 다만, 그 형의 집행유예를 선고받고 유예기간 중에 있는 사람은 제외한다.

3. 선거범, 「정치자금법」 제45조(정치자금부정수수죄) 및 제49조(선거비용관련 위반행위에 관한 벌칙)에 규정된 죄를 범한 자 또는 대통령 · 국회의원 · 지방의회의원 · 지방자치단체의 장으로서 그 재임중의 직무와 관련하여 「형법」(「특정범죄가중처벌 등에 관한 법률」 제2조에 의하여 가중처벌되는 경우를 포함한다) 제129조(수뢰, 사전수뢰) 내지 제132조(알선수뢰) · 「특정범죄가중처벌 등에 관한 법률」 제3조(알선수재)에 규정된 죄를 범한 자로서, 100만원이상의 벌금형의 선고를 받고 그 형이 확정된 후 5년 또는 형의 집행유예의 선고를 받고 그 형이 확정된 후 10년을 경과하지 아니하거나 징역형의 선고를 받고 그 집행을 받지 아니하기로 확정된 후 또는 그 형의 집행이 종료되거나 면제된 후 10년을 경과하지 아니한 자(刑이 失效된 者도 포함한다)
4. 법원의 판결 또는 다른 법률에 의하여 선거권이 정지 또는 상실된 자

오답의 이유

① 헌법 제67조 제3항
③ 헌재 2016.10.27. 2014헌마797
④ 헌재 2020.8.28. 2017헌마813

05 1 2 3

정답 ③

난이도 ★★

정답의 이유

③ 청구인은 공법상 재단법인인 방송문화진흥회가 최다출자자인 방송사업자로서 방송법 등 관련 규정에 의하여 공법상의 의무를 부담하고 있지만, 그 설립목적이 언론의 자유의 핵심 영역인 방송 사업이므로 이러한 업무 수행과 관련해서는 기본권 주체가 될 수 있고, 그 운영을 광고수익에 전적으로 의존하고 있는 만큼 이를 위해 사경제 주체로서 활동하는 경우에도 기본권 주체가 될 수 있다. 이 사건 심판청구는 청구인이 그 운영을 위한 영업활동의 일환으로 방송광고를 판매하는 지위에서 그 제한과 관련하여 이루어진 것이므로 그 기본권 주체성이 인정된다(헌재 2013.9.26. 2012헌마271).

오답의 이유

① 헌재 2012.8.23. 2008헌마430
② 헌재 2007.8.30. 2004헌마670
④ 헌재 2008.1.17. 2007헌마700

06 1 2 3

정답 ④

난이도 ★★★

정답의 이유

④ 입법자는 의료와 보건지도를 통하여 생명의 유지와 보호, 건강의 회복과 증진을 본분으로 하는 업무에 종사하는 의사가 그에 반하여 낙태를 하게 한 경우에는 일반인보다 책임이 무거우며, 실제로 낙태시술을 할 수 있고, 전문적 의료지식을 가지고 있는 의사가 이를 남용하여 영리행위에 이르게 될 우려가 있다는 판단 하에 의사의 낙태를 징역형으로만 처벌하도록 함으로써 태아의 생명을 보호하고자 한 것임을 알 수 있다. 이러한 입법목적은 정당하고, 의사의 낙태를 징역형으로 처벌하는 것은 이러한 입법목적을 달성하기 위한 적절한 방법에 해당한다(헌재 2019.4.11. 2017헌바127).

오답의 이유

① 헌재 2009.11.26. 2008헌바58
② 헌재 2015.2.26. 2009헌바17
③ 헌재 2017.5.25. 2016헌가6

07 1 2 3

정답 ①

난이도 ★★

정답의 이유

① 헌법재판소 1997. 3. 27. 95헌가14등 결정의 취지에 따라 2005. 3. 31. 법률 제7427호로 개정된 「민법」 제847조 제1항은 '친생부인의 사유가 있음을 안 날'을 제척기간의 기산점으로 삼음으로써 부(夫)가 혈연관계의 진실을 인식할 때까지 기간의 진행을 유보하고, '그로부터 2년'을 제척기간으로 삼음으로써 부(夫)의 친생부인의 기회를 실질적으로 보장하고 있다. 또한 2년이란 기간은 자녀의 불안정한 지위를 장기간 방치하지 않기 위한 것으로서 지나치게 짧다고 볼 수 없다. 따라서 「민법」 제847조 제1항 중 "부(夫)가 그 사유가 있음을 안 날부터 2년 내" 부분은 친생부인의 소의 제척기간에 관한 입법재량의 한계를 일탈하지 않은 것으로서 헌법에 위반되지 아니한다(헌재 2015.3.26. 2012헌바357).

오답의 이유

② 헌재 2011.5.26. 2010헌마775
③ 헌재 2011.2.24. 2009헌마209
④ 헌재 2015.7.30. 2013헌가8

08 1 2 3 정답 ②

난이도 ★★

정답의 이유

㉠ (○) 헌재 2011.6.30. 2009헌마406

㉢ (○) 헌법 제10조 전문의 행복추구권에는 그 구체적인 표현으로서 일반적 행동자유권이 포함된다(헌재 2018. 11. 29. 2017헌바465 참조). 일반적 행동자유권의 보호영역에는 가치 있는 행동뿐만 아니라 개인의 생활방식과 취미에 관한 사항도 포함되며, 여기에는 위험한 스포츠를 즐길 권리와 같은 위험한 생활방식으로 살아갈 권리도 포함된다(헌재 2003. 10. 30. 2002헌마518, 헌재 2016. 2. 25. 2015헌가11 참조). 따라서 운전 중 휴대용 전화를 사용할 자유는 헌법 제10조의 행복추구권에서 나오는 일반적 행동자유권의 보호영역에 속한다. 이 사건 법률조항은 운전 중 휴대용 전화를 사용하지 아니할 의무를 지우고 이에 위반했을 때 형벌을 부과하고 있으므로 청구인의 일반적 행동자유권을 제한한다. … 이 사건 법률조항이 과잉금지원칙에 반하여 일반적 행동자유권을 침해한다고 볼 수 없다(헌재 2021.6.24. 2019헌바5).

㉣ (○) 헌재 2021.5.27. 2019헌마321

오답의 이유

㉡ (×) 「군인의 지위 및 복무에 관한 기본법」 제24조 제1항, 제36조 제2항 및 제4항에 근거하여, 육군참모총장은 직무와 관계가 있고 권한 내의 사항이라면 육군 장교를 지휘 · 감독하는 내용의 명령을 할 수 있다. 「군인사법」 제25조 제1항 등에서는 육군참모총장에게 육군 장교 중 진급대상자 추천 권한을 부여하면서, 같은 법 시행령 제33조 제1항 제2호 다목에서 그 평가항목 중 하나로 '상벌사항'을 규정하고 있다. 따라서 육군참모총장이 상벌사항을 파악하는 일환으로 육군 장교에게 민간법원에서 약식명령을 받아 확정된 사실을 자진신고 하도록 명령하는 것은 법률에 근거가 있다. 20년도 육군지시 자진신고조항 및 21년도 육군지시 자진신고조항은 법률유보원칙에 반하여 일반적 행동의 자유를 침해하지 않는다(헌재 2021.8.31. 2020헌마12 · 589(병합)).

09 1 2 3 정답 ①

난이도 ★★★

정답의 이유

① 헌재 2021.1.28. 2018헌마456

오답의 이유

② 헌법 제21조는 제1항에서 표현의 자유를 보장하면서도, 제4항에서 '타인의 명예나 권리를 침해하여서는 아니된다'고 규정함으로써 표현의 자유의 한계로서 타인의 명예와 권리를 선언하고 있다(헌재 2021.2.25. 2017헌마1113).

③ 음란표현이 언론 · 출판의 자유의 보호영역에 해당하지 아니한다고 해석할 경우 음란표현에 대하여는 언론 · 출판의 자유의 제한에 대한 헌법상의 기본원칙, 예컨대 명확성의 원칙, 검열 금지의 원칙 등에 입각한 합헌성 심사를 하지 못하게 될 뿐만 아니라, 기본권 제한에 대한 헌법상의 기본원칙, 예컨대 법률에 의한 제한, 본질적 내용의 침해금지 원칙 등도 적용하기 어렵게 되는 결과, 모든 음란표현에 대하여 사전 검열을 받도록 하고 이를 받지 않은 경우 형사처벌을 하거나, 유통목적이 없는 음란물의 단순소지를 금지하거나, 법률에 의하지 아니하고 음란물출판에 대한 불이익을 부과하는 행위 등에 대한 합헌성 심사도 하지 못하게 됨으로써, 결국 음란표현에 대한 최소한의 헌법상 보호마저도 부인하게 될 위험성이 농후하게 된다는 점을 간과할 수 없다. 이 사건 법률조항의 음란표현은 헌법 제21조가 규정하는 언론 · 출판의 자유의 보호영역 내에 있다고 볼 것인바, 종전에 이와 견해를 달리하여 음란표현은 헌법 제21조가 규정하는 언론 · 출판의 자유의 보호영역에 해당하지 아니한다는 취지로 판시한 우리 재판소의 의견(헌재 1998. 4. 30. 95헌가16, 판례집 10-1, 327, 340-341)을 변경한다(헌재 2009.5.28. 2006헌바109).

④ 이 사건 시기제한조항은 선거일 전 90일부터 선거일까지 후보자 명의의 칼럼 등을 게재하는 인터넷 선거보도가 불공정하다고 볼 수 있는지에 대해 구체적으로 판단하지 않고 이를 불공정한 선거보도로 간주하여 선거의 공정성을 해치지 않는 보도까지 광범위하게 제한한다. 「공직선거법」상 인터넷 선거보도 심의의 대상이 되는 인터넷언론사의 개념은 매우 광범위한데, 이 사건 시기제한조항이 정하고 있는 일률적인 규제와 결합될 경우 이로 인해 발생할 수 있는 표현의 자유 제한이 작다고 할 수 없다. 인터넷언론의 특성과 그에 따른 언론시장에서의 영향력 확대에 비추어 볼 때, 인터넷언론에 대하여는 자율성을 최대한 보장하고 언론의 자유에 대한 제한을 최소화하는 것이 바람직하고, 계속 변화하는 이 분야에서 규제 수단 또한 헌법의 틀 안에서 다채롭고 새롭게 강구되어야 한다. 이 사건 시기제한조항의 입법목적을 달성할 수 있는 덜 제약적인 다른 방법들이 이 사건 심의기준 규정과 「공직선거법」에 이미 충분히 존재한다. 따라서 이 사건 시기제한조항은 과잉금지원칙에 반하여 청구인의 표현의 자유를 침해한다(헌재 2019.11.28. 2016헌마90).

10 1 2 3 정답 ③

난이도 ★

정답의 이유

③ 모든 국민은 신체의 자유를 가진다. 누구든지 법률에 의하지 아니하고는 체포 · 구속 · 압수 · 수색 또는 심문을 받지 아니하며, 법률과 적법한 절차에 의하지 아니하고는 처벌 · 보안처분 또는 강제노역을 받지 아니한다(헌법 제12조 제1항).

오답의 이유

① 헌법 제12조 제5항

② 헌법 제12조 제3항

④ 헌법 제12조 제7항

11 ①②③ 정답 ④

난이도 ★★

정답의 이유

④ 등록조항은 아동 · 청소년대상 성범죄자의 재범을 억제하고 효율적인 수사를 위한 것으로 정당한 목적을 달성하기 위한 적합한 수단이다. 신상정보 등록제도는 국가기관이 성범죄자의 관리를 목적으로 신상정보를 내부적으로만 보존 · 관리하는 것으로, 성범죄자의 신상정보를 일반에게 공개하는 신상정보 공개 및 고지제도와는 달리 법익침해의 정도가 크지 않다. 아동 · 청소년이용음란물배포죄는 아동 · 청소년이 실제로 등장하는지 여부를 불문하고 아동 · 청소년의 성에 대한 왜곡된 인식과 비정상적인 태도를 광범위하게 형성하게 할 수 있다는 점에서 죄질이 경미하다고 할 수 없고, 헌법재판소와 대법원은 가상의 아동 · 청소년이용음란물에 대하여 제한적으로 해석하고 있어 등록조항에 따른 등록대상자의 범위는 이에 따라 제한되므로, 등록조항은 침해의 최소성을 갖추었다. 등록조항으로 인하여 제한되는 사익에 비하여 아동 · 청소년대상 성범죄 방지 및 사회 방위라는 공익이 더 크므로 법익의 균형성도 인정된다. 따라서 등록조항은 개인정보자기결정권을 침해하지 않는다(헌재 2016.3.31. 2014헌마785).

오답의 이유

① 헌재 2016.2.25. 2013헌마830
② 헌재 2016.10.27. 2014헌마709
③ 헌재 2016.3.31. 2015헌마688

12 ①②③ 정답 ①

난이도 ★

정답의 이유

① 대학 본연의 기능인 학술의 연구나 교수, 학생선발 · 지도 등과 관련된 교무 · 학사행정의 영역에서는 대학구성원의 결정이 우선한다고 볼 수 있으나, 학교법인으로서도 설립 목적을 구현하는 차원에서 조정적 개입은 가능하다고 할 것이고, 우리 법제상 학교법인에게만 권리능력이 인정되므로 각종 법률관계의 형성이나 법적 분쟁의 해결에는 법인이 대학을 대표하게 될 것이다. 한편 대학의 재정, 시설 및 인사 등의 영역에서는 학교법인이 기본적인 윤곽을 결정하되, 대학구성원에게는 이러한 영역에 대하여 일정 정도 참여권을 인정하는 것이 필요하다(헌재 2013.11.28. 2007헌마1190).

오답의 이유

② 헌재 2015.12.23. 2014헌마1149
③ 헌재 2013.11.28. 2007헌마1189
④ 헌재 2014.4.24. 2011헌마612

13 ①②③ 정답 ④

난이도 ★★

정답의 이유

④ 헌재 2008.12.26. 2007헌마444

오답의 이유

①, ②, ③ 헌재 2008.12.26. 2007헌마444

■ **헌재 2008. 12. 26. 2007헌마444, 공보 제147호, 177 [전원재판부]**

가. 경찰공무원과 군인의 관계를 보건대, 경찰공무원은 국민의 생명 · 신체 및 재산의 보호와 범죄의 예방 · 진압 및 수사, 치안정보의 수집, 교통의 단속 기타 공공의 안녕과 질서유지를 그 임무로 하고(「경찰법」 제3조), 군인은 전시와 평시를 막론하고 국방의 의무를 수행하기 위한 군에 복무하면서 대한민국의 자유와 독립을 보전하고 국토를 방위하며 국민의 생명과 재산을 보호하고 나아가 국제평화의 유지에 이바지함을 그 사명으로 하므로(「국군조직법」 제4조 제1항, 군인복무규율 제4조 제2호), 경찰공무원과 군인은 주된 임무가 다르지만, 양자 모두 국민의 생명 · 신체 및 재산에 대한 구체적이고 직접적인 위험을 예방하고 보호하는 업무를 수행하면서 그 과정에서 생명과 신체에 대한 상당한 위험을 부담한다. 나아가 국가비상사태, 대규모의 테러 또는 소요사태가 발생하였거나 발생할 우려가 있는 경우에는 경찰공무원은 치안유지를 위하여 군인에 상응하는 고도의 위험을 무릅쓰고 부여된 업무를 수행하여야만 한다. 이를 고려하여 볼 때, 직무의 곤란성과 책임의 정도에 따라 결정되는 공무원보수의 책정에 있어서(「국가공무원법」 제46조 제1항), 경찰공무원과 군인은 본질적으로 동일 · 유사한 집단이라고 할 것이다.

나. 경찰공무원임용령 시행규칙상의 계급환산기준표 및 호봉획정을 위한 공무원경력의 상당계급기준표에 의하면 경장인 청구인의 계급에 상당하는 군인 계급은 중사인바, 경찰공무원인 경장의 1호봉 봉급월액은 중사의 1호봉 봉급월액보다 적으므로 상응하는 계급인 경장과 중사 간에 봉급월액에 대한 차별취급이 존재한다. 그러나 경찰공무원과 군인은 업무를 수행하는 과정에서 생명과 신체에 대한 상당한 위험을 부담한다는 점에서 유사한 측면이 존재하지만, 법률에 의하여 부여된 고유 업무는 서로 다르고, 그에 따라 업무수행 중에 노출되는 위험상황의 성격과 정도에 있어서도 서로 일치한다고는 볼 수 없다.
또한 경찰공무원과 군인은 직종 간 특성에 따라 다른 계급체계 및 인사운영체계를 가지고 있고, 이에 따라 봉급월액을 다르게 정하고 있다.
따라서 경찰공무원 중 경장의 봉급월액이 이에 대응하는 군인 계급인 중사의 봉급월액보다 적게 규정되었다고 하여 이를 합리적 이유 없는 차별에 해당한다고 볼 수 없다.

다. 공무원의 보수청구권은, 법률 및 법률의 위임을 받은 하위법령에 의해 그 구체적 내용이 형성되면 재산적 가치가 있는 공법상의 권리가 되어 재산권의 내용에 포함되지만, 법령에 의하여 구체적 내용이 형성되기 전의 권리, 즉 공무원이 국가 또는 지방자치단체에 대하여 어느 수준의 보수를 청구할 수 있는 권리는 단순한 기대이익에 불과하여 재산권의 내용에 포함된다고 볼 수 없다. 따라서 청구인이 주장하는 특정한 또는 구체적 보수수준에 관한 내용이 법령에서 형성된 바 없음에도, 이 사건 법령조항이 그 수준의 봉급월액보다 낮은 봉급월액을 규정하고 있어 청구인의 재산권을 침해한다는 주장은 이유 없다.

라. 직업의 자유에 '해당 직업에 합당한 보수를 받을 권리'까지 포함되어 있다고 보기 어렵고, 이 사건 법령조항은 경찰공무원인 경장의 봉급표를 규정한 것으로서 개성 신장을 위한 행복추구권의 제한과는 직접적인 관련이 없으므로, 청구인의 주장들은 모두 이유 없다.

〈재판관 이공현, 재판관 조대현, 재판관 이동흡의 반대의견〉
경찰공무원과 군인은 법률에 의하여 부여된 고유한 업무가 다르고, 각 직종 간 특성에 따라 서로 다른 계급체계와 인사운영체계를 가지고 있으며, 상이한 직종 간에 비교되는 계급을 설정함에 있어서 직무의 곤란성과 책임의 정도를 등가적으로 판단할 수 있는 기준을 제시할 수 없다.
따라서 경찰공무원 계급에 있어서 경장과 군인 계급에 있어서 중사를 본실석으로 동일한 비교집단으로 볼 수는 없으므로 이 사건 법령조항은 기본적으로 동일하지 아니한 것을 다르게 취급하고 있는 것으로 차별자체가 존재하지 않는바, 청구인의 평등권이 침해될 가능성이 없다. 또한 이 사건 법령조항으로 인한 기타 기본권 침해의 가능성도 인정되지 않으므로 자신의 헌법상 보장된 기본권의 침해가 있었음을 전제로 한 이 사건 헌법소원심판청구는 부적법하여 각하를 면할 수 없다.

14 1 2 3

정답 ②

난이도 ★★

정답의 이유

② 심판대상조항이 이동통신서비스 가입 시 본인확인절차를 거치도록 함으로써 타인 또는 허무인의 이름을 사용한 휴대전화인 이른바 대포폰이 보이스피싱 등 범죄의 범행도구로 이용되는 것을 막고, 개인정보를 도용하여 타인의 명의로 가입한 다음 휴대전화 소액결제나 서비스요금을 그 명의인에게 전가하는 등 명의도용범죄의 피해를 막고자 하는 입법목적은 정당하고, 이를 위하여 본인확인절차를 거치게 한 것은 적합한 수단이다.
가입자는 자신의 주민등록번호를 제공해야 하지만 특히 뒷자리 중 성별을 지칭하는 숫자 외의 6자리는 일회적인 확인 후 폐기되므로 주민등록번호가 이동통신사에 보관되어 계속적으로 이용되는 것이 아니다. 가입자는 대면(오프라인)가입 대신 온라인 가입절차에서 공인인증서로 본인확인하는 방법을 택하여 주민등록번호의 직접 제공을 피할 수도 있다.
또한 가입자의 이름과 주소, 생년월일, 주민등록번호 등 개인정보 수집에 따른 유출피해 등 부작용을 방지하기 위해 「개인정보 보호법」과 「정보통신망 이용촉진 및 정보보호 등에 관한 법률」에서는 정보처리자에게 개인정보의 기술적 · 관리적 보호조치를 취할 것을 요구하고 그 준수 여부를 행정청이 점검하는 등 적절한 통제장치를 마련함으로써 개인정보자기결정권의 제한을 최소화하고 있다.
심판대상조항에 의해서는 아직 의사소통이 이루어지지 않은 이동통신서비스 가입단계에서의 본인확인절차를 거치는 것이므로, 이동통신서비스 가입자가 누구인지 식별가능해진다고 하여도 곧바로 그가 누구와 언제, 얼마동안 통화하였는지 등의 정보를 파악할 수 있는 것은 아니다. 따라서 심판대상조항으로 인해 가입자가 개개의 통신내용과 이용 상황에 기한 처벌을 두려워하여 이동통신서비스 이용 여부 자체를 진지하게 고려하게 할 정도라고 할 수 없다.
개인정보자기결정권, 통신의 자유가 제한되는 불이익과 비교했을 때, 명의도용피해를 막고, 차명휴대전화의 생성을 억제하여 보이스피싱 등 범죄의 범행도구로 악용될 가능성을 방지함으로써 잠재적 범죄 피해 방지 및 통신망 질서 유지라는 더욱 중대한 공익의 달성효과가 인정된다. 따라서 심판대상조항은 청구인들의 개인정보자기결정권 및 통신의 자유를 침해하지 않는다(헌재 2019.9.26. 2017헌마1209).

오답의 이유

① 「통신비밀보호법」 제2조 제1호
③ 헌재 2018.8.30. 2016헌마263
④ 헌재 2016.4.28. 2012헌마549

15 1 2 3

정답 ②

난이도 ★★

정답의 이유

② 65세 미만의 비교적 젊은 나이인 경우, 일반적 생애주기에 비추어 자립 욕구나 자립지원의 필요성이 높고, 질병의 치료효과나 재활의 가능성이 높은 편이므로 노인성 질병이 발병하였다고 하여 곧 사회생활이 객관적으로 불가능하다거나, 가내에서의 장기요양의 욕구 · 필요성이 급격히 증가한다고 평가할 것은 아니다. 또한 활동지원급여와 장기요양급여는 급여량 편차가 크고, 사회활동 지원 여부 등에 있어 큰 차이가 있다. 그럼에도 불구하고 65세 미만의 장애인 가운데 일정한 노인성 질병이 있는 사람의 경우 일률적으로 활동지원급여 신청자격을 제한한 데에 합리적 이유가 있다고 보기 어려우므로 심판대상조항은 평등원칙에 위반된다(헌재 2020.12.23. 2019헌가8).

오답의 이유

① 헌재 2004.10.28. 2002헌마328
③ 헌재 2015.6.25. 2014헌바269
④ 헌재 2018.8.30. 2017헌바197

16 1 2 3

정답 ④

난이도 ★

정답의 이유

④ 이 사건 법률조항으로 인하여 특수경비원의 단체행동권이 제한되는 불이익을 받게 되는 것을 부정할 수는 없으나 국가나 사회의 중추를 이루는 중요시설 운영에 안정을 기함으로써 얻게 되는 국가안전보장, 질서유지, 공공복리 등의 공익이 매우 크다고 할 것이므로, 이 사건 법률조항에 의한 기본권제한은 법익의 균형성 원칙에 위배되지 아니한다. 따라서 이 사건 법률조항은 과잉금지원칙에 위배되지 아니하므로 헌법에 위반되지 아니한다(헌재 2009.10.29. 2007헌마1359).

오답의 이유

① 헌재 2009.2.26. 2007헌바27

② 헌재 2001.7.19. 99헌마663

③ 헌재 2017.9.28. 2015헌마653

17 1 2 3

정답 ④

난이도 ★★

정답의 이유

④ 국가가 국민의 생명 · 신체의 안전에 대한 보호의무를 다하지 않았는지 여부를 헌법재판소가 심사할 때에는 국가가 이를 보호하기 위하여 적어도 적절하고 효율적인 최소한의 보호조치를 취하였는가 하는 이른바 '과소보호 금지원칙'의 위반 여부를 기준으로 삼아, 국민의 생명 · 신체의 안전을 보호하기 위한 조치가 필요한 상황인데도 국가가 아무런 보호조치를 취하지 않았든지 아니면 취한 조치가 법익을 보호하기에 전적으로 부적합하거나 매우 불충분한 것임이 명백한 경우에 한하여 국가의 보호의무의 위반을 확인하여야 한다(헌재 2008.12.26. 2008헌마419).

오답의 이유

① 헌재 2019.12.27. 2018헌마730

② 헌재 2017.12.28. 2016헌마45

③ 헌재 2008.7.31. 2006헌마711

18 1 2 3

정답 ②

난이도 ★★

정답의 이유

② 이 사건 법률조항들은 특정범죄에 관한 형사절차에서 국민이 안심하고 자발적으로 협조할 수 있도록 그 범죄신고자 등을 실질적으로 보호함으로써 피해자의 진술을 제약하는 요소를 제거하고 이를 통해 범죄로부터 사회를 방위함에 이바지함과 아울러 실체적 진실의 발견을 용이하게 하기 위한 것으로서, 그 목적의 정당성 및 수단의 적합성이 인정되며, 피고인 퇴정조항에 의하여 피고인 퇴정 후 증인신문을 하는 경우에도 피고인은 여전히 「형사소송법」 제161조의2에 의하여 반대신문권이 보장되고, 이때 변호인이 반대신문 전에 피고인과 상의하여 반대신문사항을 정리하면 피고인의 반대신문권이 실질적으로 보장될 수 있는 점, 인적사항이 공개되지 아니한 증인에 대하여는 증인신문 전에 수사기관 작성의 조서나 증인 작성의 진술서 등의 열람 · 복사를 통하여 그 신문 내용을 어느 정도 예상할 수 있고, 변호인이 피고인과 상의하여 반대신문의 내용을 정리한 후 반대신문할 수 있는 점 등에 비추어, 기본권제한의 정도가 특정범죄의 범죄신고자 등 증인 등을 보호하고 실체적 진실의 발견에 이바지하는 공익에 비하여 크다고 할 수 없어 법익의 균형성도 갖추고 있으며, 기본권제한에 관한 피해의 최소성 역시 인정되므로, 공정한 재판을 받을 권리를 침해한다고 할 수 없다(헌재 2010.11.25. 2009헌바57).

오답의 이유

① 헌법 제27조 제2항

③ 헌재 2021.2.25. 2019헌바551

④ 헌재 2015.9.24. 2012헌바302

19 1 2 3

정답 ①

난이도 ★★

정답의 이유

① 보상액의 산정에 기초되는 사실인정이나 보상액에 관한 판단에서 오류나 불합리성이 발견되는 경우에도 그 시정을 구하는 불복신청을 할 수 없도록 하는 것은 형사보상청구권 및 그 실현을 위한 기본권으로서의 재판청구권의 본질적 내용을 침해하는 것이라 할 것이고, 나아가 법적안정성만을 지나치게 강조함으로써 재판의 적정성과 정의를 추구하는 사법제도의 본질에 부합하지 아니하는 것이다. 또한, 불복을 허용하더라도 즉시항고는 절차가 신속히 진행될 수 있고 사건수도 과다하지 아니한데다 그 재판내용도 비교적 단순하므로 불복을 허용한다고 하여 상급심에 과도한 부담을 줄 가능성은 별로 없다고 할 것이어서, 이 사건 불복금지조항은 형사보상청구권 및 재판청구권을 침해한다고 할 것이다(헌재 2010.10.28. 2008헌마514).

정답의 이유

② 헌재 2010.7.29. 2008헌가4

③ 「형사보상 및 명예회복에 관한 법률」 제4조 제2항

④ 헌재 2010.10.28. 2008헌마514

20 1 2 3

정답 ④

난이도 ★★

정답의 이유

④ 이 사건 법률조항은 금고 이상의 형의 선고유예의 판결을 받아 그 기간 중에 있는 사람이 공무원으로 임용되는 것을 금지하고 이러한 사람이 공무원으로 임용되더라도 그 임용을 당연무효로 하는 것으로서, 공직에 대한 국민의 신뢰를 보장하고 공무원의 원활한 직무수행을 도모하기 위하여 마련된 조항이다. 청구인과 같이 임용결격사유에도 불구하고 임용된 임용결격공무원은 상당한 기간 동안 근무한 경우라도 적법한 공무원의 신분을 취득하여 근무한 것이 아니라는 이유로 「공무원연금법」상 퇴직급여의 지급대상이 되지 못하는 등 일정한 불이익을 받기는 하지만, 재직기간 중 사실상 제공한 근로에 대하여는 그 대가에 상응하는 금액의 반환을 부당이득으로 청구하는 등의 민사적 구제수단이 있는 점을 고려하면, 공직에 대한 국민의 신뢰보장이라는 공익과 비교하여 임용결격공무원의 사익 침해가 현저하다고 보기 어렵다. 따라서 이 사건 법률조항은 입법자의 재량을 일탈하여 공무담임권을 침해한 것이라고 볼 수 없다(헌재 2016.7.28. 2014헌바437).

오답의 이유

① 헌재 2006.6.29. 2005헌마44
② 헌재 2007.6.28. 2005헌마1179
③ 헌재 2021.2.25. 2018헌마174

2022년 제2차 경찰(순경) 채용시험 헌법

빠른 정답							나의 점수		점
01	02	03	04	05	06	07	08	09	10
③	④	②	①	④	③	①	③	③	④
11	12	13	14	15	16	17	18	19	20
③	②	④	②	①	④	③	④	①	②

01 1 2 3 정답 ③

난이도 ★★

정답의 이유

③ 과거의 사실관계 또는 법률관계를 규율하기 위한 소급입법의 태양에는 이미 과거에 완성된 사실 또는 법률관계를 규율의 대상으로 하는 이른바 진정소급효의 입법과 이미 과거에 시작하였으나 아직 완성되지 아니하고 진행과정에 있는 사실 또는 법률관계를 규율의 대상으로 하는 이른바 부진정소급효의 입법을 상정할 수 있다고 할 것이다. 전자의 경우에는 입법권자의 입법형성권보다도 당사자가 구법질서에 기대했던 신뢰보호의 견지에서 그리고 법적안정성을 도모하기 위해 특단의 사정이 없는 한 구법에 의하여 이미 얻은 자격 또는 권리를 새 입법을 하는 마당에 그대로 존중할 의무가 있다고 할 것이나, 후자의 경우에는 구법질서에 대하여 기대했던 당사자의 신뢰보호보다는 광범위한 입법권자의 입법형성권을 경시해서는 안될 일이므로 특단의 사정이 없는한 새 입법을 하면서 구법관계 내지 구법상의 기대이익을 존중하여야 할 의무가 발생하지는 않는다고 할 것이다(헌재 1989.3.17. 88헌마1).

오답의 이유

① 법적 안정성과 신뢰보호원칙에 있어서 특히 중요한 것은 시간적인 요소이다. 특정한 법률에 의하여 발생한 법률관계는 그 법에 따라 파악되고 판단되어야 하고, 개인은 과거의 사실관계가 그 뒤에 생긴 새로운 법률의 기준에 따라 판단되지 않는다는 것을 믿을 수 있어야 한다(헌재 1996.2.16. 96헌가2 등).

② 구 「매장법」이 「장사법」으로 전부개정되면서 그 부칙 제3조에서 종전의 법령에 따라 설치된 봉안시설을 「장사법」에 의하여 설치된 봉안시설로 보도록 함으로써 구 「매장법」에 따라 설치허가를 받은 봉안시설 설치 · 관리인의 기존의 법상태에 대한 신뢰는 이미 보호되었다. 더 나아가 「장사법」 시행 후 추가로 설치되는 부분에 대해서까지 기존의 법상태에 대한 보호가치 있는 신뢰가 있다고 보기 어렵다. 따라서 유골 500구 이상을 안치할 수 있는 사설봉안시설을 설치 · 관리하려는 자는 「민법」에 따라 봉안시설의 설치 · 관리를 목적으로 하는 재단법인을 설립하도록 하는 심판대상조항은 신뢰보호원칙에 위반되지 아니한다(헌재 2021.8.31. 2019헌바453).

④ '개성공단의 정상화를 위한 합의서'에는 국내법과 동일한 법적 구속력을 인정하기 어렵고, 과거 사례 등에 비추어 개성공단의 중단 가능성은 충분히 예상할 수 있었으므로, 개성공단 전면중단 조치는 신뢰보호원칙을 위반하여 개성공단 투자기업인 청구인들의 영업의 자유와 재산권을 침해하지 아니한다(헌재 2022.1.27. 2016헌마364).

02 1 2 3 정답 ④

난이도 ★★★

정답의 이유

㉠ (○) 구법조항이 규율하는 사실관계를 다시 살펴보면, 한국인과 외국인 간의 혼인에서 배우자의 한쪽이 한국인 부인 경우와 한국인 모인 경우 사이에 성별에 따른 특별한 차이가 있는 것도 아니고, 양쪽 모두 그 자녀는 한국의 법질서와 문화에 적응하고 공동체에서 흠없이 생활해 나갈 수 있는 동등한 능력과 자질을 갖추었는데도 불구하고 전체 가족의 국적을 가부(家父)에만 연결시키고 있다. 그러나 이와 같이 가족의 장(長) 또는 중심을 부로 정하는 것은 가족생활에서 양성평등의 원칙을 선언하고 있는 헌법의 명문에 비추어 타당성이 있는지 의심스럽다. 국적취득에서 혈통주의는 사회적 단위인 가족에로의 귀속을 보장하는 한편 특정한 국가공동체로의 귀속을 담보하며 부모와 자녀간의 밀접한 연관관계를 잇는 기본이 된다. 만약 이러한 연관관계를 부와 자녀 관계에서만 인정하고 모와 자녀 관계에서는 인정하지 않는다면, 이는 가족 내에서의 여성의 지위를 폄하(貶下)하고 모의 지위를 침해하는 것이다. 그러므로 구법조항은 헌법 제36조 제1항이 규정한 "가족생활에 있어서의 양성의 평등원칙"에 위배된다(헌재 2000.8.31. 97헌가12).

㉡ (○) 「국적법」 제4조 제1항은 "외국인은 법무부장관의 귀화허가를 받아 대한민국의 국적을 취득할 수 있다."라고 규정하고, 그 제2항은 "법무부장관은 귀화 요건을 갖추었는지를 심사한 후 그 요건을 갖춘 자에게만 귀화를 허가한다."라고 정하고 있다. 국적은 국민의 자격을 결정짓는 것이고, 이를 취득한 사람은 국가의 주권자가 되는 동시에 국가의 속인적 통치권의 대상이 되므로, 귀화허가는 외국인에게 대한민국 국적을 부여함으로써 국민으로서의 법적 지위를 포괄적으로 설정하는 행위에 해당한다. 한편, 「국적법」 등 관계 법령 어디에도 외국인에게 대한민국의 국적을 취득할 권리를 부여하였다고 볼 만한 규정이 없다. 이

와 같은 귀화 허가의 근거 규정의 형식과 문언, 귀화허가의 내용과 특성 등을 고려해 보면, 법무부장관은 귀화신청인이 귀화 요건을 갖추었다 하더라도 귀화를 허가할 것인지 여부에 관하여 재량권을 가진다고 보는 것이 타당하다(대법원 2010.10.28. 선고 2010두6496 판결).

ⓒ (○) 참정권과 입국의 자유에 대한 외국인의 기본권주체성이 인정되지 않고, 외국인이 대한민국 국적을 취득하면서 자신의 외국 국적을 포기한다 하더라도 이로 인하여 재산권 행사가 직접 제한되지 않으며, 외국인이 복수국적을 누릴 자유가 우리 헌법상 행복추구권에 의하여 보호되는 기본권이라고 보기 어려우므로, 외국인의 기본권주체성 내지 기본권침해가능성을 인정할 수 없다(헌재 2014.6.26. 2011헌마502).

ⓔ (○) 국적에 관한 사항은 당해 국가가 역사적 전통과 정치 · 경제 · 사회 · 문화 등 제반사정을 고려하여 결정할 문제인바, 자발적으로 외국 국적을 취득한 자에게 대한민국 국적도 함께 보유할 수 있게 허용한다면, 출입국 · 체류관리가 어려워질 수 있고, 각 나라에서 권리만 행사하고 병역 · 납세와 같은 의무는 기피하는 등 복수국적을 악용할 우려가 있으며, 복수국적자로 인하여 외교적 보호권이 중첩되는 등의 문제가 발생할 여지도 있다. 한편, 「국적법」은 예외적으로 복수국적을 허용함과 동시에, 대한민국 국민이었던 외국인에 대해서는 국적회복허가라는 별도의 용이한 절차를 통해 국적을 회복시켜주는 조항들을 두고 있다. 따라서 「국적법」 제15조 제1항이 대한민국 국민인 청구인의 거주 · 이전의 자유 및 행복추구권을 침해한다고 볼 수 없다(헌재 2014.6.26. 2011헌마502).

ⓜ (○) 국적회복이란 한 때 대한민국 국민이었던 외국인이 법무부장관의 국적회복허가를 받아 대한민국의 국적을 취득하는 것을 말한다(「국적법」 제9조 제1항). 국적회복과 귀화는 모두 외국인이 후천적으로 법무부장관의 허가라는 주권적 행정절차를 통하여 대한민국 국적을 취득하는 제도라는 점에서 동일하나, 귀화는 대한민국 국적을 취득한 사실이 없는 순수한 외국인이 법무부장관의 허가를 받아 대한민국 국적을 취득할 수 있도록 하는 절차인데 비해(「국적법」 제4조 내지 제7조), 국적회복허가는 한 때 대한민국 국민이었던 자를 대상으로 한다는 점, 귀화는 일정한 요건을 갖춘 사람에게만 허가할 수 있는 반면(「국적법」 제5조 내지 제7조), 국적회복허가는 일정한 사유에 해당하는 사람에 대해서만 국적회복을 허가하지 아니한다는 점(「국적법」 제9조 제2항)에서 차이가 있다. 「국적법」이 이처럼 귀화제도와 국적회복제도를 구분하고 있는 것은 과거 대한민국 국민이었던 자의 국적취득절차를 간소화함으로써 국적취득 상의 편의를 증진시키고자 하는 것이다(헌재 2020.2.27. 2017헌바434).

03 1 2 3 정답 ②

난이도 ★★

정답의 이유

② 공연 등을 보는 국민이 예술적 감상의 기회를 가진다고 하여 이것을 집단적 효용성으로 평가하는 것도 무리이다. 공연관람자 등이 예술감상에 의한 정신적 풍요를 느낀다면 그것은 헌법상의 문화국가원리에 따라 국가가 적극 장려할 일이지, 이것을 일정한 집단에 의한 수익으로 인정하여 그들에게 경제적 부담을 지우는 것은 헌법의 문화국가이념(제9조)에 역행하는 것이다. 그렇다면 이 사건 문예진흥기금의 납입금은 특별부담금의 헌법적 허용한계를 벗어나서 위헌이라 할 것이다(헌재 2003.12.18. 2002헌가2).

오답의 이유

① 헌법은 문화국가를 실현하기 위하여 보장되어야 할 정신적 기본권으로 양심과 사상의 자유, 종교의 자유, 언론 · 출판의 자유, 학문과 예술의 자유 등을 규정하고 있는바, 개별성 · 고유성 · 다양성으로 표현되는 문화는 사회의 자율영역을 바탕으로 한다고 할 것이고, 이들 기본권은 견해와 사상의 다양성을 그 본질로 하는 문화국가원리의 불가결의 조건이라고 할 것이다. 문화국가원리는 국가의 문화국가실현에 관한 과제 또는 책임을 통하여 실현되는바, 국가의 문화정책과 밀접 불가분의 관계를 맺고 있다. 과거 국가절대주의사상의 국가관이 지배하던 시대에는 국가의 적극적인 문화간섭정책이 당연한 것으로 여겨졌다. 그러나 오늘날에와서는 국가가 어떤 문화현상에 대하여도 이를 선호하거나, 우대하는 경향을 보이지 않는 불편부당의 원칙이 가장 바람직한 정책으로 평가받고 있다. 오늘날 문화국가에서의 문화정책은 그 초점이 문화 그 자체에 있는 것이 아니라 문화가 생겨날 수 있는 문화풍토를 조성하는 데 두어야 한다(헌재 2004.5.27. 2003헌가1 등).

③ 문화국가원리의 이러한 특성은 문화의 개방성 내지 다원성의 표지와 연결되는데, 국가의 문화육성의 대상에는 원칙적으로 모든 사람에게 문화창조의 기회를 부여한다는 의미에서 모든 문화가 포함된다. 따라서 엘리트문화뿐만 아니라 서민문화, 대중문화도 그 가치를 인정하고 정책적인 배려의 대상으로 하여야 한다(헌재 2004.5.27. 2003헌가1 등).

④ 단지 일부 지나친 고액과외교습을 방지하기 위하여 모든 학생으로 하여금 오로지 학원에서만 사적으로 배울 수 있도록 규율한다는 것은 어디에도 그 예를 찾아볼 수 없는 것일 뿐만 아니라 자기결정과 자기책임을 생활의 기본원칙으로 하는 헌법의 인간상이나 개성과 창의성, 다양성을 지향하는 문화국가원리에도 위반되는 것이다(헌재 2000.4.27. 98헌가16 등).

04 1 2 3 정답 ①

난이도 ★★

정답의 이유

① 공제회는 이처럼 공법인적 성격과 사법인적 성격을 겸유하고 있는데, 공제회가 일부 공법인적 성격을 갖고 있다고 하더라도 공무를 수행하거나 고권적 행위를 하는 경우가 아닌 사경제주체로서 활동하는 경우나 조직법상 국가로부터 독립한 고유 업무를 수행하는 경우, 그리고 다른 공권력 주체와의 관계에서 지배복종관계가 성립되어 일반 사인처럼 그 지배하에 있는 경우 등에는 기본권 주체가 될 수 있다(헌재 2015.7.30. 2014헌가7).

오답의 이유

② 초기배아는 수정이 된 배아라는 점에서 형성 중인 생명의 첫걸음을 떼었다고 볼 여지가 있기는 하나 아직 모체에 착상되거나 원시선이 나타나지 않은 이상 현재의 자연과학적 인식수준에서 독립된 인간과 배아 간의 개체적 연속성을 확정하기 어렵다고 봄이 일반적이라는 점, 배아

의 경우 현재의 과학기술 수준에서 모태 속에서 수용될 때 비로소 독립적인 인간으로의 성장가능성을 기대할 수 있다는 점, 수정 후 착상 전의 배아가 인간으로 인식된다거나 그와 같이 취급하여야 할 필요성이 있다는 사회적 승인이 존재한다고 보기 어려운 점 등을 종합적으로 고려할 때, 기본권 주체성을 인정하기 어렵다(헌재 2010.5.27. 2005헌마346).

③ 우리 헌법은 법인 내지 단체의 기본권 향유능력에 대하여 명문의 규정을 두고 있지는 않지만 본래 자연인에게 적용되는 기본권이라도 그 성질상 법인이 누릴 수 있는 기본권은 법인에게도 적용된다(헌재 2012.8.23. 2009헌가27).

④ 대학의 자치의 주체를 기본적으로 대학으로 본다고 하더라도 교수나 교수회의 주체성이 부정된다고 볼 수는 없고, 가령 학문의 자유를 침해하는 대학의 장에 대한 관계에서는 교수나 교수회가 주체가 될 수 있고, 또한 국가에 의한 침해에 있어서는 대학 자체 외에도 대학 전 구성원이 자율성을 갖는 경우도 있을 것이므로 문제되는 경우에 따라서 대학, 교수, 교수회 모두가 단독, 혹은 중첩적으로 주체가 될 수 있다고 보아야 할 것이다(헌재 2006.4.27. 2005헌마1047 등).

05 1 2 3

정답 ④

난이도 ★★

정답의 이유

④ 대통령은 행정부의 수반으로서 국가가 국민의 생명과 신체의 안전 보호의무를 충실하게 이행할 수 있도록 권한을 행사하고 직책을 수행하여야 하는 의무를 부담한다. 하지만 국민의 생명이 위협받는 재난상황이 발생하였다고 하여 피청구인이 직접 구조 활동에 참여하여야하는 등 구체적이고 특정한 행위의무까지 바로 발생한다고 보기는 어렵다. 세월호 참사에 대한 피청구인의 대응조치에 미흡하고 부적절한 면이 있었다고 하여 곧바로 피청구인이 생명권 보호의무를 위반하였다고 인정하기는 어렵다(헌재 2017.3.10. 2016헌나1).

오답의 이유

① 국민의 생명 · 신체의 안전이 질병 등으로부터 위협받거나 받게 될 우려가 있는 경우 국가는 그 위험의 원인과 정도에 따라 사회 · 경제적인 여건 및 재정사정 등을 감안하여 국민의 생명 · 신체의 안전을 보호하기에 필요한 적절하고 효율적인 입법 · 행정상의 조치를 취하여 그 침해의 위험을 방지하고 이를 유지할 포괄적인 의무를 진다(헌재 2015.4.30. 2012헌마38).

② 「담배사업법」은 담배성분의 표시나 경고문구의 표시, 담배광고의 제한 등 여러 규제들을 통하여 직접흡연으로부터 국민의 생명 · 신체의 안전을 보호하려고 노력하고 있다. 따라서 「담배사업법」이 국가의 보호의무에 관한 과소보호금지 원칙을 위반하여 청구인의 생명 · 신체의 안전에 관한 권리를 침해하였다고 볼 수 없다(헌재 2015.4.30. 2012헌마38).

③ 원전 건설을 내용으로 하는 전원개발사업 실시계획에 대한 승인권한을 다른 전원개발과 마찬가지로 산업통상자원부장관에게 부여하고 있다 하더라도, 국가가 원전의 건설 · 운영으로 인한 위험에 있어 국민의 생명 · 신체의 안전을 보호하기 위하여 필요한 최소한의 보호조치를 취하지 아니한 것이라고 보기는 어렵다(헌재 2016.10.27. 2015헌바358).

06 1 2 3

정답 ③

난이도 ★★

정답의 이유

③ 재판청구권과 같은 절차적 기본권은 원칙적으로 제도적 보장의 성격이 강하기 때문에, 자유권적 기본권 등 다른 기본권의 경우와 비교하여 볼 때 상대적으로 광범위한 입법형성권이 인정되므로, 관련 법률에 대한 위헌심사기준은 합리성원칙 내지 자의금지원칙이 적용된다(헌재 2009.11.26. 2008헌바25).

오답의 이유

① 제도적 보장은 주관적 권리가 아닌 객관적 범규범이라는 점에서 기본권과 구별되기는 하지만 헌법에 의하여 일정한 제도가 보장되면 입법자는 그 제도를 설정하고 유지할 입법의무를 지게될 뿐만 아니라 헌법에 규정되어 있기 때문에 법률로써 이를 폐지할 수 없고, 비록 내용을 제한하더라도 그 본질적 내용을 침해할 수 없다(헌재 1997.4.24. 95헌바48).

② 제도적 보장은 객관적 제도를 헌법에 규정하여 당해 제도의 본질을 유지하려는 것으로서 헌법제정권자가 특히 중요하고도 가치가 있다고 인정되고 헌법적으로도 보장할 필요가 있다고 생각하는 국가제도를 헌법에 규정함으로써 장래의 법발전, 법형성의 방침과 범주를 미리 규율하려는데 있다(헌재 1997.4.24. 95헌바48).

④ 직업공무원제도는 지방자치제도, 복수정당제도, 혼인제도 등과 함께 "제도보장"의 하나로서 이는 일반적인 법에 의한 폐지나 제도본질의 침해를 금지한다는 의미의 최소보장"의 원칙이 적용되는바, 이는 기본권의 경우 헌법 제37조 제2항의 과잉금지의 원칙에 따라 필요한 경우에 한하여 "최소한으로 제한"되는 것과 대조되는 것이다(헌재 1994.4.28. 91헌바15 등).

07 1 2 3

정답 ①

난이도 ★★★

정답의 이유

① 미군기지의 이전은 공공정책의 결정 내지 시행에 해당하는 것으로서 인근 지역에 거주하는사람들의 삶을 결정함에 있어서 사회적 영향을 미치게 되나, 개인의 인격이나 운명에 관한 사항은 아니며 각자의 개성에 따른 개인적 선택에 직접적인 제한을 가하는 것이 아니다. 따라서 그와 같은 사항은 헌법상 자기결정권의 보호범위에 포함된다고 볼 수 없다(헌재 2006. 2. 23. 2005헌마268).

오답의 이유

② 자기낙태죄 조항은 「모자보건법」이 정한 일정한 예외를 제외하고는 태아의 발달단계 혹은 독자적 생존능력과 무관하게 임신기간 전체를 통틀어 모든 낙태를 전면적 · 일률적으로 금지하고, 이를 위반할 경우 형

벌을 부과하도록 정함으로써, 형법적 제재 및 이에 따른 형벌의 위하력(威嚇力)으로 임신한 여성에게 임신의 유지 · 출산을 강제하고 있으므로, 임신한 여성의 자기결정권을 제한하고 있다(헌재 2019. 4. 11. 2017헌바127).

③ 환자가 장차 죽음에 임박한 상태에 이를 경우에 대비하여 미리 의료인 등에게 연명치료 거부 또는 중단에 관한 의사를 밝히는 등의 방법으로 죽음에 임박한 상태에서 인간으로서의 존엄과 가치를 지키기 위하여 연명치료의 거부 또는 중단을 결정할 수 있다 할 것이고, 위결정은 헌법상 기본권인 자기결정권의 한 내용으로서 보장된다 할 것이다. …(중간 생략)… 또한 '연명치료 중단에 관한 자기결정권'을 보장하는 방법으로서 '법원의 재판을 통한 규범의 제시'와 '입법' 중 어느 것이 바람직한가는 입법정책의 문제로서 국회의 재량에 속한다 할 것이다. 그렇다면 헌법해석상 '연명치료 중단 등에 관한 법률'을 제정할 국가의 입법의무가 명백하다고 볼 수 없다(헌재 2009. 11. 26. 2008헌마385).

④ 이 사건 법률조항이 규정한 구입명령제도는 소주판매업자에게 자도소주의 구입의무를 부과함으로써, 어떤 소주제조업자로부터 얼마만큼의 소주를 구입하는가를 결정하는 직업활동의 방법에 관한 자유를 제한하는 것이므로 소주판매업자의 "직업행사의 자유"를 제한하는 규정이다. 또한 구입명령제도는 비록 직접적으로는 소주판매업자에게만 구입의무를 부과하고 있으나 실질적으로는 구입명령제도가 능력경쟁을 통한 시장의 점유를 억제함으로써 소주제조업자의 "기업의 자유" 및 "경쟁의 자유"를 제한하고, 소비자가 자신의 의사에 따라 자유롭게 상품을 선택하는 것을 제약함으로써 소비자의 행복추구권에서 파생되는 "자기결정권"도 제한하고 있다(헌재 1996. 12. 26. 96헌가18).

08 1 2 3

정답 ③

난이도 ★★

정답의 이유

㉠ (○) 조세를 비롯한 공과금의 부과에서의 평등원칙은, 공과금 납부의무자가 법률에 의하여 법적 및 사실적으로 평등하게 부담을 받을 것을 요청한다. 즉 납부의무자의 균등부담의 원칙은, 공과금 납부의무의 규범적 평등과 공과금의 징수를 통한 납부의무의 관철에 있어서의 평등이라는 두 가지 요소로 이루어진다(헌재 2000. 6. 29. 99헌마289).

㉡ (○) 「민주화운동 관련자 명예회복 및 보상 등에 관한 법률」은 "민주화운동과 관련하여 희생된 자와 그 유족에 대하여 국가가 명예회복 및 보상을 행함으로써 이들의 생활안정과 복지향상을 도모하고, 민주주의의 발전과 국민화합에 기여함을"(제1조), 「의문사 진상규명에 관한 특별법」은 "민주화운동과 관련하여 의문의 죽음을 당한 사건에 대한 진상을 규명함으로써 국민화합과 민주발전에 이 바지함을"(제1조), 「제주 4 · 3사건 진상규명 및 희생자 명예회복에 관한 특별법」은 "제주 4 · 3 사건의 진상을 규명하고 이 사건과 관련된 희생자와 그 유족들의 명예를 회복시켜줌으로써 인권신장과 민주발전 및 국민화합에 이바지함을"(제1조) 각 목적으로 규정하고 있다. 따라서 위 각 특별법의 규율대상과 청구인들이 입법되어야 한다고 주장하는 '법률'의 규율대상은 본질적으로 동일한 성격을 갖지 않는다고 할 것이다. 가사 그것이 본질적으로 동일하다고 보더라도 이를 근거로 입법자에게 청구인들에게도 적용될 유사한 내용의 입법을 하여야 할 헌법상의 의무가 발생한다고 볼 수 없다. 왜냐하면 평등원칙은 원칙적으로 입법자에게 헌법적으로 아무런 구체적인 입법의무를 부과하지 않고, 다만, 입법자가 평등원칙에 반하는 일정 내용의 입법을 하게 되면, 이로써 피해를 입게 된 자는 직접 당해 법률조항을 대상으로 하여 평등원칙의 위반여부를 다툴 수 있을 뿐이기 때문이다(헌재 2003. 1. 30. 2002헌마358).

㉢ (○) 국가라 할지라도 국고작용으로 인한 민사관계에 있어서는 일반인과 같이 원칙적으로 대등하게 다루어져야 하며 국가라고 하여 우대하여야 할 헌법상의 근거가 없다(헌재 2000. 2. 24. 99헌바17 등).

오답의 이유

㉣ (×) 심판대상조항은 재산권의 청구에 관한 당사자소송 중에서도 피고가 공공단체 그 밖의 권리주체인 경우와 국가인 경우를 다르게 취급한다. 가집행의 선고는 불필요한 상소권의 남용을 억제하고 신속한 권리실행을 하게 함으로써 국민의 재산권과 신속한 재판을 받을 권리를 보장하기 위한 제도이고, 당사자소송 중에는 사실상 같은 법률조항에 의하여 형성된 공법상 법률관계라도 당사자를 달리하는 경우가 있다. 동일한 성격인 공법상 금전지급 청구소송임에도 피고가 누구인지에 따라 가집행선고를 할 수 있는지 여부가 달라진다면 상대방 소송 당사자인 원고로 하여금 불합리한 차별을 받도록 하는 결과가 된다. 재산권의 청구가 공법상 법률관계를 전제로 한다는 점만으로 국가를 상대로 하는 당사자소송에서 국가를 우대할 합리적인 이유가 있다고 할 수 없고, 집행가능성 여부에 있어서도 국가와 지방자치단체 등이 실질적인 차이가 있다고 보기 어렵다는 점에서, 심판대상조항은 국가가 당사자소송의 피고인 경우 가집행의 선고를 제한하여, 국가가 아닌 공공단체 그 밖의 권리주체가 피고인 경우에 비하여 합리적인 이유 없이 차별하고 있으므로 평등원칙에 반한다(헌재 2022. 2. 24. 2020헌가12).

09 1 2 3

정답 ③

난이도 ★★

정답의 이유

③ 「공직선거법」 위반죄를 범하여 형사처벌을 받은 공무원에 대하여 당선무효라는 불이익을 가하는 것은 「공직선거법」 위반 행위 자체에 대한 국가의 형벌권 실행으로서의 과벌에 해당하지 아니하므로, 헌법상 이중처벌금지원칙에 위배되지 않는다(헌재 2015. 2. 26. 2012헌마581).

오답의 이유

① 이 사건 법률조항은 전범에 대하여 형벌을 받았음에도 그 형벌의 경고기능을 무시하고 다시 범행을 하였다는 데 그 가중의 취지가 있을 뿐, 전범 자체를 심판대상으로 하여 후범과 일괄하여 다시 처벌한다는 것이 아니므로 일사부재리원칙에 위반되지 아니한다(헌재 2012. 5. 31. 2011헌바15 등).

② 행정법은 의무를 명하거나 금지를 설정함으로써 일정한 행정목적을 달성하려고 하는데, 그 실효성을 확보하기 위해서는 의무의 위반이 있을 때에 행정형벌, 과태료, 영업허가의 취소 · 정지, 과징금 등과 같은 불이익을 가함으로써 의무위반 당사자나 다른 의무자로 하여금 더 이상 위반을 하지 않도록 유도하는 것이 필요하다. 이와 같이 '제재를 통

한 억지'는 행정규제의 본원적인 기능이라 볼 수 있는 것이고, 따라서 어떤 행정제재의 기능이 오로지 제재와 억지에 있다고 하여 이를 헌법 제13조 제1항에서 말하는 '처벌'에 해당한다고 할 수 없다(헌재 2015. 2. 26. 2012헌바435).

④ 형사판결은 국가주권의 일부분인 형벌권 행사에 기초한 것으로서, 외국의 형사판결은 원칙적으로 우리 법원을 기속하지 않으므로 동일한 범죄행위에 관하여 다수의 국가에서 재판 또는 처벌을 받는 것이 배제되지 않는다. 따라서 이중처벌금지원칙은 동일한 범죄에 대하여 대한민국 내에서 거듭 형벌권이 행사되어서는 안 된다는 뜻으로 새겨야 할 것이므로 이 사건 법률조항은 헌법 제13조 제1항의 이중처벌금지원칙에 위배되지 아니한다(헌재 2015. 5. 28. 2013헌바129).

10 1 2 3 정답 ④

난이도 ★★

정답의 이유

④ 헌법상 신체의 자유는 헌법 제12조 제1항의 문언과 자연권적 속성에 비추어 볼 때 형사절차에 한정하여 보호되는 기본권이 아니다. 헌법 제12조 제3항의 영장주의가 수사기관에 의한 체포·구속을 전제하여 규정된 것은 형사절차의 경우 법관에 의한 사전적 통제의 필요성이 강하게 요청되기 때문이지, 형사절차 이외의 국가권력 작용에 대해 영장주의를 배제하는 것이 아니고, 오히려 그 본질은 인신구속과 같이 중대한 기본권 침해를 야기할 때는 법관이 구체적 판단을 거쳐 발부한 영장에 의하여야 한다는 것이다. 따라서 형사절차가 아니라 하더라도 실질적으로 수사기관에 의한 인신구속과 동일한 효과를 발생시키는 인신구금은 영장주의의 본질상 그 적용대상이 되어야 한다. 심판대상조항에 의한 영창처분은 그 내용과 집행의 실질, 효과에 비추어 볼 때, 그 본질이 사실상 형사절차에서 이루어지는 인신구금과 같이 기본권에 중대한 침해를 가져오는 것으로 헌법 제12조 제1항, 제3항의 영장주의 원칙이 적용된다(헌재 2020. 9. 24. 2017헌바157 등).

오답의 이유

① 심판대상조항에 따른 법무부장관의 출국금지결정은 형사재판에 계속 중인 국민의 출국의 자유를 제한하는 행정처분일 뿐이고 영장주의가 적용되는 신체에 대하여 직접적으로 물리적 강제력을 수반하는 강제처분이라고 할 수는 없다. 따라서 심판대상조항이 헌법 제12조 제3항의 영장주의에 위배된다고 볼 수 없다(헌재 2015. 9. 24. 2012헌바302).

② 헌법 제12조 제3항의 영장주의는 법관이 발부한 영장에 의하지 아니하고는 수사에 필요한 강제처분을 하지 못한다는 원칙으로 소변을 받아 제출하도록 한 것은 교도소의 안전과 질서유지를 위한 것으로 수사에 필요한 처분이 아닐 뿐만 아니라 검사대상자들의 협력이 필수적이어서 강제처분이라고 할 수도 없어 영장주의의 원칙이 적용되지 않는다(헌재 2006. 7. 27. 2005헌마277).

③ 영장주의는 이 적법절차원리에서 나온 것으로서 체포·구속 그리고 압수·수색까지도 헌법 제103조에 의하여 헌법과 법률에 의하여 양심에 따라 재판하고 또 사법권독립의 원칙에 의하여 신분이 보장된 법관의 판단에 의하여만 결정되어야 하고, 구속개시의 시점에 있어서 이 신체의 자유에 대한 박탈의 허용만이 아니라 그 구속영장의 효력을 계속 유지할 것인지 아니면 정지 또는 실효시킬 것인지의 여부의 결정도 오직 이러한 법관의 판단에 의하여만 결정되어야 한다는 것을 의미한다(헌재 1993. 12. 23. 93헌가2).

11 1 2 3 정답 ③

난이도 ★★

정답의 이유

③ 이 사건 CCTV 관찰행위는 금지물품의 수수나 교정사고를 방지하거나 이에 적절하게 대처하기 위한 것으로 교도관의 육안에 의한 시선계호를 CCTV 장비에 의한 시선계호로 대체한 것에 불과하므로 그 목적의 정당성과 수단의 적합성이 인정된다. 「형집행법」 및 「형집행법」 시행규칙은 수용자가 입게 되는 피해를 최소화하기 위하여 CCTV의 설치·운용에 관한 여러가지 규정을 두고 있고, 이에 따라 변호인접견실에 설치된 CCTV는 교도관이 CCTV를 통해 미결수용자와 변호인 간의 접견을 관찰하더라도 접견내용의 비밀이 침해되거나 접견교통에 방해가 되지 않도록 조치를 취하고 있는 점, 금지물품의 수수를 적발하거나 교정사고를 효과적으로 방지하고 교정사고가 발생하였을 때 신속하게 대응하기 위하여는 CCTV를 통해 관찰하는 방법 외에 더 효과적인 다른 방법을 찾기 어려운 점 등에 비추어 보면, 이 사건 CCTV 관찰행위는 그 목적을 달성하기 위하여 필요한 범위 내의 제한으로 침해의 최소성을 갖추었다. CCTV 관찰행위로 침해되는 법익은 변호인접견 내용의 비밀이 폭로될 수 있다는 막연한 추측과 감시받고 있다는 심리적인 불안 내지 위축으로 법익의 침해가 현실적이고 구체화되어 있다고 보기 어려운 반면, 이를 통하여 구치소 내의 수용질서 및 규율을 유지하고 교정사고를 방지하고자 하는 것은 교정시설의 운영에 꼭 필요하고 중요한 공익이므로, 법익의 균형성도 갖추었다. 따라서 이 사건 CCTV 관찰행위가 청구인의 변호인의 조력을 받을 권리를 침해한다고 할 수 없다(헌재 2016. 4. 28. 2015헌마243).

오답의 이유

① 변호인의 조력을 받을 권리란 국가권력의 일방적인 형벌권 행사에 대항하여 자신에게 부여된 헌법상·소송법상 권리를 효율적이고 독립적으로 행사하기 위하여 변호인의 도움을 얻을 피의자 및 피고인의 권리를 말한다(헌재 2011. 5. 26. 2009헌마341).

② 현대 사회의 복잡다단한 소송에서의 법률전문가의 증대되는 역할, 민사법상 무기 대등의 원칙 실현, 헌법소송의 변호사강제주의 적용 등을 감안할 때 교정시설 내 수용자와 변호사 사이의 접견교통권의 보장은 헌법상 보장되는 재판청구권의 한 내용 또는 그로부터 파생되는 권리로 볼 수 있다(헌재 2013. 8. 29. 2011헌마122).

④ '변호인이 되려는 자'의 접견교통권은 피의자 등을 조력하기 위한 핵심적인 부분으로서, 피의자 등이 가지는 헌법상의 기본권인 '변호인이 되려는 자'와의 접견교통권과 표리의 관계에 있다. 따라서 피의자 등이 가지는 '변호인이 되려는 자'의 조력을 받을 권리가 실질적으로 확보되기 위해서는 '변호인이 되려는 자'의 접견교통권 역시 헌법상 기본권으로서 보장되어야 한다(헌재 2019. 2. 28. 2015헌마1204).

12 1 2 3 정답 ②

난이도 ★★★

정답의 이유

㉠ (○) 우리 헌법 제20조 제1항은 "모든 국민은 종교의 자유를 가진다."라고 규정하고 있는데, 종교의 자유에는 자기가 신봉하는 종교를 선전하고 새로운 신자를 규합하기 위한 선교의 자유가 포함되고 선교의 자유에는 다른 종교를 비판하거나 다른 종교의 신자에 대하여 개종을 권고하는 자유도 포함되는바, 종교적 선전, 타 종교에 대한 비판 등은 동시에 표현의 자유의 보호대상이 되는 것이나, 그 경우 종교의 자유에 관한 헌법 제20조 제1항은 표현의 자유에 관한 헌법 제21조 제1항에 대하여 특별 규정의 성격을 갖는다 할 것이므로 종교적 목적을 위한 언론·출판의 경우에는 그 밖의 일반적인 언론·출판에 비하여 보다 고도의 보장을 받게 된다고 할 것이다(대법원 2007. 2. 8., 선고, 2006도4486, 판결).

㉢ (○) 지방자치단체가 유서 깊은 천주교 성당 일대를 문화관광지로 조성하기 위하여 상급 단체로부터 문화관광지 조성계획을 승인받은 후 사업부지 내 토지 등을 수용재결한 사안에서, 위 성당을 문화재로 보호할 가치가 충분하고 위 문화관광지 조성계획은 지방자치단체가 지역경제의 활성화를 도모하기 위하여 추진한 것으로 보이며 특정 종교를 우대·조장하거나 배타적 특권을 부여하는 것으로 볼 수 없어, 그 계획의 승인과 그에 따른 토지 등 수용재결이 헌법의 정교분리원칙이나 평등권에 위배되지 않는다고 한 사례(대법원 2009. 5. 28., 선고, 2008두16933, 판결).

㉣ (○) 종교의 자유에서 종교에 대한 적극적인 우대조치를 요구할 권리가 직접 도출되거나 우대할 국가의 의무가 발생하지 아니한다. 종교시설의 건축행위에만 기반시설부담금을 면제한다면 국가가 종교를 지원하여 종교를 승인하거나 우대하는 것으로 비칠 소지가 있어 헌법 제20조 제2항의 국교금지·정교분리에 위배될 수도 있다고 할 것이므로 종교시설의 건축행위에 대하여 기반시설부담금 부과를 제외하거나 감경하지 아니하였더라도, 종교의 자유를 침해하는 것이 아니다(헌재 2010. 2. 25. 2007헌바131 등).

오답의 이유

㉡ (×) 기독교 재단이 설립한 사립대학이 학칙으로 대학예배의 6학기 참석을 졸업요건으로 정한 경우, 위 대학교의 대학예배는 목사에 의한 예배뿐만 아니라 강연이나 드라마 등 다양한 형식을 취하고 있고 학생들에 대하여도 예배시간의 참석만을 졸업의 요건으로 할 뿐 그 태도나 성과 등을 평가하지는 않는 사실 등에 비추어 볼 때, 위 대학교의 예배는 복음 전도나 종교인 양성에 직접적인 목표가 있는 것이 아니고 신앙을 가지지 않을 자유를 침해하지 않는 범위 내에서 학생들에게 종교교육을 함으로써 진리·사랑에 기초한 보편적 교양인을 양성하는 데 목표를 두고 있다고 할 것이므로, 대학예배에의 6학기 참석을 졸업요건으로 정한 위 대학교의 학칙은 헌법상 종교의 자유에 반하는 위헌무효의 학칙이 아니라고 본 사례(대법원 1998. 11. 10., 선고, 96다37268, 판결).

㉤ (×) 청구인은, 심판대상조항이 법인의 인격권 및 법인운영의 자유를 침해한다고 주장하나, 위에서 본 바와 같이 종교단체의 복지시설 운영은 종교의 자유의 영역이므로 종교의 자유를 침해하는지 여부에 대한 문제로 귀결된다(헌재 2016. 6. 30. 2015헌바46).

13 1 2 3 정답 ④

난이도 ★★

정답의 이유

④ 개별 교원이 어떤 교원단체나 노동조합에 가입해 있는지에 대한 정보공개를 제한하고 있는 이 사건 법률조항 및 이 사건 시행령조항은 학부모인 청구인들의 알 권리를 제한하는 것이며, 학부모는 그런 알 권리를 통해 자녀교육을 행하게 되므로 위 조항들은 동시에 교육권에 대한 제약도 발생시킨다고 할 수 있다(헌재 2011. 12. 29. 2010헌마293).

오답의 이유

① 청구인의 자기에게 정당한 이해관계가 있는 정부 보유 정보의 개시(開示) 요구에 대하여 행정청이 아무런 검토 없이 불응하였다면 이는 청구인이 갖는 헌법 제21조에 규정된 언론출판의 자유 또는 표현의 자유의 한 내용인 "알 권리"를 침해한 것이라 할 수 있으며, 그 이외에도 자유민주주의 국가에서 국민주권을 실현하는 핵심이 되는 기본권이라는 점에서 국민주권주의(제1조), 각 개인의 지식의 연마, 인격의 도야에는 가급적 많은 정보에 접할 수 있어야 한다는 의미에서 인간으로서의 존엄과 가치(제10조) 및 인간다운 생활을 할 권리(제34조 제1항)와 관련이 있다 할 것이다(헌재 1989. 9. 4. 88헌마22).

② 군사기밀의 범위는 국민의 표현의 자유 내지 "알 권리"의 대상영역을 최대한 넓혀줄 수 있도록 필요한 최소한도에 한정되어야 할 것이며 따라서 「군사기밀보호법」 제6조, 제7조, 제10조는 동법 제2조 제1항의 "군사상 기밀"이 비공지의 사실로서 적법절차에 따라 군사기밀로서의 표지를 갖추고 그 누설이 국가의 안전보장에 명백한 위험을 초래한다고 볼 만큼의 실질가치를 지닌 것으로 인정되는 경우에 한하여 적용된다 할 것이므로 그러한 해석하에 헌법에 위반되지 아니한다(헌재 1992. 2. 25. 89헌가104).

③ 위 법률조항은 공판조서의 증명력을 규정하고 있을 뿐 공판조서의 내용에 대한 접근·수집·처리 등에 관한 규정이 아니어서, 정보에의 접근·수집·처리의 자유를 의미하는 알권리에 어떠한 제한이 있다고 보기 어려우므로, 이에 관하여는 더 나아가 살피지 아니한다(헌재 2013. 8. 29. 2011헌바253 등).

14 1 2 3 정답 ②

난이도 ★★

정답의 이유

② 이 사건 공권력 행사는 경호대상자의 안전 보호 및 국가 간 친선관계의 고양, 질서유지 등을 위한 것이다. 돌발적이고 경미한 변수의 발생도 대비하여야 하는 경호의 특수성을 고려할 때, 경호활동에는 다양한 취약 요소들에 사전적·예방적으로 대비할 수 있는 안전조치가 충분히 이루어질 필요가 있고, 이 사건 공권력 행사는 집회장소의 장소적 특성과 미합중국 대통령의 이동경로, 집회 참가자와의 거리, 질서유지

에 필요한 시간 등을 고려하여 경호 목적 달성을 위한 최소한의 범위에서 행해진 것으로 침해의 최소성을 갖추었다. 또한, 이 사건 공권력 행사로 인해 제한된 사익은 집회 또는 시위의 자유 일부에 대한 제한으로서 국가간 신뢰를 공고히 하고 발전적인 외교관계를 맺으려는 공익이 위 제한되는 사익보다 덜 중요하다고 할 수 없다. 따라서 이 사건 공권력 행사는 과잉금지원칙을 위반하여 청구인들의 집회의 자유 등을 침해하였다고 할 수 없다(헌재 2021. 10. 28. 2019헌마1091).

오답의 이유

① 집회의 자유는 집단적 의견표명의 자유로서, 민주국가에서 정치의사형성에 참여할 수 있는 기회를 제공하고, 사회 · 정치현상에 대한 불만과 비판이나 집권세력에 대한 정치적 반대 의사를 공개적으로 표출하게 함으로써 정치적 불만이 있는 자를 사회에 통합하고 정치적 안정에 기여하며, 소수집단의 권익과 주장을 옹호하기 위한 적절한 수단을 제공한다. 이러한 의미에서 헌법이 집회의 자유를 보장한 것은 관용과 다양한 견해가 공존하는 다원적인 '열린 사회'에 대한 헌법적 결단이다(헌재 2022. 7. 21. 2018헌바164).

③ 집회 장소의 선택은 집회의 성과를 결정하는 주요 요인이 된다. 따라서 집회 장소를 선택할 자유는 집회의 자유의 실질적 부분을 형성한다(헌재 2018. 7. 26. 2018헌바137).

④ 옥외집회 · 시위에 대한 경찰의 촬영행위는 증거보전의 필요성 및 긴급성, 방법의 상당성이 인정되는 때에는 헌법에 위반된다고 할 수 없으나, 경찰이 옥외집회 및 시위 현장을 촬영하여 수집한 자료의 보관 · 사용 등은 엄격하게 제한하여, 옥외집회 · 시위 참가자 등의 기본권 제한을 최소화해야 한다. 옥외집회 · 시위에 대한 경찰의 촬영행위에 의해 취득한 자료는 '개인정보'의 보호에 관한 일반법인 「개인정보 보호법」이 적용될 수 있다(헌재 2018. 8. 30. 2014헌마843).

15 1 2 3

정답 ①

난이도 ★★

정답의 이유

① 구 「음반에 관한 법률」 제3조 제1항이 비디오물을 포함하는 음반제작자에 대하여 일정한 시설을 갖추어 문화공보부에 등록할 것을 명하는 것은 음반제작에 필수적인 기본시설을 갖추지 못함으로써 발생하는 폐해방지 등의 공공복리 목적을 위한 것으로서 헌법상 금지된 허가제나 검열제와는 다른 차원의 규정이고, 예술의 자유나 언론 · 출판의 자유를 본질적으로 침해하였다거나 헌법 제37조 제2항의 과잉금지(過剩禁止)의 원칙에 반한다고 할 수 없다(헌재 1993. 5. 13. 91헌바17).

오답의 이유

② 극장은 영상물 · 공연물 등 의사표현의 매개체를 일반 공중에게 표현하는 장소로서의 의미가 있다. 따라서 극장의 자유로운 운영에 대한 제한은 공연물, 영상물이 지니는 표현물, 예술작품으로서의 성격에 기하여 표현의 자유 및 예술의 자유의 제한효과도 가지고 있음을 부인할 수 없다(헌재 2004. 5. 27. 2003헌가1 등).

③ 청구인들이 자신의 미적 감상 등을 문신시술을 통하여 시각적으로 표현할 수 있다는 측면에서 문신시술이 예술의 자유 또는 표현의 자유의 영역에 포함될 수 있다(헌재 2022. 3. 31. 2017헌마1343 등).

④ 헌법 제22조 제2항은 "저작자 · 발명가 · 과학기술자와 예술가의 권리는 법률로써 보호한다."고 하여, 학문과 예술의 자유를 제도적으로 뒷받침하고 학문과 예술의 자유에 내포된 문화국가실현의 실효성을 높이기 위하여 저작자 등의 권리보호를 국가의 과제로 규정하고 있는바, 저작자 등의 권리를 보호하는 것은 학문과 예술을 발전 · 진흥시키고 문화국가를 실현하기 위하여 불가결하다(헌재 2011. 2. 24. 2009헌바13 등).

16 1 2 3

정답 ④

난이도 ★★

정답의 이유

④ 특수임무수행자는 보상금등 산정과정에서 국가 행위의 불법성이나 구체적인 손해 항목 등을 주장 · 입증할 필요가 없고 특수임무수행자의 과실이 반영되지도 않으며, 국가배상청구에 상당한 시간과 비용이 소요되는 데 반해 보상금 등 지급결정은 비교적 간이 · 신속한 점까지 고려하면, 특임자보상법령이 정한 보상금 등을 지급받는 것이 국가배상을 받는 것에 비해 일률적으로 과소 보상된다고 할 수도 없다. 따라서 심판대상조항이 과잉금지원칙을 위반하여 국가배상청구권 또는 재판청구권을 침해한다고 보기 어렵다(헌재 2021. 9. 30. 2019헌가28).

오답의 이유

① 「국가배상법」 제8조가 '국가 또는 지방자치단체의 손해배상책임에 관하여는 이 법의 규정에 의한 것을 제외하고는 「민법」의 규정에 의한다. …… (생략) ……'고 하고 소멸시효에 관하여 별도의 규정을 두고 아니함으로써 국가배상청구권에도 소멸시효에 관한 「민법」상의 규정인 「민법」 제766조가 적용되게 되었다 하더라도 이는 국가배상청구권의 성격과 책임의 본질, 소멸시효제도의 존재이유 등을 종합적으로 고려한 입법재량 범위 내에서의 입법자의 결단의 산물인 것으로 국가배상청구권의 본질적인 내용을 침해하는 것이라고는 볼 수 없고 기본권 제한에 있어서의 한계를 넘어서는 것이라고 볼 수도 없으므로 헌법에 위반되지 아니한다(헌재 1997. 2. 20. 96헌바24).

② 청구인들이 심판대상조항의 위헌성을 주장하게 된 계기를 제공한 국가배상청구 사건은, 인권침해가 극심하게 이루어진 긴급조치 발령과 그 집행을 근거로 한 것이므로 다른 일반적인 법 집행 상황과는 다르다는 점에서 이러한 경우에는 국가배상청구 요건을 완화하여야 한다는 주장이 있을 수 있다. 긴급조치는 집행 당시에 그 위헌 여부를 유효하게 다툴 수 없었으며, 한참 시간이 흐른 뒤인 2010년대에 이르러서야 비로소 위헌으로 선언된 만큼, 다른 일반 법률에 대한 헌법재판소의 위헌결정과는 차이가 있다고 볼 수 있다. 그러나 위와 같은 경우라 하여 국가배상청구권 성립요건에 공무원의 고의 또는 과실에 대한 예외가 인정되어야 한다고 보기는 어렵다. 과거에 행해진 법 집행행위로 인해 사후에 국가배상책임이 인정되면, 국가가 법 집행행위 자체를 꺼리는 등 소극적 행정으로 일관하거나, 행정의 혼란을 초래하여 국가기능이 정상적으로 작동되지 못하는 결과를 야기할 수 있다. 국가의 행위로 인한 모든 손해가 이 조항으로 구제되어야 하는 것은 아니다. 긴급조치 제1호 또는 제9호로 인한 손해의 특수성과 구제 필요성 등을 고려할

때 공무원의 고의 또는 과실 여부를 떠나 국가가 더욱 폭넓은 배상을 할 필요가 있는 것이라면, 이는 국가배상책임의 일반적 요건을 규정한 심판대상조항이 아니라 국민적 합의를 토대로 입법자가 별도의 입법을 통해 구제하면 된다(헌재 2020. 3. 26. 2016헌바55 등).

③ 헌법 제29조 제1항 제1문은 '공무원의 직무상 불법행위'로 인한 국가 또는 공공단체의 책임을 규정하면서 제2문은 '이 경우 공무원 자신의 책임은 면제되지 아니한다'고 규정하여 헌법상 국가배상책임은 공무원의 책임을 일정 부분 전제하는 것으로 해석될 수 있고, 헌법 제29조 제1항에 법률유보 문구를 추가한 것은 국가재정을 고려하여 국가배상책임의 범위를 법률로 정하도록 한 것으로 해석된다. 공무원의 고의 또는 과실이 없는데도 국가배상을 인정할 경우 피해자 구제가 확대되기는 하겠지만 현실적으로 원활한 공무수행이 저해될 수 있어 이를 입법정책적으로 고려할 필요성이 있다. 외국의 경우에도 대부분 국가에서 국가배상 책임에 공무수행자의 유책성을 요구하고 있으며, 최근에는 「국가배상법」상의 과실관념의 객관화, 조직과실의 인정, 과실 추정과 같은 논리를 통하여 되도록 피해자에 대한 구제의 폭을 넓히려는 추세에 있다. 이러한 점들을 고려할 때, 이 사건 법률조항이 국가배상청구권의 성립요건으로서 공무원의 고의 또는 과실을 규정한 것을 두고 입법형성의 범위를 벗어나 헌법 제29조에서 규정한 국가배상청구권을 침해한다고 보기는 어렵다(헌재 2015. 4. 30. 2013헌바395).

17 1 2 3

정답 ③

난이도 ★★

정답의 이유

③ 이 사건 법률조항은 국가에 대하여 최소한의 물질적 생활을 요구할 수 있음을 내용으로 하는 인간다운 생활을 할 권리의 향유와는 관련이 없고, 이 사건 법률조항으로 인하여 거주지를 이전하여야 하는 것은 아니므로 거주이전의 자유와도 관련이 없다(헌재 2014. 3. 27. 2011헌바396).

오답의 이유

① 다수설에 따르면 인간다운 생활을 할 권리는 원칙적으로 국민의 권리이자 자연인의 권리이므로 외국인 및 법인에게는 원칙적으로 인정되지 않는다.

② 모든 국민은 인간다운 생활을 할 권리를 가지며 국가는 생활능력 없는 국민을 보호할 의무가 있다는 헌법의 규정은 모든 국가기관을 기속하지만 그 기속의 의미는 동일하지 아니한데, 입법부나 행정부에 대하여는 국민소득, 국가의 재정능력과 정책 등을 고려하여 가능한 범위 안에서 최대한으로 모든 국민이 물질적인 최저생활을 넘어서 인간의 존엄성에 맞는 건강하고 문화적인 생활을 누릴 수 있도록 하여야 한다는 행위의 지침, 즉 행위규범으로서 작용하지만, 헌법재판에 있어서는 다른 국가기관, 즉 입법부나 행정부가 국민으로 하여금 인간다운 생활을 영위하도록 하기 위하여 객관적으로 필요한 최소한의 조치를 취할 의무를 다하였는지를 기준으로 국가기관의 행위의 합헌성을 심사하여야 한다는 통제규범으로 작용하는 것이다(헌재 2004. 10. 28. 2002헌마328).

④ 국가가 행하는 생계보호가 헌법이 요구하는 객관적인 최소한도의 내용을 실현하고 있는지여부는 결국 국가가 국민의 '인간다운 생활'을 보장함에 필요한 최소한도의 조치를 취하였는가의 여부에 달려있다고 할 것인데 생계보호의 구체적 수준을 결정하는 것은 입법부 또는 입법에 의하여 다시 위임을 받은 행정부 등 해당기관의 광범위한 재량에 맡겨져 있다고 보아야 할 것이므로, 국가가 인간다운 생활을 보장하기 위한 헌법적 의무를 다하였는지의 여부가 사법적 심사의 대상이 된 경우에는, 국가가 생계보호에 관한 입법을 전혀 하지 아니하였다든가 그 내용이 현저히 불합리하여 헌법상 용인될 수 있는 재량의 범위를 명백히 일탈한 경우에 한하여 인간다운 생활을 할 권리를 보장한 헌법에 위반된다고 할 수 있다(헌재 2004. 10. 28. 2002헌마328).

18 1 2 3

정답 ④

난이도 ★★

정답의 이유

④ 4주간을 평균하여 1주간의 소정근로시간이 15시간 미만인 근로자, 즉 이른바 '초단시간근로자'를 퇴직급여제도의 적용대상에서 제외하고 있는 「근로자퇴직급여 보장법」 조항은, 근로조건의 기준은 인간의 존엄성을 보장하도록 법률로 정하도록 한 헌법 제32조 제3항에 위배되지 않는다.(헌재 2021. 11. 25. 2015헌바334 등)

오답의 이유

① 헌법 제32조 및 제33조에 각 규정된 근로기본권은 근로자의 근로조건을 개선함으로써 그들의 경제적 · 사회적 지위의 향상을 기하기 위한 것으로서 자유권적 기본권으로서의 성격보다는 생존권 내지 사회권적 기본권으로서의 측면이 보다 강한 것으로서 그 권리의 실질적 보장을 위해서는 국가의 적극적인 개입과 뒷받침이 요구되는 기본권이다(헌재 1991. 7. 22. 89헌가106).

② 이러한 근로의 권리는 사회적 기본권으로서 국가에 대하여 직접 일자리를 청구하거나 일자리에 갈음하는 생계비의 지급청구권을 의미하는 것이 아니라 고용증진을 위한 사회적 · 경제적 정책을 요구할 수 있는 권리에 그치며, 근로의 권리로부터 국가에 대한 직접적인 직장존속청구권이 도출되는 것도 아니다(헌재 2011. 7. 28. 2009헌마408).

③ 이 사건 산입조항 및 부칙조항의 입법과정에 절차적 하자가 있다고 볼 만한 사정을 발견할 수 없다. '상여금, 그 밖에 이에 준하는 것'은 기본급 이외에 업적, 공헌도 등에 따라 지급하는 금품 중 산정기간이 1개월을 초과하는 임금 및 이와 유사한 속성을 갖는 임금으로서, 그 구체적인 내용이 하위 법령에 규정될 것임을 예측할 수 있다. '근로자의 생활보조 또는 복리후생을 위한 성질의 임금'은 근로자의 생활을 돕거나 이를 윤택하게 하거나 그 밖에 근로자의 행복과 이익을 높이기 위하여 지급되는 임금을 의미한다고 어렵지 않게 이해할 수 있다. 따라서 이 사건 산입조항 및 부칙조항이 적법절차원칙, 명확성원칙 및 포괄위임금지 원칙에 위배되어 근로자의 근로의 권리를 침해한다고 볼 수 없다(헌재 2021. 12. 23. 2018 헌마629 등).

19 1 2 3

정답 ①

난이도 ★★★

정답의 이유

㉡ (×) 「정신건강증진 및 정신질환자 복지서비스 지원에 관한 법률」, 「형의 집행 및 수용자의 처우에 관한 법률」에 있는 다른 제도들을 통하여 국민의 정신건강을 유지하는 데에 필요한 국가적 급부와 배려가 이루어지고 있으므로, 이 사건 법률조항들에서 치료감호대상자의 치료감호 청구권이나 법원의 직권에 의한 치료감호를 인정하지 않는다 하더라도 국민의 보건에 관한 국가의 보호의무에 반한다고 보기 어렵다(헌재 2021. 1. 28. 2019헌가24 등).

오답의 이유

㉠ (○) 혼인은 남녀동권을 기본으로 하며 혼인의 순결과 가족의 건강은 국가의 특별한 보호를 받는다(제헌헌법 제20조). 모든 국민은 혼인의 순결과 보건에 관하여 국가의 보호를 받는다(제3공화국 제5차 개정헌법 제31조). 모든 국민은 보건에 관하여 국가의 보호를 받는다(현행헌법 제36조 제3항).

㉢ (○) 국가의 국민보건에 관한 보호의무를 명시(明示)한 헌법 제36조 제3항에 의한 권리를 헌법소원을 통하여 주장할 수 있는 자는 직접 자신의 보건이나 의료문제가 국가에 의해 보호 받지 못하고 있는 의료 수혜자적 지위에 있는 국민이라고 할 것이므로 청구인과 같은 의료시술자적 지위에 있는 안과의사가 자기 고유의 업무범위를 주장하여 다투는 경우에는 위 헌법규정을 원용할 수 없다(헌재 1993. 11. 25. 92헌마87).

㉣ (○) 무면허 의료행위를 일률적, 전면적으로 금지하고 이를 위반한 경우에는 그 치료결과에 관계없이 형사처벌을 받게 하는 이 법의 규제방법은, '대안이 없는 유일한 선택'으로서 실질적으로도 비례의 원칙에 합치되는 것이다. 그렇다면 이 사건 법률조항은 헌법 제10조가 규정하는 인간으로서의 존엄과 가치를 보장하고 헌법 제36조 제3항이 규정하는 국민보건에 관한 국가의 보호의무를 다하고자 하는 것으로서, 국민의 생명권, 건강권, 보건권 및 그 신체 활동의 자유 등을 보장하는 규정이지, 이를 제한하거나 침해하는 규정이라고 할 수 없다(헌재 1996. 10. 31. 94헌가7).

20 1 2 3

정답 ②

난이도 ★★

정답의 이유

㉠ (○) 모든 국민은 근로의 권리와 의무를 가진다. 모든 국민은 법률의 정하는 바에 의하여 납세의 의무를 진다. 모든 국민은 법률의 정하는 바에 의하여 국토방위의 의무를 진다(제헌 헌법 제17조, 제29조, 제30조). 모든 국민은 그 보호하는 어린이에게 초등교육을 받게 할 의무를 진다(제3공화국 헌법 제27조 제2항). 근로의 의무, 납세의 의무, 국방의 의무는 제헌헌법부터 규정되었으며 교육을 받게 할 의무는 제3공화국 헌법에서 최초로 규정되었다.

㉡ (○) 우리 재판소는, '국방의 의무는 외부 적대세력의 직·간접적인 침략행위로부터 국가의 독립을 유지하고 영토를 보전하기 위한 의무로서, 현대전이 고도의 과학기술과 정보를 요구하고 국민전체의 협력을 필요로 하는 이른바 총력전인 점에 비추어 ① 단지 「병역법」에 의하여 군복무에 임하는 등의 직접적인 병력형성의무만을 가리키는 것이 아니라, ② 「병역법」, 「향토예비군설치법」, 「민방위기본법」, 「비상대비자원 관리법」 등에 의한 간접적인 병력형성의무 및 ③ 병력형성이후 군작전명령에 복종하고 협력하여야 할 의무도 포함하는 개념이다.'라는 취지로 판시하였다(헌재 2002. 11. 28. 2002헌바45).

㉣ (○) 조세는 국가가 재정수요를 충족시키거나 경제적·사회적 특수정책의 실현을 위하여 국민에 대하여 아무런 특별한 반대급부 없이 강제적으로 부과징수하는 과징금을 의미한다(헌재 2008. 9. 25. 2005헌바81).

오답의 이유

㉢ (×) 헌법 제39조 제1항은 "모든 국민은 법률이 정하는 바에 의하여 국방의 의무를 진다."고 규정하고 있는바, 이러한 국방의 의무는 외부 적대세력의 직·간접적인 침략행위로부터 국가의 독립을 유지하고 영토를 보전하기 위한 의무로서, 헌법에서 이러한 국방의 의무를 국민에게 부과하고 있는 이상 「향토예비군설치법」에 따라 예비군훈련소집에 응하여 훈련을 받는 것은 국민이 마땅히 하여야 할 의무를 다하는 것일 뿐, 국가나 공익목적을 위하여 특별한 희생을 하는 것이라고 할 수 없다. 즉, 국민이 헌법에 따라 부과되는 의무를 이행하는 것은 국가의 존속과 활동을 위하여 불가결한 일인데, 그러한 의무를 이행하였다고 하여 이를 특별한 희생으로 보아 일일이 보상하여야 한다고 할 수는 없는 것이다(헌재 2003. 6. 26. 2002헌마484).

MEMO

좋은 책을 만드는 길
독자님과 함께하겠습니다.

도서나 동영상에 궁금한 점, 아쉬운 점, 만족스러운 점이
있으시다면 어떤 의견이라도 말씀해 주세요.
시대고시기획은 독자님의 의견을 모아 더 좋은 책으로 보답하겠습니다.

www.sdedu.co.kr

2023 기출이 답이다 경찰공무원(순경) 헌법 기출문제집

개정1판1쇄 발행	2023년 02월 06일(인쇄 2022년 12월 21일)
초 판 발 행	2022년 01월 05일(인쇄 2021년 11월 16일)
발 행 인	박영일
책 임 편 집	이해욱
저 자	SD 경찰공무원시험연구소
편 집 진 행	석지연
표지디자인	김도연
편집디자인	최혜윤 · 곽은슬
발 행 처	(주)시대고시기획
출 판 등 록	제 10-1521호
주 소	서울시 마포구 큰우물로 75 [도화동 538 성지 B/D] 9F
전 화	1600-3600
팩 스	02-701-8823
홈 페 이 지	www.sdedu.co.kr
I S B N	979-11-383-4103-5 (13350)
정 가	19,000원

이태우 경찰승진

10회 최종모의고사 시리즈

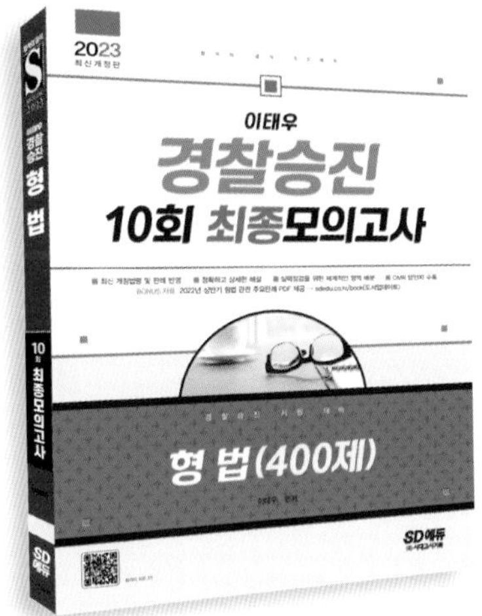

이태우 경찰승진 10회 최종모의고사(400제) 형법

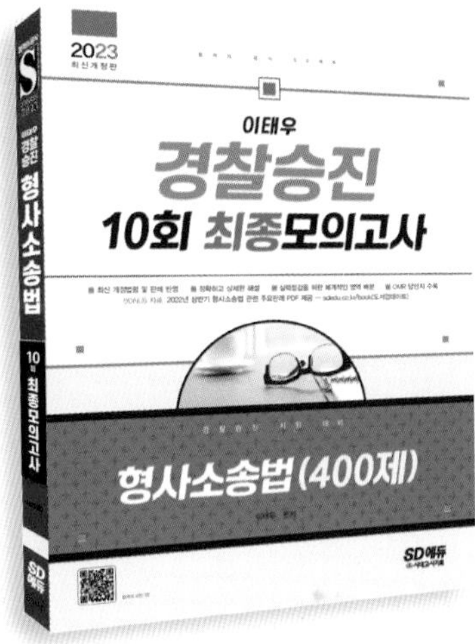

이태우 경찰승진 10회 최종모의고사(400제) 형사소송법

※ 도서의 이미지 및 세부사항은 변경될 수 있습니다.

경찰승진시험 최적대비서

[실제 시험과 유사한 구성]

기출문제를 철저히 분석하여 유사한 문제구성

\+

[정확하고 상세한 해설]

정답과 오답해설을 구분한 저자의 상세한 해설수록

\+

[최근 개정법령 및 최신판례 반영]

최근 개정법령 및 최신판례를 반영하여 다가오는 시험 대비

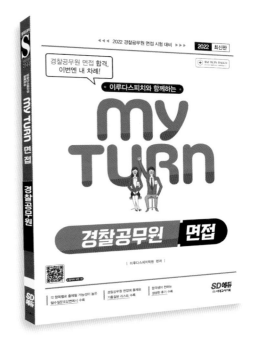